• 〈아르테미스〉, 페레우스고고학박물관 •

• 〈플라톤 반신상〉, 바티칸박물관 •

그리스 신화를 보면 독신으로 사는 신들은 특히 제2세대에 등장한다(왼쪽 : 아르테미스). 독신을 엄격히 비난했지만 자신도 독신으로 살았던 플라톤은 최초로 독신의 이론적 정당성을 간접적으로 밝힌 인물이다. 베스타의 무녀들(아래)은 처녀성을 지켜야 했으므로 결혼이 금지되었다. 그러나 평생 독신으로 살아야 했던 것은 아니다.

• 〈베스타 무녀들의 학교〉, 폼페이의 그림을 재현한 19세기 판화 •

• 콘라드 데 히르사우(Conrad de Hirsau), 〈처녀의 거울〉, 1190년, 본, 라인국립박물관, n° 15 326 •

씨 뿌리는 자에 대한 비유, 12세기 미세화. 고전적 해석에 따르면 뿌린 것의 100배를 받는 자는 바로 순결을 지킨 처녀들이다. 과부들은 60배를 거두며, 유부녀들은 30배를 거둔다.

• 프라 안젤리코(Fra Angelico), 〈성모의 대관식〉(부분), 1432년 경, 파리, 루브르박물관 •

베일은 유부녀(아래, 성 안나)와 수녀(위)를 상징했다. 마리아 막달레나(붉은 옷)처럼 창녀일지라도 독신자들은 '베일을 쓰지 않았다'(위 : 처녀들). 결혼을 했어도(옆과 아래) 마리아는 동정녀임을 나타내기 위해 베일을 쓰지 않은 모습이다.

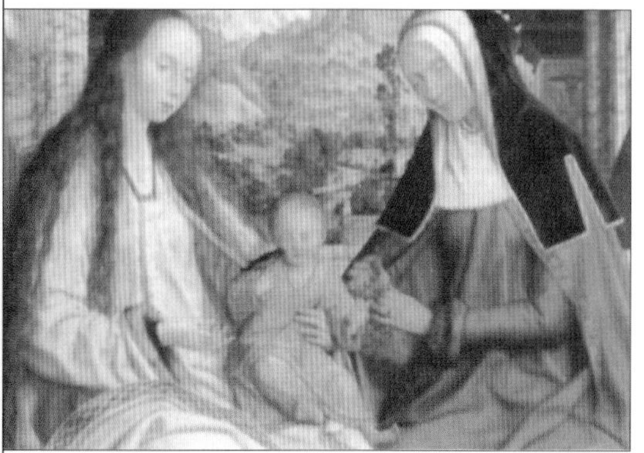

• 쿠엔틴 마시(Quentin Metsys), 〈성 안나 평신도회 장식화〉(부분), 16세기 초, 브뤼셀, 왕립미술관 •

• 위고 반 데르 구스(Hugo van der Goes), 〈포르티나리 제단화〉(부분), 1473~1476년, 피렌체, 오피치미술관 •

• 르클레르(Leclair), 〈직인들의 행렬〉, 1826년, 파리, ATP박물관 •

16세기 이후 직인들은 의무적 견습 기간을 가졌는데, 프랑스를 돌아다니는 견습 기간 동안 독신으로 지낼 것을 요구받았다. 눈물 흘리는 '보르도의 그리제트'(위 그림, 행렬 오른쪽)의 테마는 '집합소'(아래)에 자주 등장한다. 파리로 상경한 젊은 시골처녀는 어머니가 되어, 그러나 여전히 독신인 상태에서 귀향할 가능성이 컸다.

• 유색 판화, 릴(Lille), 19세기, 블로켈 에 카스티오 •

결혼지참금을 마련하지 못한 것도 여자가 독신으로 사는 이유 중 하나였다. 18세기에 순결한 여인에게 장미관을 수여하는 의식은 결혼지참금을 마련할 수 있는 계기가 되었다.

• 〈장미관을 받은 여인〉, 부왈리(Boilly)를 본뜬 델페슈(Delpech)의 석판화 •

노처녀가 좋은 혼처를 빼앗는다는 이유로 젊은 이들은 성 가타리나 축일에 노처녀들의 집 앞에서 냄비를 두드리며 소란을 피웠다.

• 성 카타리나 축일의 냄비 두드리기 •

DR.

• 베랑제(Béranger)의 《늙은 독신자》를 위한 그랑빌(Granville)의 판화, 〈노래의 음악〉, 1856년, 파리, 페로탱 •

DR.

• 테오도르 위잔(Théodore Uzanc), 《독신자의 기도서》를 위한 판화, 1890년, E. 고장 •

19세기 노총각에 대한 선입견들 : 섹스에 집착하고 하녀에게 조종당한다(위). 남편에게 만족하지 못하는 부인들에게 '초자연적인 영매'처럼 사랑에 헌신한다(옆). 발자크가 사촌 퐁스를 '제국시대 남자'라고 불렀던 것처럼 유행에 항상 뒤진다(아래).

DR.

• 발자크의 《사촌 퐁스》에 삽입된 샤를 위아르(Charles Huard)의 삽화, 코나르판, 제18권, 1914년, 파리. •

• 교리문답 벽화, 착색 판화, 19세기, 라 본느 프레스 •

아내와 성직자들에게 둘러싸여 신에게 영혼을 바치는 독실한 남자. 독신자는 자유 연애를 표현한 그림 사이에서 홀로 죽어간다. 독신자의 영혼은 악마가 가져간다.

독신자들을 비난하는 세 가지 이유 : 독신자의 투표권은 대가족 가장의 투표권만큼 중요하다. 독신자는 자신에 대한 세금밖에 내지 않는다. 독신자는 인구 감소의 주범이다. 〔폴 오리(Paul Haury), 1923년〕

• 평등이라 부르는 것 (P.19) •

• 조세 평등이라 부르는 것 (P.14) •

• 폴 오리, 〈프랑스의 생존 혹은 죽음〉, 1923년 •

아이 없는 프랑스에서 아이 없는 사람에게 닥칠 미래(P.27).

DR.

독신의 위험.
여자 : 이거 아세요? 유부남이 독신자보다 오래 산다는 것이 증명되었대요.
남자 : 그렇지 않아. 유부남한테 시간이 더 천천히 가는 것이지.
자비에 고제(Xavier Gosé), 〈가짜 호색가〉, 르 테무앵, 1907년 8월 10일.

DR.

• 〈노처녀들〉, 아연판화, 위스콘신, 벌로이트대학 라이트미술관 •

고갱의 노처녀들(옆)은 이미 죽음의 이미지를 담고 있다. 성 가타리나 모자를 쓴 여자들에게 보낸 카드(아래)에는 위협적일 수도 있는 분위기이다. "노랗지? 조심해!"

Coll. part.

Coll. part.

Coll. part.

20세기 초 호색가들이 25세가 넘은 처녀들에게 보낸 카드는 구애를 하는 은밀한 방법이었다. 시간이 흐르면서 카드를 보내는 일은 조롱이나 위협으로 바뀌었다.

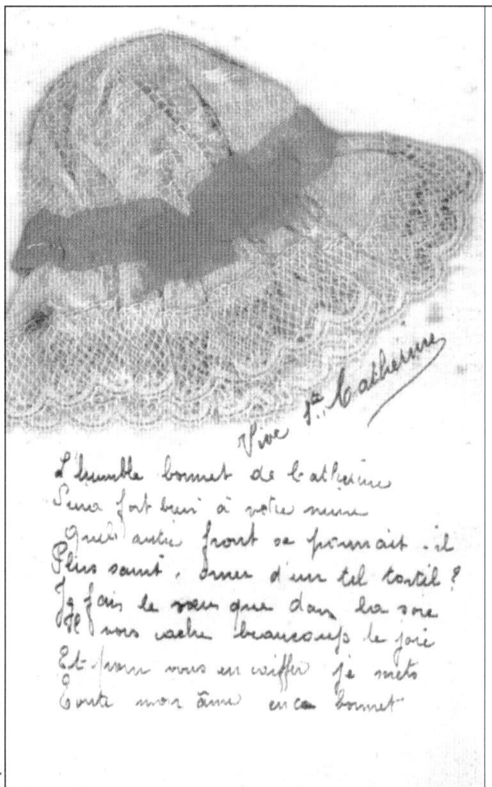

성녀 가타리나 카드는 작은 모자에 시를 적어서 개성을 살릴 수도 있었다. 이 시를 지은 군인은 사랑하는 여인의 머리에 직접 모자를 씌워주고 싶다고 말한다.

양장점으로서는 성녀 가타리나 축일이 기발한 모자를 만들 수 있는 대축제였다. 푸아레 저택에서 '작은 손들' 이 조세핀 베이커를 초대했다. 1925년.

Coll. part.

독신자 : 못생기고, 늙어가며, 사리사욕이 많은 남자. 하지만 짚신도 짝이 있는 법이다(옆). 노처녀가 되는 것이 가장 슬픈 일이기 때문이다(아래).

Coll. part.

Coll. part.

결혼 대행사들이 유포한 독신자의 재미있는 이미지는 소심하고 낭만적이며 사랑을 갈구하는 남자이다.

NOUVELLES LITANIES
DES
FILLES A MARIER

A réciter chaque jour, pieds nus, en chemise, à son lever et à son coucher.

Saint Henri. — Je voudrais un mari.
Saint Léon. — Que ce soit un bon garçon.
Saint Vincent. — Qu'il soit beau et grand.
Saint François. — Qu'il ne fasse pas d'autre choix.
Saint Albert. — Qu'il n'ait rien de travers.
Saint Edmond. — Qu'il n'ait pas le nez trop long.
Saint Hilaire. — Qu'il ait tout pour me plaire.
Saint Hector. — Qu'il soit cousu d'or.
Saint Narcisse. — Qu'il me fasse tous mes caprices.
Saint Exupère. — Qu'il ne se mette pas en colère.
Saint Abel. — Qu'il me soit fidèle.
Saint Gontran. — Qu'il soit très caressant.
Saint Siméon. — Qu'il ne soit pas crampon.
Saint Maurice. — Qu'il ait plus de vertu que de vice.
Saint Denis. — Qu'il ait beaucoup d'esprit.
Saint Clément. — Qu'il soit entreprenant.
Saint Bernard. — Qu'il n'arrive jamais en retard.
Saint Anatole. — Qu'il m'adore, me cajole.
Saint Blaise. — Que jamais ses désirs ne s'apaisent.
Saint Eloi. — Qu'avant de dormir il pense à moi.
Saint Germain. — Qu'il ne remette rien au lendemain.
Saint Boniface. — Qu'en tout il tienne bien sa place.
Saint Roger. — Que je puisse l'aimer.
Saint Théophile. — Ainsi soit-il !

DR.

• 에코신 랄랭의 제11회 결혼 식사 포스터, 1913년. 리에주, 왈론풍속박물관. •

독신을 어떻게 하면 잘 보낼 수 있을까? 처녀들은 결혼하려면 위선적이고 결점을 숨겨야 하며, 상대에게 자신이 부자라고 믿도록 해야 했다. 반면 돈 많고 완벽한 남자를 원했다. 때문에 신랑감 바자회와 결혼 식사가 마을 '중매쟁이'의 뒤를 잇게 되었다.

Coll. part.

Coll. part.

1911년 샤론 가에 문을 연 남성용 하숙은 1914~1918년 독신자들이 대거 사망한 이후 팔레 드 라 팜(여자의 궁전)이 되었다(1925년). 현재 구세군에 의해 운영되고 있다.

Coll. part.

© Rue des Archives.

독신의 현재 이미지 : 공동하숙(미셸 부즈나 · 앙드레 뒤솔리에 · 롤랑 지로, 〈세 남자와 아기 바구니〉, 콜린 세로 감독, 1985년), 아내가 휴가 간 사이 독신 생활을 즐기는 '마리베테르'(랑송의 캐리커처, 르 파리지앵), 독신바자회 동안 애인 사귀기(다프의 캐리커처, 카누르그바자회).

© Lozère Magazine.

© Le Parisien.

• 브람스 •

• 잔 다르크 •

유명한 독신자들 : 가난한 예술가였던 브람스, 처녀성의 전설인 잔 다르크, 에피쿠로스파였던 호라티우스, '부르주아'였던 플로베르, 자유로운 여자였던 코코 샤넬, 외로운 시인이었던 트리스탕 드렘.

• 플로베르 •

• 호라티우스 •

• 코코 샤넬 •

• 트리스탕 드렘 : 레 파세트에 실린 풍자화, 1913년 5월 •

"생과 나 사이에 두꺼운 천을 치고
나는 내 마음을 가두려 하네, 안식을 찾으려 하네.
내 귀에 튤립을 심겠네.
머리카락을 파이프에 넣고 피워
내가 파묻힌 은둔 생활을 표시할 때면
내 까까머리에 백합을 그려 넣으려 하네."

독신의 수난사

독신의 수난사

초판 1쇄 인쇄일 • 2006년 12월 7일
초판 1쇄 발행일 • 2006년 12월 11일
지은이 • 장 클로드 볼로뉴 | 옮긴이 • 권지현
펴낸이 • 김미숙
기획 • 여문주 | 편집 • 강병한, 권효정
디자인 • 엄애리 | 마케팅 • 김남권
관리 • 박민자 | 펴낸곳 • 이마고
121-840 서울시 마포구 서교동 408-18 스페이스빌딩 5층
전화 (02)337-5660 | 팩스 (02)337-5501
E-mail : imagopub@chol.com
출판등록 2001년 8월 31일 제10-2206호
ISBN 89-90429-53-6 03900
ISBN 978-89-90429-53-7 03900
● 값은 뒤표지에 있습니다.
● 잘못된 책은 바꿔드립니다.

GUERRE AU CÉLIBAT
PLUS DE VIEILLES FILLES
FAITES VOTRE CHOIX
MADEMOISELLE
독신의 수난사
장 클로드 볼로뉴 지음 | 권지현 옮김
Ste Catherine
이마고

독신은 삶의 방식이요, 선택이다

고독이 자유에 취하게 하는
어지러운 포도주가 되는 날이 있고,
쓴 강장제가 되는 날이 있으며,
머리를 벽에 박게 하는 독이 되는 날이 있다.

혼자 산다고 다 독신은 아니다.
독신은 삶의 방식이요, 선택이다.

"결혼하셨죠?"

"아니요, 아직 안……, 아니 못……, 아니 안 했어요. 못한 거죠."

요즘 어딜 가나 듣는 질문이다. 이 나이에 마땅히 받게 되는 질문이지만 한편으로는 내가 무슨 죄를 지은 듯 초조해지기도 하고 울컥하기도 하면서, 또 한편으로는 아직 결혼하지 않은 주변 사람들이 갑자기 든든한 동지처럼 느껴지기도 한다. 실제로 내 주변에는 아직 결혼하지 않은 또래 친구들이 많고, 또 결혼했느냐고 질문하는 사람도 여태까지 뭐했느냐며 핀잔을 주지도 않는다. 그만큼 독신은 우리 사회에서 점점 만연하고 용인되는 현상이다.

통계청이 발표한 2005년 인구주택총조사를 살펴보면 전체 가구 중 1인 가구 비율이 20퍼센트나 되고 2000년에 비해 42.5퍼센트나 증가했다는 것을 알 수 있다. 당장 창문을 열어 확인해보자. 다섯 집 중

한 집에는 독신자가 살고 있다.

그 독신자를 잘 살펴보자. 그는 과연 독신일까? 혹시 그 사람은 이혼녀나 이혼남, 미망인이나 홀아비가 아닐까? 혹은 별거 중인 유배우자나 기러기 아빠, 주말부부로 지내는 기혼자들은 아닐까? 그렇다면 혼자 사는 사람을 독신자라고 부를 수 있을까? 요즘 늘어나고 있는 동거 커플은 기혼자로 보아야 하는가, 독신자로 보아야 하는가?

독신이라는 말을 들으면 우리는 흔히 아직 결혼을 하지 않은 미혼자로 한정지어 생각한다. 그러나 문제가 그렇게 간단하지만은 않다는 것으로 이 책은 출발하고 있다. 저자는 독신을 설명하는 데 있어 통계라는 것이 그리 융통성 있는 도구가 아님을 지적한다. 통계에서는 예를 들어 결혼할 나이가 되지 않은 어린이, 청소년까지도 독신에 포함시키기 때문이다. 우리나라에서도 인구의 혼인상태별 구성비를 계산할 때 그 기준을 15세 이상으로 잡고 있다. 그러나 이 기준이 현실을 제대로 반영할 수 있을까?

저자는 독신이 인간의 전유물이었을지언정 우리 시대의 전유물은 아니었다는 것도 보여준다. 독신은 모든 시대에 존재했다. 고대의 독신은 조상을 숭배하고 후세를 이어가는 자식의 의무를 저버리는 행위였고, 그리스도교가 등장한 이후 중세를 거쳐 18세기에 이르기까지 독신은 주로 성직자의 독신을 가리켰다. '개인'이 탄생한 근대에 독신자는 '이기주의자' '개인주의자'였으며 산업화가 진행된 19세기에는 농촌 인구가 대도시로 몰려들면서 특정 직업에 독신이 크게 증가했다. 20세기에는 남자들을 필요로 하는 양차대전으로 여성의 독신이 강화되었고, 이후에 일어난 성 혁명으로 새로운 독신이 탄생했다.

우리가 관심을 가지고 파악해야 할 점은 독신의 모습이 시대마다 어떻게 바뀌어갔건 독신에 대한 편견은 항상 존재했다는 것이다. 독신에 대한 사람들의 인식이 어떻게 변화했는가를 살피는 것이 바로 저자가 진정으로 추구한 목표이기도 하다. 독신에 관한 편견 가운데 공통점이 있다면 우선 독신이 한 번도 긍정적으로 여겨지지 않았다는 점을 들 수 있다. 고대사회로부터 19세기까지 세습재산이 쪼개지는 것을 막기 위해 장남에게만 재산이 남겨지고 나머지 형제들은 독신으로 살기를 강요받았는데 이들은 '밥버러지' 라는 비난은 받지 않았더라도 '바람직한 상태' 로 인정받지 못하거나 아예 비난의 대상이 되었다. 그런가 하면 고대 아테네 사회에서나 독일과의 전쟁에서 패한 19세기 프랑스 사회에서나 독신은 전쟁에 나갈 군인들을 생산해 주지 않는 배은망덕한 집단으로 인식되었다. 19세기에 도시로 몰려든 젊은 남녀들은 결혼하기 위해 재산을 모으려다 하인, 하녀로 일하며 독신으로 늙어갈 수밖에 없었다. 사회의 밑바닥 계층인 하인과 하녀, 즉 독신자들에게 고운 시선을 보냈을 리 만무하다. 19세기에 등장한 맬서스 인구론도 독신에 대한 부정적 편견에 한 몫 거들었다. 인구가 줄어들 때마다 항상 독신자가 공격의 대상이 되었다.

이는 현재 우리 사회의 상황과 그리 다르지 않다. 최근 출산율이 세계 최저 수준으로 떨어지면서 우리나라는 저출산과 고령사회로의 진입 문제로 비상이 걸렸다. 얼마 전 정부는 결혼과 출산을 장려하기 위해 '소수공제자 추가공제 제도' 폐지 방침을 발표하기까지 했는데 세금을 더 내게 하는 독신제재정책은 아니지만 세제 혜택을 줄임으로써 결혼을 권장하는 은밀한 차별정책을 택한 것이다. '결혼도 못해서 서러운데 세금을 더 내라니' 라며 억울함을 호소하는 독신자들이 있는가 하면 '심각한 독신 풍조' 를 우려하는 목소리도 들린다. 우리나라의 저출산이 과연 독신자들의 책임일까? 독신의 역사를 고대로부터 거슬러 내려오다 보면 독신이 인구감소의 원인을 제공한 것으로 보기는 어렵다는 것을 깨닫게 된다. 독신은 현상의 원인이라기보다는 오히려 결과에 가깝다. 이를테면 독신이 가난을 초래하는 것이 아니라 가난이 독신을 초래하는 것이다. 인구 문제도 마찬가지이다. 사람들이 결혼을 하지 않고 아이를 낳지 않는 것은 그럴 만한 사회경제적 형편이 되지 않기 때문일 때가 훨씬 많다.

독신에 관한 편견에 있어 또 하나의 공통점은 바로 여성에 대한 편견이다. 남자 독신의 밑바탕에는 여성혐오증이 의식적 혹은 무의식적으로 자리하고 있다. 철학이 꽃피었던 고대 아테네에서는 남자가 결혼보다는 철학에 더 적합하게 태어났다고 생각했다. 소크라테스의 부인 크산티페가 철학자에게 여자라는 존재가 얼마나 해로운가를 보여주는 가장 대표적인 사례일 것이다. 여성 독신자는 독신이라는 이유로 그리고 여자라는 이유로 이중의 희생자가 되었다. 19세기까지도 노총각과 노처녀는 모두 은근한 비웃음의 대상이 되었지만 남자의 독신은 좀더 적극적이고 능동적인 것으로 받아들여진 반면 여자의 독신은 수동적이고 무미건조한 것으로 인식되었다. 가부장적 전통사회의 가치관이 아직 많이 남아 있는 우리 사회가 쉽게 납득할 수 있는 대목이다. '노처녀 히스테리'라는 말은 있어도 '노총각 히스테리'라는 말은 없지 않은가.

독신이 넘쳐나는 21세기를 살고 있는 우리가 태곳적까지 거슬러 올라가는 독신의 역사를 살펴보아야 할 이유는 무엇인가? 그것은 역사라는 것이 지금 우리가 서 있는 바로 이 자리를 알 수 있게 해주는 거울이기 때문이라고 생각한다. 많은 것이 전문화되고 바쁘게 돌아가는 사회 속에서 한 현상을 파악할 때 그 현상의 과거를 돌아보지 않고는 폭넓은 이해가 불가능하고 객관적인 시선을 갖기 어렵기 때문이다. 우리가 어제 어디에 앉아있었는지, 오늘은 어디에 서있는지, 그리고 내일은 어디로 달려갈 것인지를 알려주는 나침반이 바로 역사의 역할이기 때문이다.

비록 유럽을 중심으로 쓰인 책이지만 우리나라의 상황을 이해하는 데에 많은 도움이 되는 책이라고 생각되며 특히 방대한 자료와 사례는 분석과 함께 읽는 재미를 더해준다. 흥미로운 것은 그 많은 길을 돌아 결국 저자는 출발점으로 돌아온다는 것이다. 저자는 독자에게 과연 독신이란 무엇인가를 되묻고 있다. 독자의 성별, 나이, 국적, 경험 등에 따라 아마도 독신은 다른 의미로 다가올 것이다. 어쨌든 독신은 사회적인 동시에 지극히 개인적인 문제이기 때문일 것이다. 이 책을 덮으며 독신에 대한 정의를 내려 보는 것도 의미 있는 일일 것이다.

2006년 11월 서교동에서

권지현

Contents :: 차례

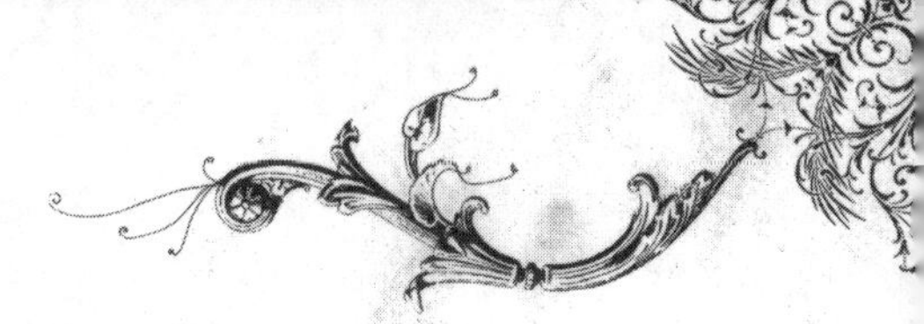

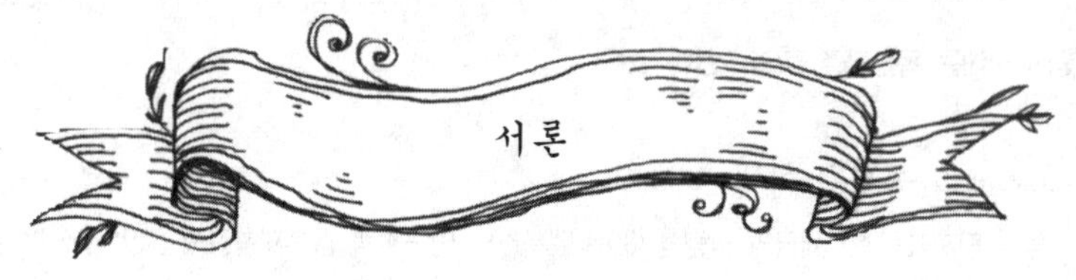

독신이란

“그들은 아들 딸 많이 낳고 행복하게 살았다.” 결혼은 동화에서 이야기의 결말을 의미한다. 이 한 문장에 얼마나 많은 고정관념이 담겨 있는가! 불행의 연속이었던 이야기는 행복이라는 단어가 나오는 즉시 끝을 맺는다. 행복이 결혼과 결부되어 있고 독신은 결혼하기 위한 과정쯤으로 치부된다. 그리고 결혼은 자식의 수가 얼마나 많은지에 따라 성공 여부가 가늠된다. 특히 공주들의 경우는 더욱 그렇다. 물론 가난한 대가족에서 자란 막내아들의 경우는 예외겠지만 말이다.

순수한 감동을 주는 동화의 마지막 문장은 모든 문학에서 구현된다. 연애소설, 희극, 시, 오페라 등에서는 기혼자보다는 독신자들이 무대에 더 자주 등장한다.

• 독신에 대한 정의의 필요성 •

그러나 독신의 역사는 역사가들에게는 영감을 불러일으키지 못한 듯하다.[1] 독신의 주무대는 문학인 것일까? 역사가들은 문학에서 환영받지 못한 결혼을(물론 불행한 결혼이나 간통은 예외다) 오히려 폭넓게 다루었다. 낡은 편견들로 인해 결혼은 오늘날까지도 우여곡절 없는 평탄한 이미지를 간직하고 있다. 결혼이란 소설에서는 재미의 요소가 되는 암초와 급류를 만나지 않는 잔잔한 대하(大河) 같은 것이 되어버렸다. 반면 독신은 배우자라는 목표를 향해 경주하는 상태로, 문학이 환영하는 반전으로 가득하다. 예를 들어 쥘 베른의 소설에서 정략결혼을 앞둔 중국 청년은 결혼하기 전에 독신자의 '고충'을 알고 싶어한다.

결혼의 '행위(action)'에 대해서는 이미 많은 연구가 이루어졌으니 이제 결혼의 '상태(état)'에 대한 역사를 써야 할 때인 것 같다. 독신은 사람들이 벗어나려고 하지 않는 지속적인 상태가 될 수도 있으며 점점 더 그렇게 되어가고 있다. 전통사회는 독신이 결혼이라는 완성단계를 위한 대기 상태라는 통념을 당연시했지만 이는 오늘날의 현실에는 적합하지 않다. 독신은 더 이상 결혼을 위한 대기실이 아니라 당당한 주체적 생활방식이 되었다. 독신은 기혼자들도 이따금 되돌아갈 수 있는 생활방식이기도 하며 최근 서양사회에서 급증한 이혼자들도 자연스럽게 합류하는 생활양태이다.

독신은 또한 최근 급성장한 시장이기도 하다. 식료품 가게에서 볼 수 있는 1인용 포장식품, 기차의 1인용 좌석, 나 홀로 상품을 내건 여행사들, 스피드 데이트의 유행, 〈베첼러(The Bachelor)〉(미국 ABC 방송에서 방영한 커플매치 리얼리티 쇼—옮긴이) 같은 TV시리즈와 프로그램만 봐도 알 수 있다. 프랑스 대형백화점 식품관인 라파예트 구르메(Lafayette Gourmet)는 2003년 '독신자를 위한 목요일(market dating)'이라는 아이디어를 내놓았다. 늦은 퇴근 시간 때문에 장보기 시간을 늦춰야 하는 처녀총각들은 매장에서 보라색 바구니로 서로를 알아본다. 또한 '셀리베르테〔célibrité, 독신(célibat)과 자유(liberté)의 혼합어—옮긴이)'를 표방하는 독신자 박람회가 2002년 파리에서 최초로 개최된 바 있다. 그렇다. 독신은 점점 더 유행하고 있다. 그만큼 잠재력을 갖춘 시장이기 때문이다. 각 시대에는 그에 걸맞은 윤리가 있게 마련이니까 말이다.

사회학자들은 오래전부터 독신을 연구해왔다. 존 해지널(John Hajnal)이 1965년 정의한 서유럽의 결혼 모델은 두 가지 특징을 지닌다. 하나는 남성과 여성 모두 초혼 나이가 상대적으로 이르다는 것이며(남성은 26~27세, 여성은 23~24세), 다른 하나는 많은 사람들이 평생 독신으로 산다는 것이다. 존 해지널은 이 모델이 18세기부터 지배적이었고, 동유럽(그리스, 헝가리, 루마니아, 보스니아, 불가리아, 러시아, 세르비아)과 여타 지역에 비해 서유럽(핀란드, 에스파냐, 아이슬란드, 이탈리아에 이르기까지)에서는 16~17세기부터 이런 경향이 두드러졌다고 본다.[2]

더 이상 부정할 수 없는 독신 현상은 이 연구를 마친 뒤에도 계속 확산되고 있을 것이다. 그러나 독신은 개념 정의의 문제를 안고 있어 그 분석이 매우 까다롭다. 케케묵은 기준으로 새로운 현상을 파악할 수는 없는 일이다. 독신이 최근에 와서야 당당한 삶의 방식으로서 그 가치를 인정받았기 때문에 이 현상은 결혼 혹은 적어도 커플의 개념과 비교하여 접근할 수밖에 없다. 그 결과 독신은 매우 다양하면서도 때로는 서로 상반된 현실까지도 아우르고 있다. 예를 들어 숫처녀와 매춘부는 모두 독신자로 분류될 수 있다. 중세에 결혼한 여자는 베일을 썼고 독신녀는 '맨 머리'를 드러냈다. 그러나 누가 성모 마리아와 창녀 막달레나를 같은 부류로 다루려 하겠는가?

본 저서에서 궁극적으로 추구하는 것은 고정된 선입견이 아니라 역사적 현실에 비추어 독신을 새롭게 정의하는 것이다.

• 과거 독신은 존재하지 않았다 •

1804년 프랑스 민법을 보면 '결혼' 이라는 단어가 278번 나온다. 이는 '재산' 다음으로 많은 수치이다. 반면 '독신' 은 단 한 번도 언급되지 않았다. 이 말은 성서에도 등장하지 않는다.[3] 성서에 독신이 등장하지 않는 것은 결혼이라는 지배 모델을 부정하기 때문으로 추측된다. 독신을 지칭하는 그리스어 ἀγαμία(agamia)는 글자 그대로 '결혼의 부재' 를 뜻한다.

결국 독신은 부정적 이미지를 전달할 수밖에 없다. 독신자란 결혼을 원하지 않는 자 혹은 결혼을 못하는 자로 정의되었다. 독신자는 공덕심이 없거나 무능한 자였다. 노총각(vieux garçon)에게 따라다녔던 '편집증 환자' 나 노처녀(vieille fille)를 가리켰던 '말라비틀어진 자두' 라는 부정적 이미지를 언급하는 것으로 충분하리라. 지금으로부터 450년 전 앙리 2세는 결혼할 나이를 정했는데(남자 30세, 여자 25세) 이를 어긴 사람들은 소외된 자들이거나(숫총각, 수줍음이 많은 사람, 앞뒤가 꽉 막힌 사람, 결혼을 시킬 수 없는 사람, 혼기를 놓친 여자 등) 방탕아들이었다〔돈 후안(Don Juan)이나 로마 클라우디우스 황제의 아내인 메살리나, 정체성을 감추거나 혹은 드러낸 동성애자 등〕. 과거에는 결혼만이 개인에게 사회적 지위를 부여했다. 결혼하지 않은 사람들은 모두 '대기 상태' 로 간주되었다. 아무리 짧은 기간이라도 부부 생활을 한 여성은 존경을 받거나 최소한 자유를 누릴 수 있었다. 과부가 되거나 이혼한 여성도 사회에서 자기 자리를 찾을 수 있었다. 마르셀 아샤르(Marcel Achard, 1899~1974, 프랑스 극작가)는 《장 드 라 륀느(Jean de la Lune)》(1929)라는 작품에서 가족들도 포기한 바람기 많은 여자의 운명을 재미있게 표현한다. 주인공 제프는 결혼했다가 이혼하는데 처남이 얼마나 안심하는지 다음 대사를 보면 알 수 있다. "어쨌든 결혼이라도 해줘서 고마워요. 우리 가족을 위해서요! 그리고 이젠 누나도 이혼녀니까 행동거지에 그렇게 신경 쓸 필요는 없을 겁니다."(제3막 제3장) 당시 이혼을 경시하던 풍조는 엄연히 있었지만 이혼은 독신 여성이 누릴 수 없었던 사회적 지위를 여성에게 부여할 수 있었다.

따라서 독신자가 다른 사람들에게 무시당하거나 아니면 적어도 무례함이라도 피하려면 또 다른 사회적 지위를 얻어야 했다. 명예로운 지위를 부여해줄 수 있는 그룹 중 가장 선두는 성직자 단체였다. '독신' 이라는 단어가 16세기 프랑스어에 처음 등장했을 당시 이 말은 성직자의 독신을 가리켰다. 성직자가 아닌 채로 혼자 산다는 것은 상상조차 할 수 없었던 듯하다. 실제로 성직자가 되는 것이 영원한 독신으로 살 수 있는 유일한 방법이었다.

그룹에 속해 있을 때에는 독신 기간이 길어져도 무방했다. 청년 수도회와 신병 단체는 혼인 적령기에 있는 젊은이들에게 나름의 사회적 지위를 부여했다. 특정 시기에 해당되는 말이기는 하지만 전통적으로 독신자들만 가질 수 있는 직업들이 생겨났고 이들에 대한 긍정적인 이미지가 형성되었다. 때로는 그들의 방탕한 생활까지도 암묵적으로 허용하였다. 예를 들어 선원들은 '항구마다 여자를 하나씩' 두었고 이들은 〈수도원의 기사들(Les Mousquetaires au couvent)〉을 목청껏 불러대곤 했다. '군인은 주둔지를 옮길 때마다 애인을 바꿔야 했다.' 혹은 예술과 결혼한 예술가, 공화국의 군인인 교사, 특히 첫 글자를 강조하여 '므와젤(M' oiselles)' 이란 호칭으로 불렸던 여교사가 그 예다. 독신이 하나의 사회현상이 된 시기에는 교외의 '무리들' , 스포츠클럽, 단체 바캉스, 이단종교, 기업정신 등 단체 활동도 동시에 활력을 되찾았다.

한편 20세기 초부터 결혼의 대안 모델들이 법적 지위를 획득했다. 1912년 최초로 법조문에 포함된 동거(concubinage)와 좀더 최근에 통과된 시민연대협약(1999년)은 공식적인 인정을 받았다. 물론 호적상으로는 동거인과 시민연대협약을 맺은 사람들이 독신자로 분류되어 있지만 이들은 독신의 역사보다는 커플의 역사에 포함된다고 할 수 있다.[4] 따라서 본 연구 대상에 이들은 포함되지 않는다.

이상의 설명을 통해서 우리는 독신이라는 주제의 범위를 정하는 일이 얼마나 까다로운지 알 수 있다. 독신을 가리키는 용어만으로는 충분하지 않다(부록 1 참조). 현재 통용되는 용어들은 뒤늦게 등장한 것이다. '독신' 이라는 단어는 16세기에 처음 등장했고 '독신자' 라는 말은 18세기에 생겨났다. 독신은 물론 그 이전부터 존재했으나 다른 용어를 차용해서 표현되었다. 중세에는 독신 남성을 '젊은이(jeune)' '젊은 남자(jeune homme)' '바슐리에(bachelier)' 라고 불렀고, 독신 여성은 '메신(meschine)' 이라고 칭했다. 17세기에는 '자유로운 사람(libre)' '총각(garçon)' '처녀(fille)' 라는 말을 썼다. 그런가 하면 '독신' 이라는 단어 자체는 지금과 다른 뜻으로 쓰였는데, 독거하는 사람(예를 들어 과부나 홀아비[5])이나 자식이 없는 유부남[6]을 가리키기도 했으며 때로는 피임[7]을 뜻하기도 했다. 퐁세 드 라 그라브(Poncet de La Grave)는 1801년 독신자를 두 부류로 나누었는데, '하나는, 결혼이라는 매듭에 묶인 독신자들이었고, 다른 하나는 어떤 관계도 맺지 않고 심사숙고하여 스스로의 뜻에 따라 홀로 사는 독신자들' [8]이었다.

독신이란 원래 인생의 어느 시기에 처한 호적상의 신분을 가리킨다. 우리는 모두 한때 독신자들이었다. 통계상으로 어린이들은 흔히 독신자로 분류되는데 이는 독신이라는 현상을 분석할 때 심각한 오류로 작용한다. 독신자 두 명이 가정을[9] 꾸려도 독신자라는 신분을 그대로 유지할 수 있으며, 반대로 단 하루라도 결혼을 했다면 독신자라는 신분을 영영 잃기 때문이다. 이들이 결혼생활을 그만두면 홀아비나 과부, 이혼남이나 이혼녀가 된다. 그러나 이들이 부딪히는 문제는 똑같아서 오늘날 독신은 호적상의 신분이라기보다는 생활방식을 가리키는 듯하다. 과거에 아내와 같이 살지 않았던 '결혼한 독신자들'이 있었던 것처럼[10] 오늘날에는 아내가 휴가 간 동안 총각 생활로 되돌아간 독신 남편들 곧 '마리바테르[maribataire, 남편(mari)과 독신사(célibataire)의 합성어—옮긴이)]'가 있다. 최근 등장한 '솔리바테르[solibataire, 솔로(solo)와 독신자(célibataire)의 합성어—옮긴이)]'는 홀아비나 이혼남, 출장 중인 유부남, 독신자 등 혼자 사는 사람들을 모두 포함한다.

그런가 하면 독신자도 기혼자의 생활방식을 따를 수 있다. 콜레트(Sidonie Gabrielle Colette, 1873~1954)의 소설에 나오는 방황하는 여인은 적어도 그렇게 생각한다. "당신은 결혼해야 해요. 아주 잘 어울릴 거예요. 당신은 벌써 유부남 같은 걸요. 독신이라는 이름표만 달고 다니지 겉모습은 젊은 가장이라고요. 당신은 아내가 받들어 모시는 폭군 같은 남편처럼 따스한 난롯가를 좋아하고 자상하고 질투심 많고 고집스럽고 게을러요. 한마디로 당신은 타고난 일부일처주의자라고요!"[11] 그녀가 보기에 독신자에게 가장 걸맞은 말은 '방황하는 자'일 것이다.

전통적으로 독신은 일시적 독신(학업을 계속하거나 결혼하여 정착하기 위해 기다리는 결혼적령기 청년들의 독신)과 장기 독신(정착한 성인으로 결혼 결정을 미루고 있는 젊은 남자의 독신), 완선 독신(죽고 나서야 완전한 독신으로 살았다고 말할 수 있으나 실제로는 50대를 넘어선 독신자들)으로 구분한다. 엄격하게 따진다면 독신이라는 말은 죽을 때까지 독신으로 산 사람들에게만 써야 할 것이다. 그러나 평생 독신으로 살았던 발자크와 아폴리네르는 죽기 얼마 전 결혼했고, 차이코프스키는 결혼 후 단 몇 주 만에 자신이 독신으로 살 운명임을 깨달았다. 그는 "며칠만 더 참았다간 미쳐버렸을 것이다."라고 썼다.

개인의 사회적 지위와 일상적 생활방식을 분류한 다음의 표를 보면 독신이라는 말이 일상적으로 쓰일 때(세로)와 공식적으로 사용되었을 때(가로) 그 구분이 모호함을 알 수 있다.

생활 방식	**사회적 지위**	
	기혼 (혹은 결혼한 적이 있는 경우)	독신
독거 (독신)	홀아비, 이혼남, 마리바테르	솔리바테르, 성직자
커플	기혼	시민연대협약자, 동거인

그렇다면 우리는 어떤 독신자의 역사를 다룰 것인가? 사회학자들이라면 주저하지 않을 것이다. 이들은 요즘 홀아비, 이혼남, 독신자에게 구분 없이 '솔로'라는 단어를 사용한다. 역사가라면 고민을 해봐야 한다. 가로 기준(사회적 지위)이나 세로 기준(생활 방식)을 너무 엄격하게 적용하면 부조리한 결과만 낳을 뿐이기 때문이다. 무엇보다도 과거에 대한 연구에 현대적 기준을 적용하는 것은 방법론상 오류가 될 것이다.

공식적인 기준(호적)만 따진다면 혼인 적령에 이르지도 않은 사람들까지 독신에 포함시키게 된다. 그러나 아이들을 어떻게 통계에 집어넣을 수 있겠는가? 또한 동거인, 시민연대협약자, 정식 결혼을 하지 않고 커플로 살고 있는 사람들까지도 모두 포함할 수밖에 없다. 대신 죽기 직전이라도 일단 결혼했다면 평생을 독신으로 살았더라도 제외시킬 수밖에 없다.

독신이라는 말을 일상적 의미로 이해하면 논리적으로는 현실에 부합하지만 독신의 역사를 쓰기는 어렵게 되어버리고 만다. 예를 들어 공식적으로(파혼, 별거, 이혼, 사별) 혹은 직업상의 이유로(선원이나 영업직들은 일시적 마리바테르들이다) 따로 사는 커플들은 포함시키되, 커플로 살면서도 솔리바테르의 처지에 있는 사람들은 제외시킬 수밖에 없다. 결국 독신자들과 혼자 사는 사람들을 함께 다루게 될 뿐만 아니라 감옥, 요양소, 기숙사 등에 들어가 있는 사람들의 일시적 독신도 유사 현상으로 포함시키게 된다.[12] 물론 커플로 살지 않는 사람들이 공통적으로 겪는 문제들이 있겠지만 지나치게 주제를 넓게 잡는 것은 위험하다.

독신을 일시적으로(군인, 하인 등) 혹은 완전하게(성인 성직자) 요구하거나 장려하는 직업들에 관한 문제도 다뤄야 한다. 이 직업들이 특정 시대와 특정 계층에서 통계를 심각하게 왜곡시켰을 수도 있기 때문이다(통계 자료는 일정 시기에 관찰된 한 사회의 상태를 보여주며 독신자들이 통계에 자주 등장한다).

기준이 너무 엄격하면 준수하기 힘들다. 자료에서 부인이나 적자라는 말로 기혼남은 금방 구별할 수 있어도 독신자라는 말이 그대로 사용된 경우는 드물다. 한 남자의 유언장에 직계 상속인이 부재한다는 말은 부인이 아이를 낳아주지 못하고 죽었음을 의미할 수도 있다. 따라서 이 한 가지 기준만 가지고 이 남자를 독신으로 보기는 어렵다.

이런 연구에서 가장 중요한 문제는 우리 사회에서 결혼이 차지하는 '지배적 성격'이다. 독신은 순결과 동일시된다. 결혼생활을 단 하루만 했더라도 그 이전까지의 독신 생활을 지워버리기에 충분하다. 거의 임종 직전에 결혼한 발자크는 서른 살에 이미 《결혼의 생리학(Physiologie du mariage, par un célibataire)》이라는 저서를 쓴 바 있다. 한 번 결혼했다가 남편과 헤어진 조르주 상드(George Sand, 1804~1876)는 뮈세를 비롯한 수많은 연인을 사귀었다. 상드는 공식적으로 유부녀였고 뮈세는 독신이었다.

그렇다면 결혼하지 않았다는 사실만으로 독신주의자라고 할 수 있을까? 전쟁에서 스무 살 꽃다운 나이에 전사한 약혼자는 분명 훌륭한 남편이 되었을 것이다. 1914년 스물여덟 살에 전사한 작가 알랭 푸르니에(Alain-Fournier)가 평생 독신으로 살았으리라고 누가 장담할 수 있겠는가? 마라(Jean-Paul Marat, 1743~1793)도 암살되기 직전 결혼서약서에 서명했다. 만일 한 달만 더 살았다면 그는 유부남 대열에 들어섰을지도 모른다. 이렇듯 호적상의 기준만 적용하면 분류에 한계가 드러나는 것을 볼 수 있다. 그렇다고 이 기준을 무시할 수는 없는 노릇이다.

이 연구에서는 일관성을 위해 공식 기준을 근거로 삼겠다. 즉 한 번도 결혼한 적이 없는 사람을 독신자로 볼 것이다. 여기에 최소한 혼인 적령에 이른 사람이라는 기준을 추가한다. 그러나 이 기준을 유연성 있게 적용할 것임을 밝혀둔다. 또한 이 연구의 의미를 살리기 위해서 독신자이면서도 결혼 모델(자유연애, 동거, 시민연대협약 등)을 따르는 사람들은 제외한다. 반대로 공공연히 독신을 표방하며 살다가 만년에 결혼한 사람들을 포함하는 경우가 있을 것이며 이때는 따로 표시를 하도록 하겠다. 좋은 예로 발자크를 들 수 있고 결혼하기 전에 '11인의 독신자' 라는 클럽에서 활동했던 쥘 베른도 이에 포함될 것이다.

독신의 생활방식을 연구하는 데에는 장기 독신과 완전 독신을 살펴보는 것도 흥미로울 것이다. 사실 독신의 역사는 실제로 독신으로 살았는지의 여부보다 독신자 자신이나 주위 사람들이 가진 독신에 대한 인식에 의해 만들어진다. 가능한 경우에는 통계를 참고할 것이며 독신에 관한 글에서도 풍부한 정보를 구할 수 있다. 인구 격감을 고발한 사람들은 독신자들과 자식을 낳지 않은 기혼자들을 싸잡아 공격한다. 독신 여성의 생활방식은 이혼녀의 생활방식과 흡사하다. 그러나 성(性) 과학자는 두 사례를 똑같은 방식으로 이해하지 않는다.

이러한 관점에서 나는 분석에 앞서 먼저 독신자들에게 발언의 기회를 주고 싶었다. 내가 하고 싶었던 이야기는 바로 그들의 이야기이며 실제로 존재하지도 않는 제도에 관한 이야기이다. 바로 그들의 이야기를 통해서만 독신이라는 파악하기 힘든 현실에 대해 긍정적 평가를 내릴 수 있기 때문이다.

참조 ▷ 이 연구의 틀은 대부분 나의 전작들과 유사하다. 즉 그리스도교 시대부터의 서유럽이 연구의 주를 이룬다. 다만 독신의 역사에서 특히 중요하게 보이는 고대 시대의 '기원'에 관해 좀더 많은 연구를 했다. 근대국가가 형성된 이후에 독신은 점점 복잡한 양상을 띠게 되므로 일관성을 유지하기 위해 연구 대상은 프랑스로 한정했다. 간혹 중요한 사건(파시스트 이탈리아 혹은 나치 독일이 시행한 독신 제재법 등)을 다룰 경우에는 범위를 좀더 넓혔다.

Chapter 1
고대 문명 속 독신

도시국가의 운명이 개개인의 손에 달려 있지는 않지만 개인은 도시국가에 대해 결혼과 출산의 의무를 지녔다. 따라서 독신은 공동체에 대한 개인의 주장이 된다. 개인주의적 문화의 영향으로 공동체가 집단의식을 잃을 때 독신이 발달하는 것이다.

Les civilisations antiques

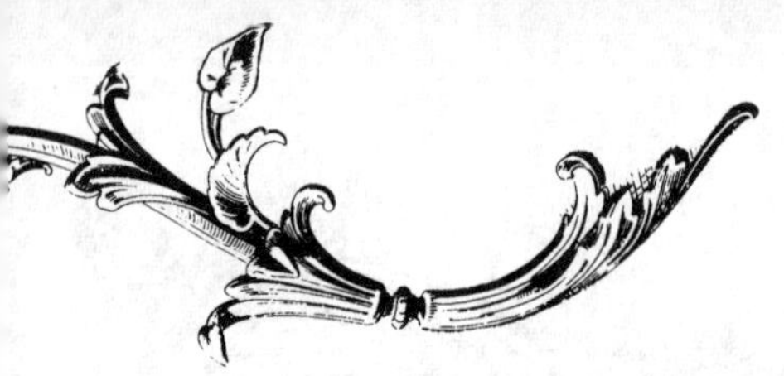

• • •

"생육하고 번성하여 땅에 충만하라, 땅을 정복하라."(창세기 1:28) 이것이 바로 신이 자신의 형상대로 만든 인간에게 내린 첫번째 계명이다. "생육하고 번성하여 바다에 충만하라. 새들도 땅에 번성하라 하시니라."(창세기 1:22) 이것은 인간에 대한 계명 이전에 물고기와 새들에게 내린 명령이다. 야생짐승과 가축이 탄생하고 종마다 씨앗을 퍼뜨리는 풀이 자라 땅은 번성했다. 태초에 만물은 생명을 퍼뜨리기 위해 번식해야 했다. 그런데 왜 유독 인간만이 번식을 위해 결혼해야겠다고 느낀 것일까?

짝짓기는 동물에게서 나타나는 행위이며, 짝짓기를 하지 못한 동물은 당연히 고독을 감당해야 했다. 그래도 결혼해야겠다는 생각 뒤집어 말하면 독신으로 지내야겠다는 생각은 인간이 아니면 하기 힘들다. 원래 결혼이란 커플에 대한 인식과 관계의 공식화를 뜻한다. 반면 독신은 본인의 고독을 감수하거나 내세운다는 의미이다. 결혼과 독신을 대립시키는 것은 의식의 문제이며 따라서 인간만의 특성이라 할 수 있다. 독신으로 지내는 남자와 혼자 지내는 늙은 늑대 사이에는 항상 존재론적 차이가 있게 마련이다. 그러므로 결혼이나 수치의 역사와 마찬가지로 독신의 역사는 인간적 영역에 속한다고 할 수 있다.

그런데 생식이 종 즉 육체의 불멸을 보장한다면 이에 대한 인식(영혼, 정신)은 종교적인 영역을 제외하고는 점점 사라지고 있다. 종을 지속시키려는 욕구나 희망이 있어야 가족의 성(姓)이나 유산, 제사를 통해 세대간의 관계를 돈독히 할 수 있다. 이런 측면에서 제사는 최초의 종교 의식으로 결국 결혼을 전제하게 되었다.

고대 문명에서는 종교가 결혼의 기초를 이루었다. 결혼식을 통해 세대간의 신성한 관계가 맺어져야만 조상을 숭배할 수 있었다. 물론 서자들은 유산뿐만 아니라 이 의식에서도 제외되었다. 따라서 독신자는 의도적이고 의식적으로 자신이 아버지에게 했던 것처럼 제사를 지내줄 후손을 보지 않은 셈이 된다. 이는 사후의 자살이나 마찬가지였으므로 두 배로 비난받을 일이었다. 기원전 4세기경 데모스테네스(Demosthenes, 기원전 384~기원전 322)의 스승이었던 그리스의 변론가 이사이오스(Isaios)는 이 간단한 원리를 잘 설명해주고 있다. "사람은 누구나 죽음에 대해 자신에게 이득이 되는 방향으로 대처한다. 자신이 죽은 후에 살던 집이 방치되지 않기를 바라며 누군가가 남아 장례식을 치러주고 제사를 지내주기를 바라는 것이다."[1] 생존을 확보하지 않는 것은 신의 질서에 대한 정면 도전이었다. 선택으로 독신자가 된다는 것은 난센스로 비춰지거나 반항으로 여겨졌다.

후사를 통해 육체의 사슬이 이어져 내려간다면 결혼은 영혼의 사슬을 잇는 매개 역할을 한다. 아들을 낳으면 그 아들이 언젠가는 인간이 궁극적으로 도달해야 할 신의 사제가 될 것이다. "사람은 사제로 태어나 신으로 죽는다. 이를 위해서는 종교적 결혼이 전제되어야 한다. (중략) 독신자의 삶을 선택하는 것은 이생에서 저주를 받고자 하는 것과 마찬가지이다."[2] 이런 상황에서 왜 굳이 공동의 규칙을 깨려는 것인가? 그 명분은 절대적이고 의미가 있어야 했다.

물론 어쩔 수 없이 독신이 되는 경우도 있었다. 동물 사회에서는 우두머리 수컷이 법을 정하는데, 원시 인류 사회도 사정은 별반 다르지 않았을 것이다. 기형, 선천적 허약함, 불구, 성 불능 혹은 성욕 감퇴 등의 원인이 있었을 것이다. 그러다가 사회생활이 확립되고 여러 가치들이 등장하며 인간의 감정이 더욱 정교해지자 추함, 가난함, 수줍음의 요인도 결혼에 심각한 장애가 되었다. 불가능이 금기로 탈바꿈한 것이었을까? 공자는 화목하지 못한 가정의 여자, 의무와 효를 경시하는 가정의 여자, 음탕한 여자, 불명예스러운 오점을 가진 여자, 유전병을 앓는 여자 등 다섯 종류의 여자와는 결혼을 금했다.[3]

독신이 법적으로 의무화된 경우도 있었다. 그리스도교 교회법은 성적으로 불구인 경우 결혼을 하지 못하도록 했다. 단 불임의 경우는 예외였다. 그러나 항상 예외는 존재한다. 유산을 온전히 보존하려는 가문의 원칙 때문에 자식들이 독신으로 살아야 하는 경우가 많았다. 자연, 법 혹은 가족에 의해 강요당한 독신의 고통스러운 현실도 우리는 간과할 수 없다.

그러나 우리는 무엇보다도 스스로 결정하고 스스로 책임지는 독신을 살펴볼 것이다. 이는 인생에 있어 하나의 선택이므로 독신에 대한 충분한 고찰 혹은 적어도 기존 사회질서와의 단절에 대한 인식을 필요로 한다. 사회가 독신을 조장한 경우이든(성직자의 독신) 개인이 주관적 선택으로 책임을 지는 경우이든 독신은 개인을 공동체로부터 소외시키는 결과를 낳기 때문이다. 부족이(특히 가장이) 독신에 대한 결정을 내린 것이 아니라면 독신은 분명 단절을 뜻한다. 이는 기존 사회질서에 대한 반항이며, 스스로 세대를 끊어버린다는 의미에서 혈육에 대한 거부이고, 상속인을 더 이상 낳지 않는다는 측면에서 가족의 전통을 지킬 의무에 대한 반대가 된다. 이 모든 이유 때문에 고대 문명에서 독신은 처벌의 대상이 되기도 했다.[4]

어쨌든 독신으로 살겠다는 결정은 큰 의미를 띠고 있었다. 무엇보다 그토록 중요한 의무를 포기한 데에는 더 강력한 동기부여나 의무가 있을 것이다. 가족의 질서에 대한 반항 외에 세대보존이라는 단순한 의미를 뛰어 넘어 삶에 다른 의미를 부여하길 원했다는 점에서 독신을 살펴보아야 한다. 석가모니는 고행에 나서기 전에 가정의 일원으로서 의무를 다하고 아들을 낳았지만, 그가 세상을 등지고 산 것은 세상의 규칙에서 인간을 해방시킨다는 의미를 지닌다. 《마하바라타(인도 고대의 산스크리트 대서사시—옮긴이)》에서는 고행의 길을 떠나려는 아들에게 아버지가 속세를 등지기 전에 결혼하고 가정을 꾸미라고 부탁하는 구절이 나온다. 아들은 인생의 덧없음을 논하며 아버지의 부탁을 거절한다.[5] 이 이야기는 가치의 충돌, 이상과 타협하지 않는 자의에 의한 선택을 보여준다. 이 새로운 인식의 등장은 자신을 객관적으로 바라보고 스스로를 판단할 수 있는 문명의 존재를 의미한다. 이러한 철학적 혹은 종교적 인식은 문제를 제기할 수 있을 만큼 충분히 성숙한 문명이 존재해야 가능하다. 독신은 결혼보다 더 문명적인 행위라고 할 수 있다.

• 페르시아 : 자식은 의무다 •

기원전 1세기 폰투스왕국의 왕이었던 미트라다테스에게는 록사네와 스타테이라라는 두 누이가 있었는데 이들은 '평화로운 케라소스에서' 마흔이 넘도록 독신으로 살고 있었다. 누이들은 왕의 정식 부인인 키오스의 베레니스와 밀레토스의 모님이 살던 내실에서 같이 살았다. 누이들은 모님의 결혼생활을 보고 그다지 결혼하고 싶은 마음이 들지 않았을 것이다. 미모가 빼어났던 밀레토스 출신의 모님은 선물 공세를 펼치던 미트라다테스의 구애를 계속 거부했다. 그러다가 미트라다테스는 왕비 관과 형식을 제대로 갖춘 결혼 계약서를 들이밀었다. "그 후로 모님은 불행했고, 자신의 미모로 인해 남편 대신 주인을 섬기고 집과 가정 대신 야만스러운 병사들을 돌보게 된 것을 한탄했다."

이 말 한마디에서 우리는 이오니아의 그리스 식민지에서 다소 자유를 누렸던 밀레토스 여인이 폰투스 왕의 내실에 들어가 사는 것을 얼마나 힘겨워했는지 알게 된다. 왕의 누이들은 그녀를 통해 외국의 군주와 결혼하면 먼 곳에서 외로이 갇혀 살지도 모른다고 겁을 낸 것이었을까?

미트라다테스 왕은 로마 장군 루쿨루스에게 패하자 시종을 보내어 여자들에게 자결을 명했다. 여자들은 가장 편한 방법을 선택할 수 있었다. 모님은 왕관으로 목을 매려 했지만 실패했고 환멸에 찬 말을 내뱉었다. "이런 것에도 쓸모가 없는 왕관이로군!" 독신이었던 두 누이들은 독을 택했다. 록사네는 미트라다테스에게 욕설과 저주를 퍼부으며 독약을 마셨고 반대로 스타테이라는 "험한 꼴을 당하지 않고 자유롭게 죽도록 해주었다"며 그를 칭찬했다고 한다.[6]

헬레니즘의 영향을 받은 미트라다테스의 왕국은 옛 페르시아의 기억을 멀리 지워버렸을 것이다. 하지만 초기만 해도 중동 문화는 종교와 가정에 대한 의무를 명목으로 독신을 엄하게 벌했다. 지중해까지 뻗어갔던 광활한 제국에 페르시아의 문화가 퍼져갔고 종교와 일상생활에 대한 지침을 담고 있는 마즈다교의 실용서인 《사드 다르(Sad dar, 백 개의 장)》는 독신에 대한 저주를 세밀히 열거하고 있다. 《사드 다르》는 토마스 하이드(Thomas Hyde)가 라틴어로 번역(Historia religionis veterum Persarum, 1700년)하여 서양에 처음 알린 마즈다교 경전 가운데 하나이다.

《사드 다르》의 18번째 지침은 결혼에 관한 것이다. "남자가 젊었을 때 결혼하고 아이를 낳기 위해 노력을 기울이는 것은 반드시 필요하다. 여자의 경우도 마찬가지로 결혼하고 싶은 소망을 키우는 것이 중요하다." 계시록에서도 자식이 이룩한 '모든 의무와 선행'은 마치 부모가 스스로 행한 것처럼 부모의 것이 된다고 했다. 그래서 pur(아들)라는 단어는 pul(다리)을 뜻하기도 한다. 자식들은 세대를 이어주는 다리 역할을 할 뿐만 아니라 영생으로 가는 다리이기도 하다. 바로 그 유명한 보응(報應)의 다리(Cinvato peretush)를 건너 부모는 다른 세상으로 들어갈 수 있었다.

그래서 아이를 낳지 않은 자는 '다리가 끊긴 사람'으로 불렸다. 저 세상으로 가는 길이 끊겨서 그곳에 닿을 수 없게 되어 버린 것이다. 이런 사람은 보응의 다리 입구에 머무를 수밖에 없다. 살아 있는 동안 제아무리 많은 의무를 지켰고 선행을 했더라도 그것을 '자신의 몫으로 쳐주지 않기' 때문이다. 그리고 부모의 종교적 의무를 완성할 '대리인'은 자식이기 때문이다. 따라서 자식을 낳지 않으면 의무를 다하지 못하게 된다. 죽은 후 보응의 다리에 닿은 사람은 대천사장을 만나 이런 질문을 받는다. "세상에 확실히 네 대리인을 데려다 놓았느냐, 아니냐?" 그렇지 못한 경우에는 모두 다리 밑으로 내려가야 하고 "영혼은 그 자리에 머물러 고통과 괴로움을 느낄 것이다".

엄격한 심판을 적용시킬 때는 항상 도망갈 구멍을 마련해주어야 한다. 심판은 독신자만이 아니라 불임 부부에게도 내려진다. 의도가 아니라 결과를 벌하는 것이다. 그래서 《사드 다르》는 자식을 낳을 수 없는 남자는 입양할 수 있다고 덧붙인다. 생전에 아이를 입양하지 않았을 경우에는 사제와 친지들이 사후에 입양을 시켜줄 수 있다. 이는 고인을 위해 반드시 지켜주어야 하는 의무였다. 이 의무를 저버리면 저주받은 영혼은 사제와 친지들이 죽을 때까지 보응의 다리 앞에서 기다리고 있다가 신경을 써주지 않았다고 그들을 비난하게 된다. 천사들은 사제와 친지들의 선행을 거두어 자식 없이 죽은 영혼에게 부어주었고, 죽은 자에게 입양할 아이를 지명하는 의무를 이행하지 않은 자들은 저세상에 들어가지 못했다.[7] 그나마 독신자들에게는 얼마나 다행스러운 일이며, 또한 이 얼마나 사제들의 책임감을 드높이는 효과적인 종교인가!

• 고대 이스라엘 : 독신자는 인간이 아니다 •

시므온 벤 아자이(Simon Ben 'Azzaï)는 2세기에 매우 유명했던 팔레스타인 탄나(tanna, 교사)[8]이다. 경전 연구에 온 힘을 쏟은 것으로 유명한 벤 아자이는 《탈무드(Talmud)》에 많은 잠언을 남기기도 했다. 경전 연구의 소명은 매우 많은 희생을 요구했기 때문에 벤 아자이는 스승인 랍비 아키바(Akiba)의 딸과 치르기로 한 혼사까지 미뤘다.

이는 당시로서는 매우 흔한 일이었다. 실제로 《탈무드》에는 율법 학교에서 12년 동안 공부하기 위해 결혼식 날 신부를 남겨두고 떠나는 남자들의 이야기가 자주 등장한다. 랍비 아키바도 결혼식 후 이처럼 행동했다. 12년이 지난 후, 그는 제자 1만 2000명을 거느리고 귀향했다. 그런데 집에 돌아오자마자 그는 아내와 장인어른이 나누는 대화를 엿듣게 되었다. 남편이 자기를 두고 떠나버렸건만 아내는 친정아버지와의 독대 후 다시 12년의 이별을 받아들일 수밖에 없었다. 아키바는 아내에게 인사 한마디 건네지 못하고 다시 집을 나섰다. 그로부터 다시 12년 후, 이번에는 그가 제자 2만 4000명을 거느리고 돌아왔다. 아내는 그런 남편이 자랑스러웠고 그 자부심을 딸에게 물려주었다. 딸도 어머니만큼 강한 성격의 소유자였고 어미니의 본보기를 그대로 따랐던 것 같다. 기록을 보면 "양들이 서로 따르고 닮아가듯, 딸은 어머니처럼 행동한다."라고 되어 있다. 하지만 불행히도 시므온 벤 아자이를 손꼽아 기다렸던 랍비 아키바의 딸이 들인 노력은 헛수고로 돌아가고 말았다. 그녀는 혼인도 하지 못했다. 벤 아자이가 율법 연구를 좀처럼 그만두지 않았기 때문이다.[9]

그러나 훌륭한 탈무드 학자였던 벤 아자이는 결혼을 권장했고 독신을 엄격히 질책했다. 독실한 학자들이 "무릇 사람의 피를 흘리면 사람이 그 피를 흘릴 것이니"(창세기 9:6)라는 창세기 구절을 읊조리며 살인으로 간주할 수 있는 행위들을 열거하자 벤 아자이는 자신이 독신이라는 사실을 잊고 그런 행위 중 하나로 '자손 번식 행위를 하지 않는 것'을 꼽고 말았다. 랍비 엘리에젤 벤 아지리야(Eléazar ben Azaria)는 그를 호되게 꾸짖었다. "말이란 행동하는 자의 입에서 나왔을 때 아름다운 법이다. 벤 아자이는 말은 잘하지만 그 말을 실천하지 않는다." 이 말에 벤 아자이는 대꾸했다. "내 영혼은 토라(Torah)에 온전히 바쳤다. 세상은 나 없이도 잘 돌아갈 것이다."[10] 벤 아자이는 세상을 놀라게 하면서 독신임을 당당히 주장했고 자신의 처지를 고전적인 논리로 정당화한 것이다.

어쩌면 랍비 아키바의 딸은 약혼자를 다시 볼 수 있었을지도 모르겠다. 그러나 로마가 일신교를 박해하던 시기에 벤 아자이의 이름은 하드리아누스 황제 치하의 순교자 리스트에 올라가버리고 말았다. 그리하여 벤 아자이는 독신으로 살다가 독신으로 죽었다.

아담을 창조한 후 야훼 엘로힘은 "사람이 독처하는 것이 좋지 못하니"(창세기 2:18)라고 했다. 이 명령은 신 즉 인류의 기원에서 유래하여 이후 헤브라이 민족의 정신을 지배하게 되었다. 독신을 경멸하는 사람들은 일제히 목청 높여 〈전도서〉의 바에 솔리(Vae soli)를 외쳤다. "홀로 있는 자에게는 화가 있으리라."(전도서 4:10) 그러나 이 저주받은 독신의 개념은 훨씬 더 광범위하게 이해되어야 한다. 당시 독신은 가족이나 부족이 없는 자를 말했다. 형제자매가 없어 일을 할 때나 적과 싸울 때 전혀 도움 받을 곳이 없는 자, 온기를 나눠 줄 사람이 없어 홀로 잠드는 자, 넘어졌을 때 일으켜 세워줄 사람이 없는 자를 가리켰던 것이다. 〈집회서〉도 독신자를 물질적인 면에서 비유하고 있다. "영토에 울타리가 없으면 침략을 당하듯이, 여자가 없는 남자는 신음하고 빗나가게 된다."(집회서 36:25) 결국 결혼을 해야 올바른 길을 간다는 의미이다. 삼손과 같이 신에게 몸을 바친 헤브라이의 수도사들도 여자를 완전히 포기한 것은 아니었다.

세상의 덧없음을 서술하는 〈전도서〉는 위험이 닥쳤을 때 홀로 사는 남자의 고통을 언급하고 있다. 반면 법조문에는 결혼의 의무가 보다 자세히 명시되어 있는 것을 볼 수 있다. 예를 들어 수혼제에 관한 법은 형이나 동생이 죽었을 때 자식이 없으면 형수 혹은 제수와 결혼하도록 정하고 있다. "그 여인의 첫 아들로 그 죽은 형제의 후사를 잇게 하여 그 이름을 이스라엘 중에서 끊어지지 않게 할 것이다."(신명기 25:6) 즉 고인의 이름을 후대에 남겨야 한다는 이유로 성서에서는 결혼과 후사의 의무를 정당화하고 있다. 예언가는 이스라엘 여자들에게 결혼할 남자가 없다는 것을 수치로 여기도록 했다. "그 날에 일곱 여자가 한 남자를 붙잡고 말하기를 우리가 우리 떡을 먹으며 우리 옷을 입으리니 오직 당신의 이름으로 우리를 칭하게 하여 우리로 수치를 면케하라 하리라."(이사야 4:1) 헤브라이 성서에는 신의 법을 어기는 독신은 그 단어조차 등장하지 않는다. 마치 결혼을 하지 않는 것은 생각조차 할 수 없고, 입으로 내뱉기조차 힘든 일이라는 듯이 말이다.[11]

성서를 바탕으로 《탈무드》는 독신을 더욱 죄악시한다. 《탈무드》에 따르면 인간은 신의 형상에 따라 만들어졌으므로 인간 사회 전체는 신의 전반적인 모습을 띠어야 한다. 따라서 결혼을 하지 않는 것은 신의 모습과 멀어지는 것이다.[12] 랍비 엘리에젤은 결혼을 하지 않는 것은 아담만이 아닌 아담과 이브 모두에게 불어넣어진 인간의 본성을 포기하는 일이라고 여겼다. 창세기는 "하나님이 자기 형상 곧 하나님의 형상대로 사람을 창조하시되 남자와 여자를 창조하시고"라 하지 않았던가? 따라서 《성서》의 결론은 흔들릴 수 없는 논리로 무장하고 있다. 즉 "독신자는 인간이 아닌 것이다." 생명을 탄생시키지 않으려는 것은 살인이 될 수도 있다. "독신으로 사는 것은 살인과 같은 중죄이다."[13]

이런 극단적인 사고방식은 유대민족이 곳곳에 흩어져 박해받으며 살아서 인구과잉보다는 정체성과 생존의 문제에 직면했었다는 것으로 이해할 수 있겠다. 반면 결혼에 관한 고찰은 매우 정교하다. 결혼에 관해서는 어떤 법도 완전한 자유를 허락하지 않는 반면 무수히 많은 금기가 존재했다. 유대 사회는 대부분 독신을 수치스럽게 여겼다. 홀아비가 된 아버지도 이를 피해갈 수 없었다. "남자는 자식을 갖기 위해 결혼해야 한다. 이미 낳아놓은 자식이 있을 때에만 결혼을 피해갈 수 있다."라고 《미슈나(Mishna, 반복 학습이라는 뜻으로 《성서》 이후 가장 오래되고 권위 있는 유대 구전법 수록집—옮긴이)》는 적고 있다. 이에 대해 《게마라(Gemara, 미슈나에 대한 랍비들의 해석과 주석—옮긴이)》에는 이렇게 나와 있다. "사무엘이 말했다. 자식이 있더라도 독신으로 사는 것은 금한다."[14]

결혼을 피할 수 있는 사람들은 매우 심각한 육체적 결함을 가진 자들뿐이었다. 《미슈나》에 따르면 고환에 상처가 있는 자 혹은 성기의 귀두가 잘려나간 자는 결혼을 해서는 안 된다고 되어 있다. 이들은 자식을 낳을 수 없기 때문이다. 모세의 율법에 의하면 이들은 여호와의 총회(신명기 23:2)에도 들어가지 못한다. 그러나 귀두가 조금이라도 남아 있다면 그것이 '머리털만큼 얇다 하더라도' 결혼을 할 수 있다. 게마라는 이 머리털 이야기를 교묘히 피해가기 위해 불임이 되는 경우와 그렇지 않은 경우가 무엇인지 정의하는 사변을 길게 늘어놓는다.[15] 자식을 낳아야 한다는 의무는 독신을 비방하는 주요 근거가 되었으며, 특히 사람들은 결혼이 불가능한 경우를 최소한으로 제한했다.

그러나 기원전 5세기의 《성서》에서 4~5세기의 《탈무드》에 이르는 사이 그리스 문화에 동화된 알렉산드리아의 유대인들에게는 변화가 일어났다. 기원전 1세기에 지중해의 대도시들은 주변의 다양한 문화들이 변형시킨 도덕을 수용하여 새로운 도덕을 만들었다. 이제 독신은 더 이상 죄악시되지 않았고 후사를 이어야 한다는 생각도 절대적 가치를 상실했다.

그리스도교의 바탕이 되었던 이 새로운 경향을 앞으로 다시 언급하게 될 것이다. 중요한 것은 유대 사상가들이 이런 보편적인 사고를 할 수 있었다는 점이다. 또한 몇 세기가 흐른 후 그들이 왜 또다시 과거의 엄격함으로 돌아갔으며, 왜 더 극단적이 되었는가 하는 것이다. 유대인들이 그로부터 2세기 후에 전 세계로 흩어져 정체성을 잃지 않았더라면 그들의 윤리는 그리스나 로마 사회의 윤리와 동일한 변화를 겪었을까? 물론 그랬으리라고 섣불리 단정할 수는 없다. 그러나 유일서에 나타난 엄격한 일신론이라는 바탕과 전통을 공유한 그리스도교는 세력이 확대되어 좀더 유연하고 새로운 사회상을 발전시킬 수 있었고, 그 기반을 마련한 사람들은 바로 그리스 문화에 동화되었던 알렉산드리아의 유대 사상가들이었다.

• 그리스 : 독신에 대한 철학? •

고대 그리스의 유명한 장군이었던 에파미논다스(Epaminondas, 기원전 418~기원전 362?)에게는 부족한 것이라고는 없었다. 정말 아무것도 부족하지 않았다. 아내와 자식들만 빼면……. '그리스인들의 사랑' 에 대해서는 많은 편견이 존재하지만 당시 독신은 아직 수치스러운 것이었다.

몰락한 귀족 가문 출신의 '청년 에파미논다스' 는 보이오티아의 테베에서 수준 높은 예술 교육을 받았다. 당시에는 음악, 무용, 철학을 사랑하는 것과 군사훈련을 받는 일이 동등하게 여겨졌다. 그래서 병사가 검을 칠현금과 맞바꾼다고 해도 얼굴을 붉히는 분위기는 아니었다. 기원전 371년 에파미논다스는 테베 민중 정당의 지도자 중 한 명이었던 친구 펠로피다스와 함께 보이오티아 동맹의 제1행정관 보이오타르크로 선출되었다. 그는 스파르타와 평화협정을 맺으려 하였으나 실패하고 말았다. 군대를 재정비하고 새로운 전술을 개발한 그는 보이오타르크로 선출된 바로 그해에 레욱트라에서 스파르타 군대를 물리쳤다. 이로 인해 보이오티아의 화려한 시대가 도래했다. 에파미논다스는 그리스 중앙부 전역에 테베와의 동맹을 강요했고 기원전 370년에는 펠로폰네소스를 점령했으며 새로운 동맹인 메세니아를 구축했다.

젊은 전략가의 미래는 창창해 보였다. 그러나 그를 둘러싼 주위의 시기도 만만치 않았다. 에파미논다스가 자리를 비운 사이 그를 시기하던 세력은 전쟁에 지친 민중을 선동하여 봉기하게 했다. 그는 정해진 임기를 넘기면서 지휘권을 행사했다는 이유로 재판에 회부되었는데 이때 손쉽게 여론을 자기편으로 되돌릴 수 있었다. 그러자 소송을 걸었던 메네클리데스는 개인적인 약점을 공격했다. 그는 에파미논다스가 결혼을 한 번도 하지 않았다고 비난했다. 나이 오십이 다 되어가는 전술가에게 결혼할 시간은 충분했을 것이다. 플루타르코스에 따르면 에파미논다스는 '조상 대대로 가난하게 살아온 터라' 철학에 전념하고 주저 없이 독신을 선택함으로써 '가난을 더 쉽고 가볍게 견딜 수 있었다'.[16] 즉 독신은 가난에서 비롯한, 그리고 철학을 공부하기 위한 자의적 선택이었다. 그의 독신에는 벤 아자이나 《마하바라타》의 젊은이 이야기처럼 숭고한 목적이 있었던 것이다.

하지만 메네클리데스가 그의 독신을 상기시켜준 것은 분명 실수였다. 본인의 결혼도 자랑할 만한 점이 없었기 때문이다. 메네클리데스는 그 대가를 치루었다. 당시 그를 둘러싸고 불륜에 관한 소문이 떠돌고 있었다. 에파미논다스는 그에게 반격을 가했다.

"메네클리데스, 이제 그만 좀 해두시지! 결혼에 대한 질책이라면 신물이 나는군. 자네가 그토록 소중히 생각하는 결혼에 관해서라면 자네만 빼고 다른 사람들의 충고는 모두 받아들이겠네."[17]

그의 말 속에 감춰진 의도를 모르는 사람은 없었다. 이후 메네클리데스는 다시 펠로피다스를 공격했다가 테베에서 영원히 추방되었다.

그러나 펠로피다스도 친구를 그냥 내버려두지 않았다. 그는 에파미논다스가 자식을 낳지 않아 조국에 해를 끼쳤다고 비난했다. 그의 행동은 섣부른 것이었다. 자기 아들도 그리 좋은 평판을 얻지는 못했기 때문이다. 에파미논다스는 친구에게 이렇게 답했다.

"그런 자식을 두어서 조국에 더 해가 가지 않게 조심하게나."

그리고 이런 말도 덧붙였는데 그의 답은 미래에 그대로 실현되었다.

"왜 내 가문이 이대로 끝난다고 생각하는가? 내 자식은 레욱트라 전투일세. 이 자식이 내가 죽은 후에 대를 이을 걸세. 그 정도가 아닐

세. 내 명성은 영원히 후세에 남을 걸세."[18]

원시사회에서 자식이 후세에 이름을 전하여 영적 대물림을 해야 했던 것으로 볼 때 명성은 자식을 대신할 수 있었다. 에파미논다스는 레욱트라 전투라는 자식만으로 만족하지 않았다. 그는 그리스 대도시들(아테네, 스파르타, 만테네이아)이 맺은 동맹에 맞서 펠로폰네소스에서 전쟁을 벌였고 이후 동맹군을 물리쳤던 만티네이아에서 전사했다. 그가 죽고 나자 테베도 그리스에 행사했던 정치적 영향력을 잃어갔다. 테베가 헤게모니를 장악할 수 있었던 것은 단 한 사람의 독신자 덕분이었던 것이다.

이 유명한 전략가는 고대 그리스 사람들의 의식 변화를 보여주는 좋은 사례이다. 당시 독신은 비난받을 만한 일이었지만 그렇다고 그리스 사람들이 불행한 결혼을 선호한 것도 아니었다. 그들은 남자는 결혼보다는 철학에 더 뜻을 두어야 한다고 보았다. 글쓰기와 역사, 문학이 중요했던 나라였기 때문에 반드시 자식이 있어야 죽어서도 이름을 남길 수 있다고는 생각하지 않은 것이다. 에파미논다스는 레욱트라 전투의 아버지였으며 그것은 세상 모든 자식을 갖는 것보다 더 가치가 있었다.

고대 문명에서는 인간의 상황이 신화에 그대로 투영되는 경우가 많았다. 제1세대에 속하는 신들은 모두 결혼했다. 이 시기에는 천지창조, 거대한 전투, 거인과 신의 싸움이 벌어졌고, 경쟁 관계에 있는 족속은 무력으로 권력을 잡았다. 제우스는 전쟁에서 승리하여 올림피아에 정착하게 되는데 그의 승리는 무엇보다 가족들의 승리였다. 제우스는 아내, 자식들과 함께 땅과 하늘을 다스렸고, 형제들은 바다와 지옥에 군림했다. 제우스 세대에는 신들이 결혼한 경우가 자주 있었다. 하데스와 페르세포네, 포세이돈과 암피트리테, 제우스와 헤라가 대표적이다. 이 세대에는 벌써 미혼모(데메테르)도 존재하고 처녀(헤스티아)도 있었지만 가장 큰 세 권력은 정식으로 결혼한 부부가 쥐고 있었다. 이들은 결혼의 특권을 유지하기를 원했다. 헤라는 바로 결혼의 수호신이기도 했으며 불타는 질투심의 소유자이기도 했다.

그러나 올림피아 신들의 제2세대에는 아레스, 에일레이티아, 아테나, 아르테미스, 아폴론, 헤르메스, 뮤즈 자매들 등 독신자들이 특히 많았다. 물론 결혼한 신들이 없었던 것은 아니다. 아프로디테는 헤파이스토스와, 헤베는 헤라클레스와, 디오니소스는 아리아드네와 결혼했다. 그런데 이들에게서 태어난 자식들은 그리스 신화에서 부수적인 자리로 밀려나 있다. 마치 제2세대까지 모든 것이 완성된 듯이 말이다. 제2세대에서는 연인들의 만남, 강간, 사랑의 모험이 중요한 위치를 차지한 반면 가부장적인 그 윗세대 신들은 권력과 결부되어 있는 가정을 만들었다. 또한 제2세대 신들은 결혼했더라도 독신자처럼 살았다. 늙은 가장의 역할을 하던 제1세대 신들에 비하면 젊은이의 생활을 누린 것이다.

이들이 누리던 생활에는 모든 형태의 독신이 포함되어 있다. 정숙한 아르테미스나 여전사 아테나와 같이 가까이하기 힘든 처녀들이 있는가 하면, 젊은 장정들의 옷자락도 서슴지 않고 걷어 올리려는 아폴론 같은 못 말리는 색정들도 있다. 열정적인 연인들도 있었는데 아레스와 아프로디테의 사랑은 한결 같아서 사생아들이 줄줄이 탄생했다. 에로스와 안테로스, 데이모스와 포보스, 하르모니아와 프리아포스 등이 그들이다.

정숙했던 여신들도 결점이 없는 것은 아니었다. 그리스 · 로마신화에 대한 식견이 넓었던 백과전서파들은 여신들의 처녀성을 상대적으

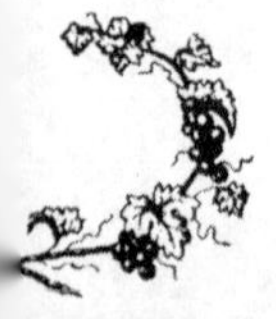

로 해석했다. 여신들이 카르멜회 수녀들은 아니었으니 말이다. "베스타는 (중략) 아이와 함께 나타난다. 이 아이는 어디서 생겨난 것일까? 미네르바는 마음속에 에렉테우스를 품고 있었으며, 불카누스와는 염문을 뿌렸고, 어머니의 자격으로 성전을 갖고 있다. 디아나에게는 그의 기사 비르비우스도 있었고 엔디미온도 있었다. 엔디미온이 잠든 모습을 바라보며 디아나가 느낀 기쁨은 많은 것을, 아니 처녀로서는 너무 많은 것을 암시한다. 미르틸루스는 메갈리온에게 교태를 부린다며 뮤즈 자매들을 탓하면서도 모든 뮤즈들에게 아이를 주고 이름을 지어주었다."[19] 그리스도교도인 작가에게는 모두 맞는 말이지만 그렇다고 독신이 문제가 되는 것은 아니었다. 처녀성을 섬겼다는 신화가 몇몇 존재하기는 하지만 고대 문명과는 동떨어진 이야기였다.[20] 인간 세계의 독신을 반영하는 신의 독신은 사람들의 의식 변화를 잘 보여주고 있다.

우선 권력에 관한 변화가 일어났다. 제1세대에서 전쟁이 끝나고 신들의 독신은 올림피아에 안정을 약속하는 담보물이 되었다. 제우스는 아버지인 크로노스의 왕위를 빼앗았으며 크로노스 자신도 아버지인 우라노스의 왕위를 찬탈했다. 왕권을 가지고 있던 첫 세대의 신들에 관한 전설은 출산 즉 후계의 문제에 관한 것이다. 크로노스가 자신의 아버지를 거세하고 자식들을 잡아먹었다. 시간의 흐름을 처음부터 끝까지 멈추려는 의도였다. 그래서 크로노스가 시간이라는 말로 의인화된 것이다.[21] 그가 아내 레아와 왕권을 독차지하기 위해 형제들을 타르타로스로 쫓아버린 것을 보면 크로노스는 부족 생활에서 가장 중요한 문제인 권력의 분배와 그로 인해 발생하는 경쟁관계를 구현한 것으로 보인다. 크로노스 이후에 제우스는 반대에 부딪히지 않고 올림피아를 다스렸는데 그에게 대적할 만한 왕국이 없었기 때문이다. 독신은 권력의 근원적 문제에 문명이 찾아준 답이었다. 이제 내전의 시대는 막을 내렸고 신들은 서로 화합했다. 인간들도 화합하길 바라듯이 말이다. 권력의 정당성에 대해 문제를 제기하지 못하게 하고 생활을 지속시키기 위해 결혼한 신들은 사랑 놀음에 빠졌다. 독신은 현상 유지를 위한 안전망이었다. 위대한 왕국은 제우스와 그 자식들의 세대에 끝이 났다.

권력의 문제와 문명의 발달 외에도 독신으로 지낸 신이나 영웅은 '정신적 신', 지성의 발현이었다는 점을 지적할 수 있다.[22] 아테나는 공예와 지성을 관장하고, 아폴론과 아홉 명의 뮤즈 여신들은 창조 활동을 관장한다. 그런가 하면 헤카테는 신비술의 신, 헤르메스는 글쓰기 · 교육 · 이론적 지식의 신이다. 아레스의 거친 힘은 아테나의 지성이나 신들의 재판소로부터 자주 지적을 받았다. 전쟁의 신 아레스는 기꺼이 패배나 유죄를 인정했다. 바야흐로 올림피아에는 다른 가치가 자리 잡게 된 것이다. 전쟁이라는 형국에서 원시적인 폭력을 썼던 그가 미의 여신(아프로디테)을 사랑하게 되고 지(知)의 여신(아테나)에게 굴복했다. 새롭게 등장한 이상을 이보다 더 잘 상징할 수 있을까?

물론 문명과 문화의 발달을 독신과 직접적으로 연결시키는 것은 지나친 과장일 것이다.[23] 결혼이 생리학적으로 후사를 보장해주기는 하지만 자식을 실제로 낳지 않는 사람들도 정신적인 대물림을 할 수 있다는 생각이 그리스 시대에 생겨나게 되었고 이는 신화에 잘 나타나 있다. 올림피아의 신들은 본의 아니게 플라톤주의자들이 된 것이다.

그리스의 대표적인 두 도시 스파르타와 아테네의 역사에도 독신에 대한 사람들의 태도 변화가 반영되어 있다. 스파르타에서는 리쿠르고스(Lycurgos)가, 아테네에서는 솔론(Solon)이 입법가로서 이름을 남겼다. 아카이아에서는 철학이 꽃피우면서 독신에 관한 규범이 다소 완화되었지만 스파르타에서는 여전히 엄격했다.

스파르타인들은 결혼을 재산 소유 및 유산 상속과 결부시켜 생각했다. 토지를 소유하고 있는 모든 시민 즉 맏형은 반드시 결혼해야 했으나 소유한 재산이 없는 동생들에게 결혼은 의무사항이 아니었다. 동생들은 유산을 상속받은 여자와 결혼할 때까지 형 집에 얹혀살았다.[24] 따라서 그리스 인구 중 독신으로 지내는 사람들이 분명 있었을 것이다. 다만 독신으로 살면 남에게 의존해야 했고 결혼을 해야만 자유로워질 수 있었다. 이때 독신은 자의적 선택이 아니라 어쩔 수 없이 강요된 것이었다.

전쟁을 많이 벌이던 스파르타에서 독신자들은 조국을 지킬 군인들을 낳아주지 못한다고 비난받았다. 리쿠르고스(기원전 9세기)는 역사상 가장 엄격한 법을 만든 스파르타의 전설적인 입법가이다. 그는 독신에 대한 가혹한 규칙을 제정했던 것 같다. 독신자들은 짐노페디(고대 스파르타의 제전으로 나체의 젊은이들이 합창과 군무로 신을 찬양했던 연례 행사—옮긴이)에 참관할 수 없었으며 "겨울에는 행정관들이 강제로 독신자들을 벌거벗겨서 광장을 돌게 하며 모욕을 주고 독신자들이 법을 어긴 만큼 벌을 받아도 싸다는 내용의 노래를 부르게 했다. 또한 독신자들은 명예를 얻지 못했고 나이 어린 사람들에게도 대우 받지 못했다."[25] 플루타르코스는 독신자들에 대한 멸시가 제도적으로 이루어진 경우를 예로 들기도 했다. 유명한 장군이었던 데르실리다스(Dercyllidas)는 자신에게 자리를 양보해주지 않는다며 한 젊은이를 나무랐다. 그러자 젊은이가 대꾸했다.

"다음에 내게 자리를 양보해줄 자식이 당신에게는 없잖습니까."

이 뻔뻔스러운 젊은이를 나무라는 사람은 아무도 없었다고 한다. 아테네(Athene, 3세기의 그리스 역사가이자 작가)에 따르면 독신자들은 제단 앞에 끌려가 여자들에게 몰매를 맞기도 했다.[26]

채찍, 노래, 공공장소에서 모욕주기 등 수치스러운 처벌을 행한 사람들은 독신자들의 이기주의 때문에 피해를 보았다는 사람들이었다. 남편을 얻지 못한 여자들이나 나라의 장래를 걱정하는 젊은이들이 바로 그들이다. 행정관들도 탄압의 주체가 될 수 있었다. '법으로 정한 일정한 나이'가 되었는데도 결혼하지 않은 사람들은 누구나 공적인 행동, 즉 독신을 처벌하는 행동 (agamiou graphê, 'Αγαμίου γραφή)의 대상이 될 수 있었다. 그러나 이러한 처벌의 구체적인 내용은 거의 알려진 바 없다.[27]

반면 아테네의 법률에 독신에 대한 처벌 조항이 있었다고 말하기는 어렵다. 솔론이 리쿠르고스와 비슷한 정책을 썼다고 생각할 만한 암시는 드물기 때문이다. 또 그렇다 하더라도 기록에 남아 있는 것이 없다.[28] 플라톤의 《향연(Symposion)》은 결혼이 법적으로 의무사항이었음을 암시하고 있다. '타고난' 동성애자들도 결혼을 해야 했기 때문이다. 남녀추니(androgyne)의 전설에 따르면 동성애자들은 태초에 두 남성 커플로부터 유래해서 남자들밖에 좋아할 수 없는 것이다. "동성애자들은 결혼이나 부성애에는 전혀 관심이 없다. 그것은 그들의 천성이다. 동성애자들에게 결혼과 부성애를 강요할 수 있는 것은 법뿐이다. 그러나 동성애자들은 평생 독신자로 함께 어울려 사는 것에 만족한다."[29]

설시 그런 법이 존재했다 하더라도 실행되지는 않았을 것이다. 아테네에 살았던 독신자들의 수나 상속에 관한 상소권 부재, 독신에 대한 찬양 등은 개인의 자유를 존중했던 아테네의 전통이 인구 감소에 대한 두려움을 앞섰다는 것을 증명한다. 독신에 대한 법적 처벌은 스파르타가 행했던 방식과는 분명 달랐을 것이다. 그러나 정식으로 결혼한 후 자식을 낳은 남자들은 적게나마 특권을 누렸던 것이 사실이다. 이들만이 전략가로 임명될 수 있었으며 국가의 이익을 위해 발언권을 행사할 수 있었다.[30] 사료를 제대로 해석한 것이라면, 독신자는 공적인 사안에는 처음부터 많이 관여하지 않은 것으로 보인다. 유부남에게는 지켜야 할 가족이 있으니 도시국가의 방어에 더 많이 관계하게 된다고 본 것일지도 모른다.

유일하게 인구정책을 제안했던 사람은 스파르타의 법을 찬미했던 플라톤이었다. 따라서 이 유명한 독신자가 자기변호만 했다고 비난할 수는 없을 것이다. 플라톤은 《법률(Nomoi)》 제6권에서 유토피아의 비타협성을 보여주고 있다. 이 책에서는 한 아테네 여행가가 식민지를 건설해야 하는 크레타 섬 사람과 가상의 토론을 벌여 이 문제를 언급한다. 토론 중 크레타 섬 사람은 자신이 생각하는 이상적인 도시국가의 법률을 자세히 열거한다. "결혼은 30~35세에 해야 한다. 인간이라는 종족은 불멸을 천성적으로 물려받았으며, 불멸에 대한 소망은 모든 인간이 갖고 태어나는 것이라는 생각 때문이다. 유명해지고 죽은 후에 무명씨로 남지 않겠다는 야망은 바로 이런 소망에서 비롯된 것이다." 고대 문화 대부분이 그렇듯이 세대를 통해 불멸을 이룬다. "신심이 두터운 자는 이 특혜를 스스로 빼앗기지 않는다. 아내와 자식을 갖는 일을 소홀히 한 자는 고의로 이 특혜를 빼앗긴다." 35세가 되도록 결혼하지 않은 자는 벌금에 처할 것이다. "독신으로 살면 이익과 부를 누릴 수 있다는 생각을 하지 못하게 하기 위해서이다." 스파르타에서와 마찬가지로 아테네에서도 독신자들은 공적인 명예를 누리지 못했다.[31] 하다못해 태형(채찍)도 이곳에서는 벌금으로 바뀐다. 아테네 사람들은 역시 고상한 사람들이다.

독실한 철학자였던 플라톤은 사회적인 이유에 종교적 이유를 덧붙였다. "내가 죽은 후에도 내 자식의 자식을 남기고 우리를 대신하여 신을 섬길 종을 만들어 영생해야 한다." 플라톤은 자신의 생각을 구체적으로 밝혀 결혼은 25~35세에 해야 한다고 주장했다. 이 나이를 넘기고도 결혼을 하지 않는 고집쟁이가 있으면, 그가 제1계급에 속할 경우 100드라크마의 벌금에 처한다. 제2계급은 70드라크마, 제3계급은 60드라크마, 제4계급은 30드라크마의 벌금에 처한다. 벌금이라기보다는 세금에 가까운 이 돈은 매년 거둬들여 결혼의 여신 헤라에게 바친다. 헤라 여신의 대리인에게 돈을 내는 것을 잊어버리면 벌금은 10배로 늘어난다. 신전에서 벌금을 내라고 요구하지 않았으면 대리인이 자신의 돈으로 벌금을 내야 한다. 스파르타와 마찬가지로 아테네 독신자들도 나이 어린 사람들의 존경을 받지 못한다. 나이 어린 사람들은 독신자들의 말을 따르지 않아도 되고, 독신자들은 이들에게 벌을 내릴 수 없다.[32]

플라톤이 지어낸 이 엄격한 규율은 분명 그대로 실행되지는 않았다. 이 규율은 모든 이상적 공동체의 바탕이 된 원칙, 다시 말해 공동체가 개인에 우선한다는 원칙에 충실할 뿐이다.

"당신과 당신이 말하는 재산은 당신의 소유가 아니다. 재산과 당신은 현재에도, 과거에도, 그리고 미래에도 당신이 속한 종족 전체의 소유이다. 그리고 당신의 종족과 당신의 모든 재산은 도시국가의 소유이다."[33]

도시국가의 운명이 개개인의 손에 달려 있지는 않지만 개인은 도시국가에 대해 결혼과 출산의 의무를 지녔다. 따라서 독신은 공동체에 대한 개인의 주장이 된다. 개인주의적 문화의 영향으로 공동체가 집단의식을 잃을 때 독신이 발달하는 것이다.

독신의 증가라는 새롭고도 가혹한 현실은 아테네의 변화로 설명할 수 있다. 아테네는 시민들이 결혼을 거부하는 것은 아닌가 할 정도로 두려운 상황을 맞이한다. 사회가 여자들을 매우 경멸했기에 여자들은 내실에 갇혀 지냈고, 공적인 생활을 영유할 수 없었으며, 스포츠, 정치, 철학, 군대라는 무대에서 배제되었다. 따라서 가정은 최고의 생활 장소가 될 수 없었다. 이 시대의 모든 문헌에는 늘 바깥 생활만 묘사되어 있고 남자들의 세계만 등장한다. 어떤 때는 누가 독신이고 누가 유부남인지조차 구별하기 힘들다. 플라톤의 《향연》에서 소크라테스는 자신이 크산티페와 결혼했다는 사실조차 잊어버린다.

아테네 생활의 중심은 광장이었다. 남자들은 자기들끼리 생활하며 행복을 느꼈고, 결혼은 버거운 의무였으며, 결혼에 자연적으로 끌리는 것도 아니었다. 플라톤은 《향연》에서 정치에 관심을 둔 남자들은 천성적으로 결혼에 관심이 없다고 했다. 그들을 움직이는 것은 남자들에 대한 사랑이기 때문이다. 결혼을 하게 하려면 법이 있어야 했다. 플라톤의 독신에 대한 고찰은 바로 여기서 출발한다.

기원전 5세기부터 아테네에서 갑자기 꽃피우기 시작한 철학은 사람들의 의식도 바꾸어놓았다. 전통의 권위는 이성에 자리를 내주었고, 개인의 가치는 공동체에 우선시되었다. 웃음을 머금은 채로 구체적인 예를 들어가며 결혼에 대해 격렬하게 반대하기 시작한 것은 바로 철학자들이었다. 이오니아 그리스 식민지에서 살았던 '현인들'(비아스, 탈레스)은 이 철학자들의 선배로서 좋은 본보기가 되었다. 스토아베우스(Stoabeus)에 따르면 탈레스는 결혼을 재촉받자 어머니에게 이렇게 대답했다.

"아직 이릅니다."

어머니는 아들의 말이 옳다고 생각하고 기다렸다. 그러나 아들에게 다시 결혼을 종용했을 때 아들의 짧고도 뻔뻔스러운 대답을 들어야 했다.

"이젠 늦었습니다."[34]

비아스의 경우에는 본인의 이름을 갖게 된 명제 속에 결혼을 가두어버렸다.

"미인이나 추녀와 결혼한다고 가정해보자. 아름다운 부인은 너를 배신할 것이고, 못생긴 부인이면 네가 배신할 것이다. 그러면 두 여자 모두 버려야 하니 결국 결혼하면 안 된다."[35]

물론 이 그럴싸한 추론을 뒤집는 것은 쉬운 일이다.

"아름다운 여자와 결혼하면 내가 배신하지 않을 것이다. 못생긴 여자와 결혼하면 내가 배신당하지 않을 것이다. 따라서 결혼해야 한다."

그러나 이 양극 사이에는 너무 예쁘지도 너무 못생기지도 않은 여자들이 많이 존재한다. 파보리누스(Favorinus, 2세기경에 활동한 로마제국의 회의주의 철학자 겸 수사학자—옮긴이)가 '결혼할 만큼만 아름다운 여자'라고 부른 여자들 말이다.

이런 논거들은 실효성이 있다기보다는 우스갯소리에 가깝다. 이런 주장들은 웃음을 주기 위해 제기되었고 결혼 문화를 심하게 해치지 않았다. 그러나 역사가들은 아테네 출신도 아닌 그리스 철학자들 중 독신자가 얼마나 많은가를 보고 놀라지 않을 수 없었다. 역사가들이 지목하는 철학자들은 데모크리토스, 플라톤, 제논, 에피쿠로스, 티아나에서 활동한 아폴로니우스, 탈레스 등이다. 자신의 오른손과 공식적으로 결혼했던 디오게네스도 있다. 플라톤의 《향연》에 기술된 5세기의 철학 세계에서 독신은 최초로 이론적 정당성을 확보했다. 기원전 420년에 열리고 그 다음 세대에 플라톤이 전해준(혹은 지어낸!) 향연에는 소크라테스와 그 시대 최고 지성들이 모여 사랑에 대해 논했다. 일단의 독신자들이 논하기에는 너무나 큰 주제였지만!

고대 사상에서 사랑(에로스)은 세계를 움직이고 영원히 존재하게 하는 우주의 에너지를 상징했다. 《향연》에서 소크라테스는 기존의 상징을 유지하면서도 여기에 새로운 의미를 부여했다. 인간에게 있어 불멸은 생산을 통해서만 가능하며 사랑은 미(아프로디테) 속에서 생산하도록 한다. 그런데 소크라테스는 두 명의 아프로디테가 존재하고, 불멸을 위해 서로 보완하는 두 가지 생산, 두 가지 출산이 존재한다고 했다. 육체의 출산과 영혼의 출산이 그것이다. 더 나아가 《향연》은 정신적 미의 우월성을 인정하고 있다. 영혼의 생산이 육체로 행해지는 생산보다 더 숭고하다. 교육, 가르침, 창조의 자식인 시와 문학, 법률은 인간이나 동물이 다를 바 없이 낳을 수 있는 육체적 후손과는 다른 차원의 정신적 결합이다. 영혼의 출산을 하는 자는 '내부에 신을 갖고 있으며' 때가 되면 출산을 위해 아름다움을 찾는다.[36]

이때부터 모든 문명은 이 논리를 가치체계에 받아들였다. 바울은 여자를 취하지 않고도 가르침을 통해 많은 자식을 낳았다. 아벨라르(Pierre Abélard)는 거세당했지만 자신이 세운 파라클레 대수도원의 수녀들이 자식이 되어 자신을 숭배해주었다. 니체는 이전에 소크라테스가 말했던 것을 라틴어로 바꾸어 Aut liberi, aut libri 즉 자식이 아니면 책이라고 말했다. 이렇게 서양에서는 처음으로 도시국가 내에서 분업이 이루어졌다. 자식을 낳은 자들과 지적 활동으로 도시국가를 풍요롭게 하는 자는 동등한 자격을 누리며 도시의 영속에 기여할 수 있었다.

플라톤이 인구 문제를 최초로 고찰한 것도 우연은 아닐 것이다. 플라톤은 《국가(Politeia)》에서 《향연》과는 또 다른 어조로 인구의 안정에 대한 우려를 나타낸다. 국가가 커질수록 이웃 국가들과 전쟁을 할 기회가 많아지고, 국가의 통일이 위험에 처하게 된다. 대화에 등장하는 소크라테스는 중용에 집착하여 그때부터 벌써 맬서스의 인구론인 산아제한을 주장한다. 우생론이라고 할 수 있는 그의 주장은 우리가 다 알고 있듯이 역사적으로 비참한 사건을 낳고 말았지만 말이다. 소크라테스는 지식 계층은 더욱 단합해야 하며 '열등한 자들'의 단합은 줄어들어야 한다고 주장했다. 또한 지식층의 자손들만 교육할 것도 강조했다. 이러한 정책을 공식적으로 집행하게 되면 분열을 야기할 수 있으므로 현명한 행정관이 은밀히 그리고 '불법적으로' 진행해야 한다.

이렇게 인종을 개량한다는 이유로 독신으로 살아가야 하는 사람들도 있었다. 행정관은 결혼할 쌍의 수와 교육시킬 자식의 선택권, 시민들이 여성을 만나는 것 등을 관리했다. 플라톤은 결혼과 출산을 연계시키는 것을 이상적으로 보았다. 종교 의식을 통해 결혼한 사람들에게서 아이가 태어나야 하고 그렇지 않으면 사생아로 간주된다. 그러나 이렇게 맺어진 결혼이 성 관계와 반드시 연결되는 것은 아니었다. 국가에 자식을 낳아줄 수 없는 나이 즉 여자 나이 40세, 남자 나이 55세가 넘어가면 아무하고나 잠자리를 할 수 있었고 이는 불륜죄로 보지 않았다. 단 나이가 들어 맺는 이런 관계에서 태어난 아이들은 교육을 받을 수 없었다.

이 또한 적어도 고대 그리스에서는 그대로 적용되지 않은 이상향에 불과했다. 그러나 독신이 최초로 진정한 이론적 정당성을 확보한 시대에 산아제한과 우생론이 동시에 거론되었다는 사실은 매우 흥미롭다. 그리스 특히 아테네는 다양한 방면에 걸쳐 많은 사상을 혼합했고 그 사상들은 그리스의 뒤를 잇는 문명들이 더욱 발전시켜 나갔다.

• 로마 : 독신자에게 세금을 물리다 •

사랑, 술, 인생의 낙. 호라티우스(Quintus Horatius Flaccus, 기원전 65~기원전 8)의 쾌락주의는 그 유명한 말 카르페 디엠(Carpe diem) 즉 '그날 거두어들여라' 혹은 '현재를 즐겨라'로 요약할 수 있겠다. 호라티우스는 이탈리아 남부 베누시아에 살았던 옛 노예의 아들로 태어나 유년시절을 로마에서 보냈다. 조숙했던 그에게 걸맞은 교육을 시키기 위해서였을 것이다. 호라티우스는 로마 귀족의 자제들처럼 아테네의 유명한 아카데미에서 교육을 받기도 했다. 때는 기원전 44년으로 거슬러 올라간다. 카이사르는 로마 원로원에서 암살당했다. 양아버지를 죽인 브루투스는 그리스로 망명했고 그곳에서 로마 청년들의 열렬한 환영을 받았다. 공화국을 지속시키려는 열망이 카이사르 개인의 야망을 이긴 것이다. 호라티우스도 여기에 동참했다. 브루투스가 모집한 군대에서 호민관을 지낸 그는 기원전 42년 필리피 전투에서 패배의 쓴맛을 봐야 했다. 비록 사면을 받았지만 그는 상속받은 유산을 모두 빼앗겼다. 그에게는 금고 서기직을 살 수 있을 만큼의 돈만 남아 있었다. 가정을 제대로 꾸려나가기에는 분명 턱없이 부족한 재산이었을 것이다.

그래서 그가 독신으로 지낸 것일까?[37] 수에토니우스(Suetonius)는 호라티우스가 키 작고 뚱뚱하다고 했는데 그의 추한 외모와 약한 체질(호라티우스는 젊었을 때부터 머리, 눈, 위가 아프다고 호소했다)이 문제였던 것일까? 지나친 정욕 때문에 지속적인 관계를 피한 것이었을까? 그의 수줍음 많은 성격과 독립에 대한 단호한 취향이 그를 더욱

내부적으로 고립시킨 것은 아닐까? 아니면 그가 자주 드러냈던 미래에 대한 불안감이 일시적인 관계만을 맺도록 그를 몰아간 것은 아닐까? 어쨌든 아우구스투스 황제가 통치하던 시대에 기사들 중 가장보다는 독신자들이 더 많았던 것은 사실이다. 독신 자체가 문제가 되었다기보다는 황제가 우려할 정도로 독신자들의 수가 늘어났다는 것이 문제였다. 따라서 호라티우스는 그 시대 젊은이들처럼 평범한 사람이었다. 이를 증명할 논거는 많이 있다.

젊은 시절 정치적 실패로 낭패를 본 로마시대의 이 계관시인은 중용과 쾌락주의의 신봉자였다. 그는 공화국이 쇠퇴하면서 위대한 정치적 야망을 점점 잊어가고 인생의 즐거움에 안착하려는 시대의 표상이었다. 베르길리우스와 바리우스의 소개로 마이케나스를 알게 된 호라티우스는 아직 서른도 되지 않은 나이에 권력을 조종하는 사람들을 알게 되었다. 훗날 아우구스투스 황제가 되는 옥타비아누스와도 깊은 우정을 쌓게 되었다. 그러나 호라티우스는 아우구스투스 황제가 제안한 개인비서직을 거절하고 마이케나스의 후원을 받는 시인으로 남길 원했다. 후원자인 마이케나스가 선사한 땅인 사비니에서 호라티우스는 세상과 단절하고 평온한 삶을 누렸다. 그는 도시인들보다는 시골 농부들을 만나는 것을 더 좋아했으며 작품 활동과 감미로운 명상에 몰두했다. 서재에 들어앉아 있는 몽테뉴라고나 할까. 다만 호라티우스는 독신이었을 뿐……. 계관시인이었던 호라티우스는 아우구스투스 황제의 동방 원정을 찬양하는 내용으로 귀족 자제 54명이 함께 부르는 〈세기의 찬가(Carmen Saeculare)〉를 지었다. 그러나 이 작품 이후로는 황제의 주문을 거절했다.

호라티우스에게 독신이란 순결을 의미하지 않았다. 수에토니우스는 호라티우스가 지나치게 쾌락을 추구했다고 기록하고 있다. 호라티우스는 자신의 침실 사방 벽에 거울을 붙여놓고 눈길을 어디에 주든지 자신이 이룬 성적(性的) 쾌거들을 볼 수 있도록 했다고 한다. 그는 마음에 들면 여자와 남자를 가리지 않고 찬사를 보냈다고 하는데 단, 모두 젊어야 했다. "아름다운 몸매를 가진 소년과 소녀를 보면 불타오르는 사랑"〔〈서정시(Epodes)〉〕 때문에 아내 옆에서 늙어가기를 두려워한 것일까? 유혹할 나이를 넘긴 여자가 사랑에 빠지면 거침없이 비웃곤 했던 그의 태도를 보면 그런 것 같기도 하다. 호라티우스는 불륜을 저지르지는 않았지만〔〈풍자시(Satires)〉〕 타인의 영토에서 사냥하는 달콤한 긴장감을 거부하지는 않았다. "다른 남자의 여자에게 끌리시는군요." 호라티우스의 노예는 주인에게 이렇게 핀잔을 주었다. 노예는 주인이 변장을 하고 매수된 하녀의 도움을 받아 몰래 여자의 집으로 들어간 후 여자의 남편에게 들킬까봐 금고 속에 숨어 바들바들 떨었다고 말했다.

순간의 행복(Carpe diem)을 추구하는 쾌락주의자인 호라티우스는 무엇보다 세상과 단절된 자신의 생활 속에서 누리는 평온한 리듬이 깨지는 것을 두려워했다. "웃음이 필요하면 나를 찾아오게. 뚱뚱하고 번들거리고 잘 손질된 피부를 자랑하는 남자, 에피쿠로스를 추종하는 돼지를 보러오게."〔〈서간시(Epistules)〉〕 이는 물론 풍자이다. 호라티우스는 무엇보다 미래와, 사람들을 뒤흔들어놓는 희망, 내일에 대한 두려움으로부터 해방되고자 했다. 또한 나이가 들면서 도덕적 교훈들을 과시했다.

그는 나이 많은 독신자나 허약한 자식을 둔 아버지를 쫓아다니며 유산을 착복하는 자들을 강렬히 비난했는데(〈풍자시〉) 쓸쓸한 노년의 고통은 맛보지 못했다. 57세의 나이에 갑작스럽게 병에 걸려 유언도 못한 채 목숨을 잃었던 것이다. 가까스로 그는 아우구스투스 황제를 상속인으로 지목할 수 있었다.

호라티우스의 이미지는 모순적이다. 이런 그의 이미지는 대부분 그의 시에서 찾아볼 수 있다. 호라티우스가 보여주는 것은 서정시의 규칙과 공화국의 엄한 윤리 때문에 일그러진 독신의 다양한 모습이다. 때문에 그가 자신에 대해 보여주고 싶어했던 이미지는 공화정 말기 로마인의 독신을 상징한다고 할 수 있다.

《고대도시(La Cité antique)》를 쓴 프랑스의 위대한 역사가 퓌스텔 드 쿨랑주(Numas Denis Fustel de Coulange, 1830~1889)도 로마인들이 처음부터 독신에 반대한 원인을 가족신앙에서 찾았다. 가족신앙은 각 가정마다 서로 달랐으며 씨족 내부에서만 전수되었다. 각 가정이 전수한 개별적 의식이 있었기 때문에 신성한 불의 유지, 죽은 혼들을 위한 제사, 장례 만찬, 성가, 개별적 예식에 대한 의례가 정해지게 되었고, 가장이 계속 권위를 유지하도록 구조화되었다. 따라서 독신으로 지내는 것은 선조들의 넋이 편안히 지내는 것을 방해하기 때문에 심각한 신성모독으로 취급되었다. "남자는 자기 자신의 소유가 아니라 가정의 소유다." 입법가도 관여할 필요가 없었다. "법이 존재하지 않았기 때문에 이런 신앙이 오래 유지되어 독신을 막았다고 생각할 수도 있다."[38]

그러나 초기법도 존재했던 것으로 볼 수 있다. 드니 달리카르나스(Denys d'Halicarnasse)는 기원전 475년 크레메라에서 전사한 파비아 부족의 죽음에 대해 말하면서 법의 존재에 대해 언급했다. 달리카르나스 이전의 역사가들은 파비아족의 전사 306명이 단 한 명의 후손만 남기고 몰사했다고 전한다. 그러나 달리카르나스는 크레메라에 주둔해 있던 전사들은 모두 아내와 자식이 있었다고 강조한다. '일정한 나이가 되면' 결혼하고 그 결혼에서 낳은 자식을 길러야 한다는 내용의 고대법이 있었기 때문이다. 파비우스족이 이 법으로부터 자유롭지는 않았을 것이다. 대가 끊기게 되면 선조들이 마련해놓은 제사 의례를 후세에 물려줄 수 없고 파비우스족의 이름과 영광이 영영 소멸할 것이기 때문이다.[39] 아우구스투스 황제의 연설은 공화정 초기부터 제정되었던 것으로 보이는 독신제재법과 이후 발표된 '많은 원로원령과 시민령'이 존재했음을 암시한다.[40]

초기법은 오늘날까지 전해지지 않았다. 어쨌든 독신을 금지하는 것은 곧바로 켄소르(censor)의 관할이 되었다. 기원전 443년에 생긴 켄소르는 시민의 재산을 평가하고 부족의 호적에 신원을 기입하는 일을 담당했다. 때문에 풍기 단속을 할 수 있는 권한까지 행사하게 되었는데 그래서 오늘날의 검열관이라는 단어의 기원이 된 것이다. 켄소르는 인구조사가 벌어지는 18개월 동안만 임무를 수행했다. 시민은 켄소르가 묻는 질문에 맹세코 진실만을 대답해야 했으며 켄소르는 그 대답을 기준으로 시민의 계급을 정해주었다.

켄소르들은 결혼을 지독히도 강요했다. 기원전 403년 카밀리우스와 포스투미우스[41]는 '독신으로 늙은' 사람들에게 벌금을 부과했다. 법적 근거도 없는 벌금이라며 반대한다? 그러면 바로 다른 벌금을 물게 되고 신랄한 책망도 받아야 했다. "자연이 당신을 태어나게 해준 것은 번식하라고 명한 것과 같소. 당신의 부모도 당신을 기르면서 손자들을 키우도록 당신에게 의무를 지운 것이오. 당신에게 명예심이 조금은 남아 있다면 말이오. 게다가 이 의무를 이행할 충분한 시간을 가졌소. 그런데 당신은 남편이나 아버지가 되지 못하고 인생을 낭비해버렸소. 그러니 손에 꼭 쥐고 있는 돈이나 내어놓으시오. 식구가 많은 가정에 도움이나 될 수 있도록 말이오."

시민의 호적을 조사하는 켄소르의 질문은 매우 엄숙해서 절대 가볍게 생각할 수 없었다.

"당신의 영혼과 마음으로 대답하시오. 당신에게는 아내가 있습니까?"

그런데 어떤 사람이 농담조로 이렇게 대답했다.

"예, 아내가 있는 것은 사실입니다. 그러나 제 마음은 아내가 없다고 하는군요."

그러자 켄소르는 그에게 모욕적인 처벌을 내렸다. 재산을 소유할 수 없고 소득누진세를 내야 하는 아이라리이(aerarri) 계급으로 강등시킨 것이다.[42] 벌금 대신 내린 벌이었을 것이다.

그러나 법의 실효성은 떨어졌고 벌금은 한 명의 켄소르가 단 한 번만 내릴 수 있어서 처벌 효과는 그리 크지 않았을 것이다. 초기 로마의 윤리는 매우 엄격하여 결혼을 즐거움보다는 의무로 간주했다. 사랑도 예외는 아니어서 결혼의 목적이 될 수 없었다. 따라서 결혼의 진짜 목적인 생식을 사랑이 위협할 때에는 생식이 우선 순위가 되었다. 스푸리우스 카르빌리우스 루가의 일화가 이를 입증해주고 있다. 그의 일화는 이혼에 관한 법률의 근거가 되었다. 기원전 231년, 루가는 자신이 사랑했고 사랑을 받을 만한 자격이 있던 여인과 일방적으로 이혼했다. 이혼을 한 이유는 딱 한 가지였다. 아내가 불임이었기 때문이다. 루가는 전통에 따라 켄소르들 앞에서 자식을 낳기 위해 결혼할 것이라고 맹세했던 것이다. "그는 사랑보다 서약을 더 중시했다."[43]

사정이 이러하니 쾌락도 주지 못하는 의무를 어기는 로마인들이 있었다는 사실이 어찌 놀랍지 않을 수 있는가! 이는 독신과 싸우고 있던 켄소르들이 먼저 인정하는 바였다. 메텔루스(Lucius Caecilius

Metellus, ?~기원전 221)의 조소 섞인 유머는 당시 유부녀들을 경악하게 했을 것이다.

"시민 여러분, 우리가 마누라 없이 살 수만 있다면 이 모든 괴로움으로부터 벗어날 수 있을 것입니다. 하지만 자연은 불쾌감을 느끼지 않고 아내와 살 방법도 일러주지 않았고, 아내를 갖지 않고도 살 수 있는 방법도 허락하지 않았으니 영원한 쾌락보다는 안녕과 미래를 내다봅시다."[44]

플라우투스(Titus Maccius Plautus, 로마의 희극작가, 기원전 254~기원전 184년)가 만들어낸 인물들도 체념 섞인 여성혐오주의를 드러내고 있다. 《허풍선이 군인(Miles gloriousus)》의 배경은 터키의 에페소스이지만 그리스 희극의 영향을 받았고 등장인물은 로마인을 닮았다. 페리플렉토메누스는 쉰네 살의 '늙은이' 임에도 불구하고 독신자로서의 자유를 목청껏 외친다.

"내 집도 자유롭고 나도 자유롭다. 나는 내 마음대로 살고 싶다."

'꽁무니를 졸졸 쫓아다니며 개 짓듯 짖어대는 여자' 를 집에 들여놓을 이유가 있겠는가? 페리플렉토메누스가 결혼 자체를 거부하는 것은 아니다. 착한 여자를 만나기란 불가능하기 때문에 독신으로 살겠다고 결정한 것이다. "착한 아내를 집에 둔다는 것은 좋은 일이다. 그런 보물이 숨어 있는 곳이 이 세상에 있기나 하다면 말이다." 그가 결혼에서 영영 등을 돌린 이유는 여자들의 까다로움과 '그에 못지않은 이런저런 골칫거리' 때문이다. 자식은 낳아야 하지만 친척이 많았기 때문에 그는 특별히 의무감에 쫓기지 않았다. 대신 그의 재산을 상속받을 사촌들의 수가 너무 많아 마음 급한 이들의 방문이 줄을 이었다! 식사 초대도 끊이질 않았다. 그리고 초대 모임에서 페리플렉토메누스는 '비너스에게 모든 것을' 바쳤다. 그는 자신에게 관심이 없는

'처녀'는 '건드리지' 않는다는 규칙을 정해놓았다. 이야기 속에서 그가 맡은 역할이나 젊은 연인들과의 교감 그리고 그의 생활방식 때문에 그에게는 '반늙은이(semisenex)'라는 별명이 따라다녔다. 마음은 젊고 몸은 늙었다는 뜻이다.[45] 다른 시대에 이런 말을 들었더라면 모욕이 배가되었겠지만 플라우투스의 작품에서는 비난의 의미가 경감되었다.

공화정이 끝나갈 무렵 도덕도 차츰 헤이해졌고 로마인들도 점점 더 결혼을 등한시하게 되었다. 여성 폄하의 오랜 전통을 그대로 물려받은 유베날리스(Decimus Junius Juvenalis)는 풍자시 제6편에서 만족을 모르고 쾌락과 사치를 끊임없이 추구하는 여자들에 대한 완벽한 초상을 그렸다. 풍자시는 당연히 결혼에 대해서도 언급하고 있는데 결혼의 결말은 항상 부부싸움과 몰락, 간통이었다. "요즘 세상에 어떻게 결혼을 하고 결혼 계약서를 준비할 수 있단 말인가?" 사다리로 몰래 기어 올라갈 창문들이 저렇게 많은데 왜 한 여자의 굴레 속으로 들어가려 하는가?

결혼하지 않고도 아이를 입양할 수 있고, 가족 외의 사람에게 재산을 물려줄 수 있었기 때문에 독신자들은 가장 큰 걱정을 덜 수 있었다. 가족의 전통의식도 끊어지지 않을 것이고 재산도 상속인을 찾을 것이기 때문이다. 나눠줄 유산을 가진 독신자들 주위에는 재산을 차지하기 위해 무슨 짓이든 하려고 덤벼드는 아첨꾼들이 들끓었다. 유베날리스는 우정의 표시로 한 가장에게 제물을 바치면서 스스로 자신의 희생에 놀란다(〈풍자시〉 제7편). 누가 가장에게 메추라기를 제물로 바치는가? 완전히 돈 낭비다. 받을 유산도 없건만! 반대로 자식이 없는 부유한 갈리타와 파시우스에게는 조금만 열이 나도 소 수백 마리를 걸고 맹세하는 친구들이 들이닥친다. 로마에 코끼리가 있었다

면 아마 코끼리를 제물로 바쳤을 것이고, 심지어 노예까지도 바쳤을 것이다! 페트로니우스(Gaius Petronius Arbiter)도 《사티리콘(Satyricon)》(제116장)에서 비슷한 상황을 언급하고 있다. 그는 로마를 크로톤이라고 불렀다. 부유한 독신자들이 모든 연회에 초대되었던 데 반해 가장들은 단 한 번도 초대를 받지 못했다. 사람들은 부유한 독신자들을 자기 테이블에 앉혀 유언장에 이름을 올리고 싶어했다.

문학작품의 설정일까? 천만의 말씀. 타키투스(Publius Cornelius Tacitus)는 아프리카 총독이었던 폼페이우스 실바누스(Pompeius Silvanus)가 공금횡령죄로 기소된 재판을 적나라하게 기록했다. 그를 고소한 사람들은 증인들을 모으기 위해 시간이 필요했다. 그러나 너무 많은 시간을 보낸 것일까. 죄인은 짧은 시간 안에 직접 증인들을 만들어내어 무죄로 풀려났다. 이유는 단 세 가지였다. 그는 '돈 많고, 상속인이 없으며 늙은'[46] 사람이었기 때문이다.

공화정 시대에는 독신의 이점이나 결혼을 거부하게 하는 여성 폄하 현상에도 불구하고 전통의 힘이 강했기 때문에 독신을 제지할 수 있었다. 그러나 로마제국이 지중해까지 세력을 떨치고 내전으로 분열되던 무렵인 기원전 1세기부터는 사람들의 의식도 변하기 시작했다. 국세 조사에 따르면 당시 인구는 급격히 감소했다. 기원전 81년 시민의 수는 45만 명이었는데 기원전 50년에는 32만 명으로 급감했다. 플루타르코스는 카이사르 독재 하에 인구가 15만 명까지 줄었다고 했다![47] 수치가 정확하지 않은 것은 분명하다. 플루타르코스의 경우에는 의심스럽기까지 하다. 그러나 당시 로마인들이 인구 문제에 대해 염려하고 있었다는 것은 틀림없다. 기지(旣知)의 세계에서 최강국이었던 로마는 항상 전시 체제였다. 외부에서는 포에니 전쟁, 아시아의 폭동, 갈루아 정복 등으로, 내부에서는 노예전쟁, 내전, 이탈리아 동맹도시와 벌인 동맹시전쟁(소키이), 해적 소탕 등 안팎으로 나라가 어지러웠다.

광활한 영토를 평화롭게 다스려야 하는데 인구는 기하급수적으로 늘어날 수가 없기 때문에 행정관들의 염려가 얼마나 컸을지 충분히 가늠할 수 있다. 점점 다양해지는 인구에 시민권을 인정해주는 것도 변방의 안전을 유지하는 데는 역부족이었다. 이런 상황을 그대로 옮겨보자. 식민주의가 절정에 이르렀던 19세기에도 독신에 대해 다시 한 번 거센 반대가 일어났다. 서양의 작은 나라들은 자국 인구에 비해 비대해지는 식민지를 보호하기에 여념이 없었다.

로마에서 채택한 초기 정책은 결혼을 거부하는 사람들을 억압하기보다는 결혼을 장려하는 쪽이었다. 세계정복에 나선 로마제국에서 사람들이 독신으로 살았던 이유 중 하나는 여행이었던 것 같다. 그리스 유학, 지방 정부, 식민지 건설, 무역 등 지중해를 누비고 다닐 이유는 충분했다. 대신 가정을 만드는 일이 뒤로 미뤄졌다. 신세계 발견에 대한 열광을 누그러뜨리기 위해 카이사르는 로마인들이 정착하도록 노력했고 그들이 정착해서 결혼하기를 바랐다. 그는 군인을 제외한 20~40세의 시민은 3년 이상 연속으로 이탈리아를 떠나 있어서는 안 된다고 명했고, 원로원의 자녀들은 행정관과 동행할 때가 아니면 외국 여행을 할 수 없도록 했다. 로마가 좁다면 비옥한 땅을 식민지로 만들어 그곳에서 새 시민들을 출산하면 되었다. 이에 카이사르는 비옥한 캄파니아 땅을 2만 명에게 나누어주었는데 기혼자와 대가족에게 우선권을 주었다.[48]

이 정책으로는 역부족이었을까? 어쨌든 그리스도교 시기로 들어서는 과도기였던 아우구스투스 황제 시절에 독신자의 수는 정권이 우려할 정도였다. 그리하여 독신자들에게 타격을 입혀 독신 증가를 막아보려던 유명한 법 두 가지가 제정되었다. 법의 적용을 받는 사람들의 범위는 매우 넓었는데 '결혼하지 않은 상태'의 남자들 즉 홀아비와 이혼남까지 포함되었다.

첫번째 법인 율리아 법에 대해서는 별로 알려진 바가 없다. 이 법은 로마력 736년경(기원전 18~17년) 제정되었는데 정확한 제정 날짜는 알 수 없다. 이 법의 존재가 알려진 것은 법에 대한 사람들의 반응을 통해서였다. 원로원과 민회는 모두 독신자들에게 가해질 형벌에 대해 분노했으며, 기사 계급은 아우구스투스 황제에게 이의를 제기했다. 이 법은 폐지되었던 것으로 보이는데, 프로페르티우스(Sextus Propertius, 고대 로마의 비가 시인, 기원전 55/43~기원전 16)가 이 조치에 대해 매우 기뻐했던 것으로 보인다. 그는 킨티아를 사랑했으나 자신의 계급 안에서 여자를 택해 결혼해야 했기 때문에 독신으로 지내고 있던 터였다. "그토록 오랫동안 눈물을 흘리게 하고 우리를 헤어지게 할 뻔했던 법이 폐지되자 킨티아는 매우 기뻐했다." 프로페르티우스는 결혼식 플루트 연주 소리가 승전 나팔처럼 애인의 귀에 울려 퍼질 것을 상상하며 가슴이 벅차올랐다〔《엘레지(Elegy)》〕.

프로페르티우스가 율리아 법을 염두에 둔 것이라면 그 승리의 기쁨은 그리 오래 가지 못했다. 아우구스투스 황제가 통치했던 때인 로마력 762년(서기 9년), 파피아 포파에아 법(lex Papia Poppaea)이 독신을 제재하는 다른 정책을 마련했기 때문이다. 황제의 승전을 축하하는 경기 개막식에서 기사 계급은 다시 한 번 불만을 토로했다. 황제가 관용을 베풀 것으로 믿었던 기사들은 새로운 정책을 폐지시켜 달라고 요청했다. 훗날 코르네유(Corneille)는 이를 칭송했다. 대답을 하기 위해 황제는 포룸에 가장들과 자식이 없는 아버지들을 분류하여 소집시켰다. 그런데 가장의 수가 더 적은 것을 보고 애통해하며 두 번의 연설을 했는데 그 기록은 연대기에 남아 있다.

가장들을 향하여 황제는 우선 그들의 시민정신을 치하했다. 그들이 있었기에 로마는 용맹함뿐만 아니라 인구에 있어서도 이웃 국가들을 앞지를 수 있었다.

"우리는 이를 기억하여 죽음을 피할 수 없는 인간의 운명을 여러 사람의 손을 거치는 횃불처럼 영원한 대물림을 통해 보상해야 한다. 신이 가진 유일한 장점인 불멸을 우리는 대를 이어가면서 손에 넣을 수 있다."

황제는 제1세대 신들을 염두에 두고 신들도 결혼을 하고 아이를 낳는다고 강조했다. 조상의 영광이 전해지고 조상이 모은 재산을 물려줄 수 있는 것도 대물림을 통해서이다.

이번에는 독신자들을 바라보며 황제는 도대체 그들을 무엇이라 불러야 할까 고민했다. "남자라고 해야겠소? 하지만 그대들은 남자가 해야 할 일은 하지 않았소. 그럼 시민이라고 해야겠소? 도시가 그대들의 손에 달려 있건만 그대들은 도시가 죽어가도록 내버려두고 있소. 그럼 로마인이라 해야겠소? 그대들은 로마의 이름을 지워버리려 애쓰고 있지 않소." 독신자들의 죄는 세상에서 가장 중한 죄였다. "그대들은 살인자들이오. 그대들에게서 태어나야 할 아이들을 낳지 않고 있으니 말이오. 조상의 이름과 명예를 사라지게 하는 그대들은 부도덕한 인간들이오. 신이 창조한 종족을 사라지게 하고, 조상에게 바칠 가장 아름다운 제물인 인간의 본성을 파괴하고, 제물과 성전을 부수는 그대들은 불경한 인간들이오."

무엇보다 황제를 언짢게 했던 것은 로마에 만연하던 방탕함이었다. 황제는 독신자들이 결혼을 거부하면서 베스타 무녀 행세를 하려 하니 이들이 순결을 잃게 되면 무녀들처럼 처벌받기를 원했다. 처녀성은 신성한 불을 모시는 여사제들이 하는 맹세였고 처녀성을 잃게 되면 사형을 당했다. 황제는 공화정의 옛 법과 자신이 취한 정책들을 상기시키면서 법을 시행하기 전 처음에 3년간, 그리고 다시 2년간의 유예기간을 마련했고, 그 정도면 아량을 베푼 것이라 생각했다.

불경함과 부도덕에 대한 죄는 처벌받았지만 가장 심각한 문제는 인구 문제였다. 1세기 동안 쌓여온 처참한 결과 때문에 두 법이 만들어지게 된 것이다.

"수많은 시민들의 목숨을 차례로 앗아간 질병과 전쟁 후에 계속 아이들을 낳아서 부족한 인구를 채워주지 않는다면 국가가 유지된다는 것은 불가능하다는 것을 알아두시오."

결국 황제는 기사들에게 1년의 유예기간을 주어 법을 지키도록 했다. 역사의 아이러니라면 마르쿠스 파피우스 무틸루스와 퀸투스 포파에우스 세쿤두스는 법안을 만든 집정관들이었지만 결혼조차 하지 않은 사람들이었다는 점이다. "바로 이런 이유 때문에 법이 필요한 것이 아닌가!"[49]

율리아 법과 파피아 포파에아 법은 항상 함께 언급되는데, 두 법을 구분 짓기는 쉽지 않다.[50] 입법가가 부딪히는 첫번째 난관은 독신을 정의하는 것이었다. 아우구스투스 황제가 내린 결정은 25~60세의 남자와 20~50세의 여자를 기혼으로 만드는 것이었다. 이 결정은 한 번도 결혼하지 않은 사람들과 홀아비, 과부, 이혼남녀, 자식이 없는 부부에게 무차별적으로 적용되었다. 결국 많은 예외조항을 만들어야 했는데, 그 대상은 30년 동안 처녀성을 잃지 말아야 할 베스타 무녀들, 결혼을 앞두고 몇 년씩 기다려야 하는 약혼자들, 두 번씩이나 벌을 받게 할 수 없는 성불구자들, 결혼이 금지된 군인들[51], 아버지의 허락 없이 결혼할 수 없는 즉 독신으로 지내는 것에 책임이 없는 아들들이었다. 이 경우에는 아버지가 아이들을 결혼시켜야 하는 강제 조항을 담은 법이 있었다. 결혼했던 여자의 경우에는 재혼하기 전에 유예기간이 허용되었다. 이혼녀의 경우 6개월(율리아 법)~18개월(파피아 포파에아 법)의 유예기간이 있었고, 과부의 경우에는 1~2년까지 허용되었다.[52]

어쩔 수 없이 독신으로 지내야 하는 경우를 제외하고 취해진 정책은 세 가지였다. 그것은 결혼을 장려하고, 가장에게 혜택을 주고, 독신자를 벌하는 것이었다. 순수 혈통에 관한 법은 사회계급이 다른 사람들 사이의 결혼을 금했다. 그런데 아우구스투스 황제는 이 법을 완화시켰다. 예를 들어 자유시민과 자유시민이 된 해방노예 간의 결혼을 허용했다. 다만 원로원 의원은 자유시민 신분의 여자와만 결혼해야 했다. 자유시민 신분의 여자는 해방노예들과 결혼할 수 없었는데, 이 계층에 여자보다 남자가 더 많았기 때문이고, 로마 시민들이 해방노예와 결혼하여 항상 이득만 보는 것은 아니었기 때문이다.

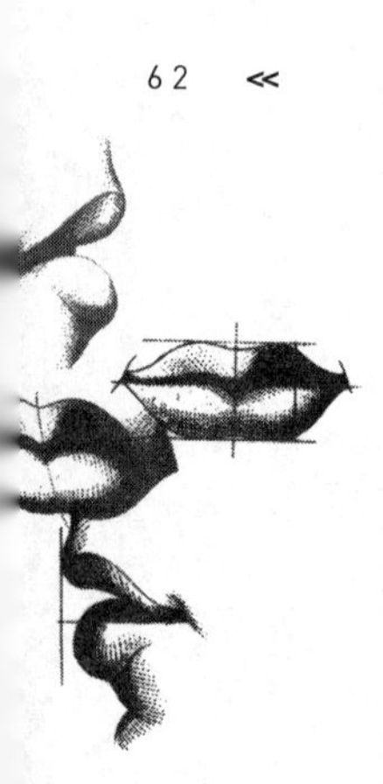

두번째 정책을 살펴보자. 자녀가 셋 이상이 되면 가장은 혜택을 받을 수 있었다. 면세 혜택, 세 아이를 둔 어머니에 대한 후견인 제도 철폐, 행정관직을 수행할 수 있는 최소 연령 1년 앞당겨주기, 원로원 의원 후보 리스트에 자식이 가장 많은 아버지를 1순위로 올려주기 등이었다. 이는 민법상의 정책이었고 따라서 시민들이 매우 민감하게 생각하는 명예와 관련된 것이었다. 요즘 볼 수 있는 재정이나 세금 혜택 정책과는 거리가 멀었다. 때문에 최고부유층 로마인들 사이에서 독신이 널리 확산되었다.

마지막으로 독신자들은 벌금형에 처해졌는데 특히 유산을 상속할 권리를 빼앗겼다. 독신자에 대한 유서 내용은 모두 '무효처리(caduc)' 되었다. 그래서 이 법을 '무효법(caducaire)'이라고 부르기도 한다. 독신자들은 상속 재산 전액을 받을 수 없었고 자식이 없는 남자와 자식의 수가 정족수(자유시민은 세 명, 해방노예는 네 명)에 미치지 못한 기혼여성은 상속 재산의 반만 받을 수 있었다. 자식이 있더라도 홀아비와 이혼남도 이 법의 적용을 받았을 것이다![53] 그러나 친지의 죽음을 항상 예견할 수 있는 것은 아니므로 유서에 이름이 기록된 독신자는 결혼하기 전까지 100일의 유예기간을 가질 수 있었다. 유예기간 중 결혼을 하지 않으면, 유산은 고인의 다른 친척에게로 넘어갔고, 안토니누스 황제의 법이 제정된 이후에는 친척이 없을 경우 국고로 귀속되었다.[54]

리쿠르고스 법의 영향을 받은 정책들도 여기에 더해졌다. 독신자들은 경기 관전에서도 차별을 당했던 것으로 보이는데 귀빈석은 기혼남의 전유물이었다.[55] 야간 경기 또한 젊은 남녀에게는 관전이 금지되어 있었다. 그러나 원로원의 의결을 통해 '다시 볼 수 없을' 특별한 경기와 종교적 이유로 '될 수 있는 한 많은 관람객'을 동원해야 할 경기에는 관전을 허가했다.[56]

로마인들은 파피아 포파에아 법이 공표된 직후부터 법망을 피해갈 궁리를 했다. 그중 나이를 이용하는 것이 비록 일시적인 방편이긴 하나 가장 많이 사용되었다. 여자는 50세 이전에, 남자는 60세 이전에 유산을 상속받지 못했는데, 이 나이가 되면 엄격한 법의 적용을 피해갈 수 있었기 때문이다. 그러나 이 방법도 그리 오래 가지는 못했다. 그렇게 오랫동안 법을 위반했는데 갑자기 면책권을 준다는 것은 비도덕적이라고 티베리우스(제2대 로마 황제, 기원전 42~기원후 37) 황제가 말했기 때문이다. 34년에 집정관이었던 파울루스 파비우스 페르시쿠스(Paulus Fabius Persicus)의 이름을 딴 페르시쿠스 원로원 의결에 의해 황제는 제한된 나이를 넘겨도 똑같은 처벌을 받을 것이라고 발

표했다.[57]

또 다른 변칙 방법이 있었다. 그것은 일곱 살 난 어린 여자아이들과 약혼하는 것이었으며, 이는 법적으로 허용된 일이었다. 그러나 결혼은 12세가 넘어야 할 수 있었다. 어쨌든 그렇게 해서 5년이라는 시간을 편안히 보낼 수 있었고 그동안 상속이 임박한 유산은 받을 수 있었다. 죽을 날만 기다리던 친척이 세상을 떠나게 되면 그날로 약혼을 파기할 수 있었다. 이런 세태를 신랄하게 비난한 사람은 없었지만 입법가는 반감을 품지 않을 수 없었다. 그래서 아우구스투스 황제는 열 살 이전에는 약혼을 금지시켰고 결혼 전에는 최소한 2년의 약혼 기간을 갖도록 정했다.[58]

하지만 아무래도 상관없었다. 당시 결혼이라고 해서 약혼보다 더 든든한 것은 아니었다. 한번 상속된 유산은 빼앗을 수 없었으며 이혼은 쌍방합의로 결정되었기 때문에 서둘러 결혼한 후 급히 이혼하는 경우가 생겼다. 게다가 입양이 쉬웠다는 점도 법을 피해가는 한 방법이었다. '바람직하지 못한 풍습'은 선거철이나 지방투표가 다가오면 성행했다. 자식이 없는 남자들이 아들을 허위로 입양한 후 가장의 지위를 이용해 장관직이나 지방총독 자리를 얻게 되면 입양한 자식을 풀어주는 경우가 많았다. 진짜 가장들은 이에 분노하여 원로원에 사기행각을 고발했다. 62년에 공표된 원로원 의결은 허위 입양을 하면 공직을 얻을 기회를 완전히 박탈했으며 상속도 받지 못하도록 했다.[59]

직접적으로 상속을 받지 못하는 경우에는 신탁 유증(遺贈)으로 상속할 수 있었다. 즉 제3자에게 재산을 상속받게 하고, 제3자는 다시 무자격자 가운데 주고 싶은 사람에게 재산을 물려줄 수 있었다. 이 조치는 로마법이 지위를 인정하지 않는 외국인들이 상속을 받을 수 있도록 하기 위해 마련되었다. 이렇게 법을 피해가는 방법이 우리에게 알려진 것은 변칙적인 방법을 제재하기 위해 마련한 조치들을 통해서이기도 하다. 페가시엔 원로원 의결에 따르면 유서에 이름이 기록된 상속인이 상속 재산을 소유했고, 그렇지 못할 경우에 재산은 국가에 귀속되었다.[60] 법이 엄할수록 범죄자들은 더 머리를 굴리는 법이다.

군주의 뜻이 법을 지배하는 체제에서는 오히려 모범을 보여야 할 사람들이 먼저 법을 어긴다. 서기 17년 게르마니쿠스(Germanicus Caesar)의 친척 하테리우스 아그리파는 장관직을 요행으로 얻으려 했고, 원로원은 이를 두고 양편으로 갈라섰다. 청렴한 원로원 의원들은 자식의 수로 후보자의 순위를 정해야 한다며 반대했으나 소용없었다. 대다수 의원들이 이들의 요구를 무시했기 때문이다. 황제는 자기 자식들과 법 사이에서 갈팡질팡하는 원로원을 구경하며 재미있어했다. "이번에도 법이 패배한 것은 분명하다. 그러나 지금 당장은 아니며 겨우 과반수를 넘겼을 뿐이다. 다른 현행법들과 마찬가지로 말이다."[61]

독신자 사냥을 위해 윤리를 내세워봐야 소용없었다. 로마인들은 "상속하기 위해서가 아니라 상속을 받기 위해 결혼하고 자식을 낳는다."라고 플루타르코스는 비아냥거렸다.[62] 그렇다면 자식 덕분에 여러 가지 권리를 얻을 수 있었던 아버지들은 정말 본인이 자식을 낳은 것일까? 유베날리스의 풍자시에는 유산을 상속받는 데 일조했음에도 한 푼도 나눠받지 못한 유부녀의 애인이 등장한다.

"내 덕분에 당신은 이제 부권을 얻었잖아요. 당신은 상속인으로 등록될 수 있고 유산은 무엇이든 다 받을 수 있어요. 오! 무효가 되었던 상속 재산까지도요."[63]

또 다른 이유도 있다. 유언자들은 유산을 물려받는 사람의 상태를 다 알고 있는 것이 아니며, 미묘한 법에 대해서도 일일이 다 알지 못했다. 또 본인의 의지와 상관없이 유언을 하지 못하고 사망한 사람들도 있었다.[64] 로마인들은 이를 분노할 일로 여겼다.

어쨌든 독신자 사냥은 공공 윤리의 문제가 되었다. 파피아 포파에아 법은 상속재산을 감시하도록 감시인(custodes)을 두었다. 가장에게 특혜가 가지 않을 경우 상속인이 없는 재산을 공동의 아버지라고 할 수 있는 로마 민족에게 귀속시킬 수 있도록 하는 것이 임무였다. 보상에 눈이 먼 감시인들은 공적 생활을 해치는 밀고자로 변하고 말았다. "그렇다고 결혼을 더 많이 하고 자식을 더 많이 낳는 것도 아니었다. 상속자가 없는 경우가 계속 우세했다." 타키투스는 이렇게 설명하고 있지만 밀고자들의 조사 때문에 각 가정은 '엉망이 되었다'. 스캔들에 종지부를 찍기 위해 공표한 법들 또한 사회악이 되었다. 결국 20년대에 티베리우스는 법을 완화할 수밖에 없었다.[65]

사기 행각, 스캔들, 항의, 날이 갈수록 엄격해지는 의결 공표나 수많은 예외 조항들. 이렇게 독신을 제재하려 했던 법은 300년 동안 로마제국에 혼란만 일으켰다. 무용하거나 부당한 법은 동조보다는 비난의 대상이 되었고 결국 독신 문제를 엄격히 다스리려던 입법가들은 모두 신중을 기하게 되었다.

독신제재법들은 특히 지중해에 퍼지고 있던 새로운 정신과는 맞지 않는다는 인식이 생겼다. 이는 그리스도교의 발전으로 등장한 새로운 요구였다. 즉 처녀성이 생식력보다 중시되기 시작했다. 콘스탄티누스 1세가 관용을 상징하는 칙령을 발표하여 그리스도교를 음지에서 끌어내게 되자 독신제재법도 새로운 이상과는 맞지 않게 되었다. 320년 콘스탄티누스 1세는 독신과 관련된 처벌을 폐지했고, 그의 아들 콘스탄티누스 2세가 339년에, 그 후 유스티니아누스 1세가 534년에 각각 비준했다. "독신자들은 과거의 법이 제재를 가하기 위해 마련한 처벌을 받지 않아도 되며 결혼하는 사람들의 수가 많기라도 한 듯 독신으로 살아도 된다."[66] 이리하여 아우구스투스 법은 종말을 고하게 되었다.

• 고대 종교에서 사제의 순결에 대한 요구 •

순결은 새롭게 등장한 요구일까? 물론 그렇기도 하지만 역시 고대 종교의 영향을 직접적으로 받은 것이었다. 인간은 성(性)과 성(聖)이 모순된다는 것, 상치된다는 것을 막연히 느껴왔다. 그리스와 로마에서는 오래전부터 데메테르 축제, 바쿠스와 보나 데아(땅의 풍요와 여인의 다산을 관장하는 신—옮긴이)의 비밀의식, 이시스 의식, 성인식 등 여러 종교 의식 때 금욕하도록 했다. 이런 고대의 인식은 다양한 문화에 존재한다. 사람들이 강한 초월적 힘과 관계를 맺는 것은 인간이 동물과 다를 바 없는 행동을 취해서는 안 된다고 본능적으로 느꼈기 때문이다. 본능적 욕구가 영적 추구를 방해한다는 이유로 성적 금기 외에 음식에도 금기가 적용되었다.

순결을 지킨 아테나, 아르테미스, 가이아, 아폴론을 모시는 사제들은 금욕해야 했다. 아폴론 신을 모시는 무녀와 점술가들은 육체적 관계를 맺어서는 안 되었으며, 여자를 혐오했던 헤라클레스 신의 사제도 당연히 여자를 멀리해야 했다. 그러나 성 관계를 맺지 않는 것이 독신을 의미하거나 처녀성을 의미하지는 않았다. 금욕의 의무는 중요한 종교 행사가 있을 때에 지켜야 했지만 행사가 없을 때에도 일반적인 부부 관계를 금하지는 않았다.

그러나 금욕을 오랜 기간 의무화하자 종교 의식과는 상관없이 일종의 생활방식으로 자리 잡게 되었다. 고대 그리스 사람들은 금욕을 오랜 기간 동안 지킨다는 것이 얼마나 어려운지 알고 있었다. 그래서 무녀는 유통기간이 지났다고 할 수 있는 늙은 여자들이 되는 경우가 많았다. 아폴론 신을 모시는 델포이의 무녀, 헤스티아 여사제들, 오르코메노스에서 아르테미스 신을 모시는 여사제는 과부이거나 '한물간' 여자들이었다. 동양의 종교 의식에서는 엘레우시스(신비의식의 장소로 유명한 고대 그리스 도시—옮긴이) 사제를 거세시키는 극단적인 방법으로 순결의 서약을 지키게 했다. 키벨레(땅과 농업의 여신—옮긴이) 의식의 특징인 거세는 키벨레의 연인이었던 아티스의 거세를 연상시킨다. 이런 의식은 프리지아에서 행해진 것으로 보이는데 반면 지중해까지 퍼진 이 의식을 그리스인들과 로마인들은 경멸했다고 한다.[67]

따라서 그리스도교 사제들의 독신과는 거리가 멀었다. 그 이유는 첫째, 고대의 사제직은 주로 임시직이었으며 금욕도 반드시 평생 지켜야 하는 의무는 아니었다. 둘째, 모든 사제가 순결의 의무를 지켜야 했던 것은 아니었다. 오히려 사제에게 결혼을 강요한 경우도 있었다. 제우스의 사제는 부인을 잃으면 사제직을 떠나야 했으며 이혼도 할 수 없었다.[68] 성이 의식의 일부분이었던 경우는 말할 것도 없다. 금욕의 문제에 대해 다신교는 다양한 방식으로 답을 제시한 것이다.

더구나 당시에는 금욕이 생식과 상치되는 것이라고 생각하지도 않았다. 이는 그리스도교 문화에 영향을 준 플라톤의 철학과는 반대되는 현상이었다. 예를 들어 그리스 데메테르 축제에는 기혼녀들만 참가할 수 있었고 남성들과 처녀들은 배제되었다. 축제 기간 동안 금욕을 해야 했으나 다산을 기원하는 여러 의식이 행해졌던 것으로 미루어 축제를 통해 지하 세계의 이로운 영향을 받고자 했음을 알 수 있다. 따라서 금욕은 자손을 끊으려는 것이 아니라 오히려 보장해주는 것이 되었다.

헤시오도스(Hesiodos)의 작품에 나오는 가정의 여신 헤스티아의 의식은 그리스에서 유일하게 영원한 금욕을 요구했던 것으로 보인다. 그 이유는 여신이 순결을 지키겠다는 맹세를 했고 이 때문에 제우스가 각 가정에 그녀를 위한 제단을 마련해주었기 때문이다. 철학적 인상이 짙은 이 대중 의식은 로마 무녀들의 영향으로 시기상 뒤늦게 나타났다. 또한 로마의 베스타 무녀들과는 달리 아테네와 델포이에서 헤스티아를 모시던 여사제들은 과부였지 처녀가 아니었다.[69] 그리스에서는 신성한 처녀성을 지켜야 한다는 사명감은 존재하지 않았던 것이 분명하다.

그렇다면 로마 베스타 무녀들이 이후 등장한 그리스도교의 개념과 훨씬 더 가까웠다고 생각할 수도 있다. 그러나 그것은 오산이다. 베스타를 섬기던 여사제들은 로마 건국 이전부터 존재했기 때문이다. 로마의 건국자 로물루스의 어머니 레아 실비아가 마르스 신과 맺은 순결의 맹세를 어겼기 때문에 죽임을 당한 무녀였던 것이다. 키케로(Marcus Tullius Cicero)에 따르면 이 신성한 처녀들이 로마에서 중요한 지위를 누린 것은 누마(Numa Pompilius, 로마 공화정 건립 이전의 로마 7왕 가운데 두번째 왕—옮긴이)가 통치하던 시절부터였다. 흔히 로마의 무녀를 그리스도교의 수녀와 비교하려고 하지만 베스타 무녀들은 수가 제한되어 있어서 각 부족마다 두 명의 무녀만 배출할 수 있었다. 처음에는 두 부족이 네 명의 무녀를 배출했으나 세번째 부족이 등장하면서 그 수가 여섯 명으로 늘었고 동로마제국이 들어서면서 일곱 명으로 늘어났다. 베스타의 상징인 불꽃처럼 무녀들도 순결함을 지녀야 했다. 이들은 6~10세의 나이에 선택되어 30년 동안 무녀로 지내야 했다.

따라서 무녀들이 평생 처녀로 지내야 했던 것은 아니다. 무녀로서 재임 기간이 끝나면 결혼을 할 수 있었다. 그러나 임기를 마친 40세가 되면 임기를 연장하려는 경우가 잦았다. 60년 이상 신전에 머문 무녀가 있다는 증거 자료도 존재한다. 그러나 무녀들은 신전에 갇혀 살지 않았으므로 그리스도교의 수녀들과 비교하는 것은 어불성설이다. 무녀들은 그리스도교의 등장 앞에 살아남지 못했다.

따라서 고대 사제들이 순결의 의무를 지기는 했지만 인식의 변화 요인을 이들에게서 찾을 수는 없다. 그 원인은 그리스 철학자들의 영향, 특히 육체의 생식과 영혼의 생식을 구분한 플라톤의 주장에서 찾을 수 있을 것이다. 그러나 가장 큰 변화가 일어난 것은 기원전 1세기 유대인에게서였다.

《성서》에 보면 결혼에 대한 의무는 매우 막강하다. 그러나 큰 예외가 있었으니, 바로 예언자 예레미야의 경우이다. 그리고 그 이유는 바빌로니아의 침략으로 인한 어둡고 비관적인 시대 배경 때문이다. 예레미야는 "너는 이 땅에서 아내를 취하지 말며 자녀를 두지 말지니라." 하고 이스라엘의 후손들에게 권고했다(예레미야서 16:2). 결혼을 금한 것은 예레미야가 이스라엘 민족에게서 모든 희망과 위로를 빼앗으려고 노력했기 때문이다. 사제와 예언자도 결혼해야 한다고 믿었던 유대인들에게 예레미야의 독신이 특이하고 말도 안 되는 경우로 비춰졌다면 그의 예언은 분명 효력이 떨어졌을 것이다. 예레미야는 아이들이 "독한 병으로 죽고 슬퍼함을 입지 못하며 매장함을 입지 못하"니 그곳에서 결혼을 하지 말라고 했다. 즉 다음 세대가 신의 저주를 피할 수 있다는 희망마저 포기해야 한다는 것이다. 이는 히브리인들이 수백 년 전 이집트를 탈출했던 때보다 더 큰 절대적 저주였다. 히브리인들은 신의 저주를 받아 사막에서 40년간 방황했지만 적어도 그 자식들은 약속된 땅에 들어갈 수 있었다. 그런데 예레미야의 독신은 결혼의 보편성을 막기보다 오히려 더욱 강화시키는 역할을 했다. 그의 힘이 바로 독신의 죄 그 자체에서 나왔기 때문이다. 그러나 그로부터 5세기가 흐른 후 세기말의 상황에서 그의 예언은 또 다른 반향을 불러일으킨다.

박해로 인해 히브리인들이 갈구하던 정의에 대한 희망도 멀어졌을 때 대를 잇는 것보다 세기말을 기다리려는 사람들이 생겼다. 기원전 2~1세기 알렉산드리아에서 그리스 문화에 동화되었던 유대인들과 이스라엘에 출현한 이단 분파들은 그리스, 이집트, 팔레스타인 등 외부의 영향력 하에 세기말에 대해 관심을 갖게 되었다.

이러한 변화는 당시의 외경(外經) 속에 잘 드러나 있다. 에녹의 꿈을 기록한 책을 보면 계시를 받기 위해서는 결혼을 하지 말아야 한다고 되어 있다. 에녹이 말하는 두 가지 꿈도 그가 결혼하기 전에 꾼 것이며, 에녹은 이 사실을 강조한다(제1에녹서 83:2, 85:3). 엘리야 계시록은 다산한 여인을 저주하고, 땅이 아닌 하늘에서 자식을 낳게 될 처녀와 석녀를 축복하고 있다. 《구약성서》의 외경에는 이렇게 뒤바뀐 저주와 축복이 가득하다. 결혼이 축복은 아닌 것이다.

그리스어로 된 외경 중 일부를, 그리스도교에서는 정경으로 받아들였고 유대교에서는 받아들이지 않았다. '제2경정'이라 불리는 외경들은 기원전 1세기경 라기데스 가문이 통치하던 알렉산드리아에서 제작되었을 것으로 추측된다. 알렉산드리아와 같이 인구가 집중된 국제적 도시가 겪는 문제는 작은 왕국이나 분산된 민족이 겪는 문제와는 달랐을 것이고, 문화가 혼합되면서 엄격했던 과거의 규율은 완화되거나 가치가 전복되었다. 그리하여 일상생활과 밀접하게 연결되어 있었지만 원래 신의 영역이었던 순결이라는 덕이 신의 비호 하에 번창하고 영속하는 가정보다 우위를 점하게 되었다. "자식보다 덕이 있는 편이 더 낫다. 덕망 있는 사람은 영원히 잊혀지지 않으며, 하나님과 사람들이 다 같이 알아주기 때문이다." (지혜서 4:1)

이와 비슷한 생각을 했던 알렉산드리아의 필론(Philon Judaeus)도 덕을 행하여 순수함으로 회귀한다는 것에 기초한 독특한 신학을 펼쳤다. 독실한 유대인이자 그리스 문화에 많은 영향을 받은 필론은 깨끗함을 추구하고 더러움을 혐오하여 처녀성을 매우 중히 여기게 되었다. 성서의 가르침에 따라 그도 거세당한 자는 저주받았다고 생각했으나 거세당한 자의 영혼이 악을 행하지 않으면 불임도 '행복한 출산'이 된다고 믿었다. 결혼을 거부하여 처녀성을 좀더 오래 간직하는 것은 '불멸의 자손'을 낳을 경우 찬양받을 만한 일이었다. 신은 순결을 간직한 영혼을 낳기 때문이다.

여기에서도 플라톤이 주장한 육체와 영혼의 후손에 관한 테마를 엿볼 수 있다. 그러나 필론은 유대 전통을 충실히 지킨 사람이었다. 그는 주로 자신의 생각을 은유를 통해 표현했는데 결혼도 마찬가지였다. "신의 거래는 결혼한 여자를 처녀로 만드는 것이다."라고 그는 생각했다. 그러나 유대 문화에서 최초로 독신을 중요하게 대접한 것은 그였다. 영적 생활과 잘 어울리지 않는 결혼은 "지혜가 꽃피기 전에 시들게 한다". 그래서 필론은 불멸의 자손을 낳기 위해 신과의 결혼을 선택한 알렉산드리아의 독실한 여신도들을 찬탄했다. 독신이 육적 자손은 끊어놓을지라도 다른 자손 즉 지혜에서 나오는 영혼의 자손을 낳을 수 있게 해준다는 것이다.

이리하여 다산과 처녀성의 기존 서열이 전복되었다. 보편적 규율이었던 결혼은 음탕함과 절대적 순결 사이에 존재하는 중도(中道)가 되었다. 그러나 필론의 그리스 문화에서도 절대적 완벽함을 위험스럽게 추구하는 것보다는 중도를 선호했다. 그래서 결혼을 선호하는 유대인의 전통이 유지된 것이다. 그러나 필론과 동시대 인물로, 역시 그리스 문화에 영향을 받은 유대인이었던 성 바울은 그리스도교적 서열을 발전시켰다.[70]

주목해야 할 점은 이 새로운 윤리가 알렉산드리아에서 그리스 문화의 영향을 받은 유대인들에게만 한정된 것이 아니었다는 점이다. 사해 근처에서 발생한 이교 집단인 에세네파와 야하드 같은 종교 집단에서도 이와 비슷한 순결에 대한 요구를 찾아볼 수 있다. 에세네파와 야하드는 혼동하지 말아야 한다.[71] 플리니우스에 따르면 에세네파는 사해 연안에서 '아내 없이, 성 관계도 하지 않고, 돈도 없이' 지냈다. 필론이 썼다고 전해지는 글을 보면 에세네파가 사랑을 거부한 것은 여성혐오증 때문이기도 했다. "에세네파에서는 여자를 취하는 자가 없었다. 여자는 자존심이 강하고 질투가 심하며, 남편에게 윤리를 저버리도록 덫을 놓으며 지속적으로 남편을 홀려 유혹한다."[72] 에세네파의 덕은 그들의 성지를 넘어 퍼져 나갔고, 플라비우스 조세프(Flavius Josephe)와 같은 독실한 유대인에게 강한 인상을 주었다. 37~38년경 예루살렘에서 태어나 2세기 초 로마에서 사망한 것으로 추정되는 플라비우스 조세프는 30세까지 동정을 지켰다고 고백했고, 에세네파가 평생 지키려고 했던 금욕을 찬미해 마지않았다. 알렉산드리아의 필론도 에세네파를 '유대교 수도사들'[73]이라 부르며 금욕을 동경했다.

이것이 바로 우리가 에세네파에 대해 알 수 있는 전부이다. 사해의 두루마리를 에세네파가 기록했다는 것에 회의적이기 때문이다. 유대교에서는 독신을 비정상적인 것으로 간주했기 때문에 에세네파를 알게 된 유대교인들은 상당히 충격을 받았다. 그런데 쿰란에는 또 다른

이교도들이 살고 있었다. 바로 오늘날 에세네파보다 더 잘 알려져 있는 야하드이다. 야하드에서는 전사들이 평생 동정을 지켰던 것으로 보인다. 다마스쿠스 문서(Damascus Document)는 공동체 내에서 성 관계를 금지했는데 이는 기혼자들에게도 적용되었다. "여자와 간음하는 자는 규칙을 어긴 것이므로 누구든 이곳을 떠나 다시는 돌아오지 못한다." 다마스쿠스 문서 곳곳에는 '거짓 영혼'에 의해 생긴 '음탕한 욕망'에 대한 집착을 논하고 있는데, 항상 선과 악의 최후의 전투로 귀결된다. 결혼을 했더라도 남녀가 맺는 성 관계, 의도적이 아니더라도 씨앗을 배출하는 것은 더러움이었으며 따라서 더러워지지 않도록 조심하거나 더러워졌다면 깨끗이해야 했다.

그러나 에세네파와는 달리 야하드에서는 독신을 찬양하지 않았는데, 바로 이것이 에세네파와 구별되는 점 가운데 하나이다. 쿰란에는 기혼자들과 독신자들이 함께 생활했던 것으로 보인다. 20세가 되면 남자는 여자를 취할 수 있었는데 단, 여제자와 함께라는 조건이 붙었다. 남자가 '성스러운 수도원의 기둥 가운데' 자리를 잡고 예배를 드릴 수 있는 것은 25세가 되어서였다. 남자가 전투에 나갈 때에는 몸이 정결해야 했으며 밤에 몸이 오염되면 전투에 참가하지 못했다.

흩어진 문서에 적혀 있는 이 내용들을 보고 어떤 결론을 내려야 할까? 더러움에 대한 극도의 두려움은 결혼의 법칙을 거부하지 않는다. 또 정당한 성 관계라 할지라도 더러움을 피해갈 수 없다. 출산의 의무가 더러움이라는 위험을 무릅쓰게 하지만 일단 의무를 다하고 나면, 즉 25세가 넘으면 젊은이들은 (평생?) 순결을 지켜 신이 자신의 전사들에게 요구했던 금욕의 의무를 지켜야 했다(신명기 23:10). 세기말의 상황에서 '전사 수도승'과 잘못 비교되곤 하는 이들은 빛의 왕자와 어둠의 천사 간에 벌어질 최후의 전투를 준비한 것이었다. 이들은 예배 시 사제들이 지켜야 했던 금욕의 의무를 일상생활로까지 확장시켰다. 쿰란의 문서들을 보면 독신이 임박한 전투에 대비한 과도기 상태임을 알 수 있다. 〈창세기〉가 명한 것처럼 종말이 다가오면 승리한 전사들은 아내를 맞아 결혼할 것이다.

순결에 대한 요구가 새로운 그리스도교적 감성을 말해주고 있지만 중세 시대 '전사 수도승'들과는 배경이 전혀 달랐다. 에세네파나 쿰란의 이교에서도 그리스도교 사상의 핵심인 성령의 발현 및 신의 왕국과 독신이 관련되어 있는 점은 찾아볼 수 없다.[74] 중세의 전사 수도승들은 세기말의 악에 대항하여 싸운 것이 아니라 사라센들을 상대로 싸웠다. 그들이 최후의 승리 후 기대한 것도 여자가 아니었다. 따라서 이들을 성급히 비교하지는 말자.

그리스도교 시대에 이교도 사회에서나 유대 사회에서나 독신은 결혼보다 더 나은 이미지를 만들어갔다. 단, 영적 순결함이 영원한 동정으로 나타나고 영혼 내 출산으로 귀결될 때에만 말이다. 불임이 저주라는 전통적 사고를 고수했던 것은 랍비들뿐이었다. 바로 이런 상황에서 인류사를 바꾸어놓은 한 독신자가 출현했으니, 그가 바로 나사렛 예수다.

Chapter 2

그리스도교 혁명

"성직자의 독신은 다양한 형태를 띠었다. 수도사와 수녀의 독신은 엄숙한 선서에서 비롯된 반면 주교, 사제, 부제 등 상위 성품을 받은 성직자의 독신은 제단을 섬기는 일과 연관이 있었다. 하위 성품에게는 순결의 의무가 뒤늦게 적용되었다."

La révolution chrétienne

• • •

"제자들이 가로되 만일 사람이 아내에게 이같이 할진대 장가들지 않는 것이 좋삽나이다. 예수께서 가라사대 사람마다 이 말을 받지 못하고 오직 타고난 자라야 할지니라. 어미의 태로부터 된 고자도 있고 사람이 만든 고자도 있고 천국을 위하여 스스로 된 고자도 있도다. 이 말을 받을 만한 자는 받을지어다." (마태복음 19:10~12)

거세된 자는 여호와의 총회에 발을 들여놓지 못하리라는 〈신명기〉의 저주를 보면 몇 세기 만에 이스라엘에서 일어난 큰 변화를 '혁명'이라고 부를 만하다. 사제들은 예수를 메시아 혹은 살아 있는 하나님으로 인정하기 전에 유대 율법박사인 '선생'이라고 불렀다. 즉 예수가 유대 율법의 주요 쟁점에 개입한 것은 '선생'의 입장으로서였다.

• 독신자 예수는 결혼에 반대했을까 •

나사렛 예수의 가르침은 한 독신자가 다른 독신자들 혹은 아내를 버린 남자들에게 주는 가르침이었다. 가장 잘 알려져 있는 막달라 마리아를 비롯하여 예수 주위에는 분명 여자들이 있었다. 그러나 이 여자들은 포교나 조직에는 전혀 관계하지 않았고 예수와 그 제자들의 사생활에는 더욱더 간섭하지 않았다.

중세 전설에 따르면 카나에서 결혼한 새 신랑 요한은 물을 포도주로 바꾸는 예수의 기적을 보고 아내 막달라 마리아를 버리고 예수를 따랐다고 한다. 독신이라는 동전의 양면처럼 요한은 동정을 택하고 막달라 마리아는 매춘을 택한 것이다. 예수는 "사람의 원수가 자기 집안 식구리라."고 말하지 않았던가(마태복음 10:36).

그렇다면 메시아였던 예수는 결혼을 반대했던 것일까? 물론 그렇지는 않다. 그의 많은 말씀에서 오히려 결혼에 대한 강한 옹호를 엿볼 수 있다. 그러나 결혼은 이 세상 사람들의 일일 뿐이며 자신의 왕국이 이 세상에 있지 않은 자에게는 간접적인 관심의 대상일 뿐이었다. 예수는 "이 세상의 자녀들은 장가도 가고 시집도 가되 저 세상과 죽은 자 가운데서 부활함을 얻기에 합당히 여김을 입은 자들은 장가가고 시집가는 일이 없으며"(누가복음 20:34~35)라고 했다. 그러자 천상의 생활방식대로 살려는 사람들이 생겼다. 라틴어로 caelibatus는 '독신(caelebs)'과 '천상의 삶(caelum)'이라는 뜻을 모두 내포한다. 아우구스티누스(Aurelius Augustinus) 이후 두 단어는 의식적으로 혼동되어 쓰였다.

예수가 결혼에 관해 한 말씀은 1세기 사람들의 의식 변화와 세기말이라는 시대 배경을 모두 고려해서 이해해야 한다. 예루살렘의 딸들이 자녀를 위해 울도록 명한(누가복음 23:28) 예수는 자녀를 낳지 못하는 여자에 대한 축복을 기억하고 있었다. 또한 천국이 가까웠다(마태복음 4:17)고 예언하는 예수는 당시 대다수 사람들처럼 종말이 가까워졌다고 믿었다.

이 논제를 가장 명철하게 펼친 사람은 바로 바울로였다. 바울로가 고린도인들에게 보낸 편지를 보면 독신과 세기말이 매우 밀접하게 결부되어 있음을 알 수 있다. "형제들아 내가 이 말을 하노니 때가 단축하여 진고로 이후부터 아내 있는 자들은 없는 자 같이 하며 (중략) 너희가 염려 없기를 원하노라. 장가 가지 않은 자는 주의 일을 염려하여 어찌하여야 주를 기쁘시게 할까 하되 장가 간 자는 세상일을 염려하여 어찌하여야 아내를 기쁘게 할까 하여 마음을 쓰며 시집 가지 않은 자와 처녀는 주의 일을 염려하여 몸과 영을 다 거룩하게 하되,

시집 간 자는 세상일을 염려하여 어찌하여야 남편을 기쁘게 할꼬 하느니라. (중략) 그러므로 처녀 딸을 시집보내는 자도 잘하거니와 시집보내지 아니하는 자가 더 잘하는 것이니라."(고린도전서 7:29~38) 세상 근심이 없는 독신자는 신에게 정성을 기울일 수 있다. 거기서 한 걸음 더 나아가 천국에서는 독신으로 지낼 뿐만 아니라 독신이 천국에 이르는 가장 훌륭한 방법이 되었다. 천국을 본떠 만든 수도원에서 많은 수도사들은 친사들처럼 독신으로 살기를 바라게 된다.

물론 결혼도 정당화시켜야 했다. 바울로는 결혼이 혼외정사라는 '음란한 행위를 빗겨가기 위해' 육체의 지배를 받는 자들이 어쩔 수 없이 선택해야 하는 방법이라고 직설적으로 말했다. "내가 혼인하지 아니한 자들과 과부들에게 이르노니 나와 같이 그냥 지내는 것이 좋으니라. 만일 절제할 수 없거든 혼인하라. 정욕이 불같이 타는 것보다 혼인하는 것이 나으니라."(고린도전서 7:8~9) 이렇게 운을 띄운 후 바울로는 남자와 여자의 사랑을 그리스도와 그의 교회 간의 사랑이라는 이미지로 비유하여 결혼의 아름다움을 찬양했다(에베소서 5:22~33).

물론 바울로의 결혼 신학은 예수가 드물게나마 결혼에 대해 언급한 것을 그대로 따르고 있다. 그러나 당시의 시대배경도 염두에 두어야 할 것이다. 지상의 근심과 천국의 근심을 구분한 것은 플라톤 이후 존재했던 고전적 대비를 그대로 답습한 것이다. 결혼과 영적 생활이 표면적으로 조화를 이룰 수 없다는 말은 에녹의 논조를 상기시킨다. 그리고 처녀성에 대한 찬양은 알렉산드리아의 필론이 주장하던 바였다. 그런가 하면 독신자들이 지켜야 했던 정조는 아우구스투스가 기사들에게 했던 연설을 연상시킨다. 바울로가 내세우는 주장의 본질은 순결을 지키지 못하겠거든 차라리 결혼하라는 것이었고, 아우구스투스가 말했던 것은 결혼하기 싫으면 순결을 지키라는 것이었다. 순서는 뒤바뀌었지만 결국 같은 말을 하고 있다. 로마제국에서 고대의 엄격한 윤리가 점차 느슨해져가자 두 명의 독신자가 벌이는 간음, 유부남과 처녀가 벌이는 난행, 총각 혹은 유부남과 유부녀가 벌이는 간통 등 독신자들의 성은 가장 엄격히 다스려지게 되었다. 차이가 있다면 시민 사회를 다스리는 황제는 결혼을 옹호했고, 하나님의 통치를 준비하는 사제 바울로는 독신을 옹호했다는 점일 것이다.

예수와 바울로가 결혼에 대해 직설적인 분석을 했다면 중세시대에는 복음서에 나오는 비유에 해석을 첨가한다. 예를 들어 혼인잔치의 비유에서는, 초대받은 사람들이 서로 잔치에 가는 것을 거부하자 음식을 준비해놓았던 주인이 거리를 지나가는 사람을 잔치에 초대하게 되었다. 혼인잔치는 직접적으로 천국을 가리키고 있다고 나오고(마태복음 22:2), 혼인잔치에 가길 거부하는 자 중 한 사람은 최근에 결혼했다는 핑계를 둘러댄다(누가복음 14:20). 그렇다면 결혼한 사람은 영원한 복을 누릴 수 없다는 것일까? 요한계시록을 보면 그렇다고 대답할 수밖에 없겠다. 14만 4000명에 이르는 선택받은 자들은 모두 순결을 지켰기 때문이다(요한계시록 14:4).

그리스도교인이 다스리지 않는 세상에서 자신들의 육체를 지배한다는 것은 그리스도교인들에게 독립과 강한 정신의 상징이었을 뿐만 아니라 타락한 자연이 악의 손아귀에 잡혀 있던 고대가 끝났음을 의미하는 것이기도 했다. 이들은 고대 그리스 · 로마 시대에는 성욕이 억제될 수 없다고 믿었다. 성욕을 조정하는 것이 에로스라는 강력한 신이었기 때문이었는데 그리스도교인들은 에로스를 악마로 보았다. 에로스를 이기는 것은 천국을 되찾을 수 있는 새로운 시대가 가까웠음을 의미했다. 이브가 인류를 성적 타락의 길로 들어서게 했다면 새

로운 이브인 동정녀 마리아는 본래의 순수함으로 돌아갈 수 있게 해 줄 것이었다.[1]

처녀성은 유일한 구원의 길이었다. 종말이 임박했다고 믿던 소수의 신도들에게는 극단적인 입장을 취하는 것이 가능했다. 그러나 사회 생활을 조직해야 하는 국교의 입장에서 볼 때는 독신이 유일한 구원의 길이라고 고집하는 것이 불가능하다. 따라서 결혼의 지위를 천천히 회복시키는 일이 필요했고 이에 대해서는 필자가 다른 저서에서 다룬 바 있다.[2]

그리스도교인들은 결혼과 금욕, 순결의 전통적인 서열을 뒤바꾸어 생각하게 되었다. 씨 뿌리는 사람의 비유를 중세 시대에는 다음과 같이 해석했다. 그리스도의 말을 듣고 이해하는 자는 모두 구원을 얻을 것인데, 씨가 좋은 땅에 뿌려졌기 때문이다. 그러나 씨앗 하나를 뿌려 100개를 거둬들이는 자가 있는가 하면 60개와 30개를 거둬들이는 자도 있을 것이다. 그리스도는 더 이상의 설명을 삼갔지만 중세에는 이것을 사회적 신분 구별로 보았을 것이다. 즉 순결을 지킨 사람은 100배로 보상받을 것이요, 금욕하는 자(과부, 사제, 성 관계를 삼가는 부부)는 60배로 보상받을 것이며, 결혼한 자는 30배로 보상받을 것이다. 아무리 결혼의 지위를 회복시켰다 하더라도 상대적일 뿐이었던 것이다. 뒤바뀐 서열은 히에로니무스(Eusebius Hieronymus, 4세기 말) 이후 정착되었고 13세기에 토마스 아퀴나스(Saint Thomas Aquinas)가 《신학대전(Summa Theologiae)》에서 확립했다.

• 독신, 정통인가 이단인가 •

2세기에 테르툴리아누스(Quintus Septimus Florens Tertullianus,

155?/160?~220)는 이교도 집안인 카르타고 통치령 백인대장의 아들로 태어났다. 정통 교육을 받은 그는 고대 로마에서 가장 인정받는 직업 가운데 하나였던 웅변가가 되었다. 그가 변호사로서 쓴 책은 결혼의 불편함에 대해 다루고 있는데 오늘날에는 전해지지 않는다. '세속적인 문인'의 길을 걸으려 했던 그는 195년 인생의 커다란 전환기를 맞는다. 바로 그리스도교로 개종한 것이다. 그의 나이 서른 살 때의 일이었다.

당시 그리스도교는 박해받는 소수의 종교였다. 테르툴리아누스의 마음을 흔든 것은 아마도 순교자들의 단호함과 하나님의 힘을 증거한다고 보았던 퇴마 의식이었을 것이다. 그는 개종을 하면서 결혼을 했던 것으로 보이는데 그 후 바로 사제 성품을 받았다.

개종 후 테르툴리아누스는 웅변가로서의 재능을 새 신앙을 위해 펼치게 되었다. 그는 타협을 모르는 사람이었고 스스로도 그렇게 평가했다. 그는 마르키온주의자와 카인숭배교도, 발렌티누스주의자 같은 이단들을 공격했고 자신의 신앙을 옹호하기 위해 《변증(Apologeticum)》을 통해 유대인들의 심기를 건드렸던 이교도들에게 공격을 가했다. 그가 전방위 공격에 나서는 것은 시간 문제였다.

그가 이끈 최초의 투쟁은 홀아비들의 재혼에 반대하는 것이었다. 그는 아내에게도 자신이 먼저 죽게 되면 재혼하지 말라고 일렀다. 테르툴리아누스가 신조차 허용했던 결혼을 거부하는 것은 아니었다. 다만 금욕이 더 바람직하다는 것이었고 그래서 신과 결혼한 처녀들의 아름다움에 대해 찬양했다. "결혼을 하지 않는 여자들은 천사들의 가족이 된다." 테르툴리아누스는 아내에게 이런 여자들을 본받으라고 했다. 자신이 죽으면 "이 여자들을 본받아서 금욕을 행하도록 하라."고 일렀다. 그러나 그의 충고는 그가 죽기 전부터 따라야 할 것 같았다.

테르툴리아누스는 결혼을 옹호하면서도 결혼을 해야 할 이유를 낱낱이 공격했다. 육체의 쾌락을 위해서인가? "금욕으로 인간은 신 곁에서 더 큰 기쁨을 맛볼 수 있다". 자식을 얻기 위해서인가? 천국이 이 세상보다 더 낫다는 것을 안다면 그런 바람은 없어질 것이다. "무덤 속으로 우리 뒤를 따라올 자식을 이 세상에 낳고자 하는 것이 무슨 소용이란 말인가?" 테르툴리아누스 자신은 어땠을까? "육체의 쾌락과 자식을 낳고자 하는 소망을 한번씩 가졌으면 그것으로 족하고, 단 한 번 결혼하여 모든 욕망을 채웠다면 그것으로 족하지 않은가?" 그리고 그는 "천국을 사모하는 마음으로 거세당한 자가 되기로 결심하고 상호 동의 하에 성 관계를 갖지 않는" 부부들을 찬양했다. 그는 곧 닥칠 종말을 기다리며 아내와 함께 기도하며 사는 순결한 결혼생활을 했을 것이다.

테르툴리아누스는 육의 세계에서 구원을 얻기 위해 엄격한 독신을 주장했던 마르키온(Marcion)을 공격하고 결혼을 옹호했다. 결혼이 없어진다면 구원해야 할 인간도 없어질 테니 그리스도는 더 이상 할 일이 없어질 것이고, 금욕조차도 의미를 잃을 테니 덕이란 존재하지 않을 것이다. 또 결혼이 없어진다면 마르키온주의자들도 사라질 것이다. 그렇지만 테르툴리아누스는 육에 갇힌 유부남보다는 '순결을 지키는 자들'을 선호한다고 떳떳이 말했다. 결혼은 최소한의 악이지 선은 아니었다. 고문을 당하느니 도망치는 것이 낫지만, 그렇다고 도망을 권할 수는 없지 않나? 결혼하기 전 아담은 얼마나 큰 행복을 누렸는가. 부인의 말을 듣지 않아도 되었으니![3]

그런데 207~208년경, 테르툴리아누스는 프리지아의 사제 몬타누스(Montanus)의 사상을 받아들이게 된다. 몬타누스는 강경한 설교와 엄격한 윤리 때문에 로마교회로부터 비난을 받은 인물이었다. 그러나 테르툴리아누스는 몬타누스의 사상에 끌렸고 이로 인해 그의 설교도 더욱 강경해졌다. 물론 그가 결혼을 드러내놓고 비난하지는 않았으나 독신의 순결함을 더욱 선호하게 된 것은 사실이다. 그래서 이 때부터는 재혼만을 금한 것이 아니었다. "듣자 하니 이젠 첫번째, 그러니까 딱 한 번 하는 결혼도 못하게 한다면서요?" "아무 이유 없이 그러는 것이 아닙니다! 첫번째 결혼이라도 음탕한 것은 마찬가지니까요."[4]

213~214년경, 테르툴리아누스는 몬타누스주의자가 되었다. 그러나 이교 운동도 로마 종교만큼이나 개성 강한 그를 만족시키지 못했다. 결국 그도 자신의 이교를 주창하게 되었는데 카르타고의 몬타누스주의자들이 대거 그를 따랐다. '테르툴리아누스주의자들'은 그 후로 200년간 활동하다가 아우구스티누스에 의해 교회로 통합되었다. 테르툴리아누스가 그때부터 노년까지 발표했던 저작들은 출간 직후 소실되었다.[5]

"그리하여 얼마나 많은 남자와 여자들이 교회의 규범 속에서 스스로 금욕을 자처했는가! 그들은 신과 결혼하기를 바랐고 육체의 존엄성을 다시 살렸으며, 정열의 유혹과 천국이 받아들일 수 없는 모든 것을 뿌리치며 지난 세기의 아이들처럼 자신을 희생했다."[6]

테르툴리아누스는 금욕과 방탕이라는 독신의 양극을 차례로 오갔고, 그리스도교는 중도(中道)를 택하게 되었다. 이 양극의 끝을 줄다리기 하듯 잡아당기는 이교도가 초기에 만연한 것을 보면 독신이 얼마나 미묘한 문제였는지 알 수 있다.

처음에 주도권을 잡은 것은 강경 노선이었다. 바울로의 전통과 초기 순교자들의 본보기를 이용할 수 있었기 때문이다. 창녀촌으로 내몰린 성녀 아그네스는 너무 노골적인 고객들을 죽게 하는 천사들의 도움을 받았다. 성녀 루치아는 소 1000쌍과 방탕한 남자 1000명도 어쩌지 못했다. 성녀 아나스타시아는 남편과 성 관계를 맺지 않으려고 앓는 시늉을 했고 성녀 세실리아는 신혼 첫날밤에 천사를 불러 남편이 잠자리를 포기하게 만들었다. 성녀 유페미아는 자신을 겁탈하려는 판사를 '사내처럼' 싸워 물리쳤다. 성녀 유스티나는 자신을 유혹하려는 악마를 밀랍처럼 녹아내리게 했다. 초기에는 처녀성의 훌륭함을 증명해줄 성녀의 예가 풍부했다. 〈베드로 행전〉에는 극단적인 사례도 나와 있다. 베드로의 딸은 미모가 매우 빼어나 어느 부유한 남자로부터 청혼을 받았다. 베드로는 딸의 처녀성을 지키기 위해 하나님에게 딸의 몸에 마비가 오도록 해달라고 기도했고 딸은 '발가락에서부터 머리끝까지' 온몸이 굳어버렸다. "그의 종을 더러운 것과 불결한 것, 파멸로부터 지켜주신 하나님에게 영광을 돌리며 우리는 그녀를 데려갔다."[7] 이 일화는 매우 유명하지만 그 외에도 결혼을 피하기 위해 얼굴이 일그러지는 기적을 경험한 성녀들의 이야기도 많았다.

처녀성은 생육하고 번성하라는 신의 계명에도 적용되었다. 악마는 유스티나의 저항을 굴복시킬 뻔했으나 자신도 모르게 신의 계명을 유스티나에게 알려주는 바람에 자신이 밀랍처럼 녹아내렸다. 물론 태초에 아담에게 내린 신의 명령은 아직 땅에 사람이 번성하지 않던 시기에는 유효했다. 그러나 교부의 시대에 이미 인간들은 넘쳐났다. "생육하고 번성하라"는 계명은 이제 더 이상 존재 이유가 없었다. 더구나 그리스도는 타락한 인간을 원죄에서 구원해내지 않았는가? 이제 인간은 강해졌다. 유혹에 저항할 수 있게 되었고 결혼은 생식을 위해서도, 정당한 성생활을 위해서도 더 이상 필요하지 않았다. 따라서 독신은 허용되었으며 천복을 누릴 수 있는 방편으로서 가치가 상승하게 되었다. 물론 음욕에 눈이 어두워 타락하지 않아야 했다. 바울로의 편지에 근거를 두고 마련된 교부 이론은 13세기에 이르러 토마스 아퀴나스가 집대성하게 된다.[8]

독신자는 이때부터 '천국의 주민'이 되었다. 아담의 타락 이후 죄를 짓게 하고 사망에 이르게 했던 육체는 순결을 지킴으로서만 천국과 같은 상태에 이를 수 있었다. 이것이 바로 이교도로 규정된 수많은 운동들이 공통적으로 믿던 바였다. 시리아에서는 타티아노스(Tatianos, 120?~173)와 엔크라티데스(Encratites, 그리스어로 ἐγκράτεια egkrateia, '절제')들이 결혼을 아담과 이브의 타락으로 생긴 부패와 방탕이라고 규정했다. "여자가 생기면 결혼을 하게 되고, 결혼을 하면 자손을 낳게 되고, 자손을 낳게 되면 사망에 이른다."[9] 프리지아의 몬타누스는 종말이 가까웠노라고 설파했고, 순결을 지키며 종말을 기다려야 한다고 했다. 몬타누스주의는 지중해 전역에 퍼졌다. 영지주의(Gnosticism, 2세기 그리스·로마 세계에서 두드러졌던 철학적·종교적 운동)를 표방했던 이교 분파들은 아르콘이 반항하여 세상을 창조했으며, 생식은 영혼을 육체 속에 영원히 가둬놓는다고 주장했다. 마르키온주의에서도 이원론이 등장하는데 이들은 결혼을 하게 되면 열등한 신 데미우르고스(Demiourgos, 플라톤의 《대화》에 나오는 세계의 창조자)에게 협력하는 것이라고 보았으며 독신자들과 순결하게 살겠다고 서약한 부부들에게만 세례를 주었다.

여러 이교 분파들이 합류하는 지점에 바로 마니교가 존재한다. 마니교(Manichaeism)는 그리스도교의 확장과 결혼에 가장 심각한 위협 중 하나였다. 마니(Mani)는 3세기에 페르시아에 등장한 이교의 창시자로 그의 제자들은 이전의 영지주의자들처럼 이원론을 믿었다. 즉 세상은 악한 조물주에 의해 창조되었고, 그 악한 조물주가 신성(神性)을 물질 속에 가둬두었다고 믿었다. 모든 남자와 여자에게 들어 있는 이 내적 빛은 자손들에게 계속해서 대물림되므로 이 흐름이 멈춰져야만 해방될 수 있다는 것이다. 영지주의자들이나 마르키온주의자들과 마찬가지로 마니교의 골수 신봉자들은 완전한 금욕을 행했다. 그러나 인간의 나약함은 인정되었으므로 모든 신자들이 똑같이 엄격한 규율을 따를 필요는 없었다. 성 관계를 자제할 수 없는 자들은 대신 피임을 해서 자식을 낳지 말아야 했다. 이들에게 가장 큰 금기는 결혼이었다. 결혼의 유일한 목적은 후세를 잇는 것이기 때문이다. 3~4세기에 발전했던 마니교와 12~13세기에 등장한 카타르파(Cathari)의 관계에 대해서는 아직도 의견이 분분하다. 분명한 점은 두 종교 모두 악한 신이 만든 육체에 신성이 갇혀버렸다는 믿음을 가졌고, 이로 인해 결혼에 반대했다는 것이다. 마흔이 되도록 결혼하지 않았다는 14세기 카타르파 사제의 교리도 같은 맥락에서 설명할 수 있다.[10]

《신약성서》의 외경 중 오래된 것들은 결혼에 반대함으로써 발생하는 논란에 대해 전하고 있다. 그중 150년경에 쓰인 〈바울로 행전〉이 있다. 사도 바울로 혹은 그렇게 자칭하는 저자는 독신을 널리 장려하고 "육체를 순결하게 보존하는 사람은 축복을 받는다. 그가 하느님의 성전이 될 것이기 때문이다."라고 주장하며 파혼하게 했다. 마침 바울로의 설교를 듣던 테클라라는 처녀는 '창문에 달라붙어 있는 거미처럼' 놀라움에 미동도 하지 않았다. 설교를 듣고 난 테클라는 약혼자인 타미리스에게 파혼을 선고했다. 버림받은 타미리스는 바울로를 따라다니던 악인들인 데마스와 헤르모제네스의 말을 듣고 약혼녀를 변심하게 만든 자가 바울로라는 것을 알아냈다. "저 사람은 청년에게서 아내를, 처녀에게서 남편을 빼앗아버리고 있습니다. 그는 '정결하며 육체를 더럽히지 말고 순결하게 보존하지 않으면, 부활은 불가능하다.' 고 합니다." 이렇게 증언한 두 위선자들은 부활이 "우리의 아이들에게서 이미 실현되었다."고 주장했다. 테클라는 결혼에 반대한 죄로 화형에 처해졌으나 비가 내리는 기적이 일어나 불길에도 다치지 않았다. 그러자 다시 야수들의 먹잇감으로 내던져지나 야수들은 그녀를 해치지 못했다.[11] 〈필립보 행전〉에서도 저자인 필립보는 처녀성을 찬양하고 있다. 그는 죽은 자식 때문에 절망하고, 결혼을 저주하는 어떤 어머니를 보고 영감을 얻었다고 말했다.[12]

독신과 처녀성을 변호하는 일은 그리스도와 바울로가 전한 말씀에 근거하고 있으나 교회 성직자들의 심사를 불편하게 했다. 이단이기는 하지만 견고한 바탕에 근거한 가르침을 엄중히 비난할 수는 없는 노릇이었기 때문이다. 이러한 태도는 3세기 말에 쓰인 〈안드레아 행전〉의 변형본들에서 드러난다. 이 행전은 이단이 아니지만, 이교도들은 자신들의 교리를 뒷받침하기 위해 이 행전의 사례들을 도용했다. 그리스어 번역문에서는 안드레아가 어떻게 독신을 설파하고 결혼을 약속한 남녀에게 어떻게 파혼하도록 했는지 나와 있다. 결혼에 적대적이었던 프리스킬리아누스주의자들에게는 축복받은 빵과 같은 사례가 아닐 수 없다! 이들은 티투스(Titus Vespasianus Augustus)의 서한에 소개된 일화를 예로 들고 있다. "안드레아는 하느님의 영광을 보여주기 위해 결국 결혼식에 당도한 후 부부를 갈라놓고, 남자들과 여자들이 갈라서게 했으며, 독신으로 성스럽게 살도록 가르쳤다."

385년 초기 그리스도교 주교인 프리스킬리아누스(Priscillianus, 340~385)가 사형에 처해진 후 이교도들이 〈필립보 행전〉을 인용했기

때문에 사람들은 행전을 불신할 수도 있었을 것이다. 그러나 행전은 그리스도교 세계에서 대단한 성공을 누렸다. 위험 수위가 높은 구절은 표현을 완화시켰기 때문이다. 오늘날 전해지는 라틴어 번역본은 6세기에 주교 그레고리우스(Gregorius Florentius, 538/539~594/595)가 편역한 것으로서 이 판본에서 안드레아는 근친상간에 해당하는 결혼에만 거부 의사를 밝혔으며, 결혼은 하느님이 정하신 것이므로 결혼 자체에 대해서는 반대하지 않는다는 점을 분명히 밝히고 있다.[13] 행전이 아우구스티누스가 정한 결혼 정책에 편입된 이후로는 이교도에서 사용할 수 없게 되었다.

결혼이 그리스도교적 세계관에 완전히 편입된 것은 아우구스티누스 시절부터였다. 이 히포의 주교가 정의 내린 '세 가지 선'은 오늘날까지도 결혼 신학의 기초가 되고 있다. 이에 대해서는 다시 언급하지 않겠다.[14] 그리스도교 초기의 논의들은 독신의 역사에 중요한 족적을 남겼는데 바로 이 시기에 성직자와 사제들에게 독신이 강요되기 시작했기 때문이다.

• 성직자의 결혼에 대한 논란이 시작되다 •

시네시우스(Synesius)는 오래 전 키레나이카(북아프리카)에 정착한 그리스 출신 지주 가문에서 370년경 태어났다. 그는 알렉산드리아와 아테네에서 철학 공부를 하며 귀공자처럼 생활했고 사냥을 무척 좋아하여 《사냥기술(Cynegetiques)》이라는 책을 쓰기도 했다. 고향 키레나이카에서 명망 높은 인물이 된 시네시우스는 399년 콘스탄티노플에 대사로 부임했고, 귀향해서는 키레나이카를 짓밟는 도적 무리들을 물리치기 위해 대항군을 이끌기도 했다. 405년 키레네 총독마저

도망을 가버리자 시네시우스는 바바리안족들과 싸워 승리를 거두었다. 그는 시를 쓰고 철학서를 저술하는가 하면 《대머리 예찬(Eloge de la calvitie)》과 같은 재미있는 책을 쓰기도 했고, 정치 문제에 대해 언급하기도 했다. 한마디로 스포츠를 즐기고 교양을 쌓은 동유럽제국 귀족의 삶을 누린 것이다.

그런데 411년 그는 인생에서 커다란 전환점을 맞는다. 신플라톤주의 철학자였던 시네시우스는 그리스도교에 대해서 어렴풋이 들어본 적은 있었다. 그러나 그의 글을 읽어보면 독실한 신자는 아니었던 것으로 보인다. 그런 그가 키레나이카의 수도인 프톨레마이스에서 주교직을 수락해야 할 상황에 처하게 된 것이다. 기질상 성직과 거리가 먼 그가 운명의 장난 같은 선택의 기로에 놓이게 된 것이다! 그러나 당시 주교의 책무는 주로 행정적이거나 정치적 성격을 띠고 있었고, 시네시우스는 주교가 갖추어야 할 능력을 모두 가지고 있었던 듯하다.

시네시우스가 보낸 서한문을 보면 당시 그의 마음 상태를 알 수 있다. "성직을 택하느니 차라리 천 번이라도 죽음을 택하고 싶다."(서한 96) 시네시우스는 몇 달 동안이나 결정을 내리지 못하고 있었지만 절대 거절할 수 없는 자리라는 것을 알고 있었다. 그는 자신의 형제에게 이런 편지를 써 보내기도 했다. "나는 의무를 다할 생각이란다. 그것이 신의 계시라 생각할 것이다."(서한 105) 좀더 현실적으로는 만약 거절을 한다면 귀양을 가게 되리라 추측하기도 했다. "그러면 이 세상에서 가장 멸시당하고 저주받은 사람이 되어 증오에 가득 찬 수많은 사람들을 대해야 하겠지."(서한 96)

그가 주저할 만도 했다. 그는 그리스도교에 대해 조금은 알고 있었지만, '대중'의 모든 교리에 동의하지 않으며 부활을 믿지 않는다고 밝혔다(서한 105). 그리스도교 문화를 전혀 몰랐기 때문에 교구회의

가 열리면 '(사제들이) 늘 듣는' 말을 한 마디도 할 수 없었다. 그렇다면 도대체 왜 사람들은 "하나님의 말씀을 아는 사람을 제쳐두고 전혀 모르는 사람을 택한 것일까?"(서한 13)

특히 주교직을 받아들이면 포기할 일이 있다는 것도 그는 잘 알고 있었다. 평화로운 일상과 철학, 사냥의 즐거움과 아내. 그렇다. 우리의 주교님은 유부남이었다! 동시대에 살았던 유명한 히포의 주교 아우구스티누스는 성직자들은 싫더라도 순결의 짐을 질 의무가 있다고 말했는데, 이는 아마도 시네시우스를 염두에 두지 못한 발언으로 보인다.[15] 시네시우스는 절대 포기할 생각이 없었다. "나는 절대 내 아내와 헤어지지 않을 것이다. 그렇다고 불륜 관계처럼 숨어 살지도 않을 것이다. 그것은 매우 불경하고 불법적인 일이기 때문이다. 절대 물러설 수 없다. 앞으로 많은 아이를 갖는 것이 내 의지이자 바람이다."(서한 105)

그러나 민중들의 의지가 더 강했다. 시네시우스는 결국 412년 주교직을 맡으면서 아내와 헤어졌다. 그 후 아이 셋을 차례로 잃는 불행을 겪었으며, 마지막 아이가 죽고 난 후 1년이 지나서 그도 세상을 떠났다. 그의 나이 43세의 일이다.

시네시우스가 성직자의 독신 의무에 희생되었다고 생각하지는 말자. 그가 실제로 아내에 대해 많은 애정을 갖고 있었다고 믿기에는 아내에 대한 언급이 너무 빈약하고, 부인을 포기하는 것보다는 자신의 사상이나 사냥개들을 포기하는 것이 더 힘든 일이었던 것 같으니 말이다. 어쨌든 그의 사례는 성직자에게 독신을 강요하는 새로운 경향이 깊은 사명감 없이 사제직을 맡게 된 사람들에게 적용될 때 어떤 문제에 부딪히는지 잘 보여주고 있다.

이 경우에 성직자의 독신(célibat ecclésiastique)이 '사제들의 독신(célibat des prêtres)'[16]보다는 더 정확하고 포괄적인 표현으로 보인다. 어쨌든 이는 매우 논란의 여지가 많은 까다로운 문제였다. 교회 내 사도의 전통은 예수와 그의 제자들이 행한 말씀과 행동에 큰 의미를 부여했다. 따라서 독신의 의무가 예수와 사도들의 시대부터 생겨났다면 이의를 제기하기가 어려워진다. 예수는 독신으로 지냈던 것이 확실해보인다. 그렇지만 사도들 중 결혼한 사람들이 있었는가? 바울로의 한 구절을 보면 그렇다고 추측된다. 바울로는 사도로서의 자격을 의심받자 다른 사도들이 얻은 권리를 자신과 바나바도 행사할 수 있도록 요구하면서 자기옹호에 나섰다. 그는 특히 일하지 않을 권리와 공동체가 자신들의 생활을 책임져줄 권리를 요구한다. "우리가 먹고 마시는 권이 없겠느냐. 우리가 다른 사도들과 주의 형제들과 게바와 같이 자매된 아내를 데리고 다닐 권이 없겠느냐. 어찌 나와 바나바만 일하지 아니할 권이 없겠느냐."(고린도전서 9:4~6)

사제들이 데리고 다니던 이 '그리스도교 여자(ἀδελφὴν γυναῖκα)'는 누구인가? 처음에는 사도들에게 정실부인이 있었던 것으로 보였다. 복음서(마태복음 8:14, 마가복음 1:30, 누가복음 4:38)는 베드로의 장모(πενθερὰ)에 대해 직접적으로 언급하고 있지 않은가? 4세기 무렵, 성 암브로시우스는 구원을 위해 반드시 지켜야 할 순결의 의무에 대해 미묘한 의미상의 차이를 주며 설명했다. 순결을 글자 그대로 적용한다면 천국에서 쫓겨나야 할 성인들이 부지기수일 것이다. "요한과 바울로를 제외하고 사도들은 모두 아내가 있었다."[17]

그러나 교회는 다른 해석을 곧이어 내놓았다. 2세기에 살았던 테르툴리아누스는 '그리스도교 여자들'을 부인이 아닌 시녀들로 보았다. 그러나 베드로가 결혼했다는 사실은 인정했다. "장모라는 말 때문이었다."[18] 앞서 말한 바와 같이 테르툴리아누스는 이교였던 몬타누스주의와 유사한, 매우 엄격한 성도덕을 주창했다. 그가 교회의 본보기가 된 듯하다. 그러나 베드로가 그리스도교로 개종한 후 결혼했다면 복음서에 명시되었을 것이 분명하다. 따라서 그가 개종 전에 결혼한 것으로 보는 것이 가장 타당했다. 그렇다고 베드로가 새 교회를 세우도록 부름을 받고 나서 이혼했다고 추측하게 하는 부분도 없다. 반대로 바울로는 베드로와 비슷한 처지에 있을 경우 부인을 내치는 것을 분명히 금했다(고린도전서 7:12). 베드로가 아내를 내보냈다면 바울로는 이런 예외에 대해 정당한 사유를 말했을 것이다. 문제는 베드로가 개종 후에도 아내와 정상적인 부부생활을 누렸는가 하는 점인데 이를 명백히 밝혀줄 만한 부분은 없다. 다만 여자와 동행하기를 고집했던 바울로가 같은 편지에서 순결을 지킬 것임을 강조했던 것(고린도전서 7:8)을 잊지 말자. 다른 사도들이 금욕의 의무를 저버렸다면 바울로는 이를 분명 명시했을 것이다.

주의할 점은 사도들의 결혼을 처음 문제 삼은 쪽은 교회의 강경파들뿐이었다는 점이다. 중세에도 베드로가 개종 후에 같이 살았다는 여자에 대해 문제 삼지 않았다. 이 여자의 축일은 5월 31일이었고, 페트로닐(Pétronille), 피에레트(Pierette), 페린(Perrine), 페르넬(Pernelle)이라는 이름으로 불렸다. 베드로의 상황이 예외는 아니었다. 《황금전설(Legenda aurea)》은 사도 필립보에게 딸이 둘, 부제 필립보(Philip the Deacon)에게는 딸이 넷 있었다고 전하고 있다.[19]

이후 수용된 규칙은 다음과 같다. 사도들 중 일부는 개종 전에 결혼하여 자식을 낳았지만 그리스도에게 부름을 받았을 때 결혼은 깨지 않고 다만 그때부터 금욕을 실천했다. 어쨌든 그리스도교가 성장하던 초기였기 때문에 사도들의 본보기를 따르는 그리스도교인들은 소수에 불과했다.

베드로는 교회의 초대 교황으로 알려진 인물이기 때문에 그의 사례는 더욱 중요한 의미를 띤다. 신에게 자신을 바치거나 그리스도교 공동체를 이끌도록 부름을 받은 사람들의 상황은 어떠했을까? '주교〔épiscope, 그리스어로 ?πσκοπο?, 이 말에서 신부(évêque)라는 말이 파생되었다〕' 들에게 독신은 의무가 아니었다. 다만 바울로는 아내를 단 한 명만 취하라고 했을 뿐이다(디모데전서 3:2, 디도서 1:6). 이외에 클레멘스(Saint Clement of Alexandria, 1세기 말 최초의 사도 교부—옮긴이)도 성직자, 신부, 부제의 결혼을 승인했다. 고고학자들은 사제와 신부, 부제의 묘비에서 아내를 암시하는 구절을 찾아냈으며, 558년 페루즈의 신부였던 카시우스와 그의 아내 파우스타의 묘비도 발굴한 바 있다.[20]

독신의 의무는 성직자의 위계 질서 속에서 생겨났다기보다는 그리스도교 공동체 내에서 생겨났다. 《구약성서》에 금기가 명시된 이후로 사람들은 의식적으로 청렴한 윤리와 금욕을 연관짓게 되었다. 처음으로 평생 금욕을 맹세한 사람들은 성품을 받은 성직자들(재속 성직자)이 아니라 고행자들이었으며, 그 후 교회의 규율을 따르는 수도사(교회의 관할 속해 있는 성직자)들이 금욕을 맹세했다. 2세기 무렵부터 순결을 잃은 고행자들은 공개 고해라는 처벌을 받았는데, 이는 13세기부터 볼 수 있는 정식 서원은 아니었지만 당시에 순결에 대한 서약이 이미 존재했음을 말한다. 수도사들의 경우에는 의무가 아닌 본인의 바람으로 독신이 되었다. 수도원의 의무가 재속 성직자들에게 점차 확산된 것은 신자들의 압력에 의한 것으로 보인다.

이집트와 로마의 그리스도교 공동체에서는 히에로니무스(Eusebius Hieronymus, 347?~419?)[21] 때부터 성직자들의 독신 생활이나 순결 의무가 종용되었다. 이후 갈리아의 신자들에게도 같은 경향이 나타난다. 그러나 지중해 동부의 윤리는 달랐다. 324년 파플라고니아(오늘날의 터키 북부 해안지대)에서 열린 강그르 공의회는 결혼한 성직자들이 집전하는 미사에 가기를 꺼려하는 신자들에게 미사 참석을 의무화했다. 그밖에 자신의 순결에 대해 너무 드러내고, 결혼한 사람을 무시하는 사람들에게도 경고를 내렸다. 순결과 금욕은 겸손함과 어우러질 때에만 존경받을 수 있는 것이라 여겼기 때문이다. 공의회는 순결의 고귀함을 위해서가 아니라 결혼을 혐오하여 순결을 서약한 자들도 배척했다.[22] 제단을 섬기려면 성생활을 포기해야 한다는 논리는 기원 후 초기에 이미 공동체 일부에 확립되었다.

이 결정은 그리스도교인들 전체에 보편화된 것이 아니라 일부 교회에만 적용되었다. 4세기 초 그라나다 근처 엘비라에서 소집된 공의회는 종교 지도부가 이 문제에 개입했다는 가장 오래된 증거이다. 공의회에서 결정한 금기 사항은 제단을 섬기는 일을 맡은 세 성품인 사제, 신부, 부제에게 해당되었다. 즉 성품을 받은 자는 당장 완전한 금욕을 지켜야 했으며 이를 어길 시에는 성직에서 추방되었다(법령 33). 이방 여자와는 함께 살아서는 안 되며, 단 순결을 맹세한 누이와 딸은 예외였다(법령 27). 당시만 해도 독신을 의무화한 것은 아니었다. 성직자들은 아직 결혼을 할 수 있었고, 성품을 받았다고 해서 결혼을 파기해야 하는 것도 아니었으며, 모든 성직자가 이 의무를 지켜야 했던 것도 아니었다.[23] 이 문제에 대한 규율은 통일되지 않았으며 로마는 지역의 다양성을 존중했다.

놀랄 만한 사실은 최초의 교회법이 강한 반발을 불러일으키지 않았다는 것이다. 만약 그랬다면 그 기록이 남아 있었을 것이다. 이는 곧 에스파냐 공동체가 이 관습을 오래전부터 받아들였고 공의회는 그 관습을 인정해주는 역할만 했다는 것을 뜻한다. 385년에 작성된 교

황 성 시리치오(Saint Sircius)의 서간문(Directa)은 교회 초기 시절부터 존재했던 관습을 내세워 이 계율을 인정하고 있다.[24] 5세기 초 교황 성 인노켄티우스 1세의 서간문은 순결의 의무를 종교적으로 설명하여, 손으로 세례의 은총을 전하고 그리스도의 육(肉)을 주는 자들은 육체적 금욕을 지켜야 한다고 했다. 그리고 매일 사제직을 수행하면 평생 금욕해야 했다.[25]

우리는 인간과 동물에게 공통되는 성(性)이 천상의 부름과 모순된다는 고대 사상의 전통을 그대로 이어받고 있음을 알 수 있다. 선택받은 자들의 처녀성, 그리고 하늘의 왕국을 위해 거세된 자들에 대한 신약성서의 구절은 이런 관점을 뒷받침한다. 물론 그 관점이 성서에 직접적으로 드러나는 것은 아니지만 말이다.

성직자의 독신은 다양한 형태를 띠었다. 수도사와 수녀의 독신(célibat monacal)은 엄숙한 선서에서 비롯되었다. 반면 주교, 사제, 부제 등 상위 성품을 받은 성직자의 독신은 제단을 섬기는 일과 연관이 있었다. 문지기 수도사, 구마사제, 시제, 독사, 그밖에 제단을 섬기는 일을 하지 않는 모든 성직자들을 포함하는 하위 성품에게는 순결의 의무가 뒤늦게 적용되었는데, 이를 정당화할 수 있었던 것은 순결의 의무를 통해서 성직자로서의 사명이 인정되었기 때문이다.

하위 성품을 받은 성직자에 대한 태도는 시대와 장소에 따라 달랐다. 390년 카르타고 공의회는 하위 성품의 성직자들이 여자와 함께 사는 것을 허용했다. 단, 중년이 되면 이를 금했다.[26] 393년 히포 공의회는 사춘기에 접어든 독사에게 결혼과 금욕의 맹세 중 한 가지를 선택하도록 했다. 한편 결혼한 성직자들의 존재를 인정하기도 했는데, 결혼한 성직자들만이 주교의 승인 없이 과부나 처녀들을 만날 수 있었다.[27] 461년 투르 공의회는 하위 성품 성직자들의 결혼을 허용했다. 단 이미 결혼한 적이 있는 여자와는 결혼을 금했다.[28] 반면 그리스도교 교인이었던 유스티니아누스 황제는 성품을 받은 성직자가 여자와 사는 것을 금했고, 이를 어길 시에는 성직을 박탈했다. 이는 공의회가 내건 의무사항을 그대로 채택한 민법의 보기 드문, 시대를 앞서간 사례이다. 그러나 이 정책의 실질적인 효과에 대해서는 이론의 여지가 있다.[29] 746년 자카리아(Saint Zacharia) 교황은 궁재(宮宰) 피핀 3세에게 보낸 편지에서 주교와 사제, 부제만이 아내를 두지 않아야 한다고 말했다. "다른 성직자들에게는 이를 강요할 수 없습니다. 이들은 소속 교회의 전통을 따르도록 해야 합니다."[30] 참고로 자카리아 교황은 그리스 출신으로 당시의 참회규정서보다는 더 개방적인 인물이었다.[31] 이렇듯 조금씩 차이가 나는 것은 어떤 한 가지 생활방식이 제아무리 고결하다 하더라도 당시 사람들이 그것을 강요하고 싶어하지 않았기 때문인 듯하다.

그런데 하위 성품 성직자들에게 결혼을 허락한 일은 예기치 않은 문제를 불러일으켰다. 당시 성직은 직업이 되다시피했고 그래서 보통 직업처럼 성직자들도 서열을 하나씩 밟아 올라가야 했다. 그런데 만약 결혼한 성직자가 사제나 부제가 되면 더 이상 아내와 함께 살 수 없게 될 텐데, 그렇다면 그의 아내는 어떻게 될까? 이 경우 여자의 신변은 교회가 책임을 지게 되어 수녀원으로 보내질 수밖에 없었다. 그렇다면 이 여자들이 과연 평생 금욕하거나 수녀원 생활을 기꺼이 받아들였을까? 성직자와 결혼한다는 것은 남편의 영적 서열이 올라갈수록 그를 조금씩 잃을 각오를 한다는 것이었다. 이런 명제 속에는 이미 성직자 전원에게 독신의 의무를 부과해야 한다는 필요성이 내포되어 있다. 결국 공의회는 하위 성품 성직자들에게까지 결혼 금지령을 확대했다.

이 정책들은 어떻게 수용되었을까? 그레고리우스 주교가 전하는 교훈적 이야기가 사실이라면 정책이 쉽게 받아들여진 것만은 아니었다. 수많은 간통에 연루되어 손가락질 받던 다결프 사제는 간통 장면을 목격한 여자의 남편에 의해 침대에서 정부와 함께 살해되었다. "그러니 이 일을 모든 성직자들은 본보기로 삼아야 한다." 새로 공포된 규율을 언급하며 신성한 주교는 이렇게 이야기를 마쳤다. '여자라면 사족을 못 쓰는' 망스의 성직자는 정부를 납치해서 남자로 변장시켰다는 죄목을 쓰고 가까스로 죽음을 면했으나 끝내 자신의 죄악에서 헤어나지 못했다. 에테리우스 드 리지외(Aetherius de Lisieux) 주교가 사면해주었건만 그는 "지난날의 망신은 다 잊어버리고, 개가 자신의 토사물을 먹으러 다시 돌아가듯 잘못을 반복했다. 그는 한 아이 어머니에게 눈독을 들였다".[32] 당시 성직자에게 독신은 목숨이 걸린 문제였다.

초기에 일부 공동체만 받아들였던 엄격한 규율이 서방 교회에서만은 새로운 형태를 띠게 되었다. 1054년 교회가 분리되기 전, 로마 교회와 콘스탄티노플 교회는 규율에 관하여 이미 여러 면에서 의견이 엇갈리고 있었는데 성직자들의 독신 문제도 그중 하나였다. 기원 후 몇백 년간 지방 공의회에서 내려진 결정은 그리스도교 공동체 전역에 적용되지는 않았다. 그리스교회의 공의회는 로마교회의 공의회보다 좀더 유연성을 보였다. 네오카이사레아 공의회(314~325년)는 사제들의 결혼을 금했고 앙키라 공의회(314년)는 부제의 결혼을 허용했다. 단 부제는 성품식에서 순결을 지키며 살 수 없음을 분명히 밝혀야 했다. 니케아 공의회(325년)는 주교와 사제, 부제 모두 이방 여자와 함께 살지 못하도록 금했는데 정실부인에 대해서는 입장을 표명하지 않은 듯하다.[33]

동방교회가 이 문제를 다루기로 한 것은 680~681년 그리고 692년 콘스탄티노플의 신성한 성 이름을 차용한 트룰로(in Trullo, '둥근 천장 밑에서' 라는 뜻, τροῦλλος) 공의회에서였다. 이 공의회는 제5차 및 제6차 에큐메니컬 공의회였기 때문에, 퀴니섹스트 공의회라고도 하는데 동방교회가 오늘날까지도 준수하고 있는 규율을 정했다. 일곱 개의 법령(3, 6, 12, 13, 26, 30, 48)이 독신의 규율에 대해 다루고 있으므로, 이 공의회는 독신에 대해 포괄적인 법을 제정했다고 할 수 있다.[34] 당시 교황이었던 성 세르기우스 1세는 공의회의 결정을 인정하지 않았지만, 9세기 후반 교황 요한 8세는 로마의 관습과도 상치되지 않았기 때문에 이 결정을 받아들였다. 따라서 이 문제는 두 교회가 갈라서게 된 원인에 속하지 않는다.

트룰로 공의회는 3세기 전에 열렸던 엘비라 공의회의 정신을 이어받고 있는데, 다만 규율은 좀더 강화하기도 하고 완화하기도 했다. 공의회에서는 성직자가 성품을 받게 되면 결혼할 수 없다고 했다. 단 독사와 시제는 예외였다(법령6). 또한 성품을 받기 전에 한 결혼은 파기하지 않았다(법령13). 재혼과 같은 일부 결혼에 대해서는 성품을 금했다(법령3). 결혼한 성직자 대부분은 평범한 부부생활을 누릴 수 있었지만 주교, 사제, 부제, 차부제와 같이 제단을 가까이하는 성직자들은 금욕을 행해야 했다. 사제와 부제, 차부제는 일시적 금욕을 지켜야 했고(법령13), 주교는 평생 금욕을 지켜야 했다(법령12). 영원히 결혼할 수 없는 사람은 주교뿐이었는데, 단 성품을 받기 전에 한 결혼은 파기되지 않았다. 그러나 남편이 주교가 되면 아내는 수녀원에 들어가야 했다. 동방교회가 서방교회와 가장 다른 점은 제단을 모시는 날을 제외하면 사제, 부제, 차부제가 부부 생활을 유지할 수 있다는 것이었다.

랑베르 드 바테르로스(Lambert de Waterlos)는 1108년 네트하임의 투르네 교구에서 태어났다. 그의 집안은 많은 자식들을 키울 수 있을 만큼 유복했다. 아버지 아틸퓌스와 어머니 지슬라는 딸 여섯과 아들 넷을 두었는데 높은 유아사망률에도 불구하고 살아남은 많은 자식들의 미래를 결정하는 데는 종교적 사명도 한몫했다. 랑베르도 당시 널리 자행되던 관습을 부모 탓으로 돌리지는 않았을 것이다. 그러나 그가 형제자매에 대한 이야기를 할 때 부모가 매우 부유했음(ditissimi)을 강조한 것을 보면 자신이 상속 정책의 희생양이 되었음을 안타까워하고 있다는 것을 짐작할 수 있다.

사실 그는 정말 희생양이었다. 몽 생 엘루아의 사제였던 외삼촌 리샤르가 누이에게 조카를 달라고 했을 때 그는 아직 요람 속에 있었다. 그의 운명은 자신의 의지와는 상관없이 애초부터 이미 결정되어 버렸던 것이다. 그가 동의하거나 반대하는 것은 소용없는 일이었다. 외삼촌은 어린 시절이 끝날 즈음인 일곱 살이 되자 그를 데려가버렸다. 회고록에서 그는 과격한 표현들을 사용했다. 그는 부모가 넉넉한 생활을 했기 때문에 굳이 자신을 보낼 필요가 없었는데도 불구하고 자신의 의지와는 반대로 조국과 선조들의 고향을 등져야 했다고 말했다.[35] 그러나 상황은 변하지 않았다. 랑베르는 이듬해 성직자의 휘장을 받았고 하위성품부터 고위성품까지 하나씩 단계를 밟아 올라갔다. 그는 10세에 참사원이 되었고, 13세에는 시제, 14세에 차부제, 16세에 부제가 되었다. 사제가 된 것은 1139년으로 그의 나이 32세 되던 해였다. 1139년, 이 해는 바로 제2차 라트란 공의회가 성직자의 독신에 관한 새로운 규율을 정한 해였다.

후기 고대사회에서 유래한 엄격한 규율은 그리스도교 세계에 일찍부터 적용되었지만 지역마다 정도의 차이가 있었다. 서방에서는 성직자들이 점차 독신의 의무 혹은 적어도 순결을 지키게 되었다. 문화적 상황상 성직자가 윤리적 · 정치적 · 사법적으로 막중한 책임을 져야 했지만, 그들이 성에 대해 무지했기 때문에 기막힌 상황들이 연출되곤 했다. 메로빙거 왕조 시대에 고행자들은 가장 하찮은 성적 '죄악'에 대해서도 매우 엄격했는데, 이는 고행자들을 괴롭혔던 순결에 대한 집착이 얼마나 컸는지를 보여준다. 성직자들이 지켰던 금욕의 의무는 연중 오랜 기간 동안 신자들에게까지 적용되었다. 가장 엄격한 고행자들은 매주 나흘 동안 금욕했으며 휴일과 40일 간 이어지는 사순절 두세 번 동안에도 금욕을 지켰다. 장 루이 플랑드랭(Jean-Louis Flandrin)은 부부가 금기 기간을 모두 지키게 되면 부부관계를 가질 수 있는 날은 1년에 고작 91~93일밖에 되지 않는다고 했다.[36] 교회의 지시를 지키는 부부는 나흘에 한 번씩 관계를 맺을 수 있었으며, 사순절에는 긴 순결의 터널을 지나야 했던 것이다. 그러니 성적 욕구불만은 성직자들의 전유물이 아니었다.

그렇다면 근대 궁정이 만들어낸 수치의 에티켓을 아직 몰랐던 사회에서 성직자들이 어떻게 평정심을 유지할 수 있었겠는가? 7세기의 사제였던 요한 모스코는 한 수도승이 겪은 공포심에 대해 전하고 있다. 신자들에게 세례를 주는 일을 맡았던 코농이라는 수도승은 젊은 여자의 나체를 보고 경악한 나머지 세례 주는 일을 피하기 위해 수도원에서 도망을 쳐버렸다.[37] 당시 사제들은 여자의 성에 관해서는 특히 무지했다. 일례로 9세기 테베르주 왕비의 행실을 판단해야 했던 사제들은 뛰어난 학식을 겸비한 힝크마르(Hincmar) 주교에게 편지를 써서 여자가 낙태를 하면 다시 처녀가 되는지 물어볼 정도였다. 사제

들은 주교에게 성서와 교회 지도자들에게 이를 확인해달라고 부탁까지 했다.[38]

물론 반대의 경우도 있었다. 중세 초기에는 순결의 의무를 지키는 방법이 가지각색이었다. 그러나 그때만 해도 의무는 비교적 잘 준수되었다고 한다. 5~6세기에 이르면서부터 도덕이 해이해지게 되었는데, 이때에 결혼한 사제도 있었고 심지어 대가족을 둔 주교들까지 나왔다. 서자를 낳아도 성품을 받는 데는 지장이 없었기 때문이다. 사제의 결혼은 금지되었지만, 이미 한 결혼을 파기시키지는 못했다. 결혼은 금지되었지만 일단 결혼을 하게 되면 유효했다. 유부남도 성품을 받을 수 있었으며, 아내가 수도원에 들어가야 한다는 규정은 말뿐이었다. 교회는 축첩에 대해서도 금지했지만 이미 널리 보편화된 행위였으며 성직자들도 예외는 아니었다.

11세기 로마 귀족들 간의 세력 다툼으로 교황의 권위가 쇠퇴하게 되자 문제는 효과적으로 대처할 수 없을 정도로 심각해졌다. 1019년 고슬라르, 1031년 부르주, 1064년 루앙, 1055년 리지외 등 수많은 공의회에서 이 문제에 대해 우려를 나타냈다. 피에르 다미앵(Pierre Damien)을 비롯하여 레오 9세, 그레고리우스 7세, 우르바누스 2세, 칼릭스투스 2세 등 여러 교황과 교회 작가들이 악습을 비난했다. 이러한 책망에는 강경한 행동이 뒤따랐다. 11세기 중반부터 교황 특사가 프랑스, 이탈리아, 독일 등지에 파견되어 공의회의 결정이 제대로 이행되도록 조치했다. 그러자 금기를 어기는 사람들이 사라졌고, 사제가 된 남편 곁에 남으려 하는 부인네들은 노예가 되었으며, 신자들은 결혼한 사제의 교회에는 가지 말라는 당부를 받았다. 오늘날 행해지고 있는 사제의 독신은 11세기 개혁자들이 보여준 열성적인 노력의 결과이다.

교회의 의지는 매우 강하여 결혼 금지령을 전 성직자에게 확대하게 되었다. 지금까지 제외되었던 문지기 수도사, 독사, 시제에게도 결혼이 금지되었다. 1019년 고슬라르 공의회는 이런 방향으로 법령을 제정했고 이는 곧 로마법이 되었다.[39] 그러나 강경한 성향은 오래 가지 못했고 결혼한 성직자들이 중세 사료에 자주 등장하게 된다.

주교, 사제, 부제, 차부제와 교회 직속 수도승 및 참사원들의 결혼을 실질적으로 금지시킨 것은 1139년 제2차 라트란 공의회였다. 공의회에서는 성직자가 성품을 받게 되면 결혼을 무효화시켰다. 즉 성직자의 결혼은 무효가 될 수도 있고, 파기가 될 수도 있게 된 것이다.[40] 물론 이를 어길 시 미사를 드리지 못하게 하고 성직자의 특혜를 없애는 등 처벌이 뒤따랐다. 따라서 결혼한 사제의 자식은 서자로 인정되어 상속을 받을 수 없었다. 남편이 성직자가 된 후에도 부부가 계속 함께 살면 축첩 행위로 간주되어 그에 대한 죄를 물었다. 이 결정은 단 한 번에 일괄적으로 적용되기 힘들었기 때문에 여러 번에 걸쳐 재천명되었으며 12세기 내내 교황령과 여타 공의회를 통해 처벌도 갈수록 엄격해졌다. 1215년에 열린 제4차 라트란 공의회는 상위 성품을 받은 성직자들의 독신 의무를 확고히 규정했다.

사제들의 독신 의무를 정당화하기 위해 내세운 논리는 고대와 중세의 여성 혐오 전통에서 나온다. 철학자들이 결혼에 대해 반대했던 것은 소크라테스가 아내 크산티페에 대해 불평을 늘어놓았던 때만큼이나 오래된 일이다. 그리스 소요학파 철학자 테오프라스토스(Théophrastos)와 스토아 철학자 에픽테토스(Epictetus) 특히 키케로는 이 전통을 중세에 물려주었고, 히에로니무스나 클레멘스와 같은 교회 지도자들이 물려받았다. 이들은 부인이 남편의 책임 아래 있으므로 가정을 보살펴야 하는 책임감과 더불어 가족을 먹여 살리기 위해 돈을 잘 벌어야 한다는 걱정에 짓눌린 성직자는 영적 사명을 잊게 된다고 했다. 따라서 하느님의 일이나 교구를 돌볼 여유가 없어진다는 것이다. 결혼한 성직자에 대한 엄격한 처벌이 고해성사가 확산되던 시기와 맞먹는다는 것은 눈여겨볼 만하다. 여자들이 촉새처럼 수다를 떤다는 편견도 이후에 등장했다. 가정에서도 비밀을 지킬 수 없는데 어떻게 사제가 고해의 비밀을 지킬 수 있겠는가? 그리고 사제의 부인이 어떻게 조용히 입을 다물고 있겠는가? 유치한 걱정이 때로는 큰 결과를 낳는다는 것을 보여주는 대표적인 사례이다.[41]

바울로는 그리스도인에게 가정의 근심걱정을 털어버리라고 분명히 말하지 않았는가?(고린도전서 7:32~34) 바울로와 그리스 철학자들, 교회 지도자들의 연계 속에서 12세기부터 그리고 특히 1215년 제4차 라트란 공의회부터 여성 혐오 현상은 다시 두드러지게 되었다. 그리고 이로 인해 성직자의 독신 의무도 자리를 잡아나갔다.

그러나 성직자의 독신 의무 문제는 자주 도마 위에 올랐다. 독신에 대한 처벌이 강화된 시기에 수도승의 돌이킬 수 없는 서원보다 융통성이 있는 새로운 구도 방식이 등장한 것은 우연이 아닐 것이다. 그중에서도 특히 12세기 말에 등장한 베긴 교단을 들 수 있는데, 이 교단의 수녀들은 서원을 하지 않았다. 이들은 수도사들과는 달리 순결의 서원을 파기할 수 있었고 세속으로 돌아가 결혼도 할 수 있었다.

한편 13세기부터 성직자의 독신 의무에 대한 반대 여론이 등장했다. 시인 장 드 묑(Jean de Meung, 1240~1305)은 《장미 이야기(Roman de la Rose)》 후반부에서 이 규율이 자연의 법칙을 왜곡했다며 비난을 가했다. "왜 (신은) 어떤 사람에게는 자신을 잘 따르도록 순결의 의무를 지우고 다른 사람에게는 그 의무를 맡기지 않은 것일까? 신이 그렇게 하지 않은 이유는 무엇일까?" 작품 속에 등장하는 나튀르의 전속사제 제니위스는 성직자의 순결이 생산의 법칙을 거스르는 비합리적인 예외라고 말한다. 그러나 신중한 장 드 묑은 본격적인 찬반논쟁으로 들어가지 않는다. "대답해볼 테면 해봐라."[42]

성직자의 생활이 문란한 경우도 있었다. 첩이 있다는 사실을 감추지 않는 성직자들도 있었는데, 니콜라 도르주몽이 대표적인 예이다. 그는 파리 노트르담 대성당 참사원이었으며 감사원장이자 무엇보다 파리 주교의 형제였다. 그는 애인을 노트르담에 데려와 살기까지 했다. 나중에 비용(François Villon, 1431~1463, 프랑스의 서정시인—옮긴이)은 그의 애인 '벨 오미에르(Belle Heaumière)'가 너무 늙은 것이 아니냐고 조롱하기까지 했다.[43]

14세기 말경, 그러니까 1370년대 이후부터 반발은 소극적 양상에서 벗어나 독신의 의무에 반대하는 논리적 이유를 들이대기에 이르렀다.[44] 발 공의회에서 사보이의 아메데 공(公)이 교황으로 선출되자 여러 주교들은 아메데 공이 결혼한 적이 있다며 반기를 들었다. 공의회 서기였던 에네아 실비오 피콜로미니는 예전에 결혼을 했던 몸이든 현재 결혼한 몸이든 교황 자격에 문제가 되지 않는다며 아메데 공을 옹호했다. 몇 년 후 피콜로미니 자신도 피우스 2세가 되었다. 플라티나(Platina, 교황의 사서—옮긴이)는 다음과 같은 말을 피우스 2세가 했다고 전한다. "사제에게 결혼을 금한 것은 다 그만한 이유가 있어서이다. 사제의 결혼을 다시 허용한 것도 더 합당한 이유가 있어서이다."[45] 교황의 공식 문서에는 드러나 있지 않은 이런 입장은 과거로의 회귀가 불가능했다는 것을 말해준다.

성직자의 독신 의무를 반대한 주장들 중 가장 논리적인 경우는 기욤 세네(Guillaume Saignet)가 1417~1418년에 쓴 책이었을 것이다. 기욤 세네는 보케르 사법관이자 앙주 공작의 자문이었다. 그의 책 《니케아 법령에 반대한 인간 본성에 대한 탄식(Lamentacio humane nature adversus Nicenam constitucionem)》은 파리대학교의 유명한 총장 장 드 제르송(Jean de Gerson)이 《성직자의 독신에 관한 대화(Dialogus de celibatu ecclesiasticorum)》라는 책으로 반박하고 나서서 더 유명해졌다. 세네는 자연의 법칙은 육체적 결합을 하도록 만들어놓았기 때문에 사제들은 위선으로 내몰릴 수밖에 없다고 주장했다. 또 이런 법을 모르는 무슬림들과 이교도들은 그 수가 점점 증가하고 있다, 독신 때문에 적에 대항해 싸울 아이들의 수가 줄어든다, 성직자들은 비역질을 하게 되거나 사생아를 만든다고 주장했다.

제르송도 세기말적 묘사에 반대하지는 않은 듯하다. 그는 순결의 가치에 대한 기존의 논조를 다시 한 번 강조하고, 가정을 유지하는 데 드는 비용이나 자식을 위해 축재해야겠다는 욕심 때문에 사제들이 탐욕에 물들 위험이 있다는 등의 구체적인 설명을 덧붙였다. 이런 대립 속에 중세가 막을 내린다. 르네상스 시대에는 대립이 더욱 가중되어 교회가 분열하기에 이른다.

• 성직자의 소명, 독신(16~18세기) •

종교적 소명보다는 직업으로서 종교에 입문하는 시대에 궁정 사제가 추구하는 것은 명성과 돈이었다. 성직위임제도는 사제가 한번도 발을 들인 적이 없는 먼 수도원의 성직록도 거둬들일 수 있도록 했기 때문에 부패가 만연하게 되었다. 지방 귀족 가문 출신인 기욤 앙프리드 쇼리외(Guillaume Anffrie de Chaulieu, 1636~1720)는 손쉽게 여러 곳의 성직록을 거둬들여 넉넉한 수입으로 서원과는 완전히 상반되는 세속적인 삶을 살았다. 궁정의 고관귀족들을 잘 알고 있던 쇼리외는 방돔(Vendôme) 공작과 그의 형인 몰타기사단 대수도원장의 총애를 받고 있었다. 가브리엘 데트레(Gabrielle d' Estrées)가 앙리 4세와 결혼함으로써 왕실 가문이 된 방돔 집안은 권세를 누렸다. 쇼리외 사제는 왕실의 개인비서였다가 계관시인으로 임명되었다. 대수도원장이 된 쇼리외를 중심으로 파리 성당에는 인생을 즐기며 사는 자유연애주의자들의 모임이 생겨났는데 이들은 무엇보다 쾌락주의자들이었고 쇼리외는 그 선도주자 중 하나였다.

그러나 그의 걸쭉한 입담과 방탕한 생활은 대가를 치르게 되는데, 특히 그의 자유분방한 생활을 못마땅하게 보던 아카데미 프랑세즈가 그를 축출했다. 복음을 믿는 사람들은 그의 말년이 바로 심판의 증거라고 믿었을 것이다. 통풍으로 고통 받던 그는 거의 장님이 되다시피 했고 죽음에 대한 공포 속에 늙어갔다. 그리고 그 시대 많은 자유연애가들과 마찬가지로 그도 죽기 바로 직전에 개종했다.[46]

근대에는 성직자의 규율이 매우 대조적인 양상을 띠게 된다. 한편으로는 반종교개혁을 비롯한 많은 개혁이 단행되어 새로운 방식으로 순결의 의무를 요구했다. 그런가 하면 성직자들이 성직위임제도를 악용해 자신이 줄을 대고 싶은 궁정 관리에게 성직록(대수도원, 소수도원, 성직자회 등)을 바치던 행태는 양떼 우리에 늑대를 풀어놓는 격이었다. 이 관습의 폐해는 볼로냐 정교조약 이전까지만 해도 심하지 않았다. 그런데 1516년 볼로냐 정교조약은 프랑스 국왕에게 성직록을 배분할 권리를 넘겨주었다. 그러자 평신도, 여자, 아이 할 것 없이 어디 있는지 알지도 못하는 수도원의 원장이 되었다. 결혼도, 심지어 종교도 장애가 되지 않았다. 앙리 4세의 장관이었던 쉴리(Sully) 공작은 결혼한 유부남에 개신교도였는데도 수도원 네 곳의 위임 사제가 되었다.

15세기에 시작된 성직자의 독신에 관한 논쟁은 16세기 개신교 개혁주의자들에 의해 다시 제기되었다.

(중략) 신의 지식으로 가득 찬 루터와 칼뱅이
교회를 개혁하기 위해 선택받았다면서
사제들에게 독신의 의무를 면제해주네
교회의 엄격함을 비난하면서 가장 성스러운 서원을 면제해주네
구속에 지친 수도사에게는 자유를 주네

부알로(Nicolas Boileau, 1636~1711)는 풍자시 12편에서 개신교 사도들의 예를 들며 이교에 비난을 가했다. 개신교 사도들은 이런 의미에서 훌륭한 본보기(?)를 보여주었다. 1525년 전직 수도사였던 루터는 역시 전직 수녀였던 카테리나 폰 보라와 결혼했다. 1540년 칼뱅은 이들레트 드 뷔르를 아내로 맞이했고, 1524년 전직 참사회원이었던 츠빙글리(Huldrych Zwingli)는 안나 라인하르트와 결혼했다. 성직자의 독신에 종지부를 찍어야 했던 일이 오히려 이 제도를 강화하는 꼴이 되었다. 루터의 항의서는 이단이라는 의혹을 불러일으켰고 이때부터 독신의 의무는 도덕적 선택이 아니라 교리의 선택 문제가 되었다.

1563년 트리엔트 공의회는 성품이 결혼을 무효화한다고 강경하게 재천명했다.[47] 그러나 그 반대의 경우가 성립한 것은 아니었다. 결혼을 했다고 해서 성품을 받지 못하는 것은 아니었다. 유부남도 아내의 동의 하에 성품을 받을 수 있었고, 이 경우 아내는 수녀원으로 들어가야 했다.

따라서 이론적으로는 성품을 받기 전에 결혼했던 성직자들이 여전히 존재했다. 그러나 그런 사례는 점점 줄어들고 있었다. 반종교개혁

이 기존 정책을 재확인하는 것으로 그치지 않고 라트란 공의회 이후 제기된 문제를 해결하기 위해 성직의 의미를 바꾸고자 했기 때문이다. 트리엔트 공의회는 독신의 의무를 정당화하기 위해 성직자의 사명에 새로운 의미를 부여하게 된다. 신학교 창설[48]도 이미 결혼한 성인에게 뒤늦게 성품을 주기보다는 성직자가 되기로 결심한 젊은이들이 '악습'에 물들기 전에 교육하기 위한 방편이었다. 순결을 지키기로 일찍부터 마음먹은 젊은이들은 머릿속에서 기억을 지울 수 없어 예전의 삶으로 되돌아가고 싶은 유혹을 덜 받을 것이기 때문이다. 스티클러(Stickler) 추기경은 이것이 '성직자가 지켜야 할 독신의 의무를 보존하고 향상시킨 트리엔트 공의회의 가장 근본적인 정책'이었다고 평가했다.

또한 트리엔트 공의회는 성품식과 성찬식을 정의하면서 사제가 '그리스도의 성직 기능을 수행하는 기관'인 '상징체'라는 기반을 닦는다. '사제를 그리스도와 동일시'하는 것은 제2차 바티칸 공의회에서도 재천명되었으며, 부름을 받았다고 느끼는 사람들에게 요구되는 독신의 서원에 대한 정당한 해명이었다. 사제의 의미에 대한 재정의를 바탕으로 요한 바오로 2세는 오늘날에도 성직자의 독신 의무에 강경한 태도를 고수하고 있는 것이다. "예수 그리스도의 아내인 교회를 그 주인이자 남편인 예수 그리스도가 사랑하는 것처럼 사제도 전적으로 사랑해야 한다."[49]

고대와 중세에서 물려받은 여성 혐오의 전통이 아니라 새로운 논리가 제기되기 시작했다. 이 논리는 예수가 하늘의 왕국을 위해 스스로 거세한 자를 칭찬하는 유명한 성서 구절(마태복음 19:12)과, 예수의 부름에 제자들이 아내와 자식을 버린 것(마태복음 19:29, 마가복음 10:29, 누가복음 18:19)에 근거했다. 천상의 예루살렘을 상징하는 교회는 이 땅에서 '장가가고 시집가는 일이 없'(누가복음 20:35)는 하늘의 왕국처럼 살기로 약속한 사람들을 받아들였다. 1746년 교황 베네딕투스 14세는 지상에서 결혼을 포기한 사람들에게 신과의 결혼을 분명히 약속했다. "몸과 영혼의 순결을 지킨 자는 결혼하는 날이 오기 전에 결혼의 즐거움을 맛볼 때가 있다. 이생에서 망명하여 살고 있지만 이미 주와 하나 되어 소중하고도 큰 기쁨으로 충만하다."[50]

레옹스 드 라르망디(Léonce de Larmandie)는 '독신의 숭고한 열정'을 찬양했다. 그는 사제의 결혼에 대해 '이론적으로 적대감'을 갖지 않았지만, 독신 자체가 '영웅적인' 행동으로 '인류의 명예와 구원'[51]을 위해 '역사상 가장 훌륭한 성직자들'을 배출해내리라 생각했다. 따라서 언제든지 거부할 수 있는 이론적 논쟁은 사라지고 거의 신비적이라 할 수 있는 서원만 남았다. 같은 맥락에서 요한 바오로 2세도 독신을 남편도 아내도 취하지 않는 하늘 왕국의 '최종 상태'로 향하는 '방향'으로 보았고 성직자가 이 땅에서 '카리스마적 선택'을 통해 독신을 행한다고 보았다.[52]

복음서의 여러 구절에 근거하고 트리엔트 공의회 이후 발전된 이 노선은 경솔하게 혹은 강제로 성직에 발을 들여놓은 자들이 행한 악습에도 불구하고 이후 5세기에 걸쳐 정립되었다. 특히 프랑스는 공의회 결정을 공식적으로 비준하지는 않았지만 독신의 문제만큼은 의회를 통해 공의회의 결정을 적용했다.

육의 욕구를 초월하게 해주는 신의 부름인 사명은 불행히도 오랫동안 비인간적인 사회·경제적 현실이라는 장애에 부딪히게 된다. 여러 자식이 유산을 나눠가져 가문의 재산이 세분되는 것을 막고, 딸이 요구하는 과도한 결혼지참금 때문에 재산이 축나는 것을 방지하기 위해 사제의 독신 의무를 남용한 것이다. 17~18세기에 수녀원, 성당

기사단, 성직록과 주교직은 신실한 영혼의 장소가 되기보다는 결혼을 하지 못할 자식들을 강제로 내맡기는 곳이 되었다. 자식의 성격이 너무 강한 경우에는 소문이 두려운 아버지가 계획을 포기하기도 했다. 아베 프레보(abbé Prévost, 1697~1763)의 소설에 나오는 데 그리외의 아버지가 그런 경우다. "슈발리에, 지금까지 난 너를 몰타 기사단에 보내려 했다. 그런데 네가 그런 방면으로 전혀 타고나지 않았다는 걸 이제야 알겠구나. 예쁜 여자들이 좋은 게지. 네가 좋아할 만한 여자를 찾아줄 생각이다." 데 그리외가 예쁜 여자라고 다 좋아한 것은 아니었다. 그가 사랑하는 여자는 마농이었고 그녀를 잊기 위해 데 그리외는 기사단에 들어가려 했던 것이다.[53]

유명한 라 퐁텐의 우화나 보카치오, 실화에 바탕을 둔 디드로의 《수녀(La Religieuse)》, 종교재판관의 정부 키네공드와 테아토 수도자의 팔에 안겨 있는 파케트가 등장하는 볼테르의 《캉디드(Candide)》 등은 중세 우화시의 전통을 이어받았기 때문에 이들의 작품에 자유연애의 이미지가 나타난다 해도 놀랄 이유는 없다. 1684년 발표된 작자 미상의 《아담파 신자 혹은 무감각한 예수회 수도사(L'Adamite ou le Jésuite insensible)》에는 랭스의 한 수녀원을 아담파의 소굴로 만들었다고 고해성사하는 인물이 나온다. 그는 수녀들과 수련 중인 예비 수녀들에게 자기 앞에서 옷을 하나씩 벗어서 낙원의 순수함을 다시 찾도록 설득했다. 팔을 드러낸 예비수녀들로부터 '얼굴도 붉히지 않고 아무 감정도 없이' 나체를 드러냈던 아담파 수녀들에 이르기까지 옷을 하나씩 벗는 것은 완성으로 나아가는 각 단계를 상징했다. 지어낸 이야기이든 실제 상황이든 이 이야기는 강제로 독신의 의무를 지켜야 했던 성직자들이 성적 좌절감이 크기 때문에 그만큼 성적 환상을 키운다며 그들의 음탕함을 고발하는 오래된 전통에 속한다.

이 이야기가 꾸며낸 것이라면 현실과는 좀 다르다. 좀더 정확히 말하면 낡은 이미지를 보여주는 격이다. 16세기 초 종교재판소 기록에는 하녀나 교구의 미망인과 바람직하지 못한 관계를 가졌다는 사제에 관한 인용이 헤아릴 수 없을 정도다. 루이 르메트르 사제는 미망인과 그녀의 손녀딸을 동시에 유혹했다는 죄로 기소되었다. 상송 케농이라는 뇌비의 전속사제는 신원까지 밝힌 여덟 명의 정부로부터 고소당했다. 200년의 시간이 흐르는 동안 트루아 종교재판소의 기록은 그동안 큰 변화가 일어났음을 보여준다. 1515~1531년 사이에 50건의 간음 고소가 있었던 데 반해, 그보다 두 배나 긴 기간인 1685~1722년에는 단 두 명의 사제만 간음죄로 고소당했다. 트리엔트 공의회의 개혁의지가 결실을 거두었다고 볼 수 있다.[54]

교회에서도 성직자의 규율을 엄격히 하려 했다. 성직이 직업이던 시절, 성직자 수는 성직 수보다 훨씬 많았다. 따라서 삭발례를 받았다고 해서 반드시 성품식과 동시에 교회에 소속되는 것은 아니었다. 그들은 속세에서 살 수 있었고, 교구 사제를 보조하지 않아도 되었다. 물론 문제를 일으켜서는 안 되었지만 말이다. 미성년자인 성직자는 성직과 관련된 특혜를 포기하고 성직을 떠날 수 있었다. 따라서 성직자와 평신도 간의 경계는 모호했으며, 교회 지도부는 이를 염려했다. 1723~1724년 인노켄티우스 13세와 베네딕투스 13세는 필요한 경우, 주교의 결정에 따라 모든 사제에게 교리문답을 가르치는 일이나 칠성사를 보조하는 일 등 직무를 맡기도록 했다. 성직자를 더욱 잘 배치함으로써 평신도들과 분명히 구분되도록 한 것이다.

이 개혁이 낳은 유명한 사례가 있다. 바로 프랑수아 파리스(François Pâris) 부제의 경우로, 그의 무덤 앞에서 1727년부터 얀센파 광신도들이 경련을 일으키는 '기적'이 일어난 것으로 유명한 인물이다. 1720

년 30세의 나이로 부제 성품을 받은 그는 잠시 형제의 집에 머물렀다가 두 남자를 만났다. 그중 한 명은 평신도였다. 이들은 허름한 집에서 함께 살았고 주민들과 어울렸다. 프랑수아 파리스는 의회 참사원인 형제가 마련해준 돈을 보시로 나눠주고 양말을 만들어 생계를 꾸렸다. 그는 미사에 참석했을 때에도 평신도들과 함께 앉았다. 1725년 생 메다르 주임사제는 교황의 결정에 따라 파리스 부제에게 중백의를 입도록 하고 성가대에서 다른 성직자들과 함께 앉아 미사를 보도록 명했다. 두 세계의 경계가 명확해진 것이다. 파리스 부제는 아이들에게 교리문답을 가르치고 성품을 준비하는 성직자들에게 강의를 하게 되었다.[55]

성직자의 규율 해이는 개혁이나 조소 섞인 비난만 야기한 것이 아니라 독신의 문제도 다시 불거지게 했다. 인구와 관련한 논조가 강력히 대두되었다. 덕망 높고 학식 있는 사제가 자식을 키운다면 이들은 훌륭한 인재가 될 것이었다. 그러면 방탕한 사제들에 관한 추문도 사라질 것이었다. 다른 논조들은 훨씬 놀랍다. "신 앞에서 아내와 자식들의 결점을 참아낸 사제가 육체의 유혹을 뿌리친 사제보다 훌륭하지 않은 것은 아니다."[56] 그리하여 사제가 여자로 인해 연옥의 벌을 다 받았다는 논리가 성립했다.

로마로부터 변화가 일어났음은 잘 알고 있는 사실이다. 그런데 국가 공의회가 성직자에게 결혼을 허용하는 일이 과연 가능했을까? 그렇다고 생각하는 신학자들도 있다. 이는 프랑스 교회의 독립을 주장했던 갈리아주의의 분쟁에 속하는 문제이다.

자연 법칙을 주장하던 철학자들의 고찰을 이미 장 드 묑이 언급한 것으로 볼 수도 있다. "사제(abbé)가 아버지(père)와 같은 말이라는 것을 알고 있습니까? 하고 볼테르가 한 수도사에게 물었다. 아버지가 되면 국가에 봉사하는 것입니다. 남자가 할 수 있는 일 중 가장 훌륭한 일을 하는 것이지요. 당신에게서 생각하는 존재가 태어날 것입니다. 그 행위에는 무언가 신성한 것이 담겨 있습니다."[57] 그러나 배경은 매우 다르다. 우선 아버지가 되어야 한다는 것은 민간인과 성직자의 독신을 좀더 광범위하게 비난하는 것이었다. 이 문제에 대해서는 다시 살펴보도록 하겠다. 다른 한편으로는 사회의 근간 자체에 대한 의문을 제기했다. 이는 곧 개혁론자들에게 영감을 주게 된다.

• 뜨거운 감자, 성직자는 과연 홀로 살아야 하는가 •

모샹의 사제 피에르 돌리비에는 모범적인 시민이었다. 자신이 거주하는 주(州)의 선거인단으로 활동했던 그는 새로 등장한 혁명적 사상에 즉각 열광한 하급 성직자 중 한 사람이었다. 프랑스 공화정이 군인을 필요로 했을 때 그는 분명 모범적인 시민이었다. 1791년 말 '자연의 후원 하에' 남편이 된 돌리비에는 한 가정의 가장이 되었다. 그러나 성직자인 그가 아버지가 되었어도 표면적으로는 문제가 되지 않았다.

프랑스에서는 시민호적법이 만들어진 이후 사제도 평범한 인간이 되었고, 여느 프랑스 시민과 다를 바 없이 동일한 권리를 누리게 되었다. 공화정이 공포된 후 1792년 9월 21일, 돌리비에는 시장을 만나러 갔고, 시장은 그의 결혼식을 치러주겠노라고 했다. 돌리비에는 더 나아가 이웃 교구의 사제 세 명을 설득했고 교회 결혼식이 공식적으로 사라지기는 했지만 그중 한 사제로부터 부부를 축복해주겠노라는 약속을 받아냈다. 그리고 같은 해 11월 12일, 결혼식이 치러졌다.

바로 이때부터 스캔들이 시작된 듯하다. 이에 관해서는 돌리비에가 직접 교구인들 앞에서 해명했으며 이를 출판하기까지 했다. 그는 "사제가 결혼한다는 생각 자체가 그들에게는 혐오스러운 것이었다."라고 한탄했다. 결혼식도 올리지 않은 채 자식을 낳아 기르는 사제에 대해서는 훨씬 더 심했을 것이다. 사람들이 경악했던 것은 익히 알고 있던 육체의 나약함 때문이 아니라 새로운 법 때문이었다. 인간의 영혼이란 참 알 수 없는 것이다.

결국 이것은 이미지의 문제였다. 돌리비에는 사태를 수습하기 위한 방법은 한 가지뿐이라고 판단했다. 즉 결혼한 사제의 급여를 인상하고, 60세 미만 독신 사제들의 급여를 그만큼 줄여 결혼한 사제의 가치를 높이는 것이었다. 이는 꽤 현명한 생각이었고 그가 자신의 이익만 챙긴다는 인상도 주지 않았다. 그러나 그의 제안은 채택되지 않았다. 본인이 참여하고 있던 선거인단은 이 제안을 승인했으나 사람들은 더 교묘한 방식으로 스캔들을 잠재우려 했다. 그 방법은 피에르 돌리비에를 판사로 임명한 것이었는데, 그가 결혼을 했기 때문에 얻을 수 있는 직함이었다. 그러나 문제는 생각보다 심각했다. 얼마 후 사제직과 판사직 중 양자택일할 것을 요구해왔기 때문이다. 분노에 휩싸인 돌리비에는 겸직을 금한 적이 없는 국민공회에 상소했다. 국민공회도 그에게 잘못을 돌리지 않았으나 이내 사제들이 공직을 겸할 수 없다는 법령을 공포했다. 돌리비에 때문에 일부러 법을 통과시킨 것이다. 뜻을 굽히지 않은 돌리비에는 사제직을 선택하겠다는 의사를 표명했다. 출판된 소책자의 내용은 안타깝게도 여기서 끝난다.[58]

1789년이 되자 독신으로 살 수밖에 없는 사제들의 처지에 대해 당국의 관심을 끄는 진정서들이 나돌기 시작했다. 특히 세상과 동떨어져 시골에서 지내는 사제들은 하녀들과 실수를 저지르는 경우가 흔했고, 이 때문에 곤란한 지경에 처하게 되었다.[59] 진정서에는 인권선언과 그 유명한 인간의 평등사상이 언급되었다. "그들이 자유롭게 태어나고 살아가는 만큼 그들의 자유를 포기할 수는 없다. (중략) 어느 한 사회계층에게 보편적인 권리를 박탈하는 것은 참으로 이상한 일이다."[60] 교회법에서 다루고 있는 성직자의 독신은 그보다 상위의 법 즉 인권보호법과 모든 인간에게 결혼을 허락한 신의 법과도 대치하는 것이었다. 큰 원칙이 서로 충돌하게 된 것이다. 특히 시골에서 근무하던 하위 성직자들은 이런 논리에 매우 우호적이었는데, 사실 이 개혁에 관심을 가진 것은 특히 평신도들이었다. 그렇게 되면 성직자들을 국민병에 징집할 수 있다고 생각했기 때문이다.

그러나 이러한 요구를 '왕의 발치에' 대령하는 것 외에 국민의 대표들이 무엇을 할 수 있었겠는가? 그들은 왕이 개입함으로써 교황의 권력이 꺾이기를 바랐다. 그중 일부는 트루아 교구 에르비스의 사제였던 레미 뱅숑처럼 국민의회를 억지로 끌어들이려 했다. 1790년 5월 11일, 뱅숑은 자신이 사랑하는 여인 그리고 그녀의 부모와 '임시계약'을 맺었다. 그의 설명에 따르면 성직자의 결혼을 승인하는 국민의회령을 기대했다는 것이다. 그러나 1년이 지나도록 법령은 발표되지 않았고 그의 생활에 대해 마을에서는 추문이 떠돌았다. 시장이 나서서 상황을 수습하려 했으나 1년 전에 서명한 계약 때문에 뜻을 접을 수밖에 없었고, 계약서 및 방문 보고서를 인쇄해 국민의회에 보내게 되었다.[61]

'국가 공의회'인 국민의회가 사상의 문제가 아닌 규율의 문제로서 이를 다루어야 한다는 생각이 조금씩 자리 잡기 시작했다. 독신을 만든 것은 인간이며, 독신은 '자연의 법칙과 순결한 도덕, 사회의 이익에 상치되는 것'인만큼 국가는 이를 폐지할 수 있었다.[62]

이런 생각이 표명된 것은 결혼한 개신교 장관이었던 라보 생테티엔(Rabaut Saint-Etienne)이 국민의회장직을 잠시 맡을 때였던 것 같다. 가톨릭 측은 그가 교회의 권위를 실추시켜 망하게 하려 한다는 비난의 글을 발표했다.[63] 그러나 그가 의장직을 그만둔 후 성직자 민사 기본법(Constitution civile du clergé)이 통과되었으며 그 이전에 이미 성직자의 서원 제도는 철폐되었다.

수도사와 재속 신부의 결혼을 공공연히 인정하는 법령은 없지만, 국민의회는 이들을 보통 시민으로 간주하여 결혼할 권리를 부여했다. 1790년 2월 13일령 이후 서원은 인정되지 않았으며, 수도사들은 서원의 의무로부터 벗어났다. 그러나 결혼은 종교적 행위였기에 이들은 되찾은 자유를 누릴 수 없었다. 1791년 9월 3일 법에 의해 결혼이 민법상의 계약으로만 간주되기 시작했다.[64] 이후 성직자들의 결혼에 반대하는 자를 처벌하는 법률과 법령이 속속 공포되었고, 그중에는 성직자의 결혼을 방해하는 사제들을 유배시키는 법까지 있었다(1793년 7월 19일 법령). 물론 프랑스 법은 프랑스에만 적용되었다. 로마에서는 순결의 의무를 저버린 성직자들을 곧장 파문했다.

프랑스와 로마교회의 관계를 회복시킨 1801년의 정교조약 이후 금기는 깨졌으나, 결혼한 사제들은 여전히 성직을 수행할 수 없었다. 결혼한 사제들이 대다수를 차지한 것은 분명 아니었다. 1789~1791년 사이 의석을 차지했던 성직 대표 331명 가운데 결혼한 경우는 15명(4.53퍼센트) 밖에 안 되며 이들은 사회개혁에 깊이 관여했다.[65] 결혼한 성직자 가운데 가장 유명한 인물은 샤를 모리스 드 탈레랑 페리고르(Charles-Maurice de Talleyrand-Périgord, 1754~1838)이다. 그는 군인 대신 성직을 택했다. 오탱의 주교가 된 탈레랑은 총재정부로부터 제정 시대를 거쳐 왕정복고에 이르기까지 훌륭히 정치적 역할을 소화해냈다.

그러나 정교조약이나 나폴레옹 법전(1804년)은 혁명기 법률을 수정하지 않았다. 오늘날까지도 프랑스 법으로는 성품을 받거나 서원을 한다고 해서 민법상 결혼을 무효화할 수 없다. 즉 이론상으로 성직자들의 결혼을 민법이 허용하고 있는 것이다. 물론 교회법은 이를 금지하고 있다. 그러나 시대와 의식의 변화에 따라 성직자의 결혼을 막으려는 시도도 있었다. 성직자의 결혼은 스캔들을 일으켰고 로마 교회와 외교적 긴장을 초래했기 때문이다. 예배를 수호하는 것은 이제 국가의 의무가 되었으니 '예배에 해가 되는 모든 행위를 처벌할' 의무가 국가에게 있다는 분석도 있었다. 성품을 받은 성직자의 결혼을 인정한다는 것은 순결과 독신을 가정하는 성품이라는 고결한 개념을 해하는 것이었다. 그러나 성직자가 결혼하겠다고 하는 것은 종교적 서약을 깨고 법이 개입할 수 없는 처벌을 받겠다는 것을 의미한다고 주장한 사람들도 있다. 즉 성직자가 결혼하기 위해 시장 앞에 선다는 것은 일반시민으로서의 행동이다. 물론 결혼 상대자는 '자신의 배우자가 갖는 가장 중요한 본질인' 종교적 약속에 대해 알고 있어야 했다. 1811년의 판례를 보면 신앙심 때문에 배우자를 잘못 판단했을 때 결혼이 무효화될 수 있었다.[66]

19세기 말에 이르러 이 논쟁이 다시 불붙었다. 1870년 프랑스가 프로이센에 패함으로써 1860년대부터 제기된 인구 위기가 가중되었고, 패전 후 프랑스 사람들의 복수심이 타올랐기 때문에 독신에 대한 논쟁이 뜨거워졌는데, 당시 떠오르던 반교권주의는 이를 더욱 부채질했다. 이미 1867년 르 포르(Léon Le Fort)는 20만 4477명으로 추산한 독신 사제들이 에스파냐의 경우처럼 프랑스의 인구 감소를 일으키는 원인이 되지 않을까 우려했다.[67] 그리스도교 계층에서는 레오 13세가 사회적 그리스도교라는 사상을 주창함으로써 새로운 사상에 문호를 개방하고 낡은 전통을 답습하지 않으면서 오래전부터 고민해오던 문제들을 새롭게 제기하기 시작했다.

자연에 반하는 독신을 지킬 때 야기되는 불편함을 언급하는 것이 더 이상 터부시되지 않았다. 가르니에(Pierre Garnier)는 금욕이 원인이 되어 색정증으로 명을 다한 32세의 사제가 겪었을 고생이나, 심야의 더러운 행위를 피하기 위해 약을 사용해야 했던 33세의 수도사가 겪은 고통을 적나라하게 표현했다. 성직자의 독신이 야기한 수정관, 전립선, 방광의 생리학적 질병이나 광기, 환각, 정신착란, 황홀경 같은 정신적 질병의 리스트는 과히 두려울 만했다. 가르니에에게 있어서 사제들의 독신은 무성욕증이나 성욕 감퇴를 넘어서 '참을 수 없는 반종교적이며 반사회적인 난센스'였다. 물론 독신에 대해 만족해하는 나이 지긋한 사제들의 예는 그의 이론에 해가 되었을 것이다. 가르니에는 통계를 바탕으로 젊은 사제들의 사망률이 같은 연령대의 일반인 사망률보다 더 높다는 것을 보여주었다. 그러나 강요된 금욕의 절정을 견뎌낸 사람들은 더 건강했고 걱정이 없었으므로 더 오래 살 수 있었다고 한다.[68] 크산티페의 망령이 아직 떠돌고 있었던 것일까.

죽음에 이르게 하는 독신보다 더 치명적인 것은 공공질서를 무너뜨리는 위협이었다. 특히 성직자들은 '결혼, 가족, 재산권 없는 사회주의를 형성하여' 사회적 위협이 되었다. "이를테면 여성과 남성을 갈라놓고 사유재산을 공격하는 공산주의와 같은 것이다. 이들은 공동의 이익을 위해 사유재산을 누구에게도 속하지 않는 가상의 이름에 귀속시킨다." 수도원과 푸리에식 공동생활집단을 감히 혼동한 것이다! 운명론자인 가르니에는 수도사와 사제의 독신 의무를 교회가 폐지할 리 없다는 것을 알고 있었다. 그래서 병역의무와 같이 이를 제지하는 조세 및 사회 정책을 주장했다. 또한 사제들이 어린이들 곁에서 최소한의 사회생활을 누릴 수 있도록 입양권을 가지도록 주장했다.[69] 시대에 걸맞은 도덕이요 시대에 걸맞은 순진함이었다.

그리스도교인들에게 있어 역사적 분쟁은 새로운 논쟁의 기회를 제공했다. 성직자 독신의 기원은 1878년 귀스타브 비켈(Gustav Bickell)이 주장했듯 교황령인가, 아니면 1897년 프란츠 풍크(Franz Funk)가 단언했듯 4세기의 법률인가? 연도에 대한 문제 뒤에는 더 이상 원시적이라고 취급하지 않는 전통에 대한 문제 제기가 숨어 있다. 틈이 벌어지자 탈출구를 찾던 사람들이 모두 몰려들었다. 독신에 대해 반대 입장을 펼쳤던 돌론(Dolonne) 사제〔《현대 성직자와 독신(Le Clergé contem- porain et le célibat)》, 1910년〕와 클라라(Claraz) 사제〔《사제들의 결혼(Le Mariage des prêtres)》, 1911년〕는 비난의 대상이 되었다.

단칼에 승부를 내야 했다. 성직자들의 독신 문제는 1917년 공포된 교회 법령에 의해 해결되었다. 이 법령은 12세기 그라티아누스 법령집(Decretum Gratiani) 이후 최초로 성직자 법령을 집대성한 것이다. 이 법령은 최초로 결혼이 성품을 받는 데 방해가 된다고 명시했다. 이는 유부남이 성직을 맡을 수 없음을 의미한다. 1139년 이후 사제의 결혼을, 그리고 1917년 이후 기혼남의 성품식을 금했기 때문에 결혼한 사제를 만나볼 기회는 사라졌다. 이 정책은 한 가지 기정사실을 확인해 주는 역할만 했다. 성직자 학교를 창설한 이후 성품을 받는 사람들은 독신을 이미 받아들인 젊은이들이라는 것이다. 그리하여 성직자 학교의 창설은 16세기 동안의 역사에 종지부를 찍었다.

1983년 요한 바오로 2세가 공포한 신(新)교회법도 같은 정신을 이어받았다. 즉 '하늘의 왕국을 위하여 완전하고도 영원한 금욕을 지킬 의무' 를 재천명하여 성직자들(교회법 277, §1), 성직 기관 회원들(교회법 599), 수도사, 참의원 등 공식적인 서원을 통해 독신을 포함한 복음의 세 가지 섭리를 지키겠다고 약속하고(교회법 654) 성직자의 생활을 규정하고 있는 교회법 277을 준수해야 하는(교회법 672) 수도회들이 모두 독신 의무를 준수할 것을 재차 확인했다. 성직자의 신분을 잃어도 독신의 의무를 벗어나는 것은 아니었다. 단 로마 교황이 의무를 면제해주거나(교회법 291) 사법적 처벌을 받아 성품이 무효화된 경우(교회법 290, §1)는 예외였다.

그러나 법의 효력은 강제권이 얼마나 있느냐에 달려 있다. 앙시앵 레짐 하에서는 성직자의 법이 민법과 구별되어 있었고 성직자 처벌이나 결혼이 교회법에 어긋나는가를 판단할 수 있는 유일한 권한이 있었기 때문에 성직자의 독신과 수도사의 서원에 영향력을 발휘할 수 있었다. 따라서 서원을 파기하거나 성직을 포기하면 엄중한 처벌을 받지 않을 수 없었다. 종교적 사명은 아무리 거짓으로 꾸민 것이라 하더라도 진정한 결혼으로 간주되었다. 민법의 처벌을 피하기 위해 성직자가 된 범죄자가 있었는데 일 년 전에 창녀에게 결혼을 약속했다는 이유로 중혼자로 낙인 찍혔고, 1389년 사형에 처해졌다. 결혼도 성직도 공식적인 것은 아니었으나 약속을 이중으로 했으므로 범죄가 된 것이다.[70] 디드로의 소설 속 주인공인 수녀도 서원을 파기시키지 못했는데 이 이야기가 단순히 작가의 상상에서 나온 것만은 아니었다.

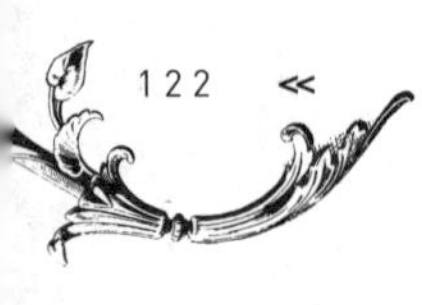

1870년 이후 교회는 정치적 영향력을 상실했기 때문에 서양의 민주주의 사회에서 종교법상의 처벌은 민법상의 처벌을 포함하지 않게 되었으며 검열(파문), 성직 강등, 성무일과 박탈, 성직 행사 금지 등 종교 생활에만 적용될 뿐이었다. 신앙이 깊은 자들에게는 분명 엄한 처벌이었을 것이다. 그러나 벌금이나 징역 등 법적인 구속력은 전혀 없었다.

따라서 독신을 벗어나는 일은 가능했다. 다만 수도사나 성직자 신분은 포기해야 했다. 수도회에서는 경우에 따라 독신에서 벗어날 수 있는 교황이나 주교의 은전이 베풀어지기도 했는데, 이는 서원을 면제해주는 것이었다(교회법 691~692). 결혼은 즉시 성무집행 금지령(교회법 1394)이나 파면(교회법 694)을 낳았다. 결혼은 하지 않았지만 순결을 지키겠다는 서원을 깨뜨린 성직자에 대해서는 계고 후에도 상황이 나아지지 않으면 파면시킬 수 있었다(교회법 695).

결혼한 성직자는 정직에 처해졌고 파면될 수도 있었으며(교회법 1394, §1), 동거를 할 경우에는 계고 후에도 그 상태가 지속되면 파면되었다. 순결에 관한 계명을 어긴 자는 '합당한 처벌'을 받았고 '필요한 경우 파면 당할 수 있었다'(교회법 1395).

성직자의 독신에 찬성하는 사람들과 반대하는 사람들은 서로 양립할 수 없는 논리를 가지고 있다. 잊지 말아야 할 것은 독신에 대한 개념이 나타난 때가 처녀성과 순결의 가치가 매우 높던 시대였다는 것이다. 성적 억압에 관한 정신분석학적 이론이 등장하고, 성 혁명이 일어난 이후 판도는 역전되었다. '숫총각'은 동정을 소리 높여 외치던 바울로가 받던 존경을 더 이상 누리지 못했다. 그래도 성직자는 계속해서 신자들로부터 존경받을 수 있어야 했다. 사회의 가치가 역전된 마당에 이것이 과연 가능한 일일까? 카뮈의 《이방인》에서 주인공 뫼르소는 사형수가 된 자신의 감방에 찾아온 신부를 공격적으로 대한다.

"참, 자신에 차 있군. 안 그런가? 하지만 그의 확신 중 그 어떤 것도 여자의 머리카락만큼의 가치도 없어. 죽은 사람처럼 지내니 자기가 살아 있는지조차 확신할 수 없을 거야."[71]

육체적 쾌락을 자발적으로 포기한 것을 경외의 눈초리보다는 동정심으로 바라보는 사람들이 있다는 사실은 종교의 길로 들어선 사람들에게서 사회적 존경이라는 귀중한 지원을 빼앗을 수 있었다. 그러나 에이즈의 등장으로 10여 년 전부터 '새로운 순결'이 처녀성의 이미지를 복원시켰다. 순결은 종교적 약속에 한정된 것이 아니라 전체 인생을 결정짓는 선택의 문제가 되었으며, 예전처럼 동정의 미소를 불러일으키지 않게 되었다.

또한 사회생활의 암묵적 규율은 점점 더 진지하고 분명한 태도를 요구한다는 사실도 염두에 두어야 할 것이다. 최근에 등장한 이런 요구는 앵글로색슨 문화에서 수입되었다고 한다. 법을 위반하지 않는 한도 내에서 행동 자체가 아니라 고백이 중요해졌다. 떳떳이 책임을 진다면 어떤 생활양식도 비난할 수 없다. 어느 때보다 법적으로 엄격한 처벌을 받고 있는 아동성애는 말할 것도 없이, 동거나 동성애는 독신을 선택한 사람들이 주로 취하는 생활방식이 아닐까? 그렇다고 단정 짓는 것은 위험한 일일 것이다. 그러나 과거에는 비밀로 하거나 떠벌이는 것을 자제함으로써 용인되었던 생활방식들이 최근 드러나게 되었고 그에 따른 문제도 공개적으로 제기되었다. 최근 아동성애자인 사제들을 눈감아주었다는 이유로 비난받은 미국 성직자 사회가 의식 변화의 신호탄이다. 성직자의 아내나 동거녀들은 더 이상 자신들의 불법적인 지위를 참지 못하고 있다. 그들의 지위는 그들이 맺고 있는 관계 자체보다 더 큰 비난의 화살을 받고 있다. 즉 관계 그 자체보다 관계를 비밀로 한다는 것 때문에 수치심을 느끼게 되는 것이다. 반대로 관용은 솔직하고 책임감 있는 행동에 대해 보여주어야 할 덕목이 되었다. 금지된 관계를 맺고 있다고 드러내는 것이 무죄임을 증명하는 방식이 된 것은 모순이 아닐 수 없다.

성직자와 수도사의 독신은 여전히 뜨거운 감자와 같다. 시대에 따라 다른 문제를 낳기 때문이다. 프랑스에는 현재 재속 성직자 2만 5916명이 독신으로 지내고 있다. 이 가운데 사제가 2만 4251명(2001년 프랑스 주교단 통계)이며 종교 공동체 소속 회원이 5만 4629명이다. (1999년 조사에 의하면 남성이 1만 2502명이고 여성이 4만 2127명을 차지한다. 그러나 조사에서 부재자로 누락된 상당수의 수도사들을 포함하면 그 수는 조금 더 웃돌 것이다.) 총 성직자 수는 약 8만 명(주교단 통계에 따르면 8만 4906명)으로 제3공화국이 시작된 이래(1880년 당시 21만 5000명) 느린 속도이지만 계속해서 그 수가 줄어들고 있다. 16세기 동안 지속된 현상임에도 불구하고 독신은 역사의 흐름에 무엇보다 민감하게 영향을 받는다.

Chapter 3
중세, 강요된 독신의 시대

"당시에는 영토가 무한정 분열되는 것을 막는 방편으로 장남만 정식 결혼을 시켜주는 경우가 많았다. 따라서 독신은 다시 가치 있는 모델이 되었으며 남자들은 일시적으로 혹은 좀더 긴 기간 동안 독신으로 지낼 수 있게 되었다.

Les modéles médiévaux

• • •

독신과 관련된 고대의 법이 서로마제국의 멸망과 함께 일시에 무너진 것은 아니었다. 고대 법에는 게르만족의 모델이 첨가되었는데 로마로부터 물려받은 법과 처음부터 잘 융합된 것은 아니었다. 6세기에 형성된 수많은 왕국에는 여러 법이 공존했으며, 같은 영토에 살더라도 백성들은 서로 다른 법의 적용을 받았다.

부르군트왕국을 보자. 군도바트(Gundobad, ?~516, 서로마제국 말기의 이민족 장군이자 부르군트 왕—옮긴이)는 517년 이전에 게르만족에게 적용하기 위한 '곰베터 법'과 로마 시민권을 가진 자들에게 적용할 '파피엔 법'을 따로 제정했다. 이중법 제정은 부르군트왕국만의 상황이 아니었고, 기혼남과 독신자의 지위에도 영향을 미쳤다. 공의회는 교회법을 조금씩 제정해 나갔는데, 12세기나 되어서야 성문화되었지만 카롤링거 왕조 시대에는 교회법이 국가법에 우선했다. 결혼을 인정할 것이냐 말 것이냐의 문제는 유산, 즉 부나 권력과 직결되었기 때문에 매우 중요한 사안이었다.

게르만족에게는 결혼을 인정하는 두 개의 법 체계가 있었다. 그래서 게르만족 법으로는 기혼남이 교회법으로는 독신자(혹은 동거남)로 간주될 수 있었다. 교회는 이혼을 인정하지 않았기 때문에 로마법이 인정한 이혼녀는 교회로부터 이혼녀로 간주되지 않았다. 또한 게르만족의 법만이 남편만이 아내를 버릴 수 있음을 인정했다. 이렇게 서로 모순되는 법체계가 공존함으로서 심각한 문제가 발생할 수밖에 없었을 것이다.

따라서 법을 통일시킬 필요가 대두되었다. 우선 각 왕국 내부에서 점진적으로 법이 통일되었고, 이후 유럽의 그리스도교화가 성취되고 교회가 강력한 권력을 바탕으로 교회법을 강요할 수 있게 되면서 통합이 마무리되었다.

• 카롤링거 왕조 : 결혼 여부에 따른 신분 체계의 재편 •

프랑크족이 게르만족을 지배하게 되자 다시 한 번 법의 통합이 이루어질 수 있었다. 이상적으로는 말이다. 샤를마뉴의 아버지였던 피핀 3세는 740~760년 사이에 처음에는 궁재로서, 이후에는 프랑크왕국의 왕으로서 법 통합의 기초를 마련했다. 747년 형인 카를로만이 왕권을 포기하자 피핀 3세는 교황의 권위를 이용하여 메로빙거 왕조 마지막 왕의 권력을 약화시켰고, 점차 왕권을 계승하게 되었다. 같은 해 그는 법과 관련된 사안에 대해 27개의 질문이 적힌 서한을 자카리아스 교황에게 보냈다. 질문 대다수는 수도사 및 수녀의 결혼 문제, 간통, 별거, 촌수 등 결혼과 관련된 규율에 관한 것이었다. 피핀 3세가 받은 상세한 답변은 카롤링거 법전에 삽입되었으며 카롤링거 왕조 법의 근간을 이루게 되었다.[1]

두번째 작업은 774년에 이루어졌다. 당시 교황 하드리아누스 1세는 샤를마뉴에게 일명 디오니시오-하드리아나(Dionysio-Hadriana)라는 교회 법령집을 보냈는데, 이 법령집은 교회령을 모아놓은 것으로 교회법을 법전화하려는 최초의 시도였다. 프랑크왕국과 이후 샤를마뉴가 건설한 제국이 이 교회법을 받아들임으로써 단일화된 법 제정을 위한 기초가 마련되었다. 교황이 만든 교회법은 지역공의회, 황제법령집 및 효율적인 행정기관에 의해 실행되었다.

당시에는 합법적인 결혼, 따라서 부수적으로 독신이란 무엇인가를 정의하는 것이 시급한 문제였다. 피핀 3세는 755년 셍리스 근처에 소

재한 자신의 성에 베르(우와즈 지방) 지역공의회를 소집했고, 공의회의 결정에 따라 지위 고하를 막론하고 자유 시민은 결혼을 공식적으로 발표하도록 했다. 따라서 결혼하지 않은 커플들은 모두 동거를 하는 것으로 간주했다.[2] 분열된 유럽 내에서 일개 지역공의회가 내린 결정의 영향력이 얼마나 컸는지 과장하려는 것은 아니지만 합법적인 결혼을 발표하도록 함으로써 독신의 개념이 탄생한 것은 사실이다.

신분체계는 사회가 변하면 달라진다. 이 시기에 교회작가들은 사람들의 신분을 정의할 수 있는 자격을 가지고 있었는데, 기혼자와 독신자를 대비시킨 새로운 모델을 제시했다. 과거에는 성직자, 수도사, 평신도로 분류했던 신분체계가 각 계층의 결혼 여부에 따라 새롭게 재편된 것이다. 즉 성직자와 수도사는 독신이고 평신도는 기혼으로 정의했다. 예외 조항은 사람들로부터 불신을 샀기 때문에 규범에서 벗어나는 경우는 점점 드물어졌다. "이러한 이데올로기에 영향을 미친 것은 사회를 계급 체계로 바라보는 관점이었다. 결혼은 결혼한 사람들의 계급 즉 오르도 콘유가토룸(ordo conjugatorum)이라는 평신도 사회를 구축했다."[3]

카롤링거 시대에 돌아다니던 스페쿨라 콘유가토룸(specula conjugatorum) 즉 '기혼자들의 거울'에서는 민법상으로 독신인 사람은 소외된 사람, 아직 결혼을 못한 남자가 되었다. 따라서 9세기의 주교인 조나스 도를레앙이 친구 마트프레뒤스에게 《평신도의 결혼제도(De institutione laicali)》를 보낸 목적은 '결혼이라는 관계에 뛰어든'[4] 모든 사람에게 삶의 법칙을 전하기 위해서였다. 결혼의 목적이 대를 잇는 것이기 때문이었는지 이 책자는 마치 신도를 위한 성(性)의학책 같았다. 주교에게 '평신도' 하면 '기혼'이라는 말이 연상되는 것은, '독신' 하면 '성직자'라는 말이 떠오르는 만큼이나 자연스러웠다. 이러한 상황은 중세 전반에 걸쳐 지속되었기 때문에 프랑스어에는 16세기까지 일반인을 위한 '독신자' 나 '독신' 이라는 단어 자체가 존재하지 않았다. 물론 라틴어로는 있었지만 성직자의 지위를 가리키는 말이었다. 프랑스어로는 젊은 남자를 가리킬 때 연령〔젊은이(jeune homme)〕이나 사회적 지위〔하인(valet), 바슐리에(bachelier), 청년(garcon) 등〕를 기준으로 했지 결혼 여부를 근거로 삼지 않았다(부록 1, 2 참조).

그렇다면 이 '거울' 이라는 것이 사회를 충실히 반영했을까? 분명 부분적으로만 그랬을 것이다. 카롤링거 제국의 재건은 9~10세기 가족 구성에 관한 귀중한 사료를 남겼다. 예를 들어 대영주들은 자신의 영토와 그곳에 살고 있는 가구에 대한 자세한 목록을 만들도록 했다. 대영주들이 인구조사를 위해서가 아니라 실질적인 목적을 위해 만든 자료인 만큼 일부 사회계층은 조사에 포함시키지 않았기 때문에 자료를 참고할 때에는 주의해야 할 것이다. 이민자 계층의 독신자 비율이 상당히 높은 것으로 오랫동안 생각했지만 사실 아내가 있다는 표시는 대영주의 소유재산에 포함될 때에 한했다.[5]

부분적인 자료를 분석하는 데 어려움이 따르고 이를 일반화할 때 신중한 태도를 견지해야 하지만, 몇 가지 경향을 정립해볼 수는 있을 것이다. 우선 일반적으로 각 가정의 구성원은 평균 다섯 명으로 그 수가 많지 않았으며 부모와 자녀 두 세대로만 이루어진 가구가 많았다. 독신자는 결혼할 때까지 부모와 함께 살았으며 남자보다 여자가 더 일찍 결혼했다. 대가족은 드물었으며, 간혹 찾아볼 수 있는 대가족의 예는 아들이 홀아비가 되어 부모와 다시 함께 살게 되었거나 예외적으로 독신 기간이 길어진 경우였다. 농장주택에 혼자 살고 있는 남자들의 예가 기록되기도 했지만 혼자 사는 것은 상상할 수 없는 생활방식이었던 듯하다. 부부가 기본 단위를 이루지 않는 공동체, 즉 결혼 여부와 상관없는 형제들의 모임은 당시 자료상으로는 거의 나와 있지 않다. 이런 모임은 그 후에 생겨났다. 결론적으로 이론적으로든 현실적으로든 중세에는 결혼 모델이 지배적이었다.

자료의 내용이 정확하지 않으므로 일반화하는 것은 지양해야 할 것이다. 아내와 자식들이 체계적으로 표기된 사례는 극히 드물었다. 다음의 표에 나오는 861년경 영토별 단위를 기준으로 작성된 콩데 쉬르 마른 지역의 자료도 일반화시킬 수는 없다. 다만 통계가 어떤 식으로 작성되어 있는지 보여주고, 또 분석이 얼마나 어려운지를 보여주기 위해 소개해본다.[6]

목록에는 114개의 이름이 기록되어 있는데, 성인 55명(남자 30명과 여자 25명)과 어린이 59명이 농장주택 19채에 나눠 살고 있으며, 대략 이등분되어 33가구를 이루고 있다.[7] 영주의 농장주택에는 누가 살고 있었는지에 대한 기록이 전혀 없다. 이들은 당연히 소작료를 내지 않았기 때문에 목록에 기재되지 않았다. 농장주택을 점유한 가구 구성은 다양하지만 예외적인 경우는 드물었다. 농장주택 하나를 혼자서 쓴 남자도 있고, 이등분된 농장주택에 성인 네 명과 어린이 다섯 명이 함께 사는 경우도 볼 수 있다. 가구 구성은 다음과 같다.

신분	단독 명기(독신자, 홀아비?)						커플로 명기		
	남성		여성			아동	남성	여성	아동
	독거	그룹	독거	그룹	독거+아동				
소작인	10	3	1	1	6	17	12	11	28
농노	1			3			2	2	14
외국인	2							1	
합계	13	3	1	4	6	17	14	14	42
	16		11			17	28		42

인구를 구성하고 있는 주요층은 타인의 땅을 소작하는 자유인(소작인)이며, 배우자의 이름이 함께 명기된 경우가 성인 절반(55명 가운데 28명)에 이른다. 아동과 함께 사는 여성은 과부일 확률이 높은데 이들을 포함한다면 결혼은 지배적인 모델이었음이 틀림없다. 남편의 이름이 명기되지 않은 여성(과부, 독신녀)의 경우에는 다른 집단에 속해 있는 경우가 많은 반면 아내의 이름이 함께 기재되지 않은 남자들은 주로 혼자 사는 사람들이다. 이들이 홀아비인지 독신자인지 구분할 수 있는 근거는 전혀 없으며 조사 당시 아내와 떨어져 있던 남자들인지도 알 수 없다. 아내의 이름을 기재하는 근거는 가정 경제에서 여자가 차지하는 비중에 따른 것이었다.

구체적인 사례를 들어보자. 한 농장주택에 살고 있는 형제 두 명과 자매인 데에뤼스, 군트베르튀스, 앙시아르디스는 모두 '소작인'으로 분류된다. 이들은 소작인인 뷜피오뒤스와 농노인 그의 아내 퇴데일디스와 함께 살고 있다. 이 부부의 아이들은 농노로 분류된다. 아델마뤼스는 혼자서 농장주택 반을 차지하고 있다. 엘릴디스는 아들과 함께 농장주택 반을 차지한다. 역시 이등분된 농장주택에서 아이 다섯 명과 함께 살고 있는 아자비아처럼 엘릴디스도 과부일 것이다. 그렇다면 농장주택 전체 혹은 일부분을 혼자서 쓰는 뷔알레라뉘스, 스타니제뤼스, 아델프리뒤스, 뷔트가리위스, 아들린디스는 과연 누구일까? 이들은 홀아비인가, 독신자인가? 가정을 꾸릴 날을 기다리는 젊은 청년들인가, 고독에 빠진 노총각들인가? 단정하기에는 주어진 정보가 너무 빈약하다.

그러나 이번 사례만 놓고 보면 혼자 명기된 남자의 비율이 높다는 것을 알 수 있다. 가장 이상적인 모델이라도 예외가 있게 마련이다. 따라서 전통 농경사회는 가족 중심이고 근대 산업사회에서는 가족이

해체되었다고 성급히 결론을 내려서는 안 되겠다. 피상적인 자료를 바탕으로 세밀한 차이를 찾아내는 것은 어렵지만 그렇다고 그런 차이가 아예 존재하지 않는 것은 아니다.

• 새로운 질서 : 유산 상속에서 소외된 독신자 •

기욤 르 마레샬은 장 르 마레샬의 넷째 아들로 태어났다. 따라서 재산을 상속받을 수 있는 희망은 매우 희박했다. 그를 키운 것은 기욤 드 탕카르빌이라는 사촌이었는데 그가 20살이 되자 사촌은 그에게 기사 작위를 받도록 했다. 그러나 첫번째 시합에서 탕카르빌의 영주는 자신이 키운 젊은 기사들에게 더 이상 먹여줄 수 없으니 "땅으로 돌아가라"고 말한다. "이렇게 매년 봄, 귀족의 보호 밖으로 밀려난 수백 명에 이르는 젊은이들은 소요의 불씨가 되었다."[8]

기욤 르 마레샬은 자신의 용맹함을 알아본 무리를 이끌고 잉글랜드 왕의 속주에서 이름을 알렸으며 솔즈베리(Salisbury) 백작, 아버지 헨리 2세가 왕위를 물려받는데 가담한 젊은 왕 헨리를 차례로 섬겼다. 약 15년에 걸쳐 기욤 르 마레샬은 궁정을 누비며 군대를 이끌었다. 그는 항상 시합을 쫓아다녔으며 독신으로 지냈다. 물론 여자들과 염문을 뿌리기도 했으며, 심지어 여왕을 유혹했다고 으스대기까지 했다는데……. 사실일까? 아니면 허풍에 불과했을까? 여왕과의 관계에 대한 소문 때문에 그는 궁에서 쫓겨났다. "1183년 초, 그는 막 불혹의 나이를 넘겼다. 그러나 왕궁에서 멀어지고 왕의 식탁에서 쫓겨난 그는 이제 애송이처럼, 떠돌이 기사처럼 지낼 신세가 되었다." 그러니 부유한 상속녀를 만나 자리를 잡으려는 그의 바람은 조금 더 뒤로 연기되었다고 생각될 것이다.

그러나 이후 기욤 르 마레샬은 명성을 날리기 시작했다. 플랑드르 백작과 부르고뉴 공작은 그를 서로 데려가려고 싸웠고 비턴은 딸과 연금 1000루불을 주겠다고 제안했다. 그러나 기욤 르 마레샬은 얽매이는 것을 거부했다. 그러다가 젊은 왕 헨리가 서거하자 헨리 2세가 십자군 전쟁에서 귀환한 그를 런던으로 다시 불러들였다. 이제야말로 정착할 시간이 온 것이었다. 기욤 르 마레샬은 첫번째 혼처를 거부하는 호사를 누렸다. 그것은 65개 반이나 되는 영지를 물려받은 상속녀 이자벨 드 스트리길을 자기 여자로 만들고자 하는 포부 때문이었다. 약간의 어려움도 있었지만 이자벨을 성당 제단 앞까지 데려갔을 때 그의 나이는 쉰에 가까웠다. "그는 마침내 청년의 굴레를 벗어던지게 되었다. 그날 밤, 숫처녀 이자벨의 처녀성을 빼앗고 그녀의 배를 불림으로써 그는 중요한 발걸음을 내디딘 것이다. 이제 그는 올바른 쪽, 그러니까 '영주'의 편에 서게 된 것이다."

기욤 르 마레샬의 생애는 봉건제도와 11세기에 단행된 그레고리우스 대개혁으로 인해 등장한 새로운 사회 질서를 상징한다. 대개혁은 이를 단행한 그레고리우스 7세(1072~1085년 재위)의 이름을 딴 것인데, 평신도뿐만 아니라 성직자 사회를 함께 아우르는 좀더 광범위하고 오래된 변화가 도달한 정점이었다. 차부제 이상 성직자들에게 독신을 엄격하게 강요한 것은 사회를 혁신적으로 개혁하려는 움직임의 일례에 지나지 않는다. 오직 교회법에 속하게 된 결혼은 1184년 최초로 칠성사에 포함되었는데, 이는 결혼의 의미를 숭고하게 했고 또 그만큼 순결을 강조하게 되었다. 결혼의 신성화는 부부 생활 자체에도 영향을 미쳤는데, 11~13세기에 널리 퍼졌던 금욕주의 모델이 이를 뒷받침한나. 성 알렉시스(saint Alexis), 황제 앙리 2세, 헝가리의 퀴네

공드 등 결혼 후에도 완전히 금욕하는 성자들이 있었다. 순결에 대한 찬양은 물론 부부보다 독신자에게 더 많은 영향을 미쳤다.

11세기 이후 세 계급이 새롭게 사회를 형성했으며, 새로운 계급은 개인의 결혼 여부보다는 역할을 통해 결정되었다. 이제는 더 이상 결혼한 평신도와 독신 성직자로 나누지 않고, 전투에 나가 싸우는 자와 기도하는 자, 일하는 자로 나누게 된 것이다. 이때부터 기도하는 자에게는 아내가 없다는 사실을 그 어느 때보다 당연시 여기게 되었다. 한편 기사도 반드시 결혼하는 것은 아니었다. 오히려 금욕하는 기사라는 모델이 차츰 형성되었다. 이 모델은 12세기에 기사도 정신을 낳았다. 동정을 지킨 기사가 결혼하지 않고 자신이 보호하는 여인에게 충성하는 모델이다. 이러한 경향은 13세기에 성배를 찾아내는 동정 기사 갤러해드라는 영적 모델로 이어진다.

이 변화는 성배를 찾아 떠나는 영웅들의 이야기에서 매우 잘 드러난다. 못 말리는 바람둥이 가웨인은 아서 왕의 전설 연작에 등장하는 가장 오래 된 인물 중 하나로 영적 깨달음을 얻지 못했다. 회개한 죄인 랜슬롯은 성배가 있는 성 앞까지 갔지만 그곳에는 육지인 보호트와 퍼시벌 그리고 동정남인 갤러해드만 들어갈 수 있었다. 또 그곳에 머물도록 허락 받은 사람은 갤러해드뿐이었다. 기사들은 모두 독신자들이었으며 서사시에 등장하는 영웅들처럼 업적의 대가로 아내를 바라는 것이 아니었다. 영적 이상과 기사도적 이상을 모두 추구했던 성당 기사는 독신 수도사와 독신 평신도를 이상적으로 결합하려는 시도를 보여준다.

이런 모델들이 나타나게 된 것은 결코 우연이 아니었다. 이들이 등장한 것은 봉건사회의 새로운 요구에 부응하기 위해서였다. 1000년부터 페스트가 유행한 1348년까지 유럽의 인구는 전례 없는 증가 추세를 보였다. 이 기간 동안 유럽 인구는 두 배나 증가했으며, 프랑스와 게르만족 국가에서는 세 배까지 늘어나기도 했다. J. C. 러셀(John C. Russell)은 1000년경 유럽 인구가 3850만 명이었다가 1340년에는 7350만 명까지 증가했다고 보고 있으며, 프랑스 인구는 같은 기간 600만 명에서 1900만 명으로 폭발적으로 증가했다고 주장한다.[9] 따라서 사회 구조는 갑작스러운 인구 폭발 상태에 적응해야만 했다. 남자들이 따라야 할 모델 또한 마찬가지였다.

당시에는 영토가 무한정 분열되는 것을 막는 방편으로 장남만 정식 결혼을 시켜주는 경우가 많았다. 결혼을 신성화하고 이혼을 금지시킴으로써 개인보다 가족 간의 관계가 더욱 견고해지게 되었고, 그 목적은 바로 유산을 상속시키는 것이었다. 동생들은 성직자가 되거나 성당 기사로 황급히 불려가지 않으면 결혼을 하게 되었는데, 장남의 결혼보다 덜 숭고했고, 오래 지속되지도 않았다. 동거, 매춘, 하녀와의 사랑은 공식적으로 분출할 수 없었던 성욕을 막아주는 역할을 했다. 적어도 상속녀를 만나 정착하기 전까지는 말이다. 따라서 독신은 다시 가치 있는 모델이 되었으며, 남자들은 일시적으로 혹은 좀더 긴 기간 동안 혹은 평생 독신으로 지낼 수 있게 되었다.

전통적인 종교와 결혼의 틀에서 제외된 젊은 독신자들의 물질적 생활, 애정 생활, 성 생활, 종교 생활을 어떻게 돌봐야 했을까? 귀족 집안에서는 더 힘센 영주를 섬기는 군대 생활이, 무일푼이거나 유산을 상속받지 못한 남자들에게 가장 좋은 탈출구라 여겼다. 그래서 소년들은 아주 어릴 적부터 이웃 영주에게 맡겨졌으며 그곳에서 전투 기술을 배우고, 기사작위를 받기 전까지 에퀴예(ecuyer, 방패잡이꾼 또는 종자—옮긴이)로 기사들을 섬겼다. 이들은 자신을 받아준 영주의 가족(넓은 의미로)으로 자연스럽게 받아들여질 수 있었다.

이렇게 확대된 가족 그룹은 봉건시대 이전의 가족 구조나 고대 '부족'의 오랜 전통을 그대로 계승하고 있다. 카롤링거 왕조 시대부터 '가부장'이 생활의 중심이 되었으며, 가부장은 결혼 여부를 막론하고 평민, '남자들' '집안의 전사들'을 보호해주며 이들이 자신을 섬기도록 했다. 이 구조가 봉건시대에도 계속 이어지고 그 이후까지도 잔재했다. 예를 들어 루이 14세의 궁정도 차원은 다르지만 개념상으로는 차이가 없었다. 청소년이 처음 무기를 만져보기 위해 보내졌던 곳도 '가부장'의 가정이었으며, 이곳에서 청년으로 자라 '정착하기'를 기다렸다. "주인은 정착하지 않은 봉신들을 항상 많이 거느리고 있었다. 봉신들은 매우 개인적으로 주인에게 의존하고 있으며 거의 가족이라 할 수 있을 만한 관계로 주인과 맺어져 있었다."[10] 견습 중인 사촌들, 사생아들, 친구들은 함께 견고한 그룹을 이루어 영주의 권세를 뒷받침했다. 이들은 거의 개인 군대라 할 만했는데, 중앙권력은 이들을 탐탁지 않게 여겼다. 봉신들을 제어하기는 어려웠지만, 대신 집안끼리의 복수극에 써먹기는 좋았다. 수십, 심지어 수백 명이 파벌을 이루는 경우도 있었다. 이들은 같은 집에 살 수는 없었지만 가능한 같은 구역에 거주했다.

15세기 전설인 《로미오와 줄리엣》에 등장하는 캐풀렛 가와 몬터규 가의 대립이 좋은 예이다. 1595년 셰익스피어가 희곡으로 만든 이 이야기는 그 시발점조차 기억이 가물가물한 두 가문의 불화를 다루고 있다. 조상 대대로 두 가문은 대립했으며, 상속인인 로미오와 줄리엣이 비극의 주인공이 되기 전에 조카 벤볼리오와 티벌트의 대립이 있었다. 두 집안의 다툼을 진정시키기에 역부족이었던 베로나 공(公)은 자기 집안 사람인 머큐시오가 직접적인 피해자가 되자 사태를 수습하려고 나섰다. 《로미오와 줄리엣》은 독신자들의 이야기이다. 등장인물 중에는 로미오와 패리스 백작에게 구애를 받는 줄리엣처럼 결혼을 꿈꾸는 독신자들도 있다. 그러나 대부분은 '부족' 내부에서 자신들의 역할에만 충실하여 명예를 지키고 싸움에 동참했다.

확대가족의 존재는 역사상 분명히 입증되었다. 이탈리아의 인문주의자 알베르티(Leon Battista Alberti, 1564~1616)는 자기 가족(gente) 중에 동거녀나 아내 없이 혼자 사는 16~36세의 젊은이가 22명이나 된다고 말했다.[11] 독신자가 너무 많아지자 알베르티는 걱정하게 되었고, 젊은이를 정착시키지 못하여 집안이 몰락해 갈 것을 우려했다.

중세 문헌에 등장하는 '젊은이(jeune)'는 작위를 받았으나 결혼하지 않은 기사, 혹은 첫번째 자식을 낳아 '가장이 되어 혈통의 원천'[12]이 되기 전인 기사를 일컫는 말이었다. 따라서 젊음의 기준이 되는 것은 나이나 결혼 여부가 아니라 바로 자식의 유무였다. '젊은이들'이나 '바슐리에들'은 혼자 다니는 경우가 드물었고, 친구 몇몇을 대동하거나 무리 지어 몰려다녔다. 이들은 주로 같은 날 작위를 받은 기사들이었는데, 작위식을 함께 치르면서 뭉쳐 다니게 되는 경우가 많았다. 그중 권위가 있거나 작위를 수여한 영주의 아들이 있는 경우 그가 '대장'이 되었다. 기사 작위를 받게 되면 화려한 생활이 시작되었다. 돈을 물 쓰듯 쓸 수 있게 되고 여러 시합을 전전하게 된다. 또 지도자가 없기 때문에 쾌락에 쉽게 빠져들게 되는데, 이런 행동은 어린 나이 때문에 용서받을 수 있었다. 시합이 끝나면 이들은 패배자의 유품으로 잔치를 벌이거나 흥청망청 마셨다. 이렇게 몰려다니며 놀다가 장남들은 아버지의 유산을 상속받게 되지만, 장남이 아닌 남자들은 유산 중 극히 일부분만 만져볼 뿐이고 금방 탕진해버리는 경우가 많았다.

따라서 이들이 정착할 수 있는 유일한 기회는 그들의 용맹을 발휘하는 것뿐이었다. 그것이 전쟁이 되었든 사랑이 되었든 그들은 어떤 모험도 거부하지 않았고 권세 있는 영주나 홀로 된 귀부인의 눈에 띄기를 바랄 뿐이었다. 12세기 모험소설을 보면 아서 왕의 궁정에 찾아온 기사들은 자신의 능력을 증명하기 위해 시합을 벌이기도 하고 개웨인, 이베인, 에렉, 랜슬롯과 같이 멋진 영웅들은 아름다운 영주의 부인을 구하면 보상을 받을 수 있으리라는 굳은 희망을 품고 활약한다. 서사시에서 볼 수 있듯이 기사들이 왕이나 영주를 섬길 때는 언젠가는 주인 없는 영토를 충성심의 대가로 하사 받고 덤으로 젊은 과부도 얻게 되리라는 희망을 품었다. 이베인이나 에렉의 경우처럼 기사들이 결혼을 하게 되면 독신이었을 때 보여주었던 용맹함은 잃었다고 간주되었다. 그래서 이베인이 로딘과 결혼하여 '영주'가 되자 아서 왕은 걱정에 휩싸이고 왕궁 전체가 이베인을 찾아 나서게 된다. 에렉은 아름다운 에니드와 결혼하고 안주해버렸다는 조롱을 받게 되자 자신의 명성을 유지하기 위해 다시 떠돌이 생활을 시작한다.

이들은 운이 좋거나 능력이 뛰어난 기사들이었다. 그렇다면 나머지 기사들은 어떻게 되었을까? 이 시대에 여자가 존중받기 위해서 가질 수 있는 지위는 유부녀나 숫처녀뿐이었다. 여자들에게 가족을 떠나 이곳저곳을 떠돌며 생활하는 젊은 기사 무리들은 위험을 내포하고 있었다. 그렇다고 기사들에게 모든 여자관계를 금지하는 것도 위험하기는 마찬가지였다. 중세 말이 되면 이탈리아 도시에서는 결혼이 늦어지고 처녀들을 심하게 감시하는 바람에 동성애가 성행하기도 했다. 동성애를 통해 '개인의 정체성과 사생활을 가질 수 있기 때문이었다'.[13]

따라서 이 독신자들의 애정 생활은 달리 설명할 방법이 없는 전혀 새로운 모델을 따르게 되었다. 19세기에 이르러 궁정연애(amour courtois)로 정의된 피나모스(fin' amors)는 다음과 같은 원리를 바탕으로 한다. 궁정연애의 절정은 필연적으로 불륜이었다. 궁정연애는 처녀들의 명예를 더럽힐 수 없는 독신 기사들의 전유물이었기 때문이다. 또한 필연적으로 순결하기도 했는데 그렇다고 유부녀를 농락할 수도 없었기 때문이다.

조르주 뒤비는 궁정연애가 교육을 위한 시험이자 결투처럼 목숨을 건 게임이었다고 했다. 남편이 불륜에 대한 처벌을 마음대로 할 수 있던 문화에서 유부녀에게 사랑을 노래하는 것은 분명 목숨을 내놓는 일이었다. "청년들의 결혼을 엄격히 제한함으로써 기사 계층에는 결혼하지 못하고 좌절한 남자들이 증가했다. 이들은 침대에서 아내를 품을 수 있는 결혼한 남자들을 시기했다."[14] 좌절은 강한 성격을 길러내고, 본능을 다스리며, 에너지를 충성심으로 바꾸는 역할을 했다. 기사는 영주와 부인을 모두 섬겼는데, 봉신으로서나 애인으로서 똑같이 충성심이 요구되었고, 전투와 사랑이라는 고난 앞에 똑같이 용기를 필요로 했다. 또한 부인 곁에서 자기 희생 정신을 배워 영주를 더 극진히 섬길 수 있게 되었다.

기사들의 감정은 이렇게 억압될 수밖에 없었다. 그러나 최소한 젊은 기사들에게 제시된 성생활 모델은 감정과는 교묘히 구분되었다. 양치기 소녀나 하녀, 시녀와 같은 신분이 낮은 여자들과의 관계에 있어서는 전혀 양심에 거리낌이 없었던 것이다. 기욤 다킨텐과 같은 대영주가 양치는 소녀와 관계를 맺은 것을 보면, 사랑은 순수해야 하지만 기사의 전부를 걸게 하지는 못했다. 그 사랑의 정도도 기욤 다키텐의 경우는 완전히 순수하지는 않았다. 사실 어떤 귀부인이 한낱 양치기 소녀나 하녀 때문에 배신당했다고 생각하겠는가?

독신 기사들에게는 하룻밤 불장난과 손에 넣을 수 없는 귀부인 사이에 중도(中道)가 있었다. 도누아(donoi) 혹은 도누아망〔donoiement, '부인(dame)'을 뜻하는 domina에서 파생된 말〕은 '반짝 사랑(flirt)' 혹은 '가벼운 사랑(amourette)'으로 번역할 수 있을 것이다. 영주는 자신의 성으로 벌떼처럼 몰려드는 젊은 기사들에게 결투의 장을 열어주어 전투 생활을 영위할 수 있게 해주는 반면, 영주의 부인은 여자들을 보내주어 애정 생활을 누릴 수 있도록 해주었다. 아서 왕과 수행원들을 브로셀리앙드 성(城)에 맞은 이베인, 아니 좀더 정확히 말하면 그의 새 아내 로딘은 손님들에게 처녀 90명을 선사했다. 부둥켜안든, 키스를 하든, 담소를 나누든, 서로 쳐다보기만 하든, 그 다음은 각자의 몫이었다. "기사들은 최소한 이것만은 얻을 수 있었다." 크레티앵 드 트루아(Chrétien de Troyes, 1130?~1195, 프랑스의 설화작가—옮긴이)는 아무 말도 덧붙이지 않았다. 성주 부인은 안주인으로서의 의무를 다했기 때문이다.

같은 시기에 다시 번성하기 시작한 신비주의와 마찬가지로 궁정연애를 억압으로 보는 것은 궁정연애라는 복잡한 현상을 다 설명하지는 못하게 한다. 그러나 조르주 뒤비의 연구는 당시 전혀 상반된 수도사와 기사의 행태가 동일한 의식을 근간으로 했다는 점을 보여주고 있다. 수도사와 기사는 인구 증가와 결혼의 신성화로 결혼이 엄격히 제한되던 시기에 나타난 두 희생자 계층이었다. "무기를 든 기사들은 모험과 유괴 혹은 궁정연애라는 다소 유연한 사랑의 형태로 억눌린 감정을 풀었고, 성직자나 수도사들은 결혼으로 인한 혈육과 기쁨에 저항했으며 성모마리아를 극진히 섬겼다."[15]

젊은이들의 독신은 오래 지속될 수도 있었으나 이들이 평생 독신으로 살아야 했던 것은 아니다. 성직자가 되지 않는 한 모든 남자들은 혈통을 계승하고, 사후에도 자신을 기릴 후대를 낳는 것을 목표로 삼았다. 이런 면에서 중세법은 고대법만큼 유연하지 못했다. 고대 로마법은 입양한 자식에 대한 친권을 인정해주었으나(독신자들의 경우도 마찬가지였다) 중세에는 점점 그 경우가 드물어졌다. 물론 법률상으로는 독신자들뿐만 아니라 성직자들에게도 친권을 인정하고 있었다.[16] 서자도 "게르만족의 법이 보여주었던 관용의 혜택을 더 이상 받지 못했다".[17] 따라서 결혼이 유일한 재산 상속의 수단이 되었다. 장남은 결혼을 피할 수 없었고 법적 상속인이 조기에 사망한 경우에는 동생들이 반드시 결혼해야 했다. 두 형이 모두 후세를 보지 못하고 서거하자 수도원에서 나와야 했던 아라곤 왕 라미르 르 므완(Ramire le Moine, roi d'Aragon)의 경우가 좋은 예이다. 아라곤 왕은 1134~1137년까지 3년간 재임했는데 그 기간 동안 상속녀를 낳았고 그 후 다시 성직자 생활로 돌아갔다.

초기에는 성직자와 독신, 평신도와 결혼을 연계시켰다면 이제는 자연스럽게 결혼과 유산을 관련 짓게 되었다. 이 또한 매우 오래된 통념인데 이는 부수적으로 독신 하면 가난을 떠올리게 만들었다.

• 가난 : 독신자들의 굴레 •

피에르 모리는 살아가면서 자신이 부자라고 생각할 만한 때가 있었다. 14세기 초, 카타르파가 성행하던 사바르테스에 살던 피에르 모리는 2000수우(sou)나 되는 재산을 소유하고 있었다. 그는 아르크의 대저택에 살고 있었으며 몽테이유의 유산을 받기로 되어 있었다. 그러나 종교재판의 한파가 그가 살고 있던 지역까지 불어닥치자 그는 도망갈 수밖에 없었고 유산을 요구할 엄두는 내지도 못했다. 가정을 꾸리기에는 너무 가난해진 그는 악스 레 테름과 퓌그세르다 지방 사람들에게 양치기 노릇을 해주기 시작했다. 양을 치면서 그는 다시 약간의 재산을 모을 수 있었고 양 100마리와 당나귀 몇 마리를 사들일 수 있었다. 그러나 이번에도 종교재판관들이 두려워 가축을 모두 팔아버린 후 300수우를 위르젤 땅에 사는 대부(代父)에게 맡겼다. 그런데 그의 인생은 다시 꼬이기 시작했다. 믿었던 대부가 맡긴 돈을 돌려주지 않았던 것이다! 그런가 하면 선친의 저택은 이단이라는 죄명으로 세 번이나 파괴되었다. 모진 박해에도 불구하고 그는 조상들의 신앙을 포기할 수 없었다.

그래도 상관없었다. 피에르 모리는 남자들로 이루어진 공동체에 들어가게 되었다. 그 공동체는 '선량한 그리스도인들'의 모임이자 양치기들의 모임이었다. 이들은 '해병들'에게서나 볼 수 있는 유유자적한 태도로 산에서 생활했다. "하지만 나는 마음이 편했다. 돈 한 푼밖에 없어도 필요한 형제들과 나눠야 하는 것이 우리들 사이에선 전통이었고 신의 계명이었기 때문이다." 피에르 모리는 이런 이상을 충실히 지켰다. 문제는 친구들보다 너무 잘 지킨다는 것이었다.

피에르 모리는 가정을 만들기에는 너무 가난하다고 말했다. '가정을 보살필 재산은' 없으며 '겨우 제 입에 풀칠할 정도만' 여유가 있었기 때문이다. 그러나 사실 그는 독신이 거의 의무화되다시피 한 사회 공동체의 일원이었다. 주위에는 물론 결혼한 양치기들도 있었다. 악스 지방 출신인 기욤 라프르는 코디에스에서 아내를 얻었으며, 형제인 장 모리는 카탈로니아 지방의 한 마을에서 부인을 얻었다. 하지만 이들은 예외에 속했다. 선원이 항구에 잠시 정박하듯 양떼의 이동에 따라 마을에 잠깐 동안만 머무는 양치기들은 양치기 무리 외에는 정착할 수 없었다. 임시숙소에는 양치기들, 카타르파 선지자들, 밀고자들이 한 침대에 서넛씩 뒹굴며 잠들었다. 수상한 의도는 없었다.

동성애는 도시에서만 볼 수 있었고 특히 학생들 사이에서 성행하던 현상이었다.

그러니까 피에르는 가난했지만 그만큼 자유로웠다. 그의 재산은 어깨에 다 짊어지고 다닐 정도였다. 숙소는 친척이나 주인 혹은 친구 집이면 족했다. 카스텔당스에 갔을 때 피에르와 장은 공증인이자 장의 대부였던 베랑제 드 사그리아 집에서 겨울을 보낼 수 있었다. 토르토사 평원에서 다른 양치기 여덟 명과 함께 겨울을 보낸 해도 있었다.

피에르의 생활은 독립적이었지만 그렇다고 외로운 것은 아니었다. 독신이었지만 공동체에 속해 있었기 때문이다. 돈을 맡기거나 찾으러 가기 위해 산에서 내려갔고, 다시 올라갈 때는 친구들이 부탁한 물건들을 배달해주었다. 잔치가 벌어지거나 세례가 있을 때에는 대부가 되어주기도 했고 후에 가끔씩 대자(代子)들을 찾아가곤 했다. 그는 번 돈을 잔치에서 모두 써버렸다. 사람들이 그를 나무랐을까?

"그러면 난 그들에게 이렇게 대꾸했죠. 그 돈은 내가 벌었으니 내가 쓰고 싶은 대로 쓴다고요. 다른 사람을 위해서도 똑같이 할 거라고요. 그러면 많은 사람들하고 친구가 될 수 있을 테니까요."

그렇다고 친구들이 그의 우정에 보답하지는 않았지만 그는 괘념치 않았다.

사실 그의 독신은 상대적인 것이었다. 그에게는 정부(情婦)가 여러 명 있었는데 그가 찾아가기도 하고, 여자들이 그의 오두막에 찾아오기도 했으며, 술집이나 목장에서 만남을 갖기도 했다. 피에르 모리 자신이 레몽드라는 신자와 결혼했다고 언급하기도 했다. 물론 교회에 가지 않고 비밀리에 올린 결혼이었다. 육체적 관계를 위한 결혼이었지만 어쨌든 이는 카타르파 친구였던 기욤 벨리바스트에게는 불쾌한 일이었다. "기욤은 우리에게 앞으로는 관계를 갖지 말라고 명령했고, 우리의 결혼을 취소해버렸다." 그러나 당시를 회상하는 피에르의 말에는 어떤 반박이나 원망도 엿보이지 않는다. 사실 피에르가 카타르파에 들어오게 된 것은 결혼을 약속했기 때문이었다. 그는 '선한 사람들'과 친분을 맺었다가 거리를 두었다. 그러자 그가 '연애에 관심이 있어서' 여자를 취하고 싶어 한다고 판단한 신자 한 명이 그를 '선한 그리스도인들'에게로 되돌리고자 '양식 있는', 즉 카타르파 교인인 아내를 맞이하라고 권하게 된 것이다. 그러나 그의 아내로 정해준 여자는 여섯 살 된 여자아이였다. 아이가 부유하여 피에르는 결혼 후 더 이상 일을 하지 않아도 되었다. 그런데 피에르 모리가 장인 레몽 페르의 양떼를 돌보고 있었음에도 불구하고 결혼은 성사되지 않았다. 이유인즉슨 종교재판관들이 당도하자 레몽 페르가 자신이 이교도임을 부정하고 피에르 모리를 내쳤기 때문이다.

신뢰할 수 없는 친구들의 우정을 피에르 모리는 단 한 번도 부정하지 않았으며, 바로 이 우정 때문에 결국 그는 평생 피해 다녔던 종교재판소에 출두하게 되었다. 친구였던 아르노 시크르가 밀고자였던 것이다. 결국 피에르 모리는 1324년 8월 12일 '빵과 물만 먹으며 좁은 감방에서 지내는' 처벌을 받을 수밖에 없었다.[18]

역사에 이름을 남길 하등의 이유가 없는 한 가난한 남자의 일생을 이토록 상세하게 재구성하는 것은 쉽지 않은 일이다. 또한 결혼과 독신자들의 공동생활, 꽤 안정적인 여자들과의 관계 등이 이토록 적나라하게 이어지는 사례를 보는 경우도 드물다. 피에르 모리와 그의 친구들은 독신이라고 해서 수치스러운 낙인이 찍혔다고 생각하지 않았다. 카타르파 교인들의 도덕관념은 선한 인간을 만든다는 콘솔라멘툼을 얻지 못한 신자들에게는 관대했던 모양이다. 이들은 결혼과 생식 자체를 인정하지 않았기 때문에 동거나 자유연애가 신성한 결혼보다 더 죄악시되지 않았던 것이다. 그러나 독신과 카타르파 사이의 관계를 정립할 수는 없다. 오히려 위에서 언급한 두 결혼은 '이단 종교'의 틀 안에서 성사되거나 협상되었다. 한번은 피에르 모리를 자기네 편으로 다시 끌어오기 위해 꾸민 일이 아닌가! 독신을 경멸한 것은 아니었지만 그렇다고 본받아야 할 모델은 아니었으며 이상은 더더구나 아니었다. 직설적으로 말하자면 피에르 모리가 정착할 수 없었던 것은 그가 가난했기 때문이었다. 그의 사례는 지극히 평범하고 어느 시대에나 존재했던 경우로 이미 에파미논다스가 변명처럼 언급했던 이유이다. 중세 설교자들은 자유연애가들의 입에서 이 변명이 흘러나오는 것을 보게 되는데, 존 브롬야드(John Bromyard)가 무대에 세운 자의 변명과 같다. "아내와 자식들이 살 만한 집을 갖게 된다면 결혼하겠소."[19]

가난에도 정도가 있다. 피에르 모리의 재산 변천사가 이를 입증한다. 디오게네스에서 마 폼므(Ma Pomme)에 이르기까지 사회 밑바닥 계층을 이루고 있는 주변인들, 방랑자들, 행상인들, 거지들은 거의 대부분 독신이었다. 정착해가는 세상의 마지막 유목민이었던 이들은 정착민들을 위해 마련된 사회 구조 속에 편입되지 못했다. 소외라고 볼 수만은 없는 방랑의 역사를 되짚어보지 않더라도 재판 기록을 통해 사회에서 자기 자리를 찾지 못하고 방랑하며 독신으로 살 수밖에 없었던 이들의 생활을 살펴볼 수 있다.

1389년 아르플뢰르 출신인 장 르 브룅이라는 사람이 파리의 생트크르와 드 라 브르토느리에서 절도죄로 체포되었다. 그는 사생아로 세르부르에 정착한 나바르 출신 아버지와 '그와 배가 맞은' 코탕탱 출신 어머니 사이에서 태어났다. 사생아란 인생에 있어 불리한 출발임에 틀림없었다. 그러나 부모가 그를 버린 것은 아니었다. 아버지에 의해 아르플뢰르로 온 그는 제철공이 되기 위한 훈련을 받았다. 1381년경 루앙에서 일을 시작했을 때에는 대장간 근처 숙소에서 묵었다. 그는 이제 대도시에서 노동자로 생활할 수 있게 되었고 돈을 벌며 아내도 얻을 수 있었다.

그러나 장 르 브룅은 역시 근본을 알 수 없는 에퀴에 때문에 타락하고 만다. 에퀴에의 별명은 자케 르 바타르 즉 사생아 자케였다. '전쟁터에 나가 큰 돈을 벌 수 있는데 이깟 대장간에서 푼돈을 벌 이유가 무엇인가?' 이렇게 생각한 두 젊은이는 리무쟁 지방으로 이주했고, 에퀴에는 영국 군대를 위해 일했다. 6년 동안 장은 군수 조달을 보조하고, '시동 및 병사'로 일했다. 그는 리무쟁 지역을 약탈하고 자신이 잡도록 도운 프랑스 기사들의 몸값으로 생활했다. 곧 그는 정당한 급료를 받지 못한다고 생각하고 탈영해서 말을 팔아 파리로 돌아왔다. 파리에서 그는 일도 하지 않고 '갖고 있던 돈을 도박이나 술, 계집에게 모두 써버릴 때까지' 무위도식했다. 한번은 창녀에게 결혼을 약속하기까지 했는데 약속을 지키지는 않았다.

혼자서, 혹은 질이 나쁜 친구들과, 때로는 무리를 지어 건달 생활을 하던 장은 토끼 가죽 외투를 훔친 죄로 체포되었다. 그리고 그가 저지른 수많은 절도와 살인보다 영국군에 용병으로 있었던 그의 과거가 더 중죄로 여겨졌다. 반역죄에 해당된 그는 사형에 처해졌으며 그의 시신은 가죽에 담겨져 왕립재판소에 전시되었다.[20]

• 직업 : 독신자만이 교수가 될 수 있다 •

프랑수아 드 몽코르비에(François de Montcorbier)는 후원자의 이름을 빌어 프랑수아 비용(François Villon)으로 개명했다. 30세가 되던 1461년 그는 《유언집(Testament)》을 집필했다. 2년 후 그는 두 번 사형을 언도받고 다시 감형을 받아 파리에서 추방당하게 되는데, 그 뒤로 역사에서 영영 사라졌다. 그는 잠잘 곳과 먹을 것을 대가로 대영주들을 위해 시나 읊어대며 생존하려 애쓰는 가난한 성직자 중 한 사람으로, 학업을 마치지 못하고 '술과 계집에 빠져' 방탕과 폭력의 나락으로 떨어진 학생의 대표적 사례이다.

그는 스스로를 '에스콜리에(escolier, 학생)'라 불렀고 《유증(Lais)》에서는 대학에서 얻은 '학위'를 언급했다. 실제로 그는 대학에 입학하여 학사 학위를 딴 후 파리대학에서 문학석사가 되었다(1452년). 그의 시처럼 그가 역사에 남긴 얼마 되지 않는 흔적들은 카르티에 라탱에서 일정한 직업이 없이 생활하는 성직자들의 본보기를 보여주고 있다. 불이 없어 잉크가 얼어버리는(《유증》 XXXIX) 방에서 비용은 소르본의 종소리를 들었다(《유증》 XXXV). 그가 저지른 범죄도 비슷한 상황에서 일어났다. 나바르 학교에서 저지른 절도(1456년), 생 브누아 수도원에서 저지른 사제 살해(1455년), 교황비서와 벌인 난투극 등등.

당시 학생이란 성직자를 가리켰다. 적어도 이론상으론 그랬다. 비용은 성품을 받은 성직자였는가? 성직록은 받았는가? 《유증》의 한 구절은 샤플랭이라는 자에게 물려준 "보잘 것 없는 작은 성당"을 암시하고 있다(《유증》 CLXXII). 이렇게 익살스러운 유산은 그의 작품에 드물지 않게 등장한다. 한 집행관을 위해 쓴 이 시도 그의 이름을 가지고 말장난을 한 것일 게다. 성직을 받음으로써 성직록에 대한 권리는 갖게 되었으나 실제로는 성직록을 받지 못했을 가능성이 크다. 그의 지위가 애매모호했던 것은 '유언 판사(성직자들의 판사)'와 (평신도들의 유언 등록을 맡았던) 샤틀레의 공증인 장 드 칼레에게 보낸 문서에서 드러난다.[21] 비용은 이 불안정한 지위를 마음껏 누렸으나 항상 독신이었던 것만은 틀림없다.

비용과 중세 시대 '떠돌이 성직자들'은 방랑자들이 성직자가 될 수 있는 이상적인 직업 전환의 양상을 보여준다. 이 두 형태의 독신자들 간에는 경계가 모호했다. 실제로 가난이 결혼을 막는 유일한 원인은 아니었으며, 대규모 사회 집단이 일단의 독신자들을 배출해냈다. 오랫동안 지식은 성직자들의 전유물이었기 때문에 조금이라도 교육을 요구했던 직업들, 적어도 대학을 거칠 것을 요구했던 직업들은 성직자들이 독차지하게 되었다. 때문에 당시 성직자라는 말은 '학자(savant)'와 동의어였다. 공증인 성직자(clercs de notaire)는 이 시대의 잔해였다. 그러나 신학은 물론이려니와 법학과 의학도 대학에서 연구되었고, 대부분의 대학은 교회에서 운영했다. 볼로냐 대학처럼 종교적으로 중립적인 대학은 매우 드물었다.

성직자들은 고로 지식인들이었다. 그러나 그렇다고 해서 이들이 독신이었을까? 이론상으로는 이들이 공부를 시작한 때부터 그렇다고 볼 수 있다. 중세에 학생들은 흔히 '성직자'로 불렸기 때문이다. 이들이 소유했던 파리의 '프레 오 클레르'가 이를 입증한다. 중세 법률상으로 해석하면 대학은 공동체를 의미한다. 우니베르시타스 마지스트로룸 에트 스콜라리움(Universitas magistrorum et scolarium)은 그들이 차지하고 있는 장소보다는 지위로 스스로를 규정했던 교수와 학생들의 조합이었다. 대부분 성당의 학교에서 출발한 대학은 특혜를 누리기는 했지만 여전히 종교적 색채가 짙었다.

교수와 학생은 성직자라는 신분과 관련하여 특히 사법과 조세 부문에서 얼마간 특혜를 누렸다(이들은 종교재판소가 관할했다). 비록 드문 경우였지만 이들은 성직록을 받아 그 수입으로 학비를 댈 수 있었다. 그렇다면 그 대가로 성직자로서의 의무를 다해야 했을까? 언뜻 간단해보이는 이 질문에 대한 대답은 여러 가지였다. 교수와 학생들은 루뱅 학교에서처럼 눈에 띄지 않고 엄숙하며 짙은 색의 옷, 때로는 '성직자답다' 고 할 수 있는 옷을 입어야 했다. 그러나 삭발이나 독신은 의무사항이 아니었다. 물론 이들이 어린 나이였고 공부를 해야 했기 때문에 결혼을 멀리할 수밖에 없었다. 한편 성직록을 받던 자들이 결혼하면 더 이상 성직록을 받을 수 없었다.[22]

삭발하는 사례도 볼 수 있으나 이는 전혀 의무사항이 아니었으며 무시되는 경우도 있었다. 1252년 영국인을 위한 학예대학 시험 규정을 명시한 정관은 학생이 삭발한 경우 삭발 상태가 완벽해야 한다고 규정했는데, 이는 삭발이 일반화되지 않았다는 것과 심사관들이 삭발에 대해 까다로웠다는 것을 입증한다.[23] 학생의 지위가 애매한 것은 다분히 의도적이었다. 성직자이므로 누릴 수 있는 권리가 있다고 해서 성직자의 의무를 반드시 지켜야 하는 것은 아니었기 때문이다. 그러나 파리의 검사 성직자 연합인 법원서기조합(Basoche)과 같이 일부 학생조합에서는 독신을 의무화했다.[24] 메사제(André Messager)의 오페레타 《법원서기조합(La Basoche)》도 이 테마를 중심으로 엮어졌다. 법원서기조합의 대표로 뽑힌 클레망 마로는 자신의 결혼 사실을 비밀에 부쳐야 했는데 이로 인한 오해가 플롯의 중심을 이루고 있다.

성직자들은 학위를 받은 후 독신으로 살아야 했을까? 각자의 야망에 따라 달랐다. 교회에서 출세하고 싶다면 독신으로 사는 것이 나았다. 자크 아미요(Jacques Amyot, 1513~1593) 같은 학자는 교회 밖에서 성공한 사례다. 그는 한 인문주의자 집에서 가정교사를 하기도 했으며, 프랑수아 1세가 애지중지하던 번역가였는가 하면, 앙리 2세의 아이들을 가르치기도 했다. 결혼을 하지 않을 이유는 딱히 없었지만 성직록을 받던 아미요는 서열을 차례로 밟고 올라가 주교가 되었다. 독신으로 산 것이 그에게는 현명한 결정이었던 셈이다.

속세를 택한 자들도 있었다. 서열상 차부제까지 이르지 못했다면 결혼이 금지된 것은 아니었다. '결혼한 성직자'의 지위에 관한 정의는 교회법에 나타나지 않는데 이는 교회법이 성직자들에게 독신을 의무화하는 경향이 강했기 때문이다. 그러나 시법 기록을 보면 결혼한 성직자들의 경우가 흔치 않았음을 알 수 있다. 이들은 민사재판을 피하기 위해 성직자의 지위를 강조했다. 그리고 종교재판소에서 재판받기를 원했는데 종교재판소가 더 너그러웠으며 처벌도 더 가벼웠기 때문이다. 이런 성직자들은 그 수가 꽤 많았는데 다만 잘 알려진 바가 없을 뿐이다. 중세 후기에 작성된 유언들을 보면 성직자라고 자처하는 사람들 중 3분의 2가 기혼이다. 이들은 또 성직자라고 보기에는 의외인 직업을 가지고 있었는데 성직자들에게는 금기시되었던 방앗간 주인도 있었으며 푸줏간 주인이나 술집 주인도 있었다.

우르바누스 5세(1362~1370년 재위) 시절, 아비뇽에 자누비오라는 가장이 살고 있었다. 아비뇽 시민이자 환전상이었던 그는 동업자이자 성직자인 프란체스코 다레조에게 딸을 시집보냈다. 유언을 통해 자누비오는 역시 성직자인 아들 장틸의 후견을 사위에게 맡겼다. 얼마 후 장틸도 결혼하여 매형의 보호에서 벗어나게 되었다. 장틸의 새색시 카트린이 가문의 숙적인 알토비티 집안의 사람이 아니었다면 결혼한 성직자들의 세상에서는 부러울 것이 없었을 것이다. 그러나 카트린은 토스카나 지방의 매우 폐쇄적인 환전상계에서 위험한 경쟁상대인 집안의 사람이었다. 후견인의 보호를 받고 있던 젊은 성직자 장틸이 쇠약한 자누비오의 유산을 노리려는 알토비티 집안사람들에게 이용당했던 것은 아닐까? 매형이자 법적 후견인인 프란체스코가 수상한 낌새를 눈치 챘다. 그래서 그는 교황재판소에 하소연을 했다. 프란체스코와 장틸은 모두 성직자로서 종교재판소 관할 하에 있었다. 그런데 프란체스코는 종교재판소에서 평판이 좋았고 반대로 장틸은 민사재판의 책임자인 행정사법관의 총애를 받고 있었다. 그래서 장틸은 행정사법관이 사건을 판결해주기를 바랐다. 그리하여 그는 어두운 성직자의 옷을 벗어던지고 '두 가지 색'의 옷을 입었다. 성직자의 지위를 벗어던졌다고 판단한 장틸은 사건을 아비뇽 행정사법관에게 맡길 것을 요구했고 행정사법관은 프란체스코를 체포시켰다. 프란체스코가 교황에게 (매우 편파적인) 탄원서를 보냈기 때문에 이 사건이 오늘날까지 전해지게 되었다.[25] 이 사례에서도 개인의 이익에 따라 성품 간의 경계가 모호했음을 볼 수 있다.

최소한의 교육이라도 요구하는 직업이 발달하게 되면서 독신 성직자와 기혼 평신도라는 전통적 이분법은 사실상 깨지게 되었다. 사실 이 이분법은 현실보다는 이론적인 이상을 반영했던 문서 속에서만 존재했던 것이 아닐까? 그레고리우스 개혁 이전에 성직자, 더구나 사제들의 독신은 제대로 준수되지 못했다. 그렇다면 직업이 신을 섬기는 일과 하등 관련이 없는 사람에게 어떻게 독신을 정당화할 수 있겠는가?

직업 가운데 가장 먼저 떠오르는 것은 공증인이다. 지금까지도 이 단어는 '성직자'라는 의미를 내포하고 있기 때문이다. 14~15세기 문서들을 보면 공증인들은 대부분 성직자였고 사제인 경우도 있었지만 이미 평신도들도 있었다. 평신도의 수는 많지 않았지만 직업의 속화(俗化)가 이미 두드러졌다. 종교적 의식을 위해서 성직자가 많이 필요하긴 했으나 12~13세기에 급속도로 발달한 학문을 마친 사람에게 성직이 유일한 미래일 수는 없었다. "사제가 되기를 원하지 않는 성직자들에게 주어지는 대표적인 직업은 바로 공증인이었다."[26]

그러나 가족을 포기할 수는 없었다. 성직자들은 유언을 남길 수 있었는데 그들의 유언을 읽다보면 결혼해서 가장이 된 성직자가 많다는 것을 알 수 있다. 이렇게 해서 공증 성직자의 왕조가 탄생했다. 물론 성직자가 결혼하게 되면 성품 서열에서 진급할 수 있는 권리를 박탈당하고 성지록을 받을 수 없게 된다. 따라서 오직 직업을 통한 수입으로만 생활해야 했다.

그러나 다른 직업의 경우 윤리의식이 더 엄격했다. 성직 생활을 하지 않는 성직자들 중 독신을 의무화한 그룹으로는 대학 교수들이 있었다. 교회 소속의 대학인 데다가 신학이나 교회법 같은 민감한 과목을 가르치는 만큼 이는 당연한 일이었는지도 모른다. 그러나 의과대학 교수가 독신으로 지내야 했다면 놀랄 일이다. 예를 들어 그가 남성 혹은 여성 해부학을 가르치는 교수라면 말이다. 사실 여자의 성기는 오랫동안 암퇘지의 성기와 비교하여 기술되었고 이는 오류를 낳기도 했다.[27]

원래 4개 대학(학예, 의학, 법, 신학)에서 교수들의 독신은 의무 사항이었고 최소한 아내와 별거를 해야 했다. 1290년 장 플로리는 학예대학 교수 자리를 지키기 위해 아내 시몬과의 이혼(그러니까 별거)을 루앙 관보에 발표하겠다고 맹세했다. 만약 아내와 다시 합치게 된다면 그는 강단에서 물러나야 했다.[28]

이처럼 독신이 정당화될 수 있었던 것은 교수들이 성직자라는 지위를 가지고 있었기 때문이기도 했으나 그뿐만 아니라 이미 플라톤에서 그 싹을 볼 수 있듯이, 가정에 대한 걱정과 철학 공부는 양립할 수 없다는, 그리스도교 이전으로 거슬러 올라가는 오랜 고정관념 때문이기도 했다. 소크라테스의 부인이었던 괴팍한 크산티페의 망령이 사람들의 기억 속에 남아 있었던 것일까? 성직자들의 여성기피증을 논할 때 반드시 거론되어야 할 인물 중에는 테렌시아를 내친 후 철학 공부에 방해가 되지 않도록 재혼하지 않았던 키케로와, 결혼에 대한 소책자를 썼던 테오프라스토스(Theophraste)가 있다. 테오프라스토스의 책은 소실되었지만 히에로니무스에 의해 그 존재가 세상에 알려졌다.[29]

고대의 고정관념을 중세로 전파한 것은 분명 교부(敎父)들이었을 것이다. 엘로이즈가 아벨라르에게 보낸 편지, 장 드 묑의《장미 이야기》, 위그 드 푸이와(Hugues de Fouilloy)의《결혼에 대하여(De Nuptiis)》, 외스타슈 데샹(Eustache Deschamps)의《결혼의 거울(Mirroir du Mariage)》 등에 고대의 관념들이 잘 나타나 있다. 예를 들어 엘로이즈가 말하는 결혼생활이란 갓난아기의 울음소리와 유모의 자장가 소리의 연속이다 보니 성서에 대해 사색해야 하는 철학자에게는 악몽과 다름없었다. 학문에 전념한다는 것은 영적인 결혼을 하는 것이었으므로 저술이나 제자가 자손이 되었다. 이 고정관념은 중세 전반에 걸쳐 답습되었다.[30] 수세기 동안 이어져 내려온 전통에도 불구하고 대학 교수들은 차츰 정조대에만 매달리게 되었다.

규율이 가장 먼저 해이해진 것은 의과대학에서였다.[31] 이탈리아와 같이 아랍권의 영향으로 일반 의학의 전통을 고수해온 일부 지역을 제외하면 본래 '학술로서의' 의학은 수도원을 중심으로 발전했다. 중세 초기부터 의학이 성직자들에 의해 발전된 이유는 의학을 의무적으로 공부해야 했기 때문이 아니라 분산된 지식이 수도원에 집중되었기 때문이다. 가장 유명한 의사 수도사들로는 성 갈렌 대수도원의 의사 놋커(Notker le Médecin, 975년)와 빙겐 대수녀원의 힐데가르트

(Saint Hildegard, 12세기)를 들 수 있다.

12세기 이후 대학이 발전하게 되자 수도사들의 수는 감소하게 되었다. 12~15세기에 활동했던 것으로 알려진 의사 중 수도사들이 차지한 비율은 1.5퍼센트에 불과했다. 15세기 후반에는 당시 활동한 것으로 알려진 의사 가운데 대학교수들이 67퍼센트를 차지하게 되었다. 물론 대학의 학위 수여자들이 성직자가 되어 교회법의 적용을 받지 않으면서 의사로 활동할 수도 있었다. 1470년 시토 수도회원이 된 니콜라스 살리체투스(Nicolas Salicetus)가 그 예이다. 그러나 이들은 예외적인 경우였다.

볼로냐 의과대학(1306년)은 종교적으로 중립이었지만, 파리(1213년)와 몽펠리에(1220년) 및 대다수의 유럽 대학에서는 성직자들이 교편을 잡았다. 교수들은 하위성직자들이었고 부제나 차부제가 되는 경우도 있었으며, 성직록을 받을 수 있었다. 호노리우스 3세 시절에 이미 금지되었음에도 불구하고 이들은 상위 성품, 즉 사제 성품을 받을 수 있었다. 이들 중 피에르 데스파뉴(Pierre d'Espagne)는 1276년 교황이 되어 1277년까지 재위하기도 했다. 중세에 요한 11세의 이름으로 〈가난한 자들의 보물(Trésor des pauvres)〉이라는 것이 회자되었는데, 여기에는 낙태나 피임법에 대해 많이 소개되어 있었다.

그러나 의사가 성직을 겸임하게 되면 불편한 점도 있었다. 의사가 영혼을 구제해야 하는 성직자의 임무를 수행하게 되면 직업상 양심의 문제가 제기되었기 때문이다. 따라서 교황이 개입해야 했다. 켈레스티누스 5세(1293년 재위)는 의사 성직자들에게 치료비를 받지 않도록 했다. 이런 예는 드물었고 우리가 알고 있는 인물로는 사르데냐 지방 생 쥐스트의 주교였던 가스파르 토렐라(Gaspard Torella)가 있다. 그는 교황 알렉산데르 6세와 그의 서자 보르자의 주치의였다. 또한

1497년 처음으로 매독에 관해 글을 쓴 의사 가운데 한 사람이다.

성무일과를 수행할 수 있거나 상위 성품을 받은 의사 성직자들은 독신으로 살아야 했으나 그것이 여자 환자들을 돌보는 데 걸림돌이 되지는 않았다. 기욤 부르주아는 의학 학위를 받고 1398년 생 도나시앵의 참사회원이 되었으며, 자신이 몸담고 있는 대학의 승인 하에 1404년 성품을 받았다. 그는 부르고뉴 공작부인의 주치의였으며 1407년 임종을 눈앞에 둔 브라반트 공작부인을 돌보기도 했다. 그런가 하면 사제이자 파리의과대학 교수이기도 했던 니콜라 탄느는 1376년부터 아르투아 백작부인의 주치의로 활동했다.

잔 다르크로 인해 불려온 의사 사제들이 얼마나 많았는가는 더욱 놀라운 일이다. 이들 중 일부는 잔 다르크가 처녀임을 증언했다. 기욤 데자르뎅은 1408년 의과대 교수가 되었으며 루앙에 소재한 생 피에르 뒤 마르셰 뇌프의 사제이며 참사회원을 두 번 역임한 인물로 잔 다르크를 보살폈다. 생트 샤펠의 사제이자 참사회원이었던 장 티펜이 그와 함께 일했다. 1436년 대학 교수가 되었고 1448~1450년까지 파리대학 학장을 역임한 기욤 드 라 샹브르는 의과대 학위를 받은 후 잔 다르크의 재판에 보내졌다. 그는 검사를 마친 후 잔 다르크가 처녀라고 증언했다. 이들은 힝크마르 주교에게 여자가 낙태를 하고 나면 다시 처녀가 되는지 성서에서 확인해달라고 요청했던, 카롤링거 왕조 시대의 순진한 사제들과는 분명 거리가 멀다. 이 의사 수도사들이나 사제들의 윤리의식은 좀더 후에 등장한 프랑수아 라블레(François Rabelais, 1494~1553)의 경우와 비교해보면 상대적이라 할 수 있다. 라블레는 결혼하지 않은 상태에서 세 아이를 두었고 이들을 친자로 인정했다.

사제와 수도사는 예외였지만 나머지 의사들은 대학에서 공부함으로써 성직자의 지위를 누렸어도 아내를 취할 수 있었다. 다니엘 자카르(Danielle Jacquart)에 따르면, 12~15세기 사이에 활동했다고 기록된 의사 4104명 가운데 기혼이 230명, 자녀를 둔 의사가 191명, 수도원에 소속된 의사가 63명, 재속 성직자가 285명이었다.[32] 대학교수 1998명 가운데 기혼은 128명이고 수도원 소속 혹은 재속 성직자가 214명이었다. 그러나 결혼 여부를 기록하지 않은 의사의 수가 많기 때문에 의료계에서 독신자와 기혼자의 비율이 어떠했는지는 단정 지을 수 없다.

원칙적으로 의사들이 대학에서 가르칠 때에는 성직자의 옷을 입어야 했으며, 교황이 면제령을 내려주지 않는 한 독신으로 살아야 했다. 그러나 계급, 지역, 시대에 따라 유연성이 발휘되기도 했다. 가장 유명한 사례는 아르노 드 빌뇌브이다. 알려진 바와 같이 그는 1281년에 결혼했는데 유언에 부인 아네스의 이름이 명시된 것을 보면 1305년에도 여전히 결혼 상태를 유지하고 있었음을 알 수 있다. 그러나 그의 결혼이 1258년경 몽펠리에대학 교수가 되는데 걸림돌이 되지는 않았다. 물론 몽펠리에 지역에서는 규율이 다소 유연했던 것이 사실이다. 14~15세기에도 대학 사무총장 중 기혼자들이 있었다.

한편 파리대학은 독신에 관하여 매우 엄격했다. 최소한 박사학위를 받은 강사들에게는 말이다. 교수들이 최초로 독신의 의무를 면제받은 것은 14세기였다. 1331년 밀라노의 기혼 성직자였던 마이니누스 데 마네리는 파리에서 강의할 수 있도록 승인을 받았으며, 1375년 기욤 카르니피시스도 결혼한 교수였지만 자리를 지킬 수 있었다. 두 사람 모두 처녀와 결혼했는데, 당시에 재혼은 여전히 중혼(重婚)으로 간주되고 있었다. 이들은 교황의 면제령을 받았다.[33] 이렇듯 결혼은 예외적 상황이었으며 그렇게 인정되었던 것 같다.

상황이 달라진 것은 추문으로 번질 위험이 있던 한 사건 때문이었다. 1447년 샤를 드 모르가르는 과부와 결혼하여 중혼자로 간주되었고 이어 파리대학 교수단에서 제명당했다. 교수단은 그에게 '명예교수' 라는 직함을 주어 특권을 계속 누릴 수 있도록 배려했다. 모르가르는 사건을 재판에 회부하겠다고 위협했고 재판이 열리면 추문이 돌 것을 우려하여 결국 교수단은 1451년 그를 다시 받아들였다.[34] 모르가르의 끈질김이 결국 결실을 보게 되었다. 대학에서 강의하는 의사들에게 의무화되었던 독신이 1452년 기욤 데스투빌(Guillaume d'Estouville)의 개혁(대학을 지휘하던 데스투빌 추기경에 의해 대학이 교회로부터 국가로 넘어가게 된 사건—옮긴이) 당시 철폐되었던 것이다. 물론 성품을 받은 자들은 제외되었다. 어쨌든 성직자들은 곧 소수가 되었다. 1500년 박사학위를 받은 21명 중 성직자는 단 세 명에 불과했으니 말이다. 그러나 성직자 학생들은 여전히 결혼할 수 없었으며, 대학입학자격시험을 치르기 전에 결혼을 하지 않겠다는 서약을 해야 했다. 이 규정은 1598년에 철폐되었다.

민법과 교회법을 가르치는 법과대학에서도 독신의 의무는 엄격했다. 교수는 성직자들이었으나 중세 말기 이래로 민법을 가르치는 성직자를 찾아보기가 어려워졌다. 그래서 파리에서는 교회법만 가르치는 상황이었다. 박사들이 승진할 때에는 금반지를 받았는데 이는 바로 대학과 맺는 정신적 혼인을 상징하는 것이었다.[35]

1534년 법대 교수들은 이미 70년 전 의대 교수들에게 허용된 결혼을 자신들에게도 허용해줄 것을 요구한다. 그러나 일언지하에 거절당하자 교수들은 민법기관, 즉 의회에 청원했고 1552년 최초로 라리비에르 교수가 혼인을 승인받았다. 그러나 대학은 이 결정에 동조하지 않았고, 거부할 수 없는 논리를 내세웠다. 즉 대학은 침범할 수 없

는 자율권을 행사하므로 결혼한 교수들의 교수직을 정당하게 박탈할 수 있다는 것이었다. 가정을 택할 것인가, 아니면 직업을 택할 것인가. 이는 당사자가 결정할 문제였다. 대학의 입장이 누그러진 것은 1556년 학예대학 교수들에 대해서였고, 법과대학 교수들의 경우에는 1558년까지 기다려야 했다.[36] 이때부터 결혼한 교수들이 다시 민법을 가르칠 수 있게 되었다.

그러나 이도 그리 오래 가지 못했다. 1589년 신성동맹이 앙리 4세가 재위하기 전 파리에서 주도권을 잡자 대학은 다시 기혼남에게는 법과대학 교수직을 수행하지 못하도록 했다. 그러나 성직자의 수가 충분하지 않자 다시 결혼한 교수들을 기용하게 되었는데 이는 30년 만에 사회의 의식이 얼마나 급변했는지를 말해준다. 단 민법 강의는 1679년까지 금지되었다. 따라서 파리에 거주하는 사람들은 민법 강의를 들으려면 푸아티에나 오를레앙까지 가야 했다.[37]

공식적으로 결혼을 승인했다 하더라도 결혼을 절대적으로 용인한 것은 아니었다. 학예대학이나 법과대학에서 결혼한 교수는 드물었으며 교수가 결혼하면 여전히 추문이 돌기도 했다. 1677년 학예대학에서 일어난 일을 살펴보자. 기혼남인 장 고두앵이 프랑스 대표 학장에 출마하자 변호사들이 반박문을 작성하여 파문이 일었다. 교수의 결혼에 호의적이었던 한 변호사는 독신이 단지 성직자들이 지켜야 할 의무라고 볼 것이 아니라 '학예대학에서 총각으로 살아가는' 평신도 독신자들이 '편안하게 혼자 누릴 수 있는' 피난처로 볼 수도 있음을 알려주었다. 독신자들을 난봉꾼으로 손가락질하는 행태도 흔했으며, 이들을 폄하하는 암시 또한 계속되었다. "오늘날에는 결혼한 사람들에게 젊은이들을 더 안전하게 맡길 수 있다. 그 이유는 독신을 그토록 찬양하는 자들을 두렵게 한다."[38] 이런 논쟁이 오래 전부터 존재했다는 것을 알 수 있다.

당시 갈등은 대학의 문턱을 벗어났다. 프랑스를 비롯한 유럽에서 교육을 담당했던 곳은 주로 종교기관이었기 때문이다. 그리고 종교기관은 왕의 통제를 항상 벗어나 있었다. 이는 17~18세기에 프랑스 교회가 약진하는 상황에서 분노를 가중시켰다. 루이 르 그랑 학교에서 예수회 수도사들이 축출된 이후 브르타뉴 의회 검사장 카라 드 라 샬로테는 비난의 화살을 전국의 수도사들에게 돌렸다. 로마에서 성품을 받은 자들(예수회 수도사들)이 프랑스 사람들을 가르치는 일에 나서는 이유가 무엇인가? 마치 아테네 사람들이 스파르타 사람들에게 가르침을 부탁하는 꼴이 아닌가! "독신이 아닌 자들을 종교와 전혀 상관없는 자리에서 몰아내려 한다. 이 얼마나 모순된 처사인가! 자식을 갖는 것 자체가 매우 예외적인 일이 되어버렸다. 마치 나라의 인구가 채워지지 못하도록 혹은 너무 늘어나지 못하도록 조치를 취한 듯하다."[39] 성직자인 교원의 독신은 이윽고 정치적 문제가 되었다.

교원이 누린 성직자 지위는 1790년 성직자 민사 기본법의 통과로 파리대학이 사라지는 원인이 되기도 했다. 당시 교수들 과반수가 민사기본법을 지킬 것에 대한 선서를 거부하여 반사회적 인사로 낙인찍혔다. 오랜 반목 끝인 1792년 여러 대학이 차례로 문을 닫게 되었다. 대학이 다시 문을 연 것은 1805년이었다.

이번에도 교원들의 독신 의무화가 검토되었다. 그러나 공화력 10년 8월 11일(1802년 5월 1일) 법은 고등학교 기관장들(교장, 학감, 재무담당관)은 기혼이거나 결혼을 한 적이 있어야 한다고 규정하고, 학교 건물에 여자가 출입하는 것을 전면 금지했다. 반대로 대학을 오라토리오회에 위탁할 것을 고려하기도 했던 나폴레옹은 교장, 학감, 재무담당관, 교사 및 자습감독에게 독신을 준수하고 집단생활을 하도록 명했다(1808년 3월 17일 칙령). 대학교수들은 이 칙령에 저촉되지 않았지만 독신이어야 집단생활에 참여할 수 있었다.[40] 이는 적용이 불가능한 결정이었으며 실제로 적용되지도 않았지만 종교적 색채를 띤 대학을 운영하고자 했던 황제의 의지를 보여준 것이라 할 수 있다.

종교적 중립을 지키는 학교는 더 이상 독신을 요구하지 않았다. 그럼에도 불구하고 20세기 전까지 학교는 독신자들, 특히 독신 여성들을 위한 피난처 구실을 하게 된다.

• 독신녀 : 수녀원이냐 결혼이냐 •

노르만족 대장으로 풀리아, 칼라브리아, 시칠리아 공(公)이 된 로베르 기스카르(Robert Guiscard)는 교황의 지원을 받아 비잔틴제국을 물리치고 이탈리아 남부의 막대한 영토를 차지했다. 비잔틴제국의 황제 미카일 7세는 동맹을 무너뜨리겠다는 생각을 품고 아들 콘스탄틴을 기스카르의 일곱 딸 중 한 명과 혼인시키고자 했다.

오랜 망설임 끝에 1074년 기스카르는 황제의 제안을 받아들였다. 그의 딸 헬레나는 콘스탄티노플에서 그리스인들의 종교로 다시 세례를 받은 후 약혼자가 결혼할 나이가 될 때까지 교육을 마치기 위해 내실로 보내졌다. 그러나 이후 비잔틴제국은 쇠퇴해갔고 1078년에는 미카일 7세가 퇴위하였다. 결국 헬레나는 의지할 곳도 없이 결혼도 못하고 수녀원에 갇히게 되었다. 왕위를 찬탈했던 니케포루스 보타네이아테스는 내전을 막지 못했고, 1081년 다시 알렉시우스 콤네누스에게 왕위를 빼앗겼다. 그러나 헬레나는 은총을 되찾지 못했다. 결국 그녀는 황제의 시녀가 됨으로써 수녀원을 나올 수 있었다. 당시의 편년사가에 따르면, 황제는 헬레나를 딸처럼 아꼈다고 한다. 헬레나의 역할은 황제가 세수를 마치면 수건을 건네주고 수염을 빗어주는 것이었다.[41] 황제의 사랑은 따라서 매우 순수한 것이었다.

그런데 로베르 기스카르는 황제와 딸의 관계에 의혹을 품고 알렉시우스 콤네누스를 대적하기 위해 원정에 나섰다. 사실 가문의 명예는 핑계에 불과했다. 그렇지 않다면 딸의 불행에 대해 이미 오래 전에 나섰어야 했기 때문이다. 이탈리아에서 비잔틴제국을 몰아낸 이후 기스카르는 야망을 품게 되었고, 동로마제국을 시시탐탐 노렸다. 원정은 승리로 장식되었으나 기스카르는 게르만족 황제의 공격을 받은 교황의 동맹군을 구하기 위해 서둘러 귀환해야 했다. 이때만 해도 그는 자신의 계획을 조금 미루는 것뿐이라고 생각했으나, 1084년 두번째 원정에서 죽음을 맞이하고 말았다. 결국 헬레나는 황제의 턱수염을 계속 빗어대야 했다.

오데리쿠스 비탈리스는 알렉시우스 콤네누스 황제가 헬레나를 20년 동안이나 자신의 턱수염을 빗도록 부린 후 황실 가족으로 인정해주었다고 전한다. "그때는 이미 헬레나가 남편을 맞이할 수 있는 가능성이 희박했으며 그녀가 결혼했다는 흔적은 남아 있지 않다."[42]

귀족 가문의 딸들은 자신들이 통제할 수 없는 정략결혼의 대상이었으며 결혼에 관해 자신의 주장을 펼칠 수 없었다. 이러한 행태는 만연했으며 결혼제도를 수호했던 사람들 자체도 이런 행태를 용인했다. 교회는 여러 측면에서 여성의 삶을 향상시켰으며 비록 사랑이 결혼 후에 피어난다고 생각했더라도 사랑을 결혼의 중심으로 보았다. 그러나 교회는 부모가 바라는 정치적 동맹을 실현시키는 역할을 자식들이 떠맡는 것을 인정했다. 페투르스 롬바르두스(Petrus Lombardus)가 12세기에 저술한 법률 책은 중세 시대에 가장 많이 언급된 역작인데 그는 아우구스티누스 이래로 주장되어 온 결혼의 세 가지 덕목에

한 가지를 더 추가했다. 그것은 바로 적과의 화해 및 평화 수립이었다. 반면 롬바르두스는 축재(蓄財)와 남자나 여자의 외모를 보고 싹튼 사랑은 불명예스러운 것으로 평가했다.[43]

헬레나의 경우처럼 결혼 계획이 수포로 돌아가면 인질로 잡힌 약혼녀를 늙도록 내버려두어 신붓감으로 부적합하게 만들어 다른 동맹에 이용되지 않도록 하면 그만이었다. 마키아벨리가 견유주의(犬儒主義)를 만들어낸 것은 아닌 듯하다. 혈통 있는 가문 출신 여자들의 독신은 결혼만큼이나 정치적 수단으로 이용되었다. 샤를마뉴는 많은 아들들의 권리는 강화시키려 했으나 딸들의 경우 왕관을 노리는 경쟁자들이 너무 많아질까봐 결혼을 시키지 않았다. 그는 결혼에 비해 공식적이지 않으며 교회가 인정하지도 않는 형식인 동거생활(Friedelehe)을 딸들에게 권했으므로 외손자들은 자손으로서의 권리를 요구할 수 없었다.[44]

가족을 잃은 부유한 상속녀는 자신이 물려받은 유산 때문에 인생을 망칠 수도 있었고, 명예로운 결혼으로 누릴 수도 있었을 것을 평생 독신으로 살아서 얻지 못할 수도 있었다. 알리에노르 드 브르타뉴(Aliénor de Bretagne)는 부친(1186년)과 형제 아르튀르 드 브르타뉴(Arthur de Bretagne, 1202년)의 죽음으로 프랑스와 영국이 호시탐탐 노리던 공국의 상속녀가 되었다. 게다가 그녀가 삼촌 장 상 테르보다 영국의 왕권을 물려받을 가능성이 더 컸다. 그녀가 태어났을 때부터 모두 그녀를 주목했다는 것은 말할 필요도 없다. 존엄왕 필리프는 1186년 알리에노르가 한 살배기 고아가 되었을 때 그녀의 양육권을 요구했다. 그녀가 일곱 살이 되었을 때에는 삼촌 사자왕 리처드의 석방을 협상하기 위해 레오폴트(Leopold) 공작의 아들에게 시집가기로 결정되었다. 레오폴트 공작의 죽음으로 그녀의 운명이 다시 원점으로 돌아왔을 때 그녀는 벌써 결혼을 위해 길을 떠난 참이었다. 열 살이 되자 이번에는 프랑스 국왕이 미래의 루이 8세를 위해 그녀를 요구했다. 그러나 황제의 반대로 국왕은 계획을 포기해야 했다. 이후 차례로 모친(1201년)과 형제(1202년)가 목숨을 잃자 그녀는 영국 왕실에 너무 위험한 존재가 되어버렸다. 1203년 장 상 테르는 그녀를 인질로 가두었고, 결국 알리에노르 드 브르타뉴는 1241년 세상을 하직할 때까지 결혼하지 못하고 갇혀 지냈다.45

의지할 곳 없는 과부나 고아 소녀들은 이리저리 휘둘리는 것을 피하기 위해 세도 있는 영주나 왕에게 결혼시켜 달라고 부탁하는 수밖에 없었다. 무훈시를 보면 샤를마뉴의 궁에 이런 여자들이 찾아와 단도직입적으로 왕에게 청한다. "두 달 전 아버지를 여의었습니다. 제 남편감을 골라주십시오." 관습법은 영주가 관할 영토 내의 상속녀들을 통제할 권리가 있다고 인정해주고 있으며, 결혼에 있어서 의사주의(議事主義)를 수호하던 교황도 이 권리를 사용하는 데 주저하지 않았다.46

유산이 너무 많아 독신으로 살아야 하는 경우도 있었지만 불행히도 그 반대의 경우가 더 많았다. 가난한 처녀는 일정한 직업이 없는 청년보다 결혼하기가 더 어려웠다. 유럽 남부를 중심으로 하여 로마법을 따르던 국가들에서는 처녀가 결혼지참금을 준비해야 했다. 지참금을 마련하지 못하면 왕자님을 오래 기다려야 할 처지가 되고 말았다. 성 니콜라스는 아버지에게 매춘을 강요당한 세 자매에게 많은 지참금을 마련해주었는데, 여러 자선기관이 그를 본받아 지참금을 마련하지 못한 여자들이 결혼할 수 있도록 도와주었다.

그중 가장 유명한 단체는 에스파냐의 성 도미니크회 소속 후안 데 토르케마다(Juan de Torquemada) 추기경(유명한 에스파냐 종교재판관의 삼촌)이 1460년에 창설한 안눈치아타(Annunziata)회이다. 로마의 미네르바 성 도미니크회 성당에 자리한 이 단체는 원래 로마 시민 200명으로 구성되어 있었고 첫 해에 400명에 이르는 처녀들에게 지참금을 마련해주었다. 구제 대상은 순결을 지킨 정직한 처녀로, 평판이 좋고 로마에서 태어난 적출자라는 조건을 갖추어야 했다. 교황들도 수백 년 동안 대규모로 발전하게 되는 이 행사에 관심을 나타내게 된다. 그리하여 일 년에 최고 1만 명의 처녀들을 위한 지참금이 모금되기도 했다.

1581년 행사에 참가한 몽테뉴의 말이 사실이라면 행사의 규모는 어마어마했다. '숫처녀 구제 행사'는 보통 수태고지 축일인 3월 25일에 치러졌다.[47] 교황도 미네르바성당으로 향했는데, 금박 장식을 입힌 말 25필과 진홍색 벨벳으로 꼬리를 땋은 노새 10~12마리, 추기경 전원을 대동한 정식행렬이 뒤따랐다. 행사에는 처녀 107명이 속이 비치지 않는 베일(리넨)로 눈을 제외한 얼굴을 가리고 나이 지긋한 부인을 후원자로 대동하고 미사에 참석했다. 미사가 끝나면 처녀들은 성가대를 향하여 일렬로 늘어서서 차례대로 교황의 발에 입을 맞추었다. 교황은 처녀들을 축복해주고 하얀 주머니를 나눠주었는데 그 안에는 지참금이 들어 있는 것이 아니라 지참금을 약속하는 증서가 들어 있었다. 처녀들이 남편감을 구하게 되면 지참금을 받게 되는데, 금액은 시대에 따라 25~100 에퀴 사이였다. 그리고 결혼 드레스도 받았다. 이 행사의 목적은 처녀들을 정착시키는 것이었다. 이는 인구 감소를 우려한 조치가 아니었으며 처녀가 수녀가 되겠다고 하면 지참금의 액수도 올라갔다.[48]

중세 말에는 유럽 전역에서 중세 관습보다 로마법이 우위를 차지하게 되는데, 이때 결혼지참금 문제가 다시 발생했고, 유사한 자선단체들이 가난한 처녀들을 결혼시키려는 목적으로 설립되었다. 18세기 후반 프랑스에서 부활한 장미관 수여가 대표적인 사례다. 이 행사로 영주 부인들은 매년 영토 내에서 가난하지만 품성이 훌륭한 처녀에게 지참금을 마련해주었다.

그러나 그리스도교의 자선만으로 모든 처녀들을 구제할 수는 없었다. 25세가 넘으면 남편감을 구할 수 있는 기회가 거의 없고, 30세에는 노처녀가 되어버렸던 빈곤층 처녀들은 어떻게 되었을까? 남자들이 지배하는 세상에서 과부 혹은 독신녀로 혼자 살아가는 여자들은 어떻게 살아갈 수 있었을까?

자세한 자료를 통해 우리가 만들어볼 수 있는 통계는 비록 얼마 되지 않지만 시사하는 바가 크다. 1427년 피렌체의 경우를 살펴보자. 남자들의 혼인적령기는 14~50세로 범위가 매우 넓다. 반면 여자들의 경우에는 범위가 매우 좁은데 25세 기준으로 결혼한 여성이 97퍼센트나 되고, 30대가 넘어가면 영영 결혼을 못할 가능성이 컸다.[49] 20세가 되었는데도 결혼하지 못한 처녀들은 동정의 대상이 되었고, 20세 훨씬 전부터 결혼을 걱정해오던 여자들도 있었다. 당시 교회법으로 여자의 혼인적령은 12세였다. 이들이 성 카트린을 축일할 때면 이미 나이가 두 배 이상 더 먹었으니 모두 이 여자들을 동정할 만했다.

사람들은 상리스의 가난한 처녀 펠리스를 모두 불쌍히 여겼다. 그녀가 아버지를 여의자 가족은 그녀를 결혼시키고자 했지만 허사였다. 펠리스가 20세가 되자 너나 할 것 없이 슬퍼하기 시작했다. 그러나 자신을 보고 가엾다고 한마디씩 하는 부인네들에게 펠리스는 차분히 대답했다.

"제가 걱정하지 않는 일로 상심하지 마세요."

인내심, 아니 체념이었나? 어쨌든 그녀의 인내심은 결국 보상받게 되었다. 그녀가 멋진 기사와 결혼할 수 있도록 왕이 지참금을 하사한 것이다. 도덕심은 지켜야 했다. 노르만족 기사의 딸인 잔도 유사한 보상을 받았다.

그녀의 아버지는 열두 살인 그녀가 언니 마르그리트보다 외모도 뒤처지고 성격도 얌전해서 빨리 결혼하길 원했다. 갓 열네 살이 된 마르그리트는 동생을 시기하고 혹시 부모님이 자신을 결혼시키고 싶어 하지 않는 것은 아닐까 생각했다. 좀더 이성적으로 말하면 다시 지참금을 마련하려면 시간이 걸릴 것이라고 걱정했다. 마르그리트는 한탄과 협박의 세월을 보냈다. 잔이 첫번째로 결혼했다면 마르그리트는 첫번째 남자와 결혼했다. 아버지도 물러설 수밖에 없었다. 결혼이란 충동적으로 할 수 있는 것이 아닌 것을. 장녀인 마르그리트가 어떤 점에선 옳았다. 막내까지 결혼시키려면 10년이 걸릴 것이고 아버지는 그때까지 버틸 수 있으리라 장담할 수 없었다. 이야기 속에서 마르그리트는 물론 공작부인이 될 수 있었다.[50]

그러나 현실이 항상 동화 같은 것은 아니며 왕자님도 백마 타고 나타나는 것은 아니다. 결혼하지 못한 처녀가 수녀가 되기를 거부하거나 그래도 가장 좋은 대안인 가족과 함께 살기를 거부하면 반드시 다른 대안을 찾아야 했다. 귀족 출신의 처녀들은 영주나 왕의 보호를 받을 수 있었다. 아니면 크레티앵 드 트루아의 소설에 나오는 것처럼 유산을 스스로 관리하고 이웃의 탐욕스러운 영주들에 대항해 유산을 지키려 할 것이다. 자신을 보호해주고 어쩌면 결혼할 수도 있을 기사가 나타날 때까지 말이다. 눈물로 하루하루를 보내는 여자 성주는 궁정문학에 단골로 등장한다. 또 강한 여자가 영토를 지킬 수 있었음을 알 수 있다.

비잔틴제국의 왕위에 오른 독신녀도 있었는데 그녀의 통치는 크게 칭송받았다. 그러나 그녀가 치러야 했을 고통은 얼마나 극심했을까! 1028년 황제 콘스탄티누스 8세가 서거하고 남자 상속인이 없자, 당시로서는 꽤 나이가 들었음에도 불구하고 여전히 독신이었던 두 딸이 함께 황제 자리에 앉게 되었다. 50세였던 장녀 조에(Zoe)는 곧바로 결혼하여 동생 테오도라(Theodora)를 수도원에 감금해버렸다. 중년에 분 늦바람이었을까? 조에는 남편을 세 번이나 갈아 치웠다. 두 번째와 세번째 결혼 사이에 원로원은 테오도라를 다시 불러들였지만 단 몇 주 간만 통치할 수 있었을 뿐, 다시 수도원에 감금되고 말았다. 1055년 언니가 죽자 테오도라는 비로소 단독으로 통치할 수 있었고, 현명하게 나라를 다스렸다. 그러나 그녀는 이듬해 세상을 하직하고 만다.[51]

이제 비잔틴제국의 이야기는 잊어버리자! 강한 자가 권리를 차지하는 세상에서 혼자 사는 여자가 재산을 관리할 수 있다면 그것도 그리 나쁘지 않았다. 왕의 대리인들 때문에 백성들이 받은 피해를 보상하기 위해 루이 9세가 지시한 조사가 그 사실을 입증하고 있다. 왕령을 준수하도록 하는 임무를 맡은 자들이 후원자가 없는 여자들의 재산을 서슴지 않고 약탈했다는 사례가 자주 등장한다. 1247년 에로 지방에서 마리 드 레스피냥은 아버지가 돌아가시자 성에서 쫓겨났다며 한탄했다. 그녀의 아버지는 툴루즈(Toulouse) 백작과 결탁했다는 이유로 부당하게도 이교도라 낙인찍혔다. 마리와 그녀의 모친은 과부에게 남겨진 상속 재산도 받지 못한 채 쫓겨나고 말았다. 여자들을 도와줄 기사는 좀처럼 나타나지 않았다. 보호자가 없는 그녀들은 졸지에 먹을 것도 마실 것도 구할 수 없는 신세가 되어버렸다.[52]

좀더 북쪽으로 올라가보자. 칼바도스 지방에 사는 에믈린 드 브르트빌 쉬르 디브는 부친이 수탉 세 마리, 암탉 세 마리, 빵 세 개를 대가로 소유하고 있던 봉토 1.5에이커를 요구하고 나섰다. 그곳에서 그리 멀지 않은 뷜르라는 곳에서는 아엘리스가 자신과 다섯 자매의 이름으로 유사한 내용의 하소연을 했다. 샤브네 영주의 부인인 오델리나는 이웃 다른 영주들의 학대에 더 이상 견디지 못하고 영토와 재산을 왕의 보호 하에 맡겼다. 이를 위해 그녀는 왕의 대리인인 대법관에게 100수우를 지불했다. 그러나 그 후에도 오델리나는 여러 차례에 걸쳐 도둑을 맞았다. 어느 날은 30수우를, 또 어느 날에는 밀 8세티에(setier, 곡식을 재는 옛 단위로 약 150~300리터—옮긴이)를, 여기서 밀 3세티에, 저기서 귀리 3세티에 하는 식으로 도둑맞았으며, 시종 한 명은 100리브르짜리 말을 빼앗기기도 했다.[53] 루이 9세가 작성하도록 지시한 조사를 보면 이런 성격의 불평들이 쏟아진다. 이는 소규모 유산을 상속받은 여자들 중 독신이나 과부가 얼마나 있었는지, 그리고 자신들의 권리 요구를 관철시키는 것이 이들에게 얼마나 어려웠는지 잘 보여준다.

과부이든 독신이든 여자에게 보호자도 없고 관리할 유산도 없는 경우에는 생존 방법을 찾아야 했다. 혼자 사는 여자도 먹고 살아야 했다. 1292년 파리의 인두세책을 보면 여자들이 가졌던 직업이 무수히 많았음을 알 수 있다. 빨래하는 여자, 하녀, 양피지 제조인, 실크 모자 제조인, 재봉사, 내의류 제조인, (의술을 행했던) 의녀, 산파, 양초 제조인 등등. 그러나 기록된 여자들이 모두 혼자 살았는지 아니면 기혼도 있었는지는 알 수 없다. 남편의 생사 여부와 관계없이 남편의 이름이 아닌 형제의 이름으로 기입되는 경우는 분명 독신녀로 볼 수 있다. 예를 들어 '자크 드 레스텔의 자매인 마빌 라 타르트렐' '샤피오 섹의 자매인 페레트', 형제와 모친과 함께 살며 '장의 자매인 자네트'라는 식으로 말이다.[54]

개중에는 성공해서 작은 사업을 하는 여자들도 있었다. 피젠 반 베르헴과 세비스 반 베르헴 자매는 15세기 후반 쾰른에서 견직물 직조 공장을 함께 운영했다. 두 사람 가운데 적어도 세비스는 독신이었던 것이 확실한데, 세상을 떠날 당시인 1489년 그녀 밑에는 견습공 19명이 일하고 있었다. 두 자매는 쾰른과 주변 지방에 많은 땅을 소유하고 있었다.[55]

부끄럽지 않은 직업을 가지고 있더라도 비방을 피하지 못했던 독신녀의 사례가 남아 있다. 독신남이 바람을 피우면 낙천가로 대우받고, 독신녀가 치마끈을 풀면 창녀 취급을 받는다. 이 말이 사실일까? 당장 의심해볼 수 있다. 증인으로는 보케르에서 미용사를 하고 있던 레몽드. 그녀가 머리를 감겨주었던 남자 손님이 유부녀를 유혹했다는 거짓 추문에 휘말려 고소를 당했고, 사법관들은 그에게 벌금을 물렸다.[56] 지금 같으면 상상도 못할 일이지만 레몽드는 남편이 없으며 남자의 머리를 손으로 만졌던 상황은 순전히 직업상의 이유 때문이라고 증언해야 했다.

레몽드는 그래도 한낱 미용사에 불과했다. 여자가 문예, 특히 세속적인 문예를 자랑하면 평판을 조심해야 했다. 베로나의 인문주의자 이소타 노가롤라(Isotta Nogarola, 1418~1466)는 수준 높은 교육을 받았으며 자매인 지네브라와 함께 문인으로 활동했다. 이탈리아의 협소한 인문주의자들의 사회에서 이소타는 수많은 인물과 편지를 주고받았다. 그중 과리노 베로네세(Guarino Veronese)는 그녀에게 앞으로 닥칠 모든 일을 웃어넘기고 싶다면 남자로 행세하라고 충고해주었다. 실제로 독설가들이 독을 뿜어대기 시작했다. 이소타는 동성애자이며 형제자매와 부적절한 관계를 가졌다는 비난을 받게 되었다. 과리노에게 쓴 편지에서 이소타는 비탄에 잠겨 이렇게 말했다. "이 세상에 여자들이 얼마나 많나요! 왜 하필이면 여자로 태어나 내가 하는 말마다, 하는 행동마다 경멸을 당해야 하는 걸까요?"

남자의 직업을 갖고 있다는 이유로 거만하다는 공격을 당하자 이소타는 결국 항복하고 말았다. 1438~1441년 베네치아 여행을 마친 후, 그리고 1438년 지네르바가 결혼과 함께 학업을 포기하자 이소타는 인문주의자라는 직업에 종지부를 찍고 경전 연구에 몰두했다. 그녀는 남은 여생을 모친과 함께 자신의 영토에서 독실하게 보냈고, 모친이 세상을 떠난 뒤로는 홀로 지냈다. 그녀의 가족은 부유했지만 이소타는 단출한 음식과 간소한 옷차림으로 만족했으며 독방으로 꾸민 방에서 생활했다. 그제야 그녀의 삶은 모든 사람들에게서 칭송받을 수 있었다. 그녀가 결혼을 포기한 것은 학문에 전념하기 위해서였을까? 그렇다면 순결을 지키고 성직자로 살았어야 했다. 그녀가 수녀원에 들어가기를 거부했던 것일까? 그렇다면 관습을 받아들였어야 했다. 이소타는 굴복했다. 그녀가 굴복한 이유는 그녀가 여자였기 때문이다. 만약 남자였더라면 같은 처지에 놓였을 때 사람들의 생각 따위는 무시해버렸을 것이기 때문이다. 이소타는 말년에 베네치아의 귀족 루도비코 포스카리니와 우정 어린, 아니 사랑이 담긴 서신을 주고받았다. 이소타는 루도비코에게 모든 것을 버리고 자기처럼 반은둔자의 생활을 해보라고 권했다. 그러나 루도비코는 이를 거절했다. 그는 남자였고 그럴 필요가 없었기 때문이다.[57]

여자가 혼자 살 때 어떻게 하면 험난하기 그지없는 사회로부터, 특히 문란한 생활을 한다는 의심으로부터 스스로를 보호할 수 있을까? 그 해결책으로 공동체 생활을 선택한 여자들이 있었다. 몽테유의 블랑쉬 마르티는 쥐낙의 큰 대장간집 출신으로 에스페르트 세르벨과 동업을 했다. 에스페르트는 몽테유 출신으로 타라스콩 대장장이의 과부였다. "두 사람은 에스페르트의 딸인 마테나와 함께 레리다의 다리 부근에서 살았다."[58] 유럽 북부에서 혼자 사는 여성들의 공동체 생활이 정착된 것은 12세기 말이었다. 바로 베긴 교단의 수녀원이었는데 이 수녀원의 출현은 대도시 독신녀 문제가 얼마나 심각했는지를 보여준다. 대도시에서는 가족공동체가 독신인 가족구성원을 책임지는 일이 시골보다 더 힘들었다.[59]

베긴 교단 수녀원의 기원에 관해서는 의견이 엇갈리고 있는데, 분명 원인은 다양했을 것이다. 십자군 원정으로 인해 여자가 남자보다 더 많았다는 점, 새로 형성되고 있는 도시에서 노동자 계층의 불안정한 상황, 당시 유럽 전역에 퍼지던 독실한 공동체 생활이라는 이상에 잠시라도 참여하길 원했던 독신녀들의 희망 등을 들 수 있겠다. 그 이후 시토 수도회와 같이 이러한 움직임을 통제하려고 시도했던 교단들도 있었다. 리에주의 랑베르 르 베그, 마리 도와니의 이복형제인 니벨의 기동 같은 사제들은 공동체 형성을 돕기도 했다. 1216년 교황이 새로운 형태의 영적 공동체를 인정하자 그리스도교 사회 전역에 널리 퍼지게 되었다.

베긴 교단 수녀원의 가장 큰 특징은 독신녀들을 세속과 완전히 단절시키지 않았다는 것이다. 독신녀들은 언제든지 다시 세속으로 돌아갈 수 있었다. 적어도 제도 초기에는 가족과 협의 하에 독신녀들이 공동체 생활을 택했다. 따라서 공동체 생활은 하나의 생활방식이었지 교단은 아니었다. 베긴 수녀들은 차츰 집을 마련하여 생활하게 되었고, 13세기 중반부터 네덜란드에서 우리가 알고 있는 형태의 소규모 공동체 생활을 하기 시작했다. 도시 한복판에 있던 공동체는 벽을 쌓아 마을과 격리되었으며, 성당을 중심으로 지어진 집에는 수녀가 두 명씩 살았다. 병원과 묘지도 따로 있었다. 베긴 교단은 전형적인 여성 중심 공동체였다. 베긴 수도사들의 수는 훨씬 적었고 특히 이교로 흘러간 것으로 알려져 있는데, 이들은 고작해야 공동의 집에 기거하는 수준에 그쳤기 때문이다. 베긴 운동은 1311년 교황의 규탄으로 유럽 남부에서 갑작스럽게 중지되었으나 유럽 북부에서는 널리 유지되었다.

현존하는 가장 오래된 법규는 1246년 리에주 군주이자 주교였던 로베르 드 토로트(Robert de Thorote)가 만든 것으로서, '복종의 길을 찾을' 수 없었던(복종은 수도사의 서원 세 가지 중 하나이다) 처녀들과 과부들이 명예로운 공동체 생활을 통해 순결을 유지하고 싶어했다고 전한다. 설립 헌장을 보면 베긴 수녀들의 서원에는 경제적 어려움이나 비슷한 배경의 남편감을 찾을 수 없다는 다분히 물질적인 이유가 있었음을 엿볼 수 있다. 처녀들은 종신 서원은 하지 않았다. 수녀원에 있을 동안만 순결을 지키고 자신들을 받아주는 수녀원의 규율을 지키겠다고 약속했을 뿐이다. 또 검소하게 생활하겠다고 약속했지만 가난하게 살겠다고 서원하지는 않았고, 따라서 베긴 교단 수녀원을 떠나면 재산을 되찾았다.

자신의 노동이나 기부금에 의지할 수밖에 없었던 '가난한 베긴 수녀들'이 있었는가 하면, 토지로부터 나오는 '정기적 소득을 받는' 베긴 수녀들의 사례도 있었다. 앙베르의 부유한 베긴 수녀 카트린 방데노티아는 역시 베긴 수녀인 하녀를 데리고 있었다. 이 사실은 1596년 '가난했을지나 순결함으로는 부유했던' 하녀가 죽었을 때 7년 전 그녀보다 먼저 세상을 떠나 성당 제단 앞에 묻힌 주인과 함께 묻어주면서 우연히 알려지게 되었다.[60] 카트린의 삶은 하녀를 데리고 사는 독신녀의 생활과 크게 다르지 않았을 것이다. 다만 베긴 교단 수녀원의 벽이 불청객들로부터 그녀를 보호해주었고 수녀원의 명성이 혼자 사는 여자들을 압박할 모략으로부터 그녀를 구해주었다.

의지할 곳이 없는 과부나 결혼을 기다리는 처녀들의 독특한 생활방식은 이렇게 자리 잡게 되었다. 베긴 수녀는 언제든지 정결하고 독실한 삶을 버리고 세상에 다시 나갈 수 있었기 때문이다. 이 일시적인 서원은 결혼과 신성한 독신을 별개의 선택으로 보고 평생토록 지켜야 할 것으로 여긴 중세 사람들에게 논란의 대상이 되었다. 깰 수 없는 결혼과 종신 서원이 양립했던 것이다. 속세에 살지 않겠다고 약속한 후 다시 세상에 나간다는 것은 이혼하는 것만큼이나 충격적인 일이었다. 뤼트뵈프(Rutebeuf)는 유명한 시에서 이렇게 조소하고 있다. "베긴 수녀가 결혼한다네 / 그녀가 사는 방식이라네." "그녀의 서원, 그녀의 허원 / 평생을 위한 것이 아니었다네."[61]

베긴 교단 수녀원이 있었기에 가족의 지원을 받지 못한 혼인적령의 처녀들은 세상과의 인연을 완전히 끊지 않은 채 명예롭게 살아갈 수 있었다. 이들은 글쓰기 교실이나 작은 섬유 공장에서 재봉을 하거나 레이스를 짜는 등 노동을 통해 생계를 꾸려나갔다. 또한 하녀나 간병인이 되기도 했으며 가난한 아동을 위한 학교를 운영하기도 했다.

그러나 베긴 교단 수녀원은 얼마 가지 않아 의복이나 엄격한 윤리, 서원 기간 등에서 정식 수녀원과 유사해졌다. 베긴 수녀들은 수련기를 거치고 공동체 생활도 몇 년 한 후에야 혼자 살 수 있었다. 사교 모임은 금지되었으며 남자들의 방문, 심지어 사제들의 방문도 매우 심하게 감시했다.

황후에서 '가난한 베긴 수녀' 에 이르기까지 중세 시대 여자의 독신은 생각했던 것보다 훨씬 더 만연한 사회 현상이었다. 통계를 낼 수 없었던 농촌 지역 인구에서는 정확한 수치를 알 수 없지만 인구조사가 실시되기 시작했던 대도시에서는 현상 파악이 더 용이했다.

• 도시 : 하인과 하녀, 독신자 그룹을 이끌다 •

중세 초기부터 도시는 서양 지도에서 사라지지 않았다. 서기 1000년 이후 수백 년 간 지속되던 이 시대의 특징은 바로 대규모 도시화였다. 몇백 년만에 인구가 10배나 증가한 지역도 있었다. 예를 들어 생토메르의 인구는 900년 6퍼센트 증가했고, 1300년에는 60퍼센트나 증가했다. 물론 이는 예외적인 경우이겠지만 주변 인구가 도시로 몰려든 현상은 뚜렷하게 나타났다. 유럽은 전반적으로 농업사회였지만 15세기에는 지역 인구의 35~50퍼센트가 도시에 집중되었다.[62]

그런데 도시의 생활 조건은 시골과는 달랐다. (특히 젊은층의) 사망률은 도시에서 훨씬 높아 계산한 바에 의하면 20~60퍼센트에 이르렀다. 주택은 드물었으며 비좁았다. '다른 사람의 집'에 방 하나를 얻거나 방 하나를 칸막이로 막아 반으로 나눠 쓰기도 했다. 산업화가 진행되던 19세기와는 달리 사람들이 고향을 완전히 등지지는 않았지만 사회관계는 이웃 중심으로 형성되는 경향을 보였다. 도시는 학생, 상인 등 결혼을 했어도 아내를 함께 데리고 다니지 못했던 나그네의 정박지가 되기도 했다.[63] 혼자 사는 사람들을 위한 편의시설이 늘어난 것도 독신이 증가한 원인이었을 것이다. 그렇다면 독신이 유독 도시에 한정된 현상이라고 말할 수 있을까?

도시가 형성되면 가장 먼저 도시민들의 인구조사가 행해졌다. 세금을 징수하고 많은 시민들을 먹여 살리는 일 등 대도시를 잘 운영하려면 도시의 규모를 파악하는 것이 필요하기 때문이다. 그 통계를 알아보는 것은 역사가들의 큰 숙원이었다. 그러나 유감스럽게도 19세기에 실시된 통계 자료는 정확하지 않아 그 결과는 꽤 실망스러우며 특히 지역마다 차이가 심했다.

인구 역사가들은 중세 도시에서 혼인적령기(14~40세)에 이른 사람들 중 남성 비율이 놀라울 정도로 높다고 보았다. 남성의 사망률이 갑자기 증가하는 전시를 제외하면 삶의 악조건, 잦은 임신, 결핵과 같은 질병의 피해자는 주로 여성이었기 때문이다. 남성의 비율이 현저히 높은 현상은 1377년 잉글랜드에서 나타났으며, 50년 후에는 피렌체에도 나타났다. 그러나 랭스나 취리히의 성인 인구 사례를 보면 그 반대 현상을 볼 수 있다. 중세의 통계는 모두 한시적이고 해석하기 어렵기 때문에 서둘러 일반화하지는 말아야 한다. 인구조사란 조사 자체를 위해서가 아니라 항상 특정한 목표를 위해 실시되며 기아나 인구 위기 등 특수한 문제와 관련된다. 따라서 결과도 그만큼 대표성을 갖기 어렵다.

결혼에 관한 통계도 놀랍다. 당시 혼인율은 비교적 낮은 편이었다. 1377년 잉글랜드의 도시에서 혼인율은 전체 인구의 35~45퍼센트에 지나지 않았으며, 시골 지역의 혼인율과는 상당한 차이를 보였다. 같은 시기에 잉글랜드 전국의 혼인율은 45~55퍼센트에 달했기 때문이다.[64] 이것이 예외적인 사례는 아니었다. 19세기 이전 인구 상황을 재구성하려는 어려운 작업에 매달린 연구자들은 전통사회에 대한 고정관념과는 달리 당시 독신이 얼마나 만연한 현상이었는가에 놀랐다. 14~18세기, 독신자(어린이 포함)는 전체 인구의 50퍼센트에 달한 것으로 추정된다.[65] 이는 현대 사회의 독신 비율과 비슷하지만 독신이 되는 이유는 매우 달랐다.

독신 현상의 규모가 어느 정도였는지를 보여주는 몇 가지 사례를 들어보자. 1447~1448년 프리부르의 기혼자는 인구의 46.5~54.1퍼센트에 달했다. 1449년 뉘른베르크의 경우에는 구역마다 차이가 심했는데 이는 하녀의 수가 구역마다 달랐기 때문일 것이다. 부유층이 사는 구역에는 독신자들이 더 많았는데, 기혼자의 비율이 38.7퍼센트밖에 되지 않았다. 반면 빈민가에서는 기혼자의 비율이 51.9퍼센트였다.

물론 이 현상을 좀더 차분히 판단하려면 독신일 수밖에 없는 어린이들을 제외해야 한다. 그러면 혼인율은 올라가겠지만 기대한 만큼의 수치가 나오지는 않을 것이다. 가장 오래된 통계는 1377년에 인두세(Poll Tax)를 위해 잉글랜드에서 실시한 것으로, 혼인적령기 인구 중 기혼자의 비율이 56.7퍼센트(요크)~73.4퍼센트(런던)로 나타났다. 한시적 인구조사로 마련한 다른 자료에도 같은 수치가 나왔다. 참고로 최근 프랑스 본토(1999년 인구조사)의 기혼 인구는 혼인적령기 인구(14세 이상)의 51.80퍼센트를 차지한다. (중세에는 통계에 포함되지 않은) 홀아비·과부와 이혼자를 덧붙이면 수치는 66.20퍼센트로 올라간다.

세부 설명을 할 수 있도록 해주는 자료들도 있다. 과거의 독신은 오늘날의 독신과는 상당한 거리가 있었다. 1422년 2월 6~11일에 랭스에서 실시한 인구조사는 오늘날과 비슷한 수치를 보여주고 있다. 14세 이상 기혼 여성과 과부의 비율은 생 피에르의 경우 58.5퍼센트를 넘지 않고, 생틸레르에서는 66퍼센트에 이른다. 따라서 생 피에르 교구의 경우에 엄밀한 의미의 독신은 41.2퍼센트이며, 그 구성은 다음과 같다.

- 하녀 : 23.5퍼센트
- 가족과 함께 사는 처녀 : 10.8퍼센트
- 혼자 사는 독신녀 : 6.9퍼센트

남자들의 경우에는 통계를 전적으로 신뢰하기가 힘들다. 독신자와 홀아비를 구별하기가 사실상 불가능하기 때문이다. 반면 여자들의 경우에 독신의 비율이 높은 것은 하녀의 수가 많기 때문이고 '전혀 놀라운 일이 아니다'[66]라는 것을 알 수 있었다. 그런데 하녀로 종사할 수 있는 기간은 제한되어 있는 경우가 많았다. 이들은 주로 젊은이들이었는데 25세 미만이 대부분이었다. 주인집에서 생활하기 때문에 독신으로 살아야 하는 기간은 일시적이었다. 이들은 12~14세에 도시로 보내진 어린이들이었으며, 후에 고향으로 돌아가 정착했다. 개중에는 여섯 살 난 하녀의 사례도 있었다. 따라서 통계를 곧이곧대로 해석해서는 안 될 것이다. 독신의 형태도 다양했다. 랭스에는 쿠르티잔 12명과 미혼모 몇 명, 30세의 '남자친구'와 동거하는 44세의 여성도 살고 있었다.[67]

특히 연령대별로 독신 현상을 상세히 파악할 수 있도록 해주는 귀중한 자료가 있다. 1427년 피렌체 백작령은 철저한 인구조사를 실시했는데, 그 범위가 주민들에게만 그치는 것이 아니라 전체 6만 가구 26만 4210명의 주민에 대한 재산과 가족사항을 모두 포함하고 있다. 조세개혁의 취지로 마련된 이 토지대장(catasto)은 한 시기의 인구 동태를 파악하게 해주는 매우 귀중한 사료이다. 당시 이 토스카나 지방의 도시는 심각한 인구 위기를 겪고 있었다.

그러나 독신은 이 대규모 사업의 기준으로 채택되지 않았고, 따라서 역사가들의 작업은 더욱 힘들어졌다. 적어도 남자들의 경우에는 말이다. 여자들의 경우에는 과부일지라도 항상 남편이나 아버지와 함께 명기되었다. 결국 남자들의 경우 독신자와 아이가 없는 홀아비를 구분하기가 어려웠다. 더구나 이들은 남성 인구의 15퍼센트나 차지했다. 통계를 주의해서 연구해보면 흥미로운 결과를 도출해낼 수 있다.

당시에는 성직자를 제외하면 인구의 절반이 독신인 셈이었다. 여성은 41.9퍼센트, 남성은 표시가 불분명한 경우를 고려하여 42.3~57.2퍼센트가 독신이었다. 물론 이중 대부분은 결혼할 나이가 되지 않은 어린이들이었다. 교회법에서 정하는 결혼적령기(여자는 12세, 남자는 14세)부터 계산하면 독신녀는 16.15퍼센트, 독신자는 9.9~32.3퍼센트에 이른다. 이중 얼마나 많은 남녀가 계속 독신으로 지냈을까? 50세 이후 결혼할 확률이 낮다고 가정하면 완전 독신은 남성의 경우 4.5퍼센트, 여성의 경우 2퍼센트 미만이었다. 오늘날 프랑스의 완전 독신자 비율이 약 10퍼센트에 달하는 것을 볼 때 이는 꽤 낮은 수치이다.

북유럽에서 취한 사례와는 대조적으로 이탈리아의 도시 피렌체에서는 결혼이 항상 지배 모델이었다. 이는 모든 사람들이 결혼을 했다는 뜻이 아니라 독신의 생활이 달랐다는 것을 의미한다. 수도원은 결혼을 거부하거나 신체적 · 사회적 · 가정적 이유로 결혼을 할 수 없는 자들의 안식처였다. 한편 독신 성직자들의 수는 헤아리기가 어려운데 성품을 받으면 세금이 면제되었기 때문이다. 분석가들이 조심스럽게 내놓는 수치는 여성의 경우 2.35퍼센트, 남성의 경우 4.6퍼센트이다.

토지대장부는 독신이 특히 도시에서 볼 수 있는, 적어도 피렌체에서 두드러진 현상이었음을 보여준다. 피렌체의 12세 이상 남성 인구의 48.27퍼센트(최대 폭)가 독신이었다. 이 수치는 중간급 도시에서 37.22퍼센트, 소도시와 작은 마을에서 33.86퍼센트, 시골에서 31.25퍼센트로 계속 낮아졌다.[68] 여기에 홀아비를 합쳐도 결혼한 남성은 피렌체 성인 인구의 절반도 안 되었다. 도시에서 독신 현상이 두드러지는 것은 도시와 시골에서 가질 수 있는 직업이 달랐기 때문인지도 모른다. "남자나 여자가 혼자 살면 농사를 잘 지을 수가 없다. 돈을 주고 노동력을 사지 않는다면 배우자나 자식들 혹은 부모의 도움이 있어야 한다. 따라서 경제적으로 자립하고자 하는 젊은 농부는 결혼을 해야 한다. (중략) 도시에서 구할 수 있는 직업에 자신의 운명을 걸어보려는 젊은이라면 아내나 자식이 있다는 사실이 도움이 되거나 잉여 노동력이 되기보다는 오히려 짐이 된다."[69] 젊은이들은 도시에서 힘들고 수입도 적은 견습 기간을 거쳐야 겨우 스스로를 돌볼 수 있기 때문이다. 독신으로 살면서 저축을 해야 자립할 수 있는 자본을 확보할 수 있었다.

마지막으로 언급할 인구 조사는 중세에서 근대로 넘어오면서 독신이 어떻게 변화했는지 파악할 수 있는 자료이다. 취리히에서는 주민들에게 세금을 매기기 위해 1467년에는 15세 이상, 1637년에는 16세 이상 주민을 대상으로 인구조사를 실시했다. 취리히는 농업을 위주로 하는 지역이었는데 이곳에 큰 상권이 들어섰다. 즉 인구 이동이 잦은 도시였다. 따라서 상인들이 평생은 아니더라도 도시에 정착을 했을 것이고 시골 처녀들은 하녀로 도시에서 일하다가 고향으로 돌아가 결혼했을 것이다.[70]

200년이 채 안 되는 기간에 남성 독신자들의 비율은 크게 증가한데 반해, 하녀라는 직업에 기인한 것으로 보이는 여성 독신자들의 수

	독신		홀아비		기혼		합계	
	남	여	남	여	남	여	남	여
1467년	439	808	24	115	724	726	1187	1649
	37%	49%	2%	7%	61%	44%	100%	100%
1637년	1071	1428	22	446	1092	1100	2185	2974
	49%	48%	1%	15%	50%	37%	100%	100%

는 변함이 없다는 것을 알 수 있다. 남녀 모두 기혼 인구가 줄어들었는데 여성의 경우는 특히 과부의 수가 증가했기 때문이다. 그러나 이 통계는 매우 희귀한 자료인 데다가 상이한 목적을 가지고 작성되었기 때문에 그 한계가 바로 드러난다. 두 기간이 너무 차이가 나기 때문에 인구 이동을 분석하기가 용이하지 않다. 1467년 취리히는 살인적인 전쟁을 겪고 난 직후였고 흑사병, 기아, 견직공업의 쇠퇴로 인구가 3분의 1로 줄었다. 1637년은 30년 전쟁의 초반이었다. 개신교 도시였던 취리히로 위그노 망명객들이 몰려들기 시작했지만 경제 상황은 호전되지 않았다. 너무나 부정확하고 시간상으로 차이가 나는 두 통계치가 어떻게 조합을 이룰 수 있겠는가?

따라서 신중한 결론을 내리지 않을 수 없다. 피렌체, 취리히, 런던 등 대도시들의 상황은 서로 동일하지 않았으며 통계도 인구 역사가들이 서로 다른 기준으로 계산한 것이므로 상호비교가 매우 어렵다. 독신비율이 높은 것은 하녀의 수가 많았기 때문이며 이 현상은 20세기에 들어서기 전까지 지속되었다. 물론 하녀들이 평생 독신으로 산 것은 아니었다. 50세 이상의 경우 실제로 독신자의 수가 현격하게 감소했다. 독신 성직자들은 신뢰성 있는 통계에는 포함되지 않는 경우가 많았기 때문에 이렇게 수치가 낮은 것이리라.

독신의 도시 집중화 현상은 도시의 생활 조건과 직업을 가질 수 있는 기회가 더 많았다는 점으로 설명할 수 있다. 대규모 전염병, 전쟁, 기아로 인한 심한 인구 변화와 인구 조사에 독신을 기준으로 삼지 않은 것 때문에 특히 통계치의 성별 분석이 어려운 경우가 많다. 19세기 통계학이 발전하기 이전까지는 재구성된 자료에서 그 이상을 기대할 수 없다.

Chapter 4
근대, 악마와 동격어가 된 독신

Les Temps modernes ou la diabolisation du célibat

"독신이란 책임이 없는 상태를 의미한다. 가족에 대한 책임도 없고, 영적인 책임도 없으며, 공적 책임도 없다. 이는 선택이라기보다는 도피에 가깝다. 독신자들에게 이기주의자라는 비난이 가해지기 시작한 것도 이 때문일 것이다."

• • •

셀리바 쾨리바투스(célibat-coelibatus). 로베르 에스티엔(Robert Estienne)이 편찬한 1549년판 《프랑스-라틴어 사전》에 나오는 단어다. "나의 입장을 말하라고 한다면 나는 독신에 반대하고 결혼에는 찬성한다." 이는 1553년경 에스티엔 파스키에(Estienne Pasquier)가 제르맹 르 피카르(Germain Le Picart)에게 쓴 글이다.[1] 일반적으로 신대륙 발견을 시작으로 프랑스 혁명을 끝으로 보는 근대는 독신의 역사에 있어서 매우 상징적 사건이 일어난 시기이기도 하다. 프랑스어에서 독신이라는 단어가 출현한 것이다.

행정, 학문, 문화 부문에서 당시 여전히 라틴어와 경합을 벌이고 있던 프랑스어에 이 단어가 등장했다고 해서 너무 많은 의미를 부여하지는 말자. 이 말은 글로 나타나기 전에 오래도록 인구에 회자됐을 수 있기 때문이다. 그러나 이 현상은 적어도 사람들이 독신에 대해 의식을 갖기 시작했으며 이에 대해 사고하려는 의지가 있었음을 보여준다. 어떤 현상을 가리키는 단어가 부재하다면 그에 대한 개념을 깊이 있게 규명할 수 없는 것은 분명하다. 이제 독신은 프랑스 국어가 되어 세속의 문화에서도 접근이 가능해졌다. 1539년의 빌레르-코트레(Villers-Cotterêts) 법령에 의해 '프랑스 모국어'를 모든 사법 절차에 사용하도록 한 결정은 정치적 행위이기도 했다.

16세기는 가족과 인구 역사에서 새로운 의식의 전환이 이루어진 시기였다. 세례, 결혼, 사망을 자동적으로 조사하는 교구명부 작성을 의무화한 일은 인구 현실을 더 상세히 파악하고자 하는 의지에서 비롯된다. 이 교구명부의 존재로 말미암아 역사가들은 처음으로 대규모 통계 자료를 연구할 수 있게 되었다. 앙리 2세가 1556년 내린 비밀결혼에 관한 왕령은 비록 제한적이기는 하지만 그때까지 교회 단독으로 관할하던 분야에 국가가 처음으로 개입한 사건이었다. 의회는 또한 결혼에 대한 종교재판소의 권한을 박탈하고자 하였다. 프랑스 남부에 전해져서 집행되던 로마법은 프랑스 북부의 관습에도 영향을 미치기 시작하여 사회 내 여성의 이미지와 위상을 바꾸는 데 기여하게 되었다.

최근의 연구는 19세기 역사가들이 주장한 가족사에서의 단절 현상을 변화된 시각으로 보기 시작했다. 핵가족과 같이 19세기에 증가한 가족 모델 중 일부는 중세 시대에도 존재했다는 것이다. 물론 지난 300년 동안 혈통 위주의 대가족 모델이 부부 중심의 축소 모델로 이행하는 과정이 심화되었던 것은 사실이다. 결혼 연령은 계속 높아져서 남자의 경우 25세까지 올라갔고 이로 인해 독신의 기간은 크게 연장되었다. '청소년기' 라는 말은 18세기에 등장했지만 로베르 뮈샹블레(Robert Muchembled)에 따르면 17세기 이래로 이 말은 보편적인 '사회적 · 심리적 단계' 를 의미했다. 또한 서양 사회에서 개인(1680년 이후 프랑스어에 등장)의 개념이 나타난 것도 바로 이 시기이다. 17세기 말 독신의 증가는 이런 배경 속에서 나타난 것이다.

• 독신 젊은이들, 무리를 짓다 •

1552년 9월 19일 일요일, 피에르 크레스펠은 친구 다섯 명과 어울렸다. 모두 '결혼할 예정인 아들들' 이었다(당시에는 '독신자' 라는 말이 없었다). 이들은 두에에 있는 생 브낭 선술집으로 몰려갔다. 저녁 기도가 끝나고 밤이 깊어갔다. 밤은 젊은이들의 세상이었다. 선술집에는 다른 그룹에 속하는 젊은이들도 있었다. 빌린 돈 때문에 시비가 붙었지만 사람들의 눈이 있어서 싸움이 걷잡을 수 없는 지경에까지 이르지는 않았다.

얼마 후 9시경, 두 그룹은 시장 근처에서 다시 부딪쳤다. 이번에는 칼을 갖고 있었다. 젊은이들은 선술집에서 거나하게 취한 상태였다. 누군가 결투를 신청했고 상대편에 '싸움을 원하는지 대화를 원하는지' 물었다. 바로 싸움으로 돌입할 태세였다. 돈을 꿨던 주네라는 자가 칼에 두 군데를 찔렸다. 고소를 당한 피에르 크레스펠은 난투극에 관한 내용을 담은 사면장을 받아냈다.[2]

재판 기록에는 이런 종류의 사례가 비일비재하다. 독신자들은 무리를 지으면 의도적으로 공격적이 된다. 협소한 '결혼시장'에서 매력적으로 보이기 위해 젊은 남성들은 남성성을 드러내야 한다. 남성성을 뽐내는 구애 행위와 같은 남성의 폭력성을 배출할 수 있는 의례화된 통로가 없다면 이처럼 쉽게 범죄로까지 이어질 수 있다. 중세 귀족 사회의 '젊은이' 무리는 단체 경쟁에서 생긴 폭력성을 시합을 통해 배출했다. 그러나 16세기 이후에는 궁정인의 모델이 기사 모델로 점진적 변화를 겪으면서 명예, 품위 등 다른 배출구를 통해 남성들의 경쟁을 유도했다.

이 새로운 근대 문화가 도시와 농촌의 서민 계층에는 번지지 않았지만 '무리'를 짓는 현상의 규모는 컸다. 14세기 어느 무렵에는 도시와 마을의 혼인적령기에 있는 젊은이들이 모여 매우 조직적인 그룹을 형성한다. '젊음의 왕국' '젊음의 수도원' '총각들의 모임' '몽구베르 수도원' '사랑의 공국' '새벽의 왕국' 등의 이름을 지닌 이 단체들에는 혼인 적령기에 있는 모든 계층의 젊은이가 모여들었는데 시대적 배경은 다르지만 요즘 다시 유행하는 '무리' 현상을 떠올리지 않을 수 없다.

이런 그룹에 가입하는 것은 14~17세 사이의 사춘기 소년들에게는 필수적이었다. 그렇지 않으면 어떤 개인주의도 용납하지 않는 사회에서 자신의 자리를 찾기 어려웠다. 남성의 경우 평균 혼인 연령이 25세 전후이므로 '무리'는 청소년기를 이루는 10년 동안 사회적 틀이 되어주었다.

젊은이들을 위한 단체는 독신자들의 폭력성을 막아준다는 의미에서 환영받았고 관용의 대상이 되었다. 이런 단체가 없다면 성인 남자의 삶은 강간이나 폭력으로 흐를 가능성이 있었다. 지방 당국이 이런 단체에 의지한 이유는 "난동을 가라앉히고, 빗나간 행동을 중재하고, 젊은이들을 정직하고 즐겁게 다스리며, 주민의 평안한 일상을 지키기"[3] 위해서였다. 결혼식 때 (특히 재혼식 때) 나타나는 젊은이들의 폭력성은 15세기경부터 이런 수도원들이 생겨나면서 줄어들었다. 신혼부부의 집 앞에서 냄비 두드리기를 못하게 하려면 젊은이들을 맡고 있는 사제에게 돈을 지불하면 됐다.

단체의 구성은 다양했다. 기혼자와 독신자를 구분하지 않고 모집하는 단체도 있었고 같은 단체가 기혼자와 독신자를 따로 구분하여 두 개의 단체를 만드는 경우도 있었다. 독신자들만 가입할 수 있는 '총각들의 모임'도 있었다. 카드루스에서는 마리다스(maridas)와 요쿤디타스(jocunditas) 두 협회가 하나로 통일되는 경우가 많았다. 농촌의 경우 독신자들의 단체를 고수했지만 도시에서는 기혼자들을 더 쉽게 받아들였던 것으로 보인다. 지역마다 그리고 시대마다 상황은 변했다. 자크 로시오(Jacques Rossiaud)가 연구한 동남쪽 지방에서는 두 부류를 혼합하는 단체들이 있었고, 니콜 펠그랭(Nicole Pellegrin)이 연구한 중앙 및 서부 지역의 독신자 모임들은 주로 독신자들만 받아들였다. 17세기 이전에는 특별하게 기혼자를 받아들이는 경우가 결코 없었다.

이 단체들은 특히 15~16세기에 큰 발전을 이루었다. 디종의 메르 폴(Mère Folle) 같은 단체는 200명이나 되는 회원을 두었으며, 릴과 같은 대도시에는 89개나 되는 단체가 공존했는데 일정한 자기 구역을 가지고 있었다. 예를 들어 1559년 카르콕(Carcocq) 단체장은 뒤 락(du Lac) 공작의 종주권을 거절했고 사람들은 그에게 니케즈 거리와 말라드 거리에 대한 지배권을 인정해주었다.[4] 요즘 조직들의 특징이기도 한 자기 구역화는 민속 카니발이나 시에나의 팔리오 축제와 같은 형식으로 의례화되었다.

남자는 딱히 정해지지 않은 나이에(12살 전후) 엄숙한 태도로 이런 단체에 가입한다. (주로 선술집에서 술자리를 갖는) '환영식'에서는 신입 골탕 먹이기와 같은 입단 테스트를 거친다. 독신자들의 모임은 결혼하면 탈퇴하게 되는데 이때도 비슷한 '예식'을 치러야 한다. 이것이 아마 총각파티의 기원일 것이다. 새신랑은 도발적인 이름('거시기 사용료' 등)이 달린 보상금을 내야 하고, 만약 이에 응하지 않으면 냄비 두드리기를 당하게 된다. 한편 결혼을 했더라도 최소한 첫 아기가 태어날 때까지는 단체에 머물 수 있는 경우도 있었다.

회원들은 기마행진, 냄비 두드리기, 패러디 행진 등 여러 놀이와 운동을 조직했다. 회원들은 연례 축제가 벌어지면 눈 감고 항아리 깨기, 창에 고리 끼우기, 새 잡기, 양 빙글빙글 돌리기 등 의식적이고 패러디적이거나 유흥적이며, 때로는 상징성을 지닌 행사에 참여할 의무가 있었다.[5] 이 의식들은 나이가 들수록 견디기 힘든 골탕 먹이기 놀이로서 여자들에게 힘과 기술을 보여줄 좋은 기회이자 상징적인 행위였다(항아리를 깬다든지 고리를 끼운다는 것은 분명 성적 암시를 내포하고 있다). 이는 또한 단체의 금고를 채워주는 역할도 했는데 새

신랑들이 '깨진 항아리 값을 내주기' 때문이다.

그러나 단체가 젊은 남자의 법적 지위에 영향을 미친 것은 아니다. 젊은이는 여전히 가족의 보호 하에 있었다. 민간 혹은 종교 당국은 이런 단체들의 과도한 행동을 종종 비난하고 나섰다. "일상생활에서 독신자들에게 남겨진 자리란 권력을 쥔 자에게 무조건 복종하는 것이다. 그 권력을 쥔 자가 누구이건 간에 말이다."[6] 야간에 발생하는 폭력은 특히 일상생활에서 사회적 인정을 받지 못한 데에 따른 자괴감이 원인이 되었다. 젊은이들의 수도원도 자괴감을 주었다. "수도원의 사회적이면서 동시에 상징적인 기능은 회원들에게 집단 정체성을 제공하여 나머지 일상생활에서 어른의 매우 집중적인 감시를 받고 있는 개인의 가치를 높이는 데 있다."[7]

스포츠, 유람, 이웃 단체와의 대결 등 인상적인 놀이 이외에 '젊음의 왕국들'은 '풍기 단속' 역할도 했다. '결혼 시장'이 작았기 때문에 더욱 필요한 역할이었다. 처음에는 서로 간에 감시가 이루어졌다. 단체생활 속에서 자괴감으로 발생한 자연적 공격성을 배출할 수 있게 됨으로써 엄격한 성도덕에 구속당한 젊은이들은 원기 왕성한 에너지를 발산할 수 있었다.

특히 냄비 두드리기는 결혼의 영역에서 이루어지는 악습을 만인 앞에서 고발하는 기회였다. 이는 결혼을 기다리는 젊은이들이 기회를 앗아가는 새신랑들에게 항의할 수 있는 기회였다. 재혼하는 홀아비(즉 점찍어 둔 처녀를 결혼시장에서 빼앗아가는)와 젊음의 왕국으로 처녀를 낚으러 온 이방인은 냄비 두드리기를 당했다. 유부남을 유혹하거나 몸을 팔아 명예롭게 결혼할 수 있는 기회를 잃은 처녀들도 마찬가지였다. 불륜 커플이나 아내에게 복종하고 사는 남자를 대상으로 냄비 두드리기를 하는 것은 자격도 없는 자가 결혼시장에서 여자를 한

명 없앤 데 대한 억울함을 고발하는 행위였다. 창문 밑에서 벌어지는 소동과 여타 폭력적 행위(집을 난장판으로 만든다든지 거친 행동 혹은 모욕적인 언사를 하는 것) 외에 결혼의 암묵적 규칙을 어기는 자는 벌금에 처했다. 이 벌금으로 독신자들은 선술집에서 피해를 보상받으려는 듯 보였다.

적발된 위반 사실을 처벌하는 일은 소년들의 교육에도 도움이 되었다. 소년들은 기존 법과 규칙을 넘어서 결혼이라는 암묵적 합의, 문서화되지 않은 도덕을 준수해야 한다고 배웠다. 이런 합의와 도덕을 규정하고 보호하는 것은 각 지역의 역할이었다. 청소년은 공동체에 소속되었고 선배들의 지시 하에 공동체의 규칙을 배웠다. 축제와 운동에 참여하는 것은 처녀나 미래의 장인에게 자신을 알리거나 주목을 받는 기회였다. 그러다가 누군가가 결혼을 하면 동료들이 들러리를 서주는 것은 당연한 일이었다.

냄비 두드리기의 과열과 젊은 무리의 확산 현상 등은 결혼을 기다리는 집단의 사회적 정체성에 도움을 주기보다는 신나는 일과 손쉬운 쾌락을 추구하는 독신자들과 기혼자들을 포함시킴으로써 18세기에 점차 명멸해간 상기 단체들을 압도하게 되었다. 이러한 독신자들의 모임 사례가 20세기까지 지속된 농촌 지역도 있다. 그러나 이는 앙시앵 레짐 사회에 대한 추억을 기리는 민속 행사에 그치고 있다.

그럼에도 이 독신자 그룹들은 중세 말기와 르네상스 시대에는 사회적 균형을 이루는 데 무시 못할 역할을 했다. 고전주의 시대에는 이 그룹들이 점진적으로 사라짐으로써 세대간 관계가 악화되었다. 이런 세태는 문학에서 잘 드러나는데 몰리에르의 희극에 등장하는 부자간의 싸움만 보아도 알 것이다. 그러나 사회는 변했고 과거의 해결안은 더 이상 효력을 발휘하지 못했다.

17~18세기에 발생한 사회 변혁에는 여러 가지 원인이 있다. 매관제도가 성행하고 부유한 상속녀를 찾기는 일이 결혼 안 한 처녀를 찾는 것보다 훨씬 어려웠기 때문에 젊은이들이 자립하기는 더더욱 힘들어졌다. 인구 증가와 수명 연장으로 인해 결혼 시장이 포화 상태에 이른 것도 하나의 이유다. 따라서 평균 결혼연령이 높아져 남자의 경우 30대에 결혼할 수도 있었다.

한편 같은 시기에 일어난 반종교개혁과 농촌 지역의 선교활동은 성도덕을 강화했고 특히 혼외정사와 같은 성적 배출구를 엄격히 금지했다. 매춘과 불륜은 가장 강도 높게 처벌되었다. 잠자리 유혹은 사형을 받을 수도 있는 중죄가 되었다. 역사가들은 통계자료에서 나타난 변화를 성도덕의 감시 활성화에 따른 영향으로 보았다.[8] 도시화로 인해 집단적인 무리의 형성이 어려워지자 대신 직업(협회, 동업조합)이나 출신을 기준으로 한 사교 방식이 발전하게 되었다. 교육의 발달, 학교의 증가, 수도원에서 소녀들을 교육시키는 현상의 유행 등으로 젊은이는 아동기의 끝과 성인기의 시작 사이에서 점점 더 고립되었다.

아동기와 성인기 사이에 틀이 정립되지 않은 중간 시기가 유발한 불안으로 인해 청소년기는 고전주의 시대의 창조물로 인식되었다.[9] 물론 이는 완전히 틀린 생각은 아니지만 정확히 표현하자면 청소년기는 특히 사회적 정체성을 정립하는 데 필요한 틀을 갖지 못한 젊은 독신자들의 정신적 혼란기를 의미한다.

독신의 기간이 길어지고 성적 욕구를 배출하던 기존의 통로를 막아버린 새로운 성도덕 감시 체계의 등장이 새로운 행태의 원인이 되었던 것일까? 특히 이것이 자위의 증가에 영향을 주었는가? 이런 가정이 세워진 것은 18세기부터 의사들이 자위 현상에 새롭게 관심을 두었다는 점에 기인한다. 1710년 베커(Bekker)의 《오나니아(Onania)》를 출발점으로 모든 의학서적이 자위에 대해 우려를 나타냈다. 그러나 고해자들이 나약함의 죄라고 부르던 자위를 고발한 것은 중세 초기부터였다. 1585년 베네딕투스는 젊은 시절, 남자와 여자에 대한 자신의 호의에 대해 증언한 바 있다. 자위를 비난하던 17세기의 의사들은, 윗세대에서는 남자가 25세가 될 때까지 '고리 끼우기(bouclement)' 즉 음경 포피에 고리를 끼워 발기가 되면 고통스러워서 순결을 지킬 수밖에 없었다는 사실을 상기시켰다.[10] 자위는 죄의식을 강하게 심어주므로 고백을 할 수 없도록 만드는 문제인 만큼 침묵의 논리를 내세우기는 힘들 것이다. 그러나 18세기에 자위가 처음 생긴 것도 아니고 자위 현상이 특별히 증가한 것도 아닐 것이다. 다만 독신에 대해 우려하기 시작한 시대에 의사들과 고해자들이 새롭게 이 현상에 주목한 것도 우연은 아닐 것이다. 이 시기에는 행위 자체보다 행위에 대한 인식이 자리 잡았다.

• 독신자들의 동업조합 •

1757년 19세의 한 젊은이가 프랑스 전국일주를 위해 고향인 파리를 떠났다. 자크 루이 메네트라는 유리 직공이었다. 그는 아직 직인조합에 가입하지 않았지만 프랑스의 여러 도시에서 일자리가 부족하리라 생각하지는 않았다.

메네트라는 과거에 이미 많은 일을 겪었다. 두 살에 어머니를 여윈 그는 폭력적인 아버지, 유모들, 할머니, 계모 밑에서 자랐으며 '동네 최초의 건달 무리 중 한 명'이 되었다. 자신이 일하던 귀족 가문의 여자를 '발단으로' 하여 대가를 치렀으나 더욱 새로운 발견에 맛을 들이기 시작했다. 새로운 정복에 너무 정신을 쏟게 되자 점점 건달 짓은 견디기 힘들어졌다. 그래서 어느 날엔가는 오를레앙으로 도망을 갔고, 또 어느 날은 근위병 모집자를 따라 나서서 프랑스 전역을 누비게 되었다.

오를레앙에서 머문 후 그는 투르에서 직인조합원들을 만났다. 직인조합은 '파리 르 비엥브뉘(프랑스어로 환영이라는 뜻)'라고 부르며 그를 받아들였다. 그의 여행은 '난봉'과 일과성 모험으로 얼룩졌다. 우연히 만난 농장 여주인, 마구(馬具) 상인의 부인, 연애 파티에서 만난 양치기 소녀 등 그의 적나라한 표현을 빌자면 '여자 사냥감'이 가득했다. "남자들에게 거절당한 여자들을 돌아가며 만나는 거지. 젊었을 때의 상처는 용서해줘야 하니까. 주인집 과부나 딸, 심지어 주인의 여자 형제들까지도 돌아가면서 만날 수 있다면 그곳이 좋은 곳이지."

그는 결혼해서 정착할 수도 있었을 것이다. 그러나 그가 속한 직인조합은 엄격한 규칙을 적용했다. 직인조합의 회원은 독신이어야 했다. 과부와 함께 살면서 상점 주인이 된 메네트라는 더 이상 좋은 만남의 기회가 없다는 것을 깨닫고 과부에게 작별인사도 없이 떠났다. "나는 항상 새로운 것이 필요하다. 그래서 항상 누비고 다닌다." 리옹에서도 가게를 넘겨주겠다는 '부르주아'의 딸과 혼인하기를 거부했다. 그러나 프랑스 전국 일주를 마칠 무렵 그는 파리에 대한 향수에 젖게 되었다.

파리에서는 기회가 더 많았고 그의 회상록은 성적 편집증으로 치달았다. 그래도 향수에 젖은 필체가 외설스러운 묘사의 효과를 약화시켜주었다. 그는 님(Nimes)에서 과부와 정착하려다가 그녀의 독실함이 너무 지나치다는 이유로 다투고는 주저 없이 떠나버렸다. 그는 자신의 짐을 싸게 했던 '생명력 넘치던 시기'를 그리워하면서 "내게 있어 사랑이란 쾌락이지 완벽한 우정이 아니다."고 적고 있다.

급기야 친구들이 그를 꾸짖기 시작했다. '놀 만큼' 논 그는 '파리 지부의 우두머리'가 되었다. 이제 '이런 생활에 종지부를' 찍을 때도 되지 않았나? 친구들은 그에게 괜찮은 여자를 소개시켜 주었다. "물건이 마음에 들었다. 나도 동의했고 그래서 우리는 곧 합의했다." 인수할 상점 때문에 그는 정착을 결심했을 것이다. 그렇지만 감당할 재력은 있는가? 상관없었다. 약혼녀가 그에게 돈을 빌려주었으니까. 너그러운 그는 그녀와 결혼했다.

그의 결혼 이야기에도 '이러저러한 비행' 투성이이다. 우리의 비엥브뉘는 유혹에 약했기 때문이다. "그래도 깨물고 싶은 여자들을 발견했을 때 몰래 바람피우는 건 어쩔 수 없었다." 그는 가정을 꾸려 행복했을까? 아내를 사랑하기는 한 것일까? 어쨌든 그는 가족을 사랑하는 마음을 되찾았고 아이들을 정말로 사랑했고 자격 없는 아버지까지도 받아들였다. 그러나 나머지는……. "남자든 여자든 함께 살기 전에 성격이 서로 맞는지 살펴볼 시간이 필요하다."[11]

단체를 조직한 젊은 독신자 그룹 중 시대의 흐름 속에서도 살아남은 단체가 하나 있는데 15세기에 프랑스 대도시에 등장하기 시작한 동업조합(compagnonnage)이 그것이다. 견습을 마쳤으나 장인(匠人)이 되지 못한 노동자와 직공들의 이익을 보장하는 조직인 이 단체는 처음에는 '직인조합(Devoir)'으로 불렸으며 전문 노동력의 신속한 회전(프랑스 일주)을 기반으로 했다. 엄격한 규율을 갖춘 분산된 조직으로 일부 도시에서는 직인조합 회원들이 활동하는 분야(목공, 제화공, 석공 등)에서 실질적인 독점 현상이 일어나기도 했다. 독점은 이들이 파업을 통해 고용주로부터 실질적인 이익을 얻어낼 수 있도록 해주었다. 그런데 단체의 규율상 일을 하는 기간에는 독신을 지켜야 했다.

즉 독신의 의무는 일시적이었는데 조합원은 일반적으로 한 곳에 정착한 후에야 결혼할 수 있었기 때문이다. 반면 독신은 조직화된 공동체 생활과 함께 조합원들에게 강요되었다.

남자들만 있는 이 세계에 처음부터 독신의 의무가 있었는가? 프랑스 일주라는 개념 자체가 즉각적인 이동과 노동력 제공의 가능성을 가정하고 있으므로 그렇다고 할 수 있다. '어머니' 나 '아버지' 가 운영하는 여자친구의 여인숙(16세기에 존재)에서 공동체 생활을 했다는 것도 이런 가정을 뒷받침한다. 그러나 조합원의 삶에 대한 자료가 더욱 풍부해진 18세기가 되어서야 이 규칙은 확실히 규정된다. 그래서 조합원들은 안정적인 연애보다는 나비처럼 이리저리 날아다니는 자유연애를 선호하게 되었다. 그 이유는 직업조합에 대한 충성과 가볍게 사귀더라도 여자에 대해 충실하고자 하는 마음이 양립할 수 없다는 데 있었다. 1770년 대장장이들은 한 여자와 계속 같이 살고 싶어하는 조합원 한 명에게 도시를 떠날 것을 명령했다. "자크 장인(匠人)이 싫어해서였다. 여자와 함께 있는 조합원은 장인을 더 이상 배려하지 않기 때문이다. 자크에게 여자란 직인들의 타락을 의미했다." 그러나 조합원들은 여자친구와 일주일에 두 번 이상 밤을 보낼 때에만 처벌을 받았다.[12]

조합원이 떠나는(집합소) 모습을 묘사한 노래와 그림에는 버림받아 눈물을 훔치는 여자친구(보르도의 그리제트)가 항상 묘사되어 있다. 또한 조합원들이 가끔 스스로에게 붙이는 노골적인 별명에는 인생과 조국을 동시에 배워가는 젊은이라면 사랑보다는 일에 애착을 가지고 프랑스 일주에 임해야 한다는 낭만적인 생각이 배어 있다. 프랑스 일주를 마친다는 것은 독신 생활에 종지부를 찍는다는 것을 의미했다. 교육을 마친 젊은이는 자신의 분야에서 자리를 잡고 결혼하여 직인조합에 감사하게 된다. 그러면 그는 더 이상 현역 조합원이 아닌 것이다.

동업조합의 모델을 바탕으로 그리고 이에 맞서기 위해 독실한 제화공들의 형제단이 1645년에 형성되었다. 생 사크르망협회에 자극을 받아 벨기에 출신인 헨리 부치(Henry Buch, 일명 선한 헨리)가 파리에 '제화공들과 구두 수선공들의 그리스도교 형제단'을 만들었다. 회원들은 명상과 기도를 하면서 직업에 임하겠다는 선서를 했다. 직인들은 독신과 불변, 가난, '형제 장인'에 대한 복종이라는 수도원식 서원을 했다. 세속 사회에 살면서도 덕이 높은 제화공들은 마치 수도승처럼 살아갔던 것이다. 프랑스의 여러 도시로 확산된 이 형제단은 1670년경 꽤 급속히 사라졌고, 툴루즈에서만 프랑스 혁명 때까지 잔존했다고 한다.

소녀들도 성녀 가타리나의 보호 아래 공식적인 그룹을 조직했다. 어떤 박사의 질문에도 대답할 줄 알았던 알렉산드리아의 젊고 독실한 처녀 가타리나의 일생에 대한 전설은 그녀를 고대의 투란도트(Turandot)로 만들었다. 알렉산드리아 코스토스(Costos) 왕의 딸이었던 가타리나는 일생을 학문에 바치기로 했다. 결혼을 하면 자신이 원하던 길을 가지 못하리라는 것을 깨달은 그녀는 자기만큼 잘나고 똑똑한 남자와 결혼하겠다는 조건을 내걸었다. 그러나 아무도 나타나지 않았는데 단 한 사람, 은둔자 아나니아스는 성모 마리아가 그녀에게 이상적인 남편을 점지해줄 것이라고 말했다. 성모 마리아는 아기 예수와 함께 나타났고 그를 본 가타리나는 황홀경에 빠졌다. 그녀는 주저없이 결혼하겠다고 했지만 결혼에 동의해야 하는 아기 예수는 그녀가 너무 못생겼다고 말한다. 어쨌든 세례를 받고 그리스도교의 겸손함 속에서 교육을 받고 자란 가타리나는 예수의 아내가 될 수 있었고 너무나 얌전한 처녀들의 수호신이 되었다.[13]

성녀 가타리나는 수호신으로 선택한 데에는 시에나의 성녀 가타리나(sainte Catherine de Sienne, 1347~1380)의 영향도 무시할 수 없다. 그녀는 염색업자의 딸로서 마찬가지로 결혼을 거부했으며 이후 도미니쿠스 수도회에서 독신으로 살았다. 그녀의 숭배자들을 일컫는 카테리나티(caterinati)라는 말은 25세의 젊은 독신녀를 일컫는 말이 된 '카트리네트(catherinette)' 를 연상시킨다.

좀더 이후에 나타난 민속 전통에서는 이런 단체에 대한 정보가 나와 있다. 여러 지역에서 결혼하지 않은 소녀들에게 가타리나라는 이름을 붙여주었고 이들은 '가타리나' 그룹에 15세에 입단하여 결혼한 후에야 탈퇴할 수 있었다. 회원이 되면 무도회에 갈 자격이 주어졌는데 반드시 멋지게 차려입어야 했다. 물론 결혼을 함과 동시에 자격은 박탈당했다. 11월 25일 성녀 가타리나 축일에는 가장 나이 많은 여자가 "성녀 가타리나에게 옷을 입힌다". 무슨 말인가 하면 그녀만이 성녀의 동상을 꾸밀 권리가 있다는 것이다. 〈순교자 성녀 가타리나(Martyre de sainte Catherine)〉는 18세기에서 비롯된 것으로 보이는 애가인데 축일이 되면 구애의 노래로 불렸다. 이 노래 가사는 적당한 남편감을 찾는 가사로 바뀌었다.

성녀 가타리나는 왕의 공주였네
어머니는 그리스도 신자였고 아버지는 그렇지 않았다네
오, 마리아 산타 가타리나
제게 어울릴 남자를 구해주세요.[14]

19세기 파리의 모자 상점주인은 25세가 되었는데도 결혼 하지 못했을 때 스스로 희한한 모자를 만들어 썼다. 이들은 '카트리네트' 라는 명칭을 갖게 되었다(1882년부터 존재). 성녀 가타리나 축일에 벌어지는 무도회에서는 여자가 남자에게 춤을 청할 수 있었다. 그러나 남자들은 더 잔인한 오락을 즐겼고 '노처녀들' 의 집앞에서 인형을 흔들며 소동을 피우기도 했다.

성녀 가타리나 축일은 일종의 해방을 의미하지 않았을까? 이들의 숙명적인 결혼 나이는 앙리 2세가 칙령(1556년)으로 정한 여자들의 혼인 연령을 연상시킨다. 25세가 될 때까지 아버지에게 남편감을 골라받지 못한 여자들은 남편감을 직접 고를 수 있었다. 그래서 카트리네트들이 스물다섯 살을 축하하는 것일까? 이런 우연의 일치는 남자의 경우에도 해당된다. (젊은 남자들의 수호신인) 성 니콜라스를 30세가 되면 축하하는데 이 나이도 앙리 2세가 칙령으로 정한 나이와 같다. 물론 1556년에 공포된 칙령이 19세기 서민층에게 적용될 리 만무하므로 상관관계를 세우려는 것은 무모한 일이다. 그러나 과거에 왕이 정한 혼인 연령이 사람들의 기억 속에 깊이 각인된 것은 아닐까.

겨울이 시작되기 한 달 전쯤인 11월 25일은 전통적으로 첫눈과 관계가 있다. 첫눈은 인생의 겨울로 들어서려는 여자들의 나이를 상징하기도 하고, 첫눈이 내릴 때 논밭이 걸쳐 입는 '하얀 외투' 를 모든 소녀들이 꿈꾸므로 이를 상징하기도 한다. "성녀 가타리나는 항상 새하얀 옷을 입어요." "하얀 외투를 입은 성녀 가타리나는 / 오래 내릴 눈을 가져와요." "하얀 외투의 성녀 가타리나 / 많은 눈과 물을 가져다주네." 성녀에게 웨딩드레스를 입히려는 속담도 적지 않다. 반면 11월 25일이 다가올 봄을 준비하는 날이라는 계산은 정확하다. '성녀 가타리나 축일에는 / 모든 나무가 뿌리를 내리' 기 때문이다.[15] 사념을 품은 자에게 화가 있으리라…….

조직화된 형제단이 독신자들의 유일한 사교 장소는 아니었다. 새로운 사교 형태에서 영국식 클럽을 어떻게 빠뜨릴 수 있겠는가? 영국식 클럽은 18세기 프랑스 혁명 때까지 유행했다. 이런 형태의 단체가 최초로 등장한 것은 1588년이었지만 클럽들이 급속도로 확산된 때는 영국내전이 벌어진 시기와 크롬웰(Oliver Cromwell, 1599~1658)이 통치한 공화국 시기였다. 영국인들이 정치 논쟁에 관심을 갖게 된 것도 이 대화의 장소 덕분이었다. 다른 유럽 국가에서는 영국처럼 자유롭게 정치 논쟁을 벌일 수 없었다. 최초로 '클럽'이라 불린 곳은 카페 터크스 헤드(Turk's Head) 내에서 1650년 만들어진 로타 클럽(Rota-Club)이었다. 독신 회원만을 고집했던 클럽의 구성원은 소수였다. 한편 여자들을 배제시킨다는 점에서 기혼 남성들은 독신 시절의 분위기에 맘껏 취할 수 있었다. 클럽에는 외설, 술, 야한 노래 등이 항상 넘쳐났다. 한편 여성들의 클럽도 드물지만 존재했다. 여성 클럽은 1803~1804년에 전체 클럽의 5퍼센트를 차지한 것으로 추정된다. 남녀 혼합 클럽은 더 드물었는데 내부에서 남녀 구분이 이루어졌다.

기혼남의 출입을 금지한 클럽도 있었다. 리버풀의 어글리 페이스 클럽(Ugly Face Club)은 연령에 상관없이 모든 독신자를 받아들였지만, 단 '이상하거나 특이한 사람, 호기심이 많거나 괴이한 사람'은 제외시켰다. 못생긴 것도 독신의 원인이었을까? 어쨌든 사시에 긴 코, 움푹 파인 볼을 하고 여자들을 쫓아다니기보다는 클럽에 가는 편이 훨씬 더 쉬운 일이다.[16] 1712년 에든버러의 어떤 클럽은 "스물한 살을 몇 달 전후로 남겨 놓은 젊은이들로 결혼하지 않았으며 아무리 현명해도 경험해보지 않고는 행복을 장담할 수 없는 상태에서 깊이 생각한 후 가입 결심을 한"[17] 사람들에게만 제한되어 있었다. 결혼을 위한 일종의 지렛대인 셈이다.

유부남들이 배제되었든 아니든 간에 클럽에 독신자들이 우위를 점하는 것은 결혼 연령이 높아졌기 때문이다. 클럽에 가장 자주 드나드는 연령대는 20~30대로 이들은 사회에 발을 들여놓기에 유리한 인간관계를 이곳에서 맺을 수 있었다. 심지어 15~16세의 청소년들을 받는 클럽도 있었다. 대도시로 상경한 지 얼마 되지 않는 지방사람들도 회원수에서는 꽤 높은 비중을 차지했다. 역사가인 피터 클라크(Peter Clark)에 따르면 클럽은 길드와 동업조합에 젊은이들의 여흥이 합쳐진 형태였다. 17세기 말이 되면 고용인이 견습생이나 일일노동자를 집에서 재워주던 관습이 사라진다. 따라서 젊은 직인들은 도시생활에 적응하는 데 도움을 줄 해당 업계의 관리를 더 이상 받을 수 없게 되었다.[18]

싸구려 여인숙과 선술집을 오가며 자신밖에 의존할 데가 없는 젊은이들의 입장에서 보면 가정과 고독, 열린 공간과 폐쇄된 공간의 중간에 놓인 클럽은 꼭 필요한 새로운 형태의 사교를 만들어냈다. 이것이 바람직한 방향으로 흘러간 경우에는 선술집이나 최신 카페에서 일시적으로 즐기는 여흥의 수준을 넘어서서 공통의 관심사(체스, 직업상 관심, 정치사상 등)를 나누게 되었다. 이런 식으로 클럽은 독신의 역사에 개입했고 바로 이 점 때문에 19세기 모럴리스트들에게 비난을 받았다. 홀아비든 노총각이든 나이든 독신 남자의 비율 또한 높았다. 이들이 클럽에 드나들었던 것은 크롬웰의 공화정으로부터 오늘날에 이르기까지 앵글로색슨적인 여흥에 주요한 요소가 되었다. 참고로 당시 남성 인구의 40~50퍼센트가 대도시 클럽에 가입해 있었다.

• 독신을 통해 평등과 자유를 꿈꾼 여성들 •

1631년 세뮈르 앙 옥스와에서는 루이 14세 시대를 통틀어 가장 독특하면서도 세간에 알려지지 않은 인물이 태어난다. 가브리엘 쉬숑(Gabrielle Suchon)은 최초의 독신자는 아니다. 그러나 여자라면 유부녀가 아닐 바에야 수녀가 전부인 시대에 그렇게 열렬히 독신을 주장한 여자는 드물었다. '제3의 길'을 변호했던 그녀의 글은 독신의 역사에서는 독보적인 위치를 차지하고 있다. 동시대에 몰리에르는 《재치를 뽐내는 여인들(Les Précieuses ridicules)》에서 이런 여자들을 비웃기도 한다. 연극에서 여자들의 아버지는 이런 대사를 한다. "둘 다 늦기 전에 결혼을 하든지, 아니면 수녀가 되거라!"(제4장) 양자선택 속에서 여자들은 막다른 골목에 놓여 있었다.

가브리엘은 세뮈르의 유서 깊은 훌륭한 가문 출신이었다. 결혼을 하지 않자 부모는 그녀를 시내에 있는 도미니쿠스파 수녀들에게 맡겼다. 서원이란 강요할 수 없는 사항이지만 지역교회 당국의 동조로 그녀는 서원을 강요받았다. 그녀는 이에 반대해서 수녀원의 감시를 뚫고 로마까지 찾아가 교황의 발밑에 탄원서를 제출했다고 한다. 이것만 봐도 그녀가 얼마나 강한 성격의 소유자였는지 알 수 있다. 교황은 그녀의 권리를 인정하고 서원을 무효화시킨다는 교서를 내렸다.

당시는 프랑스교회독립주의가 다시 고개를 들던 시기였으므로 로마교회는 프랑스에서 마음먹은 대로 권력을 행사할 수 없었다. 가브리엘의 부모도 이 사실을 잘 알고 있었기 때문에 디종 의회를 찾아가 교황의 결정에 반대하고 나섰다. 의원들은 로마교회와 좋은 관계를 유지하는 것보다 가정의 평화를 지키는 것에 더 관심이 있었으므로 가브리엘에게 수녀원으로 복귀할 것을 명한다. 그러나 가브리엘은 고집 센 여자였다. 그녀는 판결을 따르지 않고 모친의 집에 기거하면서 천상의 결혼과 속세의 결혼을 모두 거부했다.

그렇다고 그녀 자신이 바라던 제3의 길을 헛되이 보낼 수는 없었다. 가브리엘은 항상 베일을 쓰고 있었고 학문과 교육에 일생을 바쳤다. 72세에 세상을 떠날 때까지 그녀는 독신이지만 존경받는 인물이었다.[19]

가브리엘은 몰리에르의 《여학자들(Les Femmes savanres)》에 나오는 라르망드의 우스운 꼴을 피해간 똑똑한 여자였다. 그녀는 1700년 자신의 경험을 《자발적인 독신에 관한 소책자, 혹은 소속 없는 삶(Traité du célibat volontaire ou la vie sans engagement)》에서 털어놓았다. 그녀가 바라보는 독신은 무엇보다 자유를 상징했다('자유로운 힘의 소중한 금'). 그렇지만 독신이 방탕한 생활로 흘러서는 안 되었다. 어쨌든 가브리엘은 수녀원 생활에서 영향을 받았고 자신의 선택이 이를 위해 버린 길보다 더 우월하다는 점을 증명해야 했다. 가브리엘은 독신이 수녀로 사는 것보다 더 성스러운 삶이 될 수 있다고 설명한다. 양심의 주인을 선택할 수 있고 또 맞지 않으면 바꿀 수 있는 자유가 있기 때문이다. 독신 여성은 재산처분에 관한 재량을 갖고 있기 때문에 친지나 고통에 빠진 사람들에게 도움을 줄 수도 있다. 그녀에게나 다른 사람들에게나 제3의 길은 종교보다 우월했다.

가브리엘이 말하는 독신은 무엇보다도 혼자 사는 여자의 상태를 의미한다. 그러므로 여기에는 과부도 포함된다. 더구나 그녀가 과거 독신 여성들의 성스러운 삶을 보여주기 위해 되짚어본 독신 여성의 역사에서는 거의 과부만을 대상으로 삼기까지 한다. 여성이 차례로 아버지, 남편 혹은 양심의 주인에게 지배를 받는 세상에서 독신은 무엇보다 자유를 상징했다. 아리스토텔레스 철학의 관점에서 여성은 독신을 통해 지금까지 거부되어 왔던 존재의 모든 가능성을 체험할 수 있다. "독신은 모든 강건한 상태를 포함하면서도 그것을 실천하지 않는 구속 없는 삶이다. 이보다 더 독신을 잘 정의할 수는 없을 것이다."[20] 아니, 자유보다 더 나은 안식처, '벌을 받아 마땅한 과오를 저지를지라도 과거 적의 박해로부터 안심하고 지낼 수 있던 피난 도시와 같은 안식처를 주시는 구세주의 은혜' 이다.

결혼과 종교라는 거대한 두 성채 사이에 있는 비종교적 독신을 가볍게 여겨서는 안 된다. 독신이 무질서와 방종을 뜻하는 시대에 독신을 옹호한다는 것은 엄격한 도덕심을 갖출 것을 요구한다. 가브리엘 쉬숑은 독신도 하나의 약속이기 때문에, 결혼이나 종교처럼 공식적인 선언을 필요로 하지 않는다 하더라도, 이에 뒤지지 않는다고 생각했다. 또한 '이성보다는 변덕 때문에, 덕보다는 방종 때문에' 독신으로 사는 사람들에 대해 거부감을 보였다. 사회가 버러지처럼 여기는 사람에게 입지를 마련해주려는 그녀의 의지는 당시 옹색한 사고체계에 과감한 도전이었다.

가브리엘 쉬숑은 남자들의 세상에서 혼자 사는 여성의 위치를 정립하려 했다는 의미에서 페미니즘 역사의 지표가 되는 인물이다. 그러나 그녀의 독신 생활은 일상적 현실을 도피하는 모습을 보이기도 했다. 그녀는 모친의 집에 얹혀살았고, 혼자 살 때에도 가정을 이루거나 가사를 돌보는 책임을 떠맡지 않았다. 그녀는 독신의 좋은 점이 하인들을 쓸 필요가 없거나 조금만 부려도 되는 것이라고 여겼다. 그러면 도둑이나 중상, 비방 등으로 난처한 일, 성가신 일, 괴로운 일을 당하지 않아도 되기 때문이다. 부모, 수녀원, 의회에 과감히 맞설 수 있었던 완강한 성격에도 불구하고 가브리엘의 독신 생활에는 가끔 소심한 면이 비친다.

중세는 가장 멋진 독신 여성의 이야기로 막을 내린다. 사회적 지위(양치기에서 전사)와 성적 지위(남성의 옷과 생활방식을 취함)를 바꾸고 스스로의 가치체계를 전복시킴으로써 프랑스에 불리했던 상황을 유리하게 뒤바꾸는 변혁을 겪은 잔 다르크의 모험이 바로 그것이다. 잔 다르크의 예외적인 사례에 대해서는 다시 언급하지는 않겠다. 다만 그녀의 숨가쁜 대서사시가 사람들의 의식도 뒤집어 놓은 것은 아닌지, 최초로 남성에 견줄 만한 여성 영웅의 모델을 여자들에게 제시한 것은 아닌지 자문해볼 만하다. 이 숫처녀가 죽고 난 후 등장한 가짜 잔 다르크들 중 일부는 실제 모델을 본받아 무기를 집어들기까지 했다. 이 여자들은 잔 다르크의 모델을 재현하려고 시도한 것은 아니었을까?[21]

오를레앙의 숫처녀는 하나의 전형이다. 잔 다르크 이전의 중세 여전사들은 '아홉 명의 여자 기사들'로 모두 과부이거나〔주디트(Judith), 세미라미스(Sémiramis) 등〕 남자들 없이 살아가며 일시적인 연인을 통해 자식을 낳았던 아마존의 여전사들이었다. 이 여전사들은 괴물을 죽일 정도였다고 한다. 성녀 마르타나 성녀 마가레타처럼 먼저 괴물한테 먹힘으로써 검을 이용하기보다 소화불량을 일으켰던 경우도 있었다. 처녀 여전사는 극한의 이미지가 결합됐다는 의미에서 죽음의 천사와 마찬가지로 사람들에게 환상을 불러일으켰다. 이들은 독신 여성에게 자의적이고 고양된 모델이 되었다.

동시대에 결혼에 반대하는 문학도 변화를 맞았다. 키케로와 히에로니무스와 비슷한 생각을 가진 성직자들이 이를 테마로 삼았다. 예전에는 이런 문학이 결혼에 대한 염려(아벨라르와 엘로이즈의 서간)를 담거나 여성들의 사악함을 고발했다면, 15세기부터는 다른 색채를 띠기 시작한다. 과거의 망령이 아직 잠들지 않았던 것은 사실이다. 《결혼의 15가지 기쁨(Les Quinze Joies du mariage)》(15세기)이나 《결혼하지 않은 남자와 사랑에 빠진 불평론자의 논쟁(Le Débat de l' homme non marié avec le plaintif amoureux)》(16세기)은 갈루아의 여성 혐오 전통과 맥을 같이한다.

그러나 여자들도 입장을 표명했다. 예를 들어 15~18세기 노래에 보면 모마리에(maumariée)라는 테마가 등장하는데 이는 아버지 때문에 자격 없는 남자와 혼인해야 했던 '결혼을 잘못한 신부'를 말한다.[22] 여자들의 불평은 16세기 문학에 흔치 않게 등장하는데 결혼 운에 불만인 여자들의 목소리가 최초로 담겨 있다. 《사랑으로 인한 고통스러운 두려움(Les Angoysses douleureuses qui procedent d' amours)》(1538)에서 작가 엘리젠 드 크렌(Hélisenne de Crenne)은 얼굴도 못 본 귀족과 하기로 한 정략결혼을 피해 낭만적인 사랑의 열정을 따라간 11살 소녀에 대해 이야기한다. 니콜 리에보(Nicole Liébault)는 《유부녀의 불행(Les Misères de la femme mariée)》(1587)에서 남편들이 만든 폭군 같은 법에 반기를 든다.

오쟁이 진 남편이 될지도 모른다는 망상에 사로잡혔던 남자들도 목소리의 톤을 바꿨다. 라블레의 《제3서(Tiers Livre)》는 전체가 파뉘르주(Panurge)의 탐구로 채워져 있다. 파뉘르주는 결혼을 하는 것이 볼썽사나운 악마의 뿔 세 개를 달고 다닐 만한 가치가 있는 것인지 알고 싶어한다. 여러 가지 서로 모순되는 대답 가운데 신학자의 답을 살펴보자. 신학자는 당연히 아내의 정조를 지켜줄 부부의 사랑에 대해 떠벌린다. 덕 있고 독실하며 훌륭한 교육을 받고 세상과는 담을 쌓았고, '불륜을 절대적으로 금하고 남편에게만 속하며, 남편을 보살피고, 떠받들고, 신 다음으로 사랑하라.'는 신의 법을 지키는 여자를 아내로 맞이해야 한다. 그러면 배신의 염려는 없다. 단 남편 스스로 아내를 부부의 정으로 잘 대해야 한다.[23] 같은 염려를 하는 몰리에르의 인물들은 사랑하는 젊은 처녀를 얻기에는 너무 나이 많은 남자들이다(아르놀프, 스카나렐 등). 여기에서 제시하는 교훈은 같지만 문제제기는 과거와는 판이하게 다르다. 과거에는 결혼이라는 악습의 책임을 요부나 여장부가 졌다. 그런데 이제 여자는 기대할 만한 사랑의 표시를 받지 못한 희생자로 보여진다. 여자가 온순하면 끙끙 앓다가 그만둘 것이고, 그렇지 않으면 남자의 등 뒤에 칼을 꽂을 것이다.

새로운 형태의 결혼 반대 논쟁은 결혼에 대한 개념이 더 폭넓게 변화했음을 말해준다. 여자들이 불평을 더 늘어놓는다면 그럴 만한 이유가 생겨났기 때문일 것이다. 중세 이탈리아와 프랑스 남부에 잔존해 있던 로마법은 16세기의 모든 법과대학에 화려한 복귀를 하며 새롭게 조명되었다. 로마법은 여성의 자유를 배제하고 있으므로 당시 여성들은 자유를 누리지 못하고 아버지의 권위와 남편의 권력에 복종해야 했다. 관습법의 틀 안에서 함께 강화된 부모와 남편의 권위가 로마법에 따라 해석되는 현상은 14세기부터 나타나지만 16~17세기에 본격적으로 확산된다. "우리의 관습은 여자로 하여금 남편에게 전적으로 의지하게 하여 여자가 가치 있는 일은 할 수 없고, 남편이 설사 그런 일을 하도록 권한을 주고 허용한다 하더라도 시민의 행위로서 인정받지 못한다."고 법학자인 포티에(Robert Joseph Pothier, 1699~1772)는 말하고 있다. 도가 지나친 경우에는 미성년자인 남편이 성인인 아내를 지배하기도 했다.[24]

중세 시대 여성의 운명이 화려하지 않았던 것만은 분명하다. 프랑스 혁명 때까지도 효력이 있었던 관습법에서는 "남편이 아내의 후견인이다."[25] 라고 규정하고 있다. 그러나 여자가 실질적인 법적 권한을 행사한 경우도 많았다. 16세기에 이르면 커다란 단절이 생겨나는데 그것은 1510년과 1580년에 실시된 파리 구관습법 개혁 때 이루어진다. 두 차례의 개편 작업에서, 특히 두번째 개혁에서 여성의 권리는 로마법의 영향을 받아 더 강한 제재를 당한다. 제105조(233)는 남편의 승인 없이 아내가 자신이 소유한 재산을 양도할 수 없도록 규정하고 있다. 이는 1580년에 여자가 한 계약을 완전히 무효화하는 조치로 강화되었다. 한편 남편이 부재중이거나 불구일 때는 부인이 법적 권한을 행사할 수 있었다. 따라서 여성을 절대적인 무능력자로 본 것은 아니었다. 반면 고전주의 시대에는 권리를 행사할 수 없게 된 남편을 공권력이 대신했다. 이는 여성이 가정을 꾸리기에는 천성적으로 너무 '미숙하고, 약하며 변덕스럽다'는 점을 가정한 것으로 보인다.[26]

남성이든 여성이든 부모는 자식이 25세가 될 때 통상적으로 권한을 잃는다. 결혼을 하거나 독립하는 경우에는 더 이전에 권리가 없어질 수도 있다. '결혼한 남자와 여자는 독립한 것으로 인정되기'[27] 때문이다. 그러나 부모의 권한이 성인이 된 후에도 강화되었다는 새로운 분석도 나와 있다. 법학자들은 부모의 권한이 사실상 서로 다른 두 가지 의미를 내포한다고 설명한다. 첫번째는 자식과 자식의 재산을 성인이 될 때까지 다스리는 것이며, 두번째는 존경과 인정을 요구할 권리를 지닌다는 것이다. 그러나 두번째 권리에 대한 정의는 상당히 애매하며 아버지나 자식이 세상을 떠나야 효력을 상실하게 된다.[28] 아버지는 딸에게 절대적인 도덕권 같은 것을 행사하지만 그에 반해 상속 권한은 가지지 않는다.

게다가 프랑스는 유일법의 국가가 아니었기 때문에 지방의 관습들로 인해 독신 여성의 권한이 더욱 축소될 수 있었다. 로마법이 시행되던 지방(남불)에서는 아버지가 평생 후견인이 되었다. 노르망디의 경우 영주가 혼자 사는 딸을 보호했다. 브라반트와 리에주에서는 주의회가 후견인을 지명하여 아버지나 남편을 대신하게 했다.[29] 따라서 여자가 결혼을 한다 해도 자유를 누릴 수 있는 것은 아니었다. 그렇다면 왜 결혼을 했던 것일까?

관습법의 확산이 르네상스 시대에 여성의 삶을 옥죄었던 유일한 변화는 아니었다. 중세에는 여성의 생식 인자가 없어도 수태에는 전혀 지장이 없다고 믿었지만 의학의 발전으로 여성의 성적 쾌락에 대한 중세 사람들의 우려는 종식되었다. 성적 쾌락을 느낄 부부의 권리를 오랫동안 인정하지 않았던 교회는 15세기부터 이 권리를 인정하기 시작했다. 당시 진보적인 신학자들 중에는 부부가 "부부 행위를 할 때 서로에게 줄 수 있는 쾌락 때문에 서로 사랑할 수 있다."[30]고 인정했다. 당시로서는 매우 드문 견해이긴 하지만 극소수의 지지만 얻은 것은 아니었기 때문에 서양 의식에 널리 확산될 수 있었다. 두 세대가 지나면 세간의 견해는 완전히 달라진다. 트리엔트 공의회에 관한 고찰을 담고 있는 카니시우스(Saint Peter Canisius)의 교리문답서(1565년)에서는 부부관계가 싸움을 피하거나 애정을 확인하는 데 이용되는 일을 금한다. 몽테뉴의 입장은 더욱 분명하다. 그는 아내가 남편보다는 연인에 의해 쾌락을 배우기를 바란다. 그렇다면 여자들은 성적 쾌락 때문에 결혼하는 것도 아니었다. 그러면 왜 결혼한 것일까?

이러한 변화를 왜곡해서는 안 될 것이다. 중세 시대 여성의 운명이 부러움의 대상과는 거리가 멀었지만, 16세기가 되었다고 남편이 아내를 반드시 행복하게 해주었던 것은 아니라는 점을 사람들은 점차 인식하게 되었다. 그렇지만 독신이 대안이 될 수는 없었다. 아버지에게 너무 심하게 구속당할 때는 독재자를 바꾸는 것이 유일한 방법이었다. 몰리에르의 희곡 《강제결혼(Le Mariage forcé)》(1668년)에서 도리멘은 관대한 남편을 만나기를 고대한다. "아버지의 구속 때문에 얼마나 화가 나는지 모르겠어요. 하루라도 빨리 이런 상황에서 벗어나서 내가 하고 싶은 일을 할 수 있었으면 해요. 아버지가 결혼을 서둘러주

시기만을 고대할 뿐이에요."(제2장) 그러나 그녀는 6개월 만에 과부가 되어 유산을 상속받은 후 연인에게 열중하려는 속내를 드러낸다.

그런데 몰리에르의 희곡에 등장하는 아버지들을 보면 성격이 강한 딸은 빨리 해치우고 싶어하는 것을 알 수 있다. 《강제결혼》에서 알캉토르는 "천만다행이군! 이제야 벗어났어. 이제 딸애의 행동은 자네가 보살피게."(제10장) 그런가 하면 《재치를 뽐내는 여인들》의 고르지뷔스는 "너희들을 떠맡고 있는 게 정말 벅차구나. 두 딸을 데리고 사는 게 나만큼 나이 먹은 사람에게 얼마나 힘든 일인 줄 아니?"(제9장) 하고 투덜거린다.

아버지가 세상을 떠나면 시집가지 않은 딸을 책임지는 것은 집안의 남자들이었다. 1737년 처남 미뇨가 죽자 볼테르와 그의 형제인 아르망이 조카들을 맡았다. 아르망은 조카딸들을 모두 수녀원에 보낼 생각이었는데 볼테르가 지참금을 가지고 와서 남편감을 고르도록 해주었다. 조카딸의 선택을 인정하지 않고 그 남편을 탐탁해하지 않긴 했지만 말이다.

그러나 여자에게 결혼은 새로운 구속이 될 수 있었고 따라서 여자들은 결혼을 통해 아버지와 남편으로부터 동시에 해방되고자 하는 강력한 바람을 가졌다. 과부가 되어 간절히 원하는 독립을 얻으려는 희망은 꿈꾸지 않는 것이 좋았다. 몰리에르가 조롱한 두 명의 재기 넘치는 여인들 중 마들롱은 결혼하기 전에 파리에서 '한숨 돌리고' 싶어한 반면, 카토스는 결혼에 강하게 반대했다. "어떻게 완전히 벗은 남자와 잔다는 생각을 할 수 있죠?"(제4장)

16세기 말, 특히 17세기에 여성들은 결국 노예 상태일 수밖에 없는 이 서글픈 두 가지 선택에 대해 저항하기 시작했다. 마리 드 자르스 드 구르네(Marie de Jars de Gournay, 1565~1645)는 그중에서도 가장 처절하면서도 두드러진 경우다. 몽테뉴의 '양녀' 라고 자칭한 이 피카르디 출신의 여자는 18, 19세에 《수상록(Essais)》에 열광하여 늙은 몽테뉴의 절친한 친구가 되고 몽테뉴 사후 작품을 출간하기도 했다. 12세에 아버지를, 그리고 26세에 어머니를 여의고 고아가 된 그녀는 사회적 신분에 비해 경제적으로 불안한 가운데 동생들을 떠맡게 되었다. 그중 여동생 한 명은 이미 결혼을 했고 다른 한 명은 수녀가 되었다. 남동생과 막내 여동생은 아는 집안에 맡길 수 있었다. 그녀는 유일하게 독신으로 살았다.

이때부터 그녀는 위대한 작가의 작품에 매달렸다. 1594년 몽테뉴의 부인으로부터 원고를 받은 후 다음 해에 《수상록》을 처음으로 재출간했다. 세상을 떠날 때까지 마리는 지방과 해외 출간을 제외하고 약 10여 차례의 출간 작업을 진행시켰다. 교정, 서문, 비평, 라틴어와 그리스어 인용 번역, 홍보 등 그녀가 모든 것을 맡아서 했다.

물론 그녀는 충실한 의무 수행으로 인해 유명한 스승의 자취를 통해 파리 문학계에 입성하는 기쁨을 맛보았다. 그러나 이후 유식한 척하는 여자로 비웃음거리와 조롱거리가 되었으며 파렴치한 놀림의 대상이 되었다. 경영하던 사업도 신성동맹의 혼란기 속에서 수입이 급격히 떨어지면서 흔들리게 되었다. 갖은 괴롭힘 끝에 황실 연금을 받게 되어 체면을 유지할 정도로 살게 되었지만 사회적 신분에 비하면 수입은 턱없이 부족했다. 그녀의 식탁은 보잘것없기로 정평이 나 있었고, 하인도 어렸을 때부터 죽을 때까지 거느리던 하녀와 시종 외에 한두 명만 감당할 수 있었다. 그녀는 빗나간 애정을 동젤, 미네트, 파아이용, 이렇게 세 마리 고양이에게 쏟으며 위안을 받았다.

그녀가 독신으로 살았던 것은 일찍부터 가족을 부양할 책임이 있었고, 재산이 보잘것없었으며, 몽테뉴의 작품에 헌신했고, 문학계에서 성공하려는 의지가 있었다는 이유 등으로 설명할 수 있다. 그녀는 이를 당당하게 감당했고 소리 높여 주장하기까지 했다. 마리 드 구르네는 결혼이라는 틀 안에서 절대 실현될 수 없는 남녀평등을 용감하게 외쳤던 선구적 여성이었다. 가정의 평화는 '부부 중 한 사람이 양보하는 것'을 전제로 한다. 이성(理性)만으로는 화합을 이룰 수 없고, 남자들의 완력이 자기 나름의 권리를 지키는 일을 억압한다. 때문에 성 바울로도 남자를 여자의 주인으로 삼은 것이다.[31] 결국 여성은 독신을 통해서만 가정의 평화를 위해 자신이 포기해야 하는 근원적 평등과 자유를 누릴 수 있다는 말이다.

독신만이 여성의 자유를 확보해준다는 극단적 사고로까지 치닫지는 않더라도 17세기 여성들은 고대의 가치가 부활한 이후 아버지와 남편의 독재에 계속 저항했다. 몰리에르는 이런 저항을 여러 작품에서 보여주고 있다. "터키인들이 여자를 가둬놓는 것에 우리는 찬성합니까?"(《남편들의 학교(L' Ecole des maris)》, 제1막 제2장) 이에 《아내들의 학교(L' Ecole des femmes)》가 나름대로 응수한다. 처녀들을 가둬라. 그것은 자유에 대한 욕구를 불러일으키는 최선의 방법이다. 아버지들은 딸들에게 더 많은 자유를 주는 당시 도덕상의 부패를 비난했지만 소용없었다. 《남편들의 학교》의 스가나렐처럼 '그토록 고결했던 / 엄격함은 이제 사라졌구나'(제1막 제3장).

퓌르티에르(Antoine Furetiére, 1619~1688)는 《부르주아 소설(Le Roman bourgeois)》에서 유사한 불평을 보여준다. 자보트는 아버지가 찾아 준 남편감을 거절한다. "아! 요즘 세상이 얼마나 타락했는가! 요즘 젊은이들이 얼마나 방종한지, 자식 앞에서 아버지의 권위가 얼마나 미미한지 좀 보시오." 볼리숑은 자식 일곱을 키운 자기 아버지를 이렇게 표현한다. 자식들은 모두 텁수염을 길렀는데 그중 아무리 용감한 자식이라도 감히 아버지 앞에서 기침을 하거나 가래를 뱉지 못했다. 어머니의 말을 빌자면 딸들은 "제아무리 용감한 딸이라도 남자 앞에서 눈을 똑바로 쳐들지 못할 것이다"(pp.1011~1012).

아버지가 정해준 남편감을 거절하는 일은 하나의 과정에 지나지 않는다. 스스로 운명의 주인이 되고 싶지만 그렇다고 수녀원에서 생을 마감하고 싶지 않은 처녀는 어떻게 될까? 본인이 직접 남편감을 고르겠다고 나서거나 독신으로 살겠다고 할 것이다. 퓌르티에르의 소설에서 자보트가 제안하는 새로운 대안도 바로 그것이다. 그녀는 "자신의 남편감을 찾기 위해 애쓰신 부모님께 감사하지만 남편을 고르는 일은 본인에게 맡겨야 한다."고 대꾸한다. 개인의 선택을 요구하는 것은 사회적 야망으로 정당화된다. 사람들은 남편감으로 그녀에게 변호사를 추천하지만 그녀는 글재주가 있는 훌륭한 남자를 원한다. 그녀는 특히 마차와 하인, 벨벳 드레스를 꿈꾸지만 그렇다고 독신을 선택에서 제외시킨 것은 아니었다. 일시적으로라도 말이다. "어쨌든 그녀는 아직 젊고, 자신이 행복한지를 알기 위해 조금 더 처녀로 지내고 싶어했다."[32] 그러나 아버지는 기존의 대안을 고집한다. "결혼하기 싫다고? 그럼 수녀원으로 가거라." 자보트는 결국 애인에게 납치되어 애인과 함께 도망치고 만다.

이 소설에서 특히 우리의 관심을 끄는 것은 순종적인 소녀가 부르주아 사회의 세련된 사람들을 만나게 되면서 변하는 모습이다. 작가는 이 부르주아 사회를 비웃는데 제1급 귀부인들, 일명 귀족들을 패러디하고 있다. 재치 있고 세련된 귀부인들은 독신이며 구애하는 남자들에게 둘러싸여 있다. 필리포트, 일명 이폴리트는 여러 애인들로부터 라틴어, 이탈리아어, 수상술, 작시법 등을 배웠다. 부르주아 사회에서 그녀는 결혼할 수 없는 여자로 정평이 나 있었다. 배운 것은 박사 못지않지만 바늘 한 땀도 제대로 꿰맬 수 없는 여자였기 때문이다. 결혼할 나이에 있는 남자는 아무도 그런 여자를 원치 않을 것이다(p.1004).

결혼 거부와 독신에 대한 주장은 17세기에 재치 있고 세련된 문학을 중심으로 나타났다. 그럼에도 유의해야 할 점이 있다. 세련된 귀부인들을 페미니즘의 역사로 편입시키려 하면서 이들에 대한 입장을 왜곡시킬 소지가 있기 때문이다. 이 귀부인들을 깎아내렸던 몰리에르와 미셸 드 퓌르(Michel de Pure) 같은 사람들을 너무 믿어버린 것이다. 작가 스카롱(Paul Scarron, 1610~1660)과 생테브르몽(Saint-Evremond)이 말한 '사랑의 얀센교도들'이라는 표현은 곧이곧대로 받아들여졌다. 17세기 프랑스 귀족문학의 세련된 재치를 연구하는 역사가들은 오래 전부터 유명한 귀족부인들은 결혼한 경우가 많았다고 강조해왔다. 일부 귀부인들이 꿈꾸었을 독신은 아직 여성에게 명예로운 신분이 아니었다.

이 테마가 가장 분명히 드러나는 작품은 미셸 드 퓌르 사제의 《세련된 귀족부인(La Précieuse)》이다. 그는 살롱에 모인 귀족부인들을 소개하다가 참석하지 않은 부인에 대해 이해를 구한다. 그녀의 남편이 아내가 사교계를 들락거리지 못하도록 한 것이다. "그녀에게는 여전히 우리 선조들의 훌륭한 격언을 명심하고 있는 친척들이 있었다. 가정에서만 여자가 가치 있다고 인정하고, 여자가 쓸모 있고 섬길 줄 알 때만 아름답다고 느끼며, 세련된 부인의 장신구와 단정함보다는 가정주부의 누더기를 더 좋아하는 사람들이다."[33] 따라서 결혼이 괴로운 것은 자유를 박탈당한다는 점 때문이다. 그렇다면 독신은 그보다 나은가? 오늘날의 명철한 사람들은 그렇게 생각하지 않는다. "고통스러운 것은 결혼이라는 말 자체가 아니라 바로 남편이다."

남편 없는 결혼이여, 만세? 그러면 어떤가? 진정한 귀족부인은 결혼한 후에도 결혼하지 않은 것 같은 여자였다. 그렇다고 순결하게 살았다는 뜻이 아니라 남편의 생활방식에 무관심했음을 가리키는 표현이다. 가장 말이 많은 파르테노이드(Parthénoïde)는 결혼에 대한 나쁜 소문 때문에 독신이 유행하지 않을까 우려했다. 그녀는 독신이 감각을 억제하고 더 고결한 법을 따른다는 미명하에 '죽음이 스며드는 것을 막아주지 못하며 오히려 노화와 세월이 우리를 마음대로 좀먹게 내버려두는 저주받은 생활방식'이라 보았다.

재치 있는 남자를 남편감으로 직접 고르고 싶다는 이유로 결혼하기를 거부하고 노처녀로 남은 가짜 귀부인의 이야기도 있다. 물론 귀족 출신의 여자가 아니라 여주인이 거느리던 하녀의 이야기이다. 그녀는 귀부인의 시녀였는데 그녀의 봉사를 치하하려는 마음으로 주인이 결혼을 시켜주려 했다. 그녀가 거절하자 놀라지 않는 사람이 없었다. 그녀는 "한번도 결혼을 생각해본 적이 없다."고 설명하고, "평생 굴레와 구속 없이 살고 싶다."고 말했다. 또 언젠가 독재자에게 예속되어야겠다는 생각이 들면 기왕이면 재치 있는 남자였으면 좋겠다고 했다. 재치란 젊음의 샘인데 늙은 시녀가 젊음을 그대로 간직하고자 했기에 사람들의 조롱은 더욱 거셌다. "재치는 그녀의 머리에 감히 접근하지도 못했다."[34]

몰리에르의 《재치를 뽐내는 여인들》에 나오는 마들롱과 카토스는 퓌르티에르의 《부르주아 소설》에 등장하는 인물들과 마찬가지로 부르주아 출신이다. 작가는 귀족 사회의 신경을 거스르지 않고 이들을 비웃기가 더 쉬웠을 것이다. 그러나 퓌르 사제의 하녀와 퓌르티에르의 자보트의 경우, 재치를 뽐내는 귀족 부인들과는 결혼 조건이 달랐다는 점을 유념해야 한다. 여자가 엄청난 재산을 소유하고 있을 때에는 결혼을 유지하면서도, 아파트나 저택 혹은 성을 남편과 나누지 않은 채 혼자 사는 것이 유행이었다. 사람들은 오랫동안 마담 라파예트가 과부인 줄 알았지만 곧 그녀가 왕궁에 살았고 남편은 영지에서 살았다는 사실을 알게 되었다. 이런 경우에는 '자유로운 여자' 로, 독신여성으로 살기 쉬웠다. 그러나 여자가 경제적 능력이 미흡할 때 후원자인 남편의 의미는 여전히 컸다. 따라서 재치를 뽐내는 부르주아 여성들을 비웃는다는 것은 어떤 면에서는 위선적이었다.

이런 상황에서 가브리엘 쉬숑이 말한 '제3의 길' 이 발전한다. 그런데 세뮈르 앙 옥스와의 은둔자에게도 몇몇 선지자들이 있었다. 지금은 전해지지 않지만 1644년 코생(Caussin) 신부는 《결혼도 하지 않고 수녀도 아닌 독실한 처녀들의 조용한 삶(La Vie neutre des filles dévotes qui font état de n'être ni mariées ni religieuses)》이라는 책을 썼다. 그로부터 13년 후 무명씨의 대화록인 《처녀들의 학교(L' Eschole des filles)》는 '절대 결혼하려고 하지 않는 네오비즈' 라는 모델을 보여준다. 이는 분명 '제3의 길' 이었다. 물론 네오비즈가 처녀로 남기를 바란 것은 아니었지만 유혹이라는 구속에서 벗어나려 했다는 점에서 의의가 있다. 친구 테오비즈는 그런 태도는 위험하며 평생 독신으로 살 위험이 있다고 그녀에게 조언한다.

1650년대에는 "우정과 '진지한 방문' , 문학 등에 헌신하는 삶을 위한 독신이 당시 진정한 교양여성들이 선택한 길이 되었다".[35] 교양 있고 재기 넘치는 젊은 부인들이 결혼을 거부했다는 것은 소설 속에 나오는 순수하고 순결한 사랑을 옹호하는 것이기도 했지만 지참금이나 아버지의 재산, 남편의 배경이나 직위로 자신이 평가되는 것을 거부했다는 의미를 지니기도 한다. 여성은 자기 자신과 자신의 지적 능력, 남성들의 편견과 싸워 쟁취한 교육 수준으로 평가받기를 원한 것이다.

그러나 그것은 어려운 길이었다. 《처녀들의 학교》는 그 위험을 나열하고 있다. 특히 너무 예뻐서는 안 된다. 너무 예쁘면 추문의 대상이 되기 쉬워 혼자 살기란 불가능하고, 독립은 물 건너가기 때문이다. 미모가 지나치면 모친이나 여자 형제 혹은 여자 친척의 집에서 머물며 '평생 후견인 밑에서 지내야 한다'. 주위에 남자는 절대 얼씬거리게 하지 말라! 수녀원처럼 갇혀 사는 것이 아니라면 부친의 집도 비방에서 완전히 자유로울 수 있는 피난처는 아니다. 너무 어리석어도 안 된다. 몸치장에 매일 세 시간을 할애하는 시절이 지나고 나면 무엇으로 소일할 것인가? 하지만 순진한 처녀는 걱정하지 않아도 된다. 순진한 아그네스 같은 처녀들은 겁 많은 아르놀프 같은 남자들이라면 언제든 대환영이니까. 이런 처녀들은 결혼을 위해 태어나서 남편감을 찾아주는 데 전혀 어려움이 없다.

처녀들에게는 재기가 있어야 마흔 살에 할 일을 스무 살부터 미리 준비할 수 있다. 연애를 경멸하는 똑똑한 여자들은 (대부분 합리적이지 못한) 남자들에게 끌리지 않고 혼자 늙어가는 것을 후회하지 않을 것이다. "따라서 품격 높고, 아주 추녀이더라도 매우 합리적인 이성의 소유자로서, 처녀로 남을 자격이 있는 여자들만 남게 된다."[36] 즉 이들은 재기 넘치는 부인들이라는 것이다. 그래서 무명씨가 남긴 조언은 독서를 많이 할 것, 남편감이나 찾는 것이 유일한 목적인 무도회 참석을 삼갈 것, 독신 여자 친구들을 몇 명 만들어둘 것 등이 있었다. 그리고 무엇보다 거짓 재치 부인이 되지 않도록 조심해야 했다.

바로 이 시대에 프랑스에서 오늘날까지도 전해 내려오는 유부녀와 처녀의 호칭 구분이 서서히 자리 잡기 시작한 것은 우연이 아니다. 어원적으로 보면 '마담(Madame)'과 '마드모아젤(Mademoiselle)'은 원래 귀족 출신 여자에게만 사용되었다. 'dame'은 '영토(domaine)'를 소유했거나 영주와 결혼한 '여주인(domina)'을 일컫는 말이었다. 'demoiselle'은 'dame'의 애칭으로 부르주아와 결혼한 귀족 여자를 차츰 지칭하게 되었다.

이것이 바로 17세기의 상황이다. 이번에도 몰리에르의 희곡을 살펴보자. 조르주 당댕은 시골 귀족의 딸과 결혼하면 신분 상승을 이룰 수 있다고 믿는 농부이다. 그의 첫마디는 불평으로 시작한다. "아! 드모아젤이라는 여자는 참 이상도 하구나." 그러나 당시 드모아젤은 아직 작위를 받지 못한 귀족 가문의 여자나 부르주아 출신의 여자를 가리켰다. 조르주 당댕이 말하는 여자는 당시에는 '마드모아젤 몰리에르'로 불렸다. 이는 독신과 아무 상관이 없는 호칭으로 사회적 신분을 나타내는 말이었다. 작위가 없는 아내를 '마드모아젤 내 아내'라고 부르는 것도 정상이었다. "누군가 그들에게 와서 이르기를 '마담 혹은 마드모아젤(여러 가지 가능성이 있으므로) 귀하의 부인은 스스로를 잘 다스리지 못하고 있습니다.' 했을 때" 타바랭은 눈먼 오쟁이 진 남편의 전형을 보여준다. 가장 명확한 증거는 라신(Jean Racine)의 서간에 나온다. 라신은 결혼도 하지 않은 여동생을 '마담'이라 부르고, 또 여동생이 앙투안 리비에르(Antoine Rivière)와 결혼했을 때는 '마드모아젤'이라고 부른다. 부르주아 가문이었던 라신의 집안은 작위를 받았기 때문에 여동생 마리는 적어도 오빠가 보기에는 마담이라 불릴 권리가 있었다. 그러나 1676년 마리는 평민과 결혼하여 다시 마드모아젤이 되었다.[37]

19세기까지 '드모아젤'은 귀족이나 부르주아 집안의 젊은 여자를 뜻하는 호칭으로,

결혼을 하지 않은 상태를 특별히 지칭하는 것은 아니었다. '드모

아젤 도뇌르(demoiselle d'honneur, 신부들러리)' 같은 표현도 이런 의미에서 쓰인 것이다.

오늘날 통용되는 의미로 결혼한 'dame'와 독신인 'demoiselle'의 대립이 나타난 것은 17세기부터였다. 퓌르티에가 편찬한 《사전(Dictionnaire)》에는 이미 1690년부터 다음과 같은 설명이 나와 있다. "드모아젤의 요즘 의미는 결혼한 적이 없는 여자를 가리킨다." 그러니 과거의 귀족 작위 분위기가 잔존해 있기 때문에 퓌르티에는 이 말을 일정한 신분이 있는 젊은 여자들로 제한하고 있다(최하층민이나 장인 출신이 아닌 경우에 한해서).

이는 매우 의미심장한 변화다. 독신 여성을 가리키는 이 호칭은 젊은 여자를 우쭐하게 만들었으나 오늘날에는 일정한 나이가 지난 여성이나 사회적 지위가 있는 여성에게 사용하면 모욕적일 수도 있다. 직함 앞에는 이 호칭을 쓰지 않는다. 예전에는 혼자 사는 선생에게 여성이라는 점과 호적 상태를 이중으로 아첨하기 위해 '마담 선생님'이라고 불렀다. 그리고 드모아젤이 마흔 살이 되면 '마담'으로 칭한다. "물론 상대방이 드모아젤이라는 호칭을 선호하지 않는다면 말이다."[38] 여배우 아를레티는 나이가 꽤 들 때까지도 '마드모아젤'이라는 칭호를 붙여달라고 요구한 일화로 유명하다.

이 명예롭지 못한 호칭은 편지에서도 기피의 대상이 된다. 독신 여성에게 편지를 쓸 때에는 외동딸이거나 장녀일 때만 '마드모아젤'이라고 쓸 수 있다. 언니가 많은 막내에게는 이름만 쓴다.[39]

• 독신녀의 또 다른 모습, 쿠르티잔 •

그녀는 니농 드 랑클로(Ninon de Lanclos)라는 이름으로 17세기의 역사 속에 등장한다. 1623년[40]에 안느 드 랑클로라는 이름으로 태어난 그녀는 오랫동안 아버지를 보지 못했다. 앙리 드 랑클로는 말단 귀족 출신의 자유분방한 자객이었는데 니농이 아홉 살 되던 해, 살인사건에 연루되어 프랑스를 떠나야 했다. 자유분방한 환경에서 성장한 니농은 열세 살에 "종교란 상상력의 소산이며 모두 거짓이다."라는 깨달음을 얻는다. 그런 그녀가 엄격한 교육의 세세한 규율에 얽매일 리 만무했다. 18세기에는 사람들이 그녀를 계몽주의 철학자로 보기도 했으나 이는 지나친 과장이다. 그러나 니농은 자신의 삶에 대해 주도권을 잡자 스스로 일상의 문제를 철학적으로 해결한 일과 몽테뉴의 저작들만 읽는 것에 자부심을 가졌다. 어쩌면 니농은 마리 드 구르네처럼 살았을지도 모른다.

그러나 니농은 가난한 처녀였고 그녀를 키운 어머니는 유언도 남기지 않고 세상을 떠나버렸다. 그녀는 상속받은 재산도 없었다. 니농은 아버지로부터 음악가의 재능을 물려받아서 이웃의 귀부인들을 위해 춤을 추기도 하고 류트를 연주하기도 했다.

가족들은 다른 좋은 가문의 처녀들처럼 니농을 결혼시키려 했다. 생에티엔 공(公)인 샤를 클로드 드 보몽이 물망에 올랐다. 그는 너무나 훌륭한 남편감이었고 그래서 랑클로 부인은 딸에 대한 '많은 자유'를 그에게 허락했다. 그런데 두 사람이 헤어지고 난 후 사람들은 처녀에게 흠이 났음을 알게 되었다. 이는 흔한 일로 주변인들이 미처 깨닫기도 전에 처녀는 명예를 잃어버렸던 것이다. 사태는 곧 더 악화되었다. 니농의 어머니가 더럽혀진 딸에게 몸을 팔게 시킨 것이다. 장 쿨롱 의원은 유부남이었지만 탈망 데 레오의 신랄한 표현에 따르자면 '니농의 어머니와 홍정을 했다'. 의원의 부인이 사실을 알게 되자 사태는 스캔들로 번졌다. 이제 더 이상 불명예를 감출 필요가 없어지자 의원은 '가면을 벗어던지고 니농을 공개적으로 부양했다'. 니농은 채 스무 살도 되기 전에 쿠르티잔(고급 화류계 여성—옮긴이)의 삶을 알게 되었다.

그녀는 자신의 처지를 담담하게 받아들인 쿠르티잔, 사랑받는 쿠르티잔, 또 드물게 존경받는 쿠르티잔이었다. 그녀는 연애 사업에 탁월한 재주를 보였다. "니농은 남자들과 자면서 돈을 벌었지 돈을 벌기 위해 잠을 잔 것은 아니었다."[41] 그녀는 '돈을 지불하는 남자들'에게는 별다른 신경을 쓰지 않았다. 또 그녀에게 '목숨 건 남자들'도 있었지만 그녀에게서 아무것도 얻어낼 수 없었고, 그녀가 '좋아하는 남자들'은 돈을 낼 필요가 없었다. '멋있는 후작부인'의 남편인 앙리 드 세비녜도 그중 한 사람이었다. 니농은 마음에 들지 않는 남자가 있으면 집 한 채를 선물해도 그냥 돌려줄 여자였다. 물질에 초탈한 그녀의 태도는 존경의 대상이 되었다.

니농은 자유로운 여자이고 싶었다. 일찍이 그녀는 "자기 마음에 드는 사람에게만 절대적으로 헌신하기로 마음먹었다. 그녀는 먼저 나서서 그들에게 고백하거나 편지를 썼다". 남자를 만나는 데에도 그리고 이별하는 데에도 먼저 앞장서는 여자가 당시에는 꽤 드물었기 때문에 사람들의 관심을 끌었다. 그러나 니농은 상당히 정직하게, 그리고 자제심을 잃지 않고 연애를 즐겼으며 천하게 구는 법이 거의 없었다.

그녀는 연인과 동거하지 않고 연인의 집 근처에 살 만큼 자유로운 여자였다. 1654년까지는 리슐리외 거리에 있는 부아로베르의 저택에서 연인인 빌라르소와 함께 살았다. 빌라르소는 관대한 친구에게 집을 빌려 니농과 함께 살면 편하리라 생각했고 결국 저택을 구입하기에 이른다. 그러나 이때부터 모든 것이 달라졌다. 니농은 정착하고 싶어하지 않았다. 그래서 길 맞은편에 집을 빌려, 공식 애인 곁을 떠나지 않으면서도 자유롭게 살고자 했다. 빌라르소는 창문으로 그녀를 감시했다. 수상한 시간에 촛불이 켜질 때마다 그는 질투에 몸을 떨었다.[42] 빌라르소가 심한 발작을 일으켜 몸져눕게 되자 니농은 갑자기 건잡을 수 없는 열정을 느껴 머리카락을 잘라 빌라르소에게 보냈다. 31세에 그녀는 사랑을 알게 된 것이다. 그러나 불행히도 그 사랑은 2년을 넘지 못했다.

사랑에 빠진 여인에게 반성의 시간이 찾아온 것이다. 1656년 니농은 마들로네트 수녀원에 갇혔다. 이 수녀원은 1620년 방탕한 생활을 회개한 처녀들을 수용하기 위해 세워진 곳이었다. 당시 사람들은 이런 처지에 놓인 그녀를 다음과 같이 비웃었다고 한다. "자존심 강하고 쾌락에 쉽게 빠지는 이 나이 든 쿠르티잔으로서는 시련이 견디기 힘들었을 것이다."[43] 당시 나이 든 쿠르티잔은 막 30대에 접어든 상태였다. 그녀를 지칭한 표현이 '전문가'라는 뉘앙스를 띠었다 하더라도 모욕적인 것은 사실이었다. 니농은 스웨덴의 크리스티나 여왕이 개입하여 1년 후 수도원을 나올 수 있었다.

마들로네트 수녀원을 나온 후, 그녀는 투르넬 거리에 정착했고 이곳에서 세상을 뜰 때까지 살게 된다. 볼테르의 표현에 따르면, 그녀는 랑부예 저택의 축소판 같은 살롱을 열어 자유롭게 철학을 논할 수 있는 장을 제공했다. "서른두 살에 그녀는 미련 없이 직업을 버리고 혼자 힘으로 정착했다."[44] 나이 먹은 쿠르티잔은 '마드모아젤 랑클로'가 되어 착실한 삶을 살았다. 적어도 겉으로는 말이다. 왜냐하면 그녀 주위에는 항상 멋진 신사들이 기웃거렸고 가장 마지막에 그녀의 총애를 받은 남자는 샤를 드 세비녜, 즉 멋진 후작부인의 아들이었기 때문이다. 의회 의원이 여든 살 생일에 구애를 했다는 일화가 있는 것을 보면 그녀는 여전히 아름다운 여자였던 듯하다.

자유연애와 신성모독이 한물 간 시대에도 니농은 자신의 신념을 저버리지 않아서 사후에 철학자들에게는 일종의 수호신이 될 정도였다. 1705년 당시 열 살이었던 미래의 볼테르가 여든두 살인 니농의 집을 방문하면서 전통은 이어졌다. 니농은 볼테르의 아버지인 공증인 아루에의 친구였다. 그녀의 사망증명서에는 아루에의 서명이 날인되어 있다. 니농은 볼테르의 (전설적인?) 방문 직후 사망했는데 볼테르의 말에 따르면 그녀는 천재 꼬마에게 책 살 돈 2000프랑을 물려주었다고 한다.

수녀가 되어 독신으로 사는 것 외에 가브리엘 쉬숑이 추천한 착실한 '제3의 길'을 선택할 용기마저 없다면 독신 여성은 부러워할 만한 이미지를 가질 수 없었을 것이다. 만일 연인이 있다면? 곧바로 방탕한 여자로 낙인찍힌다. 연인이 없다면? 매몰찬 여자가 되어버린다. 밤거리를 서성거린다면? 창녀처럼 '거리낌 없이 찾게 되는' 여자로 인식될 수 있다.[45]

행복한 연애 생활은 공식적인 결혼 하에서만 가능했다. 몰리에르는 《인간혐오자(Le Misanthrope)》에서 셀리멘을 부담 없는 코케트(coquette, 남자의 환심을 사려는 여자—옮긴이)로 만든다. 그녀는 스무 살에 과부가 되어 자유롭게 살게 되었다. 결혼 덕분에 부모로부터 해방되었고 남편의 죽음으로 남편에게서 벗어났다. 그녀가 코케트가 된 것도 어찌 보면 용인할 수 있었다. 그녀는 젊음을 마음껏 누리고 싶었을 뿐이지 쿠르티잔이 되려고 한 것은 아니었다. 여러 마리 토끼를 잡으려다가 모든 남자들에게 외면을 당한 그녀는 알세스트의 청혼을 받아들인다. 그러나 그들의 관계는 오래 가지 못했다. 알세스트는 자신이 사는 사막 같은 곳으로 셀리멘을 데려가고 싶어했고 파리에 머물러야 한다면 결혼하지 않겠다고 선언한 것이다. 셀리멘이 어떤 선택을 할지는 미루어 짐작할 수 있다. 그녀가 내린 결론은 결혼으로 나쁜 평판을 무마하고 결혼해서도 코케트의 생활을 유지하는 것이었다.

독신 여성의 생활이 존경받을 만한 결혼의 규범으로 제어되지 않는 경우라면 가족이나 친척의 집에서 살아야 했다. 물론 남자가 있는 집이어야 했다. 보호자가 너무 간섭하기 좋아하는 사람이 아니길 바라겠지만 말이다. 샹파뉴의 드모아젤인 클로드 드 살노브는 부모를 여의고 남자 형제와 단둘이 남게 되었다. 그녀는 오랫동안 결혼을 망설였다. 1634년 생테티엔의 귀족인 애인이 그녀를 납치했으나 남자의 부친은 정착에 필요한 자금을 주려 하지 않았다. 따라서 가정을 이룰 수 없었고 상당히 오랜 기간 애인의 손에 잡혀 있던 클로드는 건전하지도 않고 전쟁에서든 사랑에서든 용감하지 않은 배우자에게 질리고 말았다.

그녀는 결국 가족에게 돌아가게 되었다. 이제 가족들이 그녀를 책임져야 했다. 형제, 삼촌, 사촌들은 당황했다. 삼촌은 임시방편으로 클로드를 랭스에 있는 코르들리에르 수녀원으로 보냈다. 남자 형제는 클로드의 결별이 생테티엔의 귀족 때문이라고 생각하고 결투를 신청했으나 결투가 벌어지기 전 결혼을 거부한 것은 클로드였음을 알게 되었다. 클로드의 애인은 밀려났다고 생각하는 다른 구애자와의 결투에서 목숨을 잃고 말았다. 결국 여자가 갈 곳은 수녀원밖에 없었다. 에토주 자작인 사촌은 코르들리에르 수녀원에서 괴로워하는 클로드를 불쌍히 여겨서 자신의 영지에 와서 살게 했다. 다른 남편감들이 찾아왔지만 그녀는 모두 냉정하게 거절했다. "그녀는 마치 용처럼 거만했다. 키는 작지만 얼굴은 못생긴 편이 아니었고 눈에는 생동

감이 돌았다. 그녀는 재기가 넘쳤다." 두번째 남편감을 거절한 후 클로드는 스스로 수녀원으로 돌아가버렸다. 그러나 경건한 피난처는 도저히 그녀를 감당할 수 없어 다시 집으로 돌려보냈다.

이번에 반항아를 맡은 사람은 후견인인 삼촌이었다. 세대가 다르니 관념도 달랐다. 그는 클로드를 감금하고 먼 사촌뻘 되는 친척들 외에는 아무도 못 만나게 했다. 자작인 사촌만이 여전히 클로드와 결혼하고 싶어했는데 삼촌은 클로드의 차가움에 질린 나머지 그녀를 납치해서 조카에게 맡겼다. 광분, 협박, 힐책이 이어졌다. 조카는 재산이 많지 않았고 클로드는 이미 그의 청혼을 거부했다. 또 사촌을 납치범으로 고소하겠다고 했다. "그러나 아이를 갖게 되자 고분고분해졌다." 납치범과 결혼하지 않으면 영영 명예를 잃고 결혼할 기회도 잃게 되니 결혼을 결정한 클로드의 사정은 이해할 만하다.[46]

클로드 드 살노브는 독신 여성이 거칠 수 있는 단계를 모두 경험했다. 신중한 동거생활(생테티엔 귀족의 아이는 갖지 않았다), 강요받기도 하고 자의로 들어가기도 한 수녀원 생활, 사촌의 집에서 보낸 자유로운 생활, 삼촌의 집에서 보낸 감금 생활. 그녀의 평판은 본보기가 될 정도는 아니었지만 회복할 수 없을 정도로 오명을 얻지는 않았다. 항상 남자의 보호 하에 있었기 때문이다. 결혼하지 않은 상태에서 딸을 낳은 것만으로도 그녀의 평판은 무너질 수 있었다. 그래서 납치범과의 결혼을 결심했던 것이다.

임신은 혼외정사에 큰 걸림돌이었던 것이 사실이다. 독신의 역사를 살펴보며 효과적인 피임의 중요성이 드러난다. 임신은 평판에 영향을 받는 여자들에게만 위험한 일은 아니었다. 남자들에게는 목숨이 걸린 문제였다. 이성을 유혹하는 죄는 사형으로 다스려졌으므로 젊은 여자들은 자유연애가들에게 위협적인 존재였다. 임신이 되었을 때 고소를 피하는 유일한 방법은 결혼해주거나 재산을 떼어주는 것이었다. 남자가 부자일 때에는 정부를 다른 남자와 결혼시켜 안심시킨 후 관계를 유지하는 경우도 있었다. 앙리 4세도 이런 경우에 속했는데, 여자보다는 사냥을 좋아하는 콩데 공에게 정부인 샤를로트 드 몽모랑시를 결혼시켜 은밀히 사귀려 했다. 더 소심한 사람이었던 파트뤼는 검사의 딸을 사랑하게 되었는데, 금발 머리에 하얀 피부, 이 세상에 둘도 없는 허리를 자랑하는 이 처녀를 유혹하지 못하자 관대한 남편감을 찾아준 후 겨우 뜻을 이룬다. 여자도 더 이상 파트뤼의 구애를 거절하지 않았다. 임신을 하더라도 남편의 아이라고 주장하면 그만이었다. 그러나 불행히도 남편은 일찍 세상을 뜨고 파트뤼는 더 이상 여자를 만나러 갈 용기를 내지 못했다. "과부가 처녀보다 더 안전한 것은 아니기 때문이다."[47] 반면 쿠르티잔의 경우는 문제될 것이 없었다. 쿠르티잔은 임신을 해도 요구하는 것이 없었는데 이미 오래 전에 명예와는 담을 쌓았기 때문이다.

따라서 젊은 여자가 정착하려면 결혼이 왕도였다는 사실에 놀라지 말자. 니농 드 랑클로도 몰상식한 애인이 결혼도 하지 않은 채 그녀를 더럽히지만 않았더라면 결혼을 했을 것이다. 왕궁에서 니농의 경쟁자였던 마리옹 드 로름(Marion de Lorme)도 결코 뒤처지지 않는 비슷한 운명의 소유자였다. 유명한 난봉꾼으로 소문난 데 바로가 마리옹에게 세상살이가 무엇인지 가르쳐주자 부모는 그와 마리옹을 결혼시키려 했다. 마리옹은 미모로 곧 유명해졌고 데 바로는 리슐리외, 생 마르 등과 연적이 되었다. 리슐리외 총리는 독신을 고집한 반면 젊고 매력적인 총신은 그녀에게 청혼했다.

마리옹은 27세였고 눈부시게 아름다웠지만 결혼 적령기를 넘긴 상태였다. 데 바로는 배신감을 느끼며 마리옹이 거짓맹세에 부정, 변심까지 했다고 떠들고 다녔다. 그는 공개적인 연인 관계도 결혼한 부부 관계처럼 성실한 의무를 지켜야 한다고 생각한 듯하다. 그 이후의 이야기는 잘 알려진 대로이다. 생 마르의 부모는 열아홉 살짜리 자식의 결혼을 인정하지 않았다. 결혼식은 비밀리에 치러졌지만 생 마르의 모친인 데피아 부인의 탄원으로 무효화되었다. 마리옹의 연인이었던 리슐리외만큼이나 루이 13세도 이 결혼을 반기지 않았는데 생 마르에 대해 질투 섞인 우정을 품고 있던 그로서는 배신감을 느꼈던 것이다. 이 결혼의 실패는 큰 반향을 일으켰는데 1639년 11월 26일 공포된 비밀 결혼 금지령의 직접적인 원인이 된 것이다. 생 마르 입장에서 이 결혼 사건은 왕의 총애를 잃는 시발점이 되었고 마리옹은 스캔들로 인해 결혼할 기회를 영영 잃어버리게 되었다.

남성에게만 성적 자유를 허락하는 사회에서 매력적인 여자에게 발생할 수 있는 최악의 사건은 자기와 똑같은 남자를 만나는 것이다. 일례로 결혼을 약속하거나 서약서까지 내보이며 능숙하게 여자들을 유혹한 후 양심에 가책을 느끼지도 않고 버리는 리니에르 같은 남자를 보라. 그는 자신의 '성실함'이란 한꺼번에 정부를 세 명만 만나는 것이라고 냉소적으로 말하기까지 했다.

> 이제 사람들은 내가 정직한 남자라는 것은 안다.
> 어디서나 내가 성실하다고 칭찬한다.
> 한꺼번에 대여섯 명을 사랑하는 것이 아니라
> 단 세 명으로 만족하니까.[48]

여자가 독신으로 늙어간다는 것은 두 가지 의미를 지닌다. 어떤 남자도 이 여자를 원하지 않았든지, 아니면 여자가 모든 남자를 원한 것이다. 쿠르티잔이 아니라면 아무도 여자를 찾아가지 않았다는 이야기다. 당시 표현들은 잔인할 정도로 이 점을 강조하고 있다. 예를 들어 남편을 구한다는 말을 시장에 내다파는 소라도 되는 것처럼 "귀에 꽃을 꽂는다."고 표현했다. 세비네 부인은 생선처럼 남편을 '고리로 꿴다', 앉고 싶은 의자처럼 남자에게 '방석을 던진다'고 표현했다. 빈손으로 돌아오는 여자는 불쌍해 보인다는 말도 있었다. 제때에 따지 않은 채소처럼 혼기를 놓친 처녀에게는 '씨를 맺었다'는 표현이 있었는데, 예를 들어 크루아시의 장녀는 "너무 씨를 많이 맺었고 참 못생겼다."(Saint-Simon, t. I, p.270)라고 했다. 장 리샤르(Jean Richardm, 1638~1719) 신부는 더 심하게 표현하여, 너무 익어버린 대추열매처럼 멍청하다고 했고, 또 좋은 혼처를 마다하고 더 나은 신랑을 만나려다가 결국 나이만 먹는 여자를 "가격을 매기려고 남았다."고 표현했다. 바로 이런 여자에게 라 퐁텐이 왜가리 이야기를 바친 것이다. 좋은 생선들을 무시하던 왜가리는 결국 달팽이 한 마리에 만족해야 했다.

《왜가리(Le Héron)》와 《여자(La Fille)》라고 각기 제목을 붙인 이 잔인한 우화는 좋은 예이다. 여자에게 남편은 왜가리에게 필요한 생선처럼 필수불가결한 욕구로 표현된다. 이 욕구는 말하자면 순전히 성적인 것이다. "그 어떤 욕망이 여자에게 이보다 더 절실한지 모르겠다." 여성의 성을 채울 수 없는 '배고픔'으로 보는 것은 중세에 만연했던 의학의 이미지에서 비롯한다. 자궁은 여자의 몸에 들어가 사는 작은 동물로 액을 줄 때까지 계속해서 배가 고프다고 울어댄다. 동시대 사람들과 마찬가지로 라 퐁텐도 남자가 생리적으로 여자에게 부족한 것을 채워줘야 하기 때문에 여성의 독신은 건전할 수 없다고 생각했다. 이런 결핍론은 여성 독신의 역사를 오랫동안 지배했다. 심리

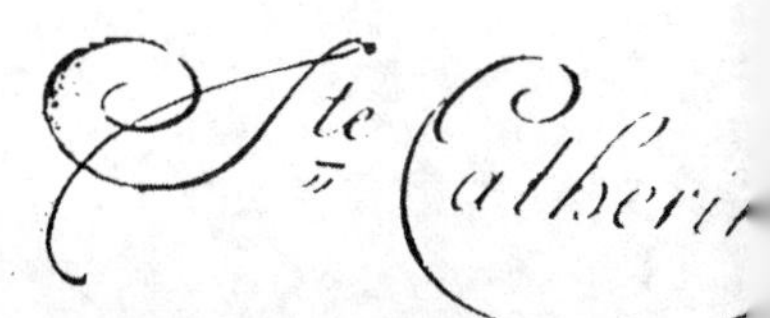

분석자라면 달팽이를 통해 틀림없이 상징을 발견할 것이다.

이런 여자들의 달팽이는 인간의 형상을 하지 않을 수도 있었다. 탈망의 형제인 데 레오 사제도 그렇게 생각했던 듯하다. 한 노처녀가 눈을 깔고 그에게 고해하기를 "천국에나 가서 결혼할 수 있을 것 같아요."라고 하자 사제가 대답했다.

"그 많은 성자들 중에 남편감으로 성 알리베르고(saint Alivergaut)만큼은 놓치지 않겠군요."

탈망의 주석이 설명하는 바에 따르면 이 성자는 특히 16세기에 '남근 모양을 한 지팡이'를 가리켰으니 후덕한 사제가 여신도에게 바이브레이터를 처방했던 모양이다.[49]

귀족 사회에서는 여자가 결혼을 하는 것이 아니라 부모가 결혼을 시켜주었다. 그렇다면 후견인이 없거나 신체적으로 조금 하자가 있는 여자는 무엇을 기대할 수 있었을까? 도피네의 귀족인 프레생 남작은 누이가 있었는데 절름발이에 못생겼다. 그녀는 오랫동안 결혼하리라는 희망을 품었지만 남작이 죽은 지 석 달이 지나자 스스로 신과 결혼하기로 결심했다. 적어도 간섭은 받지 않을 테니까.[50]

여자가 결혼하려면 라 퐁텐의 표현대로 '알 수 없는 욕망'을 느껴야 한다. 퓌르티에르는 성마른 노처녀 콜랑틴에 대해 매정한 묘사를 서슴지 않는다. 콜랑틴은 트집잡기와 재판의 선수여서 판사 앞에서 자신과 싸워 이길 수 있는 사람과 결혼하겠다고 맹세했다. 그녀는 매정하고 자신의 불운에 애가 타서 깡말랐으며 여자에게는 걸맞지 않는 활동까지 벌이고 있었다. "가장 엄격하게 지키고 있는 순결도 어쩔 수 없이 얻은 덕이었다. 왜냐하면 그녀는 어느 누구와도 뜻이 맞지 않았을 테니까."[51] 노처녀로 남을지도 모른다는 끔찍한 생각 때문에 차라리 쿠르티잔이 되겠다고 결심하는 여자들도 있었다.

• 자유 연애를 추구하는 독신자들 •

때는 1670년대 말, 파리 우르스 거리의 한 술집에서 귀족 청년들 몇 명이 '고주망태가 되도록' 술을 퍼마시고 있었다. 그중에는 1683년 부친이 사망할 때까지 비랑 후작이라는 칭호를 가졌던 가스통장 밥티스트앙투완 드 로크로르도 끼어 있었다. 청년들은 창문 밖으로 지나가던 성체용 빵장수를 불러들였다. 음탕한 놀이가 벌어지고 고함소리가 났다. 불쌍한 상인은 중요한 부분을 잘렸고 잘린 부분은 빵을 담던 바구니에서 발견되었다. 비용의 표현처럼 '모든 것을 선술집 아니면 여자들'에게 걸며 하루를 보내는 젊은 자유연애가들이 난봉파티를 유혈이 낭자한 사건으로 끝을 맺은 셈이다.

그들도 이번에는 자기들이 너무 심했다는 것을 깨달았다. 사건이 왕의 귀에까지 들어갈 우려가 있었고 그렇게 되면 이 불명예스러운 행동 때문에 왕의 꾸지람을 들을 것이 분명했기 때문이다. 이들이 우르스 거리와 같은 곳에서 비밀 난봉파티를 벌인 것은 수요회를 피하기 위해서였다. 하지만 어떻게 소문이 퍼지는 것을 막을 수 있을까? "왕의 화를 돋우지 않기 위해 이들은 서로 입을 다물 것을 맹세했고, 앞으로 단체에 들어올 사람들에게도 같은 맹세를 시켰으며 동시에 모든 여자관계를 포기할 것도 결의했다. 왜냐하면 만일 이들 중 누군가가 평소 편안하게 생각하는 여자에게 비밀을 모두 털어놓는다면 그 여자를 통해서 자신들의 소행이 왕에게 알려질 수도 있을 것이라 생각했기 때문이다."

참 재미있는 만성적 여성혐오증 사고방식이다. 고해의 비밀을 입이 가벼운 부인에게 숨길 수 없으리라고 생각한 사제들처럼 자유연애가들도 독신으로 살기를 원했다. 그러나 결혼에 반대하는 '이교도 단

체'의 경거망동한 행동보다 단체 자체에 대한 소문이 무성해졌다. 그 중에는 몰타기사단 단원인 티야데도 있었다. 단체를 네 명의 수도원장이 이끄는 종교단체처럼 만들 생각을 한 이는 그였을까? 수도회 총회에서 가장 말이 많았던 마니샹, 상원의원 그라몽 공작, 티야데 외에 이들은 마지막 수도원장으로 비랑을 선출했다. 비랑은 어리지만 기지가 넘치는 인물이었다. 수도원장 선출에 이어 아홉 개의 규율이 공포되었다. 가장 중요한 사항은 여자들을 상대로 순결을 지키는 것이었고 이를 어기면 단체에서 추방되었다(제2항). 처녀막을 두려워하는 회원들을 몰타기사단의 '그랑 메트르(grand maître)'와 구별하여 '프리 메트르(petit maître)'로 불렀다. 이 표현은 더 이상 이교도를 지칭하지는 않았으며 18세기에 대유행했다.

순결의 맹세에 대한 의미가 왜곡되어서는 안 된다는 점을 다시 한 번 강조하고자 한다. 독신의 개념은 호적처럼 엄격하지는 않았다. 그라몽은 유부남이었고 티야데는 그라몽이 아내를 너무 사랑한다고 핀잔을 주었다. 형제가 결혼했다고 해서 그룹에서 내쫓기지는 않았다. 다만 "결혼한 형제는 사업의 번창이나 부모님의 강요, 혹은 상속받을 자식이 필요하기 때문이라는 등의 해명을 해야 한다. 또한 절대 아내를 사랑하지 말아야 하며, 자식을 낳을 때까지만 아내와 동침하고, 또 그 경우라도 사전에 허락을 받는다는 선서를 해야 한다. 아내와의 동침은 일주일에 단 하루만 허락될 수 있다."(제4항)

사실 이들은 독신을 엄격히 맹세했다기보다는 과도한 여성혐오증을 드러낸 경우라고 볼 수 있다. 이 젊은이들이 가지고 다니던 상징물이 그 증거인데, 셔츠와 조끼 사이에 달고 다닌 십자가에는 성 미카엘의 십자가처럼 아내를 짓밟고 있는 남편의 모습이 환조로 새겨져 있다. 이들의 지나친 행동을 경고한 소책자 《이탈리아가 되어버린 프랑스(La France devenue italienne)》는 주의해 읽어야 할 책으로, 그 내용 중에는 이 장본인들이 일명 '수도원(시골별장)'에서 이탈리아로부터 흘러들어온 수컷들 사이의 정사에 몰입했다는 내용도 들어 있다. 이들에게는 소문이 새어 나갈 것을 경계해야 할 입 가벼운 부인들도 없었지만 어쨌든 이들의 이교도적 행각은 왕의 귀에까지 들어가고 말았다. 왕은 이곳에 가담한 군주 한 명에게 벌을 내리고 여러 '형제들'을 왕궁에서 멀리 떨어진 도시로 보내버렸다.

비랑의 가족들은 무분별한 행동을 금지하기 위해 하루라도 빨리 비랑을 장가보내려 했다. 아버지인 로크로르 공작은 오몽 공작의 딸이자 루부아의 조카딸을 며느릿감으로 정했다. 그러나 비랑은 결혼을 거부했고 아버지는 상속권을 빼앗겠다고 윽박질렀다. 스캔들이 일어난 후에도 자신이 한 약속을 지키고자 했던 비랑은 이주일의 말미를 얻었고 제6항에 따라 아버지의 말을 따라야 할 것인지에 대해 친구들에게 물었다. 친구들은 승낙하면서도 "아내와는 매우 절제 있게 행동하여 자신들의 존재를 잊지 않도록 했다". 이를 나쁘게 받아들이면 바로 추방되었다. 집안에서는 오몽 공작을 설득하는 일에 전력을 기울였다. 그는 로크로르 공의 비위를 거스를 것이냐 아니면 난봉꾼에게 딸을 보낼 것이냐로 고민하던 중이었다고 한다. "결혼과 노예 상태를 구분하지 않았던 비랑 후작은 그리도 무겁던 짐을 벗어던지게 되어 너무나 기뻤다." 그는 부족한 것이라고는 여자밖에 없는 환락 파티를 열어 오몽 공작의 거절을 친구들과 자축했다.

1683년 3월 로크로르 공작이 세상을 떠나자 유산을 상속받게 된 비랑은 훌륭한 신랑감으로 구애의 대상이 되었다. 왕이 직접 나서서 황태자비의 친구인 드 라발 양을 추천하기까지 했다. 비랑은 주저했다. 규방의 비밀을 알고 있었기 때문이다. 사실은 왕이 그에게 옛 정부를 넘기고 싶어했던 것이다. 이번에도 가족이 나섰다. 삼촌은 제안을 받아들이지 않을 경우 상속권을 빼앗아버리겠다고 협박했다. 결국 5월 21일에 결혼식이 치러졌으나 그는 마음속으로 경멸하고 있던 결혼 제도에 대해 마지막으로 비웃어주지 않을 수 없었다. 자유로운 영혼의 소유자임을 더욱 효과적으로 암시하기 위해 그는 결혼식 다음날 부인 대신 여자가 쓰는 실내 모자와 리본 장식을 한 채로 축하인사를 받았다. 관례적으로 침대가 있는 방은 어두웠기 때문에 여자들은 깜빡 속아 넘어갔다. 그의 대담한 애무에 눈치를 챈 여자들도 있었지만 말이다.[52]

이런 이교도 모임은 회원들에게 독신을 강요했으나 그래도 독신은 일시적인 상태일 뿐이었다. 결혼으로 정착하여 조신해진 비랑은 렉투르 주지사, 법관, 랑그독 사령관을 차례로 역임한 후 1724년 프랑스 해군제독이 되었다.

물론 여성 혐오의 성향을 드러내는 소책자와 결혼 제도에 반대하는 '이교도'의 비방은 반드시 구분해야 한다. 후자는 여자들의 수다가 두려워 동성애를 선택한 경우이다. 그러나 자유연애를 즐기던 대귀족 가운데에는 젊은 시절 쾌락을 너무 오랫동안 즐기다가 아버지가 원하는 아름다운 결합을 이루지 못한 경우도 있었다. 비랑 같은 사람들에게 짝지울 만한 왕녀를 찾기란 쉬운 일이 아니었다. 결국 17세기 말이 되면 명예를 지키기 위한 명분상의 결혼이 감소하게 된다. 그밖에도 사회적 의무와 재산 상속을 위해 결혼은 하더라도 독신처럼 생활하는 사례도 있었다. 라 퐁텐은 아내와 "너무 오래 떨어져 살아서 결혼했다는 생각을 미처 하지 못하고 삼 주가 지나가는 때도 있었다."고 말했다.[53]

이제 '자유'는 핵심어가 되었다. 자유로운 정신은 종교의 구속으로부터 벗어났고 자유로운 마음을 필요로 하는 풍속의 자유를 수반하게 되었다. 당시 말로 '독신자'(18세기에 생긴 말)는 항상 자유로운 사람이라는 뜻이었다. 극작가 샹포르(Sébastien-Roch Nicolas Chamfort, 1740~1794)는 방탕할 나이는 지났으나 거나한 파티를 거절하지는 않았으며 가끔은 이런 자랑 섞인 대답을 들려주기도 했다. "내가 정신없이 좋아하는 것이 두 가지 있는데 하나는 여자이고 또 하나는 독신이다. 첫번째 것은 잃어버렸으니 나머지라도 지켜야겠다."[54]

자유라……. 자유를 정의하는 방법은 수없이 많다. 많은 사람들이 자유가 구속이 없는 상태라고 생각한다. 그래서 유명한 난봉꾼이며 귀족이자 테오필 드 비오(Théophile de Viau)의 제자인 자크 발레(Jacques Vallée)는 늙어서까지 그리고 파스칼의 《팡세(Pensées)》에서까지 고집스런 자유사상가의 전형으로 등장한다. 그에게 자유는 무엇보다 약속에 대한 두려움이었다. 데 바로는 나약하고 의지가 약하며 쾌락에 탐닉한 인물인 반면 자신의 행동이 불러올 결과에 대해 금방 겁을 먹는 사람이었다. 테오필 드 비오의 작품을 출판할 정도로 그를 따랐던 데 바로는 그가 '자유연애가들의 왕'으로 비난 받자 곧바로 그와의 우정을 부인한다. 그랬다가 비난이 사그라지자 다시 화해한다. 또 병으로 목숨이 위험하게 되면 잠깐씩 종교에 귀의한다. 국무위원이지만 의회를 피하기도 한다. 데 바로는 확신에 찬 사람의 전형은 결코 될 수 없었다. 이는 아마도 1574년 무신론으로 인해 화형당한 조부 조프루아 발레의 영향이 컸을 것이다. 그는 어떤 일이든 신중한 태도를 취했다고 한다.

그의 시 중 가장 대담한 것들은 대부분 사라졌지만 지금까지 전해오는 시에는 쾌락주의가 드러나 있다. 그는 건전한 영혼을 흔들어놓는 대단한 열정보다는 아타락시아, 평온하고 얽매임 없는 행복을 선호했다. 독신을 주장하는 것도 그의 철학과 무관하지 않았다.

> 법관도 아니요, 유부남도 아니요, 사제도 아니라네
> (중략) 휴식을 위해 정부도 주인도 두지 않고
> (중략) 회한도 없이 도덕적으로 산다네
> 굳게 믿으며 현재를 소유하고
> 미래에 대한 두려움도 희망도 없이
> 어디서나 조용히 죽음을 기다린다네.[55]

따라서 그가 말하는 독신이란 책임이 없는 상태를 의미한다. 가족에 대한 책임도 없고, (가족에 대한 걱정을 하지 못하도록 사제들에게 독신을 강요하는) 영적인 책임도 없으며, 공적 책임도 없다. 이는 선택이라기보다는 오히려 도피에 가깝다. 독신자들에게 이기주의자라는 비난이 가해지기 시작한 것도 이 때문일 것이다.

17세기 모럴리스트들의 비난을 받은 것도 바로 상황에 의해 어쩔 수 없이 선택한 독신이었다. 프랜시스 베이컨은 가족에 대한 부양 의무를 경감시키면서 재산을 더 많이 축적하려는 '탐욕스러운 부자들'을 경멸했다. 이런 점에서 자유는 비난의 대상이 될 수 있었다. 당시에 자유가 숭배의 대상이 되지 않았던 이유이다. "독신을 선택하는 가장 큰 이유는 바로 자유 때문이다. 특히 이기적이고 변덕스러운 사람들은 구속이라면 질색을 하기 때문에 어디서든 사슬과 멍에의 허리띠와 끈을 발견한다." 왕에게도 독신자들은 가장 충직한 신하는 못 되었다. 이들은 "도망갈 준비를 항상 하고 있었다. 망명객 대부분이 독신자일 것이다".[56] 르네상스가 끝나고 근대 사상이 싹트는 중간 시기에

이 영국 철학자는 독신을 정치적 측면에서 해석한 최초의 철학자 중 한 사람이 되었다. 여러 결정주의론이 지배하는 세상에서 자유란 당당히 요구할 수 있는 권리이기보다는 감히 저지르는 방종과 같은 것이었다. 이 시대에는 특히 자유의 파괴적인 측면만이 부각되었다.

그러나 다른 종류의 자유도 존재한다. 책임을 회피하는 것과 무엇이든 받아들일 준비가 되어 있는 상태를 혼동하지 않는 좀더 건설적인 의미의 자유이다. 가브리엘 쉬숑이 말하는 독신이란 아리스토텔레스적 의미에서 볼 때 자신의 운명을 거부하고 모든 가능성에 문을 열어두는 일이었다. 사회생활에서는 의무를 망각하는 자들에게 이기주의라는 비난이 자주 쏟아지게 되었는데 가브리엘 쉬숑은 가족에 대한 부양 의무가 없는 독신자들이 자원봉사단의 구세주가 된다는 전도유망한 논리를 펼쳤다. "독신은 단 하나의 보편적인 목표를 갖는다. 즉 공동체를 위한 유용성이다."[57] 사제의 사명을 확장시킨 독신은 가브리엘 쉬숑의 경우처럼 다른 사람을 위해 봉사할 때 명예로울 수 있다. '둘'을 거부하는 것은 '하나'에, 즉 이기주의에 갇히는 경우이거나 아니면 다수에게 문을 열어놓는 의미를 지닌다.

이 두 가지 독신은 대립하지 않는다. 실용주의자인 베이컨은 이기주의에도 장점이 있다고 보았다. 잘 정립된 자비심은 자신에서부터 시작하기 때문이다. "독신은 교회 사람들에게 적합하다. 자비심이란 채울 늪이 없다면 땅을 적시지 못하기 때문이다." 따라서 독신자들은 '가장 훌륭한 친구, 주인, 하인들이다'. 이들은 군주제 하에서 최소한 정치적 위협은 되었지만 19세기처럼 사람들의 비난을 받는 비사교적인 노총각들은 아니었다. 베이컨은 전반적인 의미의 독신을 다루고 있고 독신을 비종교적으로 바라보고 있지만 가장 숭고한 목적에 가장 잘 어울리는 상태는 사제일 때라는 것을 잊지 않는다.

독신이 자유연애에 전력하지 않고 유용한 인력으로 남을 때, 베이컨은 키케로의 가르침을 상기시킨다. "아내와 자식이 있는 사람은 운명에 인질을 잡힌 셈이다. 아내와 자식은 선한 일이든 악한 일이든 모든 위대한 일을 하는 데 방해가 되기 때문이다. 대중에게 가장 훌륭하고 유익한 일은 독신자들이나 자식이 없는 남자들의 공헌으로 이루어진다. 이들이 감정으로나 방법상으로 국가와 결혼하여 국가의 부를 키워주었기 때문이다." 베이컨은 '육체의 이미지가 없으므로 영혼의 이미지를 전파하려는 듯이'[58] 숭고한 작품과 제도라는 후손과 결혼에서 남은 후손을 드러내놓고 비교하기도 했다. 이 부분에서 베이컨의 분석은 독창성이 떨어지는데 고대 이후 존재해온 플라톤적 개념을 언급하고 있기 때문이다.

이제 독신은 앞으로 살펴볼 자유의 역사에 편입되게 되었다. 이런 느린 정복 뒤에 1789년 프랑스 사회의 폭발이 발생한다. 그러나 이는 이미 2세기 전부터 특히 영국을 중심으로 활동한 정치 사상가들이 준비해온 것이다. 이 두 세기는 서양 문화에 있어 종교 색채를 멀리한 독신이 의식화된 시기를 의미하기도 한다.

• 독신은 새로운 질병인가 •

1738년생인 크리스토프 필리프와 1740년생인 프리드리히 스테판(Friedrich-Stephan)은 형제 사이였다. 바이에른 출신인 그들의 아버지는 독일 안스바흐 근처 바이젠바흐에서 염색업을 하고 있었다. 모험심이 많은 장남은 돈을 벌기 위해 뮐루즈로 떠났고, 그곳 로렌 공장에서 판각사(板刻士)로 일했다. 이후 그는 파리 포병공창에서 채색공이 되었다가 스물한 살에는 자립해야겠다고 마음먹고 1759년 동업자들과 작은 회사를 열었다. 하지만 동업자들은 비양심적인 사람들이었다. 그래서 그는 동생을 파리로 불러들였다. 동생이 스무 살도 채 되지 않은 때였다.

프리드리히는 크리스토프의 후광을 입었다. 크리스토프는 프리드리히를 고향에서 빼내와 함께 기업을 세웠고, 재판까지 치르며 이 회사를 지켰다. 또 동생을 출장 보낸 후 그가 보내오는 보고서를 꼼꼼히 조사했다. 처음에는 힘들었지만 형제가 세운 날염 옷감 공장은 나날이 번창했고, 1770년에 두 형제는 프랑스 국적을 얻기에 이른다. 이들은 모두 30대가 되었지만 여전히 장가를 못 가고 있었다.

다행스럽게도 동업자의 아내인 마레즈 부인이 중매쟁이 역할을 했다. 1774년 마레즈 부인은 프리드리히에게 프로테스탄트인 포도주 장사의 딸을 소개했다. 맏형은 이 여자를 아내로 맞아들였다. 크리스토프는 부모님에게 편지를 보냈다.

"그녀는 동생보다는 제게 더 잘 어울려요. 동생에게 그런 얘기를 했더니 고맙게도 양보해주었어요."

그런데 자식들의 성격을 잘 알고 있던 아버지는 장남에게 동생도 결혼을 시키라고 부탁한다.

"혈기왕성한 나이에 풋내기나 다름없는 애다."

약속을 했으니 지켜야 했다. 2년이 지난 후 형은 풋내기에게 괜찮은 신붓감을 소개해주었다. "마음씨 좋게 생긴 서른 살 가량의 후덕한 여자로 매우 가정을 꾸리고 싶어하고 심지어 가게를 맡을 수 있는 능력도 있었다." 여자를 먼저 소개받은 쪽은 미래의 신랑이 아니라 그의 형이었다. 언제나 그렇듯이 말이다. 형은 동생에게 소개를 해주었고 동생은 전통에 따라 신붓감으로 점지받은 '마음씨 좋게 생긴 넉넉한 여자'를 보기 이전에 그녀의 가족을 방문하기로 했다. 일주일이 지난 후 "그는 이렇게 중요한 일에 대해 조금 더 생각할 시간이 필요하다."고 말했다. 그 후에도 확답을 연말 정산 이후로 미뤘다. 삼위일체 첨례도 지나갔다. 이제 결혼은 물 건너 간 일이 되어버렸다. 그의 소심한 성격 탓일까? 아니면 일이 더 좋아서였을까? 자유가 필요했던 것일까? 10년 후 이제는 철저한 독신주의자가 된 동생에게 중매쟁이가 잠깐 방문하겠다고 일렀다. 그러나 그는 중매쟁이와 저녁 식사를 하고 싶지 않았다. "차라리 다른 일을 하거나 자기가 좋아하는 취미 생활을 하고 싶어했다."[59]

조신한 남자이자 착실한 독신 남성인 프리드리히는 오베르캄프(Oberkampf)라는 이름으로 역사에 남은 형 크리스토프의 그늘에 가려진 삶을 살았다. 형은 유명한 기업가로 재산도 모으고 결혼도 했으며 루이 16세로부터 귀족 작위를 받고 나폴레옹으로부터 훈장도 받는가 하면 파리의 거리와 지하철에 이름을 남겼다.

프리드리히 오베르캄프의 이야기는 프랑스 산업사에서 특별한 사례가 아니었다. 대부분의 동시대 인물들이 독신으로 살았기 때문이다. 예를 들어 가정용 천 공장을 소유했다가 1810년에 처분한 장 밥티스트 드크레토(Jean-Baptiste Decrétot, 1743~1817)와 노르 쉬르 에르드르 광산업자였던 프랑수아 조제프 자리(François-Joseph Jary, 1739~1805)도 같은 경우였다.

자유연애와 소심함, 이기주의와 사교계 생활, 도시화와 성직자 그리고 하인, 선원, 군인 등과 같은 직업은 독신이라는 선택에 영향을 주었다. 18세기는 독신이 프랑스 인구에 위협이 될지 모른다는 우려가 생겨나던 때였다. 말 자체에 너무 큰 의미를 부여해서도 안 되겠지만 그래도 최초로 '독신자'라는 말이 사용된 시기가 18세기였다. 유행 때문이었을까? 아니면 사회 각계각층에서 나타난 결혼 제도가 파산하고 있었기 때문이었을까? 18세기 후반에 나타난 사회의식의 특징을 망라한 샹포르의 말은 의미심장하다. "결혼과 독신은 모두 불편한 점이 있다. 따라서 그 단점을 개선할 가능성이 있는 쪽을 선택해야 한다."[60]

17세기 말부터 나타나기 시작한 독신에 대한 우려는 과연 타당한 생각일까, 아니면 지나친 걱정일까? 당시에는 통계를 내기도 어려웠고 통계치를 믿을 수 있는 경우도 드물었다. 다만 상위층에 관한 자료는 풍부한 편이었다. 이 자료를 검토해보면, 17세기 말 영국의 귀족사회에서는 50세를 기준(계속 독신으로 지낼 확률이 많은 나이. 특히 여성의 경우가 그렇다)으로 할 때, 독신자 비율이 그리 높지 않다는 것이 증명되었다. 반면 20세를 기준으로 한 독신자(임시 독신)의 비율은 1330~1880년 사이 남성과 여성의 경우 모두 점진적으로 증가했다.[61] 이는 혼인연령이 지속적으로 상승했음을 보여준다. 독신으로 살겠다고 마음먹은 사람들의 비율 추이는 더 가변적이어서 기복이 심하다.

국가에 따라 상황은 달랐다. 1753년 바리 지방의 세금대장처럼 특수한 사례를 보면, 이탈리아에서 독신은 특히 가난과 연관이 있었다. 가장 빈곤한 두 사회 계층에서 독신자의 비율이 높았고, 가장 부유한 두 사회 계층에서는 독신자의 비율이 낮았다.[62]

프랑스의 경우 피숑 사제(abbé Pichon, 1765년)가 낸 통계 수치에 따르면, 독신자의 수는 총 인구의 20분의 1, 즉 100만 명에 달했다. 이는 꽤 합리적인 수치로 보인다. 그러나 루이 앙리(Louis Henry)와 자크 우다유(Jacques Houdaille)는 피숑 사제의 수치보다 완전 독신자의 비율이 높다고 생각했는데, 이들은 사망증명서에 기록된 결혼 여부를 기준으로 세대별로 계산했다. 남성의 경우에는 결혼 여부가 사망증명

세대	완전 독신(남성)	완전 독신(여성)
1670~1674		4.8%
1690~1694	4.8%	6.6%
1695~1699	6.7%	8.6%
1715~1719		8.4%
1720~1724		8.5%
1725~1729		10.3%
1765~1769	8.5%	11.8%
1770~1774		12.8%

서에 반드시 기록되지 않았기 때문에 수치의 정확성이 떨어졌다. 여성의 경우에는 반드시 유부녀, 딸, 과부로 분류되어 기록되었다. 1670년과 1774년 사이에 태어난 세대에서는 독신자의 비율 증가가 뚜렷이 나타났다.

임시 독신의 비율 또한 높았는데 이는 혼인 연령이 상승했기 때문이다. 그러나 혼인 연령은 사회계층과 지역에 따라 많은 차이를 보였다. 16세기 말 여성의 평균 혼인 연령은 19세였다가 200년이 지나면 26~27세로 상승한다. 남자의 경우에는 같은 기간 혼인 연령이 23~24세에서 29세로 상승한다. 그러나 프랑스의 리무쟁 같은 지역에서는 18세기에도 대부분의 처녀들이 스물한 살에 시집을 갔다. 순진한 젊은이들을 이용해 결혼지참금을 챙기려 했던 상류층에서는 오히려 혼인 연령이 낮아지는 경향이 나타났다. 최상류층인 고관귀족들의 경우, 평균 혼인 연령이 남자 23.6세, 여자 19.4세였다. 그러나 이는 특별한 경우였다. 재력이 부족한 귀족들 중에는 많은 독신자들이 생겨났다.

독신 현상은 농촌보다 도시에서 더욱 두드러졌다. 도시의 생활수준이 높아짐에 따라 완전 독신도 증가했다. 임시 독신도 증가했는데 그것은 상황의 필요에 의해서라기보다는 하인의 수가 늘어난 데 이유가 있었다. 수공업에 종사하는 사람들 또한 결혼하기 전에 장인으로 정착하려 했다. 그러므로 아래의 수치들은 시사하는 바가 크다. 1774년 스트라스부르에서는 16세 이상 인구 중 독신자가 31퍼센트나 되었다. 18세기 초반 파리 생 쉴피스 교구에서는 20세 이상 성인 인구에서 비슷한 독신율(26.60퍼센트)을 보였다. 그러나 이 평균치는 20세 이상 총각(35.56퍼센트)과 20세 이상 처녀(18.93퍼센트) 간의 불균형을 감추고 있다. 교구 전체 인구 대비 독신자 비율은 67.36퍼센트에 달하고, 그중 남성은 73.02퍼센트, 여성은 61.79퍼센트가 독신자였다. 자크 뒤파키에(Jacques Dupâquier)에 따르면, 평생이든 임시든 독신자 수가 '프랑스 인구 역사상 전례가 없었고 앞으로도 없을 기록적인 수치'라고 평가했다.[63]

도시에 독신자들이 몰리는 현상은 유럽 전역에서 볼 수 있었다. 빈의 경우 성인 남성 중 독신자와 홀아비의 비율은 53퍼센트에 달했고, 여성의 경우에는 56.2퍼센트에 이르렀다. 기혼자는 각각 28.2퍼센트와 25.6퍼센트밖에 되지 않았다. 도시에서 하인들을 많이 고용했던 것이 가장 큰 원인이었다. 하인을 덜 썼던 변두리 지역에서는 이런 현상이 덜 나타났다. 그러나 혼자 사는 성인의 수는 여전히 많았다(25.3퍼센트와 33.1퍼센트).[64]

따라서 이 통계와 함께 현대 전문가들의 평가를 분석할 때에는 지역과 사회계층을 염두에 두어야 할 것이다. 재력이 모자란 귀족 사회에서 독신 현상은 꽤 만연했는데 당시에 언급되었던 독신의 이유들은 정확한 것으로 보인다. 가진 재산이 별 볼일 없는 귀족들은 신분을 유지하면서 가족의 생계를 책임지기에는 역부족이었다. 따라서 이들은 총각으로 남기를 원했고 절대 경험해보지 못할 결혼의 즐거움을 보상받기 위해 대도시의 유흥을 즐겼다. 18세기 런던에서 독신자들의 수가 많아진 것도 바로 그 때문이었다.[65] 기왕에 경제적 이유가 나왔으니, 부의 축적 방식에서 큰 변화를 일으킨 근대 혁명의 영향을 언급하지 않을 수 없다. 이때에는 귀족 재산의 기본이었던 토지 소득이 상업을 통한 이익에 비해 자산 가치가 떨어졌다. 특히 대륙을 횡단하며 사업을 하는 대기업이 생긴 이후 이 현상은 심화되었다. 영국에서 일찍 시작된 산업혁명은 엄청난 이익을 얻을 수 있는 새로운 재정적 원천을 발생시켰던 것이다. 신분을 낮추지 않고는 상업에 뛰어들 수 없었던 귀족들은 품위를 유지하기 위한 생활을 지속할 수 없게 되었다. 따라서 대가족을 거느리고 신분에 맞지 않게 쪼들리며 사느니 혼자 살며 적정한 생활수준을 유지하고 싶은 유혹이 커질 수밖에 없었다.

그러나 부의 원천이 변함으로써 더 위험한 결과가 초래되었다. 토지 소득은 상속이나 결합 즉 결혼을 통해 세습되었던 데 반해, 근대에 습득한 부는 개인의 노동을 통해 형성되었기 때문이다. 위에서 말한 오베르캄프 형제의 경우에도 맏형은 사업 기반이 자리가 잡힌 서른여섯 살에 결혼을 했고 동생은 혼자 살았다. 만약 동생 프리드리히가 형 크리스토프의 제안을 받아들였다면 결혼을 했을지도 모른다. 하지만 어찌 되었든 간에 두 형제는 정착하기에 앞서 재산을 모으는 데 젊음을 바쳤다. 이런 인생 시나리오는 전형이 되어버렸다. 막 성인이 된 무렵에는 개인의 생산성이 높은 시기로 직업이나 사회적 성공에 투자하게 된다. 목표를 달성한 사람들은 그제야 아내를 취할 것이고, 성공하지 못한 사람들은 늙고 지쳐, 성공에 대한 환상에서 깨어나면 무일푼이 되어 아내를 얻을 기회는 더욱더 적어지게 된다.

결국 17세기와 18세기에 혼인 연령은 늦춰졌다. 단 고관대작들은 자식이 공교롭게 사랑에 빠지기 전에 결혼시키려는 경향이 강했다. 문학은 이런 현상을 반영하고 증폭시키기도 했다. 만혼도 드문 경우는 아니었다. 퓌르티에르의《부르주아 소설》에 등장하는 아버지 발리숑은 40세에 결혼했다. 몰리에르의 희극에 나오는 인물들인 아리스트와 스가나렐은 각각 40세와 60세에 결혼을 생각하게 된다(《남편들의 학교》). 스가나렐이 도리멘과 결혼했을 때의 나이는 52세였다(《강제결혼》).

이런 사례들을 과연 일반화시킬 수 있을까? 루이 앙리는 근대 독신자들의 수가 과장되었다고 생각한다. 그는 잘 알려진 상류층 독신자들의 수, 즉 좀더 공신력 있는 통계의 대상을 기준으로 삼는다. 그러나 분석 가능한 자료가 있는 경우 단편적인 사례들을 살펴보면, 농촌의 완전 독신자 비율이 매우 낮다는 점을 알 수 있다.

1742년 네덜란드의 바르데르에서 연령별로 실시한 특별한 인구조사는 그의 말을 입증하는 것 같다. 조사 대상이 된 354명 가운데 25세 이상 독신자는 아홉 명이었다. 혼인 연령은 높게 나타난 반면(남성의 경우 30~59세) 완전 독신자의 비율은 매우 미미하다(2.5퍼센트).[66] 이러한 상황은 현대 학자들의 의견을 잘 반영하고 있다. “경작인들과 장인(匠人)들이 결혼을 하지 않는 이유는 가정을 꾸릴 능력이 될 때까지 저축을 하기 위해서이거나, 이를 위해 재산을 조금이라도 보탤 수 있는 여자를 찾기 위해서이다. 왜냐하면 이렇게 주의를 기울이지 않고 섣불리 결혼한 동료들이 찢어지게 가난해지는 모습을 매일같이 보았기 때문이다.”[67] 한편 늦은 결혼 연령과 완전 독신은 출산율이 높은 시기에 산아를 제한하기 위한 경험적 수단이 되었다. 산아제한이 18세기부터 일찍 실시된 프랑스에서는 독신자가 적고 결혼 연령이 낮았다. 이 사실은 19세기에 도(道) 단위로 실시한 인구조사를 통

해 밝혀졌다.[68]

이런 통계학적 접근에 대해서는 의견이 엇갈린다. 제시된 수치마다 차이도 크고 지역마다 편차를 보이기 때문에 종합하기가 어렵다. 도시에 대수도원이 있을 때 독신 수도사와 독신 평신도를 구분하지 않는다면 통계가 왜곡될 수도 있다. 또 역사가마다 나름의 기준을 세웠기 때문에 비교가 불가능하다. 사용된 자료에서 특히 남성들의 경우에는 결혼 여부가 확실하지 않다. 분명 중세보다 자료는 더 많지만 근사치인 경우가 흔하고 근대적 기준으로는 해석하기 어려운 사례가 많다. 상황 또한 워낙 다양하여 일반화시키기는 곤란하다. 플랑드랭은 완전 독신(50세 이상)이 10퍼센트를 초과한다고 주장하면서 17~18세기 오주 지방에서는 그 비율이 30퍼센트 가까이 된다는 의견을 펴기도 했다.[69]

따라서 통계 조사에 대한 결론은 신중히 내려야 한다. 혼인 연령이 늦춰지는 현상(임시 독신)은 지속되고 있었으나 완전 독신의 경우에는 기복이 훨씬 심했다. 그러나 대도시 하인 인구가 안정적이었기 때문에 동시대 사람들은 독신율이 높다는 인상을 갖게 되었다. 하인들은 고향으로 돌아가 결혼을 했고 새로운 독신자들이 결혼한 하인들의 자리를 메웠다. 분명한 사실은 이런 상황이 실제로 벌어지든 그렇지 않든 우려를 낳았다는 점이다. 그 반향을 우리는 현실에 민감한 두 분야인 정치와 문학에서 찾을 수 있다.

루이 14세, 아니 좀더 정확히 말하자면 콜베르(Jean-Baptiste Colbert, 1619~1683)는 1666년 11월 대가족에 관한 칙령을 통해 최초로 경종을 울렸다. 그때까지만 하더라도 결혼 정책은 관심사가 아니었다. 콜베르 안이 일으킨 반응은 오히려 그 반대로 나타났다.

장관 콜베르는 1666년 각 지방의 경리관을 대상으로 방대한 조사를 벌여 각 지방의 조세 수입에 대해 알아보았다. 부르고뉴 지방은 전통적으로 10~12명의 아이가 있는 가족에게 세금을 면제해주었는데 이것이 장관의 관심을 끌었고 대가족에 관한 칙령에 영감을 주었다. 그러나 대가족만 면제 대상이 된 것은 아니었다. 조사 과정 중에 콜베르는 독신자들의 생활이 지방에 따라 천차만별임을 알게 되었다. 평민 혹은 평민의 재산에 과세하는 세금인 인두세는 납세구에 따라 매우 불규칙적으로 수납되고 있었다. 랑그독에서는 재산을 소유한 모든 평민(결혼 여부에 관계없이)에게 세금이 부과되었다. 한편 노르망디 지방에서는 제3신분의 모든 사람들에게 세금이 부과되었다(여자들의 경우 결혼 이전에는 제외되었다). 그런가 하면 파리에서는 결혼한 남자들에게만 세금이 매겨졌다(독신자들은 제외되었다). 제3신분 소유자에게 부과되므로 원칙적으로 최소한 호적에 따라 평등하게 나뉘어야 할 세금이 천차만별로 부과되는 것은 우려할 만한 일이었다.

1666년 칙령은 다양한 법령을 통일하는 것이 목적이었다. 그러나 독신자들에게는 불리했다. 최초 법안은 대가족의 가장을 과세 대상에서 제외시킬 뿐만 아니라 20세가 넘는 독신자들을 과세 대상에 포함시켰다. 또한 자손 유무와 상관없이 20세 이전에 결혼한 사람들은 25세까지 면세 대상이 되었고 20세에 결혼한 사람들은 24세까지 인두세를 내지 않아도 되었다.

따라서 이 칙령은 인구정책이라기보다는 결혼 정책의 일환이라고 보아야 할 것이다. 수도원에 들어가지 않은 10명의 자식을 키우는 모든 가장에게 세금 모금, 후견, 재산 관리, 감시 및 보호가 면제된 것이 그 예이다. 이는 독신자가 많은 귀족이 아니라 제3신분에게 힘을 실어주는 데 그 목적이 있었음을 보여준다. 이 법안에 따르면(인두세 면제 대상이었던) 10~12명의 아이를 키우는 귀족 부인들은 1000~

2000리브르에 달하는 연금을 제공받을 수 있었다.[70] 이렇게 법안은 결혼과 대가족을 장려하고 있었다. 여기서 세금 면제라는 것은 단지 조세 혜택만이 아니라 신분을 나타내는 징표였음을 잊지 말아야 할 것이다. 성직자, 귀족 계급에서는 아무도 내지 않았던 인두세는 평민의 세금이었고 불명예스러운 것으로 여겨졌다. 따라서 면제를 받는 일은 부러움을 살 만한 특혜로 인식되는 경우가 많았다.

작성이 완료된 법안은 각 지방 경리관에게 발송되었다. 법안에 대한 반응은 어떠했을까? 이들이 다소 미온적 태도를 보인 것은 독신자가 사회적으로 입지를 확고히했음을 반증한다. 캉의 경리관은 조혼으로 전쟁과 해군을 피하려는 젊은이들이 생길지도 모른다며 우려했다. "전쟁과 해군은 유부남보다는 총각들에게 적합하고 자유연애가 기본이 되는 직업이기 때문이다." 또한 법안 속에 감추어진 '사제, 수도사, 수녀들의 삶에 대한 경시'의 시각에 대해서도 염려했다. 그러나 알랑송의 경리관은 20세가 넘은 처녀가 가게를 운영하면 인두세를 받아야 한다고 제안했다. 클레르몽페랑의 경리관은 인두세를 면제해주면 젊은이들이 너무 일찍 결혼하려 할 것이고, 그러면 근위대에 입대할 사람들이 줄어들어 가난한 사람들이 늘어나게 될 것이라고 우려했다. 인구수가 너무 많아 아이 하나쯤 잃어버려도 쉽게 마음을 추스릴 아버지들이 많은 지방에서는 이런 법안이 쓸모없다는 것이다. 모든 지방이 독신과의 전쟁을 최우선 과제로 삼은 것은 아님을 보여주는 대목이다. 반대로 가족을 부양할 책임이 없는 젊은이들은 육군과 해군을 위한 소중한 예비병들이었다. 이들이 너무 일찍 결혼하게 되면 경제적 곤란에 빠질 가능성만 높아진다.

이런 반응에도 불구하고 "20세 전에 혹은 20세에 결혼한 사람들이 25세가 될 때까지, 그리고 10~12명의 자식을 거느린 가장에게 특혜

와 면세를 제공한다."는 칙령은 1666년 11월 왕에 의해 공포되었다. 루이 14세는 '타락한 시대'가 결혼의 존엄성을 무효화시키는 것에 개탄하며 결혼하지 않고 사는 백성들이 결혼한 사람들보다 세금 납부에 있어 더 유리한 대접을 받는 것을 원하지 않았다. 칙령은 콜베르의 짧은 메모에서 발전한 것으로, 결혼한 젊은이들에게 인두세를 면제해준 것 외에 21세에 결혼하지 않은 모든 인두세 적용 대상자에게 재산과 능력에 비례하여 과세하는 것을 포함하고 있었다.[71] 엄격히 말해 이것은 독신자에게 매기는 세금은 아니었다. 다만 독신자들이 지금까지 피해 왔던 세금을 내도록 하고 결혼한 젊은이들에게 임시적으로 면세를 해주는 정책이었다. 귀족이나 면세 지역의 부르주아 계층과 같이 인두세 면세 대상에게도 결혼을 장려했다. 콜베르의 제안에 따라 이 제도는 연금을 통해 결혼을 장려했는데 자유로운 부르주아 계층에게는 연금 금액이 반으로 줄어들었다.

독신을 처벌하는 시스템은 다른 곳에서 고안되었다. 프랑스령이었던 캐나다에서는 결혼을 장려하기 위한 칙령이 발표되었다. 아들을 20세에, 딸을 16세에 결혼시키지 못한 아버지는 벌금에 처해졌고 이 벌금은 병원을 돕는 데 사용되었다. 당시로서도 이 나이는 그리 많은 것이 아니었지만 젊은이들의 결혼에 아버지의 책임 소재를 분명히 한 것이다. 이 나이에 결혼한 사람들은 20리브르에 달하는 왕의 하사품을 받았다.[72] 당시 지방에서 칙령을 이행하려면 반드시 등록을 해야 했다. 1666년 칙령의 등록을 거부한 의회가 몇 군데 있었지만 프랑스 대부분 지역에서 칙령이 실행되었다. 그런데 실제로는 관리하기가 힘들었다. 예를 들어 면세의 경우 아이가 사망하면 대상에서 제외되었다. 또 수혜자 중에는 재정 장교에게 사실을 알리지 않는 경우가 많았다. 특히 대가족의 경우에 이런 일탈 행위가 흔했고 마침내

1683년 1월 23일 칙령은 폐지되기에 이르렀다.

이후 자주 거론되고 있는 이 칙령은 프랑스 인구정책을 국가가 의식했다는 의미를 지닌다. 이후 18세기 내내 독신에 관한 고찰이 유행하게 되었다. 몽테스키외(Montesquieu, 1689~1755)는 1748년 발표한 《법의 정신(Esprit des lois)》을 통해 정치철학에 지대한 영향을 미쳤다. 그는 법이란 임의적인 것이 아니라 자연과 이성에 근거하고 있다고 주장하면서 독신을 이러한 이론적 테두리 안으로 끌어들였다. 그는 처녀들이 결혼을 '꽤 하고 싶어한다' 고 생각했는데 결혼을 하면 여자들이 자유와 쾌락을 얻을 수 있기 때문이었다. "따라서 총각들을 부추겨야 한다." 몽테스키외는 우리가 앞에서 살펴본 바와 같이 총각들이 누리는 자유와 귀족 가문의 처녀들이 당하는 엄한 감시의 차이에 대해 주목했다.

그리고 몽테스키외는 문명과 독신의 매우 실질적인 관계를 밝히고 있다. "신생 민족은 번성하고 크게 성장한다. 이들이 독신으로 산다는 것은 매우 불편한 일이 될 것이다. 자식이 많은 것은 큰 불편이 아니다. 그러나 국가가 형성되면 반대 현상이 일어난다." 세습 재산이나 가문의 이름을 보존하고자 하는 아버지들은 자식들 중 일부만 결혼시키려 한다. 쾌락과 개인주의는 문명과 함께 성장하므로 결혼은 점점 더 책임으로만 느껴질 뿐이다. 물론 몽테스키외는 자유연애를 염두에 두었으며 또한 종교를 공격하지 않는 신중함을 보이기도 했다. "독신에 반대하고 종교를 받아들인 자만이 신을 기쁘게 할 것이다. 그러나 자유연애를 하는 자 앞에서, 자연적인 감정으로 인해 타락하여 자신을 더 나은 사람으로 만들어줄 결합을 피하고 항상 더 악하게 만들어줄 독신자 생활을 하는 것에 대해 누가 입을 다물 수 있겠는가?"

그러나 몽테스키외는 성직자, 귀족, 상층 부르주아 계급이 나라의 부를 독차지하고 있다고 비난했다. 그것도 다른 나라에 대한 비유를 통해서 말이다. 가난은 독신을 낳는다. 전제주의의 횡포에 시달리거나 평신도에 대한 성직자의 착취가 지나친 나라들은 가난 때문에 인구가 감소하는 나라의 훌륭한 본보기가 된다. 인구가 감소하는 이유는 주민들이 가족을 부양할 만한, 즉 백성을 먹여 살릴 만한 토지가 없기 때문에 의욕을 상실하기 때문이다. "성직자, 군주, 도시, 귀족들, 주요 시민들이 아무 의식 없이 지역의 모든 땅을 자기 것으로 만들어버렸다. 농사를 지을 땅이 남아나질 않았다." 이 문제를 해결하는 방법으로 몽테스키외는 토지 분배를 선지자적으로 제안했다. 소르본대학이 삭제한 문구에서 몽테스키외는 잉글랜드를 예로 들었다. 헨리 8세는 나태한 족속인 수도사들의 신분을 폐지했는데, 이들이 수도원의 자선으로 "다른 사람들까지 나태하게 만들었다."고 평했다. "이 개혁 이후 상업과 공업 정신이 잉글랜드에 정착하게 되었다."[73]

잉글랜드의 상황을 보자면 당시 인구가 급감하여 모럴리스트들은 우려의 목소리를 내기 시작했다. 스코틀랜드 의사였던 토머스 쇼트(Thomas Short, 1690?~1772) 박사는 로마 시스템으로 회귀해서 독신자들에게 무거운 세금을 매기고, 그 세금으로 가난한 부부를 돕자고 제안했다. "왕의 권력과 영광이라는 것은 그가 거느린 신민의 수와 비례한다. 무역과 농업이 번성하는 것도 시민의 수와 활동에 달려 있다. 따라서 독신, 타락, 불륜, 퇴폐적인 쾌락 충족은 억제되어야 하며, 더 나아가 없어져야 한다. 퇴폐적 쾌락은 그 정도가 심하니 사회계층을 막론하고 용서해서는 안 된다. 첫번째 사항 즉 독신은 무거운 세금으로 처벌해야 한다(거둬들인 세금은 돈이 필요한 부부를 돕는 데 쓰여야 한다). 난봉꾼들은 필요하다면 군대에 보내든지 대농장에 강제

수용시켜야 한다. 불륜은 엄한 벌로 다스려야 할 것이며 많은 이교도 국가와 그리스도교 국가의 사례에서처럼 최고 사형에까지 처할 수 있어야 한다."[74]

지질학자이자 퓨세이의 목사였던 조셉 타운센드(Joseph Townsend, 1739~1810)의 생각도 같았다. 그는 1787년 다음과 같은 제안을 한 바 있다. 각 교구마다 자선단체를 의무적으로 두고, 가장보다 독신자에게 더 많은 세금을 거둬들인다. 독신자들은 급료나 월급의 4분의 1을 내고 네 명 이상의 자녀를 둔 가장은 30분의 1만 내도록 한다.[75]

독신자에 대한 세금 문제는 1765년 프랑스에서도 제기된다. 토마 장 피숑(Thomas-Jean Pichon, 1731~1812) 사제는 망스 지방의 생트 샤펠 참사회원이기도 했다. 그는 독신자에 대한 세금을 관용세로 보았다. 또한 세금을 상류층에게 더 높게 책정해야 한다고 주장했는데 이는 조세의 형평성 때문이 아니라 독신으로 인해 나라가 소중한 인재를 빼앗긴다는 이유 때문이었다. "하인의 아들은 유명한 장교나 능숙한 행정관의 아들보다 상대적으로 가치가 적기 때문이다." 실용적이었던 그는 소득만을 기준으로 삼아 여섯 개 계층으로 나눈 분류표를 작성했다. 이렇게 해서 거둘 수 있는 세금은 약 500만 리브르로 추산되었고 피숑 사제는 그 돈을 대가족을 거느린 부모를 돕는 데 쓰고 싶어했다.[76]

동시대에 한편에서는 인구 문제에 관한 우려가 있었던 데 반해 다른 한편에서는 독신이 강요되기도 했다. 이런 상반된 현상은 같은 나라 안에서 일어나는 경우도 있었는데, 인구의 상당 부분이 대상이 되었다. 몇몇 국가에서는 하층민의 독신을 우려하는 대신 가난이 확대되는 것을 막기 위해 독신을 장려하기도 했다. 예를 들어 덴마크는 가정을 보살필 능력이 되지 않는 자들에게 결혼을 금하는 정책을 썼다. 그래서 1787년의 경우 20~30세 연령대의 최하층민 남자 중 독신자 비율은 91.5퍼센트나 된 반면, 상류층의 독신자 비율은 60.2퍼센트에 그쳤다. 이 법을 폐지한 지 1세기가 흐른 후에는 대세가 역전되어 하층민의 독신율은 50.9퍼센트, 상류층의 독신율은 62.1퍼센트가 되었다.[77]

가난의 대물림을 막기 위한 가난 퇴치법은 여러 가지 형태를 띠었다. 결혼을 억제하기도 했고 때로는 금하는 경우도 있었다. 1563년 영국에는 교육 기간을 늘리는 법이 있었다. 그러면 젊은이들이 안정된 직장을 얻은 뒤 늦게야 결혼하게 되리라 기대했던 것이다. 1616년 바이에른 주에서는 거주지 지정을 이용했다. 과세 대상인 부동산을 소유하거나 공장 혹은 다른 생계 수단을 소유한 자들에게만 거주지를 지정해준 것이다. 지역 내 거주민들에게만 결혼을 허용함으로써 정부는 사실상 가난한 사람들에게 결혼을 금한 셈이 되었다.[78]

이렇게 결혼은 젊은이들의 불량한 의도 때문이 아니라 법 때문에 금지되기도 했는데, 그 이유가 의외일 때도 있었다. 예를 들어 18세기에는 프랑스 북부지방보다 남부지방에서 독신율이 더 높았는데, 강한 부권(父權)을 인정하던 성문법을 채택한 지역에서는 장남을 제외한 남자 형제들의 상속권을 박탈했기 때문이다.[79] 그러나 남부지방에 신교도들이 많았다는 점도 고려해야 할 것이다. 1685년 낭트 칙령이 폐지된 이후 신교도들은 결혼을 공식적으로 등록해줄 수 있는 목사를 잃어버렸다. 1787년 신교 자유의 칙령이 공포될 때까지 1세기 동안 신부들은 단독으로 호적을 관리했고, 신교도들은 공식적으로 결혼식을 올리지 않았기 때문에 법적인 인정을 받지 못했다. 물론 이 경우는 진정한 의미의 독신은 아니었다. 각 지방의회가 이 문제에 개입한 것은 상속에 관한 분쟁을 해결할 때였고 대부분 결혼을 인정해주었다.

그러나 결혼은 단순한 계약이 아니라 성례(聖禮)에 해당하는 것이었으므로 종파에서 제외된 모든 사람들이 결혼 거부의 대상이 될 수 있었다는 점을 상기하자. 이들 중 자신의 신분 때문에 배제되는 사람도 있었다. 예를 들어 배우는 직업을 일시적이나마 부인해야 결혼할 수 있었다.

독신이 증가한다고 우려하기 시작한 시대이기는 하지만 상황은 지역마다 매우 달랐다. 독신의 이유도 다양해서 혼자 살겠다고 선택한 것이 아니라 엄밀하게 가톨릭적인 결혼 제도에 편입되지 못한 경우가 많았다. 하인, 성직자, 군인 그리고 가장 많은 수를 차지하는 아이들이 통계 수치를 왜곡했다. 따라서 성직자가 되지 않고 의도적으로 혼자 사는 방식을 선택한 젊은이들의 비율을 추정하기란 매우 어렵다.

그밖에도 고전주의 시대에 이미 잘 알려진 결혼에 대한 나쁜 이미지도 한몫했음을 잊지 말아야 할 것이다. 하향 결혼, 가정 폭력, 낯선 사람과의 중매결혼, 별거, 아내를 사랑하는 남자들에 대한 조롱……. 그 어느 때보다 결혼은 자신을 희생해야 하는 그러나 능력이 된다면 피해야 하는 사회적 구속이 되었다. 모오(Jean-Baptiste Moheau)는 다음과 같이 지적한 바 있다. "시민의 첫번째 의무는 결혼의 굴레를 견디는 것이다."[80] 독신이 유행한 것은 놀랄 일이 아니었다. 결국 18세기 후반에 국가는 부부의 이미지 개선에 총력을 기울이게 되었다.

18세기에 만연했던 우려를 증언하는 또 다른 목격자인 문학은 결혼이라는 전통과 결별한 독신자들을 소설의 반전 요소로 등장시키기 시작했다. 1761년 빌로리에(Vilorié)는 《노총각들(Les Vieux Garçons)》에서 60대 노인 형제가 젊은 여자를 차지하려고 벌이는 우스꽝스러운 경쟁을 그리고 있다. 결국 젊은 여자는 조카의 차지가 된다. 형제 중

한 명은 지방에 살아서 결혼할 여유가 없었고 다른 한 명은 자신이 실수하고 있다는 생각은 못 한 채 그저 세월만 보내버리고 만다. 어쨌든 중년의 독신자는 외로운 생활을 후회하고, 고전 희극에 나오는 홀아비들처럼 젊은 먹잇감을 찾아다니는 우스운 꼴을 보인다. 풍자는 상당히 고전적이다.

이후 작가들은 자의적으로 독신을 택한 남자들을 등장시킨다. 작가들은 이제 조롱보다는 고발을 한다. 기회를 놓친 사람들을 불쌍히 여기는 것이 아니라 그 기회를 원하지 않는 사람을 벌하는 것이다. 1775년 도라(Jean Dorat)의 작품에 등장하는 독신 남성은 주위 사람들의 설득 끝에 자신의 선입견을 버리고 남편의 반열에 들어선다. 1782년 뒤 뷔송(Pierre-Ulric Dubuisson)의 희곡에 묘사된 노총각은 반대로 자신의 실수를 돌이키지 않고 늙어버렸다. 노총각은 성미도 까다로워져서 조카와 조카며느리의 소박한 행복을 시기할 정도였다.

> …… 참 서글픈 성격이다.
> 늙수그레한 남자, 늙은 독신자는
> 이제야 느끼기 시작했다. 기만적인 시스템이
> 60세에는 불행밖에 가져다주지 못한다는 것을.
> 시들어가는 마음속에 참을 수 없는 공허감이
> 이제 그를 끔찍하게 만든다.[81]

모든 경우, 독신은 선택의 문제이며 작가가 전적인 책임을 질 수도 있는 실수에 속했다. 독신자를 불쌍히 여길 수도 있지만 그가 재산을 독차지하려는 가정부의 계략에 넘어가는 것은 당연한 일이었다. 작품 속에서 집안의 오랜 친구는 이 상황을 '남자 다루기'라고 평했다

(제2막 제1장). 부인의 역할은 하인들을 다루는 것인데, 노총각은 이 하인들에게 휘둘렸다. 이 시기에 모오도 아내라는 존재가 가정을 대신 돌봐주므로 직업을 가진 모든 남자에게 그리고 사회의 즐거움을 위해서도 유용하다고 말했다. 콜랭 다를르빌(Collin d' Harleville)은 1792년 독신자인 주인에 함께 대항하는 하인들을 등장시킨다.[82] 독신자는 무시당하고 비사교적일 수밖에 없었다. '여주인 행세를 하는 하녀'의 테마는 이후에도 문학에서 자주 등장하는 주제가 되었고 특히 집안에 여주인이 없는 상황과 연관되어 나타났다.

그러나 모럴리스트적인 이 희극들의 플롯은 매우 고전적이다. 몰리에르의 작품에 등장하는 인물 중 꽤 많은 사람들이 결혼하려고 애쓰는 노총각들임을 상기해보자. 《아내들의 학교》의 아르놀프, 《남편들의 학교》의 스가나렐, 《인간혐오자》의 알세스트, 그밖에 타르튀프 등은 여러 가지 이유로 연애하고 결혼할 시기를 놓쳤다. 차이점이라면 이들은 독신자라서가 아니라 너무 나이가 많은 신랑감이라는 이유로 비난을 받는다는 것이다. 이들은 젊은 미인과 결혼하려고 했던 홀아비 아르파공이나 유부남 주르댕과 다를 바가 없었다. 이로부터 1세기 후에 독신은 그 자체로 비난을 받는다.

• 독신의 범죄학 •

파리 퐁토루 거리 통 제조공의 아들로 태어난 장 도미니크 카르투슈(Jean-Dominique Cartouche, 1693~1721)는 통 제조공이라는 직업에 대해 사명감을 느끼지 못했다. 그는 17살에 집시 소녀에게 반해 그 가족을 쫓아 루앙까지 갔다. 이후 집시 가족에게 버림받아 파리로 돌아온 그는 여전히 통 만드는 일에는 관심이 없었고 부르주아의 주머니를 터는 일을 더 좋아했다. 그의 아버지가 이 사실을 알고 아들을 고발하자 그는 다시 도망쳤다.

그는 독신자가 갖는 직업은 모두 섭렵하게 된다. 군인, 귀족의 시동, 부랑자가 되었다가 자신의 전철을 속성으로 밟은 시동을 거느리기까지 했다. 그는 술도 여자도 마다않는 난봉꾼이었다. 어느 조직의 두목이 그를 거두어주었는데 그는 곧바로 두목의 딸을 유혹했다. 그는 이 조직에서 팀을 짜서 일해야겠다고 느끼고 스스로 조직을 거느리게 되었다. 당시 그의 나이는 24세였고 그는 곧 유명해졌다. 딱 4년 동안만이지만 말이다.

카르투슈 일당은 일정한 조직을 갖추고 명성을 누렸던 최초의 무리였다. 이 조직에는 범죄자, 공범, 은닉자까지 포함하여 일원이 800명에 이르렀다고 한다. 이중 362명이 체포되어 처벌을 받았다. 카르투슈는 범죄자가 되어 지하생활을 해야 했다. 체포령이 내려진 사람에게 결혼이 가능했을까? 그보다도 발길 닿는 곳 어디에서나 쾌락에 빠졌던 그가 결혼을 원하기나 했을까?

그에게는 생각을 바꿀 시간도 정착할 시간도 없었다. 스물네 살에 인생이 끝났기 때문이다. 그는 체포되어 고문을 당하고 그레브 광장에서 차형(車刑)에 처해졌다. 오를레앙 공작 필리프의 섭정시대에 가장 유명한 악당은 도둑들의 왕자이면서 수많은 연애 행각을 남긴 마음의 도둑으로 전설적인 인물이 되었다.[83]

"결혼한 남자가 많을수록 범죄는 줄어들 것이다. 강력계 서기과의 끔찍한 기록들을 보라. 사형수나 차형수들이 백 명이라면 그중에 유부남은 한 명밖에 없을 것이다."

"결혼은 남자를 더 착하고 지혜롭게 만든다. 가장이 범죄를 저지를 뻔하더라도 대개의 경우 아내가 말린다. 아내는 남편보다 다혈질이 아니고, 더 부드러우며, 동정심이 많고, 절도나 살인을 더 두려워하며, 겁이 더 많고 더 독실하다."

"자식을 둔 아버지는 자식 앞에서 부끄러운 짓을 하고 싶어하지 않는다. 그는 치욕을 유산으로 남길까 봐 두려워한다."

유명한 독신자였던 볼테르는 자신의 《철학사전(Dictionnaire philosophique)》(1764년) 중 '결혼'이라는 항목에 이렇게 단호한 글을 실었다. 대신 익명의 '추론자'의 입을 통해 말하는 치밀함을 보였다. 독신이 악에서 비롯된 것이라는 결과론적 설명에서 독신이 악을 낳는다는 원인의 설명으로 옮겨가는 것이 바로 18세기 후반의 특징이다. 독신은 가족에 대한 책임보다 자신의 쾌락을 우선시하는 이기주의의 표상일 뿐만 아니라 가정이 기본 단위를 이루는 사회에 무질서를 초래할 수밖에 없는 타락한 본성의 징표이다. 일종의 비정상적이고 미친 세포가 증식하여 사회적 암을 유발한다는 식으로 풀이할 수 있겠다.

이런 테마는 자연에 대한 새로운 관심 영역 안에 있다. 몽테스키외 이후로 자연은 법의 정신을 부분적으로 결정한다고 알려졌다. 새로운 감각으로 자연은 진리와 덕의 초석이 되었다. 볼테르의 '추론자'의 말이, 역시 유명한 독신자인 장 자크 루소의 견해와 비슷하다고 해서 놀라워할 필요는 없다. 루소는 비슷한 시기에(1761년) 《신(新)엘로이즈(Julie ou la Nouvelle Héloïse)》를 발표한다. 볼마르 부인이 된 줄리는 생 프뢰가 자신이 칩거하고 있는 클라랭스로 찾아오리라는 것을 알게 된다. 그녀는 생 프뢰에게 도르브 부인과 결혼하라고 권하는데 자기 때문에 생 프뢰가 금욕을 하면 결국엔 두 사람 다 유혹을 참지 못할 것이라고 걱정했기 때문이다. "남자는 독신으로 살 수 없다. 자연을 거스르면 드러나든 감춰지든 무질서를 초래할 수밖에 없기 때문이다."[84] 이 한 문장에 모든 것이 담겨 있다. 독신은 자연을 거스르는 일이니 필연적으로 악을 낳는다.

이는 다소 견해 차이는 있다 하더라도 모든 철학자들이 동의하는 내용이다. 《백과전서(Encyclopédie)》를 만든 디드로는 '독신'이라는 항목에서 인간에 대한 더 큰 믿음을 보여준다. 스스로 충만하여 독신으로 사는 존재도 '선하다'고 할 수 있다. 그러나 그가 사회에서 생활하면 그의 선량함은 불가능해진다. "무위 혹은 고립으로 자기 종의 파멸을 이렇게 직접적으로 추구하는 인간에게 어떻게 선하다고 할 수 있는가?" 이 자연에 대한 고찰에는 과거의 인구학적 논조가 들어가 있다. 번식을 하지 않는 행위는 개인이 혼자 살아갈 때에는 선악의 문제가 되지 않는다. 그러나 그 사람이 한 사회의 일원일 경우에는 처벌받을 수 있고 곧 천성이 나쁘다는 징표가 된다.

디드로는 매일같이 경솔함, 인간 혐오, 경박함, 자유연애에 물든 독신자들의 생활을 보여주며 이론적 신념을 강화한다. 독신자들은 자신을 더 나은 사람으로 만들어줄 결합을 피하기 위해 혼자 살거나 아니면 더 악한 인간으로 만들어주는 인간관계를 맺으면서 감정을 억제하는 자들이라고 그는 몽테스키외의 말을 풀이했다. 그의 말에는 사회의 교육적 역할이 강조되었으며 사회의 기본 단위인 가정에 인간을 개선시키는 기능이 있다는 주장이 들어 있다. 반대로 일시적인 관계와 자유연애는 도덕심을 황폐화시킬 뿐이라고 보았다. 물론 종교로 신성시된 독신을 제외한다면 나머지 독신자들은 사회에 해가 되는 존재들일 뿐이다. 이들은 사회를 빈약하게 만들거나(인구학적 논조) 타락시킨다(도덕적 논조).[85]

이런 철학적 견해들에 더하여 결정적으로 프랑스 혁명의 반교권주의도 독신에 반대하고 있다. 시민이든 성직자이든 독신자는 다음 세대에서 공동의 혐오자로 낙인찍히게 되었다. "외설적인 시의 작가가 모두 독신자들이라는 사실에 주목할 필요가 있다. 볼테르의《숫처녀(la Pucelle)》, 피롱(Alexis Piron)의 이야기들, 숄리외(Chaulieu) 사제의 쾌락주의, 라테냥(l' Attaignant) 사제의 추잡스러움, 그레쿠르(Grecourt) 사제의 쓰레기는 너무나 잘 알려져 있다. 불경하고 천한 책들도 신성한 성직에 몸담고 있는 수도사의 자품이다."[86] 18세기는 여론, 공화국에 대한 이상, 정치 클럽, 카페 등이 출현함으로써 인간의 사교성에 대한 새로운 성찰이 이루어진 때였다. 그러므로 고독한 인물은 수상한 자로 취급되었다.

이때만 해도 성직자들의 독신은 독설에서 제외되었지만 18세기 말엽 수십 년간에 걸쳐 점점 더 논쟁의 대상으로 떠올랐고, 시민의 독신에 대한 반응과 연계되었다. 잡지 『주르날 앙시클로페디크(Journal encyclopédique)』는 1770년 독신 특히 사제의 독신에 대해 20가지 질문을 게재한다. 독신을 새로운 관점에서 정확하게 정의내리기 위해서였다. 다음은 평신도의 독신과 관련된 질문들이다.

1) 독신이란 신의 관점, 자연 및 이성의 법칙, 질서, 미덕, 애국심, 건전한 정치, 시민의 행복 등과 상치되는 폭력적인 편견, 야만적인 관습, 부당하고 죄스러운 박탈인가?

(중략)

15) 평신도의 독신도 너무 만연되어 있는 지금, 우리는 너무 너그러운 편이 아닌가?

16) 독신은 금지할 필요가 없는가?

17) 왜 가장 악명 높은 파렴치한들, 우리의 군주와 시민들을 살해하는

범죄자들, 자크 클레망, 장 샤텔, 라비약, 카르투슈, 망드랭, 다미엥 등과 같은 사람들이 모두 독신일까?

18) 어떻게 해서 독신은 태초부터 가장 막강한 악인들을 탄생시켰는지 물리적으로 설명할 수 있을까?

19) 독신을 폐지하려면 성직과 민간 권력이 힘을 합쳐야 할까?

20) 독신을 폐지하는 자는 '인류를 위한 선행자'로 칭송받아야 하지 않을까?[87]

이 질문의 내용은 《법의 정신》에서 정의 내린 두 가지 관점과 곧바로 연결된다. 법을 독단에 빠지지 않도록 해주는 유일한 방패막인 자연과 이성은 성직자나 평신도의 독신을 정당화시킬 수 없었다. 통계에 대한 평가도 이어진다. 물론 1800년 통계청이 만들어지기 전까지 이 평가는 상당히 주먹구구식일 수밖에는 없었다. 독신이 '너무 만연했다'는 우려는 적어도 콜베르 시대까지 거슬러 올라간다. 여론은 역사에 기대어 독신이 낳은 범죄라는 새로운 테마를 등장시켰다. 이는 신체적인 이유를 암시하기까지 했다. 독신 유전자가 범죄 유전자와 같다는 주장까지는 아니더라도 논조는 비슷했다. 독신은 범죄와 마찬가지로 '인간의 본성'과는 너무나 반대되는 것이어서 결점이 아닐 수 없다는 것이다.

이 글이 질문의 형식을 띠기는 했으나 결론은 확고부동했다. 민간과 교회 권력이 일치단결하여 이 병폐를 없애야 하는데, 민간 권력은 평신도의 독신을 억제하는 법을 만들고 교회 권력은 성직자의 독신을 폐지해야 한다는 것이었다.

불화살은 시위를 떠났다. 그리고 『주르날 앙시클로페디크』에서 찬란하게 타올랐다. 우연이었을까. 이 잡지의 다음 호에는 사제의 독신을 분석한 데이비드 흄(David Hume, 1711~1776)의 글이 실렸다. 이 스코틀랜드 철학자에 따르면, 10세기에 교황은 사제의 독신을 통해 교회의 권력을 형성할 수 있었다. 교황은 성직자들이 개인의 야망을 버리고 공동체의 목적을 위해 헌신하도록 함으로써 민간 권력과 결별했다.88

공식적인 공격에 반격이 빠질 수 없었다. 이름을 밝히지 않은 비평가는 흄의 글에서 날짜가 잘못되었다고 공격하고 이를 계기로 삼아 논쟁의 불씨가 되었던 암시적 질문들에 대답했다. 클레망, 라비약, 카르투슈, 다미엥이 독신 범죄자라면 칼리굴라, 카라칼라, 네로 같은 폭군들도 거론해야 마땅하다. 이들은 모두 결혼한 유부남이 아닌가. 악의 원인은 무지, 야망, 사무친 열정, 자유연애 정신이지 독신이냐 유부남이냐가 아니다.89

논쟁은 한 독자가 보낸 장문의 편지로 일단락되었다. 그는 자신을 '결혼의 친구' 라고 쓴 후 '드 샤몽(de Chasmond)' 이라고 서명했다. 독신에 대한 신랄한 혹평은 종교의 영역에까지는 미치지 못했다. 독신은 이교에서 나온 것이므로 평신도의 독신만이 공격의 대상이 되었던 것이다. 독신은 언제나 가장 악독한 범죄자를 낳았고 이제 그 명부는 클레망, 라비약, 카르투슈, 망드랭, 다미엥으로 고정된 듯하다. 샤몽은 실제로 감옥에 갇힌 죄수 중에 채무에 관련한 범죄를 제외한다면 기혼자보다 독신자의 수가 더 많다고 설명한다. 이것이 놀랄 일인가? 유혹의 낭떠러지 앞에 서 있어도 붙들어주는 이 없는 파렴치한은 무턱대고 절벽으로 뛰어내린다.

"왜 그럴까?" 신원을 밝히지 않은 한 독자가 몇 달 전에 이렇게 물어왔다. 물론 샤몽은 대답을 갖고 있었다. "독신자들을 죄와 악으로 몰아가는 데에는 신체적 이유가 있는 듯하다. 독신으로 살면 인간은 고립된다. 다시 말하자면 항상 자기 자신만을 마주 대하게 된다. 지나친 생각으로 인해 인간은 존재에 대해 염증을 느끼고, 나쁘고 허황된 생각을 하며, 자신과 다른 사람을 미치도록 혐오하게 된다. 세상에서 가장 아름다운 것도 너무 오래 바라보면 결국 미워 보이는 것과 마찬가지이다. 과도하게 주의를 기울이면 결점은 눈에 더 잘 띄게 마련이다."[90]

샤몽이 말하는 '신체적 이유'라는 것은 단순한 비교를 바탕으로 한 정신적 이유였다. 인간은 무엇에나 싫증을 내므로 자기 자신만 바라보며 사는 인간은 종국에 가서 스스로에 대해 싫증이 날 수밖에 없다는 것이다. 따라서 영국에서는 스플린(spleen)이라고 하는 우울증이 유행한다. 이것이 독신자들의 병일까? 샤몽은 '삶의 권태(taedium vitae)'를 앓고 있는 영국 남자 20명 중 절반이 독신자라고 당당히 말한다. 우울증에서 인간 혐오로, 인간 혐오에서 범죄로 나아가는 것은 순식간이다.

샤몽의 논리는 매우 그럴듯해 보인다. 그러나 그의 분석은 너무 단순하며 원인과 결과를 혼동할 가능성조차 있다. 위의 사실을 뒷받침할 통계도 없거니와 설사 우울증과 독신 사이에 연관성이 있다 하더라도 무엇이 원인이고 무엇이 결과인지 어떻게 알 수 있나? 위에서 말한 영국인들이 독신자이기 때문에 신경쇠약에 걸렸다는 것인가, 아니면 그들의 성격 때문에 결혼을 못했다는 것인가? 카르투슈와 망드랭 같은 사람들이 독신이었기 때문에 범죄자가 된 것인가, 아니면 사회생활에서 배제되는 생활방식이 독신으로 살게 만든 것인가? 수배령이 내려진 범죄자가 결혼을 공시하고 일주일 뒤에 성당에서 결혼을 할 것이라고 만천하에 알릴 수 있었겠는가? 그런 행동은 헌병대에 제 발로 걸어 들어가는 것과 무엇이 다르겠는가? 어쨌든 결혼을

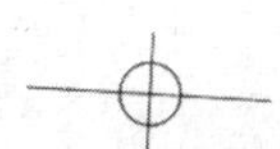

한다고 해서 우울증이나 범죄 성향이 치유된다고는 할 수 없다.

특히 18세기에 만연했던 결혼의 경우는 더하다. 아니 무엇보다 결혼에 문제의 원인이 있었을 것이다. 정작 결혼 당사자들은 모른 채 부모들이 마련한 중매결혼, 공증인 앞에서 맺은 계약이 신부의 축복보다 더 중요했던 정략결혼, 일주일도 못 되어 동거를 참지 못하는 독신결혼, 평생이 아니라 영원히 깰 수 없는 결혼 등이 만연했다. 배우자를 얻는 목적이 가족의 정책을 실현하기 위해서이거나 재산이나 자식을 물려주기 위한 것이라면 부자는 남편과 아내가 각자 아파트를 마련해서 사는 것이 마땅하지 않겠는가. 돈이 없는 경우에는 폭력 남편을 바스티유 감옥에 처넣거나 부정한 아내를 수도원에 가둘 수 있도록 명령서를 받아내는 것도 방법이었다. 그러니 18세기의 결혼이라는 제도 앞에서 주저하지 않을 자가 누구일까?

소설뿐만 아니라 어떤 주장을 변론할 때에도 문제를 내부에서 능숙하게 분석하는 작가들은 이 문제를 제대로 인지했다. 『주르날 앙시클로페디크』의 대논쟁이 있은 직후 클로드 조세프 도라(Claude Joseph Dorat)는 1775년 9월 20일 프랑스 배우들을 내세워 자기주장을 펼친다. 《독신자(Le Célibataire)》는 5막으로 이루어진 운문 형식의 희극이다. 중심인물인 테르빌은 외로운 생활 속에 고립된 무뚝뚝한 성격의 소유자는 아니다. 그러나 사랑에 빠졌음에도 불구하고 결혼 때문에 느끼게 될 무기력과 혐오를 거부한다. 그가 "어떻게 사랑하는 이와 결혼할 수가 있습니까?"라고 강변하자 친구들은 그를 나무란다.

이봐! 성격 있다고 뻐기지 마.
독신자면 다 그런 줄 알아?
완전히 정신이 나갔고 이성을 왜곡한 짓이야.

노년의 괴로움을 준비해서

네 영혼이 가고 싶어하는 곳으로 가렴.

영혼이 이끄는 길을 왜 거부하는 거지?

노년의 고독을 두려워하는 나이 먹은 독신자 생제랑이 결국 테르빌을 설득한다. 젊었을 때에는 결혼이 짐이지만 늙으면 독신이 짐이 된다. 이 말은 아픈 상처를 건드린 꼴이었다. 문제는 독신이 아니라 중매결혼이었기 때문이다. 테르빌을 오류로부터 구해준 것은 그의 감정이었지 그를 외로운 생활로 내몰았던 철학자들의 추론이 아니었다. "나는 그릇된 원칙들을 신봉했다네. / 감정이 내 눈을 뜨게 해주고 감정만이 내 잘못을 바로잡아 주네."[91] 이제 독신에 대한 물음은 결혼에 대한 질문으로 바뀌었다. 말 안 듣는 사람을 설득하려는 것은 헛된 일이다. 대신 그가 사랑에 빠지도록 만들어야 한다. 독신을 없애고 싶다면 결혼을 개혁해야 한다.

• 독신과 왕에 대한 충성의 상관관계 •

"내겐 아들 둘이 있는데 둘 다 미쳤다오. 한 놈은 신앙에 미쳤고 또 한 놈은 시와 연극에 미쳤지." 형제의 아버지는 이렇게 말했다. 형제 중 한 명은 얀센주의자들에 의해 키워졌고 다른 한 명은 예수회 신자들에 의해 성장했다. 한 명은 숫자에, 다른 한 명은 문자에 인생을 걸었다. 한 명은 파리 생트 샤펠 맞은편 궁벽 안에 있던 자신의 출생지에서 세상을 떠났고, 다른 한 명은 평생 옮겨 다니기만 했다. 한 명은 아르망이고 다른 한 명은 프랑수아이며 두 사람의 성은 아루에였다. 프랑수아는 볼테르라는 이름으로 유명해졌다. 두 형제는 모두 독신이었다.

지금은 아르망 아루에를 '볼테르의 형'으로 기억하지만 당시에는 시인 볼테르가 '회계법원 향료 수령관'의 동생으로 알려져 있었다. 볼테르의 형은 재판이 길어질 경우 판사에게 바치는 돈을 수령하는 일을 했다. 아버지의 직업과 왕궁 내 공관을 물려받은 고위공무원 아르망은 동생에 비해 성공한 인생을 살았다고 평가할 수 있을 것이다. 동생은 거칠고 아버지로부터 상속도 거의 받지 못했다. 두 형제는 아버지의 유언 이후로 죽을 때까지 화해하지 않았다. 아버지는 시인인 동생에게서 자식이 태어나면 유산을 물려줄 생각이었지만 향료 수령관인 형은 알아서 자기 몫을 다 챙겨놓은 상태였다. 프랑수아와 아르망은 종교적 신념에서도 대립했다. 예수회의 제자는 알려진 대로 회의주의자가 되었고, 얀센파의 제자는 광신도가 되었다. 볼테르가 《마호메트 혹은 광신주의(Mahomet ou le Fanatisme)》를 썼을 때, 아르망은 왕이 금지했던 생 마르의 얀센파들을 공관에까지 들였다.

직계 상속인 없이 독신으로 살았던 형은 볼테르가 가산을 상속받지 못하도록 조치를 취했다. 그는 눈을 감을 때 동산을 부동산으로 바꾸어 동생이 자기 몫의 용익권만 챙길 수 있도록 했고, 조카가 태어나면 전권을 상속할 수 있도록 했다. 아르망은 1745년 60세의 나이에 생트 샤펠이 내다보이는 방에서 홀로 세상을 떠났다. 그때 반대편 방에서는 볼테르가 망자를 보러 온 신자와 교리에 대해 설전을 벌이고 있었다.[92]

사법관이나 고위공무원이 독신이어야 한다는 의무 조항은 물론 없었다. 같은 직에 종사했던 아르망 아루에의 아버지도 결혼을 했고 대부분의 경우가 그랬다. 그럼에도 관련 통계는 없지만 왕을 섬기는 사람들의 독신율은 높았다고 한다. 특히 '법복을 입은 사람들'이었던 판사와 사법관의 경우에는 더욱 그랬다. 그 이유는 오랫동안 성직자들의 독신에 정당성을 부여한 여성 혐오에 대한 선입견이 한몫을 한 것으로 보인다. 가정의 갖가지 걱정거리에 시달리는 남자가 어떻게 다른 사람의 일을 돌볼 수 있겠는가? "우리는 그들에게 경찰 임무와 백성의 행복 의무를 일부분 담당하도록 맡겼다. 이런 유용한 직업에 몸 바쳐 일하는 진정한 애국자들이 더 숭고하게 역할을 수행할 수 있도록 배려의 마음과 용기를 내어, 혹시 정착할 경우 생길 잡다하고 수많은 걱정들을 포기한다는데 이것이 과연 비난할 일인가?"93 이런 견해에는 독신이 이기주의라는 편견과는 정반대되는 생각이 담겨 있다. 다른 사람들을 돌보기 위해서는 자기 가정의 걱정거리에 마음을 빼앗겨서는 안 된다는 점을 암시하고 있는 것이다.

순결하고 덕이 높은 독신은 자신의 이익을 초월하며 인간의 정의를 실현시킨다. "사람이 평생 독신으로 살 작정이라면 군대에서 왕을 섬길 때 여자에 대한 사랑과 자식의 보살핌으로부터 자유롭기 때문에 왕을 기쁘게 하고 조국을 지키기 위해 언제든지 몸 바쳐 싸울 준비가 되어 있다. 법관은 좀더 쉽게 정의를 실현할 수 있으며, 그 누구에게도 특혜를 주지 않고 누구나 받아야 할 것을 돌려준다. 소임을 잘 이행하기 위해서는 자신의 이익을 초월하는 위대한 영혼을 가져야 한다."94

사법관과 독신을 연결시킨 이유는 도대체 무엇일까? 그것도 매우 주관적으로 말이다. 이는 아마도 당시 성직자들이 법을 집행했기 때문일 것이다. 대혁명이 일어나기 전까지만 해도 파리 의회에서는 여전히 그 관행이 남아 있었다.

프랑스 왕들은 특히 루이 9세(생 루이) 치세 이후 왕립재판소를 위해 귀족재판소의 영향력을 줄여 나갔고 이로 인해 왕과 귀족들만으로는 더 이상 법을 집행하기에 충분하지 않았다. 이리하여 이들은 '재판소장(maîtres de la cour)' 이라고 칭하던 법 전문가들을 가까이 두게 되었다. 의회는 이런 식으로 조금씩 형성되었다. 사법권을 대귀족이 아닌 참의원들에게 맡기는 사법 인력의 전문화는 14세기에 완성되었다. 단 왕이나 일부 군주들은 의회 의석을 차지할 권한을 그대로 보유했다. 당시에는 평신도를 위한 관습법과 사제들을 위한 교회법이라는 두 종류의 법이 공존했기 때문에 의회에서는 평신도와 성직자들이 모두 의석을 차지했다. 처음에는 성직자와 평신도의 비율이 동일했다. 1320년 조사법원에는 성직자 20명과 평신도 20명이 있었고, 1334년에는 변호법원에 성직자 15명과 평신도 15명이 있었다. 변호법원에서는 구두로 토론이 진행되어 서문 조사가 필요 없었고 변호만 이루어졌다. 그러나 독립적인 교회재판소가 생긴 후부터는 의회에 성직자가 있어야 한다는 주장이 점차 정당성을 잃어버리게 되었다. 1715년 변호법원의 평신도 수는 20명이었으나 성직자 수는 12명에 불과했고 1790년에는 단 두 명에 그쳤다. 15세기 이후에는 평신도가 성직자가 맡을 수 있는 참의원 자리를 차지하는 경우도 있었는데 이럴 경우 직위를 유지하면서 결혼할 권리도 얻었다. 1484년 왕은 이런 변칙적 행태에 반발했으나, 르네상스 이후 사회가 평신도화되어감에 따라 이 현상은 더욱 가속화되었다.[95]

어쩌면 사람들은 의식적으로 성직 즉 독신을 그에 상응하는 직업과 연관 짓고 있었던 듯하다. 그러나 사람들의 생각과 현실이 정말로 부합했는지는 알 길이 없다. 의회 의원들의 약력을 보면 결혼한 사람들은 쉽게 구분이 되는데 비해, 아내나 자식이 있다는 표시가 없다고 해서 딱히 독신이라고 규정지을 수는 없기 때문이다. 1789년 삼부회 내에서는 자신의 거주지를 대표하는 의원인 변호사, 참의원, 사법관 등이 대부분 기혼자였다. 노르망디 출신인 장 밥티스트 플뢰리(Jean-Baptiste Fleurye, 1734~1804)와 같은 독신자들도 있기는 했다. 그는 55세였고 이미 은퇴할 나이였다. 의회에서는 변호사였고, 아르플뢰르 지방의 소금창고에서 고문 겸 사장을 맡고 있었고, 몽티빌리에 재판소에서는 검사를 지냈다. 2년의 임기를 마친 후 몽티빌리에 지역 치안판사가 될 때도 그는 여전히 혼자였다. 식도락가로 유명했으며 역시 독신자였던 브리야 사바랭(Anthelme Brillat-Savarin, 1755~1826)은 법조계에서 경력을 쌓았으며 한때는 삼부회에서 대의원으로 활동하기도 했다. 그는 사망하던 해에 《맛의 생리학(Physiologie du goût)》을 출간해서 유명세를 얻기도 했다.

그러나 왕에 대한 충성이 의회 활동에만 한정되는 일도 아니고, 자신의 이익을 초월하는 것도 독신의 유일한 동기는 아니었다. 앞서 중세문학을 통해 우리는 에렉과 같은 영웅들이 결혼 때문에 용맹하다는 평판을 희생시키고 싶어하지 않는 것을 보았다. 프랑스의 야망 있는 젊은이들이 모두 모여드는 베르사유궁에서도 결혼 때문에 태양왕의 눈에 제대로 들지 못하면 어떡하나 하는 걱정이 있었다고 한다. 최소한 궁정의 풍습에 대해서 잘 알고 있는 라 브뤼예르(Jean de La Bruyère)는 그렇게 생각했다. "아내가 없는 자유로운 남자는 똑똑하기만 하면 현재의 위치보다 높이 올라갈 수 있고, 사교계에서 어울릴 수도 있으며, 품격 있는 사람들과 어깨를 나란히 할 수 있다. 이는 결혼한 남자에게는 더 어려운 일이다. 사람들은 결혼으로 인해 자신의 처지에 안주하게 되는 것 같다."[96] 그의 논리는 구태의연하면서도 당시 독신과 동격으로 쓰인 '자유'와 연관되며, 한편으로는 17세기 궁정 생활의 편집증에 잘 맞는 논조이기도 하다. 로마시대에는 철학자들의 독신을, 중세시대에는 성직자들의 독신을, 정당화하기 위해 이런 논리가 펼쳐졌다. 19세기에는 공화국의 군인이라 할 수 있는 교사들 특히 여교사들의 독신을 위해 이 논리가 다시 출현할 것이고, 20세기에는 기업의 군인들이라 할 수 있는 고위간부들의 독신이 다시 언급될 것이다. 사람은 한 번에 두 왕을 섬기지 못하는 법이고, 위대한 목적은 위대한 군대와 같은 것이다. 위대한 목적은 사람들이 자신과 결혼해주기를 바란다.

군인들의 독신이라……. 사법관의 독신과 비교할 만한 네스 호의 또 다른 괴물이다. 베이컨은 결혼과 독신에 대한 글에서 이 두 가지 편견을 번갈아 비난한다. 판사와 사법관의 독신을 언급하면서 그는 이들이 결혼으로 부패할 것이라는 우려를 가진 일부 사람들의 생각이 쓸데없다고 강조한다. 아내 때문에 부패할 수 있는 사법관이라면 부하 때문에는 더 부패할 것이다. 이런 관점에서 보면 부하가 아내보다 "다섯 배나 더 위험하다". 베이컨은 장군들에 대해서도 언급한다. 장군은 군인들에게 그들이 지켜야 할 아내와 자식이 있다는 점을 상기시킨다. 그러므로 결혼을 무시하는 것은 터키 군대에서나 더 잘 통할 것이 틀림없다.[97] 적에 대항해서 싸우든 아니면 부당함에 대항해서 싸우든 인간에게 치열할 것을 요구하는 투쟁은 결혼한 사람이 갖는 사리사욕과 양립할 수 없는 것인가? 어쨌든 독신이 헌신과 이기주의라는 상호모순된 두 이미지와 부합할 수 있다는 점이 흥미롭다.

• 직업 : 군대는 독신자를 필요로 한다 •

샤를 오귀스트 드 라 파르(Charles-Auguste de La Fare, 1644~1712)는

유명한 궁정인이 될 수도 있었다. 귀족 가문 출신으로 1662년 왕궁에 입문한 그는 2년 후 실총하게 되는데 그 이유는 아무도 모른다. 당시 군대는 편리한 탈출구였다. 루이 14세가 터키 군과 맞서기 위해 황제의 명으로 파견한 군대에 자원입대한 라 파르는 야영대장으로 참전하여 전투에서 놀라운 능력을 발휘했다. 그러나 그는 승진할 수 없었다. 군대 내 직위도 매매되던 때였기 때문에 그의 재산으로는 장교직을 살 수 없었던 것이다.

그는 여러 전투에 참가하여 계급장을 땄다. 도팽 근위기병대 기수로 임명되었다가 다시 이 영광스러운 부대의 육군소위가 된 그는 1671년 네덜란드 전쟁과 1674년 플랑드르 전쟁에 참전하였고 알자스 전쟁에서는 차례로 튀렌 원수와 뤽상부르 원수를 섬겼다.

그는 이 나라 저 나라를 돌아다니며 전투에 참전하면서 군대에서 훌륭한 경력을 쌓을 수 있으리라 기대했다. 그러나 군대는 그가 당연히 받아야 마땅한 기병하사 계급을 주려 하지 않았다. 이에 혐오를 느낀 그는 1677년 도팽 근위기병대 중위라는 자신의 계급을 팔아 자유분방한 탕플회(société libertine du Temple)에 가입했다. 그는 인생의 새로운 전환기를 맞았다. 그는 앞서 언급한 것과 같은 자유분방한 독신으로 평생 살 수도 있었을 것이다. 그러나 1684년 또 다른 전환기가 그의 인생에 찾아왔다. 방틀레 양과 결혼하게 된 그는 그녀의 결혼지참금으로 마침내 왕의 형제인 오를레앙 공 호위대의 대위 계급을 샀던 것이다. 그렇다고 그가 다시 군인이 된 것은 아니었다. 은퇴한 그는 이제 전쟁터를 쫓아다니지 않고 여자들의 치맛자락을 쫓아다니면서 벼락출세한 자유연애가의 호화로운 생활을 누렸다.[98]

궁정인, 독신 군인, 기혼 장교 등 라 파르의 인생은 17세기 군인의 삶을 잘 보여준다. 힘들고 위험한 전투는 기혼자보다는 독신에게 더 적합하기 때문에 일반 군인과 하사들의 몫이었다. 하사 이상 계급을 지닌 결혼한 장교들은 전시를 제외하면 먼 곳에서 명령만 내렸다. 당시 결혼에 대한 선입견 중의 하나는 결혼을 하게 되면 마음이 약해진다는 것이었다. 1765년 피숑은 성직자, 사법관(인간 정의의 사도), 군인의 독신만 인정했다. "군주와 조국을 열심히 섬기는 군인이라는 영광스러우면서도 고통스러운 직업에는 감미로운 사랑보다는 용맹함을 심어주는 편이 더 합당하지 아니한가? 군인들은 항상 시끌벅적한 훈련을 해야 하므로 부드러운 사랑 따위와는 거리가 멀어진다."

이 설명은 매우 심리학적이다. 왕을 섬기기 위해 목숨을 바치는 행위가 자기 자신이나 가족을 위하는 이기심보다 더 숭고한 감정이라고 가정하기 때문이다. 그렇다면 명예는 어떤가. "천박한 명성을 초월하여 마음을 고양시키는 모든 행동의 영혼인 명예가, 요란한 무기 소리와 영웅주의에 바친 삶 속에서는 맛보기 힘든 쾌락을 찾아 가끔은 평범한 공간으로 타락할 수 있다는 사실을 잊을 수 있는가?"[99] 여기에는 사람의 마음을 약하게 만드는 것이 '쾌락'이라는 편견이 들어있다. 카푸아에 주둔한 한니발의 영원한 강박관념이 아니었던가. 여기서 말하는 쾌락을 성적인 것으로만 보아서는 안 된다. 어느 문화권이든 군인들의 방탕한 생활에 대해서는 매우 관용적인 태도를 보였다. 단, 너무 과도해서는 안 되었다. 사람들이 우려했던 바는 앙리 4세마저도 얼간이로 만들어버린 달콤한 결혼생활과 아버지로서 느끼는 순수한 기쁨이었다.[100] 고차원적인 결혼관에서는 남자든 여자든 자신의 몸은 더 이상 자기 것이 아니라고 본다. 상대방에게 자기의 몸을 주었기 때문이다. 그러니 아내에게 바친 목숨을 위험에 빠뜨릴 수 있겠는가? 반면 독신자는 조국에 더욱 헌신할 수 있다. 자기 목숨은 자기 것이므로 훨씬 더 쉽게 조국에 바칠 수 있는 것이다.[101]

그러나 이 문제에 관한 의견은 다양하게 발전해왔다. 군인들의 독신을 사람들이 항상 찬성한 것은 아니었다. 이기주의라는 편견을 활용하면 용기에 관한 논리는 쉽게 뒤집을 수 있다. "독신자 군인들은 더 비겁하다. 자기 자신만 생각하고 아무것도 지킬 것이 없기 때문이다. 그들이 대부분의 독신자들처럼 이기주의자라면 말이다."[102] 이렇듯 독신에 관한 논리를 뒤집어보면, 항상 합리적 추론을 배제한 선입견을 조심하게 된다. 군인의 독신은 과연 의무였을까 아니면 사명이었을까? 그리고 시대의 변천에 따라 어떻게 변화했을까?

군인의 독신이라는 개념은 서양에서 서서히 형성된 직업 군대와 관련이 깊다. 전쟁에는 항상 남자들만 참가했고 그러면 여자들과 떨어져 지내야 했다. 군대 동원의 규모와 전쟁 기간도 고려해야 한다. 전 국민이 전쟁에 참여해야 한다면 독신을 의무화할 수는 없다. 그러나 특정 연령대를 대상으로 징집제를 실시하는 경우에는 일시적인 독신을 요구할 수 있다. 그리고 용병제이나 급료제를 바탕으로 한 직업 군대의 경우에는 일시적인 독신이 평생 갈 수도 있다.

가장 오래 된 군대는 시민들, 즉 결혼한 군인들로 이루어졌다. 아테네의 경우 동원 가능한 남자는 20~59세 사이였다. 남자들은 전투에 참가하기 위해 아내를 떠났으나 전쟁 기간이 긴 경우는 드물었다. 문제가 생긴 것은 주변 지역의 전쟁이 정복 전쟁이 되었을 때, 즉 알렉산드로스 대왕의 제국이나 로마제국이 건설될 때였다.

알렉산드로스 대왕의 군대에서 남자들은 결혼은 할 수 있었지만 아내를 전투지까지 데려가지는 못했다. 전투기간이 길어짐에 따라 330년에 독신자들은 이방인과의 결혼이 허용되었다. 이전까지는 그리스 도시들이 이를 금했다. 고대 그리스 군대 내에서 일반화된 동성애는 군인들 사이에서 결혼에 대한 대안으로 떠올랐다. 사랑 섞인 우정은 군인들의 용맹을 드높이기 위해 권장되기까지 했다. 플루타르코스와 토론을 한 이는 심지어 전투지에서 동성 애인들을 나란히 행진시켜야 한다고 주장하기까지 했다. 상대방 앞에서 비겁해 보이려 하지 않을 것이기 때문이다. 테베의 신성한 군대에서 군인들 간에 동성애가 싹튼 것은 에로스 신의 보호 하에서 가능했는데 스파르타와 크레타섬에서는 전투가 시작되기 전에 에로스 신에게 제물을 바쳤다고 한다.[103] 스파르타의 전사들은 밤에만 아내를 만날 수 있었다. 그들은 상속인을 얻기 위해 씨를 뿌린 후 다시 애인이 있는 병영으로 귀환하곤 했다.[104] 따라서 결혼과 독신이 엄격한 대안 관계에 있었다고는 말할 수 없다.

군인들의 독신 문제가 최초로 제기된 때는 로마 시대였다. 원래 로마 군대는 시민 전사로 이루어져 있었다. 이들의 모델은 장군으로서 승리한 후 농장으로 돌아간 킹킨나투스(Lucius Quinctius Cincinnatus, 기원전 519?~?)였다. 당시 군대에는 부자들만 갈 수 있었다. 군인이 스스로 자기 말을 마련해야 했기 때문이다. 또 17~60세까지 모든 연령이 망라되어 있었으며, 군인들이 반드시 독신일 필요는 없었다. 전투는 3~10월까지만 할 수 있어서 겨울에는 쉴 수 있었기 때문이다. 문제가 발생한 것은 내전이 일어나면서부터였다. 전투에 군인들을 징집하기가 더 어려워졌고 이 때문에 대부분 돈을 주고 산 군인들을 쓰게 되었다.

마리우스(Gaius Marius)가 통치하던 시기(107년)에 형성된 반(半)직업군대는 공화정 이후 대규모 정복 사업을 가능하게 해주었다. 그리고 상황도 달라졌다. 멀리 있는 국경을 유지하기 위해서는 장기간의 계약이 필요했다. 아우구스투스 황제 치하에는 군인들이 지역에 따라 16~30년 단위로 군대에 들어갔다. 군대 체제는 기본적으로는 징집제였으나 점점 더 많은 자원병과 용병을 선택하게 되었다. 군대에서 가장 많은 수를 차지하고 있던 레기온 병사들은 입대함과 동시에 시민권을 획득할 수 있었다.

바로 이런 상황에서 최초로 독신이 의무화된 것이다. 로마법은 레기온 병사들에게 결혼을 금했고, 대신 기혼자와 동일한 지위인 '남편의 권리(jus maritorum)'를 부여했다. 레기온 병사들은 아우구스투스 황제가 독신자들을 처벌하기 위해 마련한 엄격한 법을 피해갈 수 있었다. 물론 이들의 독신은 일시적이었다. 20년간 군에서 복무하고 나면 토지를 받고 새로 마련한 집에서 정식으로 결혼해 살 수 있었다. 물론 이때쯤이면 마흔이 넘게 되겠지만 말이다.

그러나 2세기부터 법의 적용이 느슨해지기 시작했다. 레기온 병사들은 복무 계약 기간 동안 결혼이 금지되었으나 입대 당시에는 기혼이어도 상관없었다. 먼 거리 또한 규율이 느슨해지는 원인이었다. 먼 곳에 주둔한 군대에서는 군인들이 안정적인 관계를 맺고 싶어했다. 하드리아누스 황제 이후(119년) 이런 군인들이 낳은 자식이 적자로 인정되었다. 4세기에는 독신 의무가 폐지되었다.105

그러나 군인의 직업화는 흔적을 남겼다. 징집제로 되돌아가도 과거와 같은 방식으로 군인을 동원할 수 없게 된 것이다. 7세기 비잔틴제국에서는 페르시아와 아랍의 위협으로 다시 징집을 하게 되었는데, 병사들에게 급료를 지불할 능력이 없었기 때문이다. 입대한 사람이 있을 경우 그 가족은 세금의 대부분을 면제받았고 유부남은 농사를 대신 지어줄 사람이 없는 경우 징집 대상에서 제외되었다. 유부남이 징집에서 제외되는 경우는 많지 않았지만 실제로 독신과 군대의 관계는 강화되었다.

카롤링거 왕조의 개혁 이후 서양에서는 영주의 용병과 교구의 용병으로 군대가 구성되었다. 용병들은 국왕이 일정 기간 동원할 수 있었으며 평균 1년에 40일간 동원되었다. 기혼남들로 구성된 군대에서 군인들은 단기간 복무한 후 귀가했다. 그러나 앞에서도 언급했듯이 젊은이들로 이루어진 영주의 군대는 독신 군인의 이미지를 유지하고 있었다. 15세기 말엽 이탈리아의 용병대(condotto, 계약에 서명한 사람), 뛰어난 스위스 용병(이들의 활약은 교황 근위대 내부에 전해졌다) 등 용병 군대가 다시 등장했을 때 독신의 문제도 다시 대두되었다. 공식적으로 이들은 결혼을 할 수 없었는데 사실 가족들과 연락을 끊고 사는 사람들이 많았다. 입대는 대장 역할을 하는 '청부업자' 들이 맡았다.

이 모델을 바탕으로 국가의 군대가 형성된 것이다. 최초의 국가 군대는 에스파냐에서 식민지 통치를 위해 만들어졌다. 여기에서 용병, 징집병, 자원병이 다시 한자리에 모였다. 자원병은 부대를 책임진 대장이 선발했으며, 최소한 입대를 약속한 시기에는 독신이어야 했다. 그러나 신병으로 편입된 후에는 결혼을 공식적으로 금하지 않았다. 물론 결혼은 군대 내에서 좋게 받아들여지지 않았으며, 1632년에는 병사 여섯 명 중 한 명만 결혼할 수 있다는 법령이 포고되었다. 이는 실제로 적용할 수 없는 법령으로 혈기왕성한 젊은이 모두에게 독신을 강요할 수 없었음을 반증할 뿐이다. 군대에는 매춘부를 따로 두기도 했다. 매춘부들은 세탁부를 겸했으며 의사들이 매독 감염의 위험을 줄이기 위해 이들을 관리했다.

유럽 강국들은 이런 군대 체제를 받아들였고 독신과 관련하여 같은 문제에 부딪히게 되었다. 결국 타협을 하여 군대 조직이 복잡해지기도 했다. 예를 들어 프랑스는 1691년 징집제 원칙과 선발제 원칙을 함께 채택했는데 1719년에는 독신자 가운데 제비뽑기로 징집자를 선발하기도 했다.

자원병은 결혼할 수 있었다. 자원병 하면 팡팡 라 튤립(Fanfan la Tulipe)의 이미지가 먼저 떠오를 것이다. 그는 1736년 이후 여러 민속 가요의 주인공이 되었다. 강제 결혼을 피해 가까스로 입대한 그는 결혼 대신 왕을 섬기는 일이 가치 있음을 보여준 대표적 인물이었다. 브뤼네 데브리(Brunet d' Evry) 심리재판관의 집달관으로 일했던 팽송이 1751년에 겪은 일도 이를 말해준다. 팽송의 아내는 좀더 자유롭게 연애를 하기 위해 남편을 강제로 입대시켰다. 그녀는 남편이 서명한 영장을 긁어서 거짓 자원서를 꾸민 후 '병정 모집자'에게 보냈다. 이리하여 남편은 복무를 위해 섬으로 떠나야 했다. 다행히 팽송은 동료들과 재판관에게 편지를 쓸 수 있었고 이들의 도움으로 풀려날 수 있었다.[106] 어쨌든 그가 만약 자원했었다면 결혼 때문에 입대하지 못하는 일은 없었을 것이다.

그러나 전시 이외에는 작전 중인 군대를 일일이 따라다니지 않는 장교들을 제외하면 병사들은 대부분 독신이었다. 프랑스 혁명 때, 왕과 신의 군대(성직자와 수도사)는 비교 대상이 되었다. "군주제 하에서 왕과 교회의 병사들은 가족들에게 버림 받고, 무기가 아니면 수도원을 택해야 하는 불쌍한 상속인들이었다. 이들은 후세도 보지 못하고 죽어야 했고, 이들의 금욕은 가장 살인적인 페스트와 가장 피비린내 나는 전쟁보다 더 많은 사람을 멸망시켰다." 평화 시에는 하릴없는 독신자들로 이루어진 병영 생활이 미풍양속을 타락시키기만 했고, 그들의 용맹을 자극해서 악으로 내몰았다. 앙시앵 레짐 하의 군대는 남자들을 집어삼켜 다시는 회복할 수 없게 만드는 지옥의 기계로 묘사되었다. "거의 모든 강대국의 군대에는 자식을 낳지 않는 독신자들이 가득하다. 이들의 수를 다시 채우려면 국민들 중에서 다른 독신자들을 빼앗아 와야 한다."[107]

피에르 쇼데를로 드 라클로(Pierre Choderlos de Laclos, 1741~1803)의 사례는 모럴리스트들의 주장이 옳았음을 보여주는 듯하다. 소귀족 출신의 라클로는 라 페르 학교를 마친 후 군인이 되기로 결정했다. 그는 평화 시에는 툴, 스트라스부르, 그르노블, 브장송, 발랑스, 일덱스 등으로 전근을 다니며 군대 생활을 했다. 연애시와 에로 소설을 발표하기도 했던 그는 냉소적인 자유연애를 다룬 걸작《위험한 관계(Les Liaisons dangereuses)》를 1782년에 출간했다. 이를 통해 성공한 작가가 되었으나 그의 성공은 스캔들에 힘입은 것이었다. 그는 라로셸의 여러 살롱에 초대되었고 그곳에서 마리 술랑주 뒤프레를 만나게 된다. 그들은 결혼도 하지 않고 자식을 낳았다. 라클로도 소설의 주인공 발몽처럼 행동했을까? 그는 도덕적으로 체면을 유지했다. 결국 마리 술랑주와 1786년 결혼했기 때문이다. 그 후 1788년에 군대를 떠나 오를레앙 공의 비서가 되었다. 프랑스 혁명과 제정 시대는 그에게 한동안 다시 무기를 들게 했다. 그러나 라클로는 자유로운 젊은 군인의 생활을 오래 누린 후 결혼생활의 행복을 진짜로 경험한 듯하다.

장교들이 결혼하기는 더 쉬웠지만 가정 생활은 그들에게 결코 만만한 것이 아니었다. 그래서 경악스러운 독신 생활이 부추겨지기도 했다. 1529년 몽랑베르의 영주 장 드 보티니는 부정직하고 방탕한 행동 때문에 트루아 종교재판소에 소환되었다. 그의 죄는 "육체의 죄악 속에서 여러 여자 및 처녀와 관계를 맺었다."는 것이었고 이 여자들은 그의 자식을 낳았다. 보티니는 변론으로 왕에 대한 봉사를 꼽았다. "전쟁터에서 아내와 자식의 운명에 대해 한탄하는 귀족들을 본 결과, 결혼하고 싶은 마음이 전혀 생기지 않았다." 이제부터는 순결한 삶을 살라는 구두 계고를 받은 후 그는 풀려났다.[108] 16세기까지만 해도 방탕한 군인은 추문의 대상이 되었지만 18세기에 이르러서는 도덕적으로 용인되었다.

세기 말과 나폴레옹 시대의 종말이라는 시대적 상황에서 정치적 상황이 급변했고, 이에 따라 군인이라는 직업도 자극적이면서도 모험으로 가득 찬 경로를 따라가게 되었다. 근위병들은 전 유럽과 이집트까지 원정을 떠났다. 그리고 위대한 모험은 결혼 생활과는 양립할 수 없었던 듯하다. 공병 장 멜시오르 다바디(1748~1820)는 잦은 원정으로 결혼할 시간이 없었던 직업 장교의 대표적 사례이다. 군주제 하에서 그는 공병 중위로 미국 독립전쟁(1781~1783년)에 참전했다. 혁명 시기에는 북부와 방데로 파견되었고(1793년), 이탈리아에서는 집정관으로 근무했다(1801년). 그리고 네덜란드와 독일(1805~1806년), 에스파냐(1808~1809년)에서 제정 시대를 보냈다. 1807년 근위대 장군, 1810년 제국 남작이 된 그는 1815년 황제와 함께 은퇴를 했다. 향년 67세. 이젠 가정을 생각할 수 있는 때가 아니었다.

철학계가 군인의 독신이 가져올 수 있는 단점에 대해 고민하기 시작한 것은 18세기 후반부터였다. 모든 편견의 불을 지핀 격렬한 논쟁 중에서 독신자들의 용맹에 대한 편견이 다시 언급되었다. 볼테르의 '추론자'는 이렇게 말했다. "군인들을 결혼시키시오. 그러면 탈영하는 군인도 없어질 것이오. 가족에게 묶여 있으면 조국에 묶이게 될 것이오. 독신인 군인은 나폴로의 왕을 섬기든 모로코의 왕을 섬기든 상관없는 방랑자에 지나지 않는 경우가 많소. 로마의 전사들은 결혼했소. 그들은 아내와 자식을 위해 싸웠고 다른 나라의 부인들과 자식들을 노예로 삼았소."[109] '40에퀴를 버는 남자'도 그렇게 생각했다(요즘 말로 '프랑스 보통 남자'를 가리킨다. 프랑스 국내소득을 인구수로 나눈 소득을 번다는 의미이기 때문이다). "시민 군인은 결혼해서 아내와 자식을 위해 싸운다. 모든 일꾼이 군인이고 기혼자라면 신이 얼마나 기뻐하실까! 그들은 뛰어난 시민이 될 것이다."[110]

이 말은 로마 공화정(킹킨나투스 시대)뿐만 아니라 프로이센 군주가 실시한 개혁에서도 영향을 입었다. 볼테르가 프리드리히 2세의 친구였던 것도 우연은 아닐 것이다. 프리드리히 2세 통치 시절에 프로이센은 매우 유연한 징집제를 부활시켰다. 18~40세 남자는 징집 대상이 되었고 입대 후 2년간 교육을 받았다. 그들은 1년에 2개월 간 봄과 여름 자전에 동원되었다. 따라서 군인들은 결혼할 수 있었고 소속 숙영지에서 아내와 함께 살 수 있었다. 부인들은 남편을 따라 전쟁터에도 갈 수 있었는데 부상자를 돌보거나 세탁 일을 맡아야 했다.[111] 1788년 미라보(Honoré-Gabriel Riqueti, comte de Mirabeau)는 바로 이 프로이센의 사례를 들어 프랑스에서 징집제를 채택할 것을 주장했다.

국민병 창설(1789년), 일반 징병제(1793년, 1798년)와 추첨제(1802년)는 군인이 일시적으로 복무한다는 개념을 따르지 않았다. 이 제도는 기혼남을 제외시키면서 최소한 일시적인 독신자들의 군대라는 이미지를 다시 강화시켰다. 그러나 때는 전시였다. 군복무를 마치고 돌아갈 수 있는 희망은 미약했다. 따라서 징병제 실시 후 나타난 첫번째 영향은 바로 결혼의 증가였다. 결혼은 대원정 기간에 특히 크게 증가해서 1793년 32만 5100건, 1794년 32만 3000건, 1813년 41만 1000건을 기록했다. 공화정 시대와 제정 시대에 연평균 결혼 건수가 각각 22만 건, 27만 건임을 볼 때 가히 놀랄 만한 기록이다.[112]

징병제 실시로 인해 결혼 건수가 최고치에 달했던 것을 제외하면 혼인율은 계속적으로 감소하고 있었다. 불안정한 시기에 결혼하는 것이 바람직하지는 않았지만 전쟁의 위협은 독신을 감소시켰다.

왕정복고 시대에는 징집제를 반대했으나 자원병이 충분하지 않았기 때문에 어쩔 수 없이 그 제도를 유지했다. 두 번의 군주제와 제2제정 그리고 제3공화정이 들어설 때까지 징집제는 계속 유지되었다. 원래 기혼자와 독신자가 구별 없이 모두 동원될 수 있었으나, 일단 입대를 하면 독신자에게는 결혼이 금지되었다. 결국 번호를 잘못 뽑은 사람이 대신 군대에 갈 사람을 돈으로 살 형편도 되지 않으면 6~9년이라는 긴 세월을 군대에서 보내야 했다.[113] 그리고 이 기간에는 아내를 맞을 수 없었다. 신병 편입은 즉시 이루어졌기 때문에 결혼은 26~28세까지 미뤄졌다.

제2제정 시대에 인구 감소에 대한 위기감이 나돌게 되자 군인들의 일시적 독신이 다시 도마 위에 오르게 되었다. 1867년 레옹 르 포르는 강요된 독신자들의 수가 8만 명에 이른다고 추정했다. 이들은 늦게 결혼해서 자식도 덜 낳게 될 것이다. 르 포르는 40년 전부터 군대 병력이 증가하면서 혼인 연령이 30세 이상으로 높아졌을 뿐만 아니라 국민들도 퇴화 현상을 보인다고 주장했다. 군대에서 사회의 엘리트들을 뽑아가기 때문에 결혼하는 젊은이들은 육체적으로 비정상적이고 어리석은 이들이 많으며, 늙은 군인들은 전염병으로 더럽혀졌다는 것이다.[114] 게다가 복무기간이 너무 길어 젊은이들은 문명생활로부터 단절되었으며, 전역한 군인은 다시 직업을 갖지 못하고 군대로 돌아가거나 돈을 받고 다른 사람 대신 입대했다. "이로 인해 유인된 독신자들이 생긴다."[115] 장교들의 경우에는 엄격한 규율, 부대 변경, 지참금에 대한 의무 때문에 은퇴할 때까지 결혼을 늦추는 경우가 많았다. "사창가를 자꾸 드나들지 않도록 동거도 허용한다. 단 동거에 대해 발설하지 말고 반려자도 기품이 있어야 한다."[116] 19세기 후반 독신자 비율이 그토록 높은 이유를 부분적으로나마 이해할 수 있는 암울한 설명이 아닐 수 없다.

그로부터 3년 후 프랑스 군대가 프로이센에게 패배하자 비난은 더욱 거세졌다. 독신자들을 공격한 것은 기혼 군인들이었던 것이다. "우리의 통치자, 입법가들은 강요된 독신이 프랑스 군대의 힘을 유지해주는 데 필수 조건이라 생각한다." 그러나 프로이센은 기혼남이 "독신자들만큼, 아니 오히려 독신자들보다 더 잘 싸우고 규율을 더 잘 지킬 줄 안다"[117]는 사실을 보여주었다. 사실 프로이센은 프리드리히 2세 시절의 군대 체계를 그대로 유지했다. 2년의 교육 기간 동안에는 결혼을 금했고, 예비역이 되면 결혼할 수 있게 한 것이다. 프랑스에서는 인구 퇴화에 관한 문제가 다시 대두되었다. 처녀들은 퇴역군인이나 매독에 걸린 전역 군인과 결혼하게 되었고, 이것이 종족의 퇴화로 이어졌다. 물론 프랑스의 힘을 약화시키지 않으려면 군복무를 폐지해서는 안 된다. 그러나 중학교와 고등학교에서 체육 교육을 강화하여 신참들의 육체를 길들이는 데 필요한 복무 기간을 절약함으로써 복무기간을 줄이는 방법은 어떨까?[118]

벌써 독일에게 복수를 할 생각을 하는 사람도 있었다. 1870년 프랑스를 침략한 독일 군대의 병사들은 모두 결혼한 사람들이었다. "복수를 할 필요가 있다면 프랑스도 그렇게 하지 않을 이유가 있는가?"[119]

이러한 호소는 결국 결실을 거두었다. 1872년 법은 옛 추첨제를 채택하여 군복무를 일반화하였다. 좋은 번호를 뽑으면 1년만 복무했고, 나쁜 번호를 뽑으면 5년을 복무해야 했는데, 1889년부터는 3년으로 줄어들었다. 1905년에는 의무제 복무가 채택되었고 복무 연수는 다양한 변화를 겪었다.[120] 따라서 군복무는 결혼할 생각이 있는 사람에게 약간 결혼을 늦추는 정도의 효과만 낳았다. 모든 프랑스 남자들에게 군복무가 의무화됨으로써 결혼 시기에 대한 불평등은 사라졌다.

이제 자원병들, 특히 장교들의 문제가 남았다. 이들은 2~3년 간의 강요된 독신 기간을 넘어서 항상 독신을 선호했는데, 1887년 가르니에 박사는 이에 대해 냉소섞인 우려를 했다. "독신을 선호하는 주된 이유는 군인과 장교가 사망할 경우 과부와 고아가 된 자식들을 국가가 떠맡아야 하기 때문이다." 가르니에 박사는 군인의 마음을 약하게 만드는 가정생활이라는 과거의 망령 또한 언급한다. 장교는 집에서 하릴없이 노는 사람이 아니다. 집과 가정에서 익힌 습관은 부대와 야영지의 습관과는 다르므로 결혼한 장교는 독신 장교보다 적극적이고 위험한 지휘에 덜 적합할 것이다. 물론 결혼이 금지된 것은 아니었다. 그러나 결혼 허가를 신청해야 했고 부인의 지참금이 장교의 수입과 대등할 때 결혼이 허용되었다. 이는 '사망 시 부인과 자식을 나라가 온전히 떠맡지 않도록'[121] 하기 위해서였다. 장교라는 직업이 사회 계층과 자동적으로 연관되지 않게 되자 결혼 지참금에 관한 조건은 조금 완화되었다.

여자들이 군대에 받아들여지자 다른 문제가 발생했다. 임신이라는 불편함 때문에 군 당국은 여자들에게 결혼을 금하는 경우도 있었다. 해군에서 부상병 수송기에 탑승하는 간호사들은 임신하면 탑승할 수 없으므로 독신으로 살 것을 선서했다.[122]

군인들의 독신에 대한 편견이 자주 바뀌었던 것은 고전주의 시대의 모순을 그대로 드러내고 있다. 독신은 성직자 출신이라는 고귀한 이미지를 간직했다. 헌신은 독신을 정당화할 수 있었다. 그러면서도 점점 국경선이 정립되고 국가의 인구 감소에 대한 우려가 등장하자 후손을 낳는 애국 의무를 거절하는 자들에게 이기주의자라는 낙인도 찍었다. 프랑스 혁명 이후 사회가 겪은 비(非)신성화는 조금씩 이러한 편견들을 약화시키게 된다.

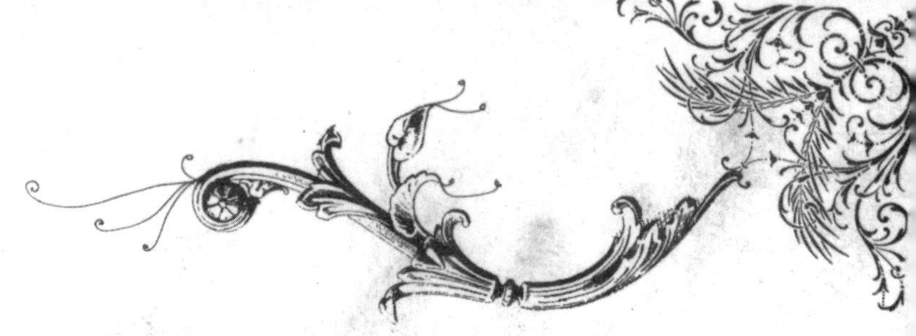

Chapter 5
통계의 시대

"맬서스 인구론은 더욱 억압적인 정책들을 탄생시켰다. 초기에는 결혼 연령을 늦추거나 결혼을 금지하는 법적 장치가 강화되었고, 후기인 19세기 말에 이르면 신맬서스 인구론으로 피임 정책이 장려되었다.

Le xIx^e^ Siècle : le temps des statistiques

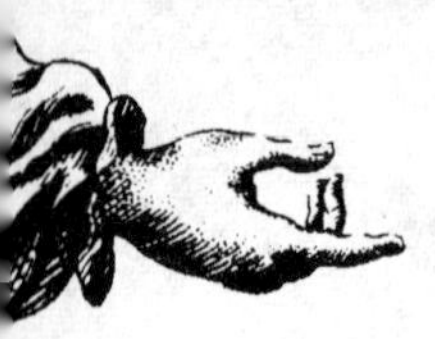

• • •

혁명이 사람들의 의식 속에 실질적인 영향을 미치려면 혁명으로 인한 개혁이 사회 내에서 오랫동안 무르익어야 한다. 몇 년 만에 프랑스와 유럽에서는 매우 광적이면서도 상호 모순된 사상들이 뒤섞여 탄생했다. 이중 상당 부분은 사라졌다. 그러나 가족과 독신의 역사에서 18세기 말은 이전 시대와의 완전한 단절을 의미한다.

인권에 대한 개념은 사회 속에서 개인이 차지하는 위치에 관한 1세기에 걸친 고찰을 뒷받침한다. 그러나 개인은 시민이며 국가와 민족의 구성원이다. 그리고 공동체의 운명은 여전히 개인의 이익에 우선시되었다. 개인주의와 이기주의에 관한 고찰은 독신의 역사를 관통하고 있다.

또한 최초로 스스로에 대해 자각하게 된 국가라는 것이 스스로를 평가하게 되었다. 1800년 통계청이 개설되면서 독신에 관한 논의는 획기적으로 바뀐다. 맬서스(Thomas Robert Malthus, 1766~1834)의 《인구론》(1798년)과 같은 새로운 사상이 등장하고, 반독신의 논의에서 전통적으로 성직자를 제외시켰던 금기들이 무너진다. 산업화는 전례 없는 도시화를 낳았고, 이향(離鄕)은 전통적인 가족구조를 무너뜨릴 위험이 있었다. 대도시가 탄생하여 독신자들은 집과 편의시설을 제공받을 수 있었다. 또한 부의 축적은 가족보다는(유산, 지참금) 개인의 가치(노동, 직업)와 결부되었다.

이 심오한 변화는 수십 년에 걸쳐, 혹은 수세기에 걸쳐 진행되었다. 그 씨앗은 주로 프랑스 혁명 이전에 심어진 것들이었다. 그러나 프랑스 혁명이 세상과 사회를 바라보는 인간의 시선을 근본적으로 바꾸어 놓았고 이 씨앗들이 뿌리를 내릴 수 있도록 해주었다.

왕의 고문관의 아들이었던 피에르 폴 알렉상드르 부쇼트(Pierre-Paul-Alexandre Bouchotte, 1754~1821)는 프랑스에서 정치 체제가 여러 번 바뀌는 동안 법조계에 몸담았다. 고향인 브루고뉴 지방 중 바르쉬르 오브의 검사였던 그는 삼부회의 진정서 작성에 참여했고, 1789년에는 오브의 의원으로 선출되었다. 또한 의원 자격으로 테니스코트의 서약도 했다. 두 위원회의 회원으로 활동한 그는 재정, 교회, 호적에 관한 중요한 문제에 자주 관여했다.

그는 열성적인 반교권주의자이면서 굳건한 독신주의자이기도 했다. 1790년 그가 발표한《이혼 부활을 위한 이성과 종교의 합의에 관한 고찰(Observation sur l'accord de la raison et de la religion pour le rétablissment du divorce)》을 보면 그의 독신주의를 이해할 수 있다. 부쇼트는 결혼의 파기 불가능과 독신자 수 증가 간의 상관관계를 매우 명료하게 밝혔다. 감칠맛 나는 독백을 통해 그는 젊은 시절 결혼에 대해 품었던 두려운 생각도 드러냈다. 만약 결혼이 잘못되었다면 하루빨리 홀아비를 꿈꾸는 일이 유일한 해결책이 될 수밖에 없단 말인가? 그의 결론은 다음과 같다. "아! 내 마음이 그런 미래에 대한 두려움으로 발기발기 찢기는 위험을 감수하느니 차라리 처녀막의 매력을 포기하자."1

이런 이유로 헌법제정국민의회 내에서 이루어진 부쇼트의 활동도 결혼이 중심이 되었다. 그는 결혼을 민법상의 계약에 추가시켰고(이로써 이혼이 가능해졌다. 성례는 어쩔 수 없다 하더라도 계약은 파기할 수 있기 때문이다.), 출생 · 결혼 및 사망 신고를 공무원이 등록하도록 하였다(이로써 교구 명부는 유명무실해졌다). 그는 또한 서자에 대한 적자

인정을 요구하고, 사제들의 독신에 반대하였으며, 남자와 여자의 평등을 제안하였다. 물론 남편이 가장이라는 자연법을 거스르지 않기 위해 남녀의 차이가 허용하는 한도 내에서 실시하였다.[2] 그는 결혼뿐만 아니라 독신자들의 삶에 대해서도 주의를 기울였다. 가령 나라 일을 위해 젊음을 헌신하여 후세에 이름을 남길 사람에게 입양을 허용해줄 것을 요구했다. 아마 자신도 이 경우에 해당되었을 것이다.

임기를 마친 그는 1791년 군수 공급을 시작했지만 사업 실패를 맛보았다. 이후 바르 쉬르 오브로 돌아와 사법관의 길을 걷고 왕정복고 시대에는 결심법원의 대리판사로서 경력을 마감했다.

프랑스 혁명 시기에는 로베스피에르나 생 쥐스트 같은 유명한 독신자들이 있었으나 인구 문제를 무시할 수는 없었다. 1792년 프랑스는 유럽 최강국과 교전 중이었으며 국내에서 폭동이 일어나 혼란이 가중된 상황이었다. 국가는 남자들이 필요했다. 이 상황에서 철학자들이 일찍이 사회에 해로운 존재로 낙인찍은 독신자들이 다시 거론된다는 것은 놀랄 일이 아니었다. 그러나 프랑스 혁명 시대에 완전 독신자 비율은 그리 높지 않았다. 귀족의 경우 1789~1791년 의회 의원들의 독신자 비율은 6.43~8.04퍼센트 정도였으며 독신자의 직업은 주로 직업 장교였다.

제3신분의 경우에는 수치를 내기가 더 힘들었다. 의원 중 5분의 1 이상에 대한 자료가 부족했기 때문이다. 그러나 독신자 비율은 낮은 것으로 추정되며 귀족과 매우 비슷한 수준이었던 것으로 보인다(6.5퍼센트). 독신자 수를 불리는 계급은 단연 성직자들로서 독신자의 95퍼센트 이상을 차지했다. 이들은 삼부회 의원 수의 3분의 1 가량을 차지했던 것으로 보인다(28.82~40.91퍼센트).[3] 다시 한 번 말하지만 이 최소 가정치는 완전 독신을 말한다. 의회 의원들이나 1792년 당시 프랑스 국민들 중에는 당연히 더 많은 독신자들이 있었을 것이다. 더구나 상당수 인원이 결혼을 혁명기 이후로 미루었다. 혼란스러운 시기에 미래를 계획하는 일은 적절치 않았고 의원직을 수행하기에도 너무 바빠 기혼자가 아니라면 결혼은 꿈도 꾸지 못할 것이었기 때문이다. 당시에는 독신 기간이 연장되면서 독신 현상이 확산되고 있다는 생각을 하였다.

특히 많은 젊은이들이 단두대에서 인생을 마감했다. 그래서 완전 독신자의 비율이 인위적으로 증가하게 되었다. 가장 대표적인 사례로 26세에 처형된 생 쥐스트를 꼽을 수 있다. 그는 세상이 좀더 잠잠해질 때까지 결혼 계획을 미루었다고 한다. 친구였던 가토에 따르면 생 쥐스트는 "혁명이 끝나기를 고대했다. (중략) 하늘이 배우자로 점지해준 사람과 시골에서 평화롭게 살고 싶어했다."[4] 그밖에 마라(Jean Paul)도 샤를로트 코르데를 만나기 전에 시몬 에브라르에게 결혼을 약속한 바 있다. 반면 루베(Jean-Baptisre Louvet)는 처신을 잘해서인지 아니면 운이 좋아서인지 지롱드 당원들이 박해를 받을 즈음 정치 일선에서 물러났다. 그 후 결혼을 했는데 당시 나이가 서른을 훨씬 넘었다. 1793년 10월의 처형을 피하지 못했더라면 그도 다른 많은 동료들처럼 독신으로 죽었을 것이다. 실제로 우리가 언급하는 수치와 사례는 오류일 수도 있다.

이제는 독신에 관한 일반의 인식과 그 인식이 입법가들의 정책에 미친 영향을 논의할 필요가 있다. 이를 살펴보면 독신이 얼마나 심각한 문제로 인식되었는지 알 수 있다. 결혼을 결심할 수 없을 정도로 혼란한 시기에 어떻게 젊은이들에게 이를 장려할 것인가? 가장 먼저 대두된 조치는 조세 정책이었다. 독신자들에게 거둬들였던 아우구스투스 세금을 부활시킨 것은 아니었지만 차별적인 정책을 계속 밀고

나갔던 것이다.

1791년 1년에 한 번씩 부과되는 동산세가 마련되었는데 일부는 모든 주민에게 공통으로 과세되었고, 일부는 소득에 비례하여 과세되었다. 과세 등급은 소득과 거주하는 저택의 임대료를 기준으로 분류했다. 그런데 세금 액수를 결정하는 등급을 이용해 결혼하지 않은 사람들을 임의대로 처벌할 수 있었다. 자녀를 셋 이상 둔 아버지는 원래 자기 등급보다 세 단계 밑으로 분류되었고, 반면 독신자들은 임대료 등급보다 하나 더 윗 등급으로 분류되었고, 그 이유는 동일한 임대료를 지불한다고 가정했을 때 독신자들은 임대료가 '소득의 많은 부분'[5]을 차지하지 않기 때문이라는 것이었다. 총재정부 하에서도 유사한 정책이 실시되었는데 독신자들의 임대료는 절반가량 더 높게 매겨졌다. 그러나 이 정책은 30세 이상의 남자에게만 적용되었고 여자와 홀아비는 제외되었다.[6]

1795년에는 정부가 모든 프랑스인을 대상으로 매년 5리브르의 개인 세금을 과세했다. 여기에 사치세를 추가했는데 이는 굴뚝 수를 기준으로 계산한 것이었다. 이것도 마찬가지로 혼자서 불을 쬐는 사람들을 염두에 둔 것이었다 한다. "30세 이상 되는 결혼하지 않은 남자와 여자는 개인세와 사치세 외에 사분의 일을 더 내야 한다."[7] 반대로 악천후나 화재 그밖에 불의의 사고를 당한 사람들에 대한 원조금의 경우 독신자는 "같은 등급으로 분류된 기혼자가 받는 금액의 절반만 받았다".[8]

앞에서 간략히 언급한 바 있는 군대 정책도 간과할 수 없다. 미래에 군인이 될 아이들의 아버지는 당연히 후방에 배치되었다. 1792년 프랑스는 몇 차례의 큰 전쟁을 치르면서 30만 명에 대한 특별 징집을 실시하였다. 30만 명이 충원된 새 군대의 규모는 다시 50만 명이었

다. 1793년 2~3월에 실시된 징집은 자원병으로만 채워지지 않았다. 각 지방에 할당을 내리는 중앙정부로서는 문제될 것이 없었다. 중앙이 할당하면 각 지방이 알아서 문제를 해결하면 되었기 때문이다. 이로 인한 직접적인 결과가 바로 독신자 우선 동원령이었다. "미혼이거나 홀아비 혹은 자식이 없는 18세 이상 40세 미만의 모든 프랑스 시민은 다음과 같은 새 동원령에 응하여 30만 명이 채워질 때까지 영구 징집 대상이 된다."[9] 대상자 가운데에서 추첨을 실시하는 시장도 있었고, 지지해줄 친척이 적어 독신자들이 자연히 지목되는 투표 시스템을 고안한 시장도 있었다. 폭동이 일어나 소집이 불가능해지는 경우도 자주 발생했다.

이렇게 하여 징집 대상 집단이 형성되었는데, 맬서스에 따르면 1798년에 징집 대상 가운데 미혼인 남자는 145만 1063명이었다고 한다.[10] 이 중에서 매년 필요할 때마다 징집이 실시되었다. 복무기간은 확실하지 않지만 1793년 징집병들은 자원병들과 마찬가지로 공화정이 치르는 대규모 전쟁에 참전했다. 이런 시스템을 두려워한 사람들은 징집을 피하기 위해 결혼했는데, 전멸한 부대를 다시 채워야 할 때가 오자 1798년에는 기혼자를 면제해주는 법이 폐지되기도 했다.

이러한 정책의 기본 정신은 독신의 배척이 아니라 출산 장려였다. 19세기 모럴리스트들도 이런 측면을 잊지 않았다.[11] 이혼의 부활, 미혼모 지원 및 입양 장려는 결혼을 강화하는 것이 첫번째 목적이 아니었음을 말해준다.

그 당시까지 미혼모는 사람들로부터 경멸을 받았다. 그래서 평생 그런 경멸을 참아낼 수 없다면 죄로 낳은 자식을 버리는 수밖에 다른 선택이 없었다. 아이가 죽지 않으면 자선단체에서 받아들여 양육하지만 평생 서자라는 치욕을 안고 살아갔다. 1793년 6월 28일 법령은 각 구역에 요양소를 마련하여 임신한 처녀들이 몸을 풀 수 있도록 했다. 미혼모가 아이를 원하지 않으면 아이는 버려진 자식이 아니라 고아로 길러질 것이고, 미혼모가 아이를 키우겠다고 하면 나라에 도움을 요청할 수 있었다. 시민 브라코니에도 바로 이런 요청을 했다. 그녀는 친구를 감옥에서 빼내기 위해 리브르빌(아르덴 지방)에서 파리로 상경했다가 사내아이를 출산했는데 아이를 기르기 위해 공화국의 도움을 요청했다. 정부는 그녀에게 150리브르를 주면서 그 이유를 다음과 같이 제시했다. "풍습의 쇄신과 덕의 파급 및 공공의 이익을 위해서 어머니가 아이에게 젖을 물리고 아이를 보살피는 신성한 의무를 다할 수 있도록 장려하는 것이 중요하다".[12]

입양은 독신자들에게 결혼 생활의 가장 큰 혜택인 후손을 제공해주는 역할을 했다. 프랑스에서는 좋지 못한 선입견 때문에 10세기부터 프랑스 혁명 때까지 이 로마의 관습이 자취를 감추었다. 그러다 고전주의 시대(16~17세기)에 들어 입양이 다시 성행했다. 물론 법률가들에게는 그리 달갑지 않은 일이었을 테지만 당시 아이가 버려지는 경우가 많아지면서 이런 현상이 심화되었다. 독신자들은 아이를 입양하겠다고 병원에 직접 문의할 수도 있었다.[13] 그러나 부권을 행사하거나 가족 성(姓)을 대물림한다는 차원에서 볼 때 이런 인위적인 부자 관계 형식은 입양과 완전히 동일하지는 않다.

실질적으로 입양을 부활시킨 계기는 프랑스 혁명이었다. 입양은 1792년에 합법화되었고, 1804년 민법에 의해 틀을 갖추게 되었다. 국민의회와 클럽에서 벌어진 토론에서 입양은 독신자에게 아이를 키울 수 있도록 해준다는 측면에서 결혼에 대한 대안으로 소개되기도 했다. 자코뱅 당의 클럽에서는 우도(Charles-François Oudot)가 입양을 '신성한 의무'로 만들어, '30세가 넘었는데도 결혼을 하지 않거나 아이를 보살피고 키워서 사후 재산의 일부를 상속시키지 못한 모든 남자와 여자'에게 방계상속을 폐지할 것을 요구했다.[14] 우도가 경악한 것은 독신 자체가 아니라 후손이 없다는 점이었다.

반면 생 쥐스트는 독신자들에게 입양을 금지시키고자 했으며, 랑쥐네(Jean Denis Lanjuinais, 1753~1827)는 35세 이상의 독신자들에게만 입양을 허용하자고 주장했다. 우도는 받아들이지 않았지만 일부 입법가들은 입양이 '연로한 나이의 이기적인 독신자들이 입양한 자식들에게 유산에 대한 희망을 심어주고 그들의 보살핌과 호의를 받아내려는 속셈'에 이용당할 것을 우려했다.[15] 또한 입양을 핑계 삼아 젊은이들이 결혼을 멀리하지 않을까 우려하기도 했다.[16] 드브리(Jean Antoine Debry)가 염려한 것은 사회 평등의 문제였다. 입양의 권리는 부유한 남자가 가난한 사람에게 행하는 권리였기 때문이다.[17] 논의가 길어져 법의 실행이 지연된 것은 이 문제를 가볍게 다루지 않았다는 반증이다. 출산장려정책은 모순되게도 결혼을 등한시하는 결과를 낳을 수도 있었던 것이다.

1804년에 민법은 입양을, 자식이 없는 자가 유산을 상속할 수 있는 방법으로만 보았다. "입양은 50세 이상 남녀에게 승인되며, 입양 시기에 자식도 법적 상속인도 없어야 하며, 입양하려는 사람보다 최소한 15세 이상 연상이어야 한다." 입양되는 자는 성인이어야 하나 미성년 기간 중 최소한 6년 동안 입양할 아버지로부터 도움을 받아야 했다.

이는 입양할 수 있는 나이를 늦춤으로써 젊은이들이 입양을 핑계로 결혼하지 않는 사태를 피하고자 했던 의도가 분명하다. 사실 이는 법의 충격을 미리 완화시키기 위한 조치였고 입양의 동기를 상속 문제로만 축소시키기 위한 의도도 있었다. 1923년까지 거의 변하지 않은

이 법이 실시된 이후로 입양은 거의 이루어지지 않았다. 추산하면 연간 약 100건 정도였다. 입양된 자녀들은 사생아이거나 가까운 친척이었기 때문에 유산 상속은 용이했다. 입양하는 사람은 성인이 된 후에도 혼자 사는 남자 즉 홀아비나 독신자가 많았다. 따라서 입양은 국가에 최소한의 재산만 넘겨주고 나머지를 상속시킬 수 있는 방법 중 하나가 되었다.[18]

전반적으로 볼 때 프랑스 혁명은 독신을 억제하는 법을 만들었으나 출산을 장려한다는 방침 하에 독신 부모들의 삶을 편안히 해주고 독신자들이 양아버지가 될 수 있도록 해주었다. 그러나 동시대 사람들은 이 정책이 매우 허술하고 충분치 못하다고 생각했다. 19세기 초기, 통령 정부와 제정 시대에 해묵은 논쟁이 다시 강렬하게 타올랐다. 칼레의 전 사법관이자 시민인 퐁세 드 라 그라브가 1801년《독신에 관한 고찰(Considérations sur le célibat)》이라는 글을 통해 논쟁에 불을 붙였다. 그는 한편으로는 사제들의 독신을 공격하고 다른 한편으로는 화려한 독신에 만족하고 있는 '철학 아닌 철학 정신'을 비난했다. 사치, 매춘, 하인의 증가는 그가 범죄라고 규정한 생활방식인 독신을 더욱 부추겼다.

결국 그는 고전적 전통을 이어받아 결혼을 불편한 것으로 바라보는 '게으른 영혼, 죄스러운 이기주의'의 자의적 독신만 고려한 것이다(p.115). 퐁세 드 라 그라브는 여러 가지 면에서 아우구스투스의 법을 연상시키는 법령을 제안했으나 정부에서는 전혀 고려하지 않았다. 얼마나 다행인가! 사람들을 구별하는 표시를 달자고 제안하는 이 사법관의 상상력은 허무맹랑하기까지 하다. 그는 자녀 열 명 이상을 둔 아버지에게는 은 이삭을, 자녀 여섯 명 이상을 둔 아버지에게는 은 단추를, 네 명 이상을 둔 아버지에게는 은 꽃을, 자식이 없는 기혼자에게는 초록색 리본을 달도록 하자는 주장을 했다. 그리고 총각들에게는 노란색과 녹색이 섞인 휘장을, 처녀들에게는 노란색 인조 꽃을 달도록 하자고 제안했다. 처녀 · 총각들은 국민의회에 출두해야 했으니, 이는 사회의 일원이 될 자격이 없는 자들을 제대로 추방시키기 위해서였다. 고위직, 영리를 목적으로 하는 일자리, 공직, 모든 상속에서 제외된 독신자들에게는 단 한 가지 권리가 남아 있었는데 바로 세금을 낼 권리였다. 이 세금으로 가장들이 아예 내지 않았거나 조금만 낸 세금을 보충한다는 취지였다.[19] 그러나 독신자들에게 돈을 벌 기회도 주지 않으면서 무슨 돈으로 세금을 내라는 것인가? 사회로부터의 배제, 모욕, 공공연한 치욕, 약탈. 이는 혼자 사는 남자들을 대상으로 제안된 진정한 추방 행위였다.

그러나 독신에 관한 논쟁은 새로운 양상을 띤다. 독신자는 앙시앵레짐 하의 파렴치한, 범죄자, 이기적인 쾌락자라는 오명에서 벗어났고, 퐁세 드 라 그라브는 시대에 뒤떨어진 인물로 여겨졌다. 당시 사람들은 사회적 여론에 민감했다. 『파리 신문(Journal de Paris)』에 발표된 '칼레 시민'을 겨냥한 반박문은 재산이 넉넉지 않아 독신 생활에서 벗어날 수 없거나 '운명이 정해준 직업'을 가질 수 없는 독신자들을 옹호했다.[20] 이에 퐁세는 《독신에 관한 고찰에 대한 옹호(Défense des considérations sur le célibat)》를 발표하여 비난을 일축하며 자신의 주장을 더욱 확고히했다. "자의적 독신에는 정당한 이유가 없고 이는 인구를 감소시키는 가장 큰 원인이다."[21] 이번에 그는 특히 사제들의 독신을 맹공격하는데 이 문제는 종교협약이 맺어진 1802년에 다루어진 주요한 사안이었다. 가족이 없으면서 로마교회에 소속된 교단은 프랑스에게 위협적인 교황의 용병들이라는 것이었다. 그러나 이 논의도 시대에 뒤떨어지기는 마찬가지였다.

사회적 논의는 실질적이면서도 중요한 의미를 지닌다. 그러나 그것은 동전의 양면과도 같다. 자식을 기를 경제적 여력이 없는 독신자들은 동정을 얻는 반면, 기혼남은 절대 이룰 수 없는 부를 누리며 사는 독신자들은 부러움의 대상이 되기도 했다. 혁명과 제정 시대에는 벼락부자가 되기 쉬웠다. 뤽 자크 에두아르 도쉬(Luc-Jacques-Edouard Dauchy, 1757~1817)는 여인숙 주인의 아들로 태어나 농부, 마부를 거쳐 고향인 생 쥐스트(우아즈)에서 우체국장이 되었다. 그는 독신이기 때문에 엄청난 성공을 거둘 수 있었던 대표적인 인물이었다. 1789년 제3신분의 의원이 된 그는 특히 조세위원회에서 활동했고 자신의 지역구에서 경력을 쌓은 후 제정 시대에 이탈리아로 갔다. 그는 이탈리아에서 베네치아와 토스카니 주의 재정을 담당했고, 황제의 행정부에 들어가 고위층과 어깨를 나란히 하며 재산을 불렸다. 1810년 제국의 백작이 된 그는 왕정복고 시대에 공직을 떠났다. 그는 독신으로 생 쥐스트에서 세상을 떠났으며 부모님의 여인숙이 아니라 본인이 구입한 성에서 눈을 감았다.

독신자의 막대한 재산이 분배되지 않는 것을 보면 독신세가 다시 대두되는 것도 이해할 만하다. 1802년 《가제트 드 프랑스(Gazette de France)》에 발표된 기사에서는 독신세가 유럽에 전혀 없는 항목이 아니라는 설명이 나와 있다. "알페르바흐에 있는 뷔르템베르크 관할구역의 영주는 고위 신교도 성직자이다. 그는 영주 소위원회 회원인데 지금까지 독신자들(Hagenstolzenrecht)의 세금을 받고 있다. 여자든 남자든 50세가 넘어서 독신으로 죽으면 대수도원이 영토를 제외한 모든 재산을 상속받게 되어 있다. 아마 유럽에서는 유일한 것으로 보이는 이 철학적 법은 상속을 감시하는 역할을 맡은 봉건제와 상당히 특이한 대조를 이룬다."[22] 독신자들에게 과세하는 것은 시대에 뒤떨어진 일이 아니라 오히려 작은 봉건 재판소에서 이룩한 유일한 정치적 발전이 되었다. 이 사례를 왜 프랑스에서는 따르지 않은 것일까?

1802년 또다시 루이 조제프 마리 로베르(Louis-Joseph-Marie Robert)는 《프랑스 혁명이 인구에 미친 영향(Influence de la Révolution française sur la population)》을 연구하며 걱정에 사로잡혔다. 그는 프랑스 사람 중 절반이 독신자이며 그 가운데 5분의 1이 혼인적령기(14세)라는 점을 발견했다.[23] 프랑스 인구의 50퍼센트가 독신이고 그중 20퍼센트는 혼인적령기에 있는 독신자 그리고 29퍼센트는 14세 미만이었다. 통계는 근사치이고 통계 방식도 이상해서 주의를 기울여야 한다는 점에서 보면 타당성이 떨어진다. 그러나 인구 문제에 관한 한 새로운 관심이 부각되었음을 알 수 있다.

19세기는 통계의 시대이다. 1801년부터 프랑스와 잉글랜드에서는 정기적으로 통계를 발표했다. 앞에서도 보았듯이 1800년 프랑스에서는 통계청이 개설되었고 1801년부터 통계 조사를 발표했다. 1802년에 독신에 대한 논쟁이 다시 시작된 것은 우연이었을까? 프랑스 혁명 이후 새로 시작된 세기에 사람들은 사회 내 생활 조건, 특히 일반인들과 동일한 방침이나 생활양식을 보유하지 않은 하층민에게 관심을 가지기 시작했다. 그런데 이 두 가지 사항으로 인해 인구 문제는 완전히 새로운 사고의 전환점을 맞았고 큰 성공을 거두게 되는데 그 대표적인 것이 바로 맬서스의 이론이다. 맬서스는 1798년 《인구론》을 발표했다.

• 맬서스의 인구론과 결혼제한정책 •

맬서스의 인구론을 만든 사람은 맬서스가 아니다. 동화 《엄지동자

(Petit Poucet)》가 뜻하는 바는 과연 무엇이었을까? 가난하면 자식을 너무 많이 낳아도 죄라는 것이 아닐까? 그리스도교 사회에서 결혼하고도 자식을 낳지 않도록 부추긴다는 것은 생각할 수도 없는 일이었다. 따라서 가장 간단한 해결책은 극빈자들에게 독신을 강요하는 것이었다. 이는 오래 전부터 거론되어오던 문제로, 1563년에 열린 트리엔트 공의회에서 이미 언급된 바 있다. 그러나 트리엔트 공의회가 방랑자들에게 결혼을 금한 이유는 결혼의 공시 조건을 그리스도교 사회 전체에 적용하고 싶었으나 이것이 힘들었기 때문이고, 방랑자들이 다른 도시에서 이미 결혼하지 않았다는 점을 확신할 수 없었기 때문이다.[24] 결혼을 제한하는 데에 이러한 결정이 중요한 단계였음은 사실이지만 그 정신이 맬서스 인구론의 시초가 된 것은 아니었다.

최초로 결혼을 제한하는 정책을 법제화한 것은 신교도 속주들이었다. 뷔르템베르크에서는 1663년 조혼을 억제하도록 당국에 압력을 넣었다. 1712년 이후에는 결혼 허락을 받기 위해서 종교 교육을 받아야 했고 가족을 부양할 능력이 있다는 것을 증명해야 했다. 1735년에는 남자의 경우 25세 이전에 결혼이 금지되었다.[25] 베른 지역에서도 1678년 극빈자들의 결혼을 금지시키는 법안이 통과되었다.[26]

왜 신교도 국가들에서는 결혼을 제한하려는 움직임이 일고 반면 같은 시기 루이 14세가 통치하는 프랑스에서는 그와 반대되는 움직임이 있었던 것일까? 알프레드 페르누(Alfred Perrenoud)는 두 그리스도교 분파가 결혼을 바라보는 관점이 달랐기 때문이라고 생각한다. 먼저 가톨릭의 입장을 살펴보면 펠린 신부는 결혼을 도덕적 의무로 보았고, 가난해도 이 의무를 지켜야 한다고 생각했다. "재산이 빈약하거나 가난하더라도 자녀를 많이 낳지 않으려고 결혼을 피할 수는 없다." 왜냐하면 "신은 가난한 자의 자녀에게도 살아갈 방법을 주시며 그런 가족들을 축복하는 것을 기뻐하시기 때문이다". 그러나 칼뱅은 좀더 실용적인 태도를 견지한다. "울음소리와 신음소리에 젖은 자식들을 많이 낳는 것보다는 대가 끊기거나 자식을 낳지 못하는 편이 더 낫다."[27]

가톨릭 국가들은 이런 정책을 쓰지 않았다. 그러나 바이에른과 같은 독일 가톨릭 속주들은 유사한 정책을 실시했고 반면 스위스의 프랑스어권 신교도 지역에서는 이런 정책에 무심했다는 점을 알아두자. 또한 비슷한 이유로 클레르몽 페랑의 통치자처럼 일부 프랑스 지도자들이 콜베르의 개혁에 반대했다는 사실도 잊지 말자. 그러나 지역법은 한 도시에 국한되는 경우가 있으므로 일반화하지 않는 것이 좋다. 루이 14세 때 프랑스가 경제적 · 군사적으로 도약을 꿈꾸었던 점은 출산장려정책을 실행하는 데 있어 종교적 입장보다는 더 많은 영향을 미쳤을 것이다.

이는 깊은 사고가 결여된 궁여지책들이었다. 그런데 18세기 말이 되면 영국 경제학자들이 이 문제를 근본적으로 다루고자 시도한다. 프랑스보다는 영국에서 더 일찍 시작된 산업혁명은 이곳에서 빈부의 격차를 심화시켰고, 프랑스 혁명이라는 사례는 사회문제에서 덜 과격하고 덜 폭력적인 해결책을 찾아야 한다는 생각을 심어주었다. 가난한 사람들의 독신도 그 해결책 중 하나였다. 민중 혁명에 대한 두려움은 1798년 맬서스의 저서에서 특히 잘 드러난다. 가난한 사람들이 배고픔의 원인을 부자들에게 돌린다면 부자들을 공격할 수도 있다. 그러나 '민중이 고통의 가장 큰 원인을 바로 자기 자신이라고 여긴다면'[28] 폭동은 더 이상 일어나지 않을 것이다. 폭동은 가난한 사람들이 너무 많이 생겨서 발생하는 현상이기 때문이다.

매우 단순한 이 생각은 근대적 사고에 가장 큰 영향을 미칠 한 저서의 근간이 되었다. 영국 여행객들 중에는 비슷한 생각을 이미 발표한 사람이 있었다. 《프랑스 여행(Travels in France)》에서 아서 영(Arthur Young, 1741~1820)은 프랑스의 새로운 토지 분배 정책과 영국에서 실시되는 구(舊)시스템을 비교했다. 그의 분석에는 프랑스식 정책에 대한 두려움이 드러나 있다. 프랑스에는 토지가 세분화되어 있고 빈곤이 증가했다. 그러나 영국에서는 농부들이 부자였다. 이로 미루어볼 때 땅을 소유하는 것 자체가 가난을 해결해주지는 않는다는 것을 알 수 있다. 땅을 소유하도록 장려하는 일은 가정을 이루라고 부추기는 것과 마찬가지인데, 이럴 경우 대부분은 작은 땅만을 경작하게 되므로 가족을 부양할 수 없는 처지에 놓이게 된다. 프랑스의 문제는 오히려 인구과잉이었다. 그러나 우리가 살펴본 바와 같이 루이 14세 이후 프랑스에서는 결혼과 이민을 장려하는 정책이 실시되고 있었다.

아서 영은 오히려 '양식을 위한 경쟁'이라는 가설을 내놓는데, 이는 맬서스의 '대향연'이나 다윈의 '생존경쟁'에 단초를 제공해주었다. "더 많은 인간이 양산되기를 원하는가? 이미 생존하는 많은 사람들의 문제도 어떻게 해결해야 할지 모르면서 말이다." 출산은 결혼에 뒤따라오는 일이므로 조치를 취해야 할 쪽은 당연히 결혼이다. " 현재와 반대되는 정책을 고려해봄이 적절하지 않을까? 출산한 아이를 부양할 능력이 불명확한 사람에게는 결혼을 금지시켜야 하지 않을까?" 결혼에는 재원의 증가 즉 지속적인 노동의 뒷받침이 있어야 한다.[29]

이 생각을 다시 강력하게 채택한 사람이 바로 맬서스이다. 영국 국교회 목사이자 사회경제학 교수인 그는 1798년 《인구론》을 발표했고, 알다시피 대성공을 거두었다. 철학자들과 프랑스 혁명의 인본주의적 사고에 반대한 이 소책자는 특히 프랑스의 빈민구호정책을 비난하고 나섰다. 극빈자들은 '자연의 대향연'에 초대받지 않았기 때문이다. 이 부분은 논란의 여지를 남겨 세번째 개정판에서 삭제되었다.

그의 논제는 다음과 같은 두 가지 가정에 기초하고 있다. 인구는 기하학적으로 증가하는 데 반해 생존 수단은 산술적으로 증가한다. "인구증가에 어떤 방해물도 등장하지 않으면 인구는 25년마다 두 배가 늘어나고 시간이 지날수록 기하학적으로 증가하게 된다." 반대로 "산업 발전이 최대한 순조롭게 이루어지더라도 생존 수단은 산술적인 속도 이상으로 증가할 수 없다".[30]

권력의 최상층부를 차지하고 있는 부자들이 '대향연'의 자리를 차지한다는 것이 놀라운 일일까? 인구가 정기적으로 두 배씩 증가하므로 만일 방해물이 없다면 천연자원의 고갈은 피할 수 없게 된다. 그 반가운 방해물들이란 '생존수단이 희박해짐으로써 나타나는 모든 관습과 질병이다'. 맬서스는 가장 약한 자들을 제거하는 파괴적인 방해물(가난, 기아, 범죄, 전쟁, 전염병, 중노동, 더러운 직업, 위생 등)과 가장 약한 자들을 세상에 태어나지 않게 하는 배타적인 방해물(출산 억제)을 구별하고 있다. 그리고 이 두번째 방해물에 노력을 집중해야 한다고 주장한다.

그렇다고 그가 관할하는 교구에서 피임을 권장할 수는 없는 노릇이었다. 피임은 1세기 후 '신(新)맬서스 인구론'이라 불리는 교리가 된다. 그리스도교의 전통에 따라 맬서스는 만혼의 장려, 혼외정사 자제, 부부생활 자제 그리고 결혼 자제와 순결 장려를 택한다. 그는 이를 '도덕적 구속'이라 불렀다.

맬서스도 다른 방법들을 모른 것은 아니었다. 그는 이후로 몇 백 년간 이 방법들에 대해서까지도 도덕적 책임을 지게 되었다. 그러나 정작 자신은 이 방법들을 가차 없이 비난했다. 자유연애, 자연의 섭리에 역행하는 열정(동성애), 범죄적이거나 비정상적인 관계를 숨기기 위해 모든 장치를 동원하여 부부의 침대를 범하는 일(불륜과 피임)은 명백한 악인만이 사용할 수 있는 배타적 방해물[31]이었다. 맬서스에 대한 반대 여론 가운데(특히 그의 이론이 낳게 될 노동자 수의 감소) 그에게 가장 심각한 오류로 지적된 부분은 순결과 상반되는 과오를 장려한다는 점이었다. "간접적이든 직접적이든 내가 만일 덕에 위배되는 방향으로 해석될 수 있는 것을 말했다면 비참해질 것이다." 맬서스는 가난해진 사람들의 '세심함'과 성격을 신뢰했다. "결혼하지 않고 순결하고 덕스러운 삶을 명예롭게 산 남자와 여자는 여럿 있다." 리처드슨(Samuel Richardson, 1689~1761)에 여전히 물들어 있던 영국에서 맬서스는 가난한 사람들의 덕을 믿고 있었던 것이다. 한편 도덕적으로 부패했을 것이라는 선입견이 떠나지 않던 사회의 상류층에는 결혼이 너무 많아도 걱정할 것이 없었다.[32] 모럴리스트들은 독신이 계속적으로 증가한다고 고발하지 않았던가?

독신자들이 국가의 안전을 위기에 처하게 한다며 합심해서 비난하던 분위기였으므로 맬서스의 목소리는 참신했다. 맬서스는 독신자들이 결혼을 한다면 아이들의 수가 늘어날 것이고 따라서 가난도 증가하여 마침내 사망률이 높아질 것이라고 강조했다. "독신으로 사는 사람이나 결혼을 늦게 하는 사람은 인구 감소의 원인이 아니다. 그들은 조산아의 수만 감소시킬 뿐이다. 그들이 모두 결혼을 한다면 조산아의 수는 대책 없이 늘어날 것이다. 이렇게 보면 독신자들이 심한 힐책을 받아야 할 이유는 없다."[33]

맬서스는 사람들의 의식을 변화시키려면 강제적인 법에 의지하기보다는 민중을 교육시켜야 한다고 생각했다. 그러나 그는 아서 영의 생각을 익히 알고 있었으며 그의 말을 인용하기도 했다. 또한 극빈층의 결혼을 억제하거나 금지하기 위해 여러 나라에서 채택한 억제 정책에 대해서도 알고 있었다. 맬서스는 1799년에 자신이 직접 여행하며 관찰한 노르웨이의 사례를 제시했다. 그곳에서는 소작인이나 날품팔이꾼의 자식은 모두 군인이 되어야 했다. 각 지구의 지휘 장교는 군대에 복무하기를 원하는 농부들을 선발할 수 있었다. 물론 그들은 젊은이를 선호했다. 일단 입대한 젊은이는 아내와 자식을 부양할 능력이 있다는 장교의 승인과 교구 목사의 증서 없이는 결혼할 수 없었다. 10년의 복무 기간을 마치기 전까지 결혼은 불가능했던 것이다. 입대는 36세까지 할 수 있었으므로 매우 늦게 결혼하는 사람들도 있었다. 군대에 선발되지 않은 사람은 가족을 부양할 재산이 없으면 독신 하인으로 소작인에게 품을 팔았다. 그러나 맬서스의 시대에는 이미 이런 법이 폐지된 상태였다.[34]

18세기에 그토록 비난받았던 독신자들의 권위를 회복시키는 데에 맬서스의 혁신은 크게 기여했다. 순결의 의무, 빈곤층의 덕에 대한 신념, 기존 사회질서의 유지 등 물론 자기 시대에 통용되던 선입견에 제한을 받기는 했지만 말이다. 사실 맬서스 인구론과 신맬서스 인구론은 생각보다 훨씬 더 출산 억제에 대한 고찰에 지속적인 영향을 미쳤다.

19세기 전반기에 맬서스 인구론은 전 유럽에서 유행했다. 1809년 소설가 프레보(Abbé Prévost, 1697~1763)의 번역으로 프랑스에 알려진 이 영국 국교 신도의 저서는 샤를 콩트(Charles Comte)의 서문과 조세프 가르니에(Joseph Garnier)의 주가 달린 1845년 판으로 더 잘 알려지게 되었다. 콩트, 가르니에 그리고 프레데릭 파시(Frédéric Passy), 샤를 뒤누아이예(Charles Dunoyer)는 프랑스에서 맬서스 인구론의 제1세대를 대표했다. 이들의 생각은 아직 합리적이었고 특히 인구증가를 찬동하며 맬서스를 비난하는 자들에 대항하여 맬서스를 변호하는 입장이었다.

프레데릭 파시는 1868년 이 대가에게 붙어 다니는 '사람의 피에 굶주린 흡혈귀' 라는 이미지를 떼어내려 했다. 맬서스는 결혼과 가족의 발달을 막는 예방 정책을 주장한 적이 없다. 그는 정부에게 개인의 자유 특히 결혼의 자유를 침범하라고 요구한 적도 없다. 다만 그는 인구가 많아야 나라의 힘과 권력이 강해진다고 본 과거의 오류를 비판했을 뿐이다. "세상 어떤 일을 시작할 때도 마찬가지겠지만, 가정을 이루려면 우선 필요한 재원을 갖추었는지, 적어도 재원을 갖출 수 있다는 타당한 희망은 있는지, 검토해보아야 한다."[35] 중용의 입장을 취한 맬서스 인구론은 독신을 권장하는 것이 아니라 결혼하기에 앞서 잠시 노력하고, 절제하고, 희생하라는 것이었다. 자신의 모델보다 더 온건한 입장을 취한 파시는 과학의 미래를 믿었다. 과학이 인류의 양식인 천연자원을 더 잘 관리할 수 있을 것이라고 믿었다. 그에 따르면 맬서스는 위험을 너무 과장했고 덕스러운 포기를 삶의 조건으로 내세웠다는 오류를 범했다.[36]

그러나 맬서스 인구론은 더욱 억압적인 정책들을 탄생시켰다. 초기에는 결혼 연령을 늦추거나 빈곤층에게 결혼을 금지하는 법적 장치가 강화되었고, 후기인 19세기 말에 이르면 신맬서스 인구론으로 피임 정책이 장려되었다. 1816~1817년에 서유럽 전역을 휩쓴 대기아로 인해 맬서스의 이론이 확산된 것이 틀림없다. 이번에도 가장 엄격한 정책을 취한 쪽은 신교도 국가들이었다. 그러나 바이에른과 같은 독일 제국의 가톨릭 속주에서도 엄격한 정책이 실시되었다. 더구나 재산이 없는 남자뿐만 아니라 범죄자에게도 독신을 의무화하는 속주들이 생겨났다.

1833년 뷔르템베르크에서는 지난 2년 동안 절도나 재범, 사기, 구걸, 주정, 상습적 나태, 부랑으로 기소를 당하거나 처벌을 받은 경우 결혼이 금지되었다. 결혼 승인 신청을 하기 전 3년간 정부의 보조를 받은 사람도 독신자로 살아야 했다. 단 사고 피해자나 불의의 재난을 당한 사람들은 제외되었다. 최소 혼인연령은 25세로 늦춰졌다.

작센에서는 1840년, 빈곤층에 대한 규칙이 공포되었다. 이 규칙에 따르면 정부의 보조를 받던 남자는 결혼하기 전에 경제적 사정이 나아졌음을 증명할 수 있어야 하며, 앞으로는 공공보조를 받지 않겠다는 맹세까지 해야 했다. 결혼을 승인하는 것은 일반적으로 지방 당국이었는데, 사회보조금 지출을 담당했기 때문이다. 반면 프로이센에서는 부모가 아들의 결혼을 금할 수 있었는데, 부양할 재산이 부족하거나 성격이 매우 사악하거나 병이 있는 경우였다.[37]

바이에른에서는 만일 신부가 결혼 특별 승인을 받지 않은 극빈자 두 사람을 결혼시킨다면, 이들이 도움을 청할 때 혼자 책임을 떠맡아야 했다.[38] 가장 간단한 방법은 스위스의 경우처럼 결혼 승인을 받기 전에 보조금을 모두 회수하거나, 승인을 해주기 전에 보조금을 지급하지 않고 장기간 세금을 매기는 것이었다. 그 기간은 슈비츠에서는 4년, 운더발트 옵발덴에서는 12년이었다. 운더발트의 프리부르, 베른, 장크트갈렌에서는 결혼한 사람들이 빈민구제기금으로 일정액을 부담했으며, 이는 결혼당사자들이 빈민이 되지 않도록 억제하는 정책이었다. 슈비츠에서는 아버지나 어머니, 형제 혹은 자매가 지난 4년간 보조금을 받은 경우에도 결혼을 금지시켰다.[39]

이 정책들이 도출한 가장 큰 결과는 무엇이었을까? 경제 형태가 거의 변동이 없는 지방에서는 아들들이 부모가 사망한 후에나 결혼할 수 있었다. 그래서 결혼하지 않은 상태에서 낳은 아이를 결혼을 한 후에 적자로 인정하는 경우가 잦았다. 그 전까지 아이는 적자인 것처럼 어머니의 집에서 자랐다.[40] 모럴리스트들은 목적도 달성하지 못하고 전통사회의 근간만 뒤흔들어놓은 이러한 법에 대해 분노했다. "잘못 만들어진 법은 사생아 출산 증가에 영향을 미칠 수 있다."고 베르티옹(Jacques Bertillon)은 바이에른의 사례를 언급하며 비난했다. "이 말썽 많은 법이 폐지된 후(1862년) 바이에른에서는 사생아 출생 수가 줄어들었지만 그 속도는 아직 느리다. 나쁜 습관은 쉽게 사라지지 않기 때문이다."

아래에 제시된 숫자들은 시사하는 바가 크다. 15~40세 여성에서 사생아 출산율은 아일랜드의 경우 6퍼센트, 프랑스의 경우 17퍼센트였지만 바이에른에서는 41퍼센트나 되었다. 바이에른의 사례뿐만 아니라 스위스의 사례에서도 결혼을 쉽게 할 수 있도록 해주어야 할 필요성이 입증되었다. "프랑스 입법가들은 결혼을 못하도록 막는 모든 장애물을 완화시켜 사생아 출산을 줄일 수 있을 것이다. 민법을 채택한 국가들은 이 장애물들을 모두 없앴으며, 가난하고 교육받지 못한 사람들은 결혼하지 않음으로써 이 장애물들을 피해갔다."[41]

스위스, 바이에른, 프로이센, 작센, 뷔르템베르크……. 유사한 법은 노르웨이, 헤센, 카르니올라(옛 오스트리아)[42] 등에서도 존재했다. 프랑스는 이런 법을 채택하지 않았지만 그럴 마음을 가진 사람들은 있었던 듯하다. "생계수단이 없는 사람이거나 앞으로 태어날 아이를 기를 충분한 능력이 없는 독신자라면, 그들에게 결혼을 장려하는 것은 해로운 일이다."[43]라고 그들은 판단했다. 노동자들은 가족을 부양할 수 있는 수단을 갖출 때까지 왜 기다리지 않는 것일까? 귀족 집안의 자제가 오랫동안 막대한 유산을 물려받기를 기다리는 것처럼 말이다.[44] 이런 문제가 제기되기는 했으나 법으로 결단을 내리는 일은 없었다.

거기에는 이유가 있었다. 돈으로 받은 상처는 치유할 수 있다는 생각 때문이었다. 19세기 프랑스 사회는 관용적이었고 폐쇄적인 사회 구조에 대해서는 이론적으로 거부했다. 때문에 무의식적으로 가난이 운명이라는 생각은 부정되었다. 임시적인 독신자들은 사회의 동정을 받았지만 비웃음을 완전히 모면한 것도 아니었다. 쿠엘락(Louis Couailhac)은 공증인을 겸하는 성직자, 소위, 턱에 수염도 자라지 않은 작가, 허물벗기를 하는 아들, 참사원의 방청객, 카페 종업원을 예로 든다.[45] 그의 생각이 어땠는지는 금방 알 수 있다. 이들이 곧 공증인, 중위, 참의원이 될 것이고 그래서 결혼을 하리라는 것이다. 작가가 턱수염을 기르고 아들이 변신을 마치면 다시 제자리로 돌아갈 것이다. 쿠엘락은 잔인하게 결론을 내린다. 카페 종업원은 계산대의 여종업원과 결혼할 것이다. 카페 한 곳에 계산대가 하나밖에 없다는 것이 아쉽다. 더구나 항상 과부들이 계산대에서 일하는 것도 아니지 않는가.

프랑스는 빈곤층의 결혼을 늦추기 위해 법적인 정책보다는 온건한 조언을 선호했다. "일을 해서 살 수 있을 만한 재산을 모을 때까지 기다리시오. (중략) 왜 이리 일찍 궁핍한 결혼 생활이라는 비참한 행렬에 들어가려 하시오?"[46] 그러나 조언을 해주는 사람이 대가를 치르는 것은 아니다. 특히 독신의 의무를 지켜야 하는 성직자인 경우에는 말이다.

그러나 가난의 개념도 상대적이었다는 점을 기억하자. 사회 최하층에서는 재산이 없으면 결혼에 실질적인 어려움을 겪었다. 그러나 그 반대편인 귀족 사회에서는 조금만 궁색해도 상속녀들과 결혼할 수 없었다. 이는 근대 사회의 혼란 속에서 전통을 유지하려는 노력 때문이었다. 앙시앵 레짐이 끝나자 유서 깊은 귀족 가문들은 흔들리게 되었고 정략결혼에 대한 강박관념은 18세기보다 훨씬 강해졌다. 프랑스 혁명이 일어나기 전에는 사회적으로 지배적 위치에 있었기 때문에 하층민들이 벌어다주는 미약한 돈으로도 품위 유지가 가능했다. 부용 공작부인은 딸 크로자를 '내 작은 금괴' 라고 불렀는데 딸의 정략결혼으로 가문을 일으킬 수 있었기 때문이다. 당시 감히 그녀를 비웃는 사람은 없었다. 그러나 19세기에는 상황이 완전히 달라졌다. 적어도 지방에서는 그렇다. 전통 있는 귀족 가문은 더 이상 출신성분만으로는 사회 서열의 정상을 차지할 수 없게 되자 이에 상처를 받아 자멸적인 고립을 택하는 경향을 보였다.

의학과 위생이 발달하여 평균 수명이 연장되었고 이는 가정을 꾸릴 수 있는 기반이 되던 유산 상속 시기를 그만큼 늦춰주었다. 게랭 드 라 그라스리(Guérin de La Grasserie)는 (1912년경) 사회 신분을 유지하느라 빈털터리가 된 많은 귀족들이 결혼을 못하고 있다고 생각했다. '현재 독신은 특히 경제적 이유에 기인한다.' 마리 데스피이(Marie d' Espilly)는 '귀족 증명서의 순교자' 이며 '오직 그녀만을 위해 부활한 구식 법의 노예' 라며 노처녀를 비웃으며 정략결혼을 거부했지만 소용없는 일이었다.[47] 이 악평으로 바르베 도르비이(Barbey d' Aurevilly)가 '찬란한 사회의 진실' 이라고 칭했던 몇 백 년의 선입견이 타격을 입은 것은 아니다. "혁명으로 파산한 처녀들은 늙은 처녀로 경건하게 죽어갈 것이며 그들에게는 다른 것이 다 없어도 가문의 문장만 있으면 충분하다." 《악녀들(Les Diaboliques)》의 저자인 그는 사춘기에 대해 "아름다움이 덧없다는 것을 알고 심장에 흐르는 피와 정숙한 뺨에 바른 담홍색 분이 소용없이 끓고 있음을 느끼는 아름답고 매력적인 여자들의 강렬한 모습에 마음이 불타올랐다." 고 고백한다.[48]

노동자 계급과 구(舊)귀족 사이에서 전통적 결혼은 부르주아 계층의 특권으로 인식될 수 있었다. 결혼은 특히 경제라는 카드가 재분배되었던 시기에 부자들이 누릴 수 있는 특권이 될 소지가 있었다.

1800년부터 1870년까지 "혼인율은 지그재그 곡선을 그렸으며 이는 당시 경제 상황을 반영하고 있다."[49] 그러나 규범은 그대로 남아 있었다. 오랫동안 동거가 증가했으리라는 추측을 얻었던 노동자 계층에서도 마찬가지였다. 수치란 다양한 요소를 내포하고 있는 경우가 많으며 동시대 사람들의 주관적인 견해를 반박하는 경우가 잦다.

• 산업혁명이 양산한 도시의 독신자들 •

코트레 지역(오트피레네)에 있던 멜루가의 농장에는 1층에 두 개, 2층에 두 개, 이렇게 방 네 개가 있었는데 여기에 3세대 15명의 인원이 항시 거주하고 있었다. 그러니 누군가 결혼해서 식구를 늘린다는 것은 꿈도 꾸지 못할 일이었다. 이들 중 단 한 명만이 자기 자리를 차지할 수 있었으니 그가 바로 가장이었다. 홀아비인 가장 주위로 조부와 독신자 12명이 모여 살았다. 부부의 자녀 일곱 명, 형제들, 삼촌들, 그리고 가족이 아닌 양치기 목동 한 명이었다.

때는 1856년. 라브당에서 이 상황은 특별한 것이 아니었다. 전통적으로 장남이나 장녀는 결혼하면 재산의 반을 받게 되어 있었다. 나머지 형제들은 남아 있는 재산 반을 결혼할 때 나눠 가졌다. 그러면 집을 떠나게 된다. "한 세대에서 반 정도가 독신으로 살았으며, 상속인과 함께 살며 대가족 공동체를 이루었다."[50] 이 독신자들은 하인은 아니었다. 각자 재산 상속분이 있으며 자산을 소유하고 있었다. 공동으로 가축을 돌볼 때는 가장과 협의 하에 일정 수의 가축에 대한 이익을 소유할 수 있었다. 겨울에 가축에게 먹일 건초도 따로 구매해야 했다. 이들이 죽으면 가축은 가족에게 물려주는 경우가 많았다.

멜루가 가족의 유산 상속은 장녀를 통해서 이루어졌다. 그러나 권력은 가부장이 쥐고 있었다. 74세의 홀아비인 조부가 집안의 어른이었다. 조부는 상속녀와 결혼하면서 멜루가라는 이름으로 개명했고, 결혼과 함께 공동체의 소유자가 되었다. 장녀인 사비나는 정식 상속인이었으며 사비나의 남편도 멜루가 성을 따랐다. 그래서 남편이 가장이 되었고 나중에는 장인처럼 집안의 어른이 되었다. 이들의 딸인 마르트(18세)는 다음 상속인이 될 것이고 결혼할 예정이다.

이들과 함께 사비나의 다른 자녀 여섯 명, 사비나의 형제 두 명 사비나의 삼촌 두 명 그리고 하인인 양치기가 함께 살았다. 이들은 모두 독신이었다. 물론 이 가족이 혼자서만 살아간 것은 아니었다. 가족 중 열 명은 공동체 밖으로 시집, 장가를 갔기 때문이다. 여자들은 결혼할 당시 24~25세였으며 남자들은 28~30세였다. 이것은 국가 평균이었다. 상속을 받을 장남을 제외하고 결혼하는 사람은 자기 몫의 재산을 받은 후 집을 떠났으며 차후에 다른 상속분을 요구할 수 없었다. 성직자가 되거나 해외로 이주하는 자들도 있었으나 그런 경

연령	남성				여성			
	독신	기혼	홀아비	합계	독신	기혼	과부	합계
0~18	245			245	276			276
18~22	31			31	60	4		64
22~30	25	12		37	48	29	3	80
30~40	21	67	2	90	34	68	3	105
40~50	16	70	4	90	18	77	10	105
50~60	9	54	7	70	4	42	18	64
60~70	4	27	4	35	4	18	16	38
70~80	3	9	6	18	1	3	11	15
80~84	-	3	3	6	-	1	6	7
합계	354	242	26	622	445	242	67	754

우는 드물었다.

그러나 강요된 독신이 불명예스러운 것은 아니었다. "독신으로 사는 가족 구성원들은 자신이 소유한 재산을 공동체에 남겨두었고 매우 깍듯한 대우를 받았다."[51] 밑으로 제일 어린 두 형제를 제외하고 형제들은 공동으로 경작, 추수, 돼지 잡기, 양털 깎기, 건물 보수 등 농장 일을 돌보았다. 농장 안을 살펴보면 침실 세 군데에 2인용 침대를 나누어 놓았다. 독신자들은 남녀를 엄격히 구분하여 생활했다. 부엌에는 2인용 침대 세 개가 놓여 있었는데 하나는 결혼한 부부가, 하나는 조부와 막내아들이, 그리고 나머지 하나는 독신인 숙모와 막내딸이 나누어 썼다. 이층에는 독신자들이 방 두 개를 나누어 썼는데, 하나는 여자들, 그리고 나머지는 남자들이 사용했다.

라브당 지방의 가구 전체가 동일한 구조로 생활했다. 프레데릭 르플레(Frédéric Le Play)가 1856년 실시한 조사에 따르면 이 지역 거주민 1376명 중 799명이 독신자였다(58퍼센트). 그런데 3분의 1이 혼인적령기에 있었다.[52]

이 사례는 일반화해서는 안 될 것이다. 이 표는 르 플레의 이론에서 '직계가족'으로 불리는 현상을 잘 보여준다. 꽤 드문 경우에 속하는 중간적 가족 모델은 동양이 유지해온 고대 가부장 모델(모든 아들들이 결혼해서 부모의 집에 정착한다)과도 구분되고, 서양에서 일반화된 불안정한 가족 모델(가정에 남아 있는 자식이 없다)과도 구분된다. 한 집에 독신자들이 모두 모여 사는 이 '직계가족'은 당시 게르만 국가와 산악 지방에 주로 남아 있었는데 피레네와 같은 프랑스 지역에서도 찾아볼 수 있었다.

르 플레가 밝힌 모델은 선정된 사례가 보여주듯 그렇게 엄격하게 적용된 것은 아니었다. 산악지방을 제외하고 독신자들이 가정에 머무는 경우는 농촌에도 있었기 때문이다. 그러나 프랑스가 최초의 인구 위기와 산업혁명을 동시에 겪던 시기에 농촌과 도시 간의 차이가 이해에 좀더 도움을 준다. 우선 전통 가족 모델이 그대로 남아 있던 부유한 농촌과 대도시 이주의 영향을 더 많이 받았던 가난한 농촌이 있었다는 사실을 주지해야 한다. 1891년 인구조사 당시 남자 독신자 비율이 가장 높았던 지역은 바로 사람들이 떠나간 피니스테르(65.42퍼센트)와 랑드(70.18퍼센트) 같은 주들이었다. 여기에 홀아비와 이혼자를 독신자로 분류하면 기혼자의 비율은 각각 30.05퍼센트와 26.70퍼센트밖에 되지 않는다.

이처럼 다양한 행태가 나타났지만 농촌 사람들은 필연적인 상황에서만 독신으로 살았으며, 그들의 도덕심은 자랑할 만했다. "곡식이 자라는 곳에서는 결혼을 했고 상황이 허락하는 사람들은 일찍 결혼했다."[53] 농촌에서 독신을 아직 명예롭게 생각하는 데에는 독신이 가족의 재산을 위해 개인이 희생한 경우에 속했기 때문이다. 그러나 도시에서는 독신에 대한 평판이 점점 나빠졌다. 19세기 농촌의 독신은 TV와 인터넷, TGV 시대가 바라보는 농촌의 독신과는 사뭇 달랐다.

발랑시엔의 공화당 의원이었던 루이 르그랑(Louis Legrand)은 경제적으로 한창 성장하고 있는 지역에서 농촌 이탈 현상에 직면해야 했다. 그는 주저 없이 도덕심을 내세웠다. 그의 분석에 따르면 농촌의 농부들은 정착생활의 도덕심과 독립이라는 자존심을 지키고 있는 소농인 경우가 많았다. 농촌을 떠나 대도시로 꾸역꾸역 몰려든 후 공장에 취직해 착취당하는 이들은 자존심까지 잃어버린 '돈에 팔린 톱니바퀴들' 이었다. 그들의 가정은 파괴되었고 부인과 자식들까지도 일을 해야 했다. 그것도 보수적 시선에서 보면 경악할 정도로 남자들과 무작위로 섞여 일하는 경우가 많았다. 불안정한 일자리를 잃고 실업자가 되면 돈이 없어 안정적인 가정을 꾸릴 수 있는 가능성은 날아가 버렸다.

르그랑 의원은 산업혁명이 일어나고 도시 프롤레타리아 계층이 폭발적으로 증가하는 제2세대를 경험했다. 그가 겨냥했던 것은 파리로 이주한 농민들이라기보다는 가정의 의미를 제대로 모른 채 일시적인 가정에서 성장한 자식들이었다. 이들은 일을 할 수 있고 혼자 살아갈 수 있는 나이가 되는 즉시 가정을 떠났다. "결혼하지 않은 이들은 부적절한 관계를 맺었다. 이런 사례는 산업도시에서 자주 일어나고 쉽게 찾아볼 수 있는 일이었다. 이들은 동거녀에게 싫증이 나면 아무렇게나 내버리고 다른 여자를 찾는다."[54] 1885년 라뇨(Gusrave Lagneau)는 사람들의 의식 변화를 도시의 편의시설 탓으로 돌렸다. 도시에서는 농촌에서만큼 가정을 가질 필요를 느끼지 않는다. 식당, 카바레가 가정을 대신하고 서클, 카페, 공연장이 가정에서 느낄 수 있는 기쁨을 대신하며 동거녀, 정부, 창녀가 아내를 대신하기 때문이다.[55]

이것도 틀린 말은 아니다. 도시 때문에 독신이 생긴 것은 아니지만 도시가 물질적인 기반을 마련해준 것은 사실이다. 이런 현상은 중세 혹은 고대사회에서도 볼 수 있다. 대체가정(19세기에 급격히 발달하는 카페), 식사(카페와 비슷하게 발전한 식당뿐만 아니라 빨리 그리고 쉽게 적은 양의 요리를 준비할 수 있도록 해주었던 냉동기술), 여가(극장, 뮤직홀, 카페콩세르, 영화관은 농촌의 전통적 밤 모임을 대신해주었다) 등을 예로 들 수 있을 것이다. 독신의 확산에 이러한 물질적 조건이 얼마나 큰 영향을 미쳤는가는 거듭 강조할 만하다.

가족 중심의 행동양식이 독신이나 공동체 중심의 생활방식으로 이행됨으로써 사람들의 의식도 변했다고 할 수 있는데, 도시라는 공간도 여기에 또 하나의 이유가 되었다. 도덕심은 주변이 강요하는 가치를 존중함으로써 성립되는데, 도시 생활에서는 가족관계와 사회관계가 단절됨으로 도덕심이 문제가 되었다. 결혼으로 관계를 공식화했던 이유는 부모, 이웃 그리고 소규모의 마을에 도는 평판을 의식했기 때문이다. 그러나 대도시에서는 익명으로 살아가기 때문에 사회적 압력이 작아진다. "장 루이 플랑드랭(Jean-Louis Flandrin)이 앙시앵 레짐 하의 사회를 분석한 바와 같이, 마을과 교회가 강요했던 구속 혹은 아버지의 권위와 가족의 명분, 공동체의 무게와 관련이 있는 구속 등이 산업화와 도시화로 흔들렸던 것은 확실하다."[56]

19세기 모럴리스트들은 이를 우려하여 과격한 해결책을 내놓기에 이른다. 로시(Rossi)는 가난한 노동자들에게 독신을 장려했고[57] 라뇨(1885년)와 가르니에(1887년)는 농촌 사람들을 도시로 끌어들이는 대공사를 제한하라고 주장했다. 대공사는 특히 남자들을 빼내갔는데 일부 지역에서는(사보이, 크뢰즈, 캉탈) 처녀들이 너무 많아져 결혼할 신랑이 모자랐다. 그렇다고 도시의 총각들이 돈을 더 잘 버는 것도 아니었다. "나라의 빈곤이나 만연한 타락으로 인해 발생한 빈곤은 전염병과 같다."[58]

산업혁명 시기에 도시 하층민 사회에서는 독신이 갑자기 증가하는데, 이를 살펴볼 수 있는 훌륭한 두 가지 자료가 있다. 《파리 시 통계 연구》와 파리상공회의소가 1847년부터 1848년까지 실시한 조사가 그것이다. 이 자료들을 바탕으로 미셸 프레(Michel Frey)는 7월왕정이 끝날 무렵 파리 시의 노동자 분포와 생활방식을 비교했다. 그 결과 파리 동쪽에는 노동자들의 비율이 높은 것으로 나타났는데, 이는 우려할 만한 성비 불균형을 초래했다. 이 지역에는 여자보다 남자가 많아서 남자 독신자의 비율이 더 높았다. 반대로 서쪽에는 여자들이 더 많았는데, 이는 부르주아들이 사는 구역에서 하녀들을 많이 고용했기 때문이다. 실제로 하인들 중 71퍼센트가 여자였다(남자는 1만 9720명이었던 것에 비해 여자는 4만 7831명이나 되었다).

따라서 19세기 파리의 독신은 수도를 두 지역으로 가름으로써 전형화될 수 있다. 부유한 구역에서는 여자들이 하녀 방에서 살았고, 가난한 지역에서는 남자 노동자들이 싸구려 하숙에서 살았다. '만연한 타락'의 망령이 또다시 파리의 시민들에게 나타났다. 시대가 바뀌었으니 고정관념도 변했다. 근대 모럴리스트들의 감정을 근간으로 했으나 좀더 호의적인 선입관을 가진 사회학자였던 에드워드 쇼터(Edward Shorter)는 이 '난봉'을 하층민을 통한 프랑스 성 혁명의 전조로 보았다. 그러나 이는 지나친 주장으로 오늘날에는 논외가 되었다.

당시 동거는 부르주아 계층이 경악하거나 비난했던 것과는 달리, 그리고 성 역사가들이 열광했던 것과는 달리, 노동자들의 전유물이 아니었다. 노동자들은 형편이 된다면 결혼하는 경우가 더 많았고 특히 높은 독신율을 보였던 중산층보다 결혼하는 경우가 더 빈번했다. '난봉'이나 '성적 해방'이 있었다면, 연금으로 쉽게 살 수 있는 쾌락을 즐기고 결혼 계획에는 신경 쓰고 싶어하지 않았던 부유층에게서 찾아야 할 것이다. 『가제트 데 트리뷔노(Gazette des tribunaux)』지를 면밀히 살펴본 결과, 미셸 프레는 동거를 하거나 독신으로 사는 사람들에게조차 결혼은 인생의 이상적 목표였다는 것을 확신하게 되었다. 그러나 물려줄 유산도 없는 사람이 시장이나 사제 앞에서 결혼을 한다는 것이 무슨 의미가 있겠는가? '생산 수단이 없고 임금으로만 경제적 독립을 누리게 된 임금생활자들'[52]은 중산층처럼 걱정하거나 계산하지 않았다. 낮은 임금과 동거의 상관관계는 이 분석을 뒷받침해준다. 가정의 경제적 균형을 유지할 수 없었기 때문에 노동자들 중에 결혼하지 않은 사람들이 나온 것이지 결혼 자체를 경멸하거나 거부해서가 아니었던 것이다.

그러나 19세기는 노동자의 독신이 많았다는 인상을 준다. 프랑스에 맬서스의 사상이 유입되면서 노동자의 독신이 성직자의 독신을 대신하여 자연적 인구 조절 역할을 담당한다는 생각이 퍼졌다. 가치관이 변하자 새로운 우상은 자신을 섬겨줄 젊은이들이 필요했다. 코르비에르(Corbière) 사제는 이런 사고방식에 분개하지 않을 수 없었다. '세속의 노동자'는 성직자의 서원을 지킬 수 없다. 독신을 선택했던 사제는 '독신을 운명처럼 받아들이는' 노동자와 자신의 상황을 비교했다. 세속에 사는 남자들 특히 노동자들은 "방어할 능력도 없이 유혹에 몸을 맡긴다. 신앙으로 악에 맞서기는커녕 자신들이 살고 있는 세계의 유혹과 동료들의 비웃음으로 인해 오히려 악에 열광한다".[60]

결국 19세기 분석자들은 손쉬운 비난의 단계를 넘어선 후부터 도시의 독신자들을 공격하기보다는 가엾게 여기기 시작했다. 여자가 일상생활의 필수적 존재로서 가정의 영혼이라 여겨지던 시절에 독신은 고독과 비참함을 의미했다. "음식을 해주고 병이 나면 간호해주며 초라한 방을 깨끗이 청소해줄 아내도 없는 노동자의 삶이 어떠한지 꼭 그려보아야 하는가?" 가정을 돌보도록 자연이 만들어놓은 여자도 남자들이 없으면 사명에서 벗어나게 된다. 그렇다고 혼자 살 수 있을 만큼 돈을 벌지 못할 경우 가난이 던지는 암시 즉 매춘의 유혹에 금방 빠져버리고 만다.

여공 바로 윗단계에 양재사가 있었다. 이들은 파리 사람들에게 '그리제트(grisette)'라고 불렸는데 형편이 조금 나았다. 주로 여자들이 갖는 이 직업 덕분에 그녀들은 최소한 부르주아 계층이 다른 여자 노동자들에게는 허용하지 않는 존중감을 얻을 수 있었다. 그러나 이 직업은 그 어느 직업보다도 독신인 여성이 갖는 경우가 많았다. 이 양재사들은 상류층 고객과 직접 만났기 때문에 남편감으로 노동 계층을 생각하지 않았고 그래서 부르주아나 학생들의 애첩이 되는 경우가 많았다. 부르주아나 학생은 양재사들의 멋 부리기나 에티켓을 좋아하기는 했으나 결혼까지 생각하지는 않았다. 《파리의 미스테리(Les Mystères de Paris)》의 리골레트, 베랑제(Pierre Jean de Béranger, 1780~1857)의 리제트, 뮈세의 미미 팽송처럼 이들이 지닌 것이라고는 파리에서 금세 전설이 되어버리는 과감한 이름뿐이었다. 누가 전설과 결혼을 하겠는가? 전설은 돌봐줄 뿐이다. 19세기 후반 그리제트는 경멸의 대상이 되었던 애첩을 가리키는 로레트(lorette)가 되고, 다시 벨 에포크의 '드미 몽댄(demi-mondaine)'으로 변한다. 이들의 사회적 신분은 상승되었다 하더라도 존중을 받은 것은 아니었다.[61]

남자나 여자나 노동자의 독신(독거 혹은 동거)은 당시 분명 과장되었으나 모럴리스트들이 관심을 가졌던 복잡한 현상이었다. 모럴리스트들은 독신을 해결할 수 있는 방안이 여전히 결혼뿐이라고 생각했다. 가족을 책임지게 되면 저축도 하고 좀더 풍요롭게 살 수 있을 것이라 생각했기 때문이다. 만약 가족을 부양해야 하는 책임을 뒤로 하고 열심히 일하지도 않고 저축도 하지 않는다면 나태, 난봉, 나쁜 짓에 물드는 것이다. 이들은 나이가 들면 돌봐 줄 자식이나 의지할 돈도 없게 된다. 따라서 완전 독신자들이 가장 불쌍한 사람들인데 특히 안정적인 애첩을 두거나 동거를 선택한 경우에는 더욱 그렇다. "이들이 얼마나 비참하게 사는지는 상상할 수도 없다. 관계를 맺고 있는 여자를 존중하지도 않고 친구들에게 여자를 소개하지도 않는 이들은, 여자에게 품은 다른 감정까지도 여자에게 갖고 있는 경멸감의 수준으로 추락시킨다."[62]

따라서 대도시에서는 독신을 처벌하기보다는 상황을 개선시키는 데 주력하였다. 혁명 때의 독신억제정책보다는 결혼을 장려하는 쪽으로 선회한 것이다. 1826년에 설립된 생 프랑수아 레지(Saint-François-Régis)협회는 100년간 발전해온 법률 서류를 기피하는 사람들을 위해 행정절차를 간소화함으로써 노동자 계층에서 결혼을 확산시킬 것을 목적으로 하고 있다. 여러 상호부조협회도 생겨나 여자들의 독신 문제를 해결하려 했다. 프랑스 남부(비르, 지롱드, 리옹)에서는 1850년대에 이런 협회가 증가했는데 모델은 단순하다. 매우 적은 회비(1년에 10프랑)를 내고 상당한 금액을 보장받았으며(최고 2만 4000프랑), 여기에 1년에 두 번 복권추첨 행사도 벌였다. 이 돈을 가지고(3~4만 프랑) 제비뽑기로 선발된 처녀 두세 명이 매년 지참금을 받았다. 만약 뽑힌 사람들이 그 해에 결혼을 하지 않으면 돈은 고스란히 협회로 돌아갔다. 새색시들도 결혼했다고 해서 탈퇴하지 않았으며 결혼 10년이 지난 후에는 다시 회비를 냈다.[63]

이런 협회들이 의도하는 바는 동일하다. 빠르게 변하고 있는 세상에서는 젊은 독신자들이 혼자 힘으로 자립할 수 없다는 것이다. 농촌 문화에서 도시 문화로 천천히 넘어오면서 결혼 전통도 바뀌었다. 전통사회에서는 결혼 당사자들이 결혼을 주관하는 경우가 드물었다. 결혼을 결정하는 쪽은 부모들이었고 배우자를 골라주는 사람은 중매쟁이들이었다. 그런데 대도시로 몰려온 젊은이들에게는 결혼 문화라는 것이 없었다. 언젠가 돈을 모으게 되면 고향으로 돌아가리라 생각했기에 결혼을 차일피일 미루게 되고, 고향에 돌아가 보지도 못한 채 독신으로 생을 마감하게 되는 것이다. 바로 이런 상황에 놓인 19세기 대도시에서 고향의 중매쟁이 역할을 대신할 만남 주선 단체들이 생기게 된 것이다. 신문의 구인광고, 성 가타리나 미사, 결혼 에이전시,

결혼을 위한 식사 모임 등이 그것이다.

결혼 협상의 기술은 영원하다. 중간 매개가 끼어들지 않은 지역이 없었는데 프랑스 민간전승에 따르면 이 중매쟁이들을 부르는 이름도 매우 다양했다. '므농(menon)' '아코르되(accordeux)' '샤 뷔르(chat-bure)'(베리) '구를로(gourlaud)'(부르보네) '차마로드(tsamaraude)〔알프스 지역에서는 '샤마로드(chat-maraude)'로 불림〕' '바즈발랑(bazvalan)'(브르타뉴)……. 17세기 말엽 니콜라 게라르(Nicolas Guérard)의 판화를 보면 이미 중매쟁이들에게 둘러싸인 홀아비의 모습이 나온다. 중매쟁이들은 오늘날의 구인광고와 비슷한 글이 적혀 있는 초상화들을 흔들어댄다. '20세 외동딸, 돈 많음, 미모 됨, 요염함.' '젊은 과부, 자식 없음, 재산 많음.' 1699년 발간된 《큰 세계 속의 작은 여행기(Petit Voyage dans le grand monde)》는 중매쟁이들이 부작용을 일으킨다고 비난하고 나선다. "이 중매쟁이들이 끼어들면 결혼이 물건 사는 일과 다를 바가 없어진다. 값을 흥정하며 비싼 값을 부르기도 하고 헐값을 부르기도 한다. 결국 얼떨결에 결정을 하고 만다." 몰리에르의 《수전노(L'Avare)》는 프로진을 간사한 여자의 전형으로 보여주는데 프로진이 바로 중매쟁이였다. 부유한 과부들을 소개하는 공증인의 은근한 암시도 찾아볼 수 있는데 이들은 결혼 에이전시 노릇을 하는 데 혐오감을 갖지 않았던 것 같다. 하긴 재산 상태에 관해서 이들보다 더 잘 알고 있는 존재도 없을 테니까 말이다. 18세기에 중매쟁이들은 성업을 누렸으며 결혼 지참금에 대해서는 일정 지분을 대가로 받았다.

농촌에서는 두 가족이 결합하기로 결정한 후에 현장조사를 위해서 중매자가 필요했지만, 가족의 역할이 사회관계의 익명성 속에 녹아드는 도시에서는 중매쟁이가 배우자를 추천하고 결혼 에이전시가 되었다. 즉 중매쟁이를 찾는 것은 만남을 위해서였지 결혼 준비를 위해서가 아니었다. 결혼 에이전시는 19세기에 생겨났다. 1880년대에 신문에 난 광고대로라면 1840년경 결혼 에이전시를 처음으로 고안한 사람은 드 프와(de Foy)라는 사람이다. "드 프와 씨가 결혼 관련 직업을 고안하고 만들어낸 사람이라는 것은 세상이 다 안다. 그는 지금으로부터 45년 전 가장 폭넓은 관계를 바탕으로 에이전시를 직접 창설했다."[64] 19세기 말, 파리 소재 에이전시 수는 500개를 넘어섰다. 에이전시라고 해서 반드시 사무실을 차린 것은 아니었다. 카프카는《일기(Journal)》에서 누이에게 배우자를 소개시켜주기 위해 중매쟁이를 집으로 불렀다고 쓰고 있다.

18세기 후반과 특히 19세기에 신문이 폭발적으로 발달하면서 결혼 매개자를 좀더 추상적으로 즉 좀더 은밀하게 만든 구인광고가 생겨나게 되었다. 처음에는 구인광고의 내용이 직설적이었다. 코체부(August von Kotzebue)가 발췌한 1804년 파리 신문들의 구인광고를 살펴보자. '30세 여자. 가문 좋음. 1600프랑과 아름다운 가구 소유. 36~45세 사이의 남성과 합법적인 결혼 원함. 양식 있고 사무직이나 그와 비슷한 일을 하는 남성 원함.' 좀더 모호한 광고도 있는데 '어쩌면 청혼할 상대'라는 분명한 의사 표시를 하지 않는 경우에는, 단순히 결합 혹은 교제를 원한다고만 기재되어 있다. 그러고 보면 '데이트'의 역사도 짧은 것이 아니다.[65] 이런 종류의 광고만 전문적으로 취급하는 신문도 생겨났다. 1876년 창간된 『가족 결합(L'Alliance des familles)』은 매주 발간되다가 1879년까지는 격주로 발간되었다. 1904년부터 1905년까지 같은 제목으로 두번째 신문이 나오는데 소제목이 적나라하다. '독신과 가짜 결혼을 막기 위한 건전하고 유익한 신문'.

모든 광고에는 재산이나 지참금이 언급되어 있었고 숫자로 명기된 경우도 많았기 때문에 선택 기준은 객관적일 수 있었다. 광고한 금액이 틀린 경우가 아니라면 자기 기준으로 재산이 많다고 자랑하는 자아도취에 빠진 광고 때문에 실망하는 경우는 거의 없었다. 오히려 다른 부분을 과장하는 경우가 있었다. '30세 장교. 장교와 결혼할 수 있을 만큼 지참금이 있는 아가씨와 결혼 원함.' 결혼을 위해 결혼하려는 경우도 있었다. '공증인 성직자. 26세. 집달관에 관한 중요한 연구 중. 지참금 3~5만 프랑을 소유한 가톨릭 신자와 결혼 원함.' 구인광고와 비교해보면 '최고 품질 보장' 이라는 관용어구도 똑같이 사용하고 있음을 알 수 있다.

중매쟁이, 에이전시, 구인광고와 더불어 독신자들을 한 자리에 모으는 여러 행사도 개최되었다. 에코신 랄랭(Ecaussines-Lalaing)의 '결혼을 위한 식사' 는 1903년 마르셀 트리코(Marcel Tricot)가 고안해냈다. 대도시가 야멸치게 신랑감들을 빼앗아버리는 시대에 남편 없이 홀로 사는 처녀 60명이 대상이었다. 에코신 랄랭의 아가씨들이 세상의 독신 남성들에게 제공하는 이 신랑 시장은 성신강림 대축일에 성 주변에서 열렸다. 세월의 흐름에 따라 이 행사에는 독신자 행렬, 연설, 상징적인 장소 탐사〔로슈 데 벨 담므(Roche des Belles Dames), 연인들의 터널(Tunnel des Amoureux) 등〕, 음악회, 무도회, 불꽃 축제가 추가되었다. 그리고 행사는 나쁜 의지를 이겨낸 고집 센 독신자들의 마지막 무도회로 장식되었다. 지금까지도 이어져 내려오는 이 행사는 벨기에의 민간전승과 역사의 일부가 되었다. 또한 20세기 후반에 생겨난 '독신자 살롱' 에도 영향을 주었는데 여기에 대해서는 다시 살펴보도록 하겠다.

이러한 시도들은 독신이라는 문제를 근본적으로 다루기보다는 임시변통의 해결책을 찾는 데 그쳤다. 복잡한 법과 결혼지참금이라는 낡은 관습은 오랫동안 결혼을 막는 가시 같은 존재가 되었다. 당시

독신은 사람들에게 받아들여졌다. 그 확실한 증거는 19세기부터 드러난다. 오랫동안 여자들만 끼고 있던 결혼반지가 남자들에게도 일반화되었고 '드모아젤'은 이제 노처녀를 가리키는 말이 되었다. 또 모자는 유부녀만 쓰게 되었다. 노처녀들은 결혼한 형제자매와 함께 살며 이들의 가정 세계를 차지하게 되었다. 이들은 조카들의 교육을 담당했는데 스탕달은 엄격했던 이모 세라피와 멋진 친척 아주머니 엘리자베트 사이에서 자랐다. 소설 속의 주인공 자크 뱅트라는 로잘리, 마리우 이모와 멜리, 아니에스 고모가 함께 추던 카드리유 춤을 언급한다. "멜리와 아니에스 고모는 검소하게 사는 노처녀들이 있는 퓌 앙 블레 근처에 있는 복자(福者)들의 작은 공동체에 합류했다." 1840년 독살 사건으로 유명해진 마리 라파르주(Marie Lafarge)도 친척 아주머니들로부터 부부 관계의 '끔찍한 비밀'을 배웠다.[66] 앙시앵 레짐의 에티켓을 대체하기 위한 새로운 관습법은 독신의 존재에 대해 고려해야 했다.

몇 가지 사례만 들어보면 새로운 차별에 대해 잘 알 수 있다. 젊은 처녀는 명함을 가질 수 없었고 부모님의 명함에 '마드모아젤'이라는 표시와 함께 이름이 들어가 있었다. 여자는 결혼 여부와 상관없이 독신 남성에게는 명함을 절대 건네줄 수 없었다. 처녀는 도박장에 들어갈 수 없었지만, 젊은 부인일 경우 남편이 돈을 많이 잃었다는 사실을 알려주면 남편을 찾기 위해 출입할 수 있었다. 무도회에서 처녀들은 어머니 옆에 자리해야 했고, 어머니가 알고 있는 남성들 하고만 춤춰야 했다. 그렇지 않은 경우에는 어머니가 남성을 딸에게 소개시켜주었다. 이 규칙들을 설명하며 바드빌 부인은 이렇게 평가했다. "옛날에는 덜 엄격했지요. 저는 영국에서 건너온 이 관습이 매우 지혜롭고 품위 있다고 생각해요." 처녀들은 왈츠, 폴카, 마주르카 등 육체적 접촉을 쉽게 할 수 있는 새로운 춤은 출 수 없었다. 물론 이런 금기가 오래 지속된 것은 아니었다. "처녀들에게 그런 춤을 될 수 있는 한 정결하고 품위 있게 추라고 권할 수는 없다." 특히 바드빌 부인은 남자의 어깨에 기대지 말라고 강조한다. 엠마 보바리의 왈츠를 기억한다면 취한 듯 돌아가는 춤이 처녀에게나 유부녀에게나 위험하긴 마찬가지라는 것을 알게 될 것이다. 발이 아플 지경으로 춤을 추고 나면 처녀들은 어머니, 아버지, 형제, 춤을 같이 춘 남성 혹은 집안 어른과 동행해야 식사를 하러 갈 수 있었다. 그러나 사람들은 처녀들에게 "한 번 이상 가지 말라고 강력히 권한다".[67]

예절법이 매우 엄격해진 이면에는 새로운 시대에 명문가의 처녀들이 부모가 점지한 남편감만을 만나지 않았다는 사실을 반증해준다. 혁명기가 이미 지났고 교육 체계도 변했다. 따라서 과거 수도원이 처녀들의 덕을 둘러쌌던 벽을 이제는 예의범절에 옮겨다 놓아야 할 것이다.

• 공공주택 : 대도시 독신자를 위한 하숙집 •

결국 19세기 사회는 여러 계층에서 발달한 독신 현상을 고려하지 않을 수 없었다. 독신을 비난하는 것만으로는 필연적인 변화를 멈추게 할 수 없었다. 또한 대규모 공사를 중단시키거나 모든 노동자에게 순결한 독신생활을 강요하는 일은 둘 다 허황되기는 마찬가지이다. 따라서 대도시를 점령한 모든 독신자들의 생활을 체계화해야 했다. '독신자를 은근히 배제하고 대가족에게 특혜를 준다.'[68]는 비난을 받은 공공주택정책은 노동자, 학생, 홀로 도시생활을 하는 시골출신들을 전혀 고려하지 않았다. 이들은 기숙사, 여관, 하숙 외에는 기댈 곳이 없었다. 발자크는 젊은 라스티냐크와 늙은 고리오 같은 사람들이 머무는 보키에 하숙을 유명하게 만들었다. 19세기와 20세기의 파리에서 노동자들은 싸구려 하숙집을, 하녀들은 하녀 방을 전전했다.

1848년 혁명이 끝나고 처음으로 영국 런던을 모델로 노동자를 위한 주택이 고려되었다. 벨기에의 왕 레오폴드 1세는 1849년 익셀에 독신 노동자들을 위한 건물 한 채와 가족들을 위한 집 42채, 세탁장 한 곳과 가게들을 짓도록 했다. 파리에서는 1850년 가족들을 위한 아파트와 독신자들을 위한 가구 딸린 방이 포함된 건물이 로슈슈아르 가에 들어섰다.

그러나 새로운 시대에도 독신자들에 대한 편견은 여전했다. 지체 높은 가족과 독신자들이 같이 사는 모습에 보수적인 사람들이 반감을 일으킨 것이다. 빌레르메(Louis-René Villermé)는 1850년에 발표한 글에서 독신자들이 가정을 타락시킬 수도 있으니 이들과 일체의 접촉을 금해야 한다고 주장했다. "그렇기 때문에 노동자 주택 등에서도 매우 엄격한 도덕이 필요하다. 또한 가족들이 모여 사는 주거지에는 남성 독신자를 들여서는 안 된다. 건물이 두 군데로 나뉘어져 있어도 이들을 받아서는 안 되는데 계단을 가족과 함께 쓰게 되기 때문이다." 혈기왕성한 젊은 독신자들은 가정을 봉양할 필요가 없으므로 저축을 하지 않고 쉽사리 난봉과 무절제로 빠져든다. "이들은 16~20세 가량의 남자들로서 부모를 버리고 제멋대로 나쁜 짓을 하고 살며, 번 돈을 전부 써버리는 가장 질 나쁜 사람들이다." 이런 주거지에 공동의 방을 설치하면 폭동의 온상이 되지 말라는 법이 있겠는가?[69]

따라서 다른 해결책을 마련해야 했다. 게다가 영국에서 산 경험이 있고 빈곤 퇴치를 기치로 내걸었던 나폴레옹 3세도 이를 요구했다. 1852년 노동자 거주환경 개선에 관한 법령이 마련되었고 이의 일환으로 기혼 혹은 독신 노동자들을 위한 깨끗한 주택 건설이 계획되었다. 1853년 나폴레옹 3세는 건축가 비스콩티(Louis-Tullius-Joachim Visconti)에게 독신자들의 주택 문제를 연구할 것을 지시했고, 파리 시의 침대 수를 계산하게 했다. 노동자 4만 930명 가운데 절반(2만 3270명)이 공동거실이나 공동침실에서 생활했고, 1만 7660명이 독방에 거주했다. 독방 비용은 두 배나 더 비쌌다(공동침실은 한 달에 4~9프랑인데 반해 독방은 6~18프랑이었다). 비스콩티는 이 문제를 제대로 연구할 시간조차 갖지 못했다. 이미 논쟁이 벌어졌기 때문이다.

1852년 황제가 지원하는 1000만 프랑의 보조금으로 복지주택 17채를 건설할 계획이 시행되었다. 페레르(Pereire) 형제는 마자 거리(오늘날의 디드로 거리)에 독신자들을 위한 220개의 침대가 놓일 주택을 한 채 지었고, 몽트뢰유 거리에는 침대 400개가 들어갈 수 있는 건물을 지었다. 페레르 형제는 한 지붕 아래 최대한 많은 노동자를 수용할 수 있는 영국 모델을 따랐다. 그런데 건축가 로뎅(Laudin)과 독지가 클라크(Clark)가 영국 모델을 비판하고 나섰다. 그들은 각 건물 당 50~100개의 방을 만들어야 한다고 주장했다. 그리고 구체적인 해결책까지 제시했는데 작은 크기(5제곱미터)의 독립된 방을 만들어야 한다는 것이었다. 방은 침대 한 개와 궤 하나 정도가 겨우 들어갈 크기로 하고, 창문 하나를 두 방이 나누어 쓰도록 해서, 그쪽으로 햇빛이 들어오게 한다. 그래도 노동자는 이 공간 속에서 페레르 형제가 고안한 '열린 방' 과는 달리 자기 집이라는 느낌을 받을 것이다. 이들은 또한 공동 부엌과 독서실을 없앨 것을 주장했다. 식사를 직접 준비하는 영국 독신자들과 달리 파리 노동자들은 누군가가 음식을 해주기를 바란다. 하숙집 주인과 부인이 이를 담당할 수 있을 것이며 그러면 공간도 절약되고 임대료도 낮출 수 있을 것이다. 또한 이들은 도시에

서 마음 둘 데가 없는 젊은 노동자들에게 어머니 역할도 겸하게 되는 것이다.[70]

그러나 클라크의 시스템은 채택되지 않은 듯하다. 그리고 1865년 페레르 형제는 204개의 방이 있는 새 건물을 부르소 거리에 지었다. 나폴레옹 3세의 이 계획은 프랑스 전역에 걸쳐 경쟁적인 사업들을 낳았다. 1853년부터 뮐루즈에서는 공장을 운영하는 장 돌퓌스(Jean Dollfus)가 건축가 뮐러에게 지시해서 독신 노동자가 살 수 있도록 가구 딸린 방 17개가 있는 건물과 노동자 주거지를 짓도록 했다. 르 크뢰조에서는 1855년경 '병영식 거주지'에 128개 주택과 독신자들을 위한 25제곱미터의 방 32개를 지었다. 각 방은 벽난로까지 구비했는데, 지하실을 사용할 수 있는 이들은 대가족뿐이었다.[71] 에밀 쥐스탱 므니에(Emile Justin Menier)는 초콜릿 공장의 노동자들을 위해 1874년 누와지엘에 독신자들을 위한 식당이 딸린 주택을 포함하여 주거 마을을 짓도록 했다. 이 지역은 엑토르 말로(Hector Malot, 1830~1907)가 《가정에서(En famille)》(1893년)를 쓰는 데 영감을 주었다.[72]

그러나 영국식 주거가 많은 환영을 받은 것은 아니었다. 영국식은 비판의 대상이 되었으며 독신자들이 기피하기도 한 듯하다. 게다가 사람마다 필요한 사항도 달랐으므로 혼자 사는 남성들이 가장 많이 찾는 곳은 싸구려 하숙이었다. 하숙은 제2제정 시대에 실시된 대공사로 인해 폭발적으로 증가했다. 1832년 3171명의 하숙업자가 3만 5000~4만 명의 하숙을 받을 수 있었는데, 1882년에는 1만 1535명의 하숙업자가 24만 3564명이나 되는 하숙생을 받았다. 건물은 3.5배 증가했고 임대인은 여섯 배가 늘어났다.[73]

1848년 법은 각 구역마다 위생감시위원회를 설치하도록 했지만 이 위원회의 비효율성이 드러난 이후에는 1878년 새로운 도령(道令)이 공포되었다. 이후 하숙집들은 깨끗해졌고 벽도 새로 칠해졌으며 화장실에는 하수시설이 갖추어지게 되었다. 파리로 외국인들을 대거 끌어들인 1878년 박람회도 이와 무관하지 않다. 하숙에는 대부분 독신자들이 기거했다. 가족은 5퍼센트 정도밖에 되지 않았다. "대부분은 모든 연령대의 독신자들이다. 이들은 대부분 젊은이들이고 노인들도 약간 있다. 하숙에서 평생을 산 사람도 있다. 이들은 20~30년 전부터 한 곳에 살며 터줏대감이 된 것을 자랑으로 여긴다. 경찰 기록이 이를 입증하고 있다."[74]

개인용 주거는 엄격한 규칙에 따라 체계화되어 있었다. 새벽 1~2시에는 출입을 폐쇄했고 20개에서 150개까지 침대를 둘 수 있었다. 일부 하숙집들은 (유명한 감옥 이름과 같은) 르 프티 마자(Le Petit Mazas)와 같이 어중이떠중이들이 모두 모여드는 숙박소였다. 이곳은 실외로 난 긴 회랑을 통해 방으로 들어갈 수 있도록 해놓았다. 좀더 인간적인 하숙집들은 이민을 많이 오는 지방의 이름을 땄는데, 특히 아베롱, 코레즈, 크뢰즈 등 중부 지방의 이름이 많았다. 주로 파리로 상경한 오베르뉴 지방 사람들이 하숙집을 운영했고, 같은 지방 출신 사람들에게 방을 내주어 돈을 번 후 재산이 모이면 고향으로 돌아갔다. 이런 하숙집들은 도시 변두리에 성행했으며 석공이나 인부들만 받았다. 소규모의 가정 기업이라 할 수 있는 하숙집들은 작은 규모와 정다운 분위기로 좋은 평판을 얻었다. 여주인은 하숙인들을 위해 1층에 식당을 운영했고 이곳에서 하숙인들은 고향의 정취를 느낄 수 있었다. 역 부근에는 철도산업 종사자들을 위한 하숙집들만 있었다. 하숙비는 방만 빌릴 경우 15~24프랑, 하숙일 경우 50~60프랑으로 꽤 저렴했다. 1층에는 식당 대신 주인이 운영하는 술집이 있는 경우가 많았으며 포도주나 증류주를 팔았다.

하숙집 안에서의 생활은 어떠했을까? 1900년 직전 피코(Georges Picot)는 조사의 일환으로 독신자들의 방을 방문한 적이 있었다. 방 안에는 옷가지 몇 개, 헌 가방, 그림, 사진 혹은 초상화 등이 있을 뿐 물건이 별로 없었다. 아직 '핀업걸'이 유행하던 시절이 아니라 초상화는 주로 공화국 대통령이나 프랑스-러시아 동맹의 영향으로 러시아 황제의 것이 대부분이었다. "애국심을 유발시키는 그림도 많았다. 군대 시절의 기념품, 사격대회나 체조협회 트로피, 여러 가지 휘장 등 젊은이들이 군대에 관심이 있었다는 것을 보여주는 물건들이었다." 피코는 탄식하면서도 이런 점에 대해서는 자부심을 느꼈다. 신문에서 오린 젊은 여자의 그림은 단 한 장 있었고 외설적이거나 음란한 사진은 한 장도 없었다.

여기까지는 파리에서 고급에 속하는 하숙집들이다. 무프타르, 모베르, 팡테옹, 생 메다르 등에는 최하급 하숙집이 있었는데 하숙인들 사이의 결속이 대단했다. 누가 병이라도 나면 침대 삯을 대신 내줄 사람이 늘 있었으니 말이다. 파리에서 가장 싼 이 지역에서 하룻밤 하숙비는 30상팀이었다. 이곳에는 시설이 형편없는 공동 침실이 설치되어 있었다. 예전부터 이곳에는 전설 같은 이야기가 전해 내려왔는데 사람들이 '동아줄 침대'에서 잠을 잔다는 것이었다. 공동 침대 대신에 벽에 동아줄을 묶고 줄에 머리만 기대고 잠을 잔다고 한다. 그러나 피코가 직접 확인한 것은 아니었다. 대신 2수우를 내고 커다란 방 바닥에 뒤섞여서 잠을 자는 것은 보았다. 르 샤토 루즈라는 르네상스식 옛 건물이 바로 그런 곳으로, 과거에 가브리엘 데스트레(Gabrielle d'Estrées)가 앙리 4세를 맞이하던 장소였다. 모베르 광장 부근에 있던 이 건물은 피코가 조사 결과를 발표하던 무렵에 없어졌다. 생 드니 거리에 있던 프라댕 하숙집에는 침대조차 없었다. 스프 한

접시에 4수를 내고 턱만 괴고 잠을 잤다. 프라댕은 매일 저녁 600명이나 되는 손님을 받았으며, 새벽 6시면 기상시켰다. 20상팀밖에 되지 않았지만 윤리는 아직 살아 있었는지 남자와 여자는 서로 분리해서 받았다.[75]

말이 나왔으니 말인데 그렇다면 여자들은 어떻게 살았을까? 가장 훌륭한 하숙집에도 여자들은 찾아보기가 힘들었다. 어떤 하숙집 주인은 이렇게 증언했다. "여자 노동자가 혼자 살고 있다는 것이 알려지면 남자들이 그 여자 방에 뛰어들려고 할 게 틀림없어요. 조용히 살 수가 없을 겁니다. 돌쩌귀를 빼내고 나사를 풀어서 방문을 열고 말 걸요. 얼마나 남자들의 공격이 계속될지는 모르지요. 여자한테 달려 있으니까요. 하지만 단 하루도 편할 날이 없을 거요. 여자가 혼자 살고 싶으면 어머니나 친척 아주머니 집에서 살아야죠. 누군가와 동행하지 않으려거든 절대 하숙집에는 발을 들여놓지 말아야 합니다. 파리에서 여자가 혼자 살려면 누군가 지켜줄 사람이 필요한 법이지요." 파리에 가족이 없을 경우에는 수녀 학교에서 방을 빌려주는 경우가 있었다. 그러나 재단이나 양재 공장에서 일하는 학교 출신자들에게 방을 주는 경우가 많았다. 수녀 학교 기숙사를 모두 합해도 공장이 필요로 하는 젊은 여자들을 모두 수용하기에는 부족했다. 피코가 조사한 바에 따르면, 이런 곳에는 침대가 560개에 지나지 않았다. 파리의 하숙집에는 1만 개가 있었는데 말이다.

그러자 자선단체나 직업단체에서 숙박시설을 개설하기도 했다. 재봉노조, 여직공 그리스도교연합, 마리 옥실리아트리스의 자매들, 친구들의 국제연합, 여성노동자들의 가정사업, 그리스도교여성노동자 파리연합 등이 여기에 동참했다. 그러자 침대 수는 1000여 개로 늘어났다. 그래도 여자들을 위한 주거지는 턱없이 모자랐다. 1891년 인구

조사에 따르면, 파리의 여성 노동자 수는 총 33만 9343명이며, 그중 20세 미만이 4만 5725명, 20~39세 사이가 16만 5774명, 40~59세가 9만 9063명, 60세 이상이 2만 8781명이었다. 이 사람들을 모두 어디에 재울 것인가? 침대 하나가 비면 처녀들은 앞다투어 파리나 프랑스에서 유력한 인물들의 추천장을 들고 찾아왔다.[76] 대도시에서는 모두 같은 문제를 겪고 있었다. 다만 다른 도시에 비해 문제를 잘 해결한 도시들이 있었다. 런던에서는 젊은 귀족 로튼 경(lord Rowton)이 주식회사를 차려 노동자들을 위한 기숙사를 건설했다. 1893년 방 475개로 시작한 기숙사 사업은 대성공을 거두어, 1895년 두번째 기숙사를 지을 수 있었고, 방은 677개로 늘었다. 또 세번째 기숙사의 방은 850개나 되었다. 게다가 방은 또 얼마나 좋았는지 모른다. 하얗게 페인트를 칠한 깨끗한 방이 복도를 따라 나란히 정렬해 있고, 적합한 상업문화 공간이 건물 내부에 마련되었다. 도서관, 학습실, 오락실, 식당과 바깥 음식을 데울 식당까지 구비되었다. 샤워와 빨래도 할 수 있었다. 실업자는 절대 받아들이지 않았다. 여자 노동자들은 7시에 기숙사를 비워야 했고 오후 7시에 다시 들어갈 수 있었다. 인류애 정신이 사업 수단과 절묘한 조화를 이룬 결과이다. 로튼 경은 주주들에게 5퍼센트의 배당금까지 챙겨줄 수 있었다.[77] 피코는 프랑스에도 이 시스템을 적용해야 한다고 주장했다.

그의 주장은 참작되었다. 1901년 파리 인류사랑협회는 그랑드 카리에르 가와 크르와 포뱅 가에 젊은 독신녀들을 위한 주택 두 동을 지었다. 1905년에는 우체국여성협회가 릴 가에 있는 젊은 독신 여성을 위한 기숙사에 재정 지원을 해주었다. 그러나 개인 차원의 지원이 부족하자 파리 시가 직접 1912년부터 공공 주택 계획에 참여했다. 그리하여 1914년 저렴한 주택을 위한 공사(OPHBM)가 창설되었다.[78]

샤론 가에 위치한, 유명한 팔레 드 라 팜므에는 원래 743개의 방이 있었다. 이곳이 여성 독신자들을 위한 기숙사가 된 것은 1926년의 일이다. 라뷔시에르(Auguste Labussière)와 롱주레(C. Longerey)가 1911년 노동자 기숙사 그룹을 위해 지었던 남성 독신자용 건물 내부에 마련된 것이었다. 제1차 세계대전은 우선 동원 병력이었던 남성 독신 노동자들에게 치명적인 사건이었다. 또 이 건물 자체는 남자들이 살기에는 너무 아름답다는 편잔도 있었다. 제5회 저렴한 주택 회의에서 한 참가자는 "이렇게 멋있는 건물이 많아지면 독신을 조장하게 될 것이라는 재치 있으면서도 정확한 지적을 했다".[79]

부르주아 계층의 부인들도 혼자 사는 경우가 있었다. 그럴 경우 만약 평판을 유지하고 싶다면 살 곳을 제대로 골라야 했다. 자서전적 성격의 어떤 소설을 보면, 20세기 초 파리에 사는 젊은 독신여성을 위한 건물의 분위기가 어떠했는지 느껴볼 수 있다. 1906년 콜레트 커플은 매우 힘들었던 시기에 빌쥐스트 가에 있는 저택 1층에 세 들어 살게 된다. 1911년에 발간된《방황하는 여인(La Vagabonde)》에서 콜레트는 혼자 사는 여자들만 있었던 이 건물에 대해 언급한다. "여자가 '혼자된 부인'이 되면, 즉 건물 소유주들에게 증오, 공포, 기피의 대상이 되면, 손에 잡히는 것은 아무거나 먹게 되고, 아무데서나 자게 되며, 석회석 바닥의 냉랭함도 견디게 된다." 콜레트가 살던 집에는 대략 보아도 짐작이 가는 모든 부류의 여자들이 살고 있었다. 사업가의 애첩, 귀족이 애지중지하는 여자친구, 매일 잘나가는 사업가 한 사람만 들이는 두 누이, 끔찍한 날라리, 그리고 무언극 여배우인 화자. 모두 독신 여성들이고 화자만 이혼녀이며 유일하게 사귀고 있는 남자가 없다. 화자는 고독을 원했고 또 견디고 있었다. "다만 고독이라는 것은 내 나이의 사람에게 자유에 취하게 하는 어지러운 포도주가 되는 날이 있고, 쓴 강장제가 되는 날이 있으며, 머리를 벽에 찧게 하는 독이 되는 날이 있다."[80]

남자의 보살핌을 거부하는 자유로운 여자의 아파트는 어떠했나? "참 은밀한 곳이로군!" 여자를 쫓아다닌 끝에 여자 집에 겨우 발을 들여놓게 된 남자는 감탄을 한다. "나는 그날 저녁 그녀의 등 뒤에서 씁쓸히 웃었다." 크리스털 꽃병, 갓을 씌운 전등, 쿠션 등 정성이 담긴 장식이 세상을 멀리한 명상과 공부의 삶을 연상시키는 것은, 수백년에 걸친 여성혐오와 온정주의적 편견에 바탕을 두고 피상적으로 훑어보았기 때문이다. 여성 작가의 무기력, 포기, 회의는 남자의 눈에 보이지 않는다. 곧바로 남자는 기둥서방 노릇을 하려 했다. 그리고 깨닫지도 못한 순간에 방황하는 여인의 마음 속 깊은 곳에 숨어있던 거부감을 불러일으켰다.

• 직업 : 하인, 카페 종업원, 판매원 •

1871년 카트린은 주인을 따라 스트라스부르를 떠나 파리 아사스 거리 근처에 정착한다. 그녀가 거의 양육하다시피 한 어린 주인은 아직 학생 신분으로, 알자스와 로렌이 독일에 합병된 후 독일인이 되기를 거부했다. 많은 알자스 사람들이 같은 길을 택했다. 프랑스를 사랑하는 학생의 어머니는 염색업자의 과부로 공장을 팔아 파리에서 새로운 생활을 시작했다. 청년은 곧 대학에 진학했다.

스트라스부르에서 일하게 된 시골 출신의 카트린도 애국심을 느꼈을까? 여행을 따라나선 요리사 쥐스틴은 어땠을까? 두 하녀는 여주인과 함께 신세대들은 이해하지도 못하는 알자스 사투리를 계속 사용했다. 우리가 이 평범한 알자스 여자의 이야기를 알게 된 것은

1883년에 젊은 주인에게서 태어난 딸 카미유 마르보(Camille Marbo) 덕분이다. 카트린은 카미유의 아버지를 기르고 다시 카미유까지 키웠다. 19세기가 끝날 때까지 그녀는 파리에서 지내다가 은퇴해서 독일령 알자스 지방의 고향 마을에서 살았다. 물론 그녀는 독신이었다. 어떻게 파리에서 결혼할 수 있었겠는가? "카트린은 30년 동안 파리에 살면서 아무도 사귀지 않았다. 그녀가 외출할 때는 우리와 동행하거나, 매일 아침 교회에 갈 때, 할머니나 어머니가 시킨 장 심부름을 하러 갈 때뿐이었다."[81]

두 알자스 출신 여성녀 가타리나과 쥐스틴은 가족의 기둥이었다. 그녀들이 중심이 된 상태에서 "클랭젱탈이나 벵 앙 브르타뉴에서 온 하녀들이 차례로 들어왔다가 결혼하면 떠나갔다". 하녀도 두 종류, 독신도 두 종류였다. '정착할' 시간을 벌기 위해 일시적으로 독신이 되는가 하면 은퇴할 때까지 한 가정에 남아 평생 독신으로 지내는 경우도 있었다. 카트린에게는 시간이 문제되지 않았다. 카미유 마르보는 "카트린은 나이를 먹지 않는 것 같다."고 말하기도 했다. 카트린도 불평하지 않았다. 은퇴 후 고향으로 돌아간 그녀는 자신이 가장 아꼈던 카미유의 동생 피에르가 찾아오자 하녀로 일했던 과거를 이렇게 회상했다고 한다. "가장 행복했던 때는 여러분이 어렸을 때였지요. 집에 있으면 늘 행복했어요."

어느 시대든 하인은 거의 독신자로 인식되었다. 하인에는 두 종류가 있었다. 첫번째는 농촌 출신의 젊은이들(19세기에는 대부분이 젊은 처녀였다)로서, 이들은 정착하기 위해 도시에 일하러 왔다가 25세 무렵이 되면 고향으로 돌아가 결혼했다. 이는 가장 흔한 경우였다. 두 번째는 일하던 집안에 정을 붙이고 평생 한 주인만 섬기는 경우였다.

그러나 하인으로 일하는 기간이 연장될 수 있었고, 결혼도 늦어져 자식을 낳지 않을 수도 있었다. 이 점이 바로 1801년 퐁세 드 라 그라브가 우려했던 바였다. "일반적으로 하인들은 15세부터 45세가 될 때까지 고용된다. 이는 다시 말해 인구 조절에 더 이상 도움이 되지 않게 되었을 때 국민의 일원으로 되돌아오는 것과 같은 상황이다."[82] 따라서 결국 하인은 일시적이든 평생이든 독신으로 살아야 했으며, 어떤 부류에도 일과 결혼을 절충하기란 매우 어려웠다.

볼테르와 샤틀레 부인의 하인이었던 세바스티앵 롱샹(Sébastien Longchamp, 1718~1793)도 일을 하는 동안 결혼에 대해서는 단 한순간도 생각하지 않은 부류에 속한다. 무례하다는 이유로 쫓겨난 그를 데스노스가 받아주어 지리학자로 입문시켰다. "그러자 데스노스 씨와 같은 처지가 될 수도 있겠다는 생각이 들고 심지어 결혼할 꿈도 꾸게 되었다."[83] 롱샹의 머릿속에서 정착과 결혼은 자동적으로 연결되었다. 하인을 많이 고용하는 부유한 지역에서는 독신율이 치솟았다. 1715년과 1744년 사이에 남성 독신자들의 73.02퍼센트가 생 쉴피스 교구에 살았다(이 중 20세 이상이 40.59퍼센트였다). 생 쉴피스에는 "여자보다 남자 하인을 선호하는 대저택이 많았기 때문이다".[84]

저축을 열심히 하고, 똑똑한 젊은이의 경우에는 하인 생활도 잘만 계획하면 신분 상승을 위한 발판을 마련할 수 있었다. 결혼은 성공했다는 입증이기도 했다. 롱샹은 하인 생활을 시작했을 때 샤틀레 부인의 욕조에 물 붓는 일부터 했다. 그는 자신이 욕조에 길어다 나르는 물병보다 못하게 취급되는 것에 불만을 품었다. 그는 결국 당대 최고 문인의 비서로 자리를 옮겼다. 성공하려면 야망이 필요했다. 작가들은 이를 잘 파악했다. 발자크는 《결혼 생활의 작은 비참함(Petites Misères de la vie conjugale)》에서 주인집에서 쫓겨난 쥐스틴이라는 하녀의 불행을 그린다. 쥐스틴은 천연두로 얼굴이 얽은 30세의 처녀로 살결은 갈색이고 다리만 길고 허리는 잘록한 여자였다. 그녀는 자기 처지에 맞는 목표를 설정했으나, 주인님의 시동을 유혹하는 일도 쉽지는 않았다. 집안의 독재자가 되었다 하여 내쫓긴 쥐스틴은 그동안 저축해 놓은 1만 2000~1만 5000프랑 정도의 돈을 가지고 정착할 수 있었다. 그리하여 얽은 얼굴에도 불구하고 물장수와 결혼까지 하고 과일장수가 될 수 있었다.

대귀족들도 자기 하인들에 대한 배려를 잊지 않았다. 라 로슈푸코(duc de La Rochefoucauld, 1613~1680, 프랑스의 고전작가—옮긴이)는 하인들을 최대 10년 동안 데리고 있으면서 그 기간 동안 이들을 먹이고, 입히고, 돌보았다. 대신 하인들은 임금을 한 푼도 받지 못했다. 그들을 데리고 있은 지 10년이 지나자 라 로슈푸코는 하인들에게 그동안의 임금을 모두 환급해 주면서 장사를 시작하거나 직업을 갖도록 했다.[85] 이 아버지와 같은 주인의 태도는 조금 의심스러운 면도 있으나 일단 자비로움으로 비쳤다. 이 이야기를 전하는 하인 로베르는 주인이 10년 동안 가지고 있던 돈의 내역이나 하인이 일찍 죽어버린 경우에 돈의 행방에 대해서는 전혀 궁금해하지 않았다. 하인은 처음 고용될 당시 청소년이었고, 10년이 지나도 청년이므로, 스스로 임금을 저축할 능력이 없는 경솔한 인간으로 취급되었다. 물론 이 말도 틀리지 않다. 항상 부자들과 어울려 지내면서 환멸을 느낀 젊은이들이 방탕에 빠지는 일을 로베르는 비난했다. "하인들은 결혼을 못하게 되어 있어서 만일 결혼하면 바로 쫓겨났다. 결국 그들은 천성적으로 방탕함에 물들 수밖에 없다."[86] 라 로슈푸코가 얼마나 마음 좋은 주인이 되고 싶었는지는 모르겠으나 하인들을 결혼시키고 저축을 하도록 이끌 생각은 없었던 듯 보인다. 그도 하인들의 봉사를 필요로 한다는 면에서 자비로움에 한계를 지녔던 것으로 보인다.

그런데 주인들의 요구는 16세기부터 법으로 보장받고 있었다. 하인의 고용 안정을 원했던 쪽은 주인이었으므로, 1567년 및 1577년 법에서는 주인을 자주 바꾸고 싶어하는 하인들에게 최소한 1년 동안 한 주인 밑에서 일할 것을 의무로 정하였다. 이 법에 따르면, 만약 하인이 주인의 허락도 없이 고용 기간에 결혼하면 임금뿐만 아니라 주인니아 여주인에게서 기대할 수 있는 모든 특혜를 잃어버리는 것으로 되어 있었다.[87] 또 주인이 증언을 해주지 않으면 하인들은 거지나 부랑자로 인정되어 해당 법에 따라 처벌될 수 있었다.

그렇다고 비관적으로만 생각하지는 말자. 주인이 하인에 대해 만족할 때는 결혼을 허락해주고 계속 데리고 있기도 했다. 보마르셰(Pierre-Augustin Caron de Beaumarchais, 1732~1799)의 희곡 세 편에 등장하는 피가로의 변화 과정은 이를 잘 보여준다. 독립적인 성향을 지녔으나 간계를 꾸며 살아갈 수밖에 없었던 세비야의 이발사는 귀족의 하인이 된다. 그는 충직함에 대한 대가로 여주인의 하녀와 결혼하게 되고 많은 지참금도 받게 되었다. 한참 후에 주인에게 정을 붙인 피가로는 다른 상여금은 필요 없다고 한다. "주인님을 모시다 죽는 것이 제게는 상입니다." 결혼은 악당소설의 계보를 잇는 젊은 부랑자 피가로를 정착시키기에 충분했다.

성공하려면 조심해야 한다. 알마비바 백작은 자신이 원래 쫓아다니던 아리따운 수잔나가 피가로와 결혼한다고 했을 때 얼마나 눈을 흘겼는지 모른다. 독신자인 하녀에게 주인이 치근대는 경우는 많았다. 한편 하인이 여주인과 관계를 맺으면 엄격히 처벌되었다. 죄인은 사형에 처해질 수도 있었고, 여자가 불륜으로 몰아갔을 경우에는 중노동에 처해졌다. 반대로 임신한 하녀가 자신의 배 안에 품고 있는 자

식의 아비로 주인을 지목하면 무조건 하녀의 말을 믿어주어야 했다. 주인이든 하인이든 잘못을 덮어쓰는 쪽은 남자였다. 앙시앵 레짐 하에서는 미혼모들도 의무적으로 임신 사실을 등록해야 했다. 이 등록 자료를 분석해보면 하녀들의 비율이 매우 높은 것으로 나타난다. 흔히 임신한 하녀들의 운명은 이들을 내쫓을 권한을 가진 안주인의 손에 달려 있었다. '하녀가 임신하면 대부분 내쫓겼다.' 그리고 구걸이나 매춘의 길로 들어섰다.[88]

따라서 하인이 된다는 것은 전적인 충성을 의미했으며 독신은 필수 조건이었다. 1778년 모오는 이런 상황을 고발한다. "이런 삶은 인구 문제에 특히 악영향을 미친다. 주인들 대부분이 돈을 주고 고용한 하인을 혼자 부려먹기 위해 그들이 독신으로 지내는 쪽을 선호한다. 하녀는 임신, 출산 그리고 그 이후의 일에 대한 걱정과 비용 지출 때문에 결혼이나 자식 낳기를 포기하도록 강요받는다."[89] 이는 마음대로 부려먹기 위해서였다. 두 주인을 섬길 수 없으므로 독신자라면 자기 주인에게만 전적으로 봉사할 수 있었을 테니 말이다. 비용이 많이 드는 임신 때문에 하녀들을 빗대어 '합법적 임신의 비수기' '자녀들의 무가치'라는 뻔뻔스러운 말이 나돌 정도였다. 오늘날에도 많은 기업인이 과거의 주인들처럼 사고하고 있다.

아이들만 책임지는 일이라면 얼마나 좋을까! 그러나 남편까지 있었으니……. 20세기나 오늘날까지도 그렇지만 당시에도 하인과 노예의 구분이 어려웠으므로 농촌에서 올라온 힘센 남자들보다는 젊은 처녀들을 부리기가 훨씬 쉬웠을 것이다. 결국 "주인들은 유부녀를 고용하려 하지 않는다. 남편이 두렵기 때문이다". 또 너무 성격이 드센 남자와 결혼하는 하녀들도 곱게 보지 않았다. 오히려 원인과 결과를 혼동하여 하인들이 게으르고 방탕해서 결혼하지 않는다는 위선적인 말을 하지 않는 것만으로도 다행이었다. 도시에 뿌리내린 이 관습 때문에 하인들은 고향으로 내려가 힘든 밭일을 다시 하려 들지 않았다.[90]

그렇다면 거의 강요되다시피 한 이 독신 상태의 인구는 얼마나 되었을까? 수치는 앞뒤가 맞지 않는다. 로베르는 1802년 하인이 프랑스 인구의 12분의 1을 차지한다고 했으나(250만 명), 1757년 인두세 기록에는 3만 8000명, 즉 인구의 0.15퍼센트라고 나와 있다. 퐁세 드 라 그라브는 하인의 수가 20만 명에 달한다고 밝히면서 이에 대해 경종을 울린다. "결국 시간이 흐를수록 하인으로 일하는 남자와 여자의 수는 필연적으로 주인의 수를 넘어서게 될 것이다." 19세기 말 통계청은 프랑스의 하인 인구를 160만 9432명으로 추산했는데 이중 여성이 65퍼센트를 차지했다.[91] 따라서 로베르의 계산은 비교적 정확한 편이었다.

앙시앵 레짐에서는 이런 암묵적인 규칙이 통용되었고 혁명기에도 전혀 완화되지 않았다. 최소한 독신이 절대적인 요구사항에서 빠졌을 뿐이다. 비좁은 방에서 살면 결혼 생활도 힘들어지니 이 또한 결혼을 억제하는 효과를 가져왔다.[92] 더구나 부유층 가문에서 일하는 하인들은 결혼하게 되면 큰 위험을 감수해야 했다. 선호하는 일자리를 결혼해서 잃을 염려가 있었기 때문이다. 잠잘 곳도 있고 밥도 먹여 주니 하인들은 노동자보다 더 나은 생활을 누렸다. 또 결혼하게 되면 농장이나 가게를 소유할 자금을 마련할 수 없었다. "유일한 방편은 맥주 파는 술집 정도인데 하인으로 있을 때보다 더 나은 미래가 보장되는 것도 아니었다. 따라서 하인 대부분은 독신으로 살았다."[93] 부르주아의 시대인 19세기에도 하인의 노동에 대한 개념에는 그다지 변화가 없었다. 대귀족의 옆방에 살든 부르주아 저택의 하녀 방에 살든, 하인 대부분이 남성이든(18세기) 여성이든(19세기), 하인들은 결혼해서 정착할 권리가 없었다. 당시 유포되었던 하인 고용 교본들은 부부를 고용하지 말라고 권장하고 있다. 부부 중 한 사람이 사고를 치면 다른 한 명이 마음에 들더라도 모두 내보내야 하기 때문이다. 아이를 키우면 일을 할 수 없다. 따라서 젊은 엄마를 내보내든지 아니면 오랫동안 부려먹지도 못하고 임금을 지불해야 한다. 1914년까지는 결혼한 하녀가 임신했을 경우 법적으로 휴가를 줄 수 있었다. 처녀들은 하녀 일을 그만 둘 때까지 결혼하지 말라는 권고를 받았는다. "여러분은 결혼하는 것보다 처녀로 남는 것이 더 낫습니다. 결혼을 하더라도 너무 일찍 하지는 마세요. 물론 예외도 있습니다. 그러나 제가 보기에 하녀는 일정한 나이까지는 독신으로 지내야 합니다. 결혼과 동시에 휴식이나 자유, 행복을 얻으려면 얼마간은 열심히 일에 매진해야 합니다."[94]

그러나 이 부분도 딱 잘라 말하기는 힘들다. 라 로슈푸코처럼 부모 같은 너그러움을 보이는 부르주아 계층의 여주인도 있었다. 1833년에 펴낸 《안주인을 위한 신(新)완전 교본(Nouveau Manuel complet de la maîtresse de maison)》에서 파리제(Pariset) 부인은 하인이 몇 년 동안 일한 후 충성심을 확신할 수 있을 때 결혼을 허락해 주어야한다고 말한다.[95] 파리제 부인은 결혼이 여성의 삶의 목적이라고 믿는 독실한 그리스도교인이었다. 그러나 그녀는 안주인으로서의 권리를 존중받을 수 있도록 처신하고, 하인들이 결혼할 경우 반드시 안주인의 승인을 받도록 하라는 말을 잊지 않았다.

아무리 모든 시민에게 자유가 보장되었다 하더라도 사람들의 사고방식은 전혀 바뀌지 않았다. 조제프 메리(Josèph Mery)의 《결혼 연습(Essai du mariage)》(1855년)에 나오는 클로틸드와 뱅상도 비밀리에 결혼한 하인 부부이다. 이들은 결혼 사실을 주인에게 알리고 싶어하지 않는다. 희극답게 클로틸드의 여주인 라비니아가 클로틸드에게 뱅상과 결혼하라고 하자, 이미 결혼한 두 사람은 그 사실을 알리지 못한 채 두번째 결혼식을 올린다. 이 작품에서 볼 수 있듯이, 하인들은 주인의 허락이나 제안을 통해서만 결혼을 허락받았고, 배우자도 주인이 선택해야 했다. 이것이 최선의 길이었다.

결국 19세기 부르주아 사회는 그리스도교 윤리, 자유의 문화, 이 문화가 존중하도록 한 주인의 특권 사이에서 심한 모순에 빠져버리고 말았다. "우리의 도덕은 하인들에게 결혼을 가르치고 있다. 그러나 현 구조 속에서 하인이라는 신분은 일종의 직업적 독신을 강요하고 있다."[26] 이 주장을 뒷받침하는 수치가 있다. 1896년 하녀(문지기 포함)의 16퍼센트만이 결혼했고 84퍼센트는 독신, 과부 혹은 이혼녀였다고 한다.

젊은 시골 처녀들을 많이 고용했던 사회에서는 이것이 문제가 되지 않았다. 하녀들이 일을 그만두면 고향으로 돌아가 결혼을 했기 때문이다. 그러나 도시가 농촌에 비해 사람들을 확연히 끌어들이게 되자 결혼하기에는 너무 늦은 하녀들이 생겨나게 되었다. 일을 하기에도 너무 나이가 많이 들어버렸다면 이들의 운명은 어떻게 되는 것일까? 퇴직금 명목으로 종신연금을 보장해준 주인들도 있었다. 물론 이런 경우는 매우 드물었으며 수입도 좋았던 것으로 보인다. 그러나 뷔송(Busson) 사제의 경고대로 고독한 삶에는 많은 함정이 놓여 있다. 친척이나 부모 집으로 은퇴하거나(그들의 삶에 대해 질투할 수 있다), 개인 집에 하숙할 수도 있고(나쁜 대접을 받을 수 있다), 은퇴한 다른 여자들과 공동생활을 하기도 했으며(싸움의 원인), 산업이나 상업에 투자하기도 했다(경제에 문외한이므로 사기를 당할 수 있다). 그밖에 방탕이나 게으름에 빠질 수도 있다. 일을 그만 둔 노처녀들에게 사제가 할 수 있는 유일한 충고는 성당에 나가라는 것이었다. "자비로우신 신은 일을 마친 여러분에게 몇 년간 독립과 휴식의 시간을 주실 것입니다. 이는 오직 여러분이 잘못을 회개하고 기도로 훌륭한 영혼을 갖도록 하기 위함입니다."[97] 사실 이것이 바로 은퇴의 의미이다.

생 캉탱에서는 19세기 후반 특이한 해결안을 선택했다. 혁명기에 종교적 중립성을 띠게 된 옛 베긴 수녀원의 토지에 2층짜리 작은 집들을 마련하여, 일하기에 너무 나이가 많아진 하녀들과 노동자들이 거주할 수 있도록 한 것이다. 주인들의 배려로 이들은 양로원에 보내지지 않고 깨끗한 주택에 살 수 있게 된 것이다. 베긴 수녀원의 이름을 딴 대부분의 주택은 독신 여성들만 받아들였지만, 연로한 남자들을 위한 양로원과 늙은 부부들을 위한 양로원도 하나씩 있었다. 규모가 가장 컸던 곳은 공동 정원을 중심으로 최고 50채까지 집을 지었다고 한다.[98] 이 중 여섯 곳에는 아직도 사람이 살고 있는데, 1888년 쥘 쿠탕(Jules Coutant)이 캉탱 바레 거리에 지은 건물이다.

이러한 상황은 제2차 세계대전까지 이어졌다. 다만 19세기 후반 농촌 인구의 격감으로 1900년경 하인 고용의 문제가 심각해졌다. 바로 이 시기에 많은 하인들의 노동량을 혼자서 감당할 '만능 하녀'가 등장했다. 부르주아 사회의 모든 가정은 이런 하녀를 고용했다. 하인의 독신은 당연시되었고, 개방적인 가정에서조차도 이를 문제로 삼지 않았다. 시몬 드 보부아르(Simone de Beauvoir, 1908~1986)는 어린 시절에 함께 살았던 하녀들에 대해 이렇게 회상한다. 루이즈는 기와공과 약혼했고 '집에서는 그녀의 선택을 인정해주었다'. 그러나 루이즈가 집에서 나가는 것은 너무나 당연한 일이었다. 다음에 들어온 카트린은 밤마다 이웃 소방관들과 데이트를 즐겼다. "그녀는 '남자를 밝혔다'." 결국 그녀는 내쫓기고 말았다.[99] 하녀들에게 남자가 생기면, 품행이 방정하고 그렇지 않고를 떠나서 선택은 단 두 가지였다. 스스로 나가든지 쫓겨나가든지.

20세기에는 상황이 개선되었는데, 제2차 세계대전 이후 과거의 하인 고용 체계가 사회법과 가전기구의 발달에 의해 대폭 변화되었기 때문이다. 주인집에 머물면서 24시간 일하는 하인들은 점점 줄어들었으며 따라서 독신의 문제도 저절로 해결되었다.

다음으로 넘어가기에 앞서 하인의 고용 상황이 야기한 사회모델의 변화를 짚어보자. 젊은 독신자들의 봉사를 받고 싶어했던 곳은 집안뿐만이 아니었다. 19세기 서비스 산업의 갑작스러운 팽창은 독신의 증가를 부분적으로 설명해주고 있다. 하인과 똑같다고 할 수는 없지만 마찬가지로 독신의 의무를 암암리에 혹은 명시적으로 지켜야 했던 직업들이 생겨났기 때문이다. 카페 남자종업원(garçon de café)과 술집 여종업원(fille de brasserie)이 이런 경우로 예전부터 독신을 가리키던 호칭은 의미심장하게도 이들에게 그대로 붙어 있게 되었다.

카페 종업원은 정착이 유일한 목표였던 독신자들이 많이 선택하는 직업이었다. 이런 남자는 금방 가정을 만들지 않았다. 그는 잘생기고 잘 배운 사람이었으므로 수많은 계산대 여종업원들 사이에서 술탄처럼 살았다. 30세가 되어 정착할 생각을 하고 있는 '앞치마를 두른 알키비아데스(육체적으로 멋진 남자를 비유적으로 표현한 것—옮긴이)'의 가정을 꾸려 나가는 것이 바로 여종업원들의 희망이었다. '그는 아내와 모퉁이 새집을 원했다.' 그리고 세련된 카페를 열었다가 파산하기도 했다. 오귀스트 리카르(Auguste Ricard)는 이 온화하지만은 않은 독신자의 초상과, 결혼한 데다 저축도 하는 '구식 카페 종업원'을 비교한다. "부인은 평상시 외과의들의 의료용 탈장대나 조끼를 만든다." 두 사람은 한 방에서 생활하고 각자 저축통장도 있다.[100] 이러한 풍자의 이면에는 가난하고 선한 인물과 가난하고 악한 인물, 자신의 신분을 벗어나려다가 실패하는 사람과 정착하기 위해 한 푼 두 푼 모으는 사람의 초상이 숨겨져 있다. 첫번째 인물이 독신자라는 것도 우연은 아닐 것이다. 남자를 덕으로 이끄는 조언자는 항상 여자니까 말이다.

하인과 마찬가지로 카페 종업원도 평생 독신으로 살아야 했던 것은 아니다. 파리로 상경한 시골뜨기의 이상적인 인생 행로는 몇 년간 카페에서 일하다가 저축한 돈과 부인의 지참금으로 그 카페를 인수하는 것이었다. 이탈리아인 프로코페는 생 제르맹 시장의 카페에서 종업원으로 일하다가 1676년 자기 카페를 열었다. 1904년 아베롱에서 상경한 오베르뉴 사람 마르슬랭 카즈는 립(Lipp)의 주인이 되었다. 오랜 가난과 독신의 세월을 견디고 정착한 카페 종업원들은 수도 없이 많았다. 르메트르는 카페 드 푸아에서 1급 종업원으로 일하다가 카페를 인수한 뒤 카페 리슈의 종업원이었던 비농에게 되팔았다. 카페 라 로통드의 1급 종업원이었던 카지미르도 카페를 인수했다. 르두아이엥에서 일했던 아르튀르 밀루는 1877년 카페 드 라 페를 사들였다. 카페 라 로통드에서 일했던 랑블랭은 1805년 부인의 결혼지참금으로 자신의 카페를 열 수 있었다. 그런가 하면 루아이얄 거리에 있는 술집에서 매니저로 일했던 마리 막심 가이야르는 1891년 아이스크림 가게를 인수했고 자신의 이름을 영국식으로 바꾼 막심즈(Maxim's)라는 상호를 붙였다.

안타깝게도 술집 여종업원들의 인생은 달랐다. 1868년 주식회사에 관한 법이 제정되기 전까지 여성은 실질적으로 사업계에서 배제되었다. 그 이유는 이를테면 어음을 발행할 수 없다는 식의 단순한 것이었다. 따라서 여성들은 사회적 지위 상승이나 술집 인수는 꿈도 꾸지 못했다. 그러나 직업을 수행하는 데는 여성이 남성보다 더 헌신적이었다. 남자들이 카페에서 서빙을 할 때, 여자들은 가게에서 판매를 했다. 1840년부터는 백화점이 등장하게 되었다. '상점 아가씨(demoiselles de boutique)' '백화점 아가씨(demoiselles de magasin)' 라는 상투적 표현도 등장했다. 판매원은 젊어야 했다. 30세만 되어도 해고되었다. 또 처녀여야 했고 결혼하면 계약이 파기되었다. 남자 종업원들은 결혼할 수 있었다는 측면에서 이는 분명한 남녀차별이었다. 물론 같은 곳에 근무하는 여자 판매원과 해서는 안 되었지만 말이다. 여종업원들은 백화점이나 백화점의 부속건물에 기숙했고, 사생활이나 직장생활에서 엄격한 감시를 받았다.[101]

제2제정 시대와 제3공화정 시대에 크게 발달했던 공무원직을 살펴보자. 정부가 고용한 사람들 사이에서도 독신이 원칙이었다. 우체국 직원 가운데 1870년 이전 출생자들의 이력서를 연구해본 결과, 완전 독신자의 비율은 45퍼센트나 되었으며 과부도 15퍼센트에 이르렀다. 여러 시기에 실시한 조사에 따르면 30~40세 사이의 여성 세금수납인들의 독신율은 55퍼센트(1880년)에서 59퍼센트(1900년) 사이였다.[102] 이 비율은 천천히 감소하다가 제2차 세계대전 이후 급속히 줄어들었다. 결혼이 완전히 금지된 것은 아니었으나 감시 대상이 되었다. 세금수납인들은 일과 양립할 수 없는 직업을 가졌거나 그런 위치에 있는 남자들 즉 공증인, 상인, 경찰 등과는 결혼할 수 없었다.

세금수납인 중 한 여자는 좋은 가문 출신이었으나 지참금을 마련할 수 없었다. 그녀가 1884년에 한 증언에 따르면, 당시 우체국은 남아도는 처녀들을 세상으로부터 격리시키는 '수녀원' 이었다. "이곳에서는 어떤 곳보다도 여자들이 결혼을 꿈꾸어서는 안 된다." 가장 잘 하는 일이라고는 욕하고 담배 피고 술 마시는 것밖에 없는 거친 성격의 목수나 석공을 남편으로 받아들이고 싶지 않다면 말이다. 이러한 상황은 《우체국 관보(Journal des Postes)》의 구인광고에 잘 나타나 있다. 주로 좋은 가문 출신이라고 자신을 소개하는 처녀들은 좋은 가문이나 예술적 취향과 거리가 먼 남자들을 배제하고, 세련된 감각을 가진 양식 있는 남자들을 찾았다. 남녀 간에 사회적 출신은 극을 이루었다. 혹시 이것이 오해를 일으키고, 우체국 직원들의 독신을 부추긴 것은 아닐까? 당시 우체국 직원은, 여자에게는 집안은 좋지만 지참금이 없을 때 허용 가능한 탈출구였던 반면, 남자들에게는 사회 최하층민들만이 갖는 미래가 없는 직업이었다.

이번에도 상투적인 표현이 일상어로 자리 잡게 된다. 장 콕토의 《사람의 목소리(La Voix humaine)》만 보아도 알 수 있다. 여배우는 전화상으로 누구인지 모를 두 여자의 목소리를 듣는다. 배우는 혼선되어 들리는 회원에게는 '마담'이라고 부르고, 전화교환수에게는 '마드모아젤' 즉 '전화를 하고 있는 아가씨'라고 엉겁결에 부른다. 결혼한 교환수가 독신녀에게 전화를 걸어주리라고는 차마 생각하지 못한 것이다.

19세기 남성과 여성의 독신도 빈부 격차의 연장선상에 놓인다. 부자인 남자들은 혼자 사는 여유로움을 즐길 수 있었던 데 반해 가난한 여자들은 지참금조차 마련할 수 없었다. 이는 또한 현실이기도 했다. 여자들은 가정을 지탱할 수 있었지만 남자들은 부인이든 아니든 일해 줄 하녀를 여전히 필요로 했다.

• 독신에 대한 편견 1 : 멋쟁이 댄디 •

"그가 세운 원칙은 간단하다. 가족은 절대 있으면 안 된다. 런던에 오자마자 그는 형제와 누이를 무시했다. 아내도 안 되고 애첩도 절대안 된다. 애첩을 인기인으로 만들어 자신에게 도움이 되는 경우가 아니라면 말이다. 자기 자신을 소홀하게 만드는 일도 안 된다."[103] 할아버지가 하인 출신이었던 평민 남자가 댄디들의 왕자, 웨일스 공의 친한 친구, 영국 사교계를 주름잡는 품위의 대가가 되기 위해서는 몇 가지 희생을 해야 했고, 항시 주의를 게을리 하지 말아야 했다.

조지 브라이언 브러멀(George Bryan Brummel, 1778~1840)은 16세에 댄디의 전신인 영국 멋쟁이들의 폐쇄적인 조직에 발을 들여놓게 되었다. 미, 지성, 우아함 등 브러멀은 귀족들도 한꺼번에 모두 가지기 쉽지 않은 것을 모두 갖추고 태어났다. 웨일스 공의 총애로 그는 사교계와 런던에서 가장 폐쇄적이라는 클럽들에 입문할 수 있었다. 말 한 마디, 눈짓 하나로 그는 사람들을 사교계의 인기인으로 만들 수도 있었고, 영영 제명시킬 수도 있었다. 그의 의견은 양복재단사를 파산시킬 수도 있었다. 영국에 풀 먹인 넥타이를 유행시킨 것도, 발목이 좁아지는 바지 대신 양복바지를 입게 만든 것도, 현란한 색 대신 블랙과 다크 블루를 유행시킨 장본인도 바로 그였다. 여전히 서툴기만 한 연애술에 에티켓을 도입한 이도, 재치와 계산된 무례함, 가벼움을 곁들인 대화술을 만들어낸 사람도 그였다.

그러나 도박의 수렁에 빠진 그는 자신의 소득으로는 감당하지 못할 금액을 내기돈으로 걸고 말았다. 1811년에는 너무 무례하게 굴어 웨일스 공의 총애도 잃게 되었다. 그래도 몇 년간 그는 영국 사교계에 군림했다. 그러나 그의 소득은 웨일스 공의 총애를 잃은 타격을 받쳐주지 못했다. 금융 부정 사건 이후 그는 망명하기에 이르렀다.

1816년 프랑스는 브러멀을 받아들였다. 왕정복고 시대에는 영국에 대한 붐이 일었기 때문에 브러멀은 정착한 칼레에서 얼마간 이를 이용할 수 있었다. 그러나 궁색한 형편은 곧 가난으로 이어졌고, 마침내 비참할 정도로 곤궁한 상태가 되어버렸다. 브러멀의 최후는 비참했다. 빚으로 인한 복역, 과오, 정신병, 정신병원 등이 그의 말년의 삶이었다.

브러멀은 발자크의 주인공처럼 살았다. 역사의 가장 혼란스러운 시기를 살았던 다른 많은 젊은이들이 그랬듯이. 이들은 멋쟁이로 출발하여 노총각으로 경력을 마감했다. 대전쟁이 끝나고 반짝 번영했던 시기가 끝난 당시는 결혼 제도에 유리할 것이 없었다. 사회는 혼란에 빠졌고 사회의 근간을 이루었던 결혼도 혼란에 빠졌다. 전쟁의 첫 희생자인 젊은이들은 더 많은 자유를 갈망했다. 대모험을 겪은 젊은이들은 일상의 작은 행복이 채워줄 수 없는 갈증을 느꼈다. 종교전쟁 이후에는 자유주의 운동이 발생했고, 나폴레옹 전쟁 이후에는 낭만주의가 탄생했다. 그리고 제1차 세계대전 후에는 다다이즘이 생겨났다. 물론 나름의 특성이 있지만 각 단계마다 결혼은 위기를 맞았다.

낭만주의를 너무 순수한 측면으로만 제한해서는 안 된다. 열정은 고양되어 있으나 그 열정에 도달할 수 없기 때문에 견유주의적이 된 것이다. 뮈세는 《세기아의 고백(Confession d'un enfant du siècle)》에서 젊은이들의 고양을 일시에 무너뜨리는 시대적 배경을 잘 전하고 있다. "아이들은 이 모두를 보았다. 그들은 항상 카이사르의 그림자가 칸에 당도해 이 보잘것없는 인간들에게 불어오리라 생각했다. 그러나 침묵은 계속됐고 하늘에는 백합의 창백함만 나부낄 뿐이었다. 아이들이 영광에 대해 말하면 어른들은 신부가 되라고 했다. 아이들이 야망에 대해 말하면 어른들은 신부가 되라고 했다. 희망, 사랑, 힘, 인생에 대해 말해도 신부가 되라고 했다." 아이들은 쥘리앵 소렐(《적과 흑》의 주인공)이 되었다.

영광과 야망 그리고 인생과 함께 사랑은, 20대에 신념을 가지고 역사적 사건을 겪었으나 다시 출발점으로 얌전히 돌아오지 못한 자들에게 하나의 요구사항이 되었다. 젊은이들, 학생들, 예술가들은 절망한 것일까? 그들은 무감각해지고 냉소적으로 변했다. "사람들은 사랑을 영광이나 종교와 같이 취급했다. 하지만 그것은 낡은 허상일 뿐이다. 결국 사람들은 헛발 짚은 것이다." 독신자의 고백이라 해도 좋을《세기아의 고백》은 특별히 독신을 찬양하지도 그렇다고 결혼을 공격하지도 않았지만, 낡은 제도가 신세대의 열정에 부응하기가 얼마나 힘든지를 잘 보여주고 있다.

고전주의 시대에는 결혼이 공증인 앞에서 결정되는 가정사였다면, 결혼제도와는 양립한 적이 없었던 젊은이들의 혈기는 이성적인 결합인 결혼을 부추기지 않았다. 발자크는《결혼 계약(Le Contrat de mariage)》에서 법률 서류도 제대로 읽지 못하게 만드는 맹목적인 열정이 결혼의 함정이라고 분석하고 있다. 작가가 '한 오쟁이 진 남편' 이라고만 되어 있는 1844년 작《독신자들의 학교(L'Ecole des célibataires)》에서 발자크는 주인공들이 겪은 감정적 · 재정적 불행에 대해 설명한 후 젊은이들에게 독신으로 살 것을 권장한다.

발자크의 작품에 등장하는 인물 중 바틸드 드 샤르주뵈프 양은 이런 사랑의 욕구에 희생된 사람이었다. 그녀는 연애결혼만 믿다가 25살까지도 결혼을 못하자 마음을 고쳐먹은 멋진 여자였다. 드 코르몽 양은 역사의 희생양이었다. 그녀는 숭고한 결혼을 하고 싶었지만 1798년과 1799년 자신의 생각에 매우 걸림돌이 되는 상황을 맞았다. 나폴레옹 시대에는 결혼시장에 여자들이 너무 많았고 특히 과부들이 많았다. 드 코르몽 양은 젊은 남자와 결혼하기에는 나이가 너무 많았다. 징집을 피하기 위해 귀족 가문의 자식들이 일찍 결혼했기 때문이다. "따라서 1804년부터 1815년까지 전쟁으로 희귀해진 적합한 신랑감을 찾기 위해 젊은 처녀들이 다투었는데 이들과 경쟁하는 것은 불가능했다." 돈 많고 세력도 있던 그녀는 결혼한 여자인 척하면서 구애하는 남자들에게 함정을 판다. 그 함정에는 모든 남자들이 걸려들었다. 투란도트와는 달리 드 코르몽 양은 남자들을 처단하지 않았다. 그러나 그녀는 처녀로 살았다.[104]

19세기는 기업의 시대이기도 했다. 앙시앵 레짐 때는 재산이 왕의 총애를 입을 수 있는 결탁에 좌우되었지만, 상업과 산업이 지배하는 세상에서 돈은 더 빨리 모이고 흩어졌다. 그런데 가족을 보살피는 일은 경력을 관리하는 일과 양립할 수 없었다. 《인간희극(La Comédie humaine)》에 나오는 라스티냐크, 뤼방프레, 마르세, 발랑탱과 같이 야망에 찬 젊은이들은 간계를 부리거나 지체 높은 유부녀들의 개입으로 성공하는 독신자들이다. 그런데 확실한 성공은 부유한 상속녀를 유혹해서 그녀와 결혼하거나 심지어 그녀의 딸과 결혼하는 것이었다. 라스티냐크와 마르세는 성공적인 결혼에 골인하는 반면, 뤼방프레와 발랑탱은 실패를 맛본 후, 야망에 찬 독신자가 거둘 수 있는 결혼의 과실을 따먹기도 전에 일찍 생을 마감한다.

그러나 주의해야 할 점이 있다. 결혼을 하더라도 부자여야 했다. 그렇지 않다면 독신으로 사는 편이 낫다. 아돌프 드 쇼도레유는 발자크 소설에 등장하는 인물로 기회를 잡으려는 야심 찬 지방 출신 젊은이다. 그는 파리의 살롱들을 정복하려 상경했다. 11년 동안 그는 공동묘지 같은 잡지에 단편소설 대여섯 편을 발표한 후 문학계의 만년 신인 가운데 한 사람이 되었다. "그는 총각이었고, 양복과 검은 색 캐시미어 바지가 있었으므로 언제든지 우아한 외교관으로 변할 수 있었고, 똑똑해 보였기 때문에 문학 냄새를 풍기는 살롱 몇 군데에 출입할 수 있었다." 책을 몇 장 더 넘겨보면 아돌프는 결혼해 있고, 그의 부인은 자신에게는 출입이 금지된 저녁 파티에 가기를 거부하는 남편을 보고 가슴 아픈 행복을 느낀다. 또다시 몇 장 더 넘겨보면 그는 '아내 말고 아돌프만 원하는' 세계에 다시 발을 들여놓는다. 그는 아내를 억지로 데려가서 "자신의 길을 막고 적을 만들며 스스로 장애물을 만들었다". 그는 웃고 즐기며, 예쁜 여자에게 잘 보이려 한다.[105] 이 소설은 자유나 활기의 동의어라 할 수 있는 독신을 훌륭히 찬양하고 있다. "어쨌든 여러분은 누구에게 신세를 갚지 않아도 된다. 여러분은 자신의 주인이다." 결혼한다는 것은 독신의 경쾌한 알레그로에서 가장의 느린 안단테로 넘어가는 일이다. "여러분의 마음처럼 가벼운 이륜 마차의 니스 칠한 연결봉 사이를 발로 걷어차며 번들거리는 궁둥이를 여러분이 쥐고 있는 채찍 그물 사이로 움직이는 멋진 영국 말 대신, 여러분은 샹젤리제 거리도 알아줄 정도로 우아하고 기품 있게 온순하게 생긴 큰 노르망디 수말을 몰아간다."[106] 이 문장 하나가 결혼 박자에 담긴 리듬을 바꾸고 있다.

조세프 메리의 작품에 등장하는 인물이 하는 말을 들어보면, 위대한 남자들은 항상 결혼하지 않도록 조심하며 혹 결혼하더라도 그것은 스스로 체험함으로써 결혼의 위험을 형제들에게 알리려는 자비심의 차원에서 이루어진 것이다. "이들은 결혼을 직접 눈으로 보고 연구하여 개인적 경험을 세상의 모든 부부에게 도움이 되도록 하려고 몸바쳤다." 용감한 항해사는 사람들에게 암초가 어디에 있는지 알려주기 위해 바다로 나아가는 것을 주저하지 않는다. "자비로운 남자들은 항해를 하듯 결혼에 몸을 내던졌다."[107]

예술계와 문학계도 독신을 사랑한 것으로 보인다. 발자크는 댄디였으며, 자칫 독신으로 생을 마감할 뻔했다. 바르베 도르비이, 스탕달은 댄디였으며 독신으로 살았다. 파리고등음악원 교장을 역임했으며 《포르티치의 벙어리 아가씨(La Muette de Portici)》를 작곡한 에스프리 오베르(Daniel-François-Esprit Auber, 1782~1871)도 마찬가지였는데 그는 냉소섞인 어조로 이렇게 말했다.

"내가 사랑하는 것은 여자, 말, 거리 그리고 불로뉴 숲뿐이다."

20세기 초반, 댄디즘은 아직 젊음의 동의어였다. 독신은 전성기를 누렸지만 그 명분은 일시적이었다. 1850년 쥘 베른이 창립한 독신자 클럽이 그것을 증명해주는데, 쥘 베른은 클럽 이름을 '여자 없는 11인' 이라고 지었다. 법률 공부를 하기 위해 갓 상경한 미래의 작가는 오페라 극장의 서기로 일했다. 그는 주로 이곳에서 회원을 모집했다. 자료에 따라 명랑한 낙천가들의 리스트는 다르다. 아마 탈퇴와 가입이 빈번했던 탓이리라.

오늘날에는 잊혀진 문인들, 풍자 가요 작가들, 음악가들, 화가들도 이곳 회원이었다. 풍자만화가 스톱(Stop, Louis Morel-Retz, 1825~1899), 다비드 핏폴드(David Pitfold), 작사가 앙리 카스페르(Henri Caspers, 1825~1906), 작사가 겸 작곡가 카트렐(Quatrelles, Ernest L' Epine, 1826~1893), 샤를 드 베슈넥(Charles de Béchenec), 보드빌 작가 으젠 베르콩생(Eugène Verconsin, 1823~1891), 작가 에르네스트 불랑제(Ernest Boulanger, 1831~1907), 작곡가 앙드리엥 탈렉시(Andrien Talexy, 1821~1880), 피아노 연주가 샤를 들리우(Charles Delioux, 1830~1880), 비극 작가 필립 질(Philippe Gille, 1831~1901). 다른 리스트에는 금융가 샤를 메종뇌브(Charles Maisonneuve, 쥘 베른의 낭트 친구로 첫 작품들에 재정 지원을 해준다), 작곡가 아리스티드 이냐르(Aristide Hignard, 1822~1898), 빅토르 마세(Victor Massé, 1822~1884), 레오 델리브(Léo Delibes, 1836~1891) 등이 기록되어 있다. 연극업계 사람들과 함께 기

자들의 이름이 적힌 명부도 있다. 앙리 펠릭스 뒤크넬(Henri-Félix Duquesnel, 1832~1915, 비극 작가 겸 여러 극단 디렉터), 레옹 카르바이악(Léon Carvaillac, 1825~1897, 가수 겸 여러 오페라 극단 디렉터), 소설가 샤를 발뤼〔Charles Wallut, 1829년 출생. 쥘 베른의 동업자. 후에 가족 박물관(Musée des familles)에서 쥘 베른의 출판업자가 된다〕, 소설가 에르네스트 페도〔Ernest Feydeau, 1821~1873, 유명한 극작가 조르주 페도(Georges Feydeau)의 아버지〕, 조바〔Zobbah, 『샤리바리(charivari)』 지 편집장〕 등.[108]

한마디로 말해서 클럽은 창립 멤버 11명 이상을 받아들인 것 같으며, 결혼하는 사람이 생길 때마다 인원이 빠져나갔다가 다시 채워졌던 것으로 보인다. 전혀 폐쇄적이지 않았던 이 클럽의 멤버들은 여자가 없는 상황을 이용해 맛있는 저녁식사(한 주도 빠짐없이!)와 노골적인 말장난을 즐겼다.

이들은 즐거운 총각 생활을 최대한 오래 지속하리라 다짐한 것은 물론이고, 결혼에 대한 독설도 상당히 쏟아냈다. 그러나 언젠가는 결혼해야 한다는 것을 그들도 잘 알고 있었다. "이 세상의 행복이라는 것이 나쁜 머리를 갖고 늪 속의 오리처럼 사는 것이라면 가능한 한 늪을 깨끗하게 만들도록 노력하자."라고 쥘 베른은 1854년 4월 7일 어머니에게 결혼 계획을 알리며 이렇게 적어 보냈다.[109] 5년 후 창립 멤버들은 모두 결혼했으니 독신을 원했지만 평생 독신으로 산 것은 아니었다.

쥘 베른은 《클로비스 다랑토르(Clovis Darentor)》(1896년)를 쓸 때 즐거웠던 젊은 시절을 회상했던 듯하다. 주인공 클로비스는 45세의 나이에도 여전히 독신이었다. "그가 여성을 혐오한 것은 아니었다. 오히려 그는 여자들 세계에서 즐거워했다. 그가 극도로 혐오한 것은 결혼이었다." 고대 로마사람들처럼 클로비스도 입양으로 상속인을 정하면 된다고 생각했다. 더구나 그는 재력가였고 여행을 같이 하던 두 젊은이들이 그의 재산을 탐하고 있었다. 그런데 이 두 젊은이들은 입양되기 위해 클로비스의 목숨을 구해주어야 했다. 소설 전체가 이 사명을 중심으로 구성되어 있다. 젊은이들은 자신들의 헌신을 증명할 수 있는 기회를 마련하기 위해 머리를 싸맸으나 오히려 매번 클로비스가 그들의 목숨을 구해주었다. 끝에서 두번째 장에서는 한 젊은 여자가 가까스로 위험한 상황을 해결하고 덤벼드는 사자에게 목숨을 잃을 뻔한 클로비스를 구한다.

이 모두는 편안한 분위기 속에서 진행되었다. 독신자들은 명랑한 젊은이들이었고 대부분 결혼의 품에 안겼다. 물론 모두가 그렇지는 않았다. 상처를 입은 경우도 있었다. 당시 매독은 난봉꾼들 사이에서 대유행이었고, 그때까지 치유법이 없었다. 모파상처럼 독신으로 죽는 것이 나았을까, 아니면 도데처럼 결혼을 한 후에 죽는 것이 나았을까?

1840년부터 1860년까지 유행했던 맬서스 인구론은 독신을 난봉으로 몰아가기에 충분했다. 맬서스 초상화를 매일 불태우고 결혼을 꺼리는 사람들을 감옥에 보낼 날이 있으리라 예견한 영국의 소설가 새커리(William Makepeace Thackeray, 1811~1863)는 (1857년) 독신을 속물주의와 위선으로 평가했다. "마음에 자비로운 생각과 유쾌한 희망이 가득한 이 사랑스런 청년을 보시오. 그냥 내버려두시오. 독신 생활이 그를 곧 기름기로 가득 차 뚱뚱하고 둥글둥글하게 만들어 파멸로 몰아갈 테니."[110] 새커리가 보기에는 현대생활의 이기가 이런 추세를 불러일으킨 가장 자명한 원인 중 하나였다. 그는 고독과 결혼을 모두 두려워하는 자들에게 가정의 역할을 해주는 클럽을 특히 비난했다. 그의 양식으로는 독신자들에게 클럽 출입을 전면 금지해야 했다. "청년들이 클럽에 가서 온갖 종류의 안락함과 기발하고 달콤한 사치를 누리도록 하지 말고, 가장 비참한 인생을 살도록 종용해야 한다. 또 여가 시간을 가장 견디기 힘든 순간으로 만들 방법을 고안하는 자에게 장려금을 주어야 한다." 새커리는 클럽을 자주 드나드는 독신자에 대해 끔찍한 초상을 묘사했다. 혼자서 저녁을 세 번이나 먹고, 물컹물컹한 소파에 푹 파묻혀 최신 유행 소설을 읽거나, 술잔과 시가를 손에 쥔 채 밤새 체스를 두는 모습이었다. 클럽은 반대로 할 일 없는 유부남들의 전용 장소가 되어야 했다. 유부남들의 입장에서는 딸아이가 배우는 피아노 소리를 세 시간이나 들으며 집안에 머물러 있는 것이 얼마나 잔인한 일인가?[111] 결혼을 장려하는 방법도 각양각색이다.

"채워라, 채워라, 거기까지 채워라." 오펜바흐(Jacques Offenbach, 1819~1880)의《파리의 생활(La Vie parisienne)》에서처럼 혈기왕성한 젊은이가 결혼 전에 잠시 탈선하는 것은 용서할 수 있다. 조금 이기심을 부리는 것이 죄는 아니니까. 또 결혼하면 나아질 것이다. 그러나 너무 미적거리다보면 가정을 통해 사회생활을 할 기회를 잃게 될 것이다. 여기에도 진부한 사고가 개입되어 있다. 독신자들이 사회생활에 얼마나 필요한 존재인지 잘 알려져 있기 때문이다. 그러나 검열관들은 이런 종류의 선입견에 인색하지 않았다. "독신은 (중략) 공적인 일로부터 벗어나게 하며, 스스로에게만 몰입하게 하며, 개인적이면서 다른 사람에게는 매우 무관심하게 만든다."[112] 계몽주의에서 비롯된 개인주의는 19세기에 와서 발전할 수 있는 발판을 찾았다. 알랭 코르뱅(Alain Corbin)은 정체성의 점진적인 발견에 거울과 사진의 역할이 중요해졌음을 강조했다. 인간은 자신이 갖고 싶은 이미지를 기준으로 자신을 정의하게 된다.

때로는 비난이 곁들여진 공감의 윙크를 받았던 댄디에서 누구나 경멸을 감추지 않는 노총각으로 변하는 것, 바로 이것이 나약한 이기주의를 젊은 시절 한때의 생활이 아니라 평생의 생활방식으로 택한 사람들이 겪는 위험이었다. 이들은 신랄한 선입견이 담긴 노래를 듣게 되었다.

인류에 어떤 도움도 되지 않는
어려움 없이 살아가는 노총각
유모를 한 달도 쓰지 않으니
이 세상의 누구로부터 행복을 얻을까?[113]

• 독신에 대한 편견 2 : 소심하고 이기적인 노총각 •

허버트 스펜서(Herbert Spencer, 1820~1903)는 25세에 철학 연구로 이미 세상에 이름을 알렸다. 그러나 아내를 구할 시간을 갖지 못하자 친구들이 팬인 에반스 양 정도면 완벽하게 아내의 역할을 할 수 있으리라 일러주었다. 그러나 스펜서는 소리를 질렀다. 그는 에반스 양이 '너무 병적으로 지적이다' 고 생각했던 것이다. 유유상종이 통하지 않을 때도 있나 보다.

그로부터 몇 년이 지나 31세가 되자 스펜서는 독신에 대해 생각해 보기 시작했다. 홀로 생을 마감한다는 것이 예전보다 썩 내키지는 않았지만 가족을 부양해야 하는 일보다는 나을 것 같았다. 그는 포기했다. "어쨌든 나 자신을 노예로 만들지는 않으리라 작정했으니까. 더구나 결혼을 하면 돈 버는 일에 전념하지 않을 수 없으니 결혼하겠다는 생각은 포기해야 한다." 그는 달관한 철학자이다.

그렇다고 친구들이 빼 든 칼을 도로 넣을 리 만무했다. 독신자, 특히 지식인은 육체적 위험에 노출된다는 것이 당시의 지배적 생각이었다. 스펜서의 친구 포터도 그에게 이런 편지를 썼다.

"그러니 결혼하게. 순수하게 지적인 삶은 자네에게 아무런 소용이 없네."

독신은 자연에 배치되며 해로운 것임을 확신한 스펜서는 이 합리주의의 치료약을 써보기로 작정했다고 알린다. 육체적으로 몇 차례 곤란을 겪은 후 스펜서의 주치의인 랜섬 박사는 그에게 더 이상 혼자 살지 말라고 충고한다. "긴장을 항상 풀지 않으니 뇌가 휴식할 시간에도 활동한 것이라고 말하고 싶은 것이다."

그러나 이제 그는 선택도 매우 제한되어 있고 자신의 취향도 매우 까다롭다는 사실을 알고 있다. 그는 아름답고 지적인 여자를 원했기 때문이다. 도덕적이고 지적인 아름다움만으로는 충분하지 않았다. "우리 교육 체계가 엉망인 것으로 보아 그런 훌륭한 자질들이 아름다운 육체와 결합되는 경우는 드물다." 그리고 금전상의 이유도 있었다. "문학, 특히 철학으로 돈벌기는 힘들다." 그러니 한평생 우수에 젖은 노총각 신세로 남기 딱 알맞다.

스펜서에게 가족이 필요했을까? 자식들은? 그야 아무래도 좋았다. 다른 사람의 자식을 데려오면 그만이니 말이다. 1855년 스펜서는 경제적으로 어려움에 처해 있던 한 소송대리인의 집에 하숙하고 있었다. 다섯 살배기와 일곱 살배기 주인집 딸들 덕분에 스펜서는 아버지로서의 본능을 느끼고 아이들, 특히 여자아이들과 함께 있고 싶은 본능적 욕구를 충족시킬 수 있었다. 그리하여 교육에 관한 에세이를 쓰게 되는데 노총각 철학자에게는 다소 의외로 보일 수 있는 주제이기는 하다. "독신자인 내가 아이들에 관한 문제에 관심을 보이고, 또 이에 관해 정확한 내용을 말한다는 사실에 사람들이 놀라곤 한다. 그러나 대부분의 독신자들과 마찬가지로 내게도 아이들을 관찰하고, 사람들의 아이들을 대하는 방식과 그 효과를 바라볼 수 있는 기회가 있었다. 제3자가 상황을 가장 잘 바라본다는 말은 다른 많은 상황에서와 마찬가지로 가정생활에도 적용된다." 그러고 보면 당시 결혼에 관해 가장 설득력 있는 연구를 한 사람도 발자크라는 독신자가 아닌가?

그러나 세월은 흐르고 다른 사람들의 가족은 그를 받아주지 않았다. 여러 번 이사를 반복한 후, 스펜서는 1866년 한 하숙집에 정착한다. 그는 21년에 후에도 그곳에서 회고록을 쓰게 된다. 그곳은 독신자들을 연구하기에 좋은 전망대였다. 그곳에는 해군과 육군 장교들이 하숙하고 있었는데 그중에는 매일 여왕을 위해 건배하는 제독, 은퇴한 공무원, 결투의 시대를 그리워하는 모리셔스 사람, 여든 살 먹은 노처녀 등이 있었다. 이들은 평생 하숙생들이었다. 반(半)하숙을 하는 기혼자들도 있었는데, 인도제국 판사의 부인은 건강상의 이유로 영국에 머물고 있었고, 오스트레일리아 사람이 부인과 딸을 데리고 살고 있었으며, 자식들과 살고 있는 사제도 있었다. 보키에 하숙집을 채워도 될 만했다.

70세가 다 되어서야 노총각은 후회에 사로잡힌다. "아내와 자식들을 곁에 두고 일할 수도 있었는데, 내가 가진 것이 보잘것없어 결혼을 하지 못했구나. 내 입 하나도 건사할까 말까이니 가족을 먹여 살릴 수 없었다. 이제는 능력을 갖추었는데 너무 늦어버렸구나." 그러나 후회하면서도 망설인다. "계속해서 타협해야 하고 많이 인내해야 하는 공동생활은 내 적성에 맞지 않다. (중략) 그렇게 보면 독신은 내게 가장 알맞은 생활방식이었나 보다. 어쩌면 그건 내가 결혼할 뻔한 그 어떤 여자에게도 최선이었을 것이다." 우리의 철학자는 그야말로 철학자답다.[114]

1817년, 오늘날에는 잊혀진 시인 장 자크 들로(Jean-Jacques Deleau)가 《행복한 독신자 혹은 독신의 이점(L'Heureux Célibataire ou les Avantages du célibat)》을 발표했다. 시인은 방탕하고 즐거우며 자유로운 생활을 찬양했다. 독신자란 이 꽃에서 저 꽃으로, 이 여자에서 저 여자에게로 날아다니는 나비와 같은 존재이다.

> 웃음과 쾌락이 모든 매력을 불러 모으고
> 독신은 우리 눈에 눈물이 흐르지 않게 하네.[115]

그러나 과장된 시에는 곧 《개종한 독신자(Célibataire converti)》가 뒤따른다. 나이가 들면서 주인공은 결국 유혹에 지고 만다. 마침내 이성이 이 우스꽝스럽고 천한 선입견을 몰아냈다. 특히 외로운 노년에 대한 공포 때문에 너무 늦기 전에 결혼하려 한다. 젊은 멋쟁이와 노총각은 19세기 독신자의 대표적인 두 전형이 된다.

당시 대유행어가 된 '노총각'은 낭만주의 시대의 모든 장르를 정복했다. 카지미르 드라비뉴(Casimir Delavigne, 1793~1843)는 《노인들의 학교(L'Ecole des vieillards)》(1823년)를 무대에 올렸으며, 베랑제는 '늙은 독신자'를 노래한다. 발자크는 사촌 퐁스의 초상을 정형화시킨다. 물고기들을 무시하다가 달팽이를 만나서는 매우 행복해지는 라 퐁텐의 왜가리는 전형의 극치를 이룬다. "독신자는 젊은 시절에 아름답고 매력적인 젊은 처녀와의 연애결혼을 두려워하고, 늙어서 부엌데기와 정략결혼을 하는 바보이다."[116] 더 심한 경우도 있다. 루이 쿠알락의 작품에 등장하는 독신자는 '바람둥이 여자, 작가 혹은 피부도 칙칙하고 주름도 자글자글한 나폴레옹 군대 병사의 과부'[117]와 결혼하고 만다. 베랑제 작품에 등장하는 늙은 독신자는 유산을 미끼로 하녀를 희

롱하려 했지만 거사를 치를 순간에 힘이 빠져버린 노쇠한 자유연애가이다.

> 그러니 네 부드러운 힘이
> 도망가는 온기를 내 오감에 돌려줄 수 있도록 해다오.
> 바베, 조금만 교태를 부려봐
> 암탉의 젖과 내 취침 모자.[118]

이 선입견은 사람들의 의식 속에 매우 뿌리 깊게 박혀 있었다. 발자크의 《사촌 퐁스》에 등장하는 두 늙은 독신자인 슈뮈과 퐁스는 성격이 너무 소심해서 여자에게 감히 접근하지 못한다. 그런데 문지기인 시보 부인은 이들을 늙은 자유연애가들로 취급한다. 숨겨놨던 상속인이 퐁스의 회화 수집품을 상속받겠다고 나타날까 걱정한 시보 부인은 퐁스가 사생아의 씨를 뿌렸다고 비난한다. "당신네 늙은 총각들은 다 똑같아."[119] 고전주의 시대로부터 물려받은 자유연애와 독신 간의 상관관계는 사람들의 의식 속에 경건한 이미지로 각인되어 있었다. 아내와 자식 그리고 수녀가 지켜보는 가운데 '올바른 죽음'을 맞이하는 가장과, 악마들이 지옥으로 데려갈 외로운 자유연애가를 대조해서 보여주는 교리문답 벽화처럼 말이다. 벽화의 각 부분에는 벽에 걸린 석판화(아기 예수를 안고 있는 성모와 까불거리는 님프)와 수줍은 가장이 입은 잠옷, 잠자다가 벌거벗은 채 죽는 독신자에 이르기까지 매우 세세한 묘사가 나와 있다.[120]

그러나 발자크의 작품에 나타나는 독신의 전형은 다른 모습을 보여준다. 이것이 시보 부인의 천한 입을 통해 드러난다 하더라도 퐁스와는 비슷하지 않다. 퐁스는 자신이 못생겼기 때문에 독신으로 산다고 생각한다. 결혼은 그의 삶의 목표일 수도 있었다.

"나는 항상 못생겼었소. 나는 한 번도 사랑을 받아본 일이 없소."

그러나 발자크의 인물들이 눈부시게 아름다운 경우는 없다. 결혼의 지혜를 적나라한 속담으로 표현하는 시보 부부만 봐도 그렇다. "아무리 못생긴 뚜껑도 자기 항아리가 있다."[121]

발자크의 많은 인물들이 그렇듯이, 퐁스의 비극은 의식적이든 아니든 연애결혼을 원한다는 것이다. 여기에는 낭만주의의 자취가 느껴진다. 그 악영향 중 하나가 사랑받을 수 없는 사람들은 결혼에서 배제된다는 것이다.

따라서 늙은 독신자에 대한 첫번째 선입견은 반드시 자유연애가라는 데 있다. 퐁스처럼 숫총각일지라도 말이다. 또한 다른 시대를 살고 있는 인물, 더 정확히 말하면 젊은 시절에 시간이 멈췄다고 믿는 사람이다. 발자크가 그리고 있는 인물들도 7월왕정 시대에 갈피를 못 잡고 있는 제정 시대 인물들이다. 퐁스는 항상 '제정 시대 인물' '제정 시대 가구 같은 인물'로 그려지고 있다. 풀랭 박사는 30세가 되어서도 어머니와 함께 살고 있는데, 40년 동안 변한 것이라고는 없는 제정시대 냄새가 나는 집에서 살고 있다. 사촌누이 베트〔《사촌누이 베트(La Cousine Bette)》〕는 사람들이 주는 옷을 모두 제정 시대 유행이나 옛날 로렌 지방 옷으로 바꾸어버린다. 슈발리에 드 발루아는 1816년 18세기 유행의 유적을 끌고 다니고, 그의 경쟁자 뒤 부스키에는 '오랫동안 영광의 시대에 유행하던 옷'을 고집한다. 특히 알랑송(Alençon)을 떠들고 다니던 윗부분이 접힌 승마 부츠를 신었다.[122]

결혼은 인생의 한 단계이며 결혼을 하고부터 남자는 나이 먹는 일을 받아들일 수 있다. 이혼이 없는 사회에서는 더 이상 유혹할 것이 없기 때문이다. 무의식적으로 결혼을 거부하는 자는 자신이 포기했어야 할 상태를 무제한으로 연기하고 있는 것이다. 이것이 바로 당시 유행하던 '늙은 소년'이라는 표현을 설명해주고 있지 않은가? 이 전형은 20세기까지 이어졌다. 몽테를랑(Henry de Montherlant, 1896~1972)의 《독신자들(Les Célibataires)》에서 늙은 엘리는 1885년에 유행하던 모자를 쓴다. 이와 비슷하게 1987년 오딜 라무레르(Odile Lamourère)는 독신자들이 마지막으로 연애할 때 입었던 철 지난 나팔바지를 아직도 간직하고 있다고 말했다.

이들에 대한 끈질긴 선입견은 또 하나 존재한다. 통계의 세기는 여기에 다른 의미를 부여하는데 그 선입견은 바로 독신자의 사망률이다. 1807년 『파리 신문』에 한 독점기사가 게재된다. 제노바에서는 "유부남이 독신자보다 사망률이 2~3배 정도 낮은 것으로 나타났다".[123] 이미 통계상으로 확인된 사실이다. 이는 1746년 종신연금 분류표를 만들기 위해 다양한 인구 계층의 수명을 측정하는 중직을 맡았던 니콜라 드파르시외(Nicolas Deparcieux)가 가진 생각이기도 했다. 그는 "독신자보다 기혼자가 더 오래 사는 것 같다."[124] 고 주장했다. 그러나 드파르시외의 통계 분석은 초보 수준이다. 그는 단순히 20세 이상 독신자 사망 수를 동일 연령의 유부남과 홀아비의 사망 수와 비교했을 뿐이다. 연령대 별로 합계를 내지 않았으므로 절대적 수치는 의미가 없다. 또한 당시 혼인 연령이 높았다는 사실도 고려하지 않았다. 당시 남자들의 평균 혼인 연령은 29세였다. 그리고 드파르시외도 결혼하기 전에 사망한 젊은이들의 연령을 20~30세 사이로 제시한 것을 볼 수 있다. 이 연령을 넘어서면 수치는 자연히 역전되므로 그의 가정은 모순된다.

어찌됐건 이 테마는 대성공을 거두었다. 독신을 포기시키는 데 죽을지도 모른다는 말보다 더 확실한 방법이 있을까? 르구아(Legoyt,

1867년), 카데(Cadet, 1870년), 베르티옹(Bertillon, 1880년), 슈미나드(Cheminade, 1884년), 라뇨(1885년), 가르니에(1887년) 등이 이 테마를 다시 언급한다. 같은 통계가 아무런 의심도 받지 않고 19세기 말까지 연속적으로 인용된다. 라뇨는 22세가 지나면 유부남 두 명당 독신자 세 명이 사망한다고 주장했다. 그는 기혼자와 독신자 간의 사망, 자살, 정신병, 범죄, 매춘, 성병 등의 발생률을 비교하는 통계를 만들었다. 그러자 매번 불리해지는 쪽은 독신자들이었다.

믿을 만한 수치는 아니지만 이런 현상을 해석해볼 필요는 있다. 매춘율은 독신 여성에게서 더 높게 나타나며, 홀로 사는 남성들의 경우는 안정적인 관계가 없기 때문에 더 매춘에 관심을 기울인 것으로 보인다. 성병은 파트너가 많아짐으로써 더 급속히 번지게 되었고, 정신병은 그 결과라고 볼 수 있다. 자살의 경우에는 좀더 주의를 요한다. 가정에 대한 책임이 절망 끝의 선택을 억제한다 하더라도 말이다. 어쨌든 결혼이 기본적 규범을 이루는 사회에서 독신자들이 받는 무거운 압력은 외로움과 더불어 자살을 부추기는 원인이었다고 볼 수 있다. 19세기에는 사별한 과부, 홀아비와 이혼자들도 자살을 많이 했다.

베르티옹은 어엿한 유부남들이 더 건강하게 사는 이유로 규칙적인 생활, 절제 있는 성생활, 건강한 식단, 가정생활 등을 들었다. 반대로 독신자들에게는 소화불량, 복통, 알코올 중독 등의 위험이 있고, 지나친 성생활로 인해 포트씨병, 척수 질환, 통풍, 류머티즘, 매독, 심기증, 신경통 등의 질병 발생 빈도가 더 높게 나타난다.[125] 한편 슈미나드는 독신자들의 범죄가 성적 자괴감과 관련이 있다고 주장했다. "생식 욕구를 만족시키지 못하면 사람은 악해진다. 생트 클레르 드빌 씨는 동물에게 생식 욕구를 충족시키지 못하게 만들어 난폭해지게 만드는 실험에 성공했다. 야생동물들의 생식 욕구가 얼마나 강한지는 잘 알려져 있다. 독신으로 사는 수도회 학교 교사들이 일반 교사들보다 미성년 성추행 범죄를 더 많이 저지르고 있다는 사실이 인정되었다."[126] 우선 이 두 사람의 논조는 서로 상반되는 선입견을 근거로 하고 있음을 지적해보자. 베르티옹은 성 관계 과다를, 슈미나드는 성 관계 부재를 들고 있다. 그러나 이들이 두려워하는 것은 같다. 나쁜 습관이나 과도한 정신적 긴장으로 인해 지나치고 방탕해진 성을 두려워하는 것이다. 독신에 대한 비난의 근거는 19세기의 성에 대한 공포라는 배경에서 이해되어야 한다.

이런 통계가 유효하려면 넓은 층을 대상으로 조사를 실시해야 함은 물론이다. 예를 들어 허약하고 병약한 젊은이들은 결혼을 하려고 해도 할 수가 없었고, 이들의 사망률도 일찍부터 높았으리라 생각할 수는 없을까? 독신은 허약한 신체의 원인이라기보다는 결과였을 것이다. 이 점이 사회과학자 뒤르켐(Emile Durkheim, 1858~1917)이 강조하는 바이다. 그는 당시 모럴리스트들의 의도를 거스르는 표현을 쓴다. 독신자 계층은 "나라의 모든 인간쓰레기들을 이해할 수 있게 된다. 이 계층에 불구자, 불치병에 걸린 자, 극빈자 혹은 치명적 오점을 가진 자들이 모여 있기 때문이다".[127] 나약한 늙은 소년들에 대한 고대사회의 편견으로 인해 요양소 구석에서 조용히 죽어가는 자들은 모럴리스트들의 시야에서 벗어나 있었던 것인지도 모른다.

가장 널리 알려진 선입견은 바로 이기주의에 관한 것이다. 남자는 제안을 하고 여자는 받아들이는 사회에서 독신남은 의식적인 선택을 하고 선택에 대해 책임을 진다. 반면 여자는 대부분의 경우 남자에게 선택받지 못한 채 여러 번 거절당한 뒤 독신을 선택한 부분에 대해서만 책임을 진다. 이런 면에서 고전주의 시대와 1800년 동안 내려온 그리스도교 전통을 동시에 물려받은 발자크로서는, 이기주의란 인간의 본성이라는 비관적인 세계관을 가질 수밖에 없었다. 그리스도교 전통에서 인간의 이기주의를 고칠 수 있는 것이 신앙의 겸손이라면, 발자크가 그리고 있는 사회에서는 인간관계 특히 결혼이 치료약이다. "사람은 인생을 고귀하게 만들고 범위를 넓혀 모든 창조물의 본성인 이기주의를 누그러뜨릴 수 있는 장점을 발달시키기 위해 어떤 열정을 느낄 필요가 있다."[128] 늙은 소년은 자신의 세계에 갇힌 사람이고, 결혼이 해방시켜주어야 할 이기주의의 씨를 내부에서 자라도록 내버려두는 자이다. 독신자가 생활에서 조금씩 내비치는 '편집증'과 수집에 대한 열정도 그렇게 설명될 수 있다. 사촌 퐁스가 좋은 예가 될 것이다. 이들은 자신이 떨어져 나온 세계를 구성하는 물건들을 주위에 끌어다 놓으려 한다.

마지막 두 가지 편견은 함께 나타날 수 있는데, 발자크의 작품 《피에레트(Pierette)》에 등장하는 노처녀 로그롱 양이 그 예이다. 42세의 로그롱 양은 출산을 하다가 죽을까봐 겁을 먹었다. 그녀의 결혼에 반대하는 의사는 그럴 만한 이유를 확인시켜준다. 여기서 죽음에 대한 공포는 이기주의와 연관이 있다. "그녀는 죽을까봐 두려웠다. 이것은 독신자들이 완전 겁먹는 일이다."[129]

뒤르켐이 독신자들을 '이기주의적 자살'로 비난한 것도 바로 이런 관점에서였다. 그의 분석에 따르면 독신을 선택한 이기주의와 소멸밖에 없는 인생의 허무 사이에는 분명 모순이 상존한다. 바로 이런 모순 속에서 자살 충동이 생겨나는 것이다. "우리 자신 외에는 목표가 없을 때 우리의 노력이 결국 무(無)로 흩어질 수밖에 없다는 생각이 싹튼다. 우리는 그 무 속으로 들어가야 하기 때문이다. 그러나 소멸은 우리를 몸서리치게 한다. 이런 상황에서 사람은 살 용기, 즉 행동하고 싸울 용기를 갖지 못한다. 아무리 노력해도 남는 것은 아무것도 없기 때문이다. 한마디로 말해서 이기적인 삶은 인간 본성과 모순되는 일이며 지속되기에는 너무 불안정하다."[130] 무에 대한 공포가 소멸을 재촉시킬 수 있다. 늙은 총각의 이미지는 바로 죽음의 이미지이다. 따라서 독신자의 삶은 냉엄한 편견으로 점철된 과정이다. 20세에는 자유연애가, 30세에는 난봉꾼, 40세에는 이기주의자, 50세에는 편집증 환자 그리고 60세에는 절망에 빠진 자.

• 독신에 대한 편견 3 : 노처녀의 망령 •

1884년, 『의학 잡지(Revue médicale)』는 익명의 한 사례를 보고했다. 주인공은 43세의 처녀로, 주인의 귀여움을 많이 받아서 그녀를 떠나는 법이 없는 스패니엘 개와 홀로 살고 있었다. 이들의 사랑은 치명적이었다. 1881년 5월, 언제나 명랑하고 다정하던 개가 갑자기 우울증에 빠졌다. 주인이 쓰다듬어 주어도 반응이 없고 먹지도 않았다. 놀란 주인이 할 수 있는 일이 무엇이었을까? 더 잘 보살피고 위해 줄 수밖에 도리가 없었다. "그러다가 개가 입술을 핥으면서 (중략) 주인의 윗입술을 깨물어 살이 조그맣게 까지고 부풀어 올랐다."

일주일 후 아무리 애정을 쏟아도 개가 나아질 기미를 보이지 않자, 주인은 개를 동물병원으로 데려갔다. 수의사 부렐은 곧 광견병 진단을 내렸다. 개는 5월 30일에 죽었다. 이들의 사랑은 그야말로 치명적이었다. 병의 원인이 성적 욕구불만은 아니었을까? "개는 생식 욕구를 만족시키지 못하면 우발적인 광견병에 걸릴 수도 있다. 이 점은 잘 알려져 있지 않다. 이는 르블랑 달포르(Leblanc d'Alfort)가 입증한 바 있다. 개가 질투를 하면 짝짓기를 못하는 경우도 있다."

이야기는 여기서 끝날 수도 있었다. 개의 사랑을 독점한 노처녀가 개를 미치게 만들었다. 그러나 개가 입을 맞췄지 않은가. 치명적 키스. 얼마 지나지 않아 여자는 신경이 예민해지고 성격도 거칠어졌다. "8월에는 루르드로 순례를 할 정도로 과도한 신앙심을 보이기도 했다." 순례를 마치고 돌아온 후에는 남자 형제가 휴가를 가면서 맡긴 가게에서 점원들과 싸움을 벌이기도 했다. '주인이 돌아온' 뒤 이틀이 지난 10월 18일, 여자의 후두에 경련이 일어났다. 여자는 아무것도 삼키지 못했다. 꼭 자기 개처럼 말이다. 다음 날, 여자는 광견병으로 사망한다. '이 모두가 독신으로 살았기 때문이다.' [131]

루르드에서 독실하고 괴팍한 여자를 만나거든 조심하길 바란다. 어쩌면 개랑 입맞춤을 했을지도 모르니 말이다. 침으로 병이 전염된 이 비극적인 사례가 소개된 방식을 보면 여주인과 개의 운명이 너무나 유사해서 굳이 신랄한 표현을 쓰지 않고도 교훈을 줄 수 있다. 개가 병을 전염시키지 않았더라도 여주인은 생식 욕구 불만으로 우발적인 광견병에 걸리지 않았을까? 그럴 가능성이 있다. 노처녀에 대한 주된 편견인 증오심과 신앙으로의 도피, 애완동물에 대한 과도한 애정 등은 광견병의 증상들이 아닌가? 여자가 광견병 증상을 보이기 시작할 때, 휴가를 가고 없는 형제를 가리켜 (가게) '주인'이라 말한 것도 의미심장하다. 여주인도 개와 마찬가지로 짝짓기를 방해하는 은밀한 질투심을 가지고 있었던 것일까? 여주인의 이야기는 가족의 비극을 암시하는 것 같다. 개의 치명적인 핥기는 가족의 비극을 드러내는 역할을 할 뿐이다. 상징적으로 보면 남자 형제를 사랑해서 결혼하지 않는 여자형제는 버림받았다는 느낌 때문에 미쳐 죽은 것이다.

독신 여성은 술 마시는 여성만큼이나 언어상으로 편견의 희생양이 된다. 늙은 소년과 술주정꾼은 노골적이지만 친근한 이미지를 연상

시킨다. 하지만 노처녀와 주정뱅이 여자는 표현 방식에서부터 모욕적이다. 이런 여자들이 전부 미치지 않는 것은 모두가 개를 데리고 살지는 않기 때문이다. 그러나 개는 독신 여성의 초상화에 빠짐없이 등장한다. 1841년에 쿠엘락은 독신 여성에 대해 다음과 같이 묘사했다. "수염이 나고 우스꽝스러운 화장을 한 채 무릎에는 땅개를 안고 있는 여자. 코담배를 힘껏 들이마시면서 특히 젊은 여자들에 대해 끊임없이 험담하는, 지루한 그리고 다른 사람들을 지루하게 만드는 여자. 아이들을 밀치면서 계속 혼내주고, 냉정하며, 완고하고, 딱딱하고, 여유가 없으며, 어깨가 떡 벌어진 여자."[132]

이런 선입견들이 쌓이면 좋은 핑곗거리가 된다. 이들을 향한 언어 이면에는 유전적인 편견이 내재한다. 노처녀는 여자가 아니다. 노처녀가 인간인가? 그녀들에게는 개인이라는 지위가 인정될 뿐이다. 개인이라고 하니 남성형으로 불러도 된다. 그러니 남자에 더 가깝다. 수염이 나 있다거나 어깨가 떡 벌어진 체구라고 표현되었다면, 육체적으로도 그렇다는 뜻이다. 납작 가슴이라고까지 말할 수 있을까? 이런 편견은 발자크의 작품에도 드러난다. 발자크는 사촌누이 베트에게 남자의 기질이 있다고 인정한다. 성격이 뒤바뀌는 일은 남성의 경우에도 해당된다는 점을 잊지 말자. 사촌 퐁스와 친구 슈뮈은 여성의 감수성을 지니고 있고 울보에 싸움도 못 한다. 이들에게는 여성성이 그리고 여자들에게는 남성성이 너무 두드러졌기 때문에 결혼에서 제외된 것일까? 아니면 결혼이 남성과 여성의 역할을 강요하여 성적 특성이 더욱 강해지는 것일까?

쿠엘락의 작품에 나오는 노처녀도 남자처럼 담배를 즐긴다. 여자는 18세기식으로 코담배를 한다. 늙은 총각과 마찬가지로 노처녀도 구식이다. 그래서 우스꽝스러운 화장을 하고 있는 것이다. 유행을 개의

치 않는 그녀는 시대를 벗어난, 특히 자기 시대를 벗어난 인물이다. 무릎에 앉아 있는 땅개도 비슷하게 분류된다. 코가 납작한 이 작은 개는 할러퀸 마스크와 같다. 카를랭(Carlin)이라는 호칭으로 코메디아 델라트레(La Commedia dell'arte)에서 할러퀸을 여러 번 연기했던 배우 카를로 베스티나찌(Carlos Bestinazzi, 1713~1783)의 이름이 개의 이름으로 둔갑한다. 개의 찌푸린 인상은 여주인의 냉랭함과 어울린다. 발자크도 《투르의 신부(Le Curé de Tours)》에 등장하는 전형적인 노처녀인 가마르 양에게 개를 한 마리 주었다.

개, 고양이, 앵무새, 검은머리방울새를 포함하여 전반적으로 애완동물은 노처녀와 뗄려야 뗄 수 없는 사이이다. 노처녀는 인간을 끔찍하게 싫어하기 때문이다. "노처녀는 아무것도 사랑하지 않는다는 말을 자주 듣는다. 그래서 노처녀는 짐승을 키워서 자기도 무엇인가 사랑할 수 있다는 사실을 보여주려 한다."[133] 마리 데스피이는 "복슬강아지와 앵무새만이 완전히 꺼진 처녀의 감수성을 되살릴 수 있는 힘이 있다."고 말한다. 위의 사례에서 우리는 격정적이고 치명적인 입맞춤과 개에게 광견병을 일으킨 질투심을 상기할 필요가 있다. 의학 분야의 모럴리스트들은 노처녀들이 애완동물을 좋아하는 것이 발정기의 행동과 같다고 주장했다. 카프카는 자기보다 못한 창조물들을 돌보려는 성향에는 모성의 권위에 대한 욕구가 있다고 생각했다. '유대인의 어머니'가 근접한 예가 될 수 있겠다. 남성 독신자들은 이런 욕구를 현격히 덜 느낀다. 카프카의 소설 《블룸펠트(Blumfeld)》의 등장인물인 블룸펠트는 고독을 없애기 위해 개를 키우려 하지만 성가셔서 그만두고 만다. 여기에는 이기주의자라는 편견이 다시 고개를 든다. 독신남은 "항상 주위에 자신보다 못한 존재를 놔두고 보호해주고 애지중지하고 쉴 틈 없이 건사하려는 욕구를 가진 변덕쟁이 노처

녀 같지는 않다. 그럴려면 고양이나 카나리아, 금붕어만으로도 충분하다".[134]

험상궂은 표정의 땅개가 노처녀의 보살핌을 받는 모습은 상상만 해도 재미있다. 고양이 또한 상징적이다. 발자크의 추정에 따르면 상냥함으로도 인기를 얻지 못한 40세 이상의 노처녀 200만 명은 "고양이, 강아지에 헌신하고, 신밖에 기분 나빠하지 않을 다른 편집증에 몰두하고 있다".[135] 그 정도가 심할 때는 결국 노처녀들이 동물을 닮기까지 한다. "그녀들은 고양이처럼 할퀸다. 그래서 상처를 낼 뿐만 아니라 상처를 내면서 쾌락을 느끼고, 피해자에게 자신들이 상처냈다는 사실을 보여주며 기뻐한다."[136] 《투르의 신부》의 플롯은 가마르 양과 비로토 사제 사이에 벌어지는 쥐와 고양이 놀음을 은유한 것이다. 《피에레트》의 로공 양은 페이지를 넘길수록 발자크의 다른 인물들처럼 암고양이, 박쥐, 거북이, 개의 오묘한 혼합물이 되어간다. 여기에 감기 걸린 하이에나와 집게를 세운 가재도 추가된다.

따라서 땅개는 마음이 메말랐다는 의미로 이해해야 한다. 사촌누이 베트도 이를 부정하지는 않을 것이다. 쿠엘락이 묘사한 노처녀의 권태를 느끼고 모든 젊은 여자들에게 내뱉는 질투심 어린 중상모략도 같은 맥락이다. 문제의 핵심은 이렇다. 노처녀는 한 번도 젊은 여자 부류에 속해본 적이 없다. 여자의 본질이라 할 수 있는 모성을 거부했기 때문이다. 아이들을 거부하는 것. 이것이야말로 진정한 범죄이며 용서할 수 없는 일이다. 이는 불가항력적 상황 때문이 아니라 자유 의지로 인한 것이기 때문이다. 남성스럽고, 구식이며, 마음도 메말랐으며, 속박된 애정을 동물들에게 퍼붓는 것, 이 모두는 하나의 단어로 요약될 수 있다. 불임. 열매를 맺지 못하는 무화과나무에게 불행이 닥치기를!

19세기 그리고 심지어 20세기에도 여자는 본질적으로 결혼을 위해 태어났다는 선입견이 존재했다. 좋은 표현으로 선입견을 위장하는 데 대가였던 극작가 사샤 기트리(Sacha Guitry, 1885~1957)도 그 흔적을 남겼다. "여자들은 결혼하기 위해 태어났고, 남자는 독신이 되기 위해 태어났다고 생각한다. 여기서 모든 문제가 발생한다."[137] 손쉬운 여성 폄하 현상 이면에는 서양의 오랜 사고방식이 숨어 있다. 결혼은 자식의 교육과 재산 상속을 위해 필요하다는 것이다. 여성은 자식 교육을 담당하고 남자는 재산 상속을 떠맡는다. 따라서 어머니는 가정을 돌보고, 자식에 대한 애정을 가지고 똥 기저귀를 맡아야 한다. 실제로 바로 이것이 결혼이다. 반면 남자들은 집 바깥에서 이루어지는 직업적 · 지식적 · 예술적 활동을 펼친다. 결혼하면 남자는 가장 중요하면서도 원심적인 사명을 포기하게 되지만, 여자는 결혼을 거부하면 구심적인 본성을 배반하는 것이다. 새커리는 (1857년) 투덜거린다. '행복을 추구하는 본능과 자연이 준 애정 성향에 동화되지' 않도록 하는 '상냥한 처녀들'을 막고 있는 이 속물근성은 도대체 무엇일까?[138]

기꺼이 훈계를 하려 하는 발자크는 늙은 소년이 이기주적인 성향에 더 부합하는 반면, 노처녀에게는 자연의 의무가 있다고 굳게 믿었다. "여자로서의 운명을 거부하고, 자기 성질을 굽히지 않고, 자기 인생을 다른 인생이나 다른 사람들의 성격에 맞추지 않는 노처녀들은 편집증적으로 주위에 있는 것을 모두 자기에게 맞추려 한다." 여자의 운명은 결혼을 통해 남자에게 복종하는 것이다. 이 운명을 받아들이지 않으면 여자의 부드러운 성격은 굳어진다. 노처녀들은 여자의 헌신을 지키지 않았으며, 열정과 고통 그리고 모성의 부드러운 위로를 포기했다. "처녀로 사는 여자는 난센스다." 노처녀는 자연이 여자에게 위임한 활동을 하려하지 않는다. 이런 거부는 오랜 세월을 거쳐 육체에도 반영된다. 발자크가 분석한 바에 따르면 노처녀는 육체적으로 시들고, 주름이 깊게 나타나며, 편두통으로 머리는 새고, 외로운 생활의 오랜 사투로 눈 밑이 검어진다. 설상가상으로 걸음걸이가 뻣뻣해지는데, 이는 모든 노처녀들에게서 관절이 유착되는 증상을 발견했다고 주장하는 '자연주의자의 관찰'을 뒷받침하는 부분이다. 그 자연주의자란 바로 발자크 자신이며, 그는 자신이 창시했다고 자랑하는《걸음걸이 이론(Théorie de la démarche)》을 발표했다.[139]

20세기 말에는 기존의 가치가 재검토됨으로써 최소한의 선입견이 타파되었다. 그리하여 남자도 가정을 만들고 지키는 데에서 기쁨을 느낄 수 있고, 여자도 바쁜 직장생활에서 자아실현을 할 수 있다는 것을 알게 되었다. 이러한 변화가 바람직한지 아닌지를 판단하자는 것은 아니다. 다만 여자의 사명을 결혼으로, 남자의 사명을 독신으로 보았던 문화적 선입관이 존재했음을 기록하는 데 의의를 두고자 한다.

사실 이런 선입견의 이면에는 또 다른 선입견이 존재한다. 여성의 성생활이 꽃피려면 결혼을 해야 한다는 것이다. 남자는 도덕적으로 지탄받을 수 있으나 암묵적으로 용인되고 있는 임시방편인 매춘, 간음, 불륜, 자위 등에 언제든지 의지할 수 있었다. 고대 그리스 이후 의사들은 정기적인 성생활이 건강에 미치는 영향을 강조해왔다. 그런가 하면 진실이든 거짓이든 금욕이 내포하는 위험은 지속적으로 지탄받아 왔다. 여자를 색욕에 완전히 지배당하는 유혹녀로 해석한 위험한 그리스도교적 발상은 이런 선입견을 증폭시켰고, 19세기 의학에서는 히스테리(hystera, 그리스어로 ὑστέρα) 즉 자궁의 과열로 인한 광적 발작을 다시 한 번 강조했다. 이런 사상적 · 종교적 · 의학적 토대는 노처녀의 이미지와 뗄 수 없는 관계를 갖는다. 18세기 이후 독신을 다루는 의학서적〔《르 베그 드 프렐(Achille Guillaume Le Bègue de Presle)》〕에서는 순결의 고통에 대해 경각심을 불러일으키는 대목이 있는데, 남성의 경우에는 성직자들만 이에 해당되었지만 노처녀들은 예외 없이 모두 관련되었다. 19세기에는 노처녀를 히스테리 환자로 보는 경향이 있었다. 20세기에 와서는 사람들에게 용인된 신랄한 표현 중에 '잠자리에 만족 못한 여자(mal baisée)'라는 말이 생겨났다. 〈행복은 초원에 있네(Le bonheur est dans le pré)〉라는 노래에는 차를 고치는 기술자를 연기한 에디 미첼(Eddy Mitchell)의 노골적인 표현도 나온다. '그녀의 귀에 있는 먼지를 털어주었네.'

따라서 독신자의 지위는 남자와 여자의 경우가 천양지차였다. 결혼을 규범으로 삼는 사회에서 여자와 남자는 대기 상태에 있는 셈이었다. 그러나 처녀들에게 기다림의 시간은 사물('양탄자 노릇만 한다')이나 죽은 사람 취급을 받는 암울한 시기였다. "미라와 같은 이 젊은 처자들은 차례로 독신의 무덤 속으로 들어가겠지만, 무용한 삶과 아무도 맡지 않을 상큼함을 내뿜는 그녀들의 얼굴은 내 탐욕스러운 시선을 즐겁게 했다."[140] 결혼을 통해서만 여자는 자신의 역할을 다할 수 있었다. 그 역할을 위해 자연은 여자를 창조한 것이다. 반면 남자에게 결혼은 진짜 삶의 종말을 고하는 오랜 동면과 같았다. '끝장을 본 것이었다.' 반대로 독신은 충만한 삶이었다. 자유와 파티, 연구, 모험, 여행의 시간이 독신이었다. 남자에게 모든 것이 끝났을 때 여자에게는 모든 것이 시작된다. 그러니 부부 간에 오해가 생길 수밖에.

따라서 고전주의 시대에 생겨난 노처녀에 관한 선입견은 남자가 여자에게 느끼는 모든 혐오를 담고 있다. 추함(18세기에 남자가 정치가에 비유되었다면 노처녀는 마녀와 연관되었다), 질병(금욕으로 발생하는 모든 질병), 나쁜 성질(독살과 질투에서 비롯한다), 무미건조함(그리고 지루함

을 잊기 위해 생긴 편집증) 등.[141]

단 한 사람의 작가 즉 인간 영혼의 다양한 변화에 빠져든 소설가이며 스스로 독신자이기도 했던 발자크만이 세상 모든 사람들처럼 자신이 처음에 지녔던 선입관들을 벗어던지기 시작했다. 비록 뒤늦은 깨우침이기는 했지만 말이다. 25년 동안 써내려간 온갖 종류의 독신자들이 등장하는 소설들 속에는 큰 변화가 나타난다. 1832년 발표한 《독신자들》은 나중에 《투르의 신부》로 개작되는데 그는 앞의 소설에서 가마르 양을 '노처녀 부류의 전형적인 인물'로 그림으로써 당시 선입견을 그대로 반영한다. "자연의 뜻을 거스르면서 여자에게 주어진 일을 하지 않지만 그 일을 해야 한다는 필요성 때문에 이 노처녀는 치사한 음모, 시골뜨기 수다, 모든 노처녀들이 할 수 있는 이기적인 술책을 도모하는 데 자신의 책무를 사용했다." 여기서 작가는 현상을 일반화하고('모든 노처녀들') 여자의 본성을 이탈했기 때문에 남을 비방을 한다는 식의 단순한 설명을 하고 있다.[142]

이후 일반화는 더욱 가속화되어 독신자 전체에 적용되었다. 독신자들은 '인간의 자질을 단 하나의 열정, 즉 이기주의로 몰아가고', 그리하여 자질을 '해롭거나 무익하게 만든' '중죄'를 지은 죄인들이었다. 이기주의라. 어디서 많이 들어본 말이다. 발자크도 아마 들어봤을 것이다. 그러나 작가는 1년 후 베세(Béchet)판에서 이기주의에 관해 좀 더 숙고해보았다. 뇌가 커지면 심장이 줄어든다고 주장하는 생리학자들과는 달리 발자크는 위대한 인간의 본성이라는 것이 위대한 사상을 낳고 나라의 아버지가 되는 것이 아닌가 하고 자문해보았다. 독신의 불임을 무마하기 위한 세대에게는 새로운 생각도 아니었다. 그러나 그 이미지는 매우 강했다. "과학이나 국가, 법을 가슴에 품고 있는 남자들이 겉으로는 이기적으로 보이지만 그들의 이기주의는 가장 숭고한 열정이 아닐까? 어떤 면에서는 대중을 끌어안는 모성이 아닐까? 새로운 민족을 낳거나 새로운 사상을 생산하기 위해서는 신의 힘으로 강력한 머리에 여자의 유두를 합쳐야 하는 것이 아닐까?"[143] 여기서 논의되는 것은 성직자의 독신과 그로 인해 탄생한 위대한 남자들의 이야기이다. 그러나 《독신자들》이라고 이름붙인 연작과 노처녀들이 무척 많이 등장하는 소설에서 작가의 사고는 필연적으로 확대되었다.

마침내 1843년 퓌른(Furne)판에서 작가는 가마르 양이라는 강하고 전형적인 인물을 좀더 너그러운 살로몽(Mlle Salomon) 양 그리고 '매일 숭고한 감정에 바치는 숭고한 희생이 삶의 전부인' 노처녀들과 대비시킨다. 여주인공이 냉랭하다고 비난받지 않도록 하기 위해 작가는 젊었을 적 이루지 못한 사랑까지 배려해준다. 반면 가마르 양은 그런 사랑이 있었던 양 행동했다. 살로몽 양은 미쳐버린 약혼자에게 헌신했으므로 발자크가 여자의 운명이라 생각했던 남자에 대한 복종의 의무는 다한 셈이다. 발자크의 작품에 나타나는 마음 좋은 노처녀들은 사랑을 이루지 못한 여자들이므로 그녀들이 박정하다는 선입견은 깨질 수밖에 없었다. 사촌을 사랑하여 결혼을 포기해버린 외제니 그랑데나 자신을 위해 사랑받기를 원한다고 말한 부잣집 코르몽 양[《노처녀(La Vielle Fille)》]처럼 말이다. 사실 마음씨 좋은 노처녀는 여전히 결혼을 꿈꾸는 독신 여성이다. 이기주의에 관한 선입견이 여전히 깔려 있지만 자신의 상황에 책임이 없는 여자들은 제외되었다. 《노처녀》에 등장하는 코르몽 양은 결혼하고 싶은 억제할 수 없는 욕구로 구제받는 독신 여성의 전형이다. 그녀는 결국 42세에 야비한 남자를 만나 결혼에 성공한다. 코르몽 양의 외모도 발자크의 전형적 인물상과는 벗어나 있다. 그녀는 독신으로 시들기는커녕 '식객의 나이프를

핥는 통통한 자고새였다'.

발자크는 독신에 대해서 양보를 했지만 이론적으로는 과격해졌다. 1840년 그는 '모든 비생산적 존재, 독신자들, 노처녀와 노총각들, 벌집의 일벌들'에 대해 '깊은 증오'를 느낀다고 말하고야 만다.[144] 독실하고 위대한 소설가이기를 바랐던 발자크가 시대의 선입견에 동조했다는 것은 어쩔 수 없는 일이다.

그러나 인생 말엽에 여전히 독신으로 지내고 있던 발자크는 《사촌누이 베트》로 노처녀의 이미지를, 그리고 《사촌 퐁스》로 노총각의 이미지를 변화시켰다. 사촌누이 베트가 독신으로 사는 이유는 여성성을 거부했기 때문이 아니라 두려움 때문이었다. 그녀는 '모든 굴레를 두려워했다'. 특히 결혼에 대해서는 가난함이나 무지함, 교육을 받지 못한 것에 대해 비난받을까 두려워했다. 독신의 원인은 독자들의 동정심을 자극할 수 있었으나, 끔찍하고 못된 성질 때문에 베트는 까다로운 노처녀들의 대오에 합류하고 말았다. 비슷한 시기에 쓰인 《사촌 퐁스》와 마찬가지로 이 소설의 교훈은 확실하다. 사회가 독신에게 오명을 씌우고 있다. 원하지 않았던 독신일 경우라도 말이다. 독신자는 죄를 지은 것이 아니라면 피해자가 된다. 그러나 범죄자이든 희생자이든 모두 벌을 받는다.

독신자가 사회생활에서 가장 기본적인 규율을 어긴 것이라면, 이는 아마도 처음부터 사회에서 배제되었다고 느꼈기 때문일 것이다. 독신이 예술가의 특성이 아닌가 하는 생각이 일기 시작한 때에 낭만주의자들이 신성한 고독이라는 주제를 다룬 것은 우연이 아니다. "나를 닮은 영혼을 찾아 헤매었으나 찾지 못했다."고 상어 암놈과 결혼하러 간 말도로그는 탄식했다[《말도로르의 노래(Les Chsnts de Madoror)》]. 그를 낳은 로트레아몽(Comte de Lautréamont, 1846~1870)은 그런 기회도 갖지 못했다.

독신이 성격 형성에 미치는 영향 또한 발자크에게서 찾아볼 수 있다. 그는 독신녀를 '쪼그라진 자두'로 바라보는 선입견에서 막 탈출한다. 사촌누이 베트는 성격이 까다로워지기 전, '실제 독신으로 사는 모든 사람들이 그렇듯이 타고난 섬세함을 지녔으며 그 성향은 더욱 깊어졌다'. 사람들이 흔히 생각하는 것과는 달리 독신자는 이기주의자와는 거리가 멀고 자신이 의지하는 주위 사람들에게 개방적인 태도를 취할 수밖에 없는 처지에 놓여 있다. 베트는 어디를 가든 제 집처럼 행동했다. 이는 결국 그녀의 성격을 온화하게 만드는 역할을 했다. 모든 사람과 잘 지내야 할 필요가 있었기 때문에 가식적인 태도를 낳은 것이다. 싸움을 가장 두려워하던 사촌 퐁스의 단점도 바로 이것이었다. 베트의 이런 가식적인 태도는 타고난 것이 아니라 독신 생활을 하면서 생겨났다고 할 수 있다.[145]

물론 베트도 독신자들이 갖는 편집증에서 예외가 아니었다. "시간이 지날수록 베트는 상당히 독특한 노처녀의 편집증을 갖게 되었다." 그러나 이 '엄청난 고집'이 항상 독신자의 이기주의는 아니었다. 발자크는 이에 대해 다른 사람이 아니라 자기 자신을 만족시키고 싶어하는 자기중심적 태도라고 한발 물러섰다. 다시 말해 선입견을 가지고 있으면서도 거기서 벗어나고자 하는 모순에 빠진 '고집 세고 변덕스럽고 독립적인' 인간인 것이다.

그러나 모든 사람들의 존경을 받으며 이기주의라는 낙인을 피하는 노처녀들도 있다. 바로 소중한 존재에게 헌신하는 여자들이었다. "실총했거나 성직자의 길을 선택한 형제, 혹은 잃어버린 어머니를 대신할 아버지의 새 정실부인을 보좌하기 위해 독신으로 사는 형제와 함께 살기 위해 여자로서의 삶을 포기한 누이에 관해서는 잘 알려져 있다. 영원한 처녀로 헌신하는 삶은 가정의 여신인 엘렉트라의 무서운 얼굴을 띠게 된다." 모든 가정에는 저마다 엘렉트라가 있었고, 1908년 소설가 르네 바쟁(René Bazin, 1853~1932)은 서사적 풍미를 더했다. 그는 프랑스 가정은 "많은 부분 노처녀들의 헌신이 깃든 곳이며 예전에는 노처녀들이 더 많았다."고 적었다. 어머니보다 시간적 여유가 있었던 노처녀들은 자녀 교육을 담당했다.[146]

그중에는 유명해진 여자들도 있었다. 아네트 코페(Annette Coppée)는 오빠인 시인 프랑수아 코페(François Coppée, 1823~1892)를 위해 헌신했다. 프랑수아는 아네트가 죽고 6일 후에 사망했다. 에르네스트 르낭(Ernest Renan, 1823~1892)의 누이, 앙리에트 르낭(Henriette Renan)은 작가의 감동 어린 글(《내 누이 앙리에트(Ma soeur Henriette)》)에 나와 있듯이 모범적인 누이였다. 1811년 고향인 브르타뉴에서 교직생활을 하던 앙리에트는 오빠와 함께 파리에 정착해서 오빠가 학업을 계속할 수 있도록 저축을 했다. 그러나 어느새 마흔이 되자 결혼할 희망은 아예 접었다. 에르네스트가 결혼한 후에도 앙리에트는 오빠와 함께 살았으며 그의 비서로 일하며 조카에게 애정을 쏟아 부었다. "그녀 안에 넘쳐나던 모성 본능이 자연스럽게 배출되었다."[147] 노처녀들의 여성성은 메마르지 않았다고 변호하는 의견에 르낭은 이렇게 힘을 실어주었던 것이다.

본보기는 시대를 뛰어넘었다. 브르타뉴의 유서 깊은 가문 출신인 마리 프티장 드 라 로지에르(Marie Petitjean de La Rosière, 1875~1947) 또한 불구인 한 살 아래 동생 프레데릭(Frédéric)을 위해 희생했다. 마리와 프레데릭은 베르사유에서 칩거했으며 델리(Delly)라는 공동 필명으로 글쓰기에 전념했다. 100여 편의 소설이 출간되었으며 그 소설들이 베스트셀러가 되어 이 희한한 남매는 당시 가장 성공한 작가

가 되었다. 마리는 프레데릭이 죽고 난 후 2년 정도밖에 더 살지 못했으며, 상속인이 없었기 때문에 재산은 모두 문인협회를 통해 작가들에게 기부되었다.

모럴리스트들도 이런 예외적 경우에서는 입을 다물었다. 이들 중 한 사람은 교리문답 형식을 통해서 결혼 규율에도 단 한 가지 예외가 있다는 견해를 표명했다.

"독신은 허용됩니까?"

"그렇다. 독신자가 형제나 자매를 도와 이들이 학업을 이어가는 데 인생을 바치고 행복을 희생한다면 말이다. 반대로 자의적인 독신은 비도덕적이다."[148]

희생이라는 말 자체가 교리문답과 잘 어울린다.

그러나 가수 위그 오프레(Hugues Aufray)의 노래에 나오는 셀린과 비슷한 쿠라주 자매는 여성의 역할에 머묾으로써 치욕을 면했다. 결혼한 아내들만 희생하는 것이 아니라는 점은 위안이 된다. 모성 본능에 이끌리지 않는 처녀들이 온전히 남자에게 희생하고 싶은 욕망을 느끼는 것도 위안이 된다. 이는 여자들이 자기희생정신을 타고났다는 점을 증명해준다. 따라서 여자들에게 희생정신을 강요할 수 있는 것이다. 분명 이 여자들은 감동적이고 찬사를 받을 만하다. 그러나 이들은 서양 사회의 근간을 이루는 선입견을 강화하고 있다. 남성은 위대한 사상, 숭고한 목표, 예술, 조국에 헌신하고, 여자는 남자에게 헌신한다. 잘난 척하는 여류 문인들은 이 역할을 바꾸면 얼마나 위험한지 잘 알고 있었다.

모성이 강한 노처녀는 결국 믿음이 가는 존재가 된다. 같은 말을 반복하는 것이 선입견의 본질이기는 하지만 여자는 여자가 아닌 채로 지낼 수 없다는 것을 증명해주기 때문이다. 거짓 모성 아니면 냉랭함이라는 괴로운 사양을 벗어나서 순결한 아동기를 영원히 연장시키는 여자도 안심을 시켜준다. 그녀에게 시간은 멈춰버렸다. "내일은 어제의 회한을 없애준다. 계속해서 다시 살아나는 환상의 매력에 빠져 그녀는 독신 때문에 괴로워할 틈도 없이 늙어버렸다." 성을 경험했다는 사실을 잊기에 또 한 번 안심이 된다. "어머니 친구분의 출산을 알리는 편지를 가져오자 그녀는 혼란스러웠고 얼굴을 붉혔으며 아기 소식을 묻느니 차라리 죽고 싶었다."[149] 바람둥이도 아니고 자괴감에 빠진 것도 아닌 이런 노처녀는 여성이 되기를 망각하고 사회적 도덕을 저버리지 않고도 어른 아이라는 부류로 편입한다. 머리는 어머니, 마음은 자매, 몸은 처녀. 이것이 바로 이상적인 여성을 집약한 허상이다.

뒤늦게 가톨릭교회가 여성 독신자들에게 이 세상에서 차지할 수 있는 자리라고 준 것도 바로 이런 역할을 염두에 둔 것이었다. 그것이 바로 17세기 이래로 여성들이 요구해온 '제3의 길'이다. 그러나 아직 100년은 더 기다려야 했다. 1941년 10월 26일 교황 피우스 12세가 어머니들을 대상으로 한 연설의 말미에서 이를 확인할 수 있다. 어린이 교육과 재교육에 애쓰고 일하는 안주인, 위임자, 수호자, 보좌관은 자연적인 혈연으로 맺어진 어머니가 아닐지라도 어린이를 사랑하는 마음이 있기 때문에 어머니가 될 자격이 있다. 교황은 이렇게 말했다. "여러분은 어머니입니다. 어머니의 마음을 갖고 있기 때문입니다."[150] 따라서 이들은 어머니의 첫번째 사명에 전혀 반하지 않는다.

일련의 주요 신문 기사들과 발자크의 소설이 기여한 놀라운 공헌으로 인하여 1830년 이후 1세기 만에 노총각과 노처녀에 관한 선입견이 정의되었다. 몽테를랑에게서도 그 흔적이 나타난다. 몽테를랑의 《독신자들(Les Célibataires)》은 세 명의 늙어가는 독신자들만 남게 된 귀족 가문이 소멸해가는 과정을 묘사하고 있다. 소설 첫 부분 세 페이지에는 유행에 뒤떨어진 패션이 등장한다. 엘리 드 코에키당은 1885년 패션을, 레옹 드 코앙트레는 1900년 유행을 고수하고 있다. 고양이에 대한 사랑은 충격적인 성적 암시이다("그는 고양이의 꼬리가 시작되는 부분과 가랑이 등을 쓰다듬어줄 줄 알았다. 독신자들만 알고 있는 고양이 애무 방식으로 말이다"). 이들은 다른 사람의 젊음에 대해 질투 어린 독기를 품는다("으으윽, 그렇지, 젊은 놈들!"). 수집하는 취향(엘리는 우표와 끈 조각을 모은다)과 특이한 외모(발자크의 '호두까기'는 '도자기 인형'이 되었다)도 눈길을 끈다. 그러나 몽테를랑은 좀더 직접적으로 성 문제를 다룬다. 64세까지 순결을 지켰으나 연애소설을 좋아했던 엘리, 순진한 누이 그리고 백일몽 같은 모험을 겪었으나 소심해서 다시 모험에 나설 용기를 내지 못하는 조카에 대한 인물 묘사는 잔인할 정도이다.[151]

• 예술가 중에 독신이 많은 이유 •

함부르크 콘트라베이스 연주자의 아들로 태어난 요하네스 브람스(Johannes Brahms, 1833~1897)는 음악가의 가정이 어떤 것인지, 궁핍한 어린 시절이 무엇인지 잘 알고 있었다. 관현악기를 배우게 했던 아버지의 기대를 저버리고 그는 피아노를 배웠다. 다행히 뛰어난 재능을 타고난 바람에 12세에 벌써 사람들을 가르치기 시작했으며, 매일 밤 카바레에서 연주를 할 수 있게 되었다. 그는 "이런 불행이 내게는 오히려 도움이 되었고 내가 자라나는 데 필수적이기까지 했다고 확신한다."고 적고 있다.

어쨌든 가난했기에 고통스러울 수밖에 없었던 어린 시절을 다시 재현하고 싶지는 않았을 것이다. 브람스는 슈만(Robert Schumann, 1810~1856)의 눈에 띄어 독일 대도시에 서서히 이름을 알리기 시작했다. 그동안 벌어둔 돈으로 빈에 정착할 수 있었으며 귀족 집안에 고용되었던 다른 음악가들과는 달리 독립해서 살 수 있었다. 그는 몇 번이나 안정적인 직장을 마다하고 작곡에 전념했다.

독립에는 대가가 따른다. 그 대가는 아마 독신이었을지도 모른다. 그는 이렇게 적고 있다. "나는 결혼에 대해 소홀하게 생각했다. 결혼을 하고 싶다는 생각을 해보았자 장래의 아내에게 안락함을 보장해 줄 능력이 없었기 때문이다. 내가 결혼하기를 바라는 순간에는 내 작품들은 연주장에서 야유를 듣거나 아니면 냉담한 반응을 얻었다. 그렇다고 필요 이상으로 충격을 받지는 않았다. 이 모두가 무엇을 의미하는지 너무나 잘 알고 있었고 바람은 이리로 불었다가 저리로 불었다가 하는 것이기 때문이다. 연주가 실패로 끝난 저녁, 외로운 내 방에 돌아오더라도 나는 절대 낙담하지 않았다."

그는 외로움 덕택에 낙담하지 않았다. 아내가 '근심 어린 표정으로 살피는 눈'을 견디고 "오늘도 실패요."라고 말해주어야 하는 고문을 그는 참지 못했을 것이다. "예술가인 남편에 대한 사랑이 아무리 위대하다 할지라도, 남편에 대한 신뢰가 아무리 굳건하다 하더라도, 아내는 최후의 승리에 대한 확신을 품을 수 없다. 그것은 예술가의 마음속에서만 느껴지기 때문이다." 만일 아내가 남편을 위로한다면? 그렇다면 상황은 악화된다. 그런 동정을 받는다는 생각만으로도 그는 지옥에 있는 것 같을 것이다.[152]

공공연한 소문에 따르면 브람스는 스승의 미망인인 클라라 슈만(Clara Schumann)과 열정적인 연애를 했다고 한다. 성적인 측면으로는 알려진 바가 없으나 브람스가 클라라에게 품었던 연정은 분명 사랑이었으며 클라라가 죽고 나자 그도 살맛을 잃었다.

많은 경우 (실제이든 전설이든) 예술가의 독신은 가난에 관한 주제에서 조금 특이한 경우에 속할 수 있다. 예술이란 무엇보다 수익성과 안정성을 염두에 두지 않는 사명이다. 중직을 맡는다는 것이 일반적인 직업을 가진 사람에게는 경력을 쌓는 기회였으나 예술가의 경우에는 창조활동을 저해시킬 수 있었다. 특히 직업의 편견을 받아들여야 한다고 생각한 낭만주의 시대의 예민한 감수성은 사회관계와 중직의 획득에 저해 요소가 되었다.

그렇다면 신화를 살펴보자. 세상의 이치를 설명하는 데 있어 신화의 중요성을 간과한 일은 없지만 신화를 보편적인 연구 수단으로 활용해서는 안 될 것이다. 모든 예술가들이 사명이라는 신화를 받아들인 것은 절대 아니다. 그런 생각에 동조하는 사람들조차도 한 치의 양보도 없이 그런 태도를 고수한 것은 아니었다. 브람스는 이해받지 못한 예술가는 자기 자신에 대한 믿음이라는 유일한 재원에서 끈질기게 버텨나갈 힘을 캐낼 수밖에 없다고 주장했다. 그러나 알퐁스 도데와 같은 인물은 부부의 힘에서 에너지를 얻었다. 따라서 일반화를 삼가야 한다. 하지만 어떤 경우에는 사명의 실패가 심리적 위축이나 독신의 원인이 되기도 한다.

고전주의 시대에는 예술가의 독신이 하인들의 독신에서 갈라져 나온 한 형태였다. 군주가 많은 음악가들 특히 작곡가들을 고용했고, 이들의 지위는 시종과 별반 다르지 않았다. 음악가는 자녀의 음악교육을 담당하기도 했고 작은 앙상블이나 궁내 성가대를 지휘하기도 했다. 그럴 경우 군주는 매우 다양한 작품을 주문했는데, 큰 파티를 위한 무도곡, 결혼이나 대관식을 위한 미사곡, 장례를 위한 레퀴엠 등이었다. 궁내에서 기거하는 음악가들도 있었는데 이 경우에는 하인처럼 음악가도 독신으로 지냈다.

교회가 음악가를 많이 고용하던 시절에는 작곡가와 연주자에게 성가대 지휘자나 오르간 연주자 등과 같은 정기적인 일자리를 제공했다. 이런 자리를 얻기 위해 반드시 성직자가 될 필요는 없었다. 반대로 일부 신교도 도시에서는 세습이 이루어졌다. 전통적으로 오르간 연주자는 자신의 자리를 사위에게 물려주었다. 뤼베크에서 마테존(Johann Mattheson)은 1704년 그 자리를 거절했다. 못생겼다고 소문이 자자했던 북스테우데(Dietrich Buxtehude)의 딸과 결혼하지 않기 위해서였다. 그러나 교황령 국가의 대도시들과 특히 로마에서는 세속 사제가 성가대 지휘자를 겸하는 모습을 어렵지 않게 찾아볼 수 있었다.

1965년까지 여자는 저작인격적 그리고 재정적으로 남편을 후견인으로 두었으며 심한 경우에는 남편이 아내의 예술 활동을 하지 못하도록 막을 수도 있었다. 1841년 저작인격권 개념이 작가의 재산권에 추가되었을 때 문제가 제기된 바 있다. 재산권과는 달리 양도할 수 없는 저작인격권은 남편이 행사할 수 없었다. 논쟁 후 결국 남편은 부인이 생각하고 글을 쓰는 일을 막을 수도 없다는 결론을 내렸다. 그러나 출간을 막을 권리는 있었는데 이는 남편이 위임자인 재산권에 속하기 때문이었다. 여기에는 실질적인 이유가 있었는데 여자는 결혼하면 남편의 성을 따랐으므로 부인이 출판을 했을 때 남편의 이름에 먹칠을 할 수도 있기 때문이었다. 그러나 결과적으로는 여성 문학 상당수를 독신자이거나 별거 혹은 이혼한 여성들이 담당했다. 조르주 상드도 별거 후 1843년에 처음으로 계약서에 서명했다. 저작권이 생기기 이전인 앙시앵 레짐 하에서도 상황은 마찬가지였다. 여성은 성년이고 독신이어야만 작가로서의 특혜를 요구할 수 있었다. 그러나 법적 구속 때문에 문학에 노처녀들이 몰려든 것은 아니었다. 여

성 작가는 독신율이 높긴 하지만 대부분은 결혼한 유부녀였다.[153]

따라서 상황은 매우 가변적이었다. 예술계의 독신자 비율을 설명해 주는 개별 사례도 많이 있다. 예를 들어 4세기 아를르와 엘비라 공의회는 결혼을 포함한 모든 성사에서 배우들을 제외시켰다. 그러나 당시 결혼은 개인적 차원의 행위였기 때문에 공의회의 결정은 큰 영향을 끼치지 못했다. 중세시대에도 배우자 간 상호 합의만 있으면 굳이 성당에서 결혼을 공식화하지 않아도 되었다. 종글뢰르(10세기 무렵에 등장한 직업 음악가의 한 부류—옮긴이)였던 콜랭 뮈제(Colin Muset)는 자신이 여러 성을 '전전하는' 동안 숙소에서 자신을 기다리고 있는 여자에 대해 말한 적이 있다. 트리엔트 공의회(1563년) 이후가 되어서야 결혼식에 성직자가 반드시 참석하게 되었고, 결혼을 심각하게 받아들이기 시작했다. 더구나 극단이 조직화되고 배우들도 명성을 얻기 시작한 이유도 있었다. 독신자 사제들이 종부성사해주기를 거부했던 몰리에르와 생 쉴피스 사제가 결혼식 거행을 거부했던 탈마(François-Joseph Talma)의 사례는 이 문제에 관한 여론의 관심을 높였다. 배우들은 결혼식 전날 직업을 포기했다가 다음날 다시 되찾거나 공의회의 처벌을 피하기 위해 음악가로 등록하기도 했다. 그러나 배우들은 이런 모욕적인 궁여지책을 달가워하지 않았다. 임시방편을 거절한 탈마의 사례는 논쟁의 시발점이 되어 1791년 민법상의 결혼으로 끝을 맺는다.

가수들 중 카스트라토는 사실상 결혼 생활에서 배제되었다. 연극과 오페라의 발단이 종교와 관련이 있었기 때문에 여자들은 이 분야에서 제외되었다. 처음에 성가대 소년들이 소프라노 역할을 맡았고, 가성법이 16세기 에스파냐에서 확산되었으며, 카스트라토는 17세기와 18세기에 유행했다. 그리스도교 전통으로는 공식적으로 거세가 금지되어 있었지만 1599년 바티칸 성가대에 최초로 카스트라토들이 입단했다. 이들은 대단한 성공을 거두었고 유럽 전역에서 카스트라토에 대한 수요가 급증했으며, 이에 따라 가정에서 거짓으로 꾸민 '사고'가 늘어나 사법당국이 눈감아 주는 상황에서 외과의가 합법적으로 수술을 할 수 있게 되었다.

대중에게 사랑받은 카스트라토는 특히 부인들의 애정공세를 받았다. 거세를 했다고 해서 성불구가 되는 것은 아니었고 다만 불임이 되었는데 이는 관계를 맺을 가능성을 줄여주었다. 오페라 가수 중 70퍼센트는 카스트라토들이었다. 이들에게 결혼은 금지되었다. 19세기에는 오페라에서 이들에게 여성적인 목소리를 원했는데, 종교음악은 한동안 이 전통을 고수했다. 마지막 카스트라토인 알레산드로 모레치(Alessancdro Moreschi)는 1913년까지 식스틴성당에서 노래했다.[154]

따라서 작가, 음악가, 배우, 가수들의 독신은 매우 다른 방식으로 분석되어야 한다. 독신 예술가에 대한 선입견이 나타나는 것은 낭만주의 시대인데, 특히 음악가가 자신의 지위로 새로운 경제 상황에 적응해야 할 때였다. 프랑스 혁명의 영향을 직접적으로 받지 않은 나라에서도 군주와 교회는 더 이상 주요한 예술 후원가가 되지 못했다. 반면 오케스트라의 발달과 오페라의 유행으로 대도시에는 많은 일자리가 생겨났다. 배경보다는 재능을 더 존중하는 사회가 되었으니 실력 있는 음악가는 유명한 스타가 되었다.

바로 이런 배경 속에서 독신이 여러 형태로 예술가의 생활과 연계되었다. 안정적인 결혼 생활을 목표로 성공하려고 너무 오래 기다린 독신자들이 있었다. 브람스와 헬러(Stephen Heller, 1813~1888)가 그랬고 벨리니(Vincenzo Bellini, 1801~1835)도 좋아하던 여자에게 청혼했으나 너무 오래 끌었다는 이유로 거절당했다. 슈베르트도 이런 식으로 자신의 독신을 설명했으나, 그가 젊은 처녀들을 좋아하지 않았던 것이 이유라고 생각하는 사람들도 있었다. 예술에 많은 열정이 요구되어서 다른 얽매임을 모두 거부한 사람들도 있었다. 피아니스트인 체르니(Carl Czerny, 1791~1857)는 음악에 전념하기 위해 결혼을 거부했다. 독설가들은 체르니가 특히 아이들을 증오했기 때문에 〈손가락 풀기 기술(Die Kunst der Fingerferngkeit)〉을 치도록 했다고 생각한다.

예술가의 인생이 연애를 포함한 자유라고 생각해서 시끌벅적한 관계로 스캔들을 일으킨 사람들도 있었다. 리스트(Ferenc Liszt, 1811~1886)는 마리 다구(Marie d' Agoult) 백작부인과 내연의 관계였고 아이 셋을 두었다. 마리 다구는 첫번째 결혼을 무효화시킬 수 없었고, 이에 화가 난 리스트는 1865년 하급 성직을 받았다. 더 충격적인 것은 파가니니(Niccolo Paganini, 1782~1840)의 생애이다. 그는 여가수 안토니아 비안키(Antonia Bianchi)와 몇 년 동안 동거를 한 후 홀로 아들 아킬레스를 키웠다. 이 때문에 교회는 오랫동안 그에게 가톨릭식 장례를 치러주기를 거부했다.

30세에 청각을 잃은 베토벤과 같이 비극적인 경우도 있었다. 절대 결혼으로 엮일 수 없었던 귀족 가문을 드나들면서 베토벤은 불행한 사랑을 겪었고 그 때문에 고립된 생활을 하게 되었다. 그 가운데 전설적인 '불멸의 여인' 이 탄생한 것이다.

그러나 같은 시대를 살았던 위대한 음악가들 중 결혼한 사람도 많았다. 보케리니(Luigi Boccherini, 1743~1805), 보엘디외(Francois-Adrien Boieldieu, 1775~1834), 케루비니(Luigi Cherubini, 1760~1842), 쇼팽(Frederic Chopin, 1810~1849), 도니체티(Gaetano Donizetti, 1797~1848), 멘델스존(Felix Mendelssohn, 1809~1842), 마이어베어(Giacomo Meyerbeer, 1791~1864), 로시니(Gioacchino Rossini, 1792~1868), 슈만

등은 막 번지기 시작한 신화에 기름을 부었을 것이다. 그러나 비니(Alfred-Victor, comte de Vigny, 1797~1863)의 모세처럼 강하고 외로운 천재, 보들레르(Charles Beaudelaire, 1821~1867)의 알바트로스처럼 야유 속에 육지로 추방당한 이해받지 못한 천재는 결혼하지 않았다.

18세기 말 예술가나 학자의 독신에 관한 개념이 형성되었을 때만 해도 사람들은 호의적이었다. 독신은 위인들이 나라를 위해 희생하는 것이며 이를테면 성직자나 군인들의 독신과 버금가는 것이라 생각했다. 그리하여 모오는 이 세 경우를 언급하면서 이들이 국가에 '본질적인 몇 가지 봉사'[155]를 한다고 표현했다. 군인과 성직자는 여자들을 거래하는 일을 삼가고 위대한 목적에 모든 에너지를 쏟아야 한다. "육체적 힘을 모두 보존하기 위해 성적 쾌락을 삼가는 운동선수들처럼 여자와 가까이 지내지 않는 남자는 더 남성적이고 원기 왕성한 성격을 유지하고 더 많은 희생과 노력을 할 수 있다. 이런 남자의 정신은 더 민감하며, 사상은 더욱 과감하며, 학문과 사고에 있어서도 더욱 조리 있고 심오하다 할 수 있다."

같은 이유로 "개인의 관용에서 우러나온 대부분의 기념물들이 독신자들의 작품이다. 독신자에게서는 더 용감한 행동, 삶에 대한 경멸, 인간이 인류를 뛰어넘어 승화시킨 것 같은 자비로운 감정들을 볼 수 있다. 인간 정신의 걸작품들과 과학 발명들도 주로 독신자들의 업적이다. 결국 이런 종류의 사람들이 위대한 작품을 쓰고 만들고 생산할 역량을 더 많이 갖추고 있다". 모오는 대귀족과 고관들을 제외하면 아카데미 프랑세즈 회원 중 유부남과 독신남의 비율이 1:3이라고 밝히고 있다. 그러나 광범위한 통계조사에 의거한 것은 아니었다. 프랑스 혁명 직후 독신에 대해 비난하고 있는 책에서 이런 예외 조항이 있다는 점은 의미심장하다. 여전히 독신을 그리스도교적 관점에서 희생으로 보고, 의학적으로는 에너지 저장으로 보고 있는 것이다. 위인들이 위대한 자유연애가이기도 했다는 사실은 물론 언급되지 않았다. 그런 생각은 아예 할 수도 없었던 것이다.

이런 선입견은 프랑스 혁명 이후에도 존재했지만 독신에 대한 설명은 많이 바뀌었다. 독신 예술가의 새로운 이미지 형성에는 아마도 낭만주의가 큰 역할을 했을 것이다. 당시 고독은 위대한 열정을 정화시켜주는 것으로 여겨졌다. 이는 스탕달이 주장했던 열정적 사랑의 탄생에 필요한 결정화와 동일한 테마이다. 그러나 고독은 무도회, 살롱, 궁정, 사교계를 더 이상 드나들지 않던 시대의 특징이기도 하다. "1780년 이후 사라진 프랑스 궁정의 사교계는 사랑에 우호적이지 않았다. 결정(結晶) 작업에 반드시 필요한 고독과 여가는 거의 불가능했다."[156] 낭만주의자들과 그 이전 세대에게 열정적 사랑은 결혼과 양립할 수 없는 것이었다. 이것이 절망과 고독에 빠진 위대한 영혼들의 현실이었다. 사교계의 경박함이 1780년에 한꺼번에 사라져버린 것은 아니었지만 어쨌든 이를 멀리하는 사회적 변화로 인해 위대한 천재들은 고독과 동일시되었다.

쇼펜하우어의 이론도 바로 이런 관점과 완벽하게 부합한다. 사랑이 '생존 본능', 목적(생식)을 달성하기 위해 자연이 이용하는 '전략'이라면, 결혼은 사랑의 가시적인 열매라 하더라도 개인이 아닌 인간이라는 종의 이익 때문에 이루어진다. 따라서 쇼펜하우어는 '인간을 보호하는 천재들'과 '동정심이라곤 전혀 없으며 목적을 이루기 위해 개인적 행복은 파괴하려고만 하는 종을 보호하는 천재들' 사이에서 일종의 전쟁이 일어난다고 생각했다. 그리하여 젊은이들은 결혼을 함으로써 자아실현, 특히 예술적 재능을 방해하는 짐을 지게 된다. "철학자는 시간이 필요하다. 결혼한 위대한 시인들은 모두 불행했다. 셰익스피어는 뿔을 두 개나 달고 있었다. 따라서 분별 있고 신중한 남자들은 이 불평등한 조약을 거부한다."

더욱 기발한 것은 예술가와 철학자들이 독신으로 지내면 남편감이 모자랄 테니 가벼운 마음으로 종의 구속을 받아들인 자들에게 일부다처제를 허용하자고 쇼펜하우어가 주장했다는 것이다.[157] 그러나 19세기까지는 이런 새로운 형태의 분업에 대해 아무도 귀기울여주지 않았다.

여기서 우리는 지적 활동에 너무 빠져들어 가정의 근심걱정을 돌보지 않는 고대 철학자나 중세 성직자의 이미지를 보면서 동시에 모순점을 발견한다. 두 가지 태도의 기저에는 근본적으로 동일한 여성폄하가 깔려 있다. 공동생활을 창작 자유의 걸림돌로 보는 것도 마찬가지이다. 그러나 종족을 보존하는 의무를 거부하는 것이 외부에서 내려오는 초월적인 신의 명령을 어기는 일은 아니었다. 그리고 신에 대한 불복을 관리하고 조직화하는 것을 목적으로 하는 성직자 집단이 신을 공동으로 거부할 리도 없는 것으로 보아야 한다. 이는 각 개인의 정신이 종족의 정신과 싸움을 벌이는 것이다. 더구나 종족의 정신은 각 개인의 내부에 숨어 있고 무의식적인 명령은 표현할 수 없는 것이기에 더욱 강한 힘을 발휘한다. 이것은 거부 이상이다. 서로 다른 힘을 가진 두 정신이 본능적 전투를 벌이기 때문이다. 대부분은 종의 정신이 승리한다. 끝까지 저항하는 사람들은 얼마나 강한 정신력을 가진 것일까! 결국 예술가의 독신은 예술가의 정신이 얼마나 강한가를 보여주는 증거이다.

인간의 천재성을 믿었던 시기는 독신이 (공동의 이익에 반하는 것으로 정의되는) 이기주의에서 (자신을 기준으로 정의되는) 개인주의로 변화해가는 과정에 있어 매우 중요한 단계이다. 잠재력을 모두 실현시키든 천재성을 인정하든 간에 독신은 긍정적인 태로로 인식되기 시작했다. 독신이 유해한 것은 그것을 일반화시킬 때뿐이다. 그러나 우리 시대와는 반대로 쇼펜하우어의 시대에는 예술적 재능만이 종의 재능에 대적할 수 있었다.

소설가들도 같은 이야기를 하고 있다. 둘 다 독신인 공쿠르 형제(frères Goncourt, 1822~1896, 1830~1870)는 《마네트 살로몽(Manette Salomon)》에서 주인공 코리올리스의 입을 빌어 이런 논리를 펼친다. "그가 보기에 예술 작업, 발명 추구, 작품의 조용한 부화, 노력의 집중은 결혼 생활로 인해 불가능해질 것 같았다. (중략) 그는 독신만이 예술가에게 자유와 힘, 머리와 자각을 줄 수 있으리라 생각했다."[158] 폴 아당(Paul Adam, 1862~1920)은 《자신(Soi)》이라는 작품을 통해 이를 입증해 보였다. 결혼 후 글을 쓸 수 없게 된 소설가 뤽은 이혼한 후 '독신자의 생활로 돌아와서'[159] 문학계에서 승승장구한다.

독신이 새로운 면모를 갖추기 시작한 시기에 이런 이론이 서양 의식의 전면에 드러나기 시작했는데, 독신이 추구하는 자유를 점점 더 추앙하게 된 소설가들의 작품에서 특히 더 잘 나타나고 있다. 공쿠르 형제, 플로베르, 모파상, 위스망스(Joris-Karl Huyamais, 1848~1907)는 19세기 후반을 독신에 관한 고찰에 있어 과도기적 시기로 만들었다. 특히 이 시기는 인구 통계와 관련하여 반세기 가량 뒤처진 프랑스가 인구 성장 둔화에 대해 우려를 나타내기 시작하던 때였다. 예술가의 독신은 방랑이 묵인되던 학생 시절 후에도 계속 같은 생활방식을 유지하는 것이었다. 독신은 부르주아 사회 질서에 대한 저항이었으며 결혼이 근간을 이루는 경화된 사회 체계에 대한 반항이었다. 신비주의자와 신학자는 영원한 적대관계에 놓였다. 종교가 된 예술은 독신 선지자들이 위대한 비전에 전념하기를 바랐다. 선지자들에게 결혼은 고양된 신앙의 불을 꺼뜨리는 대미사의 일상과 같은 것이었다.

따라서 고독을 두려워하고 방종을 후회하는 노총각과는 거리가 멀었다. 독신은 모든 경험의 집합체였다. 위스망스의 《거꾸로(A rebours)》에 등장하는 데 제생트는 세련된 경험을, 빌리에 드 릴아당(Villiers de L' Isle-Adam, 1838~1889)의 작품에 등장하는 악셀은 신비한 경험을 한다. 악셀은 절대적 사랑이 결혼으로 무미건조해지려 하자 동반 죽음을 선택한다. 그런가 하면 플로베르의 《부바르와 페퀴셰(Bouvard et Pécuchet)》에서는 씁쓸한 아이러니가 빈틈없으면서도 철저한 경험에 배어들어 있다. 발자크 시대까지는 소설가들이 유부남에게 매일 매일의 상황을 유리하게 전개시켰으나 이때부터는 독신자들로 하여금 결혼이라는 무기력 속에서는 체험할 수 없는 특별한 경험을 하게 만들었다.

독신을 저주하던 모럴리스트들은 이러한 숭고한 예외를 받아들이기도 했다. 몰랭(Molin)은 플라톤적 사상에 심취하여 말했다. "신비주의자, 철학자, 예술가는 영원한 영광에 대한 관조, 진리와 미에 대한 생각과 결혼한다." 이 상징적 결혼은 시장과 신부 앞에서 엄숙히 맹세한 결혼과 같다. 우리는 정신적 결혼을 선호한 플라톤, 오리게네스(Origènes, 185?~254?, 초기 그리스 교회의 신학자 · 성서학자—옮긴이), 뉴턴을 경외할 수밖에 없다. 아니, 이들은 엄격히 말하면 독신자들이 아니다. 진리와 결혼했기 때문이다. "진정한 의미의 독신자란 돈, 야망, 안락함, 쾌락, 여자를 제외한 모든 것과 결혼한 사람이다."[160] 다시 말해 독신으로 살아야 할 운명은 그 사람의 목적이 얼마나 숭고한가에 달려 있다.

이렇게 선입견이 형성되어 진리가 되어버렸다. 독신의 옹호자로 유명한 옥타브 위잔(Octave Uzanne)은 위대한 고대 작가들(호메로스, 호라티우스, 플라톤, 루크레티우스, 비르길리우스), 적어도 살아생전에는 유명했던 정복자들(알렉산더, 한니발, 카이사르)을 손쉬운 예로 거론했다. 또 반대 사례로 결혼해서 불행한 위인들도 거론했다. 루터, 밀턴(John Milton, 1608~1674), 라 퐁텐, 스턴(Laurence Sterne, 1713~1768), 괴테, 바이런 등.[161] 그러나 통계라는 것이 대표적인 표본에 근거를 두었을 때에만 가치가 있다는 점을 위잔은 간과했다. 기억 속에서 끌어낸 몇몇 사람의 이름 뒤에는 얼마나 많은 익명의 불행한 독신남과 유부남들이 있는가? 결혼해서 행복한 유부남 작가는 또 얼마나 많겠는가?

몇 가지 예만 보아도 선입견의 생명력이 얼마나 끈질긴지 알 수 있다. 니체의 유명한 어구(Aut liberi aut libri, '자식이 아니면 책을')에 나타나 있는 예술가의 딜레마는 쇼펜하우어에게서도 볼 수 있다. "유부남은 존재의 무게를 모두 지고 있고, 독신자는 그 반만 지고 있다. 뮤즈에 헌신하는 자는 누구나 독신자가 되어야 한다. 철학가란 자기 시간이 필요한 사람이다."[162] 이 '크산티페 콤플렉스'는 엘리아데(Mircea Eliade, 1907~1986)의 소설 《천국에서의 신혼(Noces au Paradis)》(1981년)에서 같은 논조로 활용된다. "유부남의 생활은 순수한 창작 행위에 방해가 된다. 결혼을 하면 시민으로서의 존엄성을 새로 갖게 되지만 이는 예술적 직관을 방해한다. 나는 예술가를 항상 준비가 되어 있는 사람, 미적 가치를 창조하는 사람으로 본다. 논의의 여지가 없다. 예술가의 삶은 변할 수 있고 매일 매일 변하는 것이 좋다. 기발해야 할 그의 경험에는 한계가 없고 부동(不動)일 수 없다."

독신의 고통스러운 모습은 카프카에게서 볼 수 있다. 카프카는 죽을 때까지 결혼을 꿈꾸었으나 자신의 문학 작업이 결혼 때문에 방해받으리라 믿었다. 좀더 심도 있게 말하면, 그는 행복이 즉 사람들이

오르는 계단 하나하나가 그들을 그 자리에 드러눕도록 해서 종국에는 '부정(négatif)' 으로 바닥까지 끌어내리게 한다고 보았다. "그러므로 방어본능은 내가 조금이라도 편안해지는 것을 막고 부부 침대가 집안으로 들어오기도 전에 부숴버리게 만든다."[163]

정신분석학도 물론 예술가, 과학자, 지식인들의 독신에 대해 할 말이 있다. 이들의 독신에 대한 해석은 승화라는 말로 요약된다. 정신분석학은 독신을 항문기로의 후퇴, 즉 성에 눈뜨기 이전 시기로 후퇴하는 것으로 보았다. 항문기에 아이는 처음으로 무엇인가 가치 있는 일을 '하는 것' (창조와 배변의 의미에서) 자신의 생산물(배변 혹은 정신적인)로 주위의 칭찬을 받는 것이 가능하다고 인식한다. 승화 활동을 통해 효율성이 인정된 안도감에 이르고 스스로 살아 있음을 느끼게 된다.[164]

그러나 독신은 책임을 지는, 더 나아가 당당히 요구하는 선택의 문제일 수 있다. 머레이 시스갈(Murray Schisgal)은 《시선(Le Regard)》에서 여자 화가가 '가정, 아이, 개, 고양이, 시댁, 파티에 구속받지 않고 자유로운 상태에서 그림을 그리기 위해 한 결정' 을 희생인 양 말한다. 여성 만화가 클레르 브레테셰(Claire Bretécher)의 아이러니도 만만치 않다. 테레즈 다빌라가 돈나 프루에즈에게 하는 말을 들어보자.

"그동안 부인은 은그릇 개수나 세고, 남성우월적인 자기 애인에게 우아하게 생활비를 받겠지. 부인은 편안히 살고 그뿐만 아니라 신비롭게 보이고 싶어하지. 너무 쉽게 생각해."

고독 속에서만 절대적인 것에 다가갈 수 있다. 신비주의와 가까운 예술가의 독신은 성직자의 독신에서 종교적 가치만 빠진 버전이다. 이때 예술이 신성함의 매개체가 된다. "자크 티욀루아(Jack Thieuloy)는 생각했다. '왜 남자들은 결혼을 하는 것일까? 한가한 고독 속에 기쁨, 서글픈 기쁨, 절대적인 것의 추구 등 경험할 것이 그토록 많은데 말이야!"[165]

• 독신자에게 드러나는 천재성과 광기 •

"너는 내가 언젠가 완전히 고립될 거라 생각하는구나. 그럴 리 없다고는 말 못하겠다. 달리 기대하는 바도 없으니." 1884년 테오에게 보내는 편지에서 그는 이렇게 말했다. 예술과 고통, 광기의 고립감이라는 운명에 처한 고흐(Vincent Van Gogh, 1853~1890)는 유부남으로 상상해보는 것조차 어렵다. 그러나 그가 결혼을 시도를 했던 것은 사실이다. 1874년 런던에서 그는 하숙집 주인 딸인 외제니 루아이예에게 구애했다가 거절당했고, 1881년에는 과부가 된 지 얼마 안 된 사촌 키 보스에게 차였다. 고흐는 가난으로 인해 어쩔 수 없이 독신으로 살고 있었고, 사촌 키는 그가 감당할 수 없는 생활수준을 누리고 싶어했다.

그러자 고흐는 수준을 낮추기로 했다. 헤이그에서 만난 젊은 창녀와 살림을 차리고 곧이어 결혼하려 했다. 그는 여자에게 자신이 갖고 있는 재산에 만족하라고 솔직하게 말했다. 그러나 이번에는 그의 가족이 반대하고 나섰다. 형제는 생활비를 끊어버리겠다고 위협했고, 아버지는 결혼 승낙을 해주지 않을 것이며 필요하다면 재판도 불사하겠다고 으름장을 놓았다. 대립은 1년 반을 끌었고 상태는 점점 더 악화되었다. 고흐는 괴로웠다. 그는 자신의 재정 상태가 자유를 억압하고 있다고 느꼈다. 그러나 이왕 마음먹은 일이니 결혼을 성사시키기로 마음을 굳혔다.

그러나 당시 그는 이미 육체와 정신의 건강이 흔들리고 있다고 느꼈다. 1883년 그는 앞으로 자신이 6~10년 정도 살 수 있으리라 생각했고(실제로 그는 7년을 더 살았다), 가장 시급한 일은 작품을 완성하는 것이라고 말했다. 결혼? 결혼은 더 이상 우선순위가 아니었다. 그렇다면 그의 정신 건강은? "사람들은 내가 약간 미쳤다고 한다." 그는 좀더 절제된 생활이 필요하다는 것을 깨달았다. 그렇다면 결혼을 할까? "결혼이 나에게 매우 좋은 해결책이 될 거라는 생각이 가끔 드는 것은 사실이다. 하지만 결혼에 관해 어떤 분명한 계획을 세운 것은 아니다."

고흐는 계속 주저했다. 정기적으로 그는 자신을 '알 수 없는 나라의 정신병자, 살인자, 부랑자 등등'으로 느끼면서 '고독이라는 기묘한 고문'으로 다시 돌아왔다. "고립은 성가신 상황이다. 일종의 감옥과 같다." 그렇다면 결혼을 해야 할까? 그렇다. 무슨 수를 써서라도. "내가 더 젊었을 때 우스갯소리를 한 적이 있지. 좋은 여자를 만나지 못할 바에는 나쁜 여자를 만나겠다. 이도 저도 아닌 여자보다는 못된 여자를 만나겠다고 말이야."

그러나 1884년 이웃집 여자와 결혼할 수 있는 또 다른 기회가 찾아왔을 때, 그는 그 상황을 모면하기 위해 첫번째 변명(부모의 주저)을 댄다. "나는 부모님의 의견을 단호히 거절했다. 결혼에 관한 문제에서는 분명한 입장을 보여야지 그렇지 않으면 끝이다." 그 결과 이웃집 여자는 독약으로 자살을 기도했다. 결정을 내릴 수 없었던 고흐는 점점 더 작업에 몰두했고 미칠 지경이 되었다. 사망 당시 그의 품속에서 찾아낸 마지막 편지에는 이를 인정하는 글이 쓰여 있었다. "내 작업에 나는 목숨을 걸었고, 내 이성은 반쯤 미쳐버렸다."

그러나 결혼 생활과 과거를 돌아보지 않을 수 있겠는가? 조카를 끔찍이 사랑했던 고흐는 자식이 없음을 후회했다. 헛된 회한이라는 것을 그도 알고 있었다. "자주 조카 생각이 난다. 온 신경을 그림 그리는 일에 쓰는 것보다는 자식을 기르는 편이 낫겠다는 생각이 든다. 그러나 어쩌겠는가. 나는 이미 너무 늙어버려 돌이키거나 다른 일을 해보기에는 너무 늦어버린 것을. 그런 바람은 이미 지나가버렸다. 정신적 고통은 아직 남아 있지만 말이다."[166]

정신의학이 갑작스럽게 발달하던 당시에 천재와 광인의 경계는 아직 확실하게 구분되지 못했다. 19세기 초반 정신과 의사들은 광기를 변태적 성향, 알코올 중독, 잘못된 교육 등 생활방식으로 설명하려 했다. 19세기 후반에는 반대로 광기, 혹은 최소한 광기에 대한 인자를 유전적 형질로 보는 견해가 우세했다. 이리하여 천재와 광기 사이에 공통점이 존재하게 되었다. 광기는 개인이 후천적으로 습득한 것이 아니라 선천적으로 타고난 불변의 성향인 것이다. 반드시 그런 형질이 발현되지는 않더라도 말이다.

모로(Jacques-Joseph Moreau) 박사는 (1859년) 천재란 광기와 이성 사이의 중간 부류에 속한다고 보았다. 천재는 '뇌가 반쯤 병을 앓고 있는 상태'에서 발전하는 신경증의 일종이다. 모든 정신과 의사들은 정신이상자들의 선조나 방계친족 중에 머리가 뛰어나게 좋았던 사람이 있었으며 그 반대 현상도 나타나고 있음을 관찰했다.[167] 이후 천재의 광기에 대한 이론이 대유행했다. 이것이 우리의 주제와 관련이 있는 이유는 독신이 천재의 광기를 증명하기 위해 언급되었고, 최초로 뇌 이상의 가시적 증상이 되었기 때문이다. 이는 피에르 라루스(Pierre Larousse)가 《19세기 세계대사전(Grand Dictionnaire universel du XIXe siècle)》를 통해 널리 배포시킨 이론이기도 하다. 사전의 미사여구는 천재성과 광기를 독신과 단도직입적으로 연관시키고 있다. "천재는 인간의 보통 삶을 살지 않고 인류 공동의 공간보다 더 밝고 더 광활한 공간으로 비상하겠다고 주장한다(미쳤다는 확실한 증거). (중략) 한 마디로 말해 그는 독신자인 것이다."[168]

범죄가 발생하는 생리학적 · 정신적 원인에 대한 연구로 근대 범죄학의 창시자 중 한 사람이 된 세자레 롬브로소(Cesare Lombroso, 1835~1909)는 1889년 통계 수치까지 동원하여 이 논리를 다시 언급했다. 그에 따르면 천재는 간질병 형태의 퇴행성 정신병 그 이상도 이하도 아니었다. 정신병자들이 예술가, 성인, 정치인들과 갖는 공통점 가운데 하나는 불임률이 높다는 것인데, 그 증거로 천재 독신자들이 많다는 점을 겨우 증거로 내놓았다. 그는 칸트, 뉴턴, 피트(William Pitt the Elder, 영국의 정치가—옮긴이), 폭스(Charles James Fox, 영국의 초대 외무장관—옮긴이), 퐁트넬(Bernard Le Bovier, sieur de Fontenelle, 프랑스의 과학자 · 문필가—옮긴이), 베토벤, 가생디(Pierre Gassendi, 프랑스의 과학자 · 수학자 · 철학자—옮긴이), 갈릴레이, 데카르트, 로크, 스피노자, 매콜리(Thomas Babington Macaulay, 영국의 휘그당 정치가—옮긴이), 벤담, 레오나르도 다 빈치, 레이놀즈(Osborne Reynolds, 영국의 공학자 · 물리학자—옮긴이), 헨델, 멘델스존, 마이어베어, 카몽스(Luis de Camoes, 포르투갈의 국민시인—옮긴이), 볼테르, 플로베르, 알피에리(Vittorio, Conte Alfieri, 이탈리아의 비극시인—옮긴이), 카보우르(Camille Benso, conte di Cavour, 1810~1861, 이탈리아의 정치가—옮긴이), 펠리코(Silvio Pellico, 이탈리아의 극작가—옮긴이), 마치니(Guiseppe Mazzini, 1805~1872, 이탈리아의 혁명가—옮긴이) 등 위인들을 뒤죽박죽 나열하고, 미켈란젤로에서 플로베르에 이르기까지 다양한 증언도 함께 언급했다. 미켈란젤로는 "예술가, 그러니까 내 아내에게 질렸다."고 탄식했다 한다.[169] 너무 다양한 사례를 뒤섞어놓지 않았다면, 그리고 결혼한 위대한 예술가들의 사례가 더 많음을 보여줄 수 없다면, 이렇게 이름을 나열하는 것도 인상적이었을 것이다.

사실 좀더 심오한 분석이 필요했고, (독신과 혼동한) 불임에 대한 가설은 서둘러 제시된 감이 있다. 예술에 전념하기 위해 결혼을 포기한 예술가들은 몇 명이며, 문화의 수호자인 성지자에 속해서 결혼을 할 수 없었던 사람은 몇 명이고, 성격이 특이해서 아내를 맞이할 수 없었던 사람은 몇 명이며, 감성이 너무 예민해서 거부당한 사랑을 극복하지 못한 사람은 몇 명인가?

사실 위험한 것은 이들의 자손이었다. 천재성은 광기처럼 유전되는 것이고, 광기와 매우 비슷해서 광인이 천재를 낳을 수도 있고 천재가 광인을 낳을 수도 있기 때문이다. 롬브로소는 몇 개의 사례만 채택해서 통계를 대신했다. 그는 천재의 자식들 중 범죄를 저지르거나 정신이 이상해진 사례에 한 꼭지를 모두 할애했다. 따라서 위인의 독신은 광인을 낳지 않도록 지켜주는 현명한 예방책이었다.

어떻게 상황이 이 지경에 이르렀을까? 롬브로소의 생각은 완전히 상반되는 해석 체계인 17세기 의사들의 계보를 따르고 있다. 예를 들어 타소니(Alessandro Tassoni, 1565~1635)는 양식 있는 부모 밑에 바보 같은 자식 혹은 그 반대의 일이 일어나는 기이한 현상에 대해 자문해 보았다. 그는 이 현상의 원인이 유전적 문제가 아니라 생식에 필요한 에너지를 정신적 능력으로 동원하는 문제 때문이라고 파악했다. 위인들이 '정신적으로 빈약한 사람들' 처럼 짝짓기에 모든 정성을 바치지 않았든지, 힘이 덜한 위인들의 종자가 히포크라테스의 제자들이 믿듯 여자의 종자 때문에 약해졌든지, 아니면 혈액의 가장 중요한 부분은 사고를 돕기 위해 뇌로 올라가고 '정신과 열정이 부족한' 피 찌꺼기가 홀로 종자를 만들기 때문이다. 타소니에 따르면 이는 라리노의 주교 그레고리오 포모도라(Gregorio Pomodora)의 주장이었다.[170]

19세기 과학이 히포크라테스의 이론과 그 이론에서 영향을 받은 허무맹랑한 주장들을 그대로 받아들일 수 없었음은 이해할 만하다. 롬브로소의 논조는 실제 사실에는 의문을 제기하지 않았고 분석이 아닌 관찰에만 집중되었다. 최근에는 유전학을 통해 전혀 새로운 설명이 제기되었다. '천재성'이 '단순한 정신'을 낳을 수 있는 것은 그 증후가 유사하기 때문이다. 그러나 고전 의학의 입장에서는 상반된 두 증상이 연결되어 있다는 모순을 설명해야 했다.

따라서 위인들의 독신은 다른 차원을 띠게 되었다. 즉 이유가 뒤바뀐 것이다. 자연적 후손을 거부하고 정신적 후손에 전념하기 위해 독신으로 사는 것이 아니라, 자연적 후손이 '비정상적'일 가능성이 더 크기 때문에 독신으로 사는 것이다. 19세기의 의학 윤리는 정상을 기준으로 한다. (천재성이라는) 한 방향으로 가는 것은 (광기라는) 다른 방향으로 가는 것만큼이나 비난의 대상이 된다. 더구나 이 둘 사이에 근본적으로 차이가 있기는 한 것일까? 이후 정상의 문화가 유포시킨 선입견은 다음과 같은 교훈을 완벽히 소화했다. 예술가가 되려면 '살짝 맛이 가야' 한다.

물론 롬브로소는 성급히 동화되지 않았다. 그는 천재들에게 억지로 독신자가 되라고 하지는 않았다. 그는 전 세계 천재들과 나라의 중요한 인물들에게 상습적인 혁신론자들을 주의하라고 경고한 반면 여자들에게는 예방 원칙을 적용시키지 않았다. 그러나 그런 기미들은 남아 있는데 롬브로소의 저작에 서문을 썼던 샤를 리셰(Charles Richet)는 롬브로소의 말을 이렇게 이해했다. "나는 여자들에게 천재의 아들과 결혼하라고 절대 말하지 않겠다. 차라리 무식하지만 건강한 농부의 아들과 결혼하는 편이 훨씬 나을 것이다. 훨씬 더 좋은 건강 조건을 가져야 하는 이유는 후손을 생각해서이다."[171]

이탈리아 범죄학자의 생각은 프랑스에 퍼졌다. 가르니에 박사는 많은 학자들, 예술가들, 작가들'이 '성욕 감퇴를 앓고 있는 인간혐오자들, 심기증 환자들, 정신이상자들'과 마찬가지로 결혼에 부적합하다고 말했다. 일반화는 즉시 이루어졌다('천재는 독신이다'). 희한하게도 이를 설명하는 데에는 정신적 원인과 생리적 결과가 뒤섞였다. "정신적 긴장, 좋아하는 생각에 고정되어 있는 정신, 꿈, 시적 형상들이 그들을 마비시킨다. 걱정처럼 두려움, 괴로움, 공포는 우울증을 불러오고 정신과 육체를 혼란스럽게 하여 사람들을 쇠약하게 만든다." 예술가가 감성이 극도로 예민하다면, 이들은 일종의 소심함으로 독신으로 지낸다고 볼 수 있다. 그러나 그로 인해 초래되는 육체적 혼란은 어떻게 받아들여야 할까? "그들 중 일부가 독신으로 남는 것은 비밀스러운 이유 때문이다. 결혼한 사람들에게 자식이 없다는 것으로 그 이유를 충분히 짐작할 수 있다." 이 불임 뒤에는 단 한 가지 생각에 집착하는 사람(편집광)이 성적으로 무능하다는 암시가 숨어 있는 것은 아닐까?

가르니에 박사의 말이 신뢰를 얻는 데는 다행스럽게도 연구의 토대를 마련해준 똑똑한 동료들의 힘이 컸다. 그래서 우리는 파리의과대학에 재직 중인 34명의 교수 중 독신자가 5명, 결혼했으나 자식이 없는 사람이 9명, 자식이 1~3명인 유부남이 19명, 자식을 6~7명이나 낳은 교수가 단 한 명이라는 사실을 알고도 놀라지 않게 되었다. 진단은 확실했다. "뇌척수 신경체계에 따라 물질적 세대와 정신적 세대가 서로 대치하고 있다." 어려운 전문용어를 빼고 나면 타소니와 라리노 사제도 역시 두 가지를 대비시키고 있음을 알 수 있다. "비레(Jules-Joseph Virey)에 따르면, 수직으로 서 있는 척추에는 여러 개의 뼈가 겹쳐 있고, 뼈 사이사이에는 연골은 있으며, 이 연골이 척수를 둘러싸고 있는 건전지와 같다. 척추 양 끝에는 상반된 극이 존재한다. 윗부분에는 뇌가 있고 말꼬리처럼 뾰족한 끝부분에는 생식기관과 연결된 꼬리뼈의 신경이 네 가닥으로 갈라져 있다. 상위 극의 활동이 활발할수록 하위 극 혹은 생식 부분은 에너지를 잃게 된다." 정신이 유연한가 아니면 미친한가를 결정하는 것이 혈액이라는 이론을 전기 이론이 대체한 것이지만 주장하는 바는 동일하다. 즉 상위 세계는 하위 세계와 양립할 수 없다는 것이다. 천사와 악마 둘 중 하나를 택해야 한다. 비레는 정치인과 문인이 결혼에 적합하지 않다고까지 주장했다. 좀더 융통성 있던 가르니에는 "정신적 활동을 하는 남자들에게 부부생활에서 금욕하라고 권했다. 따라서 애첩을 두는 정도가 적당할 것이다." 어쩌면 비평가 생트 뵈브(Charles-Augustin Sainte-Beuve, 1804~1869)처럼 금요일의 애첩을 두어야 했을지도 모른다. 생트 뵈브는 금요일을 '난봉의 날'[172]이라 불렀다.

문학에 나타난 도덕의 해이와 자유로운 성 표현은 예술가들의 리비도를 충분히 보여주었다. 소설가 시므농(Georges Simenon, 1903~1989)에게도 '난봉의 날'이 있었다고 하면 아마 웃었을 것이다. 한편 지식인들의 독신을 더 잘 설명해줄 수 있는 사회적 원인들이 있었다. 지식인은 학업 기간이 오래 걸렸고 예술이나 과학 방면에서 성공하려면 시간이 많이 걸렸다. "빼어난 능력을 지닌 사람, 평균 이상의 정신과 지식의 소유자, 학문과 일에 뛰어난 능력을 보이는 사람은 해당 전문분야에서 가장 높은 지위를 갈망하므로 운명적으로 독신일 수밖에 없다." 학자의 삶은 시험, 교육, 힘든 공부, 강요된 의무로 이루어져 있어 개인적으로 재산을 소유하고 있지 않다면 결혼할 수 있는 사회적 지위는 40~45세까지 늦춰진다. 라뇨도 같은 분석을 하고 있는데, 그는 독신을 퇴치하기 위해 시험 체계를 개혁할 것을 주장했다.[173]

19세기 후반 예술가와 학자 중 독신이 많았던 것은(통계상으로 입증된 바는 없다) 창작 환경의 변화와도 관련이 있다. 19세기 초반까지 과학자들과 예술가들은 대귀족 출신이 많았고, 연구나 예술 활동이 직업이라기보다는 여가 활동의 하나였다. 따라서 결혼과 모순되는 부분도 전혀 없었다. 그러나 교육이 발달하면서 지적 활동이 민주화되자 독신도 필연적으로 증가하게 되었다. 귀족 시인 라마르틴(Alphonse de Lamartine, 1790~1869)의 세대에서 랭보의 세대로 넘어가는 데에는 고통이 뒤따랐다. 작가가 직업이 되면서 저작권이 인정받게 되었고(1791년) 최초의 유관 단체가 생겨났다〔문인협회(SACD), 1829년〕. 연재소설이라는 장르로 최초로 상당한 저작권을 받게 되면서 글을 쓸 수 있게 되자 작가는 하나의 직업이 되었다. 글쓰기에 보내는 시간은 결혼에 치명적일 수 있었다. 물론 독신으로 지낸 발자크를 부유하게 결혼한 뒤마나 졸라와 비교할 수도 있다. 그러나 '천재적 예술가'와 예술가의 독신이라는 주제는 예술가라는 직업이 등장하면서부터 거론되었다.

남성의 경우에는 40대라는 나이가 치명적인 결함은 아니었다. 그러나 여성의 경우는 달랐다. "여성화가, 음악가, 가수, 배우, 교육자와 마찬가지로 대학에 입학하고 박사가 된 여자는 결혼할 수 있는 지위에 올랐지만 이미 너무 늙어버렸다. 이들의 특징인 독립 외에 재능과 명성을 빼놓으면 결혼을 할 수 있는 가능성은 거의 없었다."[174] 독신의 정신적 · 생리적 원인은 주의 깊게 다루어야 하지만 사회적 원인을 분석해 놓은 것은 꽤 설득력 있다. 2세기 전부터 학업 기간이 길어지면서 동시에 혼인연령이 늦춰지고 완전 독신자 비율이 증가했다. 전통적으로 20세 이전에 결혼하던 여성들이 대학에 들어가는 수가 점점 늘어났다는 점도 들 수 있다. 가르니에 박사가 비난하는 '독립'

이라는 것도 학업의 결과라 할 수 있다. 직업을 갖게 된 여성들이 재정적으로 독립했고, 무지 속에 말 잘 듣는 여자로 살기를 거부하는 여자들이 지적으로 독립했다. 18세기만 해도 아르놀프(몰리에르의 작품《여자들의 학교》에 나오는 늙은 독신자 —옮긴이)들은 고분고분한 여자와 결혼하기를 원했다.

학위를 소지한 젊은 여성들이 결혼을 해볼 만한 것으로 여기려면, 결혼의 절대적 힘을 포기해야 했다. 그래야 여성은 경제적으로 독립하고, 여성들이 쌓은 지적 능력에 비해 모욕적인 것으로 비춰진 가사일로부터 해방될 수 있다. 그렇게 되려면 시간이 걸릴 것이다. 그 사이 점점 더 많은 여성 박사와 교사들이 '마드모아젤'이 될 것이다.

• 독신에 대한 비난을 불러온 인구 감소 •

플로베르가《부바르와 페퀴셰》에 이어 발표한《선입견 사전(Dictionnaire des idées reçues)》을 보면 '독신자'라는 단어에 다음과 같이 적혀 있다. "모두 이기주의자에 난봉꾼들이다. 이들에게 세금을 매겨야 할 것이다. 이들은 서글픈 노년을 맞는다."[175]

플로베르는 이 말이 무엇을 의미하는지 잘 알고 있었다. '크루아세의 은둔자'라는 별명을 지녔던 플로베르는 20세에 이미 가정생활에 별다른 취미가 없음을 털어놓았다. 그가 빨리 결혼할 것이라 예상했던 사람들을 향해 플로베르는 이렇게 말했다고 한다.

"두고 볼 일이야. 내 생각엔 그렇게 될 것 같지 않은데. (중략) 나는 사제들의 독신생활이 마음에 들어. 특별히 내가 다른 사람보다 못돼먹었다고 생각지는 않아. 다만 가정을 꾸린다는 건 상당히 편협하고 비참한 일인 것 같아."[176]

이 시기에 쓴 소설에서 플로베르는 '결혼하지 않은 여자의 신비, 결혼하지 않아서 더욱 여자다운 여자'[177]에 대해 품고 있는 상당히 낭만적인 환상을 드러낸다.

청년 플로베르는 파리에서 법대생으로 지냈다. 엘리자 슐래젱제(Elisa Schlésinger)에게 희망 없는 연정을 품었던 그는 코르시카를 여행하던 중 마르세유의 한 호텔에서 알게 된 외랄리 푸코(Eulalie Foucaud)와 육체적 사랑을 경험했다. 이후 그는 심각한 신경병을 앓게 되고 후유증에 시달렸다. 1844년 그는 실연의 고통을 맛보았다. 당시는 모든 성 관계를 끊고 거세까지 생각할 정도였다. 1846년에는 낭만적이면서도 격정적이고 독특한 루이즈 콜레(Louise Collet)와 오랜 만남을 가졌으나 그의 상처를 치유하지는 못했다. '태어났을 때도 지루했던' 노르망디 부르주아 출신인 플로베르는 위대한 이상을 믿지 않았다.

그는 파리 출신 정부에게 이렇게 썼다. "완벽함에 대한 열정은 완벽에 가까운 것마저 증오하게 만듭니다."

플로베르가 독신이었던 것은 그가 인간을 혐오했고 이상적인 것에 도달할 수 없다는 낭만적 절망을 느꼈기 때문이다. 그는 이것을 냉소주의와 난봉으로 포장했다. 《감정교육(L' Education sentimentale)》에 등장하는 프레데릭의 독신이 바로 이를 반증한다. 프레데릭은 아르누 부인에게 실연당한 후 절대 결혼을 하지 않겠다고 맹세한다. 그의 말은 진심이었다. 열정을 불러일으키는 여자를 만나면 그는 다른 여자들을 차버렸다. 그러나 로자네트와는 아이를 만들고 발브뢰즈 부인과는 결혼을 생각하기도 했다.

모두 이기주의자에 난봉꾼들이다? 프레데릭의 편지글에서는 플로베르의 이미지가 가끔씩 투영된다. 그의 동양 여행은 기나긴 난봉 파티의 연속이었을 뿐이다. 그는 루이 부이예에게 이런 이야기를 시시

콜콜 늘어놓는다.

"에스네에서는 다섯 번 땡겼고 세 번 놀았다."

"베이루트에서 일곱 번이나 따먹었다."

"다른 사창가에서 그럭저럭 괜찮은 그리스 여자들과 아르메니아 여자들과 잤다."[178]

환상일까, 현실일까? 동양의 신비와 먼 곳의 이야기라는 점이 그의 지나친 난봉과 언어적 충동을 부분적으로 설명해준다.

1846년 부친과 누이를 여읜 플로베르는 가족의 땅인 크루아세에서 모친과 함께 생활했다. 그는 어머니에게 이렇게 썼다. "경쟁자가 없으니 걱정하지 마세요." 오랜 독신 생활이 그를 기다리고 있었다. 겨울에는 파리에서 사교계 생활을 누리고, 여름에는 노르망디에서 지내다가 사이사이에 학업에 집중하거나 여흥을 즐겼다. 루이즈 콜레와 극적인 결별을 한 후 플로베르는 편안히 애첩을 찾았다. 크루아세에서 조카딸 카롤린의 가정교사를 정부로 둔 것이다. 플로베르에게는 독신도 결혼과 같은 정착이었다. 1850년 그는 어머니에게 이런 글을 쓴다. "저도 정착했습니다. (중략) 제게는 결혼이 두려운 배교 행위입니다. (중략) 지금까지 살아온 대로 살기로 했습니다. 그러니까 혼자서 말입니다. 남자들이 가족을 대신 해주니 그 속에 섞여 살겠습니다. 곰의 탈을 쓰고 말입니다. 저는 사교성이 없는 곰 같은 놈이니까요."[179] 결혼은 배신이었다. 독신은 자유분방한 혹은 그렇다고 믿었던 그의 젊은 시절의 일부였다. 친구 에르네스트 슈발리에(Ernest Chevalier)의 결혼을 기리며 그는 이렇게 말했다.

"얼마나 부르주아답고 신사다운 얼굴인가!"

1872년 모친이 사망하자 크루아세의 집은 카롤린에게 상속되었다. 단 플로베르의 거주 공간은 그대로 남겨둔다는 조건이었다. 어쨌든 카롤린은 루앙에 있는 집을 좋아하지 않았다. "이들은 서글픈 노년을 준비한다." 그렇다. 독신에 대한 이 편견을 플로베르도 몸소 체험했던 것이다.

반세기 만에 모델은 변해버렸다. 뒤 뷔송 작품의 주인공처럼 '기만적인 시스템'을 공공연히 외치다 이를 속으로 그리워하게 된 수치심 많은 독신자는 어디로 가버렸나? 플로베르는 독신을 책임졌을 뿐만 아니라, 독신을 자랑스럽게 생각하고, 결혼을 통해 부르주아 계급이 되는 것을 경멸했다. 독신이 못생긴 얼굴이나 소심한 성격, 가난으로 인한 저주였던 때는 지났다. 자식에게 상속해주지 못할 재산을 탕진하는 부유한 독신자의 이기주의가 횡행했던 때도 지났다. 독신은 이제 지배적인 사회 모델, 즉 자본주의적 부르주아 계층에 대항하는 하나의 입장 표명이 되었다. 19세기 후반, 문학에 오랫동안 등장했던 발자크의 모델과 달리 독신자들은 모욕의 대상이 되지 않았고, 더 이상 소외 계층도 아니었다.

결혼 모델에 대한 저항은 여러 양상을 띠었는데, 특히 이를 혼동해서는 안 될 것이다. 이 가운데 여기서는 인류학적 · 정치적 · 예술적 · 페미니즘적 면모를 구분해보겠다. 물론 이 또한 여러 미묘한 차이를 간과한 단순 분류이다.

미국 인류학은 1850~1870년에 최초로 그리고 결정적인 방식으로, 신이 지상 천국에 마련한 종교적 결혼 모델에 이의를 제기했다. 모건(Lewis Henry Morgan, 1851년), 레템(Latham, 1859년), 바흐오펜(Johann Jakob Bachofen, 1861년), 러벅(Lubbock, 1871년)은 그리스도교 모델을 경험하지 못한 민족들(주로 북아메리카 인디언들)을 관찰한 결과, 부족 간의 원시적 결혼은 오늘날 우리가 알고 있는 일부일처제로 점진적으로 변화해갔다고 판단했다. 그런데 당시에 등장한 비교행동학에서는 유인원과 같은 일부 동물에게서 일부일처제와 같은 행태가 존재하고 있음을 발견했다. 이는 바로 그리스도교적 일부일처제가 원시 부족의 결혼과 비교해보았을 때 퇴행적 행위임을 암시하는 것이었다. 엥겔스(Friedrich Engels)는 "동물적 성향에서 벗어나서 자연이 선사하는 가장 위대한 진보를 이루려면 새로운 요소가 필요하다."고 했고, 그 요소는 개인주의적 행위, 질투심, 수컷들 간의 싸움을 포기하고 그룹 전체가 힘을 단결하는 것이라 했다. 따라서 그룹별 결혼이 인류의 조건이었다. 일부일처제로 회귀하는 것은 살인적 퇴행이었다. 엥겔스에게 있어 정치는 인류학보다 앞섰다. "일부일처제는 많은 부가 동일한 손, 즉 남자의 손에 집중되고, 그 부의 상속을 통해 다른 모든 사람을 배제한 남자의 자식에게 물려주려는 데서 비롯되었다."[180]

이렇게 정치화된 고찰에 또 다른 사조가 결합하는데, 결혼이 많은 소외자들 즉 서자, 창녀, 독신자 등을 양산한다고 보았다. 필자가 연구한 바 있는[181] 유토피아 중 가장 성공을 거둔 이론은 프리드리히 엥겔스가 《가족, 사적 재산, 국가의 기원(Origine de la famille, de la propriété privée et de l' Etat)》(1884년, 이후 《가족의 기원》으로 표기)에서 실행한 분석이다. 그는 마르크스와 공동으로 《공산당 선언(Manifest der Kommunistischen Partei)》을 작성하기도 했다. 《가족의 기원》과 《자본론(Das Kapital)》은 같은 분석을 두 분야로 나눈 것이다. 당시 나타난 사회주의 이론가들에게 생산과 생식은 인류의 두 가지 동기였다. 《자본론》은 경제 제도를 분석했고, 《가족의 기원》은 결혼 제도를 연구했다.

엥겔스는 자본이 부의 집중에서 비롯되며, 따라서 인간 관계를 가족 관계로 축소시킨다고 보았다. 결혼은 이 모델과 밀접하게 연관되어 있는데, 결혼이 합법적 상속인에게 부를 전달할 수 있도록 보장하기 때문이다. 반대로 노동과 부의 공유에 기반을 둔 체제는 혈육이라는 편협한 관계에 머물지 않는 좀더 광범위한 관계를 가정한다. 따라서 사회 계급이 가족 관계를 대체하게 된다. 인류학자들의 연구를 토대로 엥겔스는 일부일처제를 버리는 것이 역사적 진보리고 주장했다. "우리는 현재 사회 변혁으로 나아가고 있다. 오늘날 경제 행위의 토대를 이루는 일부일처제는 반드시 사라질 것이다. 이를 뒷받침해 주었던 매춘과 함께."

그러나 엥겔스는 동시대의 윤리적 틀을 벗어나지 않았고, 원시적 그룹 결혼을 숭배하거나 양식 있는 사람들이 모두 비난하는 독신을 장려할 생각은 하지 않았다. 그는 일부일처제와 유사하지만 사회적 (그리고 자본적) 이유보다는 감정에 기초한 배타적 결합인 '개인적 · 성적 사랑'을 믿었다. 그는 이런 관계가 매춘, 불륜, 여성의 노예화라는 부작용을 낳지 않으리라 믿었다.[182] 두 개인의 결합 원칙을 지참금과 재산의 결합이 아니라 (성적) 사랑으로 삼은 엥겔스의 이론은 당시 결혼 제도를 뒤흔들어놓았다. 그를 비롯해서 19세기 중반 이 문제에 대해 생각해보았던 사람들은[183] 끝까지 자신들의 주장을 밀고 나가지 않았으나 19세기 말 무정부주의자들이 사랑이 담긴 동료애와 독신의 완전한 성적 해방을 주장하면서 선배들의 분석을 토대로 극단적인 결론을 도출해냈다.

낭만주의 혁명 이후 부르주아 사상과 부르주아 사상이 표현되는 제도를 비웃었던 예술가들의 반응은 사뭇 달랐다. 루이 모니에(Louis Monnier, 1805~1877, 프랑스의 만화가)가 1830년 창조한 인물인 '프뤼돔 씨', 당시 독일 학생들이 소심한 취향을 가진 부르주아를 비방하는 말로 썼던 '속물적인'이라는 형용사, 앙리 뮈르제르(Henri Murger)가 1847년 유행시킨 '보헤미안의 삶' 이외에도, '저주받은 시인'인

베를렌 타입과 '선지자 시인' 인 위고 타입은 예술가를 지배적 사회에서 소외시키는 역할을 했다. 이전까지만해도 예술가는 사회를 대표하거나 즐겁게 해주는 역할을 했는데 말이다. 예술을 통해 사회에 저항하는 것이 19세기만의 일은 아니지만 이처럼 분명한 단절이 드러났던 적은 없었다.

플로베르가 '자궁에 대한 뇌의 저항'[184]이라 보았던 독신은 당시 유행이었던 부르주아 계급화에 대한 거부를 드러내는 것이 분명했다. 《거꾸로》의 퇴폐적 독신자 데 제생트는 결혼이 '아들을 위해 지참금을 찾아다니지만 딸의 지참금은 내놓지 않으려 하는' 부르주아의 '도적질' 일 뿐이고, 사회적 신분을 얻기 전 평민과 결혼해서 품위가 떨어진 귀족의 동족결혼일 뿐이라고 생각했다. "평생 남아 있는 깡패들만 알았던 부인들이 이제 나머지 부랑자를 소유한다. 첫물의 주인인 평민만이 쓰레기를 갖지 않은 유일한 존재이기 때문이다." 주인공의 독신은 무엇보다 이기주의적 고독감을 절망적으로 추구하는 과정이다(그는 혼자 생활했고 자급자족했다). 여기에는 지나친 성생활도 포함되는데, 난봉 파티를 몇 차례 겪은 후 그는 불감증에 빠졌고, 경건한 독서와 보라색 사탕만이 불감증을 잊게 해주었다.[185]

절망적이고 모순적인 아이러니 끝에, 근대 사회에 대한 거부는 바로 그 근대성 안에서 독신의 정수를 발견하는 꿈을 꾸기에 이른다. 그것은 바로 여자 기계이다. 위스망스는 에로틱한 전차를 꿈꾸었고, 빌리에 드 릴라당은 독신자 귀족이었던 에발트 경을 위해 기계로 만든 '미래의 이브' 를 발명했다.

결혼에 대한 또 다른 고민거리는 1830년 조르주 상드의 소설 속에 처음 등장하여 19세기 후반에 조직화된 페미니스트들의 요구사항이었다. "오, 신성한 권리에 대한 끔찍한 침해여! 여성에 대한 남성의 추악한 독재여! 결혼, 사회, 제도, 너희들을 증오한다! 죽도록 증오한다!"[186] 소설 속 주인공 발랑틴은 이렇게 외쳤다. 《호라티우스(Horace)》의 여주인공 외제니는 결혼에 관한 한 공상적 사회주의자인 생 시몽주의자라고 말한다. '자유로운 결합 속에 자유로운 여성'이라는 슬로건으로 페미니스트들은 결혼을 드러내놓고 반대했지만, 그렇다고 독신 혹은 호적상의 독신을 찬동하지도 않았다. 여성은 자신의 인생에 대해 생각해볼 시간도 갖기 전에 결혼의 운명에 휩쓸려버리는 경우가 많았다. 조르주 상드 자신도 뒤드방 남작부인이었으니까.

그러나 19세기 말 여성해방은 1884년 프랑스법에 다시 삽입된 이혼과 독신을 통해서 이루어졌다. 결혼 밖에서 자유롭게 살던 여성들인 이사도라 덩컨(Isadora Duncan, 1877~1927)이나 코코 샤넬(Coco Chanel, 1883~1971)처럼 결혼을 전혀 해보지 않은 여성들 혹은 콜레트처럼 결혼에 대해 너무도 잘 알던 여성들에 대해서는 다시 살펴보도록 하겠다.

결혼을 꺼리는 현상은 실제로 드러나지는 않아도 사람들의 관심을 끌었고 인구 위기를 동반했다. 이에 대해서는 프랑스 사람들이 최초로 오랜 기간에 걸친 자료를 갖게 되었다. 그러나 지역별로 차이가 많았기 때문에(프랑스는 1860년 니스와 사보이 지역을 획득했고, 1870년 알자스와 로렌 지방을 잃었다) 총 인구에 대한 통계치를 정확히 가려내기 힘들고, 어떻게 수정하느냐에 따라 결혼 거부 현상을 숨길 수도 강조할 수도 있다. 통계라는 무기는 그 어느 때보다 독신에 반대하는 글에 많이 사용되었다. 통계는 2세기 전부터 해오던 경고성 발언을 과학적으로 증명해주는 것처럼 보였다.

인구 위기는 1847~1850년에 나타나는데, 선별적인 방식으로 드러났다. 특히 산악 지대와 중부, 파리 분지 서부, 아키텐 분지에서 심각한 인구 위기 현상이 발생했다. 특히 농촌 지역들이 피해를 입었다. 산업 지역(북부, 오랭, 리옹 지역)은 이 영향권에 들지 않았고, 오히려 일자리를 확실히 구할 수 있는 대도시로 점점 더 많은 젊은이들이 몰리는 '이농' 현상의 덕을 보았다. 2년 연속 흉작(1853~1854년), 콜레라 창궐 3년(1853~1855년), 크림 전쟁(1854~1855년) 등 제2제정 시대 초기에 일어난 갖가지 불행한 사건들로 사망자 수가 현저히 증가한 이유도 있었다. 당시 인구조사에는 최초로 사망자 수가 출생자 수를 초과했다고 기록되어 있다. 1854년과 1855년 인구 증가의 마이너스를 기록했고, 이는 공식 통계 작업이 이루어진 이래 처음 발생한 일이었다.

독신자들은 예외 없이 인구 위기의 책임자로 비난받았다. 출생률 또한 저하되고 있었기 때문이다. 물론 감소세는 높지 않았다(1854년 7.4퍼센트). 1851년 인구조사 당시 모든 연령대에 독신자 비율이 뚜렷이 높게 나타났고, 최근과 비슷한 비율을 기록했다. 그리하여 독신세라는 오랜 망령이 되살아나려고 했다. "이교도의 윤리로 회귀한다면 그 법 또한 부활시켜야 하지 않나?" 1861년 샤를 페랭(Charles Périn)은 아우구스투스의 법을 암시하며 이렇게 말한 바 있다.[187]

그런데 다른 유럽 국가들도 1847~1848년 끔찍한 기근을 겪은 아일랜드처럼 인구 위기를 겪었지만, 강대국들은 난관을 잘 극복했다. 영국, 이탈리아 그리고 특히 독일은 인구가 크게 증가했다. 독일 인구는 1840~1845년에 3670만 명이었는데 1876~1880년에는 3920만 명으로 증가했다. 프랑스가 인구 위기에 대해 우려한 것은 유럽 다른 국가와 비교해보면 합당한 것이었다.

1860년대 프로이센의 힘을 확인시킨 자도바 전투의 승리 이후 독일의 통합과 비스마르크의 팽창주의 정책 때문에 프랑스 사람들은 심각하게 걱정하기 시작했다. 중립성(1867년)을 대가로 룩셈부르크를 원했던 나폴레옹 3세가 실패하고 같은 해 파리 만국박람회에서 독일이 눈부시게 등장한 일은 커다란 충격이었다. 그해에 인구 위기로 인한 위협이 최초로 거론되었다. "양국의 인구 성장이 현 추세를 유지한다면 50년 후 프랑스의 인구는 4700만 명인 데 비해 프로이센의 독일 인구는 6700만 명이나 될 것이다."[188] 《영사 신문(Journal des consulats)》(1868년) 사무국장인 아돌프 테르바뉴(Adolphe Terwangne)는 15년 전부터 프랑스에서 벌어지는 대공사를 벨기에와 독일 노동자들에게 맡기는 현상에 대해 우려했다.

결과는 예상대로였다. 프랑스의 상대적 인구 감소의 주범으로 독신이 다시 떠올랐다. 그러나 이번에는 정도를 지켰다. 드베(Auguste Debay)의 《결혼 철학(Philosophie du mariage)》(1865년)은 기존의 논조를 답습하고 있다. '불변의 영원한' 자연 법칙이 여전히 큰 논조를 차지했다. "세상에 존재하는 모든 것은 필요한 것이다. 인간은 지구가 필요로 하는 것이고 인간의 생식 기능도 지구의 조직을 위해 필요한 것이다. 이를 피해가려는 것은 불가능한 일에 도전하는 것이다. 인간은 번식하기 위해 지구에 태어났지 생을 멈추기 위해서 태어난 것이 아니다." 자연의 법은 신의 법과 동일시되었다. "독신은 자의적 자살이며 독신을 고수하는 것은 신에 대한 저항이다." 인구학적 논조는 낡아빠진 서정적 표현을 동원했다("가장 살인적인 전쟁도 독신보다 인구를 감소시키지 않는다"). 근대성에 관한 구절도 마찬가지였다(독신은 '근대 문명에 대한 모욕'이다). 이 구절은 자연과 신의 법을 지키는 것과는 조금 모순된다. 또한 드베가 '종교인들의 독신 문제를 다루도록' 권유할 때 얼마나 미온적인 태도를 취하는지 알면 놀랄 것이다. 그는 진정한 개혁을 시행하기에 앞서 기다릴 것을 권했다. 그가 요구하는

것은 독신을 '결혼보다 더 순수하고 성스러운 것'으로 간주하지 말아야 한다는 것뿐이었다.[189]

독신에 대한 이런 공격들은 그리스도교적 가치 체계로의 조심스운 회귀를 드러낼 뿐이며 이는 당시 사회에서 결혼의 이미지가 추락하는 것을 점점 더 우려했음을 반증한다. 제2제정 시대에 불륜이나(《마담 보바리》, 1857년) 성적 자유(보들레르, 1857년)를 부추기는 작가들을 상대로 재판이 진행된 것도 같은 맥락에서 이해된다. 인구 위기를 걱정하는 프랑스 사회는 '결혼 요새'를 더욱 강화하려 했다.

• 궁지에 몰린 독신자들 •

프랑스 영토가 갑작스럽게 위협받게 되자 상황 분석도 더 이상 객관적이지 못했다. 어느 전쟁에서나 그렇듯 1870년 독신자들은 최전선에 서게 되었다. 반세기 동안 겪어왔던 이기주의자라는 비난 때문에 동원령은 특히 이들을 공격 목표로 삼았으며 그 정도가 심하여 역사적으로는 '노총각 징집'이라는 표현까지 생겨날 정도였다.

전시 군사력 강화에 관한 법안은 25~30세 남자들, 특히 병역을 마친 후 결혼하지 않은 남자들을 우선적으로 징집할 것을 내용으로 했다. 1870년 8월 10일(=11일) 법은 동원 대상을 '25세 이상 35세 미만의 결혼하지 않았거나 사별한 모든 시민으로 기동대 명부에 기록되어 있지 않은 자'(제2항)로 확대 적용했다. 8월 18일 프랑스 기동대는 '1865년 및 1866년 현재 독신인 자와 자식이 없는 젊은 홀아비들'을 통합했다. 11월 8일(=9일) 법령은 기동대 대대 동원령을 규정했으며 다음 부류에 속하는 사람들을 계속 소집하도록 각 부대에 지시하고 있다. 1) 연령을 막론한 자원병 2) 20~35세 독신자 및 자식이 없는

홀아비 3) 35~45세 독신자 및 자식이 없는 홀아비 4) 20~35세 기혼남 혹은 가장 5) 35~45세 기혼남 혹은 가장. 즉 45세 독신자는 20세 가장보다 징집 우선 대상이었다. 살육장으로 보내지는 쪽은 젊은이가 아니라 독신자였다. 동원 규모는 예외적으로 컸다. 8월 초에 징집된 사람이 15만 8000명에 이르렀으니 이 법으로 19세기 신기록을 세운 것이다.

노총각들을 징집했으나 패전을 막을 수는 없었다. 무엇이 놀라운가? 애국심으로 고취된 독일인들 앞에 내놓을 수 있었던 것이라고는 이기주의적인 독신자들뿐이 아니었는가! 도덕이 타락한 이유는 무엇보다 '우리가 가정을 만드는 일을 너무나 자주 소홀히 했기'[190] 때문이다. 샤를 알릭(Charles Alric)은 1875년 패전의 이유를 애국심과 희생을 모르는 프랑스 사람들의 냉정함과 회의주의로 돌렸고 특히 중매결혼을 비난했다. 그러나 이번에도 역시 독신자들이 도마 위로 올라가게 되었다. 19세기 독신에 관한 글을 연구한 장 보리(Jean Borie)는 1871년 패전 직후 과격한 변화가 있었다고 지적했다. 유명하고 실력을 인정받던 대학 최고권위자였던 타르디외(Tardieu)는 이 해에 민중의 벗이라는 가명으로 《독신세를 제안함. 재정부 장관에게 보내는 편지(Proposition d' un impôt sur le célibat, lettre è Monsieur le ministre des Finances)》를 발표했다. 18세기 철학자들이 내세운 전통적 논조(이기주의, 시민의식 부재, 인류와 사회에 대한 의무 방기, 자연스럽지 못한 동정 혹은 난봉)에 더하여 그는 음모론을 덧붙였다. 마녀사냥에 이용되었던 논조들을 떠올리지 않을 수 없다. 사회를 '파괴하는 활동분자'인 독신자는 자신만 악을 저지르는 것으로는 성이 차지 않는다. "그는 음모에 가담할 사람들을 찾고 항상 주변을 타락시키고 부패하게 만들려 한다."[191] 독신을 반대하는 글은 당시 절정을 이뤘다. 논조는 적대적이고 입장은 확고했다. "꽃 피지 않고 열매 맺지 않는 식물, 음이 맞지 않는 오르간, 창조적인 언어 안의 독백, 자물쇠 없는 열쇠, 등등." 독신자는 "모든 악의 집합소이며 어떤 덕도 품고 있지 않다."[192]

50년간 프랑스는 복수의 칼날을 갈았다. 파스퇴르(Louis Pasteur, 1822~1895)가 양조한 프랑스산 맥주부터 게르만 인종의 열등함을 분석한 인류학 교과서에 이르기까지 모든 것이 수치스러운 패전과 관련이 있었다. 그런데 전쟁을 치를 충분한 군대를 확보하지 못한 채 어떻게 복수전을 준비하겠다는 말인가? 프로이센과 힘의 우위를 비교하던 프랑스가 자국의 인구 저하 문제에 대해 상당히 우려했던 때는 앞서 본 바와 같이 패전 이전부터였다. 이후 사건들은 예언자들의 손을 들어준 듯하다. 예언자들을 또 다른 예언을 덧붙였다. 통계학자들은 군인 부족 현상을 비난하기 위해 올리강드르(oliganderie)라는 어려운 말을 만들어냈다.

1873년 학사원(Institut de France)의 앙리 보드리야르(Henri Baudrillart)와 『토론신문(Journal des débats)』 편집장 G. 드 몰리나리(G. de Molinari)는 프로이센의 힘을 우려했고 투니수(Tounissoux) 사제는 독일 인구가 증가하고 있음을 강조했다. "군인 수가 많다고 해서 확실히 대승을 거둘 수 있는 것은 아니다. 그러나 군사력이 승리를 크게 좌지우지할 수 있음은 역사가 증명해준다."[193] 툴롱(Toulemont) 신부는 정확한 수치까지 내세웠다. 독일에서는 20세 젊은이들이 매년 35만 9000명 늘어나는 반면 프랑스에서는 30만 명에 그칠 것이다. "만일 전쟁이 벌어져서 전쟁터에 나갈 군인 수를 비슷하게 맞추려면 우리가 얼마나 힘이 들 것인가!" 1872년 인구조사 결과는 끔찍했다. 프랑스 인구가 1865년 3806만 7064명에서 3610만 2921명으로 줄어들었기 때문이다. 그 이유는 프랑스가 알자스와 로렌지방을 잃었기 때문이다. 인구를 다시 늘려야 하는 또 하나의 이유였다. 따라서 독신자들이 손가락질을 받는 것은 당연했다. 프랑스는 독신자 수가 가장 많은 나라였다. 그러나 예수회 신도는 성직자들의 독신이 비난받자 분노했다. 예수회 신도는 이탈리아에는 성직자 수가 프랑스보다 많지만 인구는 증가하고 있다고 강조했다. 또한 앙시앵 레짐(당시 왕당파 운동이 활발했다) 하의 프랑스는 성직자 수가 많았음에도 불구하고 인구 최강국이었다는 점도 강조했다. 때문에 그는 순결을 지키는 '자유로운 독신'에 대해서는 관대했다. 왜냐하면 정말 문제가 되는 것은 도덕의 타락 특히 결혼을 둘러싼 도덕의 타락 가정을 파괴하는 자유연애, 인구 증가를 방해하는 신(新)맬서스 인구론이었기 때문이다.[194]

해가 거듭될수록, 특히 5년마다 인구조사를 실시한 이래로 제3공화정은 무시무시한 통계치를 반박할 수 없는 논리로 내세우면서 계속해서 쐐기를 박았다. 독일이 현 추세를 유지한다면 60년 후에는 인구가 두 배로 늘어날 것이라고 르루아 볼리외(pierre Paul Leroy-Beaulieu)(1881년)는 예측했다. 그런가 하면 슈미나드는(1883년) 프로이센의 인구가 두 배 증가하는 데에는 26년이 걸릴 것이라고 예상했다. 프랑스의 경우 같은 결과를 얻으려면 150년이 걸릴 것이다. 다행히도 아직 150년이 다 지나가지 않았다. 르루아 볼리외는 "전쟁으로 복수하겠다는 희망은 헛된 꿈일 뿐이다. 감정적이고 애국적이기는 하지만 조국에 특히 위해가 되는 망상이다."라고 탄식했다.[195] 두 사람은 프랑스가 식민지를 방어할 힘을 잃은 것에 대해 우려하기도 했다. 1887년 독신에 반대하는 소책자를 펴낸 바 있는 가르니에 박사는 독신을 억제하지 않으면 곧 침략을 당하리라 예언했다. "자국의 인구 과잉을 해결하기 위해 독일 민족과 앵글로색슨족이 물밀 듯 밀어닥칠 것이 틀림없다. 이들에게 맞서려면 하루빨리 프랑스의 인구 균형을 바로잡아야 한다."[196] 복수를 하겠다는 생각은 제1차 세계대전 직전까지도 매우 강했다. 게랭 드 라 그라스리(Guérin de La Grasserie)는 (1912년경) 분노하며 "그 누구도 독신자가 되어서는 안 된다. 결혼한 사람은 바로 사용할 수 있는 총알받이들을 언젠가는 낳아야 한다."[197] 고 주장했다. 이보다 더 명료하고 냉소적인 말이 있을까.

파리 시 통계 작업을 총괄했던 자크 베르티옹이 1896년 프랑스의 인구 증가를 위한 국가연합을 창설한 것도 바로 이런 분위기 속에서였다. 여기에는 에밀 셰송(Emile Cheysson), 샤를 리셰, 앙드레 오노르(André Honnort) 등이 참여했다. 초기 멤버 중에는 유명 인사도 포함되어 있는데 앙리 도를레앙(Henri d' Orléans) 공, 마르셀 생바(Marcel Sembat) 의원, 에밀 졸라 등이 있었다. 1896년 정관에 따르면 협회의 목적은 "인구 저하로 프랑스가 겪을 위험을 모든 사람들에게 알리고 출산율을 높이기 위해 조세 정책을 비롯한 여타 정책 입안을 촉구한다."는 것이었다. 아직 독신세를 거론한 것은 아니었다. 문제가 되었던 것은 혼인율보다는 출산율이었기 때문이다. 신맬서스 인구론이 득세하던 시기에 자식을 낳지 않는 결혼은 무의미했을 것이다. 따라서 초기에는 자녀가 셋 이하인 부모에게만 세금을 부과하는 정책이 제안되었다.

그러나 회의, 회보, 저렴한 간행물, 정치기구를 상대로 한 논쟁에서는 독신자들의 세금을 더 무겁게 해야 한다는 여론이 우세했다. 1899년에 발간되기 시작한 《프랑스 인구 증가를 위한 국가연합 회보(Bulletin de l' Alliance nationale pour l' accroissement de la population française)》는 이러한 출산장려정책의 대변자 역할을 했다. 여러 번 명칭을 바꾼 후 현재는 『인구 저하 억제를 위한 국가연합 잡지(Revue de l' Alliance nationale contre la dépopulation)』라는 제명으로 발행되고 있다. 베르티옹이 이끌던 단체는 여러 번 변신을 거듭한 끝에 1971년 국립인구정보원(Centre national d' information demographique)이 되었다.

제시된 해결책은 지극히 평범한 것들이었으며 리쿠르고스 법이나 아우구스투스 법을 시대에 맞게 적용시켰을 뿐이다. 행정직에서 기혼자 우대하기(라뇨, 1885년), 공무원(교사, 전원 감시인, 농촌 우체부 등) 결혼 의무화, 공공장소에서의 체벌을 포함한 '공공연하고 혁혁한 구분'.

나는 그에게 불명예스러운 일을 줄 것을 요구하네.
심지어 채찍으로 그를 치기 바라네.
매년 피가 흐를 때까지.
사립짝에 뉘여 놓은 그가 살아있다기보다 시체로 보이기를.
마지막에는 그를 가두기를
순결의 맹세를 어겼던 옛날 무녀와 함께.[198]

세금. 그렇다. 세금의 문제가 남아 있다. 1793년 국민의회 의원들도 이 생각을 잠깐 했으나 투표를 하지는 않았다.[199] 1791~1795년 독신자들의 세액은 동일한 생활수준을 유지하는 유부남보다 더 높았다. 그러나 이는 특수세는 아니었다. 독신세는 1840년에 발자크가, 그리고 1867년에 안젤리나 라미(Angelina Lamy)가 다시 주장한 바 있으며 패전 이후 반복해서 등장하는 주제가 되었다. 1875년에는 므니에(Menier)가, 1877년에는 지베르(Gibert)가, 1887년에는 가르니에가, 1888년에는 몰랭이, 1907년에는 코라르(Joseph Corrard)가 다시 언급했다. 재산에 따른 비례과세를 주장하는 부류가 있었고(가르니에) 고정과세를 주장하는 부류도 있었다. 연령에 따라 차등을 둘지(므니에)

아니면 홀아비, 자녀가 없는 부부, 미혼모에게 적용할 것인지 등 독신세는 갑작스럽게 상상력을 자극했다.[200]

그런데 민주화를 조직해나가던 프랑스 공화정에 새로운 논조가 등장하게 되었다. 바로 가정 투표(vote familial)였다. 짧은 기간이었던 제2공화정 시기에도 사실 이 문제가 거론된 적이 있었다. 1848년 라마르틴의 입을 통해서였다. 제3공화정도 1871년부터 레옹 드 주브넬(Léon de Jouvenel)을 통해 이 문제를 다시 재기했다. 제2차 세계대전이 벌어지기 전까지 투표안은 정기적으로 논의 대상이 되었으나 입법화되지는 않았다. 1945년 여성에게도 투표권이 주어짐으로써 이 법안은 무효화되었다.

부부가 독신자처럼 단 한 표만 행사하는 투표제도가 과연 정당한가에 대한 문제 제기가 있었다. "그룹을 대표하는 사람이 개인보다 더 많은 권리를 갖지 못한다면 보통 선거는 사회적 진리를 대변하지 못하는 것이다."라고 레옹 드 주브넬은 주장했다. 그는 독신자와 무자녀 홀아비들이 348만 9824명에 달하고 이는 3600만 명에 이르는 프랑스 인구의 약 10분의 1에 해당한다고 했다(정확히 9.7퍼센트). 그런데 투표권자의 수가 1100만 명이므로 독거 남성은 전체 투표권자의 10분의 3 이상(정확히 31.7퍼센트)을 차지한다. 정책 결정에 미치는 이들의 영향력이 인위적으로 세 배가 증가한 것이다. 이에 주브넬은 균형을 잡자고 제안했다. "선거명부에 등록된 모든 투표권자는 가장으로서 법적 책임을 지고 있는 사람의 수만큼 투표권을 행사할 권리가 있다."

그의 법안을 읽어보면 파리 코뮌이 끝나고 사회주의 사상이 확산되던 시기인 1871년 그가 유독 두려워했던 것이 젊은이들의 투표였다는 것을 알 수 있다. 그가 시민의 기본권을 행사할 수 있는 연령을 25

세로 낮추자고 제안했기 때문이다. 독신자는 대부분 젊은이들이었다. "젊은이들은 새로운 권리를 행사하기 위해 서로 찾고 운집하고 활동한다. 이들은 공공모임, 선동적 여론, 새로운 것과 알려지지 않은 것에 대한 갈망이라는 해로운 것들에 쉽사리 빠져든다." 한 마디로 말하자면 젊은이는 혁명적이고 가장은 좀더 신중하다는 것이다.

당시 파리 코뮌의 충격에서 벗어나지 못하고 있던 베르사유 정규군 모임을 위해 주브넬은 공상 정치소설이라는 현학적인 노작에 뛰어들었다. 기혼자들이 더 많았다면 프랑스의 운명은 얼마나 많이 바뀌었을까! 주브넬이 제안하는 체제를 선택했다면 1793년 헌법은 절대 통과되지 못했을 것이다. 혁명력 3년, 통령정부, 제정, 공화정, 제2제정도 불가능했을 것이다. 이 모두는 잘해봤자 프랑스 인구의 5분의 1, 최악의 경우 26분의 1밖에 안 되는 소수의 시민들에 의해 저질러진 사건들이다.[201] 그러나 주브넬은 부부의 투표권을 둘로 계산하거나 여성에게 투표권을 부여하겠다는 생각을 하지 못했다. 또한 결혼한 남자가 '진보적인' 투표권을 행사할 수 있다는 생각도 전혀 하지 못했음은 물론이다.

당시 신문들을 읽어보면 이런 주장이 나온 이유를 금방 알 수 있다. 평화 협상을 하기 위해 1871년 2월 8일 선발된 의회는 보수적인 왕당파가 다수를 이루었다. 공화파 의원 240명에 왕정주의자가 약 400명 정도였다. 그러나 7월 2일 실시된 보궐선거 결과 공화파가 크게 도약했다(114석 중 99석). "2월에 왕당파였던 지방이 7월에는 공화파로 개종했다. 어떻게 싸구려 납이 순금으로 변할 수 있었나?" B. 주뱅(B. Jouvin)은 『르 피가로』지에 이렇게 썼다.[202] 정통왕조파들 즉 코레즈 의원 주브넬의 근심은 더해갔다. 우연일까? 그의 법안은 7월 31일 상정되었다.

8월 31일, 리베 법(loi Rivet)은 티에르(Alphonse Thiers)를 행정부를 이끄는 대통령으로 선출했고 의회에는 입법권을 부여했다. 그로부터 2년 동안 군주제를 복원하려는 시도가 속출했고 그 영향력 또한 대단했다. 1873년 11월 20일 왕당파 317표 대 공화파 383표로 마크 마옹(comte de Mac-Mahon)의 공화정 대통령 임기가 7년으로 정해졌기 때문이다. 과도한 수를 차지했던 독신자들이 공화정을 살린 것일까? 물론 아니다. 이번에는 우리가 공상 정치소설을 쓰지 않도록 주의하자. 더구나 주브넬도 마크 마옹에게 투표했으니 말이다. 그러나 거론된 논리로 보아 1871년의 상황에서 그가 기혼남의 투표권을 보호하려 했던 것은 왕당파의 입지를 강화하기 위해서였을 가능성이 크다.

이러한 반대 입장은 당연히 독신자들의 저항을 불러일으켰다. 19세기 말에는 사람들이 매우 이해가 가능하지만 명백한 모순에 의해 독신자라는 사실에 자부심을 느꼈다. 발자크의 작품 속 인물들 중에는 이런 냉소주의가 보이기도 하는데 이들은 연애를 해서 사회적 성공을 쉽게 거머쥐려는 야심 찬 젊은이들이었다. 발자크도 독신자였으나 공개적으로는 부인했다.

50년이 지난 후 비난의 어조는 달라졌다. 1891년 장 드 라 브르토니에르(Jean de La Bretonnière)는 출산을 소리 높여 주장하던 통계학자들을 상대로 독신을 아이러니하면서도 단호하게 옹호했다. 처음에는 자유의 이름으로, 그 다음에는 개인주의의 이름으로, 마지막에는 에고티즘(스탕달을 기억하라!)의 이름으로 독신을 내세웠다. 독신을 반대하는 투쟁에 툭하면 불거져 나오는 이기주의와 에고티즘을 혼동해서는 안 될 것이다. "과거 인간은 그룹의 일원이었다. 이제 인간은 그 자체가 그룹이다." 이 도전적인 문구는 근대 독신의 혹은 더 이상 전체의 이익을 개인의 이익에 앞세우지 않는 사회의 초석이 되었을 것이다. 장 드 라 브르토니에르는 독신이 근대의 특징이라고 보았고 그 후에 벌어진 일은 그가 틀리지 않았음을 보여주었다. 더구나 누가 감히 상류층에서 생각하는 결혼과 독신을 비교하려 들겠는가? 사랑보다는 지참금에 의해 가족이 결정하는 대로 한 정략결혼의 끝은 대부분 불행했다. 완전한 사랑을 꿈꾸는 독신자는 그동안 물질주의자로만 손가락질 당해왔던 모습을 버리고 이상주의자로 통할 수 있었던 것이 아닐까? "우리는 완전한 조화, 절대적인 결합을 원한다." 독신자는 이상을 희생하기보다 스스로를 희생시킨다. "우리는 지혜로운 자의 포기를 택하노라. 처녀막의 황홀한 횃불이 큰불을 일으키는 파괴적인 횃불이며, 우리의 가장 소중한 보물인 우리 자신에게 치명적일까 두렵다." 이들의 희생에 어찌 눈물 흘리지 않을 수 있겠는가.[203]

이상주의자? 그것은 유행이었다. 자연주의와 상징주의, 과학만능주의와 난해한 정신주의 사이에서 흔들리던 세기말적 상황에서 한 번도 '정상인'으로 간주되지 못했던 독신자들은 '비정상'으로 추락할 수도 있었다. 바로 이 시기에(1890년) 위잔이 《독신자의 미사경본(Paroissien du célibataire)》을 발표했다. 책의 제목을 '자유연애가의 성무일과서'라 불러도 좋았을 것이다. 위잔은 작품 안에서 독신자를 여자들을 사랑하는 유부남의 경쟁자로 그리고 있다. 그는 세 부류로 독신자를 나누고 사랑이라는 감정을 순화할 것을 권한다. 그는 독신자 대부분이 '여자의 말을 잘 듣는 남자'라고 규정했다. 애정 관계를 더욱 돈독히 하고 배신을 막기 위해 결혼 결정을 미루는 '남성 페미니스트들'은 좀더 섬세한 경우이다. 그 위에 '예외적인 연인' '초자연적인 영매'가 있다. 이들은 자신에게 적합한 유일한 생활방식인 사랑에 전념한다. 이런 부류의 독신자만이 여성으로 하여금 남편은 절대 주지 못할 '파괴적이고 월등한' 사랑을 경험하도록 해준다. 간단히 말하면 독신자는 여성을 가장 많이(여자 말을 잘 듣는 남자), 혹은 가장 잘 사랑하는 남자이다. 이런 모습은 이후 반복적으로 등장하는 고정관념이 되어, 돈 후안과 카사노바의 차이점을 없애버렸다. 그러나 '초자연적 영매'의 위엄에 걸맞게 길러진 카사노바 같은 독신자는 테이블이 아니라 머리를 돌게 만들었다.

사실 1세기 전부터 실효성이 전혀 입증되지 못한 담론은 바뀌어야 했다. 1887년에도 가르니에 교수는 남성 독신의 원인으로 '유행하고 있는 물질적 실리주의'를 거침없이 비난했다. 1888년에는 몰랭이 당시 '물질주의라는 페스트'를 강력히 비난했다. 정략결혼을 고발하는 몰랭은 사실 위잔과 같은 담론을 펼쳤다. 젊은이들이 사랑에 대해 알게 될 나이인 15세에 이들은 '지혜로운 사회가 내린 결정과는 달리 앞뒤가 전도되어 아내보다 사랑을 우선시한다고' 비난받았다. 그러나 그들이 이성의 빛을 얻으면 독신의 장점만 보게 된다. "결혼은 오랫동안 주의를 기울이고 냉정히 관찰한 결과물이어서는 안 된다. 결혼이란 관련된 모든 것을 신성화하고 아름답게 하는 사랑의 작품이어야 한다."[204] 결혼을 열렬히 지지하는 사람들조차도 결혼의 불편함을 감추기 위해서 약간의 열정을 동원하지 않나! 독신과 결혼을 옹호하는 양측이 근본적으로 동의하는 것이 있다. 독신이 증가하는 것은 결혼이 쇠퇴한다는 증거이고 현대적인 젊은 처녀들이 소설 밖에서 사랑을 경험하려는 새로운 요구를 하고 있음을 증명한다는 것이다.

이러한 관점에서 장 드 라 브르토니에르는 독신의 '근대성'을 인정할 수 있었다. 물론 약간의 도발도 섞여 있었다. 19세기 말엽 독신자가 많았던 것은 분명하나 독신이 발달했던 시기가 여럿 있었음을 우리는 이미 살펴보았다. 그런데도 당시 사람들은 독신이 증가하는 것을 예외적이고 심지어 비정상적인 현상이라고 느꼈다. 수도원을 벗어나면 독신자는 당연히 고립된 남자였다. 정기적인 인구조사로 독신자는 그룹의 일원이 되었는데 이러한 인상은 지금까지 계속 강화되고 있고 현재의 통계 수치는 독신자를 주요 마케팅 타깃으로 만들어놓았다. 독신은 유행이 되려 하고 있었다. 1907년 코라르는 "이제 이 불건전한 열망을 멈춰야 할 때가 왔다."고 주장했다. 독신자는 그때까지 없었던 문화적 정체성을 확보하게 되었다. 이는 특히 문학 덕분에 가능했는데 문학은 최초로 독신자를 전형이 아닌 인물로 연구하게 되었다.

과거 '퇴폐문학'이라 불리던 현대 소설을 '독신자 소설'로 부르자는 제안이 최근 나왔다. '퇴폐적'이라는 형용사를 요구한 것은 예술가들이었는데 이들은 여러 가지 이유로 전통 사회구조의 종말을 바라보고 있다는 점에서 인식을 같이 했고 새로운 길을 모색하려 했다. 그런데 이들이 등장시킨 주인공뿐만 아니라 작가 스스로가 독신자인 경우가 많았고 독신자들의 삶은 '훌륭한 가장'이라는 표현과 관련된 편협한 시각으로 그려졌다.

고대 사회를 건설한 영웅들(예수, 로물루스 등)은 처녀인 어머니로부터 태어났는데 이들처럼 독신자도 근대성과 변화의 상징이 되었다. 위스망스(《거꾸로》, 1884년)에서 앙드레 지드〔《늪지대(Paludes)》, 1895년〕에 이르기까지 이 작가들은 '소설의 미메시스 기법 자체를 위기로 몰고 가는' 공통점을 지녔다. 다시 말해 독신자들처럼 기존의 규칙과 규범을 벗어나 '새로운 장르를 낳으려고' 노력했다. 독신자들처럼 이들의 소설 작품들은 이기주의적이고 자신 안에 갇혀 있으며 '사교성을 완전히 배제하고 이야기를 벗어난' 언어로 쓰였다. 독신자들처럼 이 작품들도 후손을 낳지 못했다.

일정 기간 동안(1884~1895년) 존재했던 이 문학 사조는 우리의 주제에서는 벗어난다. 그러나 과거 문학 연구를 새롭게 정의하기 위해 (최근에 사용되는) 형용사를 사용하자는 주장이 나왔다는 것은 19세기 말 독신에 관한 고찰이 좀더 광범위한 맥락에 포함된다는 것을 말해 준다. 그것은 이제 막 시작된 진보 이데올로기에 대한 의문 제기, 1870년 패전 이후 나타난 프랑스의 정체성 위기, 삶의 이유를 다른 곳에서 찾아보고는 싶지만 용기가 나지 않는 폐쇄된 사회 속의 정신적 무력감이라는 맥락이다.

노총각에 대한 기존의 고정관념은 독창성을 추구하면서 스스로 고립된 문학을 설명하는 데 안성맞춤이다. 주인공들이 독신자라는 사실은 우연이 아닐 것이다. 위스망스의 《거꾸로》에 등장하는 데 제생트(1884년), 빌리에 드 릴라당의 《미래의 이브》에 등장하는 에드발트 경(1886년), 뒤자르댕(Edward Dujardin)의 《월계수들은 잘렸다(Les lauriers sont coupés)》에 등장하는 다니엘 프랭스(1887년), 바레스(Maurice Barrés, 1862~1923)의 《자유인(Un homme libre)》에 등장하는 화자, 레미 드 구르몽(Remy de Gourmont, 1858~1915)의 《식스틴(Sixtine)》에 등장하는 위베르 당트라그(1890년), 지드의 《늪지대》에 등장하는 화자. 이들은 물론 다른 시기에 쓰여진 소설의 주인공들과 마찬가지로 독신자들이다. 대부분의 소설은 결혼을 위한 이야기로 구성되어 있다. 그러나 결혼에 실패하는 비극이나 자녀의 수가 얼마가 되어 행복한 결혼 생활을 한다는 고전적인 플롯과는 달리 이 소설들은 독신의 모험이라는 급류와 결혼이라는 잔잔한 호수를 손쉽게 비교하기를 거부한다. 이 소설들 속에서 독신은 늪으로 표현된다. 그것이 스스로에게 고립된 정신들이 빠져버리는 《늪지대》의 의미이기도 하다. 뒤자르댕이 표현하고자 했던 것은 주인공 다니엘 프랭스의 긴 독백 속에 '아무 일도' 일어나지 않았다는 것이다. 이 소설들은 가정으로 인해 받을 수 있는 속박에서 멀리 벗어난 후 인위적 세계를 만들기 위해 사회에서 은둔한 나태하고 이기적인 개인의 이야기이다. "결국 퇴폐적인 독신자도 자신을 멸종해가는 인류의 마지막 자손으로 바라보기를 좋아한다."

그러나 단순히 한 세계의 종말을 바라보는 것은 아니다. 새로운 세계를 창조해야 하기 때문이다. "독신자 모두 이에 열중하고 시민으로서의 자유와 여가시간을 이용해 색다른 삶을 위한 요소들을 수집하려 한다." 사촌 퐁스의 고정관념에 따르면 수집가이지만 '말하지 않는 상징들, 보들레르 이후 여행을 대신하고 영혼에게 은밀히 말을 거는 모든 것' 을 수집하는 사람들인 것이다. 《거꾸로》의 독신자는 입으로 부는 오르간을 발명하고 《미래의 이브》의 독신자는 미래의 여자를 발명한다. 그리고 각자의 소설과 단절하기 위해 모두의 소설 《늪지대》를 쓴다. 그러나 독신자는 인위적이고 내일을 기약할 수 없는 허구의 세계를 창조한다. 독신자 자신처럼 자식을 낳을 수 없는 세계를 말이다.[205]

결국 한 시대 전체가 스스로 독신이며 퇴폐적이라고 느꼈다. 결혼하고 아이를 만드는 일은 미래에 대해 최소한의 신뢰를 품고 있어야 가능하다. 19세기 말엽은 비관적이었다. 1871년에 발생한 패전, 정치, 금융 스캔들, 무정부주의의 도약은 이전 세대가 갖고 있던 과학만능주의에 바탕을 둔 긍정적 태도를 해쳤다. 항상 자신감이 넘치고 지배적 역할에 자부심을 느끼던 서양 수컷에게 소수이지만 남성 못지않게 공격적이고 치명적인 페미니즘이 최초로 자신들의 요구를 들이밀기도 했다. "'신여성' 의 출현은 유럽 전역에 남성 정체성의 위기를 촉발했다. 이를 해석한 사람 중 한 명이 오스트레일리아의 철학자 오토 바이닝거(Otto Weininger, 1880~1903)였다〔《성(性)과 성격

(Geschlecht und Charakter)》, 1903년〕. 남색이 다시 창궐한 것은 분명 그중 한 형태이다."[206] 독신자라고 모두 상습적인 바람둥이는 아니었다. 여성을 피하기도 하고 전통적인 부부간의 서열에 문제 제기를 하는 사람이 바로 독신자였다. 노총각의 전형이었던 공쿠르 형제의 《일기》는 독신자에 대한 이런 경멸, 혹은 정치 및 사회라는 무대에 등장하는 여성에 대한 두려움을 보여주고 있다.

1891년에 '동성애자' 라는 말이 등장한 것도 우연은 아닐 것이다. 그러나 생각만큼 동성애와 독신을 결부시켰던 것은 아니다. 정략결혼은 드물지 않았다. 지드, 오스카 와일드(Oscar Wild), 니진스키(Vaslav Nijinski, 1890~1950)의 사례는 유명하다. 프루스트의 작품에 등장하는 내성적인 귀족 샤를뤼, 생 루, 게르망트 공은 모두 유부남이거나 결혼한 적이 있다. 꼭 결혼해야 한다는 부담감을 느끼지 않는 이들은 부르주아들〔니심 베르나르, 블로크의 삼촌〕이나 프롤레타리아들〔샤를 모렐〕이다. 니심 베르나르에게 동성애는 자신이 반해버린 종업원을 보기 위해 매일 정오 그랑 오텔 드 발벡에서 점심을 먹는 것에 지나지 않는다. 가족들은 그의 행동이 '노총각의 편집증' 이라고만 생각한다〔《소돔과 고모라(Sodome et Gomorrhe)》〕.

19세기 말은 놀라우리만치 풍부하지만 일관성 있는 광경을 선사한다. 독신의 증가는 자신의 정체성을 찾는 사회의 불안을 반영하는 것이었다. 이런 의식화가 당시 현실을 어느 정도 제대로 반영하고 있는지 수치상으로 확인해볼 수 있겠다.

• 통계로 본 19세기의 독신 •

독신 현상을 분석하는 데 있어 19세기에 가장 새로웠던 점이라면 무엇보다 통계의 기여를 들 수 있다. 통계가 나온 해는 믿을 만한 자료를 최초로 얻을 수 있었던 때였기 때문이다. 또한 이는 조세나 군사 혹은 여타 목적을 배제한 채 실시된 최초의 통계이기도 했다. 독신은 더 이상 다른 자료들을 근거로 추정되는 것이 아니라 기본적인 통계 기준으로 설정되었다. 통계는 발표되자마자 편파적 목적 혹은 경고성으로 이용되었다. 독신에 관한 수치들은 모든 논거의 뒷받침으로 사용될 수 있다는 것이 알려지게 되었다.

따라서 이런 자료들을 어느 정도 거리를 두고 바라보는 것이 바람직하다. 사람들이 생각하는 대로 예술가들은 실제로 질서를 교란시키는 역할을 했는가? 독일 침공에 대한 두려움은 과대망상인가 아닌가? 독신자들이 실제로 프랑스 인구 균형을 위기에 빠뜨렸는가? 인구학자들의 반응은 조금 다르다.[207] 물론 수치는 존재한다. 그러나 유럽 국가 대부분과 마찬가지로 프랑스에서도 통계 자료는 1800년 통계국 개설 이후에나 존재했다. 그런데 이 시기에 안정적 수준을 유지했던 프랑스 인구가(1800만~2000만 명) 갑자기 증가하기 시작했다(1800년에 2750만 명). 제정 시대에 치른 전쟁으로 인구증가세는 주춤했지만 상황을 반전시키지는 못했고 왕정복고 시대에 급등하다가(1815~1845년 사이 매년 0.66퍼센트) 제2제정 시대에 하락했다(1850~1869년 사이 0.35퍼센트). 그리고 제3공화정에 이르러서야 평균 수준을 유지했다(1873~1883년 사이 0.44퍼센트). 1860년대에 인구가 숨 가쁘게 증가한 것은 사실이지만 좀더 광범위하게 살펴보면 일시적 현상에 지나지 않았다.

더구나 1800년 이후 출산율은 저하되지만 신생아 수는 안정적이었다(연간 90만~100만 명). 이는 역설적인 상황일 수 있으나 인구 증가 현상으로 설명할 수 있다. 인구가 점점 증가할 때 신생아 수가 안정적이면 상대적으로 출산율이 저하되는 것으로 나타나기 때문이다. 또한 위생 상태가 개선되면서 사망률이 저하되는 현상은 인구를 증가시키기 때문에 출산율을 수치상으로는 저하시키는 모순된 현상이 발생한다.

이런 설명을 해주지 않으면 상황을 우려할 만하다. 그러나 제2제정 당시 통계치 자체에도 경각심을 불러일으킬 만한 것은 없었다. 신생아의 절대치가 감소하는 현상은 1887년에야 나타났고 영아 사망률 저하는 출산율을 그만큼 증가시켰다. 성인 인구가 합리적으로 증가하도록 자연적인 인구 조절이 이루어진 것이라 생각할 수도 있다.

게다가 사람들의 우려는 특히 이웃 국가와의 비교에서 나왔다. 유럽 전역이 통계의 시대에 동시에 편입했기 때문에 유럽 인구 성장을 비교했을 때 '프랑스의 예외'가 확실히 드러나게 되었다. 프랑시스 롱생(Francis Ronsin)에 따르면 이것은 단순히 출산을 자의적으로 제한한 것이다. 이를 설명하기 위해 여러 가지 이유가 언급되었다. 물론 종교적인 이유도 있었다. 탈기독교화가 진행되면서 피임이라는 금기가 깨어진 것이다. 경제적인 이유도 있었다. 맬서스의 사상에 대한 호응이나 혁명과 정치체제의 급변(1815년, 1830년, 1848년, 1851년)이 정신없이 일어났던 프랑스의 사회적 혼란을 들 수 있다. 농부들을 프롤레타리아 계급으로 만들고 유산의 공평한 분배를 제도화한 1789년의 프랑스 혁명은 토지를 너무 작게 나누지 않기 위해 자녀수를 줄이도록 농부들을 유도했다.

물론 이 이유들이 모두 영향을 미치기는 했겠지만 이것만으로 인구 저하 현상을 설명할 수는 없다. 한편 출산율 저하 현상을 설명하기 위해 독신을 거론할 수는 없었다. 출산율은 1801년부터 1875년까지 안정적이었다. 제2제정 시대에 약간 감소했으나 7.5~8퍼밀(‰)을 유지했다. 완전 독신자(50세 이상) 비율은 물론 높았으나 남성의 경우 10퍼센트 미만, 여성의 경우 12퍼센트 미만(이 가운데 성직자가 0.55퍼센트)이었다. 독신자 수 또한 많았다(남성의 경우 54.10퍼센트, 여성의 경우 49.29퍼센트). 그러나 대부분 독신이 연장된 경우가 많았고 특히 하인의 수(4.22퍼센트)와 복무기간(3년), 다수의 자녀(자녀들도 통계상 독신으로 분류했기 때문이다) 등으로 설명될 수 있다.[208] 따라서 출산율 저하에 대한 책임을 독신자에게 물어서는 안 되며 결혼한 부부의 수치 변화에서 원인을 찾아야 한다. 이 변화는 훨씬 느리고 2세기에 걸쳐 살펴보아야만 나타나며 제2제정 시대에는 측정할 수 없었다.

프랑스 인구 상황에서 큰 변화가 일어난 것은 제3공화정 시기였다. 1877년부터 1906년까지 혼인율은 7~7.8퍼밀을 오갔는데 이는 당시로서는 매우 낮은 수치였다. 제1차 세계대전 당시까지 혼인율은 조금 상승하다가 (큰 폭으로 변화한 후) 1920년대에 8퍼밀 이상으로 유지되었다. 다시 살펴보겠지만 진정한 인구 위기가 닥친 것은 1930년대였다. 인구 위기는 전 유럽을 휩쓸었다. 1875년 벨기에, 1877년 덴마크 · 이탈리아 · 스웨덴 · 영국, 1878년 핀란드 · 네덜란드, 1879년 노르웨이 등등. 그러나 인구 위기는 나라마다 매우 다르게 나타났다. 벨기에의 경우 1886년 이후 인구 위기 문제가 완전히 해결된 것으로 보였다가 1930년대에 강도는 약했지만 다시 등장했다. 프랑스의 혼인율은 1907년부터 조금씩 상승한 반면 다른 국가에서는 1920년대 말까지 낮은 수준으로 머물렀다. 경제 위기로 프랑스의 출산율이 저하되었을 때 오히려 출산율이 상승한 나라도 있었다(덴마크, 핀란드, 아일랜드, 스웨덴, 영국). 보다시피 나라별로 자세한 분석이 필요하다.[209]

프랑스의 경우 다른 지수들이 위험했다. 1887년부터 신생아 절대치가 줄어들기 시작해서 연간 90만 명 이하로 떨어졌다. 이로 인해 프로이센에 복수를 벼르던 시기에 정치인들은 이 상황을 우려하게 되었다. 이 저하 현상은 현재까지 지속되고 있다. 베이비 붐 시대에도 연간 출생자 수가 84만 명을 넘은 적이 없어서 19세기 기록에 훨씬 못 미친다. 어쨌든 그 결과는 분명하다. 1870년 패전 이후 경고성 통계 수치들을 바탕으로 한 출산 장려 이데올로기가 애국심 고취와 함께 등장했다.

당시에는 사람들이 비난을 많이 했지만 사실 독신이 이런 현상을 만들어낸 것은 아니다. 물론 연장 독신자와 완전 독신자 수가 많았던 것은 사실이다. 그러나 농촌의 경우에는 유산을 조각조각 나누지 않으려는 생각 때문이었고 도시의 경우에는 노동자가 겪는 물질적 어려움 때문에 가정을 꾸미려는 생각을 하지 못했던 것이 이유였다. 한편 1872~1911년 사이에 생활 수준이 향상되면서 혼인율이 안정되었다.[210] 그러나 장기간에 걸쳐 분석해보면 독신자 수는 19세기 중반 이후 지속적인 감소 추세를 보였다.

완전 독신(50세 이상)은 1800~1830년에 태어난 세대의 남성 및 여성 중 13퍼센트를 차지했다. 1900년에 이 수치는 남성의 경우 11퍼센트, 여성의 경우 12퍼센트까지 내려갔다. 이후 1911~1920년 사이에 태어난 세대에게서는 9퍼센트까지, 1936~1940년 사이에 태어난 세대에게서는 7.5퍼센트까지 내려간다. 유럽 전역에서 1900년경 상대적으로 높은 독신율이 나타났다. 프랑스처럼 인구 급감 현상을 겪지 않은 나라들에서도 마찬가지였다. 45~49세 남성의 경우 독신자 비율이 아일랜드에서 19퍼센트, 벨기에에서 16퍼센트, 포르투갈에서 13퍼센트, 영국에서 12퍼센트, 프랑스에서 11퍼센트, 이탈리아에서 11퍼센트, 독일에서 9퍼센트에 달했다. 에스파냐(6퍼센트)와 같이 비교적 잘 견딘 나라의 독신율도 동유럽과 기타 지역(남성의 경우 3~9

퍼센트, 여성의 경우 1~4퍼센트)보다 높았다.

결혼 연령이 늦어지는 것과 관련이 있는 연장 독신 또한 감소 추세를 보였으나 이 또한 장기간에 걸쳐 식별이 가능한 것이고 19세기 말에는 거의 변화가 없었다. 혼인 연령(15세 이상)을 기준으로 독신을 규정하는 관습 때문에 혼인 연령이 늦춰지면 독신자 수치가 왜곡될 수 있다. 이 연령대의 독신율이 가장 높았던 시기는 1881~1896년이며 이후 점진적으로 독신자 수가 감소했다.

감소의 원인 중 하나는 여성의 경우 혼인 연령이 낮아졌다는 것이다. 남성의 경우에는 감소 현상이 더 뒤늦게 나타나기 때문이다. 프랑스 혁명부터 제1차 세계대전에 이르기까지 남성의 초혼 연령은 꽤 높은 편이었다(27.5~28세). 초혼 연령은 이후 1960년까지 서서히 낮아져 26세가 된다. 알제리 전쟁 이후에는 더 빠른 속도로 낮아지다가 (1972년 24.5세) 갑자기 높아진다. 여성의 경우 감소 폭은 더 작지만 감소 현상은 더 일찍 나타났다. 프랑스 혁명 때부터 19세기 말까지 26세였다가 20세기에 이르면 서서히 낮아진다. 20세기 초에 24세였다가 1960년에 23.5세, 1972년에 22.5세로 계속 낮아지다가 남성의 경우와 마찬가지로 이후 높아진다. 이렇게 점진적으로 혼인연령이 낮아진 것은 피임을 더 잘하게 되었기 때문이다. 전통사회에서는 출산율을 조절하기 위해 만혼을 장려했는데, 첫 자녀 출산을 늦추는 것이 가능해지자 금방 혼인 연령이 낮아진 것이다.[211]

따라서 장기간에 걸쳐 조사되고(1851~1972년) 일시적인 변화를 배제한 통계치는 믿을 만하다. 연장 및 완전 독신의 현격한 감소, 혼인 연령 저하, 혼인율 유지 및 인구의 규칙적 성장 등이 여기에 나타난다. 1975년 이후 혼인 연령은 다시 상승하지만 이번에는 원인이 다르다. 학업 기간의 연장과 혼전 동거의 유행은 오랜 기간 지속되어온 남녀관계를 공식화하는 결혼을 더 늦추게 만들었다. 혼인율과 독신율에도 영향을 미치는 최근의 변화 추이에 대해서는 다시 살펴보도록 하자.

인구 사학자들은 19세기 분석가들의 경고성 입장을 지지하지 않는다. 그러나 패전의 아픔을 겪고 게르만 국가의 출산 장려 정책에 맞서야 했던 시대적 상황 속에서 출산율의 실질적 감소는 충분히 우려할 만했다. 그 결과 독신자의 이미지는 추락했지만.

Chapter 6
신(新) 독신자

"독신자는 커플보다 영화관이나 식당에 두 배 더 자주 가고, 웰빙에 관심이 있으며, 가족 부양의 책임이 없다. 고로 '충동적으로' 구매하는 성향이 강하다. 독신자는 이상적인 소비자가 되었다.

; *Le nouveau célibatire*

• • •

"여자는 남자의 미래다." 1963년 아라공(Louis Aragon, 1897~1982)은 이렇게 노래했다. 당시는 이런 예언이 쉽게 나올 수 있는 상황이었다. 여성들이 모든 공적 영역에서 새로운 역할을 담당하게 되었고, 이것이 20세기의 특징으로 부각되었기 때문이다. 이 점은 독신의 역사에도 중요한 의미를 띤다. 대체로 부정적 인식의 대상이었던 고독이라는 이미지는 당시까지만 해도 남녀에게 매우 다르게 적용되었다. 남성의 고독(자유연애가, 댄디, 노총각)은 적극적이고 이기적인 반면, 여성의 고독(노처녀)은 소극적이고 무미건조하다는 인식이 지배적이었다. 그러나 이혼이 다시 가능해지고(1884년), 여성들이 직업을 갖게 되었으며, 전사한 군인의 젊은 미망인이 품위 있고 존경스러운 이미지를 얻으면서 독신의 이미지는 조금씩 회복되었다. 플로렌스 나이팅게일에서 브리짓 존스에 이르기까지 단절도 나타나지만 연속성도 존재한다.

• 독신녀, 독립을 부르짖다 •

사람들은 그녀를 마드모아젤이라고만 불렀다. 그녀의 사무실 문에도 그렇게만 적혀 있었다. 가끔 '그랑드 마드모아젤'이라고 부르기도 했는데, 이렇게 루이14세 사촌누이의 별칭을 빌린 것은 예술가들을 후원하는 그녀에게 존경의 뜻을 표하기 위해서였다. 에티엔 발상(Etienne Balsan)은 그녀에게 '코코(Coco)'라는 애칭을 지어주었다. 그녀가 바로 20세기를 풍미한 유명한 독신녀, 가브리엘 샤넬이다.

샤넬은 프랑스 소뮈르에서 성장했다. 어머니는 조용한 성격이었고, 도붓장수였던 아버지는 집을 비우는 날이 더 많았다. 아버지는 아내가 세상을 떠나자 자식들을 버리고 떠났다. 당시 샤넬의 나이는 열두 살이었다. 고아원에서 6년을 지낸 후 그녀는 물랭의 재단사들을 상대로 하는 납품업체에서 일하게 되었고, 이내 부대 장교들의 눈에 띄게 되었다. 특히 군복무 중이던 직물공장 상속인 에티엔 발상이 그녀를 눈여겨보았다. 샤넬은 그를 따라 루아이얄리외로 갔고, 그와 함께 파리 경마장을 중심으로 한 상류층 사회를 드나들게 되었다. 그녀는 이런 '드미 몽댄'의 생활을 계속하였고, 광란의 시절에는 연예신문 머리기사를 장식하기도 했다. 그러나 그런 생활은 그녀에게 맞지 않았다. 그녀는 "자신이 결혼하기에 적당한 여자는 아니다."[1]라는 점을 재빨리 깨달았다. 아니, 적어도 남자들의 보살핌을 받는 애첩이 될 수는 없었다.

에티엔 발상과 결별한 후 샤넬은 영국의 부호 아서 카펠(Arthur Capel)과 만나 처음으로 진정한 사랑을 경험했고, 그의 도움으로 파리의 캉봉 가(街)에 양장점을 낼 수 있게 되었다. 오트 쿠튀르에 뛰어들면서 그녀는 카펠이 요구하지도 않은 빚을 모두 갚았다. 이때 카펠은 샤넬이 비록 발상에게 코코라는 애칭을 얻었고, 사람들에게 손쉽게 '코코트(cocotte, 경박한 여자)' 라고 불리지만 실상은 그렇지 않다는 것을 깨달았다. 하지만 그녀는 여전히 '결혼하기에는 적당하지 않은 여자' 였다. 샤넬이 '보이' 라고 불렀던 카펠은 1918년 자신에게 어울리는 신분의 여자와 결혼했는데, 결혼 직후 자동차 사고로 세상을 뜨고 말았다. 샤넬은 연인의 죽음으로 충격에서 벗어나지 못했다. 이후 여러 차례 남자들을 만나보았지만 모두 실패했다. 웨스트민스터 공작은 그녀와의 정식 결혼을 진지하게 고려하지만 45세나 된 샤넬은 그가 원하는 상속인을 낳아줄 수 없었다. 샤넬은 화가인 이리브(Paul Iribe)와도 결혼하려 했으나, 1935년 이리브가 갑작스럽게 사망하고 말았다. 독일 외교관과 나눈 그녀의 마지막 사랑 때문에 그리고 처칠 수상을 위해 수행해야 했던 임무 때문에 샤넬은 전후 오랫동안 망명객의 신세가 되었다. 1953년 파리로 돌아온 '그랑드 마드모아젤'은 1955년 유명한 샤넬 슈트를 런칭하며 화려하게 복귀했다. 그녀는 70세에 다시 파리 패션의 여왕으로 등극했다. 샤넬은 결혼한 여자들처럼 남편의 이름을 빌릴 처지가 아니었기에 새로운 여성 패션 스타일에 자신의 이름을 붙였다.

이 독신 여성은 단 50년 만에 여성의 이미지를 완전히 뒤바꿔놓았다. 단순하고 때로는 밋밋해 보이는 실루엣 라인을 사용하면서도 지나치게 정숙을 강요당한 여성의 몸을 해방시키고자 단호한 의지를 표현했다. 또한 편물이나 저지와 같은 편안하면서도 경시되어왔던 재료들을 과감히 오트 쿠튀르에 적용시켰다. 샤넬은 여성 기업인으로서 철두철미하게 사업을 경영했는가 하면, 커뮤니케이션에 능통하여 천재적인 직감을 발휘하기도 했다. 예를 들어 자신의 오트 쿠튀르 상표와 채택한 샘플 번호를 결합하여 향수 이름을 지었는데, 이 향수가 바로 전설적인 샤넬 'N° 5'이다. 모든 선입견을 깨고자 했던 의지만으로도 상궤를 벗어나는 인물이었던 코코 샤넬은 자신이 딱히 추구하지도 않았던 독신을 그녀에게 강요한 시대의 위선을 통째로 뒤흔들어 놓을 에너지를 자신의 생활방식으로부터 끌어낼 줄 알았다.

여성의 이미지에 큰 변화가 찾아온 시대인 광란의 시절(Années folles, 1920년대—옮긴이)에 코코 샤넬은 20세였다. 1789년[올랭프 드 구주(Olympe de Gouges, 1748~1793, 〈여성인권선언〉을 작성한 프랑스의 여성 기자 겸 연극인—옮긴이), 테루아뉴 드 메리쿠르(Théroigne de Méricourt, 1762~1817, 프랑스 여성 정치가—옮긴이)]과 1848년[플로라 트리스탕

(Flora Tristan, 1803~1844, 여성운동가이자 사회주의자로 국제노동조합의 필요성을 최초로 역설했다. 폴 고갱의 조모—옮긴이), 조르주 상드〕 혁명 당시 페미니즘은 작은 불씨에 지나지 않았다. 그러다 장기간 평화가 지속되었던 제3공화정 하에서 페미니스트들의 요구가 사람들의 의식 속에 조금씩 자리 잡기 시작했다. 여성이 자유롭기 위해서는 사회적 지위가 필요했고, 따라서 성년이 되기 전인 25세에 결혼한 처녀들이 많았다. '노처녀들' 은 가족이나 남자 형제 집에 얹혀살았다. 여자는 처음에는 아버지, 그 다음에는 남편 혹은 가장 가까운 친척에게 평생 의존하며 살았다. 사별을 했거나 (1884년 나케 법이 부활시킨) 이혼을 한 경우에만 여성이 남편의 후견을 벗어나더라도 다시 가족의 윤리적 굴레에 얽매이지 않을 수 있었다. 결국 페미니즘 사상이 나케 법 통과 이후 더욱 활발하게 전개된 것도 우연은 아니다. 이혼하는 여성은 극히 드물었지만(1891년 1만 9917명, 즉 1000명 당 1명 꼴), 이혼녀들은 가장 기가 센 여자들이었다.

독립심이 강한 여성일 경우 이혼녀라는 신분이 가장 편하기도 했다. 여자가 성인이 되면 자기 인생의 주인이 되기는 했으나, 가족의 성을 따르고 있었기 때문에 가족은 그녀의 행동에 책임을 져야 한다고 느꼈다. 《장 드 라 륀》에서 마르셀 아샤르는 바람기 있는 여자 마르셀린을 등장시킨다. 마르셀린은 연인을 계속 갈아치우며 남자형제와 함께 이들에게 얹혀산다. 그녀는 자신을 가장 사랑하는 남자인 장 드 라 륀과 결혼하지만, 결국 그를 떠나고 만다. 누이에게 얹혀사는 남자형제는 장 드 라 륀을 찾아와 결혼의 문턱을 넘어서기로 결심해줘서 고맙다고 말한다. "우리 가족을 위해서요! 그리고 이젠 마르셀린의 행동이 별로 중요하지 않아요. 곧 이혼녀가 되잖아요."(제3막 제3장) 이는 마르셀린의 행동으로 더럽혀질 이름은 이제 더 이상 그녀

아버지의 이름이 아니라는 말이다. 그녀의 행동을 제대로 감시하지 못했다고 가족에게 손가락질할 사람은 없을 것이다. 이혼녀는 독신 여성보다 더 자유로웠다. 아버지의 후견이 가장 견디기 힘들었다는 점도 모순이다. 1949년 시몬 드 보부아르는 '자유로워지기 위해서' 결혼을 선택하는 부르주아 계층의 젊은 처녀들이 많다고 지적한 바 있다.

따라서 나케 법은 여성 해방에 있어 중요한 지표가 된다. 17세기 이후 여성 해방이 추구해온 '제3의 길'은 분명 독신의 길이 아니었다. 그것은 이혼의 길이었다. 모든 상황이 매우 빠르게 전개되었다. 1896년, 코르셋이라는 독재에 대항하기 위해 여성해방동맹이 결성되었다. 과감한 여성들은 가르손(garçonne, 1880년에 나타난 용어로 보이시한 여성을 가리키는 말—옮긴이)처럼 행동했다. 이들은 1902년의 콜레트처럼 머리를 짧게 자르거나 라실드(Rachilde, 1862~1953, 프랑스 작가—옮긴이), 콜레트, 마틸드 드 모르니(Mathilde de Morny, 1862~1944, 나폴레옹 3세와 이복형제인 모르니 공작의 딸로 콜레트와 연인 관계였다—옮긴이), 마들렌 펠티에(Madeleine Pelletier, 1874~1939, 페미니스트이자 사회주의 운동가. 프랑스에서 여자로서는 최초로 정신의학 학위를 받은 의사—옮긴이), 아리아 리(Arria Ly, 1881~1934, 프랑스의 페미니스트. 1910년 툴루즈 의원 선거 출마 시 불륜과 매춘에 대한 개혁을 공약으로 내세웠다—옮긴이)처럼 남자 옷을 입었다. 1904년 민법 제정 100주년을 기념하여 공공장소에서 민법전을 소각한 것은 중요한 사건이었다. 여성들은 영원한 미성년자로 간주되기를 거부하기 시작했다.

예술가, 모델, 기자, 작가, 사교계 여자들과 드미 몽댄들뿐만 아니라 변호사나 의사와 같은 자유직 여성, 혹은 교사들 사이에서도 독립이 유행했다. '신(新)여성'은 더 이상 부수적 역할에 만족하지 않았다. "마음껏 세상을 탐험하고 사랑하기를 원한다. 때로는 선망의 대상이 되고, 때로는 비난의 대상이 되는 신여성에게 쉬운 일은 아무것도 없다."[2] 자유란 고독한 길이기 때문이다. 그러나 협회에 관한 새로운 정관(1901년 법)이 등장하자, 독신이나 이혼으로 인한 고립감은 공동체를 통해 극복되었다.

사회에 맞서는 것을 두려워하지 않았던 여성들이 자유를 쟁취한 방법은 동성애, 남장, 결혼 거부 등 이들을 사회로부터 배제시키는 행위들이었다. "정도의 차이는 있었지만 남장은 평등한 페미니즘을 주장하는 페미니스트들의 특징 가운데 하나였다."[3] 마틸드 드 모르니는 여성이 남자처럼 옷을 입고 변장해야 '여성 댄디즘'을 표현하는 것이라고 생각했다. 벨 에포크의 '아마존 여전사들'인 나탈리 클리포드 바르네(Nathalie Clifford-Barney, 1876~1972, 시인이자 번역가로 양차 대전 사이 파리의 미국 및 영국 문학 출판에 있어 중요한 역할을 한 인물 —옮긴이), 르네 비비앵(Renée Vivien, 1877~1909, 영국 태생의 프랑스 시인 —옮긴이), 거트루드 스타인(Gertrude Stein, 1874~1946, 국제적 명성을 누린 미국 작가. 예술품 수집가로 피카소를 비롯한 예술가 후원자와 레즈비언으로 유명하다 —옮긴이)과 그 친구들은 '외국 태생이라는 점 때문에 파리 전체의 인정을 받은 창조적인 아르 누보나 아방가르드의 탐미주의자들이자 레즈비언들'로 남자들처럼 살고 싶어했다. 여기에는 성생활도 포함되었다.[4] 당시 이들을 비방하는 사람들은 페미니스트와 레즈비언을 동의어로 여기기까지 했다. 1912년 독일의 저명한 의사 A. 본 몰(A. von Moll)은 여성 해방으로 여성이 남성화되었고, 그로 인해 출산율이 떨어졌으며, 성이 타락했다고 비난했다.[5]

처녀성과 독신의 사도 마들렌 펠티에와 같은 여성들은 남장이 남자들과 똑같은 권리를 누리겠다는 의지를 외부로 표현하는 일이라고 생각했다. 어쨌든 이런 행동이 독신에 미치는 영향은 하나다. 근대 여성은 모든 권리의 상실을 의미하는 결혼에 만족할 수 없었다.

결혼이라는 굴레를 거친 여성들도 있었다. 마틸드 드 모르니는 벨뵈프(Belbeuf) 후작과 1903년 이혼했고 콜레트는 1907년 윌리(Willy)와 별거했다가 1910년에 이혼했다. 《방황하는 여인》에서 콜레트는 여주인공 르네가 겪은 '결혼으로 인한 노예 상태'를 언급하고 있다. "저는 결혼, 그러니까 둘이 함께 하는 삶을 다시 시작할 만큼 젊지도 않고, 혈기왕성하지도 않고, 관대하지도 않아요. 닫힌 방안에서 화장을 한 채, 아무 하는 일 없이 저를 하렘으로 선택한 남자가 와주기를 기다리게 해주세요. 저는 그 사람의 애틋함과 열정만 알고 싶어요. 내가 원하는 것은 사랑, 사랑뿐이라고요."[6]

여류 소설가 콜레트는 20세기 초반이라는 과도기에 결혼을 위해 여성이 갖춰야 하는 중요한 조건들이 무엇인지 보여주었다. 그 조건들이라는 것은 열정, 순진함 혹은 젊은 시절의 천진난만함이었는데, 이는 처녀들의 평균 혼인 연령이 아직 낮았기 때문이다. 당시에는 대부분의 여성이 일을 하지 않았고, 또 일을 하라는 요구도 받지 않았다. 신랑에게 보내질 나이가 되었을 때 이들이 과연 인생에 대해 무엇을 알 수 있었을까? 반면 30세에 직업을 통해 독립을 쟁취하게 되면 결혼해서 하녀처럼 살 마음은 없어지게 된다. 여성이 직업을 갖게 되고 혼인 연령이 높아진 것이 독립에 대한 열망을 높이는 데 큰 역할을 했음이 틀림없다. 게다가 낭만주의 이후 사랑의 가치가 유례없이 높아진 것도 결혼 생활의 이미지를 깎아내리는 데 한몫했다. '내가 원하는 것은 사랑, 사랑뿐이라' 고 말하고 싶은 엠마 보바리가 얼마나 많았을까?

'노예로 살아야 하는 여자의 운명' 을 경험하기 이전에 이사도라 덩컨과 같이 미리 거부해버린 여자들도 있었다. 덩컨에게는 그럴 만한 이유가 있었다. 샌프란시스코에서 태어난 그녀는 아일랜드 태생의 가톨릭 신자였던 어머니 밑에서 성장했다. 그녀의 어머니는 남편에게 실망하여 이혼하고 무신론자가 되어 네 아이를 혼자 키웠다. 덩컨은 어려서부터 결혼을 없애고 여성을 해방시키기 위한 투쟁에 몸 바치겠다고 결심했다. 그녀는 12세에 '그런 모욕적인 상태'에 절대 굴복하지 않겠다고 맹세했다.

사실 그녀는 국제적으로 성공을 거두어 안정적인 결혼 생활을 바랄 수도 없었다. 미국, 영국, 프랑스, 독일, 오스트리아 등 어느 곳을 가든 그녀의 춤은 갈채를 받았다. 그녀는 고대 의상을 입고, 학구적 전통에서 탈피한 맨발의 춤을 추었다. 유럽 전역은 요란스러운 연애 행각과 강연 때마다 춤의 해방을 여성 해방과 연결시키는 발언으로 화제를 몰고 다니는 이 자유 여성에게 야유를 퍼부었다. 고정관념은 그녀를 괴롭혔다. 부다페스트에서는 한 대배우가 그녀와 결혼하려 했는데 그녀에게 춤을 포기하고 자신의 대본 연습을 도와달라고 강요했다. 이것으로 그들의 낭만적인 사랑은 끝을 맺었다.

덩컨은 1921년 러시아 시인 세르게이 예세닌(Sergey Aleksandrovich Yesenin, 1895~1925)의 청혼을 받아들이는데, 이는 전통적 결혼을 폐지시킨 소련 체제 하에서였다. 결혼서약 시 부부의 서명 밑에는 다음과 같은 문구가 들어가 있었다. "본 서명으로 당사자 상호간의 어떤 책임도 묻지 않으며, 당사자 중 한 명의 요청만 있으면 결혼을 취소할 수 있다." 이에 대해 덩컨은 다음과 같이 평했다. "이런 결혼이야말로 해방된 여성이 동의할 수 있는 유일한 협정이다. 이것이 내가 동의했던 유일한 결혼 형태이다."[7]

이사도라 덩컨이 강연을 통해 알렸던 경험은 다른 여성들에 의해 소설과 수필이 되어 찬양되거나 옹호되었다. 그러나 이들의 선택은 근본적으로 상반되었다. 마들렌 펠티에는 자전적 요소가 강한 소설 《동정녀(La Femme vierge)》(1933년)에서 여주인공 마리가 결혼을 거부하도록 그렸다. 기본적인 생각은 같았다. "여자는 남자의 하인이다. 나는 남자를 섬기기 싫다." 그러나 책 제목에서도 알 수 있듯이, 그렇다고 퇴폐적인 성생활로 해방을 맞이하자는 이야기는 아니었다. 마리가 상징하는 과격한 페미니즘은 결혼뿐 아니라 사랑도 포기하는 것이었다. "마리는 지적 활동으로 사랑의 빈자리를 메웠다. 그러나 과연 얼마나 많은 여자들이 그럴 수 있겠는가." 이런 사례를 일반화하기 어렵다는 점은 그녀도 인정했다. 적어도 초기에는 말이다. 용감한 여성들은 남성만이 유일한 삶의 해결책이 아니라는 것을 보여주고자 했다. "앞으로 여성이 해방되면 자유를 포기하지 않고도 아이를 낳을 수 있을 것이다." 그런 날이 오기를 기다리며 마리는 난산으로 죽은 친구의 딸을 사내아이처럼 키우는 것으로 만족했다.[8] 마들렌 펠티에는 처녀성을 중요하게 여겼고 더 높은 이상이 승리하기 위해 희생을 감수해야 한다고 생각했기 때문에 순교자라는 그리스도교적 전통을 이어받았다고 할 수 있다.

소설로 쓰인 펠티에의 경험은 마르셀 프레보(Marcel Prévost)가 쓴 《강한 처녀들(Les Vierges fortes)》과 비교할 때 더욱 두드러지게 나타난다. 1900년에 발표된 《강한 처녀들》은 그리스도교적 배경을 공공연히 드러내며 펠티에의 생각에 공감하고 있다. 프레보가 등장시킨 페미니스트들은 자선사업으로 가난한 소녀들을 위한 전문기술학교를 세운다. 그리고 이를 위해 남성과의 사랑을 희생시켰다. "최소한 이 투쟁의 시기에는 자유로운 상태에서 신성한 군대에 입대하는 편이 낫다." 이 페미니스트들은 '자신이 양육하는 딸들 외에는 가족이 없는 속세의 수녀들' 이라는 이상적 모델을 주장했다. 그러나 이들은 '강한 처녀가 이상적 여성상' 이 되려면 사회가 바뀌어야 한다는 것도 알고 있었다. 결국 이들은 '미래의 이브' 를 꿈꾸었다. 그녀들은 결혼할 것이고, 이때 '강한 처녀' 는 해방된 여성 귀족 그룹을 형성할 것이다. 이들 중 한 여성은 핀란드 출신 화가에게 반해 신비주의적인 결혼을 시도했다. 그러나 단 한 번의 키스로 타락한 성을 알게 되면서 결혼은 산산조각 나고 말았다. 책 두 권을 쓰고 오랜 별거 기간을 가진 후에야, 화가는 여성을 남성의 굴레에 속박시키는 나쁜 유전자를 버렸고, 새로운 아담과 이브가 된 두 사람은 '미래의 도시'[9]를 꿈꾸며 결혼했다. 그리스도교적 포기는 성(性)을 초월하게 하고, 남편의 권위인 원죄('나쁜 유전자')를 씻어주었다. 이 소설에서 새로운 이브와 미래 도시의 연관성, 결혼 직후 세상을 뜨고 마는 레아의 열정, 지상 과업의 실패 등과 같은 요소는 19세기 말 사회에 관심을 가진 그리스도교의 맥락에서 이해된다.

모든 페미니스트들이 프레보나 마들렌 펠티에의 여주인공들처럼 완강하지는 않다. 《동정녀》에서 마리는 친구들이 결혼을 권유하자 스스로 그 점을 인정했다. "페미니즘이 결혼을 금하는 것은 아니야. 하지만 나의 페미니즘은 그걸 원해." 마들렌 펠티에는 1908년 이후 《권리를 위해 투쟁하는 여성(La Femme en lutte pour ses droits)》에서 이런 입장을 옹호했다. "우리가 결혼 폐지를 주장하는 점은 확실하다. 여성은 남성과 동등하게 노동으로 생계를 유지하므로, 남녀 간의 결합을 규제할 이유가 없다. 남녀 간의 결합은 개인이 원하는 바에 따라 이루어질 것이며, 개인적인 영역에 속하게 될 것이다."[10] 마들렌 펠티에는 여성에게 자식이 있든 없든 간에, 사랑을 포기하는 일과 성적 자유를 누리는 일은 여성이 선택해야 한다고 주장했다. 자녀는 여성 스스로 키우거나 사회가 떠맡으면 되었다. 사실 남성도 이 정도 자유를 누리지는 못했다.

작가는 이 일이 실현될 때까지 출산 파업을 감행해야 한다는 파격적인 주장을 했다. 더구나 당시의 사회적 분위기는 인구를 증가시켜야 한다는 의견이 팽배해 있었다. "물론 차세대의 안녕은 보장되어야 한다. 그러나 그들을 위해 절반의 성(性)인 우리 세대 반쪽을 완전히 희생시킨다면 이는 불공평하다." 문명이 출산율 저하의 원인이 된다는 사실도 작가는 간파했다. "인구 감소를 초래하는 주범은 민족에게 매우 유익하다. 이는 지성과 복지의 발달을 의미하기 때문이다."[11] 마들렌 펠티에의 이 흥미로운 주장은 최근 독신의 역사에도 등장한다.

독신에 대한 이런 찬양은 태동하는 페미니즘과 19세기 말부터 강세를 보인 신맬서스 인구론이라는 맥락에서 파악된다. 전쟁과 사회적 긴장이 고조된 분위기 속에서, 산아 제한은 전쟁의 위험을 줄이고 노동력을 감소시켜 임금을 상승시키리라는 희망을 품게 했다. 무정부주의자들과 노동조합주의 옹호자들이 이런 논리를 지지했다. 이들은 독신이 아닌 피임 권장을 통한 산아 제한을 주장했기 때문에, 앙심을 품은 출산장려주의자들이 독신에 대해 퍼붓는 지속적인 공격과는 다른 차원에서 이해해야 한다.

제1차 세계대전은 페미니즘 역사와 여성 독신의 역사에서 또다른 전환점이 되었다. 젊은이들이 대량으로 전사함으로써 그만큼의 여성은 과부가 되거나 독신으로 지내야 했다. 1919년 주느비에브 뒤아믈레(Geneviève Duhamelet, 1890~1980, 프랑스 여류 시인이자 소설가, 기자—옮긴이)의 작품 속 여자 주인공은 이렇게 말한다. "내 나이 또래의 남자들은 거의 다 죽었어. 누군가 그 남자들을 가리켜 '희생된 세대'라고 표현을 하더라구. 하지만 우리 여자들이야말로 희생의 세대야. 나를 사랑했을지도 모를 남자가 전쟁터에서 쓰러져갔어. 이제 우리는 결혼도 못해보고 과부가 된 미망인 부대가 될 거야." 나폴레옹 전쟁 이후에도 똑같은 시나리오가 나왔다. 그러나 인구 역사가들은 상당히 다른 해석을 내놓는다. 신랑감을 찾는 것이 점점 더 어려워지면서 여자들은 남자가 없는 긴 공백 기간 동안 오히려 책임감을 배우게 되었다는 것이다. 특히 경제 분야에서 그렇다. 따라서 여성들의 권리는 당연히 인정되어야 했다.

제1차 세계대전 직후 혼인율은 크게 상승했다. 많은 쌍이 전쟁 기간 동안 미루어왔던 결혼 계획을 실현한 것이다. 그러나 참전국 내 여성 독신자의 비율은 여전히 높았다. 1921~1925년 프랑스 혼인율은 남성의 경우 8.4퍼밀이었는데 반해 여성의 경우 5.2퍼밀에 머물렀다. 여성들은 가정을 만들 기회를 훨씬 갖지 못했다. 이혼도 전례 없이 증가했다. 나케 법(1884년)이 통과된 이후 제1차 세계대전이 발발할 때까지 이혼 건수는 연간 5000~1만 5000건 정도에 불과했지만, 1920년에는 3만 5000건에 이르렀다. 이후 제2차 세계대전이 발발할 때까지 이혼 건수는 연간 2만~2만 5000건 정도로 다시 줄어들었다. 과부, 이혼녀, 독신녀 등 혼자 사는 여성의 수는 이례적인 비율로 증가했다. "이 현상으로 인해 이들의 권리에 대해 다시 한 번 주목하게 되었다."[12]

광란의 시절에는 드물었던 과감한 행동들이 그로부터 20년 뒤에는 유행이 되었다. 의복과 두발에서 자유의 물꼬가 터졌다. 가르손 모델은 19세기 말에 탄생했으나, 1924년 빅토르 마르그리트(Victor Margueritte, 1866~1942)가 발표한 소설 《라 가르손(La Garçonne)》이 폭발적인 성공을 거두면서 유행을 타기 시작했다. 여주인공인 모니크는 직업으로 실내장식을 하는 독립적인 여성이다. 소설의 결말은 다분히 교훈적이다. 수많은 연인을 사귀던 사교계의 꽃은 결국 자신의 타락한 삶을 용서해준 전쟁 포로의 사랑으로 구원받는다. 작가는 독신이 해방된 여성의 삶은 아니라고 생각했다. 그러나 1920년대에 전쟁에서 살아 돌아와 가르손을 '올바른 길' 로 인도할 수 있는 남자는 실제로 드물었다. 이 작품이 스스로 도덕적이기를 원했고 또한 그 때문에 아나톨 프랑스도 이 작품을 옹호했으나, 빅토르 마르그리트는 책이 발간되고 1년이 지난 후 레지옹 도뇌르 훈장 수상자 명단에서 제명되었다.

그러나 그는 여성의 실루엣에 일어날 일대 혁명을 알리는 신호탄이었다. 1920년대의 짧은 머리와 짧은 치마, 코르셋에서 해방된 가냘픈 허리는 '가르손' 을 중성적 인물로 만들었다. 가르손의 변천사는 엄격하게 말해 독신의 주제를 벗어난다. 하지만 이는 전쟁 직후 혼자 살아갈 수밖에 없었던 여성의 수가 증가했기 때문에 20년 동안 지속되어오던 속물주의(snobisme)를 유행으로 뒤바꿔놓을 수 있었다. 이어 독신에 관한 낡아빠진 선입견들도 파괴되기 시작했다.

루앙의 레 필리팽(Les Philippins, 몽티에가 남성적인 종교 프로그램을 만들었던 청소년 선도회—옮긴이) 회장이었던 에드워드 몽티에(Edward Montier)가 쓴 《사랑에 관한 편지, 결혼하지 않을 여자에게 보냄》이 이를 입증하고 있다. 몽티에는 '노처녀들' 로 분류될 만한 여자들에게 좀더 너그러운 태도를 보였다. 사실 "어느 누구도 이들을 옹호해주지 않았다." 명예로운 전쟁미망인이라는 지위를 얻지 못한 노처녀들이 많기는 하지만 이 가운데에는 전쟁에서 약혼자를 잃고 다른 남자를 사귈 수 있는 때를 놓친 여자들도 많았다. 또한 교사와 같이 독신을 요구하는 직업을 가진 여자들도 많았다. 20년 전만 해도 학문에 열중하는 처녀들을 눈뜨고 봐주지 못했던 사람들이 있었고 교사는 그들이 비웃던 직업이었다. 몽티에의 편지가 유일한 사례는 아니다. 어쩔 수 없이 독신의 길을 택한 '전쟁 희생자들'에게 그리모(Charles Grimaud) 사제는 전쟁이 가져다준 가난을 해결하는 데 헌신할 것을 권했다. 또 여자들에게 '도덕적 타락'이나 마찬가지인 '남자들의 직업'에 대한 유혹을 뿌리치라고 했다. 그의 입장에서 볼 때 이는 여성의 도덕적 타락과 마찬가지였다. 특히 여성 특유의 모성애를 살리고 사람들을 편안하게 해줄 수 있는 분야에 일자리가 부족하지 않다는 점을 강조했다. "사회의 아픔을 치유하는 것. 이것은 사회를 죽인 살인마에 대한 승리이자 보복이다."

이렇게 본분을 다하기 위해 독신자가 되려는 여자들은 사회에서 수용되었다. 그러나 이들을 받아줄 수녀원은 적었고, 그렇다고 세상과 접촉하도록 내버려두면 여자들이 타락할 위험이 있었다. 그리모 사제는 이들에게 남자처럼 행동하지 않도록 조심하라고 일렀다. 특히 사랑을 경시하거나 반대로 결혼을 못해서 인생이 파탄났다고 서러워하며 표독스러워지지 않도록 조심하라고 경고했다. 마들렌 펠티에의 순결한 페미니즘이나 이사도라 덩컨의 충격적인 자유와는 정반대의 위치에 서 있는 '온순하고 사랑받을 수 있는 이상적인 노처녀'는 추문에 노출되어서는 안 되었다. 몽티에는 "시들지도 않고, 잎도 떨어지지 않았으며, 속이 온전하고, 하늘에서 내린 이슬을 마신 꽃에게도 영광은 있다."고 했다. 따라서 후회하지 말고 희생된 자신의 운명을 기쁘게 받아들여야 한다. "그 기쁨을 맛보기 위해서 여러분은 그야말로 여러분의 미래의 모습을 이미 간직하고 있어야 합니다. 처녀로 살아가고 노처녀가 되는 일을 스스로 받아들여야 합니다." 발자크가 만들어낸 불평 많고 인정 없는 노처녀들의 망령은 이제 기억 속에서 사라졌다. 독신은 또다시 희망도 없고 후회도 없는 여성의 이상적 모델

이 되었다. 그것은 모든 것을 체념하고 받아들여야 하는 멈춰버린 시간이었다. "이제 몇 년이 지나면, 시간이 조금 지나면, 곧바로 여러분은 노처녀가 될 것입니다."[13] 아! 시간은 유수처럼 흐른다.

• 독신 여성의 새로운 직업 : 교사, 간호사, 사회복지사 •

제3공화정이 성녀 가타리나 축일을 유난스레 기념하는 여자들에게 모욕을 줄 때 예외를 둔 것은 그야말로 마지못해서였다. 상황이 변하면 의식도 변해야 하기 때문이다. 1870년 전쟁 때까지 여성들의 노동은 손가락질을 받았다. 부르주아 계층의 고객들과 친분을 쌓아온 '그리제트' 들의 재봉은 오래 전부터 여성의 직업으로 간주되어 왔다. 여성은 이 분야 외에도 남성의 영역을 침범하기 시작했다. 여성 노동자들은 사회의 밑바닥 계층이 받는 푸대접에 더하여 여성에게 가해지는 경멸을 이중으로 감당해야 했다. 변호사, 의사 혹은 작가와 같이 고귀한 영역에서 남성의 특권에 도전장을 내미는 여성도 경멸의 대상이 되기는 마찬가지였다. 오랫동안 '의사' '작가' '문인' 을 일컫는 여성 명사는 '마녀' 였다.

이런 관점에서 보면 19세기의 마감은 1870년에 이루어졌다. 전쟁 기간 중 남자가 부족하자 마들렌 브레스(Madeleine Brès)는 여성으로서는 최초로 임시 인턴이 되어 병원에서 근무했다. 그러나 여성이 병원에서 근무할 수 있도록 해준 전쟁은 한시적이었다. 1871년 마들렌은 자신이 의사로서 활동할 수 없다는 사실을 깨달았다. 그녀의 존재가 용납할 수 없는 전례가 될 수 있기 때문이다. 그로부터 1년 후 반발이 걷잡을 수 없이 커지자, 결국 의과대 여학생들도 통근 조수 시험을 볼 수 있게 되었다. 단, 그 후에 인턴 시험을 보겠다고 우기지 않겠다는 조건부였다. 1885년에 여성도 인턴 시험을 볼 수 있게 된 것은 정치적 결정 덕분이었다.

그럼에도 불구하고 의사라는 직업은 근본적으로 남성이 우위를 점했다. 당시 새로운 직업이나 재편된 직업인 경우에는 사정이 달랐다. 여교사, 간호사, 사회복지사 분야에서 여성은 모성애라는 고정관념의 덕을 보았다. 종교단체에 큰 타격을 주었던 1901년의 협회법은 수녀들이 기꺼이 몸바쳤던 일에 다른 인력을 투입해야 할 실질적 필요성을 제기했다. "정부는 인가 여부와는 관계없이 교육기관의 역할을 대행하던 모든 수도원을 일제히 폐쇄시켜버렸다. 교육 다음은 병원 차례이다. 지금껏 희생정신과 속죄에 대한 바람, 헌신의 욕구로 가난한 자와 병든 자, 고아들을 돌보아왔던 수녀들은 자비와 헌신의 기적을 일으켰던 요양소에서 쫓겨나는 신세가 될 것이다. 이들을 대신할 사람은 누구인가? 바로 노처녀들이다."[14]

이 글은 노처녀들의 속죄와 헌신의 바람을 잘 알고 있던 사제가 일체의 조소 없이 쓴 글이다. 조소는 둘째 치고라도 그의 분석은 하나도 틀리지 않았다. 평신도 독신남녀들은 협회 및 직업 세계에서 성직자들의 바통을 자연스럽게 이어받았다. 이를 위해 이들에게는 새로운 틀이 필요했다.

더구나 시대 분위기가 그러했다. 1912년 앙투아네트 몽토드리(Antoinette Montaudry)는 자신의 소설에서 노처녀의 헌신을 모성애의 대체물로 언급했다. 여주인공은 버려진 아이들을 거두는 사회사업에 뛰어든다. "우리에게는 아이가 없으니 모성애를 통해 그것을 벗어던진 어머니들에게 부끄러움을 느끼도록 해야 한다. (중략) 우리를 따를 수 있는 노처녀들은 수백만 명이다. (중략) 모든 여자의 입술에는 사랑의 입맞춤이 잠들어 있다. 그 입맞춤을 남편에게 할 수 없으니 아이에게 할 것이다. 우리는 천사들의 군대를 품에 안아 달래는 처녀들의 군대가 될 것이다." 아직까지도 그리스도교적 성향이 강하게 남아 있었으므로, 대체 어머니들의 처녀성은 그들이 덕을 갖추었음을 입증해 주었다. 어쨌든 이때부터 이미 노처녀들은 자선단체 생활에 헌신할 생각을 품고 있었다. 한 세대 전만 해도 수녀원은 피난처가 되었을 것이다. 소설가 르네 바쟁이 쓴 《노처녀의 회고록(Mémoires d'une vieille fille)》에서도 수녀원에 들어간 수녀들이 속세에서 자기들과 똑같은 생활을 하는 여자들을 만나는 장면이 나온다. 이 여자들은 가난한 자들을 돌보는 일을 수도사의 사명처럼 여겼다.[15]

교육이 의무화되면서 제3공화정은 이 노처녀들을 매우 필요로 하게 되었다. 남자 교사들이 '공화국의 검은 옷을 입은 기병들'로서 영토를 지키거나 확장해야 할 의무를 지녔다면, 여교사들은 매우 여성적이면서도 애국심에서 뒤지지 않을 사명감으로 프랑스 문화를 보호하고 옹호할 의무를 지녔다. 19세기의 독신에서 수녀들은 열외였던 것과 마찬가지로 여교사들도 정당한 이유로 열외가 되었다. 여교사들이 어린아이들을 돌보면 독신에 의해 메말랐던 모성애가 꽃필 수 있지 않을까? 결국 여교사들은 원칙이 맞는다고 확인해주는 꼴이 되었다.

이 논리를 끝까지 따라가보자. 여자들이 남의 자식을 통해 모성 본능을 일깨운다면 자기 자식을 갖는 일은 위험하지 않을까? 요즈음은 교사라는 직업이 결혼과 자녀 교육을 병행하기에 가장 유리하다고 인식되어 있지만 과거에는 독신 여성들이 많이 가진 직업이었다. 상상하기 힘들어도 사실이 그랬다. 당시 교수나 교사는 이동이 많아 한 곳에 뿌리를 내리고 정착하기 힘들었다. 모든 여자들이 전업주부였던 시절에 일하는 여성은 가정생활을 병행하기가 더 힘들었다. 여성의 직장생활이 일반화되면서 등장한 편의시설(특히 탁아소)이 당시에는 아직 존재하지 않았다.

당시의 담론은 직설적으로 이 문제를 드러냈다. "솔직히 말해 업무가 고되기 때문에 여교사는 결혼하면 안 된다. 부임한 마을에서 능력을 발휘하기 위해 여교사는 모든 매력을 발산해야 한다." 이는 《시골 여교사(L'Institutrice de province)》라는 소설에서 레옹 프라피에(Léon Frapié, 1863~1949)가 한 말이었는데, 대부분의 사람들도 같은 의견이었다. 1855년 일반학교 여교사 중 80퍼센트가 독신녀였다. 1911년에도 독신녀는 61퍼센트나 되었다. 비슷한 시기 여자고등학교(1880년 제도화됨) 여교사들도 60퍼센트가 독신녀였다.

여교사들의 독신 비율은 높았으나 독신이 의무였던 것은 물론 아니다. 그런데도 일부 도시에서는 여교사들에게 독신을 거리낌 없이 강요했다. 상트페테르부르크 시의회는 1897년 기혼 여성 임용을 금지하고, 임용 후 결혼한 여성들의 사임을 요구할 수 있도록 결정했다. 그래서 더 젊고 임금도 낮으며 온순한 여교사들을 고용할 수 있었다. 이들이 결혼 때문에 직장을 그만두면 이내 새로운 젊은 처녀부대로 물갈이가 이루어졌다. 반발이 있었으나 1913년이 되어서야 이 결정은 무효화되었다.[16]

여교사들의 독신율이 높았던 프랑스에서는 제1차 세계대전 이후인 1923년에 68퍼센트, 1938년에 63퍼센트 등으로 수치가 더욱 상승했다. 1920년대 초 남자들이 부족했다는 점도 원인 중 하나였다. 독신자 수가 서서히 감소하기 시작한 때는 제2차 세계대전 이후였다. 1954년까지 혼자 사는 중등 여교사는 과반수에 달했다. 당시 전체 여성노동인구의 17퍼센트만이 독신 여성이었는데도 말이다. 그러나 1975년에는 여교사들 중 25퍼센트만이 독신으로 지냈다.[17] 오늘날 교사들은 가족 휴가 계획을 맞추기 힘든 타직종의 직장 여성과는 달리 유급휴가와 장거리 여행에 구애받지 않는 혜택을 누리고 있다. 적어도 교사들은 자녀들과 같은 기간에 휴가를 떠날 수 있다. 젊은 어머니들이 겪는 큰 어려움 중 하나가 업무시간을 자녀의 통학시간에 맞추는 것이다. 이런 점에 있어서도 교사들은 어려움을 덜 겪는다. 바로 이 때문에 40년 전부터 여교사나 여교수의 이미지가 독신과 점점 더 멀어지게 된 것이다.

한 세기 만에 가장 큰 변화를 맞은 것은 여교수의 이미지일 것이다. 19세기에는 잘난 척하는 여자로, 20세기 초에는 페미니스트로, 1920년대에는 헌신하는 여자로 비춰진 여교수의 이미지는 교수이자 독신 여성이었던 시몬 드 보부아르가 쓴 《제2의 성(Le Deuxième Sexe)》이 나왔던 시절에도 여전히 가식적인 존경의 대상이었다. 간단히 말해 여교수는 '마드모아젤'이라는 영원한 타이틀을 잃기까지 독신의 모든 면모를 맛본 것이다.

그러나 어려움이 없었던 것은 아니다. 남녀공학이 생기고 남자고등학교에도 여교사가 임용됨으로써 여교사들은 한창 사춘기인 남학생들과 접촉해야 했다. 따라서 복장이나 행동거지에 있어 눈곱만큼의 모호함도 용납되지 않았다. 사제지간에 이성간의 유혹이 끼어들게 되면 교사의 권위 자체가 위협받기 때문이다. 여교사의 엄격해 보이는 외모와 딱딱한 복장은 결혼과는 거리가 멀었다. 어린이 시리즈 《팡토메트(Fantômettes)》〔조르주 숄레(Georges Chaulet)가 1960년대에 발표한 시리즈 소설로 12세의 초등학생 소녀 팡토메트가 악당들을 물리치는 내용—옮긴이〕에 등장하는 비구디 양은 그런 여교사의 이미지를 풍자한 인물이다. 단정하게 올린 머리, 엄격해 보이는 안경, 위엄 있는 목소리에 학생들만 기가 죽은 것이 아니라 신랑감들도 기가 죽었다. 여교사가 처음으로 부임하는 시기는 그녀들의 결혼 시기와 맞물렸다. 그러나 부임 초기에는 임시교사이기 때문에 프랑스 전역을 돌아다녀야 했다. 남자의 경우에는 교사 임용이 정해지는 삼십대가 되어도 정착할 시간적 여유는 충분하지만 여교사들은 때를 놓쳐버렸다.

모성애를 발휘하는 독신 여성 가운데는 환자와 부상자에게 헌신하는 간호사들도 있다. 간호사의 모델은 플로렌스 나이팅게일이었다. 나이팅게일은 당시로서는 너무나 당연하게 독신이었다. 크림 전쟁의 비극에 충격을 받은 그녀는 런던 최초의 간호사 학교를 설립했다. 1870년과 1914~1918년에 벌어진 전쟁은 간호사라는 직업을 크게 발전시켰다.

이농으로 대도시로 몰려든 젊은이들이 이내 소외계층으로 밀려나자 사회사업이 시작되었고, 혼자 사는 헌신적인 여성들은 여기에 뛰어들었다. 도시 프롤레타리아 계급이 형성되면서 가난, 질병, 정신 불안의 문제가 발생했는데, 기존의 자선단체들로서는 이 문제들을 해결하기에 역부족이었다. 자선단체를 '운영하는 부인들'도 하루 24시간을 자선사업에만 투자할 수 없었고, 가정에 남자 복지사가 방문하는 경우에는 남편이 일하러 나간 사이 여자 혼자 있게 되어 불안해하는 경우가 많았다.

1914~1918년 전쟁 이전에 등장한 여성 사회복지사들은 1922년 간호사 및 가정방문원 학위, 1932년 사회복지사 학위를 만들어 조직화했다. "이들의 독신은 성직자의 독신과 견줄 만하다. 어떤 면에서는 거기에서 파생된 형태라 볼 수 있다."[18] 1901년 협회법이 공포된 이후 자선활동에 위기가 찾아오면서 레룸 노바룸(Rerum novarum, 1891년 교황 레오 13세가 발표한 교서 — 옮긴이)의 부름에 응답하고자 많은 독신 여성들이 이 분야로 진출하게 되었다. 그리하여 마리 잔

바소(Marie-Jeanne Bassot, 1878~1935, 프랑스 르발루아 페레 임대주택 창시자 가운데 한 명이며 페미니스트—옮긴이), 르네 드 몽모르(Renée de Montmort), 마리 디에메르(Marie Diémer, 1877~1938, 프랑스 사회복지 운동가로 마리잔 바소의 뒤를 이어 르발루아 페레 임대주택 사무총장을 맡는다—옮긴이) 등 훌륭한 가문 출신의 규수들이 이 평신도 사도직에 뛰어들었다. 이 일로 마리 잔 바소는 친부모와 다투었고, 부모는 그녀를 정신병원에 가두었다. 결국 그녀는 친권 남용 불법 감금죄로 부모를 고발하여 재판에서 승소했다. 사회사업이 전문화되면서 독신은 점차 줄어들지만 그래도 상당수가 독신자들이었으며, 제2차 세계대전이 끝난 뒤에도 오랫동안 과반수를 유지했다. 마르셀 프레보의《강한 처녀들》(1900년)에 나오는 여성들도 바로 참여적이고 투쟁적인 독신녀들이었다.

생활방식을 변화시키는 데 독신 여성들이 한 역할은 생각보다 컸다. 우선 독신 여성들은 전통적인 교육을 받아서 가사 일에 익숙했다. 사실 독신 남성은 제대로 살려면 돈이 많아야 했다. 그렇지 않으면 사촌 퐁스처럼 여자 건물 관리인에게 살림을 맡겨 재산을 탕진하고 만다. 반면 혼자 사는 여성은 콜레트의 방황하는 여인처럼 주체적일 수 있었다.

게다가 혼자 사는 남성 모델은 이기주의자, 자유연애가, 소심한 남자, 쇠약한 남자 등 기본적으로 부정적 이미지를 가지고 있었다. 그러나 혼자 사는 여자의 경우에는 여성 참정권을 주장하는 여자, 쿠르티잔, 콧수염이 난 여장부처럼 부정적인 이미지 외에 미망인 특히 모든 사람의 존경을 받는 전쟁 미망인이라는 바람직한 모델이 존재했다. 과거에는 미망인이 되면 이미 출가한 자식들의 집에 들어와 살게 되어 있었다. 그런데 도시의 주거 형태가 주택보다는 아파트를 선호하게 됨으로써, 이 오랜 전통이 조금씩 변화를 맞게 되었다. 20세기가 되자 과부들은 혼자 살게 되었고, 이들을 존중하는 사회도 이들의 요구에 부응했다. 장 클로드 코프만(Jean-Claude Kaufmann)에 따르면, 제2차 세계대전 때부터 나타난 '주거 독립 운동의 새로운 부흥'은 과부들로부터 시작되었으며, 이는 개인의 생활방식을 뒤흔들어놓았다. 과부들을 본보기로 삼은 다음 세대는 혼자 사는 것의 이점을 깨닫게 되었고, 혼자 살아보기 위해 과부가 될 때까지 기다리지 않았다.[19] 독거 가구는 20세기의 진정한 혁명이었다. 한 세기 동안 독신율은 감소했지만 독거 가구 수는 두 배나 증가했다. 1891년 프랑스의 독신율은 51.66퍼센트였는데 1999년에는 46.34퍼센트로 감소했다. 그러나 같은 시기에 독거 가구의 비율은 15.25퍼센트에서 31퍼센트로 상승했다. 부모와 함께 사는 독신자들(이 중 어린이가 다수를 차지한다)은 20세기 말보다 19세기 말에 더 많았다. 혼자 살 경우가 더 많은 25세 이상 독신자들과 홀아비, 과부, 이혼남녀(솔로들)를 합하면, 1891년(25.96퍼센트)보다 1999년(28.94퍼센트)에 그 수가 더 많을 것이 틀림없다. 그러나 그 차이(2.98퍼센트)는 독거 가구 비율의 차이(15.75퍼센트)에 비할 수 없이 작다. 인구 조사에도 나타나는 바와 같이 지난 40년간 가장 큰 변화가 나타났다.

연도	1인 가구
1962	19.6%
1968	20.5%
1975	22.2%
1982	24.56%
1990	27.13%
1999	31%

1889년 양차 대전 사이에 마르망드에서는 가장 섬세한 시인 한 사람이 태어났다. 필립 윅(Philippe Huc, 1889~1941)은 문필활동을 하기 위해 트리스탕 드렘(Tristan Derème)이라는 필명을 썼다. 필립 윅은 조세 감시관이었던 데 반해 트리스탕 드렘은 남서부 지방의 젊은 시인들과 함께 '환상파'를 만들었다.

1914년에 동원된 그는 이내 귀향했다. 아버지가 전사했기 때문이다. 환상파 시인 두 명도 전사했다. 사실상 집안의 대들보가 된 그는 열두 살과 열일곱 살 먹은 누이와 남동생을 책임져야 했다. 무엇보다도 그는 군대 동료나 문학 동료들처럼 자신의 인생도 참호 구덩이 속에서 막을 내릴 수 있었다는 사실을 인지했다.

> 약혼도 해보지 못하고 그들은 죽어갔네……
> 살육당한 백조의 눈부시게 하얀 비상,
> 그리고 그들의 구겨진 눈 위에 검붉은 핏자국……

트리스탕 드렘은 1914~1921년 사이에 작품 활동을 전혀 하지 않았다. 휴전이 되자 필립 윅은 파리 검사관으로 발령받았다. 모험심 넘치는 젊은이들에게 당시는 격동의 시기였다. 1921년부터 드렘은 다시 작품을 발표하기 시작했고 윅은 공무원 생활을 청산했다. 얼마 후 농업부 장관이 되는 아시유 풀드(Achille Fould) 의원의 비서가 된 그는 정치 소용돌이에 휘말리게 되었다. 정치판에서 그가 했던 일은 그가 서간에서 표현했듯이 '갤리선의 노역'과 같았다. 더구나 그는 혼자서 노를 저어야 할 처지였다.

그는 독신생활을 외롭게 보내지 않았다. 1923년에는 바스크 베아른 출신 여배우 베아트릭스 뒤산(Béatrix Dussane)을 만나 오랫동안 연분을 맺었다. 그러나 그의 시는 항상 '잉크병을 들고 서성이는 / 잔인하고도 텅 빈 방'에서 느끼는 고독과 방황을 노래했다.

호텔방, 단 하루의 사랑
6개월 혹은 4년의 사랑,
그것은 미래의 시들어버린 장미꽃들을 위한
죽은 장미들이라네.

전쟁, 가족 부양의 의무, 정치 활동과 문학 활동으로 그는 계속 결혼 기회를 놓쳤다. 조용한 성격이지만 사람들에게 인정을 받았던 그는 많은 강연 활동을 했다. 1938년에는 아카데미 프랑세즈로부터 상을 받았으며 1941년에 사망했다.[20]

20세기의 가장 중요한 전환점은 바로 제1차 세계대전이다. 이 전쟁으로 19세기 경제 및 인구 성장이 중단되었으며 정치 및 외교 질서가 무너졌다. 1000만 명이나 되는 사망자를 낸 끔찍한 전쟁 후에 사람들은 세상을 예전처럼 바라볼 수 없었다. 독신의 경우도 마찬가지였다. 실종된 애인을 못 잊는 약혼녀는 동정과 연민을 불러일으켰던 반면 남자의 독신은 배신 행위로 여겨졌다. 독신 남성들 스스로도 독신에 대해 부끄러워했다. 몽테를랑과 같은 독신자는 독신자를 '정상인'[21]과 비교할 정도였다. 1918년 독감과 뇌염이 유행하자 다시 한 번 사람들은 풀 쓰러지듯 쓰러져갔고, 이로 인해 전쟁 후 보통 나타나는 혼인율 상승 현상이 1년이나 늦춰졌다.

1920년 혼인율은 예전과 같이 급상승했다. 부족한 혼인 건수는(전선으로 나가야 한다는 생각 때문에 가정을 꾸리는 일을 꺼리게 되었다) 휴전 이후 혼인율이 급상승함으로써 보완되었다(휴전 협정이 체결되자 오래 전부터 미뤄온 결혼이 치러졌다). 지난 한 세기 동안 연간 평균 혼인 건수가 20~30만 건에 불과했는데 비해 1920년에는 62만 3000건, 1921년에는 45만 6000건을 기록했다. 그러나 갑작스러운 혼인율 상승도 남성 인구가 턱없이 부족한 현상을 보완하지 못했다. 전쟁의 피해를 가장 많이 본 세대, 즉 1891~1895년 사이에 태어난 남자들의 경우 사망률이 24퍼센트에 달했다. 결국 1920년 혼인율이 최고 기록을 경신하고 있을 때조차도 15세 이상 독신녀, 과부, 이혼녀의 비율은 혼인 적령 여성 인구의 47.3퍼센트나 차지했다. 이 수치는 1910년에는 43.9퍼센트였으며 1926년에는 45퍼센트로 다시 상승했다. 1921년 인구 조사를 보면 혼인 적령(15~64세) 여성은 1394만 8000명인데 반해, 남성은 1246만 5000명밖에 되지 않았다. 이는 혼인율은 높았으나 편차가 심했다는 것을 반영한다. 1920~1925년에 남성의 혼인율은 8.6퍼밀이었고, 여성의 혼인율은 5.3퍼밀이었으며 1926~1930년에는 혼인율이 각각 7.4퍼밀과 4.7퍼밀이였다.

전후 여성 독신이 증가한 것은 사실이었지만 그럼에도 불구하고 이는 제한적 현상이었으며, 이들 중 일부는 결혼 시장이 형성되면서 흡수되었다. 예를 들어 외국인과의 결혼이 증가했고, 남성의 경우 재혼율이 상승했으며, 남성의 혼인 연령도 낮아졌다.[22] 군인이 불구자가 되어 돌아온 경우에도 연금이 지급되어 결혼할 수 있게 되었다. 외롭게 살 수밖에 없는 '일그러진 얼굴들(gueules cassées, 제1차 세계대전에서 특히 얼굴과 머리에 부상을 입은 상이군인을 가리키는 말—옮긴이)'은 낭만적 고정관념으로서 과장된 일면이 있다. 이들 중 대다수가 결혼을 했기 때문이다. 이들은 자신을 돌봐주던 간호사와 결혼하는 경우가

가장 많았다.[23]

제1차 세계대전 직후 혼인율이 불붙듯 상승했으나 제2차 세계대전이 일어나기 전까지 유럽 전역에서 혼인율이 서서히 감소했고, 결과적으로 출산율도 낮아지게 되었다. 통계 수치가 높았기 때문에 1920년대에는 아직 이 현상이 감지되지 않았다. 1930년에는 연간 결혼 건수가 30만 건 이상이나 되었고, 혼인율도 8~10퍼밀 사이였다. 그러나 이미 1918년 무언가가 주춤했고, 1929년 경제 위기로 상황은 가중되었다. 환멸을 느낀 젊은이들은 다음 세대가 쓸 새로운 '인간 탄환' 부대를 낳고 싶어하지 않았다. 불행히도 미래는 이들의 생각이 맞았음을 증명해주었다. 제1차 세계대전은 과학과 인류의 진보를 믿던 부르주아 사회의 낙관주의를 19세기와 함께 묻어버렸다.

결혼의 위기는 무엇보다 가치의 위기였다. 발레리(Paul Valéry, 1871~1945, 프랑스의 시인—옮긴이)의 등장과 함께 사회는 스스로 소멸할 수도 있고 전통적 가치가 위험할 수도 있다는 점을 깨달았다. 발레리는 물었다.

"지식과 의무, 너희들이 용의자냐?"

군사 위기가 사라지자 경제 위기가 가시화되었고, 지적 위기도 교묘하고 은밀하게나마 감지되었다. 청소년기를 벗어나자마자 의식도 없이 사회를 위해 싸우도록 전쟁터에 내몰린 자들은 '후방에서' 양심의 가책이라고는 전혀 없이 전쟁을 사업에 이용하려는 자들에 맞서야 했다. 이런 자들은 "끝까지 싸워야 한다."는 논리를 펼쳤고 결국 피해를 본 사람들은 전선에 보내진 사람들이었다. 시인 앙드레 브르통(André Breton, 1896~1966)은 "미래는 내게 아무런 의미가 없다."고 비통하게 말했다. 4년간 지속된 전쟁에서 승리한 자들은 '거짓말만 늘어놓은' 장남 같은 사람들이었다. 아폴리네르의 장례식에는 전쟁터에서 살아남아 동원 해제된 젊은 시인들이 모여들었다. 이들은 사회가 자신들에게 감추고 있던 현실을 깨달았다. 필리프 수포(Philippe Soupault, 1897~1990, 프랑스 시인—옮긴이)는 이렇게 적었다. "어떻게 저항하지 않을 수 있었을까? 우리는 혼자였고 이제는 절망에 빠졌다. (중략) 나는 모두를 그리고 모든 것을 의심했다."[24]

문명과 전통 가치에 대한 불신은 제1차 세계대전 당시 깊숙이 뿌리를 내렸다. 당시 취리히는 마치 태풍의 눈처럼 전쟁의 틈비구니에서 벗어나 있었고, 전쟁의 광기에 반대하는 예술가들과 평화주의자들이 몰려들었다. 1916년 바로 이곳에서 다다이즘이 탄생했다. 다다이즘의 비상식적 표현은 위선적이고 살인적인 사고 체계의 도산을 고발했다. 이것이 바로 트리스탕 차라(Tristan Tzara, 1896~1963, 루마니아 태생의 프랑스 시인 겸 수필가 —옮긴이)가 1918년 선언문에서 '다다이즘적 혐오'라 불렀던 것이다. 차라는 처음부터 단호히 선언했다. "가정을 부인하도록 혐오를 일으키는 모든 것이 다다이다."[25] 그렇다면 다다가 독신일까?

그러나 다다와 초현실주의의 기억이 우리의 머릿속에 심어놓은 환

연도	결혼 건수(단위 : 천)	혼인율
1930	342.1	8.2
1931	326.7	7.6
1932	315	7.6
1933	315.7	7.1
1935	284.9	6.8
1936	279.9	6.7
1937	274.5	6.6
1938	273.5	6.6
1939	[258.4]	[6.2]

멸의 효과를 단지 낡은 고정관념들을 비판하기 위해 과대평가하지는 말자. 1920년대 결혼에 관한 통계 수치는 적절한 수준을 유지했는데, 이는 당시 사회 일각에서만 결혼에 과격한 반응을 보였음을 말해준다. 결혼 건수와 혼인율이 급락한 것은 1929년 경제 위기가 발생한 이후였으며, 이번에야말로 경각심을 불러일으킬 만한 수준이었다. 1931년 혼인율은 8퍼밀 미만으로 떨어졌으며 제2차 세계대전 발발 직전에는 최하 기록을 갱신했다(6.28퍼밀). 특히 농촌 지역에서 변화가 심했다. 베아른의 한 마을에서 1931년과 1936년을 기준으로 전후의 수치와 비교한 결과, 혼인율이 두 배나 떨어진 것이 확인되었다.[26] 그러나 무엇보다도 심각한 점은 프랑스 전역에서 혼인율이 급락했다는 것이다.

그러나 결혼 건수가 적어진다 해서 그만큼 독신이 증가한 것은 아니다. 독신은 계속해서 감소했으며, 감소세는 1851년 이후 명백히 나타났다. 혼인 적령(남자의 경우 18~59세, 여자의 경우 15~49세) 남녀의 독신율이 이렇게 낮은 적은 없었다. 1851년 남성 독신율 38.41퍼센트·여성 독신율 43.57퍼센트에서 출발하여 독신율은 점진적으로 하락세를 보였고, 1936년에는 각각 27.30퍼센트와 29퍼센트를 기록했다. 이런 모순은 제1차 세계대전 이후에 나타난 인구 구조로 쉽게 설명할 수 있다. 1921년의 인구 조사에 따르면, 제1차 세계대전으로 인해 동원 가능한 연령대의 남자(20~39세)가 부족하게 되었다. 그 결과 1920년대에는 혼인율이 높은데도 불구하고 여성 독신이 늘어난 것이었다.

그러나 이것이 전쟁이 미친 유일한 영향은 아니었다. 남자들은 전선에 있고 여자들은 후방에 있다는 말은 그만큼 출생 건수가 감소한다는 뜻이다. 때문에 1921년 인구조사에서 0~9세 연령대 인구가 감소한 것이다. 물론 이 인구 감소는 남녀 모두에게서 나타난다. 그로부터 10~15년이 지난 1930년대에 이들이 혼인적령이 되었다. 따라서 결혼 건수는 줄어들었고 동시에 독신자 수도 줄어들었다. 남녀 성비가 좀더 균형을 이루었기 때문이다.

이처럼 우리가 생각하는 바와는 달리 혼인율과 (여성) 독신율이 1920년대처럼 함께 상승할 수도 있고, 1930년대처럼 함께 하락할 수도 있다. 게다가 여자가 남자보다 재혼하는 빈도가 더 낮았다. 남자들은 경제권을 쥐고 있고, 생식력을 보존하는 기간이 더 길며, 여자만큼 외모에 신경을 쓰지 않아도 되었기 때문이다. 1851~1936년 남성이 사별하거나 이혼한 확률은 줄어들었던 반면, 여성의 경우에는 오히려 증가했다. 이 모두를 고려해보면 당시 사람들이 인구 문제에 대해 우려했던 것은, 정확한 관찰보다는 감정적 반응에 의한 것이었음을 알 수 있다.

안타깝게도 사람들은 자신이 지지하는 이데올로기를 뒷받침하기 위해 통계 중 필요한 것만 가려낸다. 이것이 바로 통계의 위험이다. 비양심적인 사람들이 매우 모순된 결론을 이끌어낼 수 있었던 것도 바로 통계 덕분이었다. 절망에 빠져 있으면서도 선동적이었던 1920년대의 젊은이들 앞에 또 다른 젊은이들이 등장했다. 전통 가치를 기치로 내세운 이들 또한 우려스럽기는 마찬가지였다. 인구 문제는 극단적 담론에 불을 지폈으며, 인구 문제 해결을 위해 제시된 방법 또한 극단적이었다. 양차 대전 사이 이탈리아와 독일이 독신 문제를 가장 걱정하고, 엄격한 정책으로 독신을 감소시키려 했던 것도 우연은 아닐 것이다.

먼저 파시즘 하의 이탈리아가 독신세라는 오랜 망령을 부활시켰다. 그러나 이탈리아의 출산율은 이웃 국가에 비해 심각하지 않았다. 무

솔리니는 프랑스를 모델로 삼았다. 1920년대 유럽 전역과 마찬가지로 이탈리아에서도 결혼 위기가 심각했던 것은 사실이다. 제1차 세계대전 당시 혼인율이 매우 낮았던 이탈리아에서는(1916년에 2.88퍼밀, 1917년에 2.72퍼밀, 1918년에 2.98퍼밀) 이후 혼인율이 빠르게 상승했다(1919년에 9.22퍼밀, 1920년에 13.99퍼밀, 1921년에 11.54퍼밀). 그러다가 다시 차츰 하락하여 1925년에 프랑스 수준으로 떨어졌다. 그러나 당시 혼인율은 8퍼밀 미만으로 낮았다. 당시 결혼 건수는 계속 감소했는데, 통계상의 수치는 어지간한 수준을 유지했으나 사람들은 결혼 감소 현상에 대해 우려했다.

자연히 1년이라는 시간차를 두고 출산율도 같은 추이를 보였고, 2년 만에 18.1퍼밀(1918년)에서 31.8퍼밀(1920년)로 증가했다. 전쟁 말기의 높은 사망률(1918년 33퍼밀)로 인구의 자연증가율은 갑자기 감소했다. 과거에는 평균 자연증가율이 10퍼밀을 유지했으나 1916년에는 4.3퍼밀, 1917년에는 0.3퍼밀, 1918년에는 -14.9퍼밀, 1919년에는 2.6퍼밀로 변화했다. 자연증가율이 실질적으로 회복되기는 했으나 그 폭은 훨씬 좁았다(1919년 13.1퍼밀).

불안한 인구 변화에 대해 사람들은 무엇을 느낄 수 있었을까? 무시할 수 없는 사회적 · 정치적 고찰이 인구 변화에 대한 해석을 왜곡시켰다. 높은 해외 이민율(1914년 이탈리아 인구 네 명 중 한 명은 외국에 살았다), 당시 리비아 · 소말리아 · 에리트레아에 국한되어 있던 식민제국을 확장하려는 야욕 등의 요소가 부각된 것이다. 1922년에 자리를 잡은 이후 1925년 파시스트 독재로 재편된 이탈리아 정치체제는 이웃 국가들이 얻지 못한 해결책들을 일 두체(Il Douce), 무솔리니에게 제공해준다. 인구 문제는 무솔리니가 전권을 행사하자마자 처음으로 다룬 문제이기도 했다. 무솔리니에게 전권을 쥐어준 '가장 파시스트적인' 법은 1925년 12월과 1926년 1월에 제정되었다. 1925년에는 국립모자원(Opera Nazionale Maternità ed Infanzia)이 창설되었다.

남성 독신세(tassa sul celibato degli uomini)는 1927년 2월 13일에 공포되었다. 이때부터 25~65세 남성의 결혼은 관례가 되었다. 여기에서 벗어나려면 매년 25리라를 내야 했고, 거둬들인 돈은 국립모자원의 활동에 사용되었다. 국립모자원은 25세 이전에 결혼하는 노동자들에게 700리라의 상여금을 지급했고, 대가족협회들을 지원하는가 하면 로마 신혼여행을 보내주기도 했다.[27]

목적은 분명했다. 이는 1927년 5월 26일, 그리스도 승천절 기념연설에서 재천명되었다. 무솔리니는 "우리나라의 인구 증가에 채찍질을 가하기 위해 이 세금을 활용했다."고 설명했다. 사회 보건 문제들(결핵, 알코올 중독, 매독, 정신병 등)을 언급한 후 무솔리니는 의원들에게 이웃 강대국들에 맞설 이탈리아 민족의 운명을 돌보라고 지시했다. 9000만 독일인, 2억 슬라브 민족 앞에 겨우 4000만 이탈리아 인구가 말이 되는가? 무솔리니의 목표는 20세기 후반에 인구 6000만을 돌파하는 것이었다.

무솔리니는 국립모자원의 활동 덕분에 이탈리아에 소재한 5700개 기관들이 출산과 자녀에 대해 관심을 갖게 되었다고 말했다. 이 캠페인을 재정 지원하기 위해 독신세로 매년 4000만~5000만 리라를 거둬들였다. 이 출산장려정책의 목적이 이탈리아 인구를 보충하려던 것이 아니었음도 분명하다. 이탈리아 경제가 그렇게 많은 인구를 부양하기에는 역부족이었기 때문이다. 무솔리니의 실제 목적은 식민지 확장이었다.

"제군들, 우리가 수적으로 줄어들면 제국을 건설하지 못할 것이오."

그 수단 또한 자명했다. 독재 정권은 이미 전쟁을 준비하고 있었다. "확장 아니면 패망이다."

세금은 가족정책도 일부 지원했다. 그러나 세금이 독신을 억제했는가? 무솔리니는 분명 아니라고 평가했을 것이다. 1928년 9월 24일, 독신자와 무자녀 부부에게 불리한 새로운 정책들을 마련했기 때문이다. 대가족 가장은 이때부터 각종 시험과 승진에서 우선권을 갖게 되었다. 이 부분에서도 무솔리니는 로마 황제의 대를 이었다 할 수 있다. 1928년에 혼인율이 7퍼밀을 밑돌았던 것은 사실이다. 그러나 경제 위기가 발생했기 때문에 독신자제재정책을 시행했음에도 불구하고 혼인율은 상승세로 돌아서지 않았다.

나치 독일이 파시스트 이탈리아의 뒤를 이었다. 1924년 복역 중 집필했던 《나의 투쟁(Mein Kampf)》에서 히틀러도 출산율 문제를 다뤘다. 그러나 무솔리니의 식민지 확장 야욕과는 매우 다른 우생학적 관점에서 접근했다. 히틀러 역시 사회보건이라는 관점에서 문제에 접근하여 매춘 근절과 조혼을 통해 매독과 결핵 퇴치를 이룰 수 있다고 주장했다. 그는 '젊은 시절 한때 탈선했던' 남자들에게 딸을 주고 싶어하는 어머니들과 산아제한정책을 비난했다. 그러나 결혼과 출산율 자체가 목적은 아니었다. 결혼은 수단에 불과하고, 궁극적인 목표는 종족의 보존이었다. 산아 제한에 반대하는 첫번째 이유는 인구 증가가 아니었다. 히틀러는 출산 이후가 아니라 수태 이전의 신체 건강을 기준으로 인종 선별 작업이 이루어져야 한다고 주장했다. 이것이 자연의 법칙이고, 선별을 위해 자연은 기아와 전염병을 일으킨다고 설명했다. 자연의 법칙은 곧 히틀러가 제창하는 국가의 법이 되었고, 이를 위해 히틀러는 불임 및 결혼 금지 정책을 시행했다. 따라서 구제할 수 없는 자들(심각한 병을 앓고 있거나 유전적 결함이 있는 모든 자)

의 생식 능력을 물리적으로 제거해야 하며 유대인과 열등 인종에게는 우등하다고 판단되는 인종과의 결혼을 금지해야 하고 한 마디로 말해서 '건강한 자만이 아이를 낳을 수 있도록' 감시해야 했다.[28]

따라서 독신을 바라보는 태도는 이탈리아와 독일이 서로 달랐다. 이탈리아는 식민제국을 꿈꾸었고, 독일은 우생학적 목표를 가지고 있었다. 이런 비인간적인 관점에서 출발하여 이들은 병든 자와 결함이 있는 자들에게는 독신을 의무화했고, '열등' 인종에게는 선별적 결혼을 의무화했으며, '우등' 인종에게는 독신을 금지해야 했다. 건강한 아이를 낳아 나라에 바치지 않는 것은 지탄받을 행위였기 때문이다. 그렇다면 우등 인종인 건강한 독일인이 결혼을 거부하면 범죄 행위였을까?

그렇다. 최소한 여자들의 경우에는 말이다. 남자들의 경우에는 군대에서 필요로 했고, 군복무가 끝나면 결혼하는 것이 정상이었지만 그렇다고 의무는 아니었다. 결국 결혼하지 않으려는 처녀들만 처벌의 대상이 되었다. 남자들은 군복무를 통해 시민권을 얻을 수 있었고(증명서가 엄숙히 전달되었다), 반면 여자들은 결혼을 통해서만 시민권을 얻을 수 있었다. "독일 처녀는 '거류민' 일 뿐이며 결혼해야만 시민이 된다." 단, 국적이 독일이고 일을 해서 돈을 버는 처녀들에게는 '시민권' 이 부여되었다.

이러한 우생학적 정책은 《나의 투쟁》에 등장하는 모든 고찰의 근간을 이루고 있다. 우선 주택에 관한 고찰을 살펴보자. 히틀러는 '사회적' 공화국이 주택 기근 현상을 일으켜, 많은 사람들이 결혼하는 것을 막고 매춘을 부추긴다고 주장했다. 임금 정책에 대한 생각은 어땠을까? 그는 가정 문제를 등한시한 임금 분배를 개혁해야 한다고 주장했다. 그렇다면 결혼 정책에 대한 생각은 어떠했나? 히틀러는 정략결혼이 '자연스러운 감정에서 생긴 건강한 아이를' 생산할 수 없게 만든다고 주장했는데, 부자들(특히 유대인들!)이 재력으로 독일의 유서 깊은 가문과 결합하기 때문이라고 설명했다. 인종차별주의적 국가는 말을 기르듯 국민을 길러야 하며, 우생학적 정책을 통해 인종을 개량해야 한다. 군대가 거름 장치 역할을 할 것이며, '신체적으로 결혼할 수 있는'[29] 젊은이라는 점을 증명해주는 건강증명서를 발급할 것이다.

그런데 당시 독일은 심각한 출생률의 위기를 겪고 있었고, 특히 1931~1933년에는 위기 현상이 더욱 두드러졌다.[30] 1913년 이후 출산 건수는 정기적으로 줄어들고 있었다. 총 인구가 늘어났다 하더라도 그것은 출생률과 더불어 사망률 또한 감소하고 있었기 때문이다. 결론적으로 말하면 인구가 점점 노령화되어 가고 있었다. 1932년 프리드리히 뷔르그도르퍼(Friedrich Burgdörfer)는 《젊은이 없는 민족(Volk ohne Jugend)》에서 노령화의 위험에 경각심을 불어넣었다. 독일의 연령 피라미드는 점점 항아리 모양이 되어갔다.

1933년 히틀러는 권좌에 오른 후 독신세를 통한 결혼의 권장을 최우선 정책 중 하나로 만들었다. 가장 두드러진 정책은 결혼자금 대출이었다. 결혼과 동시에 직업을 포기한 여자들에게는 결혼자금이 대출되었다. 이 무이자 대출금은 결혼 4개월째부터 대출금의 1퍼센트를 매월 갚아나가도록 되어 있었다. 그리고 자녀가 한 명 태어날 때마다 채무액은 25퍼센트씩 탕감되었다. 결혼자금 대출과 가족수당 인상은 독신자 및 무자녀 부모에게서 거둬들인 세금으로 충당했다. 고정세율을 적용했던 이탈리아와 달리 독일에서는 누진세율이 적용되었다. 독신자들의 임금은 그 수준에 따라 1.8~16.9퍼센트가 공제되었다. 세금도 소득 수준에 따라 최하 6.2퍼센트에서 최고 19.84퍼센트까지 낼 수 있었다. 1939년 3월 31일 세율이 12.5퍼센트 인상되어, 소득 혹은 임금의 최고 55퍼센트에 달하게 되었다. 결혼 후 5년이 지날 때까지 자녀를 갖지 않는 가정도 소득의 45퍼센트까지 과세될 수 있었다.[31]

1933년 말부터 이 정책들은 효과를 거둔 것으로 보인다. 어쨌든 결혼 증가 현상만은 뚜렷이 나타났다. 1932년 50만 9597건에서 1933년 63만 1152건으로 증가했고(증가 현상은 특히 하반기에 두드러졌다), 1934년에는 73만 4431건에 달했다. 그리하여 독일의 혼인율은 유럽 최고치를 기록했다(11.2퍼밀).[32] 출산율도 1933년과 1939년 사이에 증가했다.

독일의 사례는 유럽 전역에 상당한 파급효과를 일으켜 국제인구회의가 1935년 8월 베를린에서 개최되기까지 했다. 이 회의는 독일제국 내무장관 프리크(Wilhelm Frick)가 주관했다. 그는 인구와 노동, 식량, 결혼을 위해 독일이 채택한 일련의 법과 그 성과에 대해 자랑을 늘어놓았다. 비평가들은 프리크가 자신의 말이 맞는다는 것을 행동으로 보여주었다고 평가했다. 독일제국 내 출산율이 매우 크게 상승한 것은, 인구 문제에 국가가 개입하면 확실하고도 즉각적인 결과를 낳을 수 있다는 것을 입증했다. 이웃 국가들은 귀를 기울였다. 물론 독일처럼 가혹한 정책을 쓰지는 않겠지만 각국의 풍습 및 인구 상황과 조화를 이룰 수 있는 아이디어를 얻는 것을 막을 수 없었다. 오베를링(Oberling)의 가르침을 받은 라포르그(Lafforgue)는 독일 사례에서 영감을 얻으려 했다. 코흐(Koch)는 독일이 취한 정책을 "전적으로 찬양했다". "인구가 줄어드는 것은 국가에게 위험한 일이다. 인구 감소란 벗어나기 어려운 악순환, 피할 수 없는 인구 노령화 그리고 국가적 힘의 약화로 이어지기 때문이다."[33]

프랑스에서도 1938년 달라디에(Edouard Daladier, 1884~1970, 뮌헨

협정에 조인한 프랑스의 총리—옮긴이) 정부가 구성되자, 인구 문제, 즉 독신자 문제가 쟁점화된다. 사실 독신자들은 이미 오래 전부터 조세 차별을 받고 있었다. 1914년에 제정된 소득세는 자녀가 있는 부부에게 소득세를 공제해주어 세금 부담을 줄여주었다. 이후 공제는 부양가족 수에 따라 누진 적용되었다. 1920년 6월 25일 법은 무자녀 납세자의 세금을 인상함으로써 첫 테이프를 끊었다. 독신자들의 경우에는 25퍼센트, 기혼자의 경우에는 10퍼센트가 각각 인상되었다.[34] 이 인상률은 1934년에 각각 40퍼센트와 20퍼센트로 재상승하여 1933년에도 소득에 적용되었다. 이 정책이 부담스러웠던 것은 사실이지만, 특수세가 아니었기 때문에 딱히 독신자들을 겨냥한 것으로 인식되지는 않았다.

그런데 양차 대전 사이, '인구 감소 제지를 위한 국가연합'은 독신의 나쁜 점을 지속적으로 여론에 상기시키면서 특수세 창설을 요구했다. 1896년 설립된 '프랑스 인구 증가를 위한 국가연합'이 전신(명칭 변경이 의미심장하다)인 이 단체는 공화국 대통령 후원 하에 '출산에 관한 미슐랭 논문 대회'를 만들었다. 이 대회는 상금이 12만 프랑에 달하며, 각종 상이 준비되었고, 대상의 상금은 5만 프랑(약 4만 유로)이나 되었다.

1923년 폴 오리(Paul Haury)라는 사람이 《프랑스의 삶 혹은 죽음(La Vie ou la mort de la France)》이라는 연구로 이 상을 받았다. 그는 프랑스를 죽인 살인용의자는 다름 아닌 독신자라고 주장했다. "한 나라에서 독신자들과 자녀 없는 가정들은 과연 무엇인가? 전혀 번식하지 않는 세포들이다. 그들은 무엇을 남기는가? 무덤 하나. 그것이 전부이다." 이 비장한 어투에서 우리는 19세기의 낡은 논쟁을 재발견한다. 그러나 제1차 세계대전 이후 사람들은 독신이 항상 자의적 선택의 결과는 아니라는 점을 알게 되었고, 그래서 독신을 성토하는 어조는 한 단계 부드러워졌다. 게다가 거북함을 표시한 구절의 어조는 쇄를 거듭할 때마다 큰 변화를 보여주었다. "물론 이들을 개인적으로는 존중할 수 있다. 양심이나 사명에 의해 어쩔 수 없이 독신으로 사는 사람들은 여기서 논외가 된다. 그러나 일반적으로 자녀를 두지 않은 사람들은 생명을 받았으면서도 자기 차례가 되었을 때 생명을 주지 않은 사람들이다. 이들은 생명을 준 사람들에게 도움이 되기는커녕 기생충과 같은 계층을 형성한다. 그런데 자녀를 가져야 할 연령대에 있는 프랑스 사람 중 4분의 1이 이 계층에 속한다."[35] 낡은 고정관념에는 낡은 치료약이 필요한 법. 여기에는 세금, 가정 투표권, 상속법 개혁 등과 같은 해결책이 필요했다.

이듬해에는 대회 창립 멤버인 르두(Ledoux) 박사가 《프랑스 인구 문제(Le Problème de population française)》했다. 그의 관점은 더 비극적이었다. 그는 1965년 프랑스 인구가 2500만 명이 되리라 예상했다(실제로는 4600만 명이었다). 그가 직접적으로 독신을 문제의 요인으로 지목한 것은 아니었다. 그가 보기에 프랑스 혼인율은 매우 만족할 만한 수준이었기 때문이다. 그가 걱정한 것은 오히려 부부의 출산율이었다. 르두 박사는 세대교체를 위해서 최소한 자녀 세 명은 낳아야 한다고 주장했다. '환자들, 결함이 있는 자들, 사명감이나 의무상 독신이 된 사람들을 대체할 방법은 그 나머지 사람들이 가지는 자녀 수이기' 때문이다. 그에 따르면 상속법으로 인해 토지나 기업을 지나치게 세분하지 않으려는 부모들이 산아를 제한하는 원인이었다. 따라서 이는 프랑스만의 문제이며 제도적 문제였다. 르두 박사는 이밖에도 전통적인 출산장려정책(출산장려금, 대가족을 위한 주택정책, 가정 임금 및 가정 투표권)을 권장했다.

물론 이를 재정적으로 뒷받침하기 위해서는 독신자, 무자녀 부부, 자녀수가 적은 가정으로부터 세금을 거두어야 했다. "우리는 이 조세 정책을 불이익이 아니라 꼭 필요한 조치로 보고 있다." 비율로 따진다면 독신자들이 너무 많은 유산을 차지하는 것이 아닌가? "프랑스를 인구 감소 위기에서 구하려면 돈이 필요하다. 이기주의자들 100만 명과 몇몇 용감한 사람들이 그 돈을 대줄 것이다. 잘 됐든 그렇지 않든 프랑스는 살아남을 것이다."[36]

1929년 이후 사회 분위기는 계속 침체되어 있었다. 설상가상으로 국제 정세가 긴장 국면으로 접어들어 사람들은 다시 전쟁이 일어나지 않을까 불안해했다. 이런 상황에서 출산율 저하는 더 큰 걱정거리였다. 출산율 저하 현상은 뚜렷해졌다. 1876년부터 1937년까지 60년 동안 출산율은 40퍼센트나 격감했다. 그리고 1938년 사망자 수가 신생아 수보다 3500명이나 더 늘어났다. 일촉즉발의 시대에 세대교체는 어려운 일이었다. 그러나 동일 기간 동안 독신자 수 또한 감소했다. 따라서 비난받아야 할 것은 대가족 수의 감소였다. "일반적으로 생각하는 것과는 달리 프랑스는 독신자들의 나라가 아니다. 부족한 것은 가정의 출산율이다."[37]

장기간에 걸쳐 실시된 통계 조사 자료 덕분에, 독신자들은 출산율 저하의 주범이라는 고정관념으로부터 벗어날 수 있었다. 라포르그가 지적한 원인은 다른 것들이었다. 즉 신앙심 쇠퇴, 제1차 세계대전에 의해 합법적 부부간에도 심화된 이기주의, 자녀 교육으로 어려움을 겪는 여성의 노동, 자식들을 더 이상 '총알받이'로 내보내고 싶지 않은 전쟁에 대한 두려움 등이었다. "우리의 사회 및 경제생활 전체의 근간을 이루는 것은 개인으로서의 인간이지 국가의 사회적 유기세포인 가정의 일원으로서의 인간이 아니다." 제2차 세계대전이 발발하기 직전 사람들은 이미 사회 변화의 이유로 개인주의 현상의 심화를 지목하고 있었다. 개인주의라는 말은 100년 전 사용되었던 이기주의처럼 부정적으로 인식되었지만 뉘앙스는 약하다.

올바른 분석이 행해졌음에도 출산율 저하를 막기 위한 투쟁의 피해자는 항상 독신자였다. 라포르그는 여러 정책 가운데 무엇보다 가정 투표권 제정을 주장했다. "선거라는 저울에서 조국의 영구불변하는 이익의 수호자인 가장의 무게가, 사회를 죽이는 역할을 하는 독신자의 무게와 똑같다는 것은 있을 수 없는 일이다."[38] 그러나 이는 20년 전 독신자들이 조국을 지키기 위해 바쳤던 무거운 세금을 너무 일찍 망각하는 일이다. 더구나 기혼자들을 위한 조세 경감과 가정 임금 및 사회보장수당 인상은 결혼하지 않은 사람들의 부담을 전제로 한 것이다.

1938년 달라디에 정부가 구성되자 샤를 포마레(Charles Pomaret, 1897~1984, 프랑스 정치인으로 페탱 내각에서 내무부 장관을 역임했다—옮긴이) 노동부 장관은 이 문제를 연구했다. 그 결과 1920년과 1934년에 단행된 조세 정책은 역부족인 것으로 드러났다. 더구나 이 정책들이 수상한 '도덕질서'에서 영감을 얻었다고 판단한 인민전선은 1936년에 이를 완화했다. '가정 및 프랑스 출산율에 관한 법령'이 각료회의에서 승인되었고, 이어 1939년 7월 29일 대통령이 이 법령에 서명했다. 이 법령은 총 168개 조항으로 구성된 가정법으로, 7월 30일《관보》에 게재되었다. 가정진흥정책의 재정은 '가정보상세(TCF)'라고 부르는 '수퍼세'로 충당했다. 과세 대상은 독신자, 홀아비, 가족 부양 책임이 없는 이혼남과 결혼한 지 최소 2년이 지났으나 자녀가 없는 기혼 납세자였다.[39]

긴장이 고조된 이 해에 두려움은 분명하게 드러났다. 대통령은 '인구 증가로 야망이 커진 민족들이 프랑스 본토와 식민지 국경에 가하는 압력'에 대해 언급했다. 그러나 당시 유행했던 우생론은 알코올 중독이나 성병 퇴치 정책을 의미하는 '건강한 인종 만들기'에도 그림자를 드리웠다. 독신자와 이혼남 혹은 무자녀 부부를 대상으로 두 가지 형태의 정책이 채택되었다. 첫째는 이들에게 상속 시 부가세를 매기는 반면 가장들에게는 면세 해택을 준다는 것이었고, 둘째는 1920년과 1934년 통과된 세금 인상을 대체하는 '가정보상세'를 창설한 일이었다. 가정보상세 세율은 독신자, 무자녀 홀아비와 무자녀 이혼남의 경우 소득 수준에 따라 최하 3퍼센트에서 최고 20퍼센트까지였으며, 무자녀 기혼남의 경우에는 2~14퍼센트였다. 16세 이후 사망한 자녀를 둔 부모, 아이를 부양하거나 입양한 자 및 장애인의 경우에는 40퍼센트 이상 감면 혜택이 있었다. 이 특수세는 특히 독신자들을 겨냥했으나 피임을 행하는 신혼부부가 타격을 입게 되었다. 1942년 독신자들에게서 거둬들인 세금은 26만 9967프랑이었던 것에 반해 무자녀 기혼남에게서 거둬들인 세금은 45만 9887프랑이나 되었다.

1945년 12월 31일 법은 '가정보상세'를 폐지하고, 대신 오늘날까지 이어져 오는 가족지수 시스템을 도입했다. 독신자의 지수는 1로, 기혼자의 지수는 2로 계산하고, 여기에 부양할 자녀가 있으면 자녀 1인당 지수 0.5씩 추가했다. 따라서 과세가 동일하게 적용되는 셈이었지만, 이는 표면적인 것일 뿐이었다. 1959년까지(1958년 소득에 적용되는 과세율) 독신자의 경우 상위 과세율이 50~60퍼센트가 아닌 55~70퍼센트로 상향조정되었기 때문이다. 마지막까지 남아 있던 이 차별조항을 폐지한 것은 제5공화국이었다. 베이비 붐으로 인해 정부가 적어도 1980년대까지는 독신 문제를 심각하게 생각하지 않아도 되었기 때문이다. 1980년대에 와서 독신세를 부활시키기에는 이미

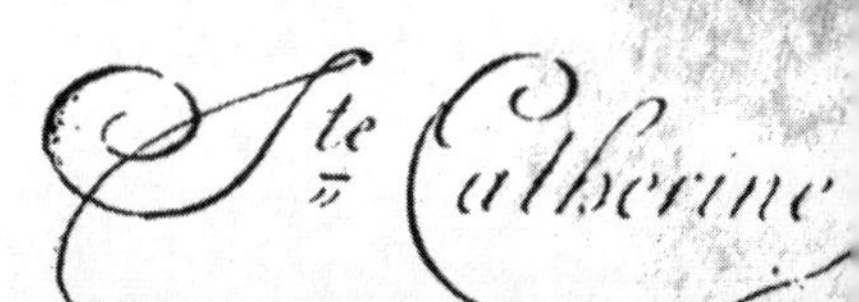

너무 늦어버렸다. 이제 인구정책은 무엇보다 대가족에게 혜택을 베풀어 출산을 장려하는 조세정책으로 방향을 선회했으며, 더 이상 독신자들을 공격하지 않았다. 독신자들이 오히려 혜택을 누리는 경우도 있었는데, 자크 모네(Jacques Monnet)는 영화 〈부의 외적 표시(Signes extérieurs de richesse)〉(1983년)를 통해 이 점을 지적한 바 있다. 동거하는 커플은 부양하는 자녀가 있으므로 각각 0.5씩 받은 반면, 정식 결혼한 부부는 0.5를 두 사람이 나눠야 했다. 이러한 불평등은 쿠르송(Courson) 개정안에 의해 1996년 사라졌다.[40]

요즘 같으면 사람들은 독신세를 차별이라 생각했을 것이다. 이론상으로 보았을 때, 동일 임금을 받는 독신자와 기혼자는 동일한 세금을 낸다. 그러나 실제로 이는 단 한 가지 경우, 즉 부부 모두 과세 등급이 같을 경우에만 가능하다. 부부간 소득 차이가 크면 통합방식이 적용되어 부부에게 유리하다. 또한 사회보장제도가 발달하면서 혼자 사는 사람에게 과세할 새로운 방법들이 생겨났다. 논리적으로 따져보면 가정수당이나 미망인 연금을 위한 공제는 독신자에게 적용될 이유가 없다. 따라서 이는 결혼하지 않았다고 처벌하는 왜곡된 방식으로 해석될 수 있다. 그러나 사회보장비는 차별 정책이 아니라 연대감의 이름으로 거둬지는 것이다. 모든 것은 다 해석하기 나름이다.

1930년대 출산율 증가 경쟁에 모든 사람들이 집착한 것은 아니었다. 국제연맹 위생국에서 연구원을 역임했던 알렉상드르 루바킨(Alexandre Roubakine)은 통계 수치에 대해 다른 분석을 제시했다. 그는 알려진 바와는 달리 프랑스의 출산율이 적절한 수준을 유지하고 있다고 주장했다. 왜냐하면 독일의 출산율보다 높았기 때문이다(1933년 독일의 출산율은 14.7퍼밀이었던데 반해, 프랑스의 출산율은 16.3퍼밀을 기록했다). 1905년 이후 프랑스의 출산율 감소는 독일의 출산율 감소에 비하면 아무것도 아니었다(프랑스 19퍼센트, 독일 54퍼센트). 히틀러가 정책을 실행하기 전인 1933년 독일 출산 통계치는 전례 없이 낮았다. 그러나 그로부터 2년 후 루바킨은 더 이상 같은 주장을 펼 수 없었을 것이다.

더 흥미로운 것은 그의 분석이다. 루바킨에 따르면 진짜 골칫거리는 독일보다 훨씬 더 높은 사망률이었다. 프랑스 인구를 증가시키고 싶다면 결핵, 매독, 알코올 중독 등 다른 나라보다 프랑스에서 더 활개를 치고 있는 '사회적 질병들'을 퇴치하여 사망률을 낮춰야 했다. 그뿐만 아니라 높은 사생아 사망률도 우려해야 했다. "적자와 사생아의 권리 행사에 존재하는 불평등 철폐, 친자 확인 의무화, 아버지의 자녀 부양 의무화 등을 실행하면, 공공윤리와 사망률을 감소시키는 데 있어 미혼모를 위한 구제기관보다 더 큰 기여를 할 것이다."[41] 이는 독신자, 특히 미혼모에게 좀더 우호적인 도덕 개념이다.

출산장려정책에 단점이 없었던 것은 아니다. 시카르 드 플로졸(Sicard de Plauzoles)은 "인구 과잉은 곧 전쟁이다." 하고 주장했다. 그는 한편으로는 국방의 문제를 강조하는 사람들의 우려에 동조하면서도, 다른 한편으로는 출산율 감소에 기뻐했다. "문제는 인구가 모자란 우리나라가 아니다. 이웃 국가들의 인구 과잉, 지나치게 많은 인구가 문제다. (중략) 모든 정부가 인구 과잉을 부추기고 있다. 그러면서 동시에 넘치는 인구를 받아줄 시장과 땅을 필요로 하고 있다. 그러니 전쟁이 일어날 수밖에!"[42] 여기서 우리는 나치 독일의 제국주의 야욕을 정당화해주었던 '생명 공간' 이론을 엿볼 수 있다.

1920년대 조금이나마 독립을 얻었던 여성은 유럽 전역에서 점점 더 '아이 낳는 기계'의 역할로 뒷걸음질 치게 되었다. 노동은 출산과 양립할 수 없는 것으로 인정되었다. 독일에서는 1932년 남편이 가계를 지탱할 만큼 충분한 수입을 벌어오면 기혼 여성을 해고시킬 수 있다는 내용의 법을 제정했다. 공무원직은 독신녀들에게만 기회를 주었고, 결혼하면 사표를 내야 했다. 미국의 경우에도 남녀 모두에게 적용되는 유사한 법이 있었지만 실제로는 여자들에게만 적용되었다. 프랑스에서는 비록 법제화가 이루어지지 않았지만 우편전신전화국(PTT)에서 일하는 여성들을 대량 해고하는 사태가 벌어지기도 했다. 영국에서는 구제 대상 실업자 명단에서 기혼 여성을 모두 지워버렸다.[43] 노동, 가정, 조국. 물론 좋다. 그러나 한꺼번에는 안 된다.

• 성 혁명과 새로운 순결 운동 •

양차 대전 사이에 독신에 대한 다른 시각이 생겨났고, 독신자의 생활방식도 상당한 변화를 겪었다. 그리스도교 전통이 강한 사회에서 독신은 항상 순결과 결부되어 왔다. 16세기까지 독신은 성직이라는 엄격한 틀 안에서만 존재할 수 있었다. 가브리엘 쉬숑부터 마들렌 펠티에에 이르기까지 결혼 거부를 하나의 체계로 세우려고 과감히 나섰던 여성들은 남자를 경험하지 못할 수밖에 없었다. 당시 사회는 남성에게는 관대했고, 특히 결혼하기 전 '젊은 날의 혈기로 방탕에 빠진' 젊은이들에게까지도 관용을 베풀었다. 처녀들도 경험 많은 남자가 더 훌륭한 남편이 되리라는 기대를 가졌으므로, 숫총각보다는 이런 남자들을 선호했다 한다.

그러나 나이가 들어서까지 방탕하게 사는 독신 남성은 뭇사람들의 비난을 받았다. 여기에 의사들과 사회학자들이 위협으로 가세했다. 의사들은 성병과 같은 방탕이 육체적 쇠약을 낳는다고 독신자들을 위협했고, 사회학자들은 독신자들이 벗어나지 못하는 욕망의 현명한 배출구가 결혼이라는 허울 좋은 논리를 펼쳤다.

고대 그리스 사회에서부터 이미 의사들은 위생상의 이유를 들며 순결을 강조해왔다. 의사들은 정자가 '생명이 깃든 영혼의 숨결'을 품고 있으며, 정자의 방출(성교, 자위, 몽정)은 육체를 쇠약하게 만든다고 주장했다. 이런 이론들은 정자가 아담 이후 남성이 자기 자신에게 방출하는 악마의 '독'이며, 정자에는 죽음의 씨앗이 담겨 있다는 그리스도교적 관점, 특히 성 아우구스티누스적 관점을 더욱 확고히 해주었다.

이 이론들은 예를 들어 티소(Samuel-August Tissot, 1728~1797, 스위스의 의사—옮긴이)의 《자위에 관한 소책자(Traité de l'onanisme)》(1758년) 같은 책을 통해 일반 대중에게 알려지기도 했으나 본격적으로 널리 확산된 것은 19세기 영국의 빅토리아 여왕 통치 시절 그리고 미국에서였다. 1830년대에 실베스터 그레이엄(Sylvester Graham, 1794~1851, 미국 장로교 목사이자 혁신적인 개혁가—옮긴이), 윌리엄 앨콧(William Alcott), S. B. 우드워드(S. B. Woodward)를 주축으로 시작된 남성순결운동은 주로 젊은 독신 남성들에게 자위행위 절제를 포함하여 철저한 금욕을 실천할 것을 장려했다. 데비 크로켓(Davy Crockett, 1786~1836, 미국의 전설적인 개척자, 정치가—옮긴이)까지도 이 운동에 참여했던 것을 보면 한때 문란한 생활을 하던 혈기왕성한 젊은이들이 이 이론에 얼마나 큰 영향을 받았는지를 알 수 있다.[44]

유럽에서는 여전히 독신을 방탕과 같은 의미로 여겼고 여러 논리들이 이 관점을 보완해주었다. 의사, 철학자, 모럴리스트들은 독신의 위험에 대해 계속 경고했다. 그래서 뒤르켐은 독신자들의 자살률이 높다고 보았다. 발정기인 동물과는 달리 인간은 사시사철 육체적 · 정신적 흥분 상태(성과 사랑)에 빠져들 수 있는데, 결혼은 이런 흥분 상태를 조절해준다. 특히 일부일처제는 "명백하게 정의된 대상을 사랑하고픈 욕구를 주고 다른 가능성은 닫아버린다". 그래서 유부남은 정신적 균형을 유지하는 것이다. 유부남은 자신의 욕구를 허용치에 맞춘다. 그가 얻을 수 있는 쾌락의 정도는 이미 정해져 있지만 부부의 의무가 있으므로 어쨌거나 쾌락만큼은 확실히 보장받을 수 있다. "독신자의 상황은 완전히 다르다. 독신자는 마음에 드는 것에 애착을 느낀다. 따라서 모든 것을 갈망하지만 어떤 것에도 만족하지 못한다. 가능성이 무한하다는 것은 악이며, 이는 필수적으로 아노미 현상을 동반한다. 이 악은 우리의 의식에 부분적으로 영향을 미칠 수 있다." 그 영향은 성적 형태를 띠는 경우가 많으며, 만족할 줄 모르는 돈 후안으로 상징화된다. "아무것도 우리를 막을 수 없게 되면 우리도 우리 스스로를 막을 수 없다." 파우스트를 닮은 독신자는 모든 쾌락과 그 너머에 존재하지도 않는 모든 것을 경험하고 싶어한다. 추구하는 것을 결코 이룰 수 없기에 독신자의 감성은 격해진다.[45] 독신자가 타락하는 것은 좀더 광범위한 불만족의 한 단면일 뿐이며, 결국 불만족으로 인해 독신자는 자살에 이르는 경우가 많다.

독신과는 별개의 역사를 가진 순결은 이교 집단의 출현과 연관된다. 특히 미국의 경우가 그렇다. 미국에는 꽤 오래된 기원을 가진 사례가 존재한다. 1774년 미국에 정착한 셰이커교도들이 이후에 발생한 여러 운동의 모델이 되었던 것이다.[46] 20세기에 가장 주목할 만한 운동은, 처음에는 '메신저'로 이후에는 '파더 디바인(Father Divine)'으로 자처한 조지 베이커(George Baker, 1870~1965)가 펼친 운동이다. 자신이 신의 아들이라고 주장한 그는 1907년부터 설교를 시작했다. 그가 창설한 평화전도단은 미국 순결운동의 주요한 한 분파가 되었다. 회원들은 천사로 여겨졌고, 천사처럼 성의 구분이 없었다. 그러나 베이커 자신은 신의 자격으로 1917년 결혼했으며, 1946년에 재혼했다. 그의 미망인 마더 디바인(Mother Divine)은 이 운동을 이끌어갔다.

건강, 스포츠, 심리, 종교, 종파 등 여러 가지 이유로 순결과 동정은 오랫동안 남녀 모두에게 중요한 모델이 되었다. 그러나 19세기 말 이 모델은 서유럽에서 파탄 위기에 직면했다. 남자를 경험하지 못한 여자가 맡았던 신성한 역할 그리고 그런 여자가 가진 마법의 힘은 오드랑(Edmond Audran, 1842~1901, 프랑스 작곡가—옮긴이)의 오페라 〈라 마스코트(La Mascotte)〉(1880년)에서 조롱거리가 되었다. 칠면조를 키우는 베티나가 '오렌지 꽃'을 지니고 있으면 주인들에게 좋은 일이 생겼다. 베티나는 능력을 발휘하기보다 결혼을 원했던 베스타의 무녀를 패러디한 존재였다. 처녀막은 신이 도덕적 목적으로 인간에게 선사했고 동정을 입증해주는 것이라는 종교적 해석에 해부학자들은 코웃음을 쳤다. 이들은 일부 동물에게서도 유사한 기관이 관찰된다고 반박했다. 완전한 금욕은 육체적 혹은 정신적 질병을 일으키고, 적어도 고대 처녀의 이미지와는 어울리지 않는 '음란한 생각'을 하게 만드는 원인이 되었다.[47] 인류학자들은 처녀막의 가치가 상대적임을 강조했고, 시몬 드 보부아르는 "여자의 동정은 남자가 아내를 자기 것이라고 여길 때 요구된다."[48]라고 못박았다. 1920년 잔 다르크가 성인품에 올랐으나, 해방된 여성들은 코코 샤넬이나 이사도라 덩컨을 더 닮고 싶어했다.

처음에는 여성의 자유도 제한적이었다. 해방된 여성들과 피임법의 발달은 돈 후안의 후예들에 대한 두려움을 줄여주었으며, 금욕하는 독신자라는 엄격한 모델을 다소 완화시켜주었다. 그러나 부르주아 계층의 도덕관에는 독신과 순결이 여전히 결부되어 있었다. 의사들이 지나친 금욕을 경고하기는 했으나, 금욕으로 발생한 생리학적 문제를 치유하기 위해 문란한 생활을 권한 적은 없었다. "정말 이상하고 끈질긴 증상들도 결혼하고 몇 주 아니 몇 날이면 이내 사라졌다." 자연의 뜻을 거스르고 금욕을 철저히 지킬 경우 건강에 위해를 가하는 금욕의 위험은 독신자들에게 냉혹한 마수를 뻗었다. 이 위험 가운데는 또다시 불임이 포함되어 있다. 독신 남성 100명 가운데 약 10퍼센트만이 생식 가능한 성 관계를 가졌다. "독신 여성들의 불임은 훨씬 더 심각하다."[49] 사람들은 알면서도 독신과 순결, 성과 결혼을 혼동했다. 그런가 하면 과거 의사들이 창녀를 불임이라고 위선적으로 비난했던 것처럼 독신자를 불임으로 낙인찍었다. 이는 사람들의 도덕관념이 좀더 자유로워졌다 하더라도 여전히 고정관념은 남아 있었음을 말해준다.

보수적인 사람들은 독신자들의 문란한 생활에 대해 계속 우려했다. 과거에는 도덕의 이름으로, 그 다음에는 의학의 이름으로 비판은 계속되었다. 19세기 말과 제2차 세계대전까지는 매독이 창궐했다. 사람들은 '감염된 사람들'을 대상으로 독신을 의무화해야 할 필요가 있다고 생각했다. "그것은 공적 유용성을 위해 혼인율을 강제 매입하는 것이다." 게랭 드 라 그라스리는 결핵환자와 매독환자를 염두에 두고 이 제안을 했지만, 수많은 유전병 환자들에게까지 이 원칙은 적용되려 하고 있었다. "끔찍한 유전병은 발병 자체를 원천봉쇄해야 한다." 안나 피셔(Anna Fischer) 박사의 입장은 더욱 강경했다. "자신이 불치병 환자라면 결혼을 포기해야 한다. 매독을 앓는 아이를 낳는 일은 범죄행위나 다름없다." 이를 실제로 적용시킨 나라들에서 어떤 결과가 초래되었는지 우리는 잘 알고 있다. 나치 독일은 공공연히 우생학적 정책을 채택했으며, 프랑스에서는 의원이자 프랑스 우생학회 회장인 피나르(Adolphe Pinard) 교수가 1924년에 혼전건강증명서 제도를

제안하자 이를 1942년과 1943년에 비시 정부가 시행했으며, 1953년에 공중보건법에 추가했다.[50]

이전의 사회는 젊은 독신자에게 핀잔은 줄지언정 관용을 베풀었다. 그러나 매독에 대한 공포와 지나친 정숙을 강조하는 부르주아 사회로 인해 전체 사회의 분위기는 조금씩 변하기 시작했다. 안나 피셔 박사는 독신을 '변태적 믿음' '기만적 핑계' '시대착오적 보수주의' '큰 어리석음'이라 규정하고, 젊은 남성에게 동정을 철저히 지켜서 '결혼한 후에 남성성을 온전히 바치라고' 권장했다. 또한 '남자의 독신은 정상적이고 이성적인 상태'라고 사람들이 여전히 굳게 믿고 있는 오래된 편견에 반발했다.[51] 그러나 결혼의 틀 밖에서 가질 수 있는 성 관계를 모두 금지한다면 결국 남는 것은 매춘, 동성애, 자위뿐이다. "독신은 남자에게나 여자에게나 매우 위험하다. 독신은 자위를 하게 만든다."[52]

도덕이 해이해진 시기에는 기존의 도덕이 그 어느 때보다 독신과 순결의 상응관계를 강조했다. 더구나 성적 일탈, 불임, 질병의 위협을 경고했으며, 결혼하지 말라는 으름장을 놓았다. 무엇을 택해도 건전한 성은 배제되었다. 고전적 순결 모델을 일단 벗어나면, 독신은 영원한 현실이 될 위험이 있었다.

그런데 바로 이 시기에, 그것도 순결이라는 이상(理想)을 아직도 많은 사람들이 신봉하고 있던 미국에서 성 혁명이 일어났다. 성 혁명의 이론가는 빌헬름 라이히(Wilhelm Reich, 1897~1957, 오스트리아의 정신의학자—옮긴이)였다. 그는 프로이트의 제자였는데, 스승이 성(性)을 배제한 채 죽음의 충동을 더 중요하게 보았다고 비판했다. 라이히는 1927년부터 《오르가슴의 기능(Die Funktion des Orgasmus)》(신판 1942년)에서 신경쇠약의 원인이 생식 문제와 관련이 있다고 보았고, 이를 오르가슴을 통해서 치료했다. 1939년 그는 태양으로 생성되는 우주의 생명 에너지인 오르곤(orgon)의 방출을 발견했다. 오르곤은 오르가슴이라는 생물학적 흥분 상태가 발생할 때 살아 있는 조직을 충전시킨다. 1947년 프레스 캠페인을 통해 고발당한 그는 사기 혐의로 구속되었고, 복역 중 사망했다.

과장증에 걸린 사기꾼 혹은 박해받은 천재로 평가받았던 라이히는 '성 혁명' 이라는 아이디어를 처음으로 내놓았다. 《성 혁명》은 그의 저서 중 가장 유명한 책의 제목으로, 1945년에 출간되었다. 이 책은 처음으로 성적 억압과 자본주의의 관계를 강조하여 프로이트 학설과 마르크스 이론을 결부시킨 저작으로 인정받았다. 생산성에 예속된 본능(프로이드의 승화)이 어떻게 자본주의를 꽃피우게 했는가를 분석한 라이히는 그보다 한 차원 더 나아가 순결에 대해 죄의식을 느끼게 하였고, 결과적으로 자유연애를 즐기는 독신자가 과거의 죄의식에서 벗어날 수 있도록 해주었다. 그의 뒤를 이은 앨버트 엘리스(Albert Ellis, 1913~ , 미국의 임상심리학자—옮긴이)는 사랑이라는 명목 하에 단 한 명의 섹스 파트너만 갖게 되면 신경쇠약증에 걸릴 수 있다고 주장했다. 전쟁 이전의 미국에서는 '성 혁명을 위한 세계 동맹' 이 매독과 출산이라는 두려움의 굴레에서 벗어나지 못한 생각들을 짜깁기하는 수준에 그쳤다. 제2차 세계대전 후 페니실린이 일반화되고 이후 경구피임약도 개발되자(1955~1960년) 가장 먼저 독신자들 사이에서 성도덕의 마지막 보루가 무너졌다.

대서양을 건너온 이 운동은 킨지(Alfred Charles Kinsey, 1894~1956)라는 이름을 우리 기억 속에 새겨놓았다. 계통학(분류 법칙을 연구하는 학문) 전문가였던 이 생물학 교수는 특히 말벌에 관한 연구로 명성을 날렸다. 전쟁 전에 그는 결혼에 관한 강의를 했는데, 이를 위해 정확한 과학 자료를 수집하기로 마음먹었다. 그 첫번째 작업이 성생활에 관해 방대한 조사를 하는 것이었다. 1938~1947년(인터뷰의 3분의 2는 1944~1947년 사이에 실시되었다) 미국 전역(4분의 1은 서북부)에 사는 모든 연령대의 미국인 1만 2000명을 대상으로 실시된 이 조사의 결과는 1948년(미국 남성의 성 행태)과 1953년(미국 여성의 성 행태)에 발표되었다. 두 보고서는 백인을 대상으로 한 조사 결과만 다루었다. 조사 결과에 대한 반향은 엄청났는데, 그 이유는 킨지가 그때까지 터부시되어온 문제들(기혼 남녀의 자위나 동성애 행위 등)을 처음으로 가치 판단의 개입 없이 정면으로 다뤘기 때문이다. 그는 지금까지 죄의식을 느꼈던 행위들이 사실은 생각보다 보편적으로 행해지고 있다는 사실을 보여줌으로써 일부 금기를 깨는 데 기여했다.

킨지는 계통학 방법을 연구에 적용했으며, 록펠러재단의 후원 하에 인디애나대학교와 국립연구평의회 성문제연구위원회에서 연구를 진행했다. 킨지의 연구가 독창적이었던 이유는, 객관적인 관찰보다는 설명이나 심지어 설득으로 일관했던 기존의 연구와는 달리 인간 행위의 원인을 객관적으로 기술하고 분류하는 것을 출발점으로 삼았기 때문이다. 또한 광범위하고 다양한 표본 그룹을 선정했기 때문에 소수이거나 목적에 따라 선발한 표본 그룹을 대상으로 실시했던 기존의 유사한 조사보다 더 신뢰할 만한 결과를 얻었다.

그러나 킨지는 사적인 행위를 객관적으로 접근한다는 것이 얼마나 어려운 일인지도 감추지 않았다. 유일한 근거 자료는 주관적일 수밖에 없었다. 비록 무기명을 원칙으로 하였으나, 남녀 설문대상자들이 자신들의 실제 행위를 조사자 앞에서 구술해야 했기 때문이다. 창피하거나 부끄러워서 일부 행위를 숨기거나 혹은 반대로 과장하여 자랑할 수도 있었다. 질문자의 인성도 영향을 미쳤다. 질문자가 경험이 있어야만 대상자의 막힌 말문을 열거나 거짓말을 구별해낼 수 있었다. 따라서 킨지의 연구는 상당히 주관적인 자료를 객관적으로 연구한 것이었다. 그럼에도 불구하고 이 연구는 제2차 세계대전 직후 미국 서북부 백인들에 관한 전반적으로 믿을 만한 자료로 평가할 수 있을 것이다. 물론 무조건 일반화시키는 일은 무모하다.

독신자의 성생활에 관한 통계 자료는 해석하기가 더 어렵다. 독신이라는 용어 자체가 매우 상이한 현실을 포괄하고 있기 때문이다. 독신은 정의상 15세까지의 일단의 개인을 의미한다. 이 그룹의 규모는 여러 가지 타당한 이유로 점점 줄어들고, 이렇게 되면 표본 자체는 의미를 잃게 된다. 예를 들어 독신 동성애자의 비율은 연령이 높아질수록 자연히 상승한다. 이성애자들만이 결혼을 하기 때문이다. 이를 토대로 독신이 동성애를 부추긴다고 결론 내리는 것은 위험한 일이다. 사실은 동성애가 독신으로 살게끔 부추기는 것이기 때문이다. 정도는 덜하겠지만 다른 성 행위에 대해서도 유사한 추론이 가능하다.

또한 이런 성 행위가 항상 의미 있게 다뤄지는 것도 아니다. 자위를 가끔 하는 사람과 정기적으로 하는 사람은 같은 부류에 속할 수 있다. 자의적 독신과 강요된 독신(죄수 등)이라는 기존의 구분을 고려하지 않을 수도 있다. 결혼은 하지 않았지만 안정적인 관계를 유지하는 커플이 행하는 혼전 성 관계가, 파트너를 갈아 치우는 독신자의 행위와 구별되지 않을 수도 있다. 따라서 이 광범위한 조사를 통해 내린 결론을 독신자들에게 적용할 경우에는 특히 주의가 필요하다. 또한 이 보고서는 성 행위만을 대상으로 하고 있고 애정 관계는 배제하고 있다는 것도 염두에 두어야 한다. 결국 성을 마지막 행위, 즉 오르가슴의 원인으로만 간주하고 있는 것이다.

킨지 보고서는 그동안 감춰졌던 유부남의 성행위(자위, 동성애 등)

를 드러낸 반면 독신자의 경우에는 전형적인 모습을 그대로 보여주고 있는 것 같다. 자위나 몽정, 동성애 행위, 매춘에 의존하는 비율은 독신자들에게서 더 높게 나타났다. 이것은 너무나 당연한 일이 아닌가? 성생활에서 자위가 차지하는 비중은 교육 수준이 높을수록 높아졌으며, 연령이 높을수록 낮아졌다. 그리고 매춘부와의 성행위는 반대의 성향을 드러냈다. 이것도 매우 당연한 일로, 교육 수준이 높을수록 파트너와의 관계에서 더 소심해지는 경향을 보이기 때문이다.

30세까지의 사례를 종합해보면 가장 빈번한 성 관계는 성을 직업으로 하지 않는 사람과 이성애적 관계를 맺는 것이었다. 이후에는 동성애, 자위, 매춘의 비중이 점점 높아지지만 교육 수준에 따라 비율은 달라졌다. 이로써 통계 수치는 오랜 고정관념을 확인시켜주었다.

흥미로운 점 몇 가지만 살펴보자. 독신은 독거와 구분된다. 일단 결혼을 해본 사람은 이후 혼자 되더라도 성생활의 변화를 맛본다. 예를 들어 몽정은 유부남보다(응답 남성의 60퍼센트) 독신자들에게서 더 많이 나타났다(응답 남성의 85퍼센트). 이는 납득할 만한 현상이다. 그러나 결혼을 했던 사람들(홀아비와 이혼남)의 경우에는 마치 결혼을 했던 것이 무의식적인 성 활동에 영향을 미치기라도 한 듯 몽정의 빈도가 기혼자와 똑같이 나타났다.

성생활 빈도는 유부남이 훨씬 높았다. 이를 당연하다고 생각할지 모르지만 40대 이상이 되면 독신자들이 전세를 역전시킨다. 아마 경험 문제일 것이다. 독신자는 30세가 넘으면 새로운 관계를 만드는 데 더 노련해지지만 최소한 1940년대 미국에 거주했던 젊은 독신 남성은 좋은 기회를 잡는 경우가 더 적었다. 1940년대 미국 백인 독신 남성은 소심한 남자로 그려졌으며, 평균 혼인적령(30대 약간 이전)이 지나면 교육 수준에 따라 자위나 매춘에 빠졌다. 그러나 이들은 성생활을 더 오래 지속했다. 이 결과는 그렇게 혁명적일 것도 없다. 킨지의 조사 이후로 그만큼 다양한 표본을 대상으로 실시된 광범위한 조사는 없었다. 그러나 적어도 킨지의 연구는 터부를 깨고 콤플렉스를 타파했다.

1960년대 '성 혁명'은 독신자의 성 문제를 심도 있게 재고하도록 만들었다.[53] 이 시대에는 "여자가 자신의 성 경험에 대해 털어놓는 것보다 아직 처녀임을 밝히는 일이 더욱 부끄럽게 되었고"〔에크(Marcel Eck), 1974년〕, 전통 가치는 전복되어 사람들의 의식과 행동을 변화시켰다. 피에르 시몽(Pierre Simon)이 실시한 조사(1972년)에 따르면 25~30세 여성 중 처녀라고 응답한 여성은 3퍼센트에 그친 반면, 50세 응답자들 중에는 7퍼센트가 그렇다고 대답했다. 응답자들이 진실을 말했는지의 유무를 떠나서 이렇게 세대차가 나는 것은 의미심장하다. 전후 세대는 예전만큼 동정을 가치 있는 것으로 여기지 않았다. 1950년대까지만 해도 '건전하고 유익한 행위'로 찬양받았으며 프로이트가 말했던 성적 본능의 승화로 간주되었던 금욕도 이제 육체적 · 정신적 건강을 악화시키는 원인으로 여겨졌다. 지난 20세기 동안 순결을 좋은 것으로 여겼던 편견이 하루아침에 순결을 해롭고 죄의식을 느끼게 하는 또 다른 편견으로 바꿔놓았다.

"당신이 백 퍼센트 순결하다면 당신의 정신이나 감정 상태는 뭔가 잘못된 것입니다."(엘리스, 1963년)

효과적인 피임법이 등장한 것도 판도를 바꾼 요인이었다(에크, 1974년). 여자친구가 잠자리에 대해 예전보다 덜 망설이게 되자 남자들은 매춘부와 성 관계를 덜 갖게 되었다. 또 경구 피임약 덕분에 남자들은 '주의할 일', 즉 원치 않는 임신에 대해 책임감을 덜 느끼게 되었다. 그런가 하면 대안적 성행위(애무, 항문성교)를 할 필요가 줄어들자 자연히 그 빈도도 낮아졌다. 킨지(1948년)와 시몽(1972년)의 통계치는 기준이 각각 달랐기 때문에 애석하게도 비교할 수 없다.

프랑스에서는 5월 혁명(1968년)이 의식의 해방에 정당성을 부여해주었다. 그러나 5월 혁명은 독신의 가치를 높여주었다기보다는 결혼한 부부가 아닌 커플의 개념을 확대해주었다. 혼외정사는 이제 도덕적으로 수용되었다. 프랑스 국민 55퍼센트(남성 64퍼센트, 여성 47퍼센트)가 약혼한 경우라면 혼외정사에 찬성한다고 응답했다. 동거, 혼전관계, 자유 커플 등 오래 전부터 관계를 지속해온 독신자들일 경우 혼외정사를 용인할 수 있다는 응답자도 56퍼센트(남성 65퍼센트, 여성 48퍼센트)였다. 그러나 만난 지 얼마 되지 않은 독신 남녀가 성 관계를 갖는 것에 대해서는 아직도 상당수가 거부감을 가졌다. 이렇듯 안정적인 커플 관계가 사람들의 관용을 얻을 수 있는 중요한 요소였다.[54] 결혼 모델은 커플 모델로 확장되고 있었던 반면, 짧은 만남을 가진 경우이든 혹은 순결을 지키는 경우이든 실질적인 독신 모델은 여전히 사회의 인정을 받기 어려운 실정이었다.

같은 시기에 나타난 동성애에 대한 사회 일반의 변화도 독신의 역사에 영향을 끼쳤다. 동성애 성향과 동성애 경험은 드물지 않았던 반면(킨지는 남성의 경우 50퍼센트, 여성의 경우 25퍼센트가 동성애 경험을 가진 것으로 보았다), 전적으로 동성애자인 경우는 드물었다. 마르셀 에크는 동성애 성향을 10퍼센트로, 실제로 동성애를 하는 경우를 5퍼센트로 보았다(1974년). 동성애는 오랫동안 사회적 치욕으로 간주되었기 때문에 많은 동성애자들이 위장 결혼을 하였고, 실제로 다소 행복한 결혼을 영위했다. 동성애에 대한 관용이 커져 위장 결혼을 할 필요가 줄어들게 되자 독신율에서도 변화가 기대되었다. 그러나 본디 억압되어 있거나 털어놓지 못하는 행태에 관한 통계를 내기는 어렵다. 커밍아웃한 동성애자들의 비율은 20세기 말 비교적 안정적이지만(6~7퍼센트) 동성애 경향을 보이는 유부남도 20퍼센트나 되리라고 추정하기도 한다. 그러나 이런 수치를 제시한 근거를 정확히 밝히지 않았으므로 임의적으로 보일 수도 있고 적어도 신중을 기해 다루어야 한다.

성 해방의 부정적 효과도 있었다. 정신분석학이 발달한 지 반세기, 그리고 거스를 수 없었던 '성 혁명'이 일어난 지 20년 후, 성과학자들은 일부 독신자들, 특히 독신 여성 가운데 '기대에 어긋날까봐' 두려워 독신으로 지내는 여자들이 있다는 것을 알게 되었다. 성에 대한 기대가 너무 높아졌기 때문에 파트너를 실망시키면 어쩌나 하는 두려움이 커지게 된 것이다. 이 '신경성 독신'은 성이 규범이 된 세상에서 비정상이면 어쩌나 하는 긴장감에서 비롯되었다. "프로이트의 연구가 성을 편견에서 해방시킨 것은 사실이지만 과거에는 없었던 긴장감을 유발시킨 경우가 많았다."[55] 여성은 남근이 없어 고통스러운 거세당한 존재이고 질에 비해 클리토리스로 느끼는 오르가슴이 못하다고 주장함으로써 독신을 조장하는 콤플렉스가 탄생했다. 또한 오이디푸스 콤플렉스가 보편적이라는 신념을 주어서 남성이 어머니와 동일시된 여성 앞에서 새로운 두려움을 느끼게 만들었다. 그러나 통계적으로 측정할 수 없는 이 경향을 너무 과대평가하지는 말자. 더구나 이 부정적 효과들은 반프로이트적 논쟁 속에서 거론된 것들이었다. 정신분석학이 남성과 여성의 성 해방에 기여한 점은 이런 부정적 효과들을 상쇄하기에 충분하다.

심리학자들과 사회학자들은 새로운 성적 자유가 독신 증가에 직접적인 영향을 미친다고 생각했다. 첫 성 관계를 갖는 시기가 빨라지면 청소년 시기에 인간관계를 맺는 행태나 방식에서 인성이 형성될 수 있다. 예를 들면 성 관계에 대해 조급한 마음을 갖게 되고, 애정에 대해서는 상대적으로 무관심해지며, 유혹에 관해 걱정을 하게 된다. 혼인연령이 높아지면 성적으로 성숙해지는 과도기(최대 몇 년) 동안의 정상적인 라이프스타일을 장기간에 걸쳐(15년까지 길어지기도 한다) 누리게 된다. 청소년이 연인을 많이 사귀게 되면 자신의 매력에 대해 자신감을 갖게 되고, 이런 생활방식이 지속되면 커플을 맺더라도 관계가 약화된다.

이미 1970~1980년대에 성 혁명이 일어났음에도 불구하고, 오늘날까지도 많은 사람들이 독신자의 순결(더불어 기혼자의 일시적 순결)을 신봉한다. 더구나 이들이 딱히 전통적 윤리를 고집하는 것도 아니다. 이는 아마도 지나친 성 혁명에 대한 반발일 것이다. 이 '새로운 순결'에 대한 원인과 해석은 다양하다.

우선 일급 운동선수들의 경우를 살펴보자. 고대 그리스 시대부터 선수는 경기 전에 금욕해야 확실히 우승을 거머쥘 수 있다는 말이 있었다. 플라톤은 《법률》(제8권)에서 단도직입적으로 이코스, 크리손, 아스틸로, 디오폼포스, 그밖에 많은 선수들이 훈련 기간 중 아내나 남자 애인을 건드리지 않았기 때문에 올림픽에서 우승할 수 있었다고 했다. 이 고정관념은 수세기를 거쳐 지금까지도 살아 있다. 엘리자베스 애벗(Elizabeth Abbott)은 19세기와 20세기의 미국에 존재했던 이 고정관념을 연구했는데, 사실 이 고정관념은 훨씬 더 광범위하게 퍼져 있다. 예를 들어 코페농(Freydier Caufeynon) 박사는 "순결은 활발한 생명 유지 기능을 지켜주고, 생식기관에 존재하는 여분의 생명 에너지를 각 신체 기관에 전달하여, 우리의 모든 기능에 에너지를 더해준다."고 했다. 여기에는 프로이트의 승화 개념이 이론적 기초가 되었다. 그러나 전후 성과학자들은 이 이론의 보편성에 의문을 제기했다. 1963년 엘리스는 "이 이론은 최소한 정상적인 남성에 대한 구체적인 사실에 근거하지 않은 듯하다."고 주장했다. 그러나 정신적 금욕 혹은 승화는 운동선수들의 성생활을 계속 지배했다. '라이프 애슬리츠(Life Athletes)' 나 '애슬리츠 포 앱스티넌스(Atheletes for Abstinence)' 와 같은 단체들도 금욕을 권장한다.[56] 그러나 운동선수들의 일시적인 금욕은 우리가 정한 독신이라는 영역을 벗어나는 문제이다. 많은 선수들이 시합 기간 외에는 정상적인 부부생활을 갖기 때문이다.

1960년대 성 혁명이 시작되었던 미국은 이 시기에 그 여파를 역으로 맞았다. 1980년 가브리엘 브라운(Gabrielle Brown)의 저서 《새로운 독신:섹스를 피하고 새로운 독신을 즐기는 남녀가 더 많아지는 이유는 무엇인가?》는 큰 성공을 거두었다. 그녀가 주창하는 '새로운 순결' 은 성생활의 부재와 같이 부정적인 것이 아니었다. 그것은 프로이트적 관점에서 바라보면 단순한 성적 능력보다는 성적 감성에 대한 좀더 폭넓은 대안이었다. 사회적 · 정신적 혹은 건강상의 이유로 순결을 택하는 것은 성을 빼앗기는 것이 아니라 건강한 몸을 만들 수 있는 긍정적 행위였다.

이 운동은 에이즈가 등장하기 전에 시작되었지만 새로운 전염병인 에이즈가 초기에는 독신자들(동성애자, 매춘 고객 등)을 중심으로 빠르게 확산되었기 때문에, 젊은이들 사이에 새로운 이상으로 빠르게 퍼질 수밖에 없었다. 오래전부터 피임 금지를 주장하던 가톨릭교회는 에이즈 전염을 막을 수 있는 가장 효과적인 방법이 콘돔이라는 사실을 인정하지 않아 논쟁을 일으켰다. 가톨릭교회는 결혼하지 않았다면 금욕해야 하고, 부부간에는 서로 충실하게 지내야 한다는 견해를 가지고 있었다.

특히 미국을 중심으로 순결을 목적으로 하는 여러 단체가 결성되었다. 1993년 내슈빌 종교 단체 내에 설립된 '진정한 사랑 기다리기'는 대학 캠퍼스를 중심으로 티셔츠, 모자, 배지 등 현대적 '상품화' 전략과 효과 만점의 슬로건 '흥분하지 말고 순결하라(Stop your urgin' be a virgin)'으로 순결 캠페인을 벌였다. 유명 배우와 운동선수들이 젊은 팬들에게 고귀한 순결의 이미지를 전하기 위해 이 단체에 가입했다. 1991년 양성애자임을 발표한 농구 스타 매직 존슨은 "가장 안전한 섹스는 섹스를 하지 않는 것이다(The only safe sex is no sex)."고 선언하며 이 운동에 동참했다.

미국에는 이러한 목표를 추구하는 단체들이 많다. BAVAM(Born-Again Virgins of America)는 순결 증명서를 발급하고, PSI(Postponing Sexual Involvement)는 결혼 전에 순결을 지키고 싶어하는 젊은 여성들을 위한 그룹 토론을 조직한다. 낫 미 낫 나우(Not Me. Not Now.), 트루 러브 웨이츠(True Love Waist), 프랜즈 퍼스트(Friends First)와 같이 순결 서약을 지킬 수 있도록 도와주는 단체에 가입한 젊은 독신자들은 250만 명을 헤아린다. 앱스티넌스 클리어링하우스(Abstinence Clearinghouse)는 현재 인터넷 사이트 www.abstinence.net을 통해 순결 운동을 벌이는 주요한 단체가 되었다.

순결은 독신과는 다르지만 독신자가 가장 깊이 관련되어 있는 문제이기는 하다. 특히 독신이라는 단어(celibacy)가 두 가지 개념을 모두 포함하고 있는 앵글로색슨 국가에서는 말이다. 이런 단체들이 영향력을 발휘하게 되면서 선거에도 무시 못할 힘을 갖게 되었다. 로널드 레이건 대통령 이후 금욕 운동은 공화당과 민주당을 막론하고 매번 대통령 후보의 선거 공약에 포함된다.

청소년 성교육 프로그램은 조지 W. 부시 대통령이 취임 시, 연간 1

억 3500만 달러의 재정 지원을 약속하여 거듭났다. 이 프로그램을 지지하는 학교 및 대학, 단체들에게는 보조금이 지급된다. 그러나 독신자들의 성생활에 대한 억제는 억압적 조치를 통해 이루어지기도 했다. 부시 대통령은 사회보장수당 수급 조건을 까다롭게 만들어 미혼모와 가족 부양의 책임을 저버린 가장들에게 불이익을 주었다. 19세기에 생각했던 것과는 반대로 결혼이 가난 퇴치를 위한 수단이 된 것이다.

독신자 교화는 미국 국내정책에만 해당되는 것이 아니었다. 2002년 5월 UN 아동 정상회담이 열렸을 때, 토미 톰슨 미 보건부 장관은 미국의 모델을 전 세계 젊은이들에게 제안했다. "성병, 조기 임신, 혼외정사로 발생하는 사회적 · 개인적 어려움을 피할 수 있는 유일한 길은 금욕이다."[57] 부시 대통령은 아프리카에서 에이즈 퇴치를 위해 활동하고 있는 단체들을 지원하며, 지원금 일부가 순결과 부부간의 충실함을 홍보하는 데 쓰이도록 요구했다.

이 '새로운 순결'을 미국식 생활방식이나 미국 보수주의의 결연한 정책으로만 보는 것은 너무 단순한 생각일 것이다. 프랑스도 2004년 APJE(신생아 및 영아보조금)를 PAJE(신생아 출산 및 육아 보조금)로 바꾸면서 미국과 같은 생각을 가진 듯했다. 미혼모를 지원하는 API(편부 · 편모 수당)에서 PAJE 자금을 출원했기 때문이다. 물론 이 개혁의 취지는 막대한 예산 절약에 있었지만, 미혼모의 소득이 크게 줄어들었기 때문에 미국의 교화 정책을 본뜬 것이 아니냐는 주장이 있었다. 논쟁을 일단락시키기 위해 프랑스 총리는 2005년 '가정에 관한 회의'의 주제를 한 부모 가정으로 채택하기로 약속했다. 그러나 미혼모에게 불이익을 주려 했다는 좋지 않은 인상은 지울 수 없었다.

독신자를 다시 교화하려는 것이 근본적인 문제이나 1960~1970년대의 성 해방을 문제 삼지 않는다는 것이 바로 오늘날 우리가 부딪치고 있는 모순이다. 에이즈의 출현이 낳은 도덕적 충격은 엄청났으며, 특히 전후 성 해방의 흐름을 크게 약화시켰다. 인류 사상 처음으로 성병이나 원치 않는 임신을 두려워하지 않았던 세대의 태평스러움은 새로운 행위와 새로운 금기를 만들어낸 성숙하고 책임감 있는 성에 자리를 내주었다.

물론 '새로운 순결'에는 도덕적으로나 종교적으로 정당한 이유가 있다고 주장하는 신봉자들도 있다. 그러나 이 운동이 과거의 금기는 배제하지 않는다고 주장하는 사람들도 있다. 예를 들어 포르노그래피나 자위는 전혀 배제하지 않고 있기 때문이다. 또한 상호 존중을 원칙으로 하는 새로운 남녀 관계를 만든다는 면에서 포스트페미니즘으로 이해되기도 한다. 또한 푸코의 표현을 빌자면, '성이라는 엄격한 군주제'가 생산한 소비의 성을 거부하는 것일 수도 있다. 산과의이자 성과학자인 엘렌 자크맹(Héléne Jacquemin)은 순결이 식료품 소비자운동에 저항하기 위해 먹기를 거부하는 사람들이 앓는 거식증과 비슷하다고 말한다. 하나의 행동에는 다양한 동기가 있을 수 있으므로 혼동해서는 안 되겠다. 순결 운동은 완전 독신보다는 장기 혹은 일시적 독신의 경우에 더 많이 나타난다.

• 기술의 발전이 가져온 독신 생활의 편리함 •

피에르 부르디외(Pierre Bourdieu)가 1962년 발표한 조사에서 보면, 문제의 인물은 이니셜 I. A.로만 나와 있다. 이 장인은 1885년 역시 장인이었던 아버지 밑에서 태어나 베아른의 한 마을에서 학교를 마치자마자 아버지 밑에서 일하게 되었다. 이후 그는 2년간의 군복무를

마치고 1907년에 귀향했다. 그는 정착할 생각으로 일 드 레 출신의 한 처녀와 사귀었다. 처녀가 지참금 1만 프랑과 혼수를 해올 수 있다니 '괜찮은 혼처'라 생각했다. 그래서 그는 1909년에 결혼할 생각을 부모님께 알렸다.

그러나 이게 웬일인가. 부모님이 결혼을 승낙하지 않았다. 가난해도 자존심은 버릴 수 없었다. 결혼 지참금이 있다 하더라도 가정을 부양해야 하는 남편의 의무를 저버릴 수는 없는 것이다. 독자였던 그는 가업을 물려받아야 했고 따라서 아내는 집에서 살림을 해야 했다. "여자 하나가 더 들어올 자리는 없다." 부모의 대답은 확고했고 이유조차 설명해주지 않았다. 남자의 가족은 부유하지 않았고, 여자가 아무리 지참금을 가져온다 하더라도 결혼하면 건사해야 할 입 하나가 더 늘어나는 것이었다.

어찌해야 할까? 이때는 결혼하려면 반드시 부모의 동의를 얻어야 했다. 부모님께 대들고 혼인 허가 독촉장을 줄줄이 보내다가 집을 뛰쳐나와야 할까? 꿈에도 생각할 수 없는 일이었다. 이웃 보기에 엄청나게 창피한 일이 될 것이다. "사람들이 집안에 무슨 큰일이 있는 줄로 생각할 텐데." 집안 문제를 만인 앞에 떠벌여서는 안 되었다. 결국 그는 결혼 계획을 포기하고 말았다.

매우 상심한 젊은이는 더 이상 춤추러 가지도 않았고, 여자들도 만나지 않았다.

"예전엔 내가 춤추는 걸 참 좋아했는데. 특히 옛날 춤들 말이야. 폴카, 마주르카, 왈츠……."

그는 이제 카드놀이하러 일요일에만 외출했다.

"노총각들끼리 모여서 카드놀이나 하고 자정쯤 들어오곤 했지."

그는 남편을 잃고 자신의 집에 들어온 누이와 함께 살며 독신으로,

그리고 장인으로 늙어갔다.[58]

시골의 독신은 20세기에 여전히 현실적인 문제였다. 그러나 그 현실은 과거와는 상당히 달랐다. 도시나 교외의 독신도 상황은 마찬가지였다. 독신의 지리적 상황은 변함이 없어 보여도 독신자의 생활 방식은 근대 문명과 함께 변화를 맞았다. 높은 혼인율을 보인 지방은 전통 농업과 독실한 신앙심을 유지한 부농 지역이었고, 대도시가 혼자 살기 적합한 환경을 제공했다는 점은 예전과 같았다. 그러나 독신의 원인과 이미지는 달라졌다.

농촌과 척박한 지역에서는 여전히 가난이 독신의 주요 원인이었다. 상속받을 땅이 없을 경우 동생들은 자연히 열외가 되었다. 20세기 초 베아른의 독신율은 농지 소유주들의 경우 28.57퍼센트에 그쳤으나 농업 노동자들의 경우에는 81.81퍼센트, 하인들의 경우에는 100퍼센트였다. 1898년에 태어나서 10세에 하인이 된 한 남자는 왜 결혼하지 못했는지 단도직입적으로 말한다.

"결혼을 했더라면 사람들 말처럼 '배고픈 사람이 목마른 사람과 결혼' 한 꼴이 될 뻔했지요."

장남도 아니었기에 그는 유산 분배 시 한 푼도 상속받지 못했다. 장남은 '모든 것을 갖춘 집(집 건물, 가축, 가금 등)' 을 받았다. 누이는 하녀로 일하러 도시로 떠났다.

"그동안 저는 제 방식대로 즐겼습죠. 저랑 똑같은 처지에 있는 녀석들 하고요. 카페에서 며칠 밤을 그냥 보내기도 했어요. 새벽까지 카드놀이를 하거나 '야참' 을 먹으면서요. 주로 여자들 얘기를 많이 했지요. 물론 안 좋은 얘기만 골라서요. 이튿날에는 전날 함께 논 친구들을 씹기도 했어요."[59]

가난한 가정에서, 특히 장남이 아닐 경우 독신은 거의 의무화되다시피 했고, 가정과 사회구조는 이런 독신을 견딜 수 있도록 뒷받침해주었다. 독신자가 가족의 방침에 희생되었다는 느낌은 받을 수 있어도 고립되거나 경멸당한 것은 아니었다. 독신자는 가족과 가정의 경제에 분명한 입지를 점하고 있었다. 나이가 들어도 가족들에게 기생충 같은 존재가 되겠다는 생각은 하지 않았다. 르네 바쟁은 이미 1908년에 소작지를 쪼개지 않기 위해 소작지에서 일군 노릇을 자처하며 결혼을 포기한 이런 농부들에 대해 언급한 바 있다.[60]

또한 빈곤이 독신의 유일하면서도 전통적인 이유는 아니었다. 농촌은 폐쇄적인(한 번 결혼을 거절하면 엄청난 모욕이 될 수 있었다) 동시에 개방적인(주거의 분산) 사회였기 때문에 남녀가 안정적인 관계를 맺기 어려웠다. 이로 인해 중매자가 아직 할 일이 남아 있게 된 것이다. 중매는 가족들이 맡는 경우가 많았으나 신부도 소심한 청년을 보면 가난하지만 착한 처녀를 만나보라고 권하는 경우가 있었다. "늙은 사제가 전통을 소중히 생각하는 좋은 집안들을 많이 맺어주었다." 시집 장가 보내야 할 자녀가 있는 부모들에게 도붓장수는 좋은 정보원이었다. 도붓장수를 통해 아들이 장가 갈 나이라고 사방에 알리면, 혼기가 찬 처녀들 사이에 입소문이 퍼졌다. 제2차 세계대전 후에는 중매결혼보다 남녀가 직접 만나는 것을 선호했고, 이로 인해 새로운 형태의 애정 관계가 발달하게 되었다. 그러나 강한 사회적 압력이 없으면 반드시 결혼에 골인하는 것은 아니었다.

가장 큰 변화를 보인 것은 아마도 농촌 지역 내 독신의 이미지일 것이다. 20세기 초에는 집안에 독신자 한두 명 정도 있는 것이 보통이었다. 집안의 세습재산을 온전히 보전하기 위해 동생들이 희생했기 때문이다. 그런데 제2차 세계대전 후에는 독신을 '부조리하고 무용한 인생' 이라고 간주하는 시각이 생겨났다. 이는 경제 위기의 한 징후로 사회 질서에도 영향을 미쳤다. 가장 좋은 예는 장남들도 결혼하지 않는 경우가 나타났다는 것인데, 이는 특히 소농의 경우에 두드러졌다. "토지 소유자와 장남의 특권이 위험에 처했다." 장남과 동생, 노동자와 하인으로 대비되던 구조가 도시의 기혼자와 농촌의 독신자라는 구조로 바뀐 것이다. 장남은 재산을 상속받는 반면, 동생은 도시로 떠나는 경우가 흔했다. 그러니 특권이 역전된 것이다. 고향을 떠날 수 없는 장남에게는 결혼할 기회가 점점 더 줄어들었다.

경제적 균형이 변하자 장남에게 주는 상속 재산과 결혼할 자식에게 주는 재산 사이의 비율도 흔들리게 되었다. 화폐 가치가 떨어지고 토지 가격이 지나치게 상승하자, 부모는 상속 토지의 가치에 상응하는 돈을 더 이상 동생들에게 줄 수 없게 되었다. 지금까지 기준이 되었던 체계는 흔들렸고, 사회적 지위는 생활방식으로 결정되었으며 재산보다 더 중요하게 여겨지게 되었다. 좀더 자세히 설명하면, 동생은 충분한 초기자금이 없기 때문에 부모에게 받을 결혼 자금보다 직업에 더 기대를 걸었다. 이로 인해 부권은 약화되었다. 도시에서 좋은 직장이나 좋은 결혼 상대를 찾을 수 있다면 상속권을 박탈하겠다고 위협한들 무슨 소용이 있겠는가? 이는 특히 여자들에게 해당되는 말이었다. 여자는 가정을 꾸미려면 부모의 관대함에 매달릴 수밖에 없었는데, 이제 도시에서 남편감을 직접 찾을 수 있게 된 것이다.

농촌의 독신 남성 비율이 높은 것도 그 때문이었다. 여자들은 농부들이 토지를 소유했다 할지라도 도시 근로자들을 선호했다. 도시에 사는 여자들의 편견은 매우 강해서, 이들은 절대 농촌으로 남편감을 구하러 오지 않았다. "작은 마을 총각이 큰 마을 처녀와 결혼하는 것은 하늘의 별 따기만큼 힘들다. 여자가 노처녀로 늙어죽는 한이 있어도 그런 결혼을 할 수 없다고 버틸 테니 말이다."[61] 물론 부유한 농촌 지역이었던 프랑스 서부와 중부의 사정은 달랐다. 그러나 불모 지역, 특히 산악지대에서는(남부중앙 산악지대, 피레네 산맥, 알프스 산맥 등) 독신이 지속적으로 늘어났다. 21세기 초 "크뢰즈 지방에서는 65세 이상 노인이 25세 미만 젊은이들보다 훨씬 많으며 독신 남성의 비율은 전국 평균의 두 배에 달한다."[62]

지방의 큰 마을이나 소도시들은 결혼의 성채였다. 그러나 도시의 규모가 커지자 혼인율은 평균 이하로 다시 떨어졌다. 1990년 프랑스의 1인 가구 비율을 보면 인구 1만 명 미만인 코뮌(commune)은 18.2퍼센트, 인구가 10만 명 이상인 코뮌은 25.1퍼센트, 파리는 무려 47.4퍼센트를 기록했다. 이는 독신율이 수도에서 가장 높다는 것을 반드시 의미하지는 않는다. 다만 혼자 사는 독신자들이 점점 더 수도에 많이 산다는 것을 뜻한다. 도시 독신자들과 농촌 독신자들이 살아가는 환경은 크게 다르다.

도시 독신 현상의 근본적 이유는 중세 이후 그리 변하지 않았다. 그룹 내 개인의 고립, 지방이나 외국 출신 젊은이들에게 미치는 가정의 압력 저하, 고용 불안, 혼자 사는 사람들에게 제공되는 편리한 생활필수품 및 여가 편의시설 등 그 원인은 문명이 발달함에 따라 오히려 더 심화되었다. 냉장고, 전자오븐렌지, 세척 기계(세탁기 혹은 식기세척기), 영화, TV, 컴퓨터, 인터넷 등 지난 100년간 축적해온 기술적 발전 대부분이 독신 팽창의 원인일 것이다.

오! 인터넷……. 커뮤니케이션 사회의 대표적 상징 인터넷은 고립이라는 역효과를 낸다. 인터넷 사용자 중 독신자 비율이 40퍼센트나 된다는 주장도 있다.[63] 인터넷 사이트 개발자들은 이 사실을 잘 알고 있을 것이다. 필자도 개인 홈페이지를 준비하는 동안 정말 외롭게 밤을 보낼 생각인지를 묻는 메일을 엄청나게 받았다.

요즘 사람들만 독신자에게 편의를 제공하는 기술 발전에 대해 걱정한 것은 아니다. 이미 1888년 독신을 열렬히 비판했던 어떤 사람은 이렇게 외쳤다. "근대 과학은 여자가 가사 일에 전념하지 않아도 되도록 해주어서 남성의 독립을 조장하고, 여성에게 큰 피해를 주고 있다." 그는 대신 일해줄 아내가 없어서 '강제노역'을 했던 독신자들을 구해준 전기와 '훌륭한 화학적 · 기계적 발명'을 비방했다. 그가 '가정의 근간은 여자와 소'라고 말했으니, 프랑스의 문명 수준이 높다는 말도 허명이 될지 모르겠다.

이렇게 연유, 육류 추출물, 인공 계란, 과일 통조림, 다랑어 통조림도 독신의 원인에 포함되게 되었다. 이젠 계란을 삶기 위해 아내를 둘 필요가 없어졌다. 이미 1806년 카데 드 보〔Cadet de Vaux, 1743~1828, 약사이자 발명가. 프랑스 최초의 일간지 『파리 신문』의 창간자—옮긴이〕는 밤새 차가운 상태로 내린 후 아침에 아르간 등으로 데워 마시는 커피를 '독신자의 커피'라고 부른 바 있다. 독신이라는 말은 집안사가 복잡해지는 것을 거부한다는 말이 되었다. 이보다 더 심각한 일은 남자들이 독신이 되자 자연히 여자들이 일을 하게 되었다는 것이다. "여자의 평등은 원인이 아니라 결과라는 것을 명심하라. 여자들의 주장은 논리적이지만 그들의 요구는 전혀 자연스러운 것이 아니며 사회적으로 심각한 거부감을 불러일으키고 있다."[64] 그로부터 1세기가 흐른 뒤, 분말형 계란 말고도 1960년대에 여성을 해방시킨, 아니 순진하게도 해방시켰다고 믿었던 일련의 혁신이 일어났다. 독신자의 말처럼 오늘날 이 혁신은 독신자를 해방시키고 있다. "식기세척기는 인류가 이룬 최고의 정복이다." 캔디스 부쉬넬(Candace Bushnell)은 이렇게 말했다. 그가 쓴 《섹스 & 시티(Sex and the City)》는

20세기 말 뉴욕 독신자들의 바이블이 되었다. "연애에 일찍 성공했으니 나는 정말 운이 좋다. 뉴욕에서 혼자 사는 것보다 더 쉬운 일은 없으니까. 그래서 예전으로 돌아가는 것은 거의 불가능해진다."[65]

비웃음을 거두자. 편안한 삶이 독신을 초래한 것은 아니다. 그러나 결혼을 할 수밖에 없었던 이유, 즉 집안을 돌봐줄 사람을 구할 필요가 없어졌기 때문에 독신이 가능해졌다는 사실은 인정해야 한다. 18세기 노총각들을 생각해보자. 사람들이 그들을 손가락질했던 이유는 그들이 하녀들의 존경을 받지 못했기 때문이다. 하지만 요즘은 버튼 하나만 누르면 된다. 그렇다면 끼니는 어떻게 해결할까? 사촌 퐁스와 사촌누이 베트를 생각해보자. 베트는 매일 시내에서 외식을 했고, 퐁스는 항상 초대받지 않은 손님으로 사촌들의 집을 찾아갔다. 뒤아멜(Georges Duhamel)의 작품에 나오는 레옹 슐라이터는 "당시 만연했던 독신에 대한 푸대접과 독신자들의 강경한 정치적 신념 때문에 독신자는 항상 요리를 주문해 먹을 수밖에 없었다."[66]고 말한다. 요즘 노총각들은 동네 슈퍼마켓의 1인용 음식 진열대를 들락거린다. 대도시에 독신자들이 몰려드는 것이 과연 놀랄 일인가? 뉴욕에는 독신자만 300만 명에 이르고, 이는 뉴욕 전체 인구의 3분의 1에 해당한다.

그러나 좀더 자세히 살펴보면, 21세기의 도시 독신은 14세기나 19세기와는 상당히 다르다는 것을 알 수 있다. 과거에는 대도시에 하인이나 노동자의 수요가 많았던 것이 독신의 주원인이었다. 제2차 세계대전까지 파리에서는 독신자 하면 기숙사나 하녀 방에 사는 사람들의 이미지가 떠올랐다. 이후 서비스 분야가 놀랍게 성장하면서 젊은 독신자들이 대거 대도시로 몰려들게 되었다. 그리고 사회 상류 계층에서 독신자들이 더 많아지게 되었다.

1968년 인구조사에 따르면 파리의 경우 결혼 가능한 여성(독신 여성, 이혼녀, 과부)이 남성에 비해 11.33퍼센트 더 많은 것으로 나타났다. 반면 파리를 제외한 프랑스 전역에서는 결혼 가능한 남성이 약간 더 많았다(0.46퍼센트). "여성 일자리가 많아지자 15~30세 여성이 속속 대도시로 몰려들어 여성의 비율이 더 높아진 것이다."[67] 그러나 이 새로운 독신자들이 독신으로 사는 것은 가난해서라기보다 사회적으로 성공하기 위해서였다. 도시와 농촌의 남녀 간 격차는 매우 심했다. 위의 인구조사에서 50세를 기준으로 했을 때, 간부직의 독신 여성 비율은 27퍼센트인 반면 농업에 종사하는 독신 여성 비율은 6퍼센트였다. 동일 연령의 남성인 경우에는 간부직의 4퍼센트, 농업 종사자의 33퍼센트가 독신자였다. "남성의 경우 결혼할 확률은 능력과 소득 수준에 비례하고 여성의 경우에는 반비례한다."[68] 이는 대도시를 무대로 살아가는 똑똑한 여성들의 삶을 그린 앵글로색슨계 여성 작가들의 주장이다. 캔디스 부쉬넬은 뉴욕을 배경으로 《섹스 앤 더 시티》를, 이사벨 볼프(Isabel Wolff)는 런던을 배경으로 《티파니 트롯의 시련(The Tirals of Tiffany Trott)》을 탄생시켰다. 여자 주인공들의 사회적 지위가 상승할수록 남자들은 더 이들을 피한다. 여성 CEO에게 남편으로서의 권위가 서지 않을까봐 두려워하는 것일까?

19세기 이농 현상과 결부되어 있는 대도시 노동자의 독신은 1세기가 지난 후 이중으로 자리 옮김을 했다. 우선 노동자들을 수용하는 지역이 도시에서 교외 지역으로 바뀌었다. 그리고 노동자들의 출신지가 농촌보다는 개발도상국이 되었다. 이로 인해 독신의 이미지가 변한 것은 두말할 나위가 없다.

센 생 드니(Seine-Sgint-Denis)와 같이 이민자가 집중되어 있는 지역의 혼인율은 프랑스에서 가장 낮다. 프랑스 전국 평균이 4.6퍼밀인데 비해, 이곳의 혼인율은 3.5퍼밀밖에 되지 않는다. 그러나 출산율은 매우 높아서 전국 평균(12.5퍼밀)을 훨씬 웃도는 16.6퍼밀을 기록했다. 이곳은 대가족이 많은 지역이기도 하지만, 독신 노동자 가구가 집중된 곳이기도 하다. 따라서 혼인율과 동시에 출산율도 감소하고 있는 농촌이나 산악 지역과는 다르다. 예를 들어 아리에주 지방의 혼인율과 출산율은 각각 3.8퍼밀와 10.1퍼밀이며, 코르시카 지방은 각각 3.4퍼밀과 12.5퍼밀를 기록했다.

교외 지역의 독신도 완전히 다른 면모를 보인다. 독신자들은 1950년대 이후 노동력의 수요가 증가하자 기업경영진과 정부가 마련한 이민노동자 기숙사에 거주하게 되었다.[69] 이민노동자의 기숙사는 준공공기관, 시청 사회복지과, 민간자선단체, 프랑스 정부가 지분 52퍼센트를 소유하고, 알제리 정부와 합작한 회사 소나코트라와 같은 합작투자회사, 예금공탁금고, 크레디 퐁시에 드 프랑스, 프랑스건축연

맹, 르노 공사 등이 마련했다. 원래는 버려진 건물이나 가건물에 임시방편으로 간단한 기숙사를 만들려 했다. 그런데 임시방편이 영구방편이 되었고, 1960년대 프랑스 정부는 공영주택(HLM) 단체나 공사를 통해 아파트 건설을 장려했다.

당시 목적은 가족들에게 주택을 제공하는 것이었고, 그래서 넓은 아파트(F6)를 우선적으로 지었다. 그러나 독신자들이 금세 늘어났기 때문에 이들을 수용하기 위해 칸막이를 사용해 3~5제곱미터 단위로 공간을 다시 나누어 1인용 방을 만들었다. 이렇게 해서 프랑스는 14만 명을 수용할 수 있는 기숙사 740개를 건설하게 되었고, 이중 6만 3000명을 수용할 수 있는 기숙사들이 일드프랑스 지역에 집중되었다. 새로운 형태의 독신자를 위한 기숙사 운영은 소나코트라(알제리 국립노동자주택공사, 1956년 알제리 폭동 당시 설립), AFTAM(노동자 교육 및 이민자 수용을 위한 협회, 1992년 창설), AFRP(파리 지역 기숙사협

회, 1949년 창설), 아프리카 노동자를 위한 지원 · 연합 · 존중 · 수용협회(Soundiata, 1963년 창설) 등 50여 개의 기관이 맡았다.

수백 명까지 수용할 수 있는 이 기숙사들은 19세기 독신자들이 이용하던 하숙과는 다르다. 기숙사의 공동체 생활은 같은 민족, 동일한 문화적 · 종교적(주로 이슬람교) 정체성, 고향의 문화인 나눔의 풍습을 통해 더 쉽게 조직화되었다. 노동자들 대부분은 한 가정의 가장으로 고국에 있는 가족에게 생활비를 보냈는데, 귀국해보면 아들들 혹은 손자들이 프랑스 기숙사 방값을 가치 있게 만들어놓은 경우도 있다.

가족결합법(1976년 4월 49일 법령)은 이민 풍속을 바꾸어놓았다. 당시까지 노동자들은 혈혈단신으로 프랑스에 왔는데, 이 법에 의해 가족들을 조금씩 프랑스로 이주시킬 수 있었다. 1975~1982년 사이 가족 결합의 명목으로 프랑스에 입국한 사람만 32만 5000명에 달했다. 따라서 큰 아파트의 수요가 다시 증가했고, 1978년부터 가족 주택 건설 붐이 다시 일게 되었다.

• 소설과 TV 시리즈에등장하는 독신자 주인공 •

독신자의 이미지를 놓고 왈가왈부한 사람들은 정치가와 모럴리스트만은 아니었다. 독신자의 이미지는 특히 문학, 만화, 영화를 통해 전해졌다. 허구의 세계에서는 현실에서보다 독신자의 비율이 훨씬 높다.

우리가 접한 첫번째 모험은 20년이나 걸려 아내를 되찾은 유부남의 이야기이다. 오디세우스가 바다를 누비고 신기한 경험을 하는 동안 페넬로페는 이제 전설로 남은 그 유명한 피륙을 짜고 또 짰다. 결혼의 환상에도 불구하고 남편과 아내의 역할은 이미 고정되어 있었다. 독신자들만 대모험을 떠날 수 있었다.

중세 소설의 교훈도 바로 그것이다. 중세 소설에 등장하는 퍼시벌, 가웨인, 랜슬롯, 트리스탄과 같은 독신 주인공들은 이 땅에서 저 땅으로 때로는 이 여자에서 저 여자에게로 모험을 떠나지만, 아서 왕이나 마크 왕 같은 유부남들은 얌전히 성에 들어앉아 사람들이 세상의 신기한 것들에 대해 이야기해주거나 신붓감을 데려와주기를 기다린다. 독신자들은 고독한 모험을 하고 왕들은 집안에서 빈둥거린다. 그러나 모험가들도 무기를 내려놓고 자기만의 조그만 땅덩이라도 다스려보고, 모험을 통해 얻은 상속녀를 차지하고 싶은 소망을 품고 있다. 이베인과 에렉은 결국 결혼하게 되는데 이들은 모험의 끝이 이런 결말을 가져와야 한다고 생각했다.

그러나 이런 이야기는 이타카의 망명자들이 서둘러 끝내고 싶어했던 대모험과 얼마간 차이점을 지니고 있다. 그것은 중세의 모험이 도취적 성격을 띠었다는 점이다. 즉 중세의 모험은 스스로 무엇인가를 추구하는 과정이지, 과거처럼 누군가로부터 시험을 받아 떠나는 길이 아니었다. 에렉은 너무 일찍 결혼의 올가미에 빠져들었다는 비난을 받고 다시 길을 떠난다. 가짜 독신자 행세를 하면서 말이다. 그의 활약을 증언해주기 위해 그림자처럼 자신을 따라다니는 아내에게는 한 마디 말도 건네지 않았다. 너무나 광기에 차 있으면서도 흥미롭고 상징적인 성배 사냥에는 여자를 포기한 남자들인 회개한 랜슬롯, 순결한 보호트, 동정남 퍼시벌과 갤러해드만 참가할 수 있었다.

이들이 우리의 상상 세계 속에 남겨 놓은 교훈은 젊은 아내만 둔 채 세계를 돌아다녀서는 안 된다는 것이다. 결혼은 이야기의 대미를 장식하고 주로 한 줄로 요약되는 경우가 많다. "그들은 아들 딸 잘 낳고 행복하게 살았다." 대신 이야기는 결혼이 없어도 잘 흘러간다. 전설이나 브르타뉴 지방의 전래 이야기처럼 원형이 되는 이야기에서, 결혼은 영웅에게 주어지는 보상이다. 결혼을 약속해주지 않는다면 이야기는 처음부터 존재하지도 못할 것이고, 만약 금방 결혼에 골인한다면 이야기는 끝나버릴 것이다. 패러디 문학에서조차 독신은 기본 조건이다. 돈키호테는 자신을 기사라고 생각했는데, 기사들처럼 자신도 아내가 없었기 때문이다. 그러나 그는 당시 혼기를 놓친 나이였다. 결국 그의 광기는 노총각의 광기였다.

이런 관점에서 누구나 세계문학사를 마음껏 다시 써볼 수 있을 것이다. 이쯤에서 우리는 쥘 베른의 뒤를 이어 나타난 19세기 모험 소설들 속에서 몇 가지 지표를 찾아보고자 한다. 이를 위해서는 우리들의 어릴 적 추억이면 충분할 것이다. 우선 지저탐험을 계획한 사람은 독신자들이다. 리덴브로크 교수, 화자(話者)의 삼촌, 17세인 화자. 화자는 여행에서 돌아오면서 유부남이 되어 있을 것이다. 80일간의 세계일주는 '가장 성실한 사람들만 가질 수 있는' 아내와 자식이 없는 남자의 도전이다. 이 독신자는 모험이라는 상을 받고, 모험이 끝나면 결혼이라는 상을 받을 것이다.

킨포[《중국에 사는 중국인의 시련(Les Tribulations d' un Chinois en Chine)》]는 부유하지만 삶이 지루하다. 삶의 가치를 모르기 때문이다. 그는 예쁜 레우와의 결혼식을 앞두고 있었고, 총각 생활에 작별을 고하기 위해 친구들에게 식사를 대접했다. 그러나 결혼으로 행복해지지 않으리라고 깨달은 킨포에게 철학자 친구는 이렇게 충고했다.

"살다가 혼자 지루해하는 것은 좋지 않아. 하지만 둘이서 지루해하는 것은 더 나쁘지!"

우여곡절과 파산 및 죽음의 위험을 맛본 후에야 그는 레우를 아내로 맞이할 자격을 갖추었다. 처음 계획했던 결혼으로 다시 되돌아가기까지 500페이지나 필요했을까? 그 500페이지는 죽음의 그림자로 행복을 가림으로써 인생에 굴곡을 더해주었다. 이 책에서 말하는 독신은 더 이상 사춘기와 결혼 사이의 과도기가 아니다. 쥘 베른은 텅 빈 독신은 텅 빈 결혼만 낳는다는 것을 느꼈다. 독신은 입문 과정이 되었다. 독신은 인식의 길을 열어준다. 죽음(자손의 부재)이라는 가장 기본적인 인식에서부터 (고독을 통한) 자아와 타인에 대한 인식까지 갖게 해준다. 독신으로 제대로 살았다면 결혼은 더 이상 반드시 지켜야 할 사회적 규범이 되지 않는다. 결혼이란 타인의 존재를 존중하면서 타인을 발견하는 것이고, 죽음 대신 삶을 의식적으로 선택하는 것이다. 정숙함을 강조하던 19세기이니만큼 쥘 베른은 성에 눈뜨는 과정에 대해서는 다루지 않았다. 하지만 킨포와 레오가 자식을 많이 낳고 행복하게 살았다는 것을 어찌 의심할 수 있으랴?

결혼은 80일간의 세계일주를 마치고 받은 유일한 보상이었다. "그는 여행에서 무엇을 가져온 것일까? 사람들은 아무것도 가져온 게 없다고 말할 것이다. 아무것도. 물론이다. 정말 믿기 힘들지만 그를 이 세상에서 가장 행복한 남자로 만들어준 매력적인 여자만 뺀다면 말이다!" 정말 (원문과는 전혀 다른 의미로 받아들여지는) 마법 같은 문장이다. '어여쁜 비를랑드(에스토니아를 말한다—옮긴이) 아가씨'와 지구 중심으로부터 돌아온 어린 청년도 자신을 '이 세상에서 가장 행복한 남자'라고 말했다. 미셸 스트로고프(1867년에 발표된 쥘 베른의 동명 소설의 주인공—옮긴이)는 커플이 함께 시련을 겪어야 결혼할 수 있다고 보았다. "신이 우리가 함께 있도록 하셨고, 그토록 험난한 시련을 함께 뚫고 나가도록 하셨으니, 우리를 영원히 묶어놓으시려 했다고 생각할 수밖에 없소."

따라서 모험은 입문의 성격을 띠고 있다. 모험을 통해서 인간은 결혼에 대한 편협하고 일상적인 개념을 초월할 수 있다. 이는 결혼에 관한 생각은 일제히 거부하는 전형(성배 사냥)을 가진 중세의 모험과는 정반대이다. 주인공들은 시련을 통해 그리고 특히 상대방의 목숨을 구해줌으로써 자기 짝을 알아본다. 모험 소설의 이런 교훈을 제대로 간파하지 못한 마담 보바리 같은 여자는 불륜을 저지를 수밖에 없다. 불륜은 숙명적인 약속을 저버리고 어린 소녀의 꿈을 실현할 수 있는 유일한 길이기 때문이다. 물론 그녀가 남자의 세계 안에 갇혀 있는 여자라는 것은 사실이다. 모험은 항상 여성을 전통적 역할에 가두어놓고, 페넬로페의 피륙을 짜고 또 짜게 만든다.

문제는 새로운 세상을 발견할수록 모험에 빠져든다는 것이다. 연재소설이 유행하면서 모험의 결말이 쉽게 나는 경우가 드물었다. 그래서 반전이 끝났는데도 주인공은 결혼하는 것을 잊어버리곤 했다. 모험 자체에 관심이 쏠리게 되자, 모험은 전통적인 보상을 더 이상 필요로 하지 않았다. 독신자 주인공은 항상 집을 멀리 떠나와 지내는 외롭고 처량한 카우보이가 되었다. 그 누가 럭키 루크(Lucky Luke, 벨기에 만화가 모리스가 1947년부터 그린 만화 주인공으로 아스테릭스를 만든 르네 고시니가 동참하면서 대성공을 거두었다—옮긴이)의 부인에 대해 생각해봤겠는가?

아누이(Jean Anouilh, 1910~1987, 프랑스 극작가—옮긴이)의 《종달새(L'Alouette)》에 나오는 어린 잔 다르크는 이를 잘 알고 있었다. "화장을 하고 원뿔꼴 모자를 쓴 데다가 꽉 끼는 드레스를 입은 잔 다르크가 그려지세요? 뒤를 졸졸 쫓아오는 강아지나 구애하는 남자를 돌보는 잔 다르크 말이에요. 아니면 유부녀 잔 다르크는 상상이 되나요?" 아누이의 다른 여주인공들도 결혼을 거부하기는 마찬가지이다. 앙티곤은 '무슈 에몽' 같은 남자를 원하지 않았다. 에우리디케는 지옥을 벗어날 수 없어 오르페우스와 맺어질 수 없었다. 메데이아는 결혼을 택한 이아손에게 버림받았다. 자네트는 자신의 로미오가 다정하고 체념한 남편이 되지 못하게 했다.

"고양이처럼 제 주위에서 야옹거리는 제 모든 약점도 부족해서, 제 변덕에 따라 밝아지기도 하고 일그러지기도 하는 당신을 치마 끝에 달고 다닐 줄 알아요?"

낭만주의의 전통을 따르는 고집 센 여주인공들은 중세의 이상주의로 회귀하였으나 좀더 비극적으로 결혼과 삶을 거부했다. 예를 들어 빌리에 드 릴라당의 소설 속에서 악셀은 삶이 사랑을 퇴색시키는 것을 지켜보느니 차라리 죽음을 택했다. 단 한 가지, 근본적인 차이점이 있었다. 모험의 결말이 더 이상 차원 높고 영적인 현실에 다가가는 것이 아니라 절망과 죽음으로 끝난다는 것이다.

낭만주의와 빌리에 드 릴라당, 아누이는 모험이 끝나도 결혼이라는 보상을 받을 수 없으니, 결국 모험의 결말에 죽음이 등장한다는 것이 모험의 새로운 특징으로 나타났다. 목적을 달성한다는 것은 이제 더 이상 추구할 것이 없음을 인정하는 것이다. 오디세우스가 견뎌낸 위험들은 그의 행복을 늦추었던 장애물이었던 데 반해, 쥘 베른의 주인공들에게는 위험이 행복의 담보였다. 그리고 아누이에 와서는 위험 자체가 곧 행복이 되었다. 죽음은 더 이상 신의 보복이나 모험 중 닥치는 불운이 아니라 모험의 끝을 거부하는 인간의 선택이 되었다.

모험 소설의 끝은 근대 문학의 비극이었다. 모험과 함께 유년기가 끝났기 때문이다. 그리고 모험 자체도 쉽지 않았다. 주인공들을 보통 사람으로 낮춰서 설정해도 소용없었다. 반(反)인물들이 위대한 영웅들을 항상 모방하려 했기 때문이다. 이들은 독신을 모험을 위한 필수 조건으로 받아들였다. 그러나 불행히도 이 조건만으로는 충분하지 않았기에 비극이 시작되었다. 그것은 《방황하는 기분(L'Humeur vagabonde)》의 블롱댕(Antoine Blondin, 1922~1991, 프랑스 소설가이자 언론인—옮긴이)의 비극이었다. 소설의 발단은 아내와 자식에게 구속감을 느끼던 브누아라는 화자가 가족을 버리는 것에서 시작한다. '세상의 광대한 움직임' 이 브누아의 '상상력을 깨웠다' . 어릴 적부터 듣고 자라온 '파리에 대한 숭배' 때문에 그는 첫 기차를 잡아탔다. 그는 호텔 방에서 벌거벗은 채 캐비아를 먹으며 파리에서 단 일주일을 머물렀고, 상경한 촌뜨기라는 신분을 벗어나지 못했다. 그에게 모험이란 불가능했다. "우리가 매번 떠나려고 애쓰는 그 땅은 항상 우리를 다시 불러들인다." 아이러니하게도 그는 아내가 살해당할 때에야 그녀와 재회했다. 그러나 홀아비가 되었어도 그 상황을 이용하지 못했다. "언젠가는 기차를 타고 이곳을 떠날 거야."

고집 센 그는 꿈꾸었다.

《겨울의 원숭이(Un sing en hiver)》도 아내에게 갇혀 사는 가짜 모험가들의 일탈에 관한 이야기를 다루고 있다. 늙은 캉탱은 양쯔 강으로 모험을 떠나고 싶어했다. 젊은 푸케는 원숭이들이 긴 겨울을 준비하며 숲으로 얌전하게 돌아가기 전에 마을 안에서 캉탱이 모험을 즐길 수 있도록 해주었다. 블롱댕의 주인공들은 독신을 꿈꾸는 유부남들이었다.

20세기 문학에서 독신의 비극은 멈출 수 없는 시간의 비극이 되었다. 아누이의 여자 주인공들은 늙기를 거부했다. 이들에게 결혼이란 성인의 세계를 드디어 인정하는 것이었다. 독신이 19세기처럼 결혼에 입문하기까지의 모험이 아닌 이유는 독신자가 입문 자체를 거부했기 때문이다. 독신자는 영원히 아이로 남기를 원하여 유아기를 끝없이 연장시켰고, 결혼과 출산을 드디어 죽음을 인정하는 행위로 생각했다. 근대소설은 유머러스하게 1930~1940년대가 경험한 비극을 다루었다.

“난 아직 늙을 준비가 안 됐어요. 지루하게 삶을 보낼 준비도, 뚱뚱해질 준비도 안 돼 있다고요. 내게 결혼은 이런 걸 의미한단 말이에요.”

수잔 피나모어(Suzanne Finnamore)의 작품 속 여주인공은 결혼식을 단 19일 남겨두고 이렇게 한탄했다.[70] 그렇지만 완전한 독신으로 산다고 해서 반드시 모험을 할 수 있는 것일까?

그럴지도 모른다. 독신자의 모험은 그 모험에 동참하는 증인이나 조사자까지도 모두 포함하기 때문이다. 탐정소설도 독신자들의 세계다. 미스 마플은 노처녀이고, 에르퀼 푸아로는 노총각이지 않나. 애거서 크리스티는 발자크의 고정관념을 그대로 지켜 이들의 편집증을 꼬집었다. 이들에게 조연이 필요할까? 조연 또한 어디에 얽매여 있지 않은 사람들이다. 셜록 홈스의 동료 왓슨처럼 말이다. 우리가 고정관념을 한번 깨뜨려보려 해도 놀라울 정도로 부인은 등장하지 않는다. 메그레 경감의 부인이나 형사 콜롬보의 아내는 주인공들을 입체적으로 표현하려고 한 감각적인 시도였을 뿐이며, 이 장치들은 오히려 독신이 반드시 필요함을 역설적으로 보여주었다.

연재소설의 계보를 잇는 만화와 애니메이션에서도 같은 지적을 할 수 있다. 모방 작가들에게는 다행이지만 만화나 애니메이션 주인공들은 독신 혹은 동정을 강하게 옹호하고 있다. 땡땡, 아독 선장, 해바라기 박사는 한 번도 여자에게 눈길을 준 적이 없다. 그 여자가 카스타피오레(Castafiore, 땡땡의 모험 시리즈에 등장하는 독신녀 성악가수로 귀가 어두운 해바라기 박사만 빼고 모두 그녀의 노래를 싫어한다—옮긴이)일지라도 말이다. 시리즈는 꾸준히 등장하는 카스타피오레의 존재를 통해 늙은 바다표범이 결혼할 수 없다는 점을 역설적으로 증명한다. 만일 등장인물들이 결혼한 족속의 유일하고도 충실한 대표자인 세라팽 랑피옹(보험 외판원으로 일곱 명의 자녀를 둔 가장—옮긴이)으로 변해야 한다면 그들은 모두 죽어버릴 것이다. 그 증거를 원하는가? 알카자르 장군(고향인 산 페오도로스에 애착을 가진 인물로 아내 페기에게만 꼼짝 못한다—옮긴이)은 여러 에피소드에서 자유를 만끽한 후 결혼을 결심했다. 그러나 결혼은 그가 장군의 승리를 멋진 대통령궁으로만 생각하는 성마른 여자 앞에서 고개를 숙인 것 뿐이었다.

만화가마다 문제를 해결하는 방법은 다르다. 그중 영원한 사랑과 순결한 약혼자 커플을 연결시키는 경우가 가장 흔하다. 가스통 라가프〔앙드레 프랑켕(André Franquin)이 1957년 탄생시킨 만화 주인공—옮긴이〕는 결코 마드모아젤 잔(가스통 라가프의 신문사 동료—옮긴이)과 결혼하지 않을 것이고, 모데스트(앙드레 프랑캥이 1955년 탄생시킨 만화 주인공으로 말썽꾸러기 사촌형제 두 명에게 항상 골탕 먹는다—옮긴이)는 퐁퐁(Pompon, 모데스트와 서로를 매우 아끼지만 우정의 테두리를 벗어나지 않는다—옮긴이)을 유혹하지 않을 것이다. 아시유 탈롱(1963년 그렉이 탄생시킨 만화 주인공으로 반영웅적 인물—옮긴이)도 비르귈 드 기유메(아시유의 애인으로 여겨지며 상류층 사회만 드나드는 인물—옮긴이)를 유혹하지 않을 것이다. 도널드와 데이지, 미키와 미니, 랑비크〔벨기에 만화작가 윌리 반더스틴(Willy Vandersteen)이 탄생시킨 만화 《봅과 보베트(Bob et Bobette)》에 나오는 등장인물—옮긴이)〕와 시도니(봅과 보베트를 키운 친척 아주머니—옮긴이)도 성적인 것과는 거리가 멀다. 생쥐가 조금 진한 키스만 해도 정숙한 미국 대륙 전체가 들끓는다. 그 증거가 무엇인가? 이들에게는 자식이 없다는 것이다. 이들은 항상 조카들에게만 둘러싸여 있다. 백부나 숙모가 되는 것은 대체 후손을 갖는 가장 편리한 방법이다. 이런 방식이 여러 세대에 걸쳐 나타나는 경우도 있다. 도널드 삼촌에게도 삼촌 스크루지 맥덕이 있지 않은가.

독신자 주인공을 처음으로 비웃은 사람은 고시니(René Goscinny)였다. 《아스테릭스(Astérix)》 시리즈에서는 무엇보다 마을사람들이 주인공이므로, 고시니는 커플로 마을을 채워야 했다. 첫눈에 반한 사랑을 하는 사람은 아무도 없고, 아이들도 어른들을 풍자하는 역할로 《아스테릭스, 코르시카에 가다(Astérix en Corse)》의 단 한 페이지에 등장할 뿐이다. 반면 여행을 위해 마을을 정기적으로 떠나는 주요 등장인물들은 모두 독신자들이다. 아스테릭스, 오벨릭스, 파노라믹스, 아쉬랑스투릭스. 오벨릭스는 자신이 결코 차지할 수 없는 아름다운 여인들인 팔발라, 자자, 아주카노닉스 부인, 라아자드 등에게 반하여 쉽게 마음이 약해진다. 하지만 식탐과 아스테릭스를 향한 우정이 금세 우위를 점한다. 아스테릭스가 독신으로 사는 것을 두고 아낙네들의 입방에도 끊이지 않는다. "그 나이에 아직도 총각이라니. 도대체 지금 나이가 몇이지?" 고시니 사후에 우데르조(Albert Uderzo)가 《아스테릭스의 아들(Le Fils d' Astérix)》을 통해서 스캔들의 가능성을 내비쳤으나 금세 흐지부지되고 말았다.

"독신인 전사의 집앞에 어린아이를 일부러 갖다버리다니. 무슨 사연이 있다는 소리지."

만화의 독자가 대부분 어린이들이므로 정도를 벗어나서는 안 되기 때문에, 아스테릭스는 아버지가 될 수 있는 가능성에서 은밀히 제외된다. 하지만 이런 설명은 너무 손쉬운 일일 것이다. 만화와 애니메이션의 규범은 문학만큼이나 오래된 고정관념을 강화시킨 것이지, 그 고정관념들을 만들어낸 것이 아니다. 오늘날에도 만화 주인공은 "오디세우스 이후 '미천한 천성' 과 '본능' 을 초월하여 지성과 정신의

'긍정적' 힘의 지배를 받는 모든 사람들이 내보이는"[71] 덕을 표현하고 있다. 이 주인공들은 사회와 문화를 구축하는 사람들로, 여성의 특성으로 치부되는 자연의 힘과, 본능에 대치되는 '남성성'을 대표하는 존재들이다.

이 분석에 따르면 동성애 커플은 모험의 주인공들이 될 수 없다. 왜냐하면 동성애 커플은 '육체와 승화, 즉 독신을 포기할 것을 종용하는 영웅주의의 전통적 개념과는 상호 양립할 수 없는 관계에 있기"[72] 때문이다. 프로이트의 관점에서 보면 성적 본능의 승화는 모험의 원천이 된다. 영웅은 자신을 세상으로 내모는 원심력의 힘을 받고, 커플은 가정이라는 구심력에 지배된다. 에렉과 에니드처럼 말이다.

여기서 좀더 나아가보자. 아킬레우스(그리스 신화의 인물—옮긴이)와 파트로클로스를 필두로 탄생한 롤랑과 올리비에, 돈 키호테와 산초 판사, 셜록 홈스와 왓슨, 로렐(Stan Laurel, 1890~1965)과 하디(Oliver Hardy, 1892~1957)(할리우드 영화 최초의 뛰어난 미국 희극배우 팀—옮긴이) 등 매우 인기를 얻게 된 커플을 주인공으로 설정하는 방식은 결혼의 대체물이 아니었을까? 앙드레 스톨(André Stoll)은 《아스테릭스》 시리즈에서 이성과 본능이라는 커플이 전통적 사고방식에 따른 남성과 여성의 커플에 상응하며, 아스테릭스와 오벨릭스가 이를 각각 재현하고 있다고 설명했다. 풍만한 몸매와 땋아내린 머리, 애완견 이데픽스에게 보이는 모성 본능, 본능의 힘에 쉽게 굴복하는 모습 등 뚱뚱한 골족인 오벨릭스에게는 분명 여성스러운 면이 있다. 그러나 이러한 상징적 여성성은 "고정된 사회적 역할과, 식물화되고 문명화되지 않은 자연과 동의어인 전형적 형태가 복합된 것"이다(스톨).

오벨릭스가 아스테릭스의 충고를 무시한 채 여자의 역할을 벗어던지고 사랑에 빠진다든지 기업가가 되려고 하는 등 (《오벨릭스 주식회사》) 남자 역할을 하려 하면 그때부터 모든 것은 뒤죽박죽되고 만다. '여성스러운' 독신자 오벨릭스를 '남성적' 성격의 아스테릭스라는 전형적 독신자와 동등한 주인공으로 설정함으로써, 작가들은 표면상으로만 여성성에 일종의 시민권을 부여하고 있을 뿐이다. 사실 이들은 가장 전통적인 '소비' 문학의 이상적 규범을 완벽하게 따르고 있다.[73] 이들은 모험을 가능하게 만들기 위해 독신 남성들을 주인공으로 삼는 원칙은 지키고 있으나, 그들 중 한 명에게 여성적 면모를 심어주어 여성 독자로 하여금 애처롭고 육체적으로는 강하지만 마음은 연약하며 본능적 감정에 충실한 주인공에게 감정이입을 할 수 있도록 만들었다.

최근까지만 해도 독신자 주인공은 의식적으로 만들어낸 고정관념의 소산이 아니었다. 단지 소설가나 시나리오 작가들의 입장에서는 얽매이지 않는 남자를 세상 끝으로 떠나보내는 것이 더 편리했을 뿐이다. 19세기 대중소설의 주인공이 혼자 스릴을 느껴보겠다고 아내와 자식을 내팽개치는 모습을 상상이나 할 수 있는가? 위험천만인 여행길에 가족을 모두 데리고 가는 주인공을 상상할 수 있겠는가? 가족을 버리면 이기주의자로, 가족을 동반하면 생각 없는 사람으로 낙인찍혔을 것이다. 그렇다면 사랑 이야기는 꼭 필요한데, 어떻게 불륜으로 빠지지 않을 수 있을까? 약혼녀가 있는 페뷔스와 사랑에 빠진 에스메랄다를 상상할 수 있겠는가? 어떤 경우이든 독신은 자유 혹은 방탕이 허용되는 도덕 규범으로 비쳐졌다.

가족의 모험은 우연의 산물이지 용기의 산물은 아니다. 그랜트 선장의 아이들은 젊은 부부의 도움으로 난파된 배와 함께 실종된 아버지를 찾아 나선다. 이 이야기는 부모 없는 아이들과 자식 없는 부모들의 모험인 셈이다. 비록 독자들은 부모보다는 아이들에게 더 쉽게 감정이입을 하겠지만 말이다. 앙투안 블롱댕의 주인공들처럼 사회와 단절된 유부남도 하나의 전형이 되었다. 이런 인물은 독자들에게 반(反)순응주의에 대한 막연한 동정을 불러일으켰고, 결혼에 대해 피할 수 없다는 이미지를 심어줌으로써 결혼 모델을 강화시키는 역할을 했다. 결국 밖으로 돌던 남편들의 최후는 귀가 아니면 죽음뿐이었다.

순응주의적 독신자들은 책의 마지막 페이지 혹은 마지막 줄에 가서 결국 결혼하고 말았다. 독신에 대한 의식이 없던 독신자들은 모험이 연장되면 나중에 가서 독신을 주장했다. 아스테릭스나 아독 선장의 애정 결핍을 시리즈 몇 권을 읽고 나서야 그것도 잠깐 엿볼 수 있다. 사회 문제, 즉 결혼의 위기나 독신의 증가를 의식적으로 다루는 풍속소설의 상황은 또 다르다.

1884~1885년부터 이러한 경향이 있었음을 앞에서 살펴볼 수 있었다. 근대 비평은 이런 소설을 '독신자 소설'이라고 명명했다. 프랑스식 풍속소설은 광란의 시절 동안 모든 생활방식에 독신이라는 테마를 적용했다〔마르셀 프레보, 가스통 라조(Gaston Rageot), 앙투아네트 몽토드리, 오드레 퇴리에(Audré Theuriet, 1833~1907) 등〕. 양차 대전 사이에는 이 경향이 더욱 두드러졌다〔제르멘 아크르망(Germaine Acrement), 마틸드 알라닉(Mathilde Alanic, 1864~1948), 레옹 프라피에, 빅토르 마르그리트의 《라 가르손》, 몽테를랑의 《독신자들》〕. 상황은 매우 달랐지만 1990년대에도 이 장르가 다시 유행했다.

유행은 고위 간부들의 독신이 하나의 사회현상으로 빠르게 자리 잡았던 미국에서 유럽으로 건너왔다. 프랑스에서는 영화나 TV 시리즈의 주인공들, 특히 자신의 고독을 그럭저럭 즐기는 여자 주인공들이 인기를 끌었다. 헬렌 필딩(Helen Fielding)의 《브리짓 존스의 일기(Bridget Jones' Diary)》(1996년), 캔디스 부쉬넬의 《섹스앤 더 시티》

(1996년), 이사벨 볼프의 《티파니 트롯의 시련》(1999년), 멜리사 뱅크(Melissa Bank)의 《여자들을 위한 사냥과 낚시 가이드(The Girl's Guide to the Hunting et Fishing)》, 수잔 피나모어의 《아더와이즈 인게이지드(Otherwise Engaged)》(1999년) 등은 국제적으로 선풍적 인기를 끌면서 이 테마를 유행시켰다.

37세의 런던 독신녀 티파니 트롯은 이상적인 영혼의 친구를 만날 수만 있다면 간이라도 빼줄 준비가 된, 독신이 싫은 독신녀다. 그러나 구인광고도, 미팅 클럽도, 독신자 파티도 하나같이 실망스러울 뿐이다.

"난 한숨만 나왔다. 남자 중에 85퍼센트는 맛이 간 것 같아. 또 약간 가지 않은 사람은 너무 재미없고."

남자들 대부분은 결혼을 피하고 결혼 밖의 사랑을 원한다. 400페이지 후에는 드디어 티파니도 인생의 반려자를 찾지만 근본적인 회의는 씻어낼 수 없다.

"내가 정말 '예'라고 대답하고 싶었던 걸까? 아니야."

이야기는 이런 마지막 여운을 남기며 끝난다. 티파니는 커플로 살기를 바라기는 했지만 진정한 독신자였다. 이는 문학에 나타난 새로운 현상이다. 그녀는 독신을 벗어나는 데 성공했다는 바로 그 이유 때문에 자신이 진정한 독신자임을 발견했다. 그럼에도 불구하고 커플이 되고자 하는 티파니의 의지가 이야기 전체를 지배하고 있다.

수잔 피나모어의 주인공 이브도 진정한 독신자 가운데 한 사람이다. 수잔 피나모어는 이사벨 볼프가 이야기를 마친 그 부분에서 이야기를 시작한다. 36세의 런던 여자 이브는 청혼을 받아들이고 결혼식을 하기 전까지 독신자로 남아야 하는 모든 이유를 짚어본다. 그리고 핑크와 레드 빛깔 욕실을 갖고 싶다는 욕구에 이르기까지 독신이 좋은 이유 때문에 의문이 생기지만 그 의문은 이내 사라지고 만다.

《섹스 앤 더 시티》에도 이와 비슷한 모호함이 도사리고 있다. 이 시리즈는 소설이라기보다는 뉴욕에 사는 화려한 독신녀들의 성생활에 관한 조사를 소설처럼 쓴 글에 가깝다. 적극적인 젊은 여성들인 주인공들의 직업도 칼럼니스트, 큐레이터, 변호사, PR 담당자로 매우 화려하다. 그렇지만 이런 여자들도 인생의 반려자를 찾기는 쉽지 않다. 너무 아름답고, 너무 똑똑하고, 너무 독립적인 탓이다. 그러나 쉽게 만나고 쉽게 섹스를 나눌 수 있는 맨해튼의 생활도 우울하기는 마찬가지이다. 주인공들은 외로운 삶에서 탈출하고 싶은 욕구와 독신 생활을 최대한 누리고 싶은 유혹 사이에서 끊임없이 번민한다.

반면 멜리사 뱅크의 《여자들을 위한 사냥과 낚시 가이드》의 주인공 제인은 자신이 원하는 바를 분명히 알고 있다. 너무 늦기 전에 신랑감을 찾는 것이다. 이 소설은 주인공이 연애에 실망하는 오랜 과정을 자세히 열거하고 결국 주인공이 독신자들의 무도회에나 출입하고 유혹하는 법에 관한 책자에 의지하는 모습을 보여준다. 제인은 자연스러운 모습을 버리고 '남자를 낚는 여자'의 전형을 닮아간다. 그리고 유혹에는 엄격한 규칙이 있으며, '분명한 단계가 있는 과정'이라는 인상을 심어준다. 첫눈에 제인에게 매력을 느꼈던 로버트는 자신의 감정이 식어가는 것을 느꼈고, 만약 제인이 본래 모습을 되찾지 않았더라면 그녀와 헤어졌을지도 모른다. 이 책의 교훈은 사랑받고 싶다면 본래의 모습을 잃지 말라는 것이다.

브리짓 존스에게도 같은 시나리오가 반복된다. 30대 초반의 브리짓은 영원히 독신으로 살게 될까봐 두려워 독신을 벗어나기 위해 허황된 일도 서슴지 않는다. 1년 동안 써온 그녀의 일기는 독신에서 벗어나려는 의지가 너무 강해서 벌어진 실수투성이의 기록이다. 마지막 페이지에서 그녀에게 사랑을 고백하는 남자는 사실 첫번째 페이지에서부터 그녀가 알고 있던 남자였다. 브리짓은 그가 신은 양말, 특히 자신을 경멸하는 듯한 그의 태도 때문에 그를 무시했다. 이 책도 사랑이 나타났을 때 그 사랑을 알아보지 못하고 자연스러운 모습보다는 전형적인 모습을 더 닮아가려 한 것이 실수였다고 말해주고 있다. 수잔 피나모어의 여주인공도 결혼해서는 안 되는 이유만 늘어놓다가 약혼자가 결혼식 당일 팔짱을 내밀자 갑자기 결혼을 받아들인다. 앵글로색슨계 작가들은 주인공이 조금 더 자연스러워지기만 하면 독신 문제는 해결될 수 있다고 믿는 모양이다.

100년이라는 시간차를 두고 유행한 19세기와 20세기의 '독신자 소설'이 어떻게 다른지는 금세 눈에 띈다. 19세기에는 독신자 소설을 남자들이 썼고 주인공 역시 남자들이었다. 작가들은 독신을 자유의 조건으로 삼아 소설의 기존 규칙을 깨고, 새로운 규칙과 비사교적 생활방식을 만들었다. 몇 년 후 풍속소설에서는 노처녀들이 숭고한 목적에 헌신하며 자신들의 삶을 무덤덤하게 받아들였다.

반면 1990~2000년의 '독신자 소설'은 여자들이 썼고, 노처녀라는 고정관념에서 벗어나고자 하는 여자들이 주인공이다. 작가들의 글쓰기나 세계관은 전혀 혁명적이지 않으며, 여주인공들도 주변 사회와 단절되는 라이프스타일을 주장하지 않는다. 오히려 사회에 동화되려고 애쓴다. 집안에 틀어박혀 있는 데 제생트나 늪 가운데 있는 섬을 꿈꾸는 《늪지대》의 화자와는 정반대로 이 여주인공들은 자신들이 살고 있는 도시와 떼려야 뗄 수 없는 관계를 맺는다. 특히 이들에게 독신은 돌이킬 수 없는 선택이 아니다. 독신은 생활방식 또는 직업이며, 만나는 남자가 비열하고 바람둥이이기 때문에 일시적으로 혼자 살 뿐이다. 티파니(《티파니 트롯의 시련》)의 마지막 여운도 근본적인 문제를 바꿔놓지 못했다.

결혼 문제에 있어 바뀐 것은 아무것도 없다. 변한 것이라고는 여주인공들의 적극적인 성격과 자신들의 상황을 재치 있게 받아들이는 태도뿐이다. "과거에는 독신자들을 희생자로 간주했으나 오늘날 독신자들은 상징적 모델을 가지고 있다. 재미있는 브리짓 존스, 가녀린 앨리 맥빌, 가진 것 많고 분방한 캐리 브래드쇼(《섹스앤 더 시티》 시리즈 주인공)들이다. 감상주의는 가라. 이제 자조의 시대가 왔다."[74] 그러나 유머 뒤에는 고통이 느껴진다. 독신을 주장하는 목소리에는 커플에 대한 동경이 스며 있다. 좋아하는 직업을 통해 자아실현을 성취한 여성 뒤에는 직장이라는 자기 영역에서 패배하는 것을 참지 못하는 수천 년간 이어져온 남자들의 치사함이 엿보인다.

결국 20세기의 독신자 소설은 사람들의 의식을 바꾸기보다는 있는 그대로를 묘사하는 문학이며, 선동하기보다는 유혹하려는 문학이다. 프랑스의 보수적인 아를르캥 시리즈도 이 흐름에 동참하여, 20~35세의 젊은 층을 겨냥한 '레드 드레스 잉크' 시리즈를 선보였다. 이 시리즈의 감상적이고 수동적인 여주인공들은 백마 탄 왕자님을 내내 기다리다가 화려하고 적극적인 여자로 거듭난다.

에피소드로 구성했던 상황을 끝없이 늘리고 늘리는 TV 시리즈물에서는 젊고 아름다운 여자들이 왜 독신으로 사는지, 혹은 천생연분인 남녀가 왜 결혼하지 않는지에 대해 적당한 이유를 대기가 점점 어려워졌다. 미국 TV 시리즈 〈후즈 더 보스(Who's the Boss)〉는 두 독신자(이혼한 남녀)가 서로에 대해 느끼는 모호한 감정을 한참 우려먹었다. 두 주인공은 어쩌다 보니 함께 살게 되었는데, 첫번째 회부터 뻔히 들여다보이는 서로에 대한 사랑의 감정을 털어놓지 못한다. 상황에 의해 조성된 긴장은 풀어지고 암시는 점점 더 분명해지면서 결국 두 사람은 고백을 할 수밖에 없었다. 그러나 두 사람을 결혼시키면 시리즈를 끝내야 하기 때문에 결혼을 막기 위해 다른 핑계들이 필요했다. 프랑스 TV 시리즈 〈사법경찰(P.J.)〉이 찾은 해결책은 협소한 독신자들의 울타리 안에서 커플을 맺어주었다가 갈라놓고 다시 재결합시키기를 반복하는 것이었다. 프랑스 텔레비전의 경우에는 혼외 성관계에 대해 프랑스 시청자들의 관대함에 기대를 걸 수 있었지만 미국 시청자들은 토니와 안젤라(〈후즈 더 보스〉)가 끝까지 순결을 지키게 만들었다.

이 중 어떤 선택을 했건 간에 TV 시리즈가 보여주는 끝날 것 같지 않은 독신 생활과 매일 반복되는 상황은 결국 시청자에게 좌절감을 맛보게 한다. 특히 적극적이고 활달한 여자인 경우 영향을 더 크게 받는다. 미국 TV 시리즈물의 열렬한 팬인 한 인터넷 사용자는 이렇게 말했다. "전부 슈퍼모델같이 생겼는데 서른일곱 살에 아직도 독신인 여자 네 명을 보고 있으면 솔직히 썩 기분이 좋지는 않다. 그런 여자들도 아직 독신인데 우리는 어떻겠는가!" 여기에는 '너무 잘난 여자들'은 남자들에게 겁을 주기 때문에 남자를 붙잡기가 힘들다는 암시가 깔려 있다. 그런가 하면 프란츠 바르텔트(Franz Bartelt)는 고정관념을 역이용해서 비만 여성을 주인공으로 삼았는데, 이 여성이 남자를 유혹한 방법은 남자가 느끼는 좌절감을 함께 나누는 것이었다〔〈세금 포함(Charges comprises)〉, 2004년〕.

위에 나온 인터넷 사용자의 두려움은 상징적이다. TV 시리즈는 독신자들에게 거울이 되어주고 절망적인 모습보다는 자조적 모습을 보여주며 희망을 함께 나누고자 했는데, 기대와는 달리 역효과를 내고 말았다. 이런 시리즈물의 풍자와 교훈이 너무 도덕적이었기 때문이다. TV 시리즈물은 현대 독신의 함정을 은연중에 고발하고 있다. 시리즈를 통해 시청자는 독신을 감당하지 못할 경우 어떤 위험에 빠질 수 있는지 자각하게 되었다. 〈섹스 앤 더 시티〉는 도시의 유혹에 넘어가지 말라고 강조하고 있다. 남자 낚는 여자는 자신을 잃지 말라고 외친다. 토니와 안젤라는 규범은 무시하고 앞으로 나아가라고 말한다. 결국 너무나 교훈적인 내용들뿐이다.

그리고 이런 이야기들은 특히 독신에 함정이 많다는 것을 경고하고 있다.

예를 들어 일에 파묻히거나 자신이 꿈꾸던 환상적인 세계로 빠질 위험이 있다. 가족이라는 울타리 안에서 보호받던 청소년기를 지나치게 연장할 위험도 있다. 부모 곁을 떠나지 못하던 탕기(《탕기(Tanguy)》) 처럼 말이다. 혹은 애정 결핍을 거식증이나 알코올 중독으로 대신할 위험도 있다. 매일 몸무게와 알코올 도수를 체크했던 브리짓 존스가 대표적인 경우이다. 유령처럼 마른 앨리 맥빌은 여자들이 따르고 싶은 표준이 되었고, 포동포동한 레오네티 형사(《사법경찰》)는 성격으로 신체의 단점이 극복되지 않는다면 피해야 할 유형이 되었다. 공동하숙 [〈프렌즈(Friends)〉의 레이첼과 모니카, 남자의 경우 성공을 거둔 영화 〈세 남자와 아기 바구니〉에서 모성애(《사법경찰》의 마티유 형사)], 그리고 아기 바구니를 쟁취하려는 남자들의 부성애에 이르기까지 모든 해결책이 동원되었다. 그룹의 지지는 각 구성원의 균형에 필수적이다. 고대 비극에서부터 극적 반전의 요소가 되었던 고백은 혼자서 끙끙 앓지 않고 어려운 고비를 넘길 수 있도록 해주었다.

독신이 부딪힐 수 있는 장애란 장애는 모두 연구한 소설, 영화, TV는 젊은 독신자들에게 필수불가결한 카타르시스를 제공해주었다. 이를 통해 젊은 독신자들은 스스로의 실패를 되돌아보고, 사회에 얼마나 많은 실패가 존재하는지를 깨달아 자신의 실패를 상대적으로 바라보고, 결국 그것을 건전한 자조로 탈바꿈시킬 수 있다. 결혼 모델을 최소한 도달해야 할 목적으로서의 지배적 규범으로 삼고 있기는 하지만, TV 시리즈의 의도는 행동의 잘잘못을 가리려는 것이 아니라 각자의 행동을 비춰볼 수 있는 재미있는 거울을 보여주고자 하는 것이다.

• 독신자들, 자부심을 느끼다 •

사실 시작은 좋았다. 1935년 이후 7퍼밀 미만이었던 혼인율이 제2차 세계대전 이후 갑자기 증가했기 때문이다. 1946년에는 최고치(12퍼밀 이상)를 기록했고, 프랑스가 독일 점령으로부터 해방된 이후 5년 동안은 평균 10퍼밀 가까이 유지했다. 베이비 붐은 가족계획면이나 경제면에서 쾌청한 신호였다. 전후에 나타난 미국에 대한 동경도 이런 가정생활에 대한 갈망이 원인이었다. '커플 내에서의 자아실현이라는 미국 모델'은 양차 대전 사이에 탄생하여 1950년대에 유럽에 퍼졌다.[75]

그렇다면 1960년대에 결혼의 위기가 크게 닥친 이유는 무엇일까? 아마도 유행의 속성이 원래 가변적이며 결혼 모델이 승승장구하던 때에도 이미 저항의 씨앗이 존재했기 때문일 것이다. 제2차 세계대전은 모든 면에 있어서 상궤를 벗어나는 일이었다. 인류의 역사를 영원히 피로 얼룩지게 만든 대량 학살을 제외하면, 제1차 세계대전 당시의 끔찍한 결과에 비해 '전격전' 동안에는 프랑스에서 사망자가 거의 나오지 않았다. 반면 독일의 점령과 그에 따른 치욕, 때로 양심을 팔아넘긴 시간은 길었다. 1939년 가까스로 법제화된 가족은 공교롭게도 노동, 조국과 함께 꺼림칙한 삼위일체를 이루게 되었다. 가족이 프랑스를 구하리라고 되뇐 사람들은 승리를 이끌어내지 못했다. 또한 그들이 옹호했던 가치는 그들과 함께 추방되었다. 1946년 의회에서는 다음과 같은 슬로건이 울려 퍼졌다. "가족을 박물관으로!"

1914~1918년 전쟁 이후와 마찬가지로 이번에도 더 이상 총알받이가 되고 싶지 않은 젊은이들의 낙담과 저항 움직임이 가세했다. 1920년대 다다이즘과 초현실주의에 이어 1950년대에 실존주의가 등장했다. 실존주의는 사랑과 전반적인 인간관계에 대한 관점을 혁신적으로 뒤바꿔놓았다. 실존주의는 고독이 인간 조건에 내재한다는 것을 발견했다. 결혼을 했든 부족과 함께 살든 인간은 항상 자신 앞에, 죽음 앞에 혼자이다. 사랑의 융합이라는 오랜 전설은 이제 파괴되었다. 많은 합법적 부부들이 사르트르와 시몬 드 보부아르라는 전설적 커플을 자신들의 모델로 삼았지만, 실존주의는 독신자가 퍼뜨린 독신자의 철학이다.

제2차 세계대전이 제1차 세계대전보다 사상자를 덜 낸 것은 사실이지만 결혼도 해보지 못한 과부들을 이전 전쟁과 같은 수준으로 양산했다. 그리하여 1945년에 교황 피우스 12세는 이러한 사실을 인정하고 "본인의 의지와 상관없이 결혼을 못한" 젊은 여성들을 위해 행동강령을 제안했다. '여성의 시민 생활 및 정치 생활 참여'에 의해 형성된 새로운 요구가 이들에게 협력을 호소했다. "이것을 신기한 우연의 일치로 보아야 할까, 아니면 신의 뜻으로 보아야 할까?"[76] 새로운 유용 인구와 새로운 욕구. 가톨릭교회도 결혼이나 서원의 전통적 딜레마에 갇혀 있기는 했으나 '속세의 독신' 문제를 고려하지 않을 수 없었다. 하필이면 남편을 빼앗기는 때에 여성의 노동을 창조하여 전통적 가족 모델을 흔들어놓은 것이 신의 뜻인지 아닌지 파악하는 것은 별개의 문제였다.

불신과 비관주의, 신랑감의 고갈 현상, 성(性)이나 성(聖)으로의 도피, 미래를 믿지 않고 즉시 모든 것을 원하는 젊은이들. 이 시나리오는 1920년대부터 1950년대까지 계속 반복되었다. 피상적이기는 했으나 이 현상으로 1950년대에 젊은이들 사이에는 결혼에 대한 욕구가 증가하지 않았다. 그런데 이번에는 성 해방 운동이 가공할 무기 두 가지를 들고 나타났다. 바로 페니실린과 경구피임약이다.

이미 1950~1960년대 미국에서는 전통적 가치, 특히 결혼을 뒤흔들어놓는 성 혁명의 조짐이 일고 있었다. 전쟁 당시 태어난 비트 세대(beat generation), 카잔(Elia Kazan, 1909~2003)의 영화들, 밀러(Henry Miller)의 3부작〔섹서스(Sexus), 플렉서스(Plexus), 넥서스(Nexus)〕, 핀업걸의 유행은 사랑과 결혼이라는 위선에서 벗어난 섹스의 절대 우위 사상을 심어주었다. 베트남 전쟁 반대 운동(Make love, not war)은 세대간 단절과 사회 규범에 대한 저항을 가중시켰다. 히피들은 공동체 생활과 떠돌이 생활, 자유분방한 성 관계를 발견했다. 독신이 대안적 생활방식이 된 것이다.

같은 시기에 유사한 운동이 북유럽에서 일어났으나 미국과는 달랐다. '스웨덴 모델'은 때로는 결혼 모델에 반하는 개인주의적 가치를 강조했다. 이 모델은 여성에게 자율성과 책임감을 주었는데, 이는 베리만(Ingmar Bergman, 1918~) 감독의 영화에 담겨 전세계를 놀라게 했다. 처음으로 미혼모들은 사회로부터 경멸이나 동정심을 얻지 않으면서 인정받게 되었다.

스웨덴과 덴마크 같은 북유럽 국가에서 원래 가족(부모)과 새로운 가족(남편)에 대해 '가족으로 통합되기를 거부'(코프만)하는 현상이 나타나면서 1965년경 혼인율이 급격히 감소했다. 스웨덴 모델과 미국의 성 혁명은 서유럽 전역에 퍼지게 되었다. 게르만 국가(네덜란드,

스위스, 독일) 이후 영국과 노르웨이가 그 영향을 받았으며, 지중해 일부 국가(에스파냐, 포르투갈)를 제외한 라틴 민족 국가(프랑스와 이탈리아)에까지 미치게 되었다. 그러나 결혼의 위기가 커플의 위기는 아니었다. 동거가 증가했기 때문에 공식적인 결합인 결혼이 감소하더라도 보완이 이루어졌다.[77]

프랑스를 살펴보면 1970~1980년대에 통계상의 변화가 컸고, 여러 가지 인구곡선이 큰 하향선을 그렸다. 국립통계경제연구소(INSEE)는 이러한 현상을 일찌감치 파악했는데, 1968년부터 통계연감에 연령별 독신율을 포함시켰는가 하면 1851년 이후의 과거 자료들을 1968년에 출간했다. 전후 세대가 혼인 적령(남자 24.5세)에 이르렀기 때문에 혼인 건수는 1972년에 최고치를 기록한 후 1973년부터 계속 감소했다. 하지만 아직 상황을 낙관적으로 볼 수 있었고, 모코(Georges Mauco)의 경우는 혼인율이 안정되리라고까지 예상하였다. "로마 몰락의 특징이었던 독신자 증가 현상에 이르려면 아직 멀었다."[78]

이와 동시에 19세기 이후 감소세를 보였던 사생아 출생률이 한 세기 만에 최고 기록을 갱신했다. 1871~1911년까지는 피임법을 제대로 알지 못하여 사생아 출생율이 상승해서 생존 신생아의 8~9퍼센트에 이르렀다. 이 비율은 1961~1965년에 6퍼센트까지 내려갔는데, 이는 특히 경구피임약의 효과였다. 1966~1970년에는 피임법이 잘 알려졌음에도 불구하고 사생아 출산율이 다시 상승곡선을 그렸다. 이는 결혼을 하지 않은 커플이 출산에 대해 좀더 책임 있는 자세를 보였음을 의미하는 것 같다.[79] 그러다가 갑자기 상승률이 크게 뛰기 시작했다. 1973년에 8.2퍼센트에 불과했던 수치가 1985년에는 19.6퍼센트나 되었다. 원치 않은 임신을 한 경우에도 반드시 결혼에 이르지는 않게 되었고, 낙태가 합법화되자 이 현상은 가중되었다. 피임에

실패해도 독신자에게는 선택의 자유가 남아 있었다.

혼인 적령이 1972년에 가장 낮았다(여성 22.4세, 남성 24.5세)는 점도 의미가 있다. 혼인 건수가 크게 증가하고 혼인적령이 낮아지는 것은 자연스러운 현상이다. 남성이 일반적으로 여성보다 결혼을 늦게 하므로 1966~1970년에 베이비 붐 세대 여성들이 혼인적령기에 이르렀다. 그리고 남자가 26세경(1967년에는 26.8세)에 결혼한다고 했을 때, 같은 시기 혼인적령에 이른 세대는 전쟁 중에 태어난 남자들이었다. 즉 1946~1948년에 태어난 남성 세대가 1972년에 결혼하기 시작했고, 처녀들도 이들을 기다리게 하지 않았던 것이다. 그러나 젊은 독신자들의 물결이 흡수되고 나자 혼인적령은 다시 높아지기 시작했다.

그런데 이번에는 상승세가 지속되었다. 1975년에 결혼한 여성 4분의 3 이상이 25세 이전에 결혼했던 반면 2000년에는 거의 4분의 3이 25세가 넘어서 결혼했다. 남성의 경우 평균 혼인 적령은 현재 30세를 넘겼고(2003년 30.4세) 여성의 혼인 적령도 이에 근접하고 있다(2003년 28.3세). 시몬 드 보부아르가 예언한 때가 온 것일까? "남녀간에는 지금으로서는 상상도 못할 새로운 육체 관계와 애정 관계가 형성될 것이다. 이미 남녀 사이에는 성의 개입 유무를 떠나서 우정, 경쟁, 공모, 친밀함이 존재한다. 이는 과거에는 절대 생각할 수 없었던 일이다."[80]

어쨌든 이것은 전통 모델이 사회의 요구에 예전만큼 부응하지 못한다는 것을 의미한다. 시민연대협약을 제안한 정부가 인식한 점도 바로 이것이다. 물론 정부의 해결책을 평가하기에 4년이라는 시간은 아직 부족하다.

더구나 결과적으로 인구 분포도 변했다. 혼인율의 재상승(결혼한 여성의 비율은 1995년 49.71퍼센트였고, 2000년에는 62.45퍼센트로 상승했다)은 만혼(30세 이후) 현상과 관련이 있다. 이는 1980년 혼인율 위기 이전 젊은 부부(25세 이전)의 비율이 높았던 것과는 전혀 다른 현상이다. 그리고 이 결혼도 독신을 감소시키지 못했다. 2003년 재혼율은 안정적이었던 반면 초혼율은 급격히 감소했다. 이는 독신자 수가 계속 증가하고 있음을 부분적으로 설명하고 있다. 한편 다른 커플 형태가 증가하고 있는데, 특히 1999년 제정된 이후 연평균 2만 5000건이 성사되고 있는 시민연대협약이 좋은 예이다. 이 수치는 혼인율의 10퍼센트에 가깝다. 통계상에는 시민연대협약을 맺은 커플이 독신으로 분류된다.

시몬 드 보부아르가 예언한 '새로운 관계'는 19세기 반항적인 사람들이 원했고, 이 중 가장 과감한 사람들이 경험했던 자유로운 사랑과 일맥상통한다. 자유로운 사랑은 도덕적으로 용인되었고 심오하고도 안정적인 관계를 낳을 수 있게 되었다. 평생의 반려자가 되기도 했으나, 조르주 브라센스(Georges Brassens, 1921~1981, 프랑스의 유명한 작곡가 겸 작사가, 가수—옮긴이)와 그가 정식으로 청혼하지 않은 '퓌프센(Püppchen, 1940년대 말 브라센스가 만난 에스토니아 태생의 요하 헤이만(Joha Heiman). 평생의 반려자가 되기로 했으나 두 사람은 합의 하에 함께 살지 않기로 했다—옮긴이)'과의 관계처럼 말이다〔《청혼하지 않기(La Non-demande en mariage)》〕. 커플의 독신은 함께 할 미래에 두려움이 있기 때문도 아니고 애인을 수집하는 자유연애적 취향 때문도 아니다. 그것은 사랑을 일상 속에 파묻어버리는 결혼에 대한 좀더 심오한 거부를 의미한다. 브라센스의 표현에 따르면 비너스가 라틴어를 잊어버릴까봐 느끼는 두려움이다.

전후에는 결혼만큼 커플을 단단히 결합시킬 수 있는 동거가 일반화되었다. 1972년 시몽(Simon) 보고서는 프랑스 국민 대부분이 이미 알

고 지내는 독신자들끼리 성 관계를 가지는 것에 대해 찬성하고 있음을 보여줌으로써 도덕관의 변화를 확인시켜주었다. 동거는 오래 전부터 존재했지만 그것이 수용되고 일반화된 것은 새로운 현상이었다. 장 콕토와 장 마레(Jean Marais, 1913~1998, 프랑스 영화배우—옮긴이)의 상징적 예에서 볼 수 있듯이, 결혼 관계만큼 오래 지속되고 서로에게 충실한 동성애 커플이 사회적으로 인정된 부분도 도덕관념에서의 큰 변화를 말해준다. 결혼 여부나 배우자의 성(性)과는 상관없이 커플은 기본적인 도덕적 가치가 되었고, 이는 독신의 개념 자체를 바꾸어놓았다.

혼인율이 시기에 따라 상승 곡선을 그린 때도 있었지만 조금씩 감소하는 추세는 계속되었다. 1995~1997년에 갑자기 혼인율이 상승한 것은(1996년에 10퍼센트 이상 상승) 결혼을 장려하기 위해 시행된 새로운 조세 정책 때문이었다. 동거하거나 결혼한 부모에 대한 과세 불균형 철폐의 효과가 특히 컸다.[81] 이후 혼인율이 다시 하락한 것으로 나타났는데, 이는 통계를 내다보면 자연히 발생하는 일이다. 혼인율은 2000년에 다시 상승했는데 사람들은 이것이 단순한 밀레니엄 효과라고 설명했다. 이후 3년 동안은 계속 혼인율이 감소했다. 감소폭이 그리 크지 않기 때문에 좀더 긴 기간에 걸쳐 변화를 분석할 필요성이 있었다.[82]

1960년대 그리고 통계 곡선이 곤두박질쳐 프랑스로서는 상징적인 기간이었던 1972~1975년은 독신의 현대사에서는 과도기였다. 이때 선택 기준과 국가별로 약 10년 만에 독거 인구가 40~70퍼센트 증가했다고 본다. 프랑스의 경우 1972~1994년은 결혼 역사에 있어 가장 암울한 시기였다. 결혼이 39퍼센트나 감소했고, 초혼인 경우에는 더 큰 45퍼센트의 감소율을 보였다. 재혼은 독신율과 아무런 상관이 없기 때문이다.

독신의 이미지도 흔들리지 않을 수 없었다. 독신자들은 수백 년, 아니 수천 년에 걸쳐 수치와 경멸 혹은 잘해봐야 상대방에게 우월감을 느끼게 만들어준 존재에 불과했다. 현대에 와서야 사람들은 지난 세월 동안 어떤 방식으로든 독신자에게 죄의식을 느끼게 만든 수많은 편견이 존재했다는 것을 깨달았다. 소수에 지나지 않던 노처녀와 노총각들은 놀랍게도 독신자로서의 자부심을 느끼게 되었다. 앙드레 베르코프(André Bercoff, 1940~ , 프랑스 기자 겸 작가—옮긴이)가 만들어낸 언어의 유희를 빌리자면, 셀리바튀〔célibattu, 독신(célibat)과 패배자(battu)의 합성어—옮긴이〕들은 이제 셀리바탕〔célibattant, 독신(célibat)과 투쟁가(battant)의 합성어—옮긴이〕들이 된 것이다.

게다가 독신자들이 속한 사회계층에도 변화가 일어났다. 1980년대 프랑스에서 독신 남성들은 주로 농촌에(51퍼센트), 독신 여성들은 도시에 거주했다. 또한 독신자들은 예술계(29퍼센트)와 중간 및 고위 간부급(31퍼센트)에서 많았다. 오늘날에도 학력 높은 독신 여성들은 시내 중심부에 몰려 살고, 독신 남성들은 교외에 거주하는 것이 특징이다.[83] '셀리바탕트(célibattante, 셀리바탕의 여성형—옮긴이)' 라고 불리는 여성들은 불만에 가득 찬 노처녀들이 아니라 남성의 전유물이었던 직업 세계에서 활발하게 활동하며 편견을 거부하는 여성들이다. 이제 이 여성들을 함부로 대해서는 안 된다. 이들을 마귀할멈 같은 여자로 손가락질해서도 안 되고, 수줍은 숫처녀라며 비웃어도 안 된다. 이제는 이들도 그냥 넘어가지 않을 것이기 때문이다.

1981년 15년의 독신을 요구했던 린 섀넌(Lynn Shanan)이 무엇보다 놀라웠던 일은 자신이 스스로의 상황을 사랑한다는 것이었다. 혼자 사는 것은 그녀가 생각했던 것만큼 큰일도 아니었다. 주위에도 많은 독신자들이 자신의 삶에 만족하며 살아가고 있었다. 해가 거듭될수록 체념과 포기, 표독함으로 바뀌어가던 노처녀의 스트레스는 어디로 간 것일까? 나 홀로의 삶 속에 즐겁게 살아가는 것, 이것은 사회 모델이 변화했음을 의미한다. 인생을 살아나가는 데 있어 커플은 더 이상 왕도(王道)도 아니요 의무도 아니었다. 오늘날 독신자는 얼굴을 붉힐 이유가 없다. 타락했다거나 유혹할 능력이나 배우자를 잡아둘 능력이 없다는 비난은 받지 않아도 된다. 사람들이 독신을 실패가 아닌 하나의 살아가는 방식으로 간주할 수 있게 된 것이다. 독신은 자유를 발견하고, 자아성찰을 통해서이든 다양한 사람들과의 접촉을 통해서이든 '강한 정체성'을 발달시키며, 자신의 계획을 실현시킬 수 있는 기회가 되었다. 린은 이렇게 결론을 내렸다.

"혼자 살 수 있는 좋은 시절이 왔군."

프랑스의 오딜 라무레르도 마찬가지로 놀라워한다. 그녀의 이름은 1980년대 이후 현대 독신과 결부되었다.

"저는 언론, 라디오, TV에 나가 사방에 외치고 싶었어요. 프랑스에는 독신으로 사는 성인이 육백만 명이나 된다고 말이에요. 저도 그중 하나지요."

1986년 최초의 독신 박람회 개최 당시 그녀가 한 말이다. 그녀에게 나 홀로의 삶은 잡아야 할 기회였다.

"어느 봄날 아침, 활짝 열린 창문 앞에서 오늘 하루는 내 것이야. 무엇을 하며 보낼까 하고 생각할 수 있다는 것이 대단하지 않나요?"

결국 혼자 산다고 다 독신자는 아니다. 독신은 삶의 방식이요, 선택이다. "독신자가 된다는 것은 고독을 긍정적으로 바꾸어 생각하고, 고독을 즐기는 방법을 배우고자 하는 선택의 문제이다." 그녀의 예상은 적중했다. 이런 관점에서 보면 우리 시대에는 엄청난 가치 전도가 이루어졌다. 1999년 IFOP 설문조사 결과를 보면, 독신자 64퍼센트가 자신들의 생활을 선택이라고 응답했다.[84] 기혼자들조차도 이들의 생활방식을 따르는 경우가 많아졌다.

물론 모든 것이 말처럼 쉽지는 않다. 린 새넌은 자신의 고독을 즐겼지만, 성경의 저주 '바에 솔리'가 일상의 현실인 사람도 많다는 것을 잘 알고 있었다. 그녀는 자신의 저서를 통해 이러한 사람들에게 고독을 고통스러워 하지만 말고 가치 있는 것으로 전환하라는 심리학적 조언을 해주었다. 독신 생활은 탑에 홀로 갇혀서 통조림이나 냉동식품을 까먹는 것이 아니다. 오히려 다른 사람들과 접촉하는 것이다. 이는 감정적 자급자족을 명령하는 가족보다 더 낫다. 또 혼자서 요리나 외식을 하고 여행을 떠나보는 것이다. 그런데 린 새넌의 독신자 행동강령에는 중요한 점이 빠져 있다. 성에 관해서는 단 한 마디도 나와 있지 않기 때문이다. 독신에 대한 자부심이 넘치는 오딜 라무레르조차도 고독을 깨고 파트너들을 만나라고 충고했다.

린 새넌과 오딜 라무레르의 특징적인 공통점이 또 한 가지 있다. 두 사람은 결혼을 이미 해본 경험이 있기 때문에 공식적 의미의 독신이 아니라 나 홀로의 삶을 경험했다고 할 수 있다. 오딜 라무레르는 "나도 한때는 '정상적인' 사람이었어요. 결혼했었으니까요."라고 비꼬아 말한 적이 있는데, 이는 '노처녀'에 대한 기존의 편견 때문에 자신의 말이 설득력을 잃을까봐 비판을 무의식적으로 피해 간 것이라 하겠다. 게다가 그녀는 결혼 생활을 25년이나 했으니, 남자들에게는 그녀가 결혼하느니 차라리 독당근을 선택하게 만드는 크산티페 같은 여자가 될 수도 없다. 독신이 필수가 아니라 선택이 되기 위해서는 결혼을 경험해야 하고, 되찾은 자유를 만끽하려면 사슬을 끊어본 경험이 있어야 한다.

이혼이 보편화되면서 혼자 사는 여자의 이미지에도 큰 변화가 생겼다. 이혼은 인생에 있어 단절을 의미하는데, 기존의 '노처녀' 에게는 이렇게 강한 단절은 존재하지 않았다. 태어나서 한 번도 결혼해본 적이 없는 상태에서 독신을 받아들이는 것은 희망과 환멸로 점철된 완만한 과정이다. 그 과정에서는 단계마저도 불분명하다. 성인의 삶으로 들어가는 첫 단계는 부모 슬하를 떠나는 것인데, 이는 나 홀로의 삶을 선택하는 것이기도 하지만 애인을 사귈 수 있는 좋은 기회임과 동시에 부모의 눈을 걱정하지 않고 애인을 자기 집으로 데려갈 수 있는 가능성을 갖는 것이다. 반면 이혼은 심사숙고한 후의 선택이며, 이혼 이후 겪는 나 홀로의 삶을 책임지는 것이다. 물론 그런 생활이 잠깐이기를 바라겠지만 어쨌든 남자와 여자 모두에게 일정한 지위를 부여하는 특별한 기간인 것이다.

이혼자들이 독신의 삶을 살게 되자 독신자의 이미지에도 혼란이 왔다. 호적상 독신자 분류는 변하지 않았기 때문이다. 독신자(célibataire)와 독거인(solitaire)은 혼동되어 사용되는 경우가 많았고, 재미있는 혼합어 솔리바테르까지 나타났다. 솔리바테르란 사별한 사람들과 이혼한 사람들을 가리키며, 공식적인 호적상으로는 독신 중에서도 동거인과 시민연대협약자는 포함되지 않는다. 이렇게 새로운 의미를 갖게 된 '독신자' 에 대해 사람들은 결혼을 한 번도 한 적이 없는 사람들에게 주었던 경멸이나 상대적 우월감을 느낄 수 없다. 이들은 '소외당한 사람들' 도, 결혼제도에 대한 반항아들도 아니다. '솔리바〔solibat, 솔로(solo)와 독신(celibat)의 합성어—옮긴이〕' 는 매우 안정되었으며 산전수전 다 겪은 커플들 위에 매달려 언제 떨어질지 모르는 '다모클레스(Damocles)의 칼' 이다. 결혼 생활 25년 만에 독신 선언을 한다? 이것이야말로 비웃음을 멈추고 심사숙고하게 만드는 문제이다. "누구나 독신자였고 독신자이며 독신자가 될 것이다." 2003년 프랑스 시사주간지 『르 푸앵(Le Point)』은 이렇게 단언했다. 호적상으로 보면 논점 절취에 가까운 자명한 이치이다. 누구나 태어나자마자 독신자로 등록되기 때문이다. 좀더 쉽게 말하면 이 말은 결혼한 부부 모두에게 가해지는 음흉한 위협이다. 프랑스어 '솔리바테르'나 영어 표현인 솔로(solo) 모두 정착되지는 못했다. 반면 '솔로'라는 말은 결혼을 거친 새로운 독신자들을 가리키는 말로 자주 사용되고 있다. 가장 최근의 조사에 따르면 이들의 수는 약 1400만 명에 이른다.[85]

혼자 사는 남성 중 결혼을 해보려는 사람들이 늘어났다. "커플은 여전히 지배적 모델이기는 하지만 더 이상 규범이 아니다. (중략) 오늘날에는 '솔로 인생'을 잠깐 살아보는 것이 규범이다."[86] 이는 약 10년 전부터 생긴 기이한 현상을 부분적으로나마 설명해주고 있다. 장기간 정체되어 있던 결혼 곡선이 1995년에 상승하는 듯이 보였다. 그러나 혼자 사는 사람들의 수가 계속 증가했고, 더불어 이혼 건수도 늘어났다. 이것은 최근의 통계이므로 그 분석에 신중함을 요하지만 5월 혁명 이후 생명이 끝났다고 믿었던 결혼 모델의 운명이 바뀌지 않으리라고 여길 수는 없을 것 같다. 그러나 결혼이 마지막 해답은 아니라는 사실은 확실하다. 결혼은 선택이 아니라 하나의 과정이 될 수 있을 것이다. 실업과 고용주 물갈이, 퇴직이 있는 일종의 '직장 생활'처럼 말이다.

독신자와 이혼자를 혼동하는 것이 이제는 일반화되었으니 독신의 개념을 법률적 정의에만 한정시켜 독신의 역사나 독신의 사회학을 연구하는 것은 무의미할 것이다. 2001년 『르 푸앵』이 내보낸 독신자들에 관한 기획기사의 제목은 〈솔로의 인생 사용법〉이었는데 볼랭스키(Georges Wolinski, 1934~ , 프랑스 시사만화가—옮긴이)의 일러스트레이션에는 대부분 결혼한 커플들만 보였고, 기사에 실린 분석 대부분도 커플의 결별에 관한 것이었다. 2002년 『막시걸(Maxigirl)』이 스피드 데이팅에 관한 기획기사의 일환으로 조사한 일곱 가지 독신자 모델에는 이혼자가 포함되어 있다. 2003년 독신자 박람회에도 커플 문제에 관한 토론회가 등장했다.

이 절대적인 솔로에는 한 부모 가정 즉 미혼모, 미혼부, 자녀양육권을 얻은 이혼남도 포함된다. 독신은 이제 더 이상 순결과 동일시되지 않으며, 과거에는 수치심의 원인이었던 불임과 동의어도 아니다. 그런가 하면 결혼은 더 이상 후손과 관련이 없으며, 오히려 그와 정반대의 개념인 사랑과 결부되어 있다. 남자나 특히 여자의 사회적 지위는 더 이상 결혼 여부에 달려 있지 않고, 직업에 의해 좌우된다. 직업은 누군가를 새로 만났을 때 가장 먼저 궁금해하는 것이 되었고, 가장 중요한 판단기준이 되었다. 결혼을 했더라도 직업상의 피치 못할 사정, 예를 들어 출장이 길어졌다든지 휴가를 맞출 수 없다든지 하는 이유로 잠시 혼자 살게 된 남녀도 솔로로 분류해야 할 것이다. 이들을 패밀리 프리 혹은 '마리바테르' 라고 부르는데, 결혼했음에도 불구하고 1년에 한두 달 정도는 솔로 생활로 돌아간다. 아이들의 방학 기간 중 휴가를 떠날 수 없어 아내와 자녀들만 코트다쥐르로 휴가 보내고 자신은 솔로들의 저녁 시간을 만끽하며 예전처럼 카페, 나이트클럽, 여자를 만나는 장소에 드나드는 남자들을 유부남으로 봐야 할까, 아니면 독신자로 봐야 할까? 이들은 주말이 되면 가정으로 돌아가는 경우도 있지만 주중에는 자기들만의 생활을 즐길 수 있다. 여름에 월요일 새벽 6시 15분 라 볼에서 출발하는 TGV를 '마리바테르들의 기차' 라고 부른다. 혹은 '오쟁이 진 남편들의 기차' 라고도 하는데 아내들도 패밀리 프리가 될 수 있기 때문이다.[87]

가정의 개념 또한 달라졌다. 일시적 독신은 규범이 되었다. 자녀들은 예전처럼 결혼을 하기 위해서나 시험 삼아 부모 곁을 떠나지 않는다. 그들은 혼자 살기 위해 독립한다. 50년 전만 해도 가정을 떠나면 또 다른 가정이 기다리고 있었다. 20년 전에는 오랫동안 동거를 하고 나서 결혼했다. 그런데 오늘날에는 동거하기 전에 각자 자기 아파트에서 그대로 사는 테스트 기간을 가진다. 이는 소수에게만 해당되는 현상이 아니다. 커플 중 16퍼센트가 이런 방식으로 시작했으며, 이들을 포함하기 위해 통계에서는 '동거하지 않는 커플'이라는 개념까지 만들어야 했다. 48세인 작가 베르나르 베르베르(Bernard Werber)는 일상에서 탈출할 수 있는 이런 생활방식을 주장하고 있다.

"여자친구가 있지만 함께 살고 있지는 않습니다. 그래서 매일 영역 싸움을 할 필요가 없지요."

배우인 피에르 아르디티(Pierre Arditi)와 에블린 부익스(Evelyne Bouyx)도 '같은 층에' 살기로 했다. 이런 '따로 또 같이 연애'는 커플에게 독신이나 동거보다 더 나은 대안으로 떠오르고 있다. 사회학자들에게 커플과 독신의 장점만 결합한 이 '주문형 연애'는 미래 사회의 전망을 점치게 해주는 중요한 길잡이가 되고 있다.[88]

그러나 또다시 새로운 행동 양태가 나타나기 시작했다. 20~30년 전 젊은이들은 남의 눈을 피한 곳에서 성을 마음껏 누리기 위해 한정된 공간 안에 정착하고 싶어했다. 그러나 도덕관이 변하자 반드시 그럴 필요가 없어졌다. 소문이 날까봐 호텔방에 숨어서 데이트를 하지 않아도 된다면 편히 먹고 자고 입을 수 있는 부모님의 집을 굳이 마다할 필요가 있을까? 에티엔 샤틸리에즈(Etienne Chatiliez) 감독의 동명 영화(2001년)를 본떠 명명한 '탕기 모델'은 젊은이들의 독립에 관한 사람들의 생각을 뒤바꾸어놓았다. 그러나 이 모델은 아직 단 한 세대에 나타난 현상이므로 앞으로 더 오래 지속되어야 할 것이다. 영화가 막바지에 접어들면 탕기 모델은 버림받게 되는데, 서양식 커플이 아니라 중국의 가부장적 가정을 선택하기 때문이다. 중국 모델은 장기 독신의 해결책으로 제시되었다. 어쩌면 새로운 행태란 과거의 방법으로 회귀하는 것에 지나지 않을 수도 있다.

이 모든 것들은 독신의 현재 모습을 혼동시키는 결과만 낳는다. 오늘날 독신은 판이하게 다른 행태를 모두 포함하고 있다. 독신의 의미가 변질되어가자 여러 가지 반응이 나왔다. 그중에서 장 보리는 '커플과 커플 사이에서, 경매에 올려진 수많은 사람들 사이에서 잠깐 뭉치는' 일시적인 독신자들을 조롱하고 있다. 독신 생활을 100퍼센트 감당하지 못하는 독신자들도 있다. "독신이라서 괴로워하는 정도가 아니다. 그들은 독신을 거부하고 견디지 못한다. 그 생활 자체가 힘들어서가 아니라(물론 그렇겠지만), 독신이 실패의 표시이며 넓은 연애 시장에서 파산한 것을 의미하기 때문이다. 그 시장은 사실 자신을 뽐내고 '매력'을 발휘하는 곳이다." 최후의 심판은 가차 없이 내려진다. "오늘날 혼자 사는 사람들은 진정한 독신자들이 아니다."[89] 그래도 우리가 지금까지 살펴본 대안 모델에 대해 이런 생각을 하게 된다. 통계에서 독신이 대다수를 차지하면 그때에도 독신자들이 존재한다고 할 수 있을까?

이것이 바로 2004년 국립통계경제연구소가 실시한 새로운 조사 방식에서 드러나는 모순이다. 이 통계 조사의 첫번째 질문은 커플 생활에 관한 것이었다. 이 질문은 커플로 살고 있는 독신자, 시민연대협약자, 기혼자를 같은 대답 속에 묶어놓게 되었다. 두번째 질문은 결혼 여부에 관한 것인데, '독신자'라는 항목 옆에 '한 번도 결혼한 적이 없는'이라는 설명이 추가되었다. 이제는 독신자라는 말에도 해석이 필요할 지경이 되었다. 두 가지 기준을 조합하면 혼자 사는 사람들의 수를 알아낼 수가 있다. 독신자, 이혼자, 홀아비, 과부의 수를 모두 합한 후 결혼하지 않고 커플로 사는 사람들의 수를 빼면 된다. 2004년 세금 신고서에도 '혼자 살지 않는 독신자' 라는 항목이 슬그머니 추가되었다.

문제는 명확히 제기되었다. 독신자에는 진짜와 가짜가 있는 것일까? 어쨌든 애정이라는 지도가 재편성된 것은 확실하다. 그리고 그 지도에는 일시적이든 평생을 가든 당당히 맞서든 두려워하든 나 홀로의 삶이 중요한 자리를 차지하고 있다.

사회학자들은 바로 이 현상에 주목한다. 장 클로드 코프만은 약 10년 전부터 특히 혼자 사는 여성을 중심으로 이 현상을 분석하고 있다. 그는 특히 커플이 '둘이서 함께' 살다가 '따로 또 같이' 사는 현상을 꼬집었다. '혼자 살게 되면 어쩔 수 없이 분열이 일어나게 되고' 이는 불확실과 불안정을 초래한다. '비난의 화살' 이 혼자 사는 독신자에게 쏟아져 독신자는 독신의 모든 장점을 마음껏 누리지 못하고 있다.[90] 이런 인격의 분열이 극적인 동력이 되어 문학으로 하여금 독신 쪽으로 눈을 돌리게 만들었을 것이다.

• 행복한 독신자들 •

문학 속에서 독신의 이미지는 변하고 보편화되었다. 마티유 벨레지(Matthieu Bélézi)는 독신자 소설을 쓰려는 의도를 가지지 않았고 그래서 주인공도 마지막 부분에서 결혼을 하는 매우 전통적인 방식을 취했다. 그럼에도 불구하고 자신의 소설 제목을 아이러니하게《일종의 신(Une sorte de dieu)》으로 짓는 바람에 그런 인상을 심어주게 되었다.

2003년 발표된 이 소설의 주요 인물들은 결혼한 경험이 없는 사람들이다. 실질적인 관계는 자발적 미혼모("내 첫번째 남자이자 마지막 남자 때문에 남자들이라면 치를 떨게 되었다.")와 노총각 아들 간에 존재한다. 40대 초등학교 교사인 아들은 두 칸짜리 아파트 생활과 모친의 집에서 보내는 휴가가 전부인 삶을 살아간다.

과거에는 장기 독신을 일상과 편집증 속에 뿌리 내린 인생의 정체기로 보는 고정관념들이 존재했다. 마티유 벨레지는 이런 일상 자체가 욕망을 잠재움으로써 스토아학파들이 말하는 아타락시아와 유사한 행복을 보장한다고 생각했다. "20대 이후 몇 번 철부지 행동을 한 것을 제외한다면 정말로 내가 원한 것은 별로 없다. 지금은 텔레비전이 욕망을 담고 있고, 욕망을 불러일으키며, 욕망의 방향을 잡고 자극한다. 텔레비전의 유일한 목적은 사람들의 의식을 획일화하려는 것이다. 또 신문은 보초를 서고, 라디오 전파는 탈주병의 길을 막는다. 그러니 나는 먹고, 마시고, 잠자고, 오페레타 교사로서 생 가브리엘의 아이들을 가르치고, 인생이 얼마나 허무한가를 느끼게 할 뿐인 휴가를 가라 하면 떠난다. 이러니 내가 무엇을 바랄 수 있겠는가?"[91] 욕망을 가라앉히는 것이 지혜 혹은 신성으로 가는 첫걸음이다. 표독스럽고 조바심이 많으며 우울한 과거 독신자의 모델 앞에 새로운 독신자가 나타난 것이다. 그는 행복한 독신자이다.

행복할 권리? 이는 가장 넓은 의미의 독신이라는 물결이 점점 더 강력하게 단언하는 바일 것이다. 과거에 행복은 결혼과 결부되어 있었다. "홀로 있는 자에게는 화가 있으리라."고 전도서는 반복해서 말한다. 파스칼 키냐르(Pascal Quignard)는 이에 대해 이렇게 반박한다. "그러나 그것은 틀린 말이다. 그것은 항상 사회가 하는 말이다. 모든 구전문학의 화자는 바로 사회이다." 그것은 틀린 말이다. "왜냐하면 독신자, 은둔자, 방랑자, 주변인, 샤먼, 자기중심적 인간, 고독한 인간 중에도 이 세상에서 가장 행복한 자가 있었기 때문이다. / 자신이 속한 가정이나 부족과 단절된 개인은 언제든지 존재했다. / 모두로부터 떨어져 나오려는 결정, 주변적 선택은 동물이 최초로 무리를 지었을 때부터 생겨났다."[92] 이 또한 우리의 생활에 깊이 뿌리박힌 고정관념에 문제를 제기하고 있다. 행복은 덧없고 주관적이며 다른 사람이 바라보는 우리의 이미지에 달려 있는 것이 사실이기 때문이다. 독신을 바라보는 시선은 변했고, 행복으로 가는 길을 열어주었다. 부럽고 또 부러움을 산 행복으로의 길을 말이다.

행복은 아주 작은 것에서부터 시작한다. 간단하게 '독신 만세(hourra célibat)'[93](2004년)라는 이름을 내건 인터넷 사이트는 '독신자로 살아야 할 이유' 37가지를 열거했다. 그 이유라는 것은 대부분 필립 들레름(Philippe Delerm)의 소중한 맥주 한 모금과 비슷한 것이었다. 그중 자조적인 부분만 언급해보겠다. '침대에서 감자 칩을 먹을 수 있다.' 《멜로즈 플레이스(Melrose Place)》를 보더라도 싸구려 취향이라는 조롱을 당하지 않아도 된다.' '나이프를 빨아먹은 후 누텔라 병에 다시 집어넣을 수 있다.' '원한다면 살이 쪄도 무방하다.' '식기세척기에서 전날 넣어둔 더러운 냄비를 다시 꺼내 쓸 수 있다.' '피부가 쪼글쪼글해질 때까지 목욕할 수 있다.' '술안주 과자와 쿠키를 넣은 아이스크림으로 끼니를 때울 수 있다.'

이 명랑한 독신 여성의 일장 연설에 등장하는 자유는 두 가지 인상을 준다. 첫째, 원하는 것을 마음대로 한다는 것은 술안주과자, 쿠키, 《멜로즈 플레이스》와 같이 작지만 창피한 쾌락을 본인에게 허락한다는 것이다. 둘째, 만사에 개의치 않는 것이다. 그래서 가식적인 모습에서 탈피하고 다른 사람의 시선에 의존하지 않게 된다. 그리고 여기서 겨냥하고 있는 것은 독신이라기보다는 결혼이다. 실존주의 철학의 후손들에게 '지옥은 타인이다'. 결혼도 사르트르의 이 격언을 피해가지 못했다. 고대 수학식 1+1=1이 상징하는 사랑의 융합이라는 전설은 종말을 맞고 있다. 커플 안에서도 파트너는 '타인'이요, 우리를 판단하는 시선이다. 살찌고, 옷도 아무렇게나 입고, 부끄러운 취향을 드러내려면 이 시선을 피해야 한다. 결혼은 현대 사회의 신조인 개인의 자아실현에 걸림돌이 되었다.

문학에 나타난 고정관념으로는 일상에 대한 안일함도 독신을 의미한다. 혼자 사는 남자는 홈 스위트 홈(home sweet home)에 전혀 관심이 없다. 그는 자크 발레 소설의 주인공처럼 독신자용 아파트를 더 좋아한다. "가구도 별로 갖추어지지 않은 아파트에서는 사람 사는 냄새가 나지 않았다. 정리도 청소도 되어 있지 않았다. 여자들은 그를 나무랐다. '독신자 냄새가 나잖아.' 중앙에 있는 서재에는 종이와 신문, 책이 난장판을 이루고 있었다. 그는 잠시도 가만히 못 있는 사람 같았다. 공기 같은 사람. 그가 바로 그랬다."[94] 혼자 있다는 것은 되는 대로 내버려두는 것이다. 부자연스러운 수치의 시대에는 독신 생활이 지옥과 같았지만 아무렇게나 사는 것이 하나의 라이프스타일이 된 시대에는 축복이 되었다. 물론 독신에서 벗어나기 위해 무슨 짓이라도, 심지어 남편의 시선을 참아낼 준비까지 되어 있는 여자들의 경우는 다르지만 말이다. "집안에서 아무렇게나 입고 돌아다니기. 항상 남이 쳐다보고 있다고 생각하자." 이는 《브리짓 존스의 일기》에서 헬렌 필딩이 쓴 '하지 말아야 할' 일들 중 하나다. 반대로 1657년 당시 결혼을 내켜하지 않았던 네오비즈(Néobise)가 염려했던 점은, 남편이 쳐다볼 때 흐트러진 모습을 절대 보이지 않는 것이었다. "방에서 나오고 싶은 기분이 들지 않을 때라도 말이다." 편안해 보이는 흐트러진 모습은 (항상 유행에 뒤지는) 노총각에 대한 고정관념이기도 하다. 노총각은 사회의 시선을 피해가고, 몽테를랑의 노총각 엘리처럼 손을 코에 박고 있어서 손가락에 항상 더러운 코딱지를 묻히고 다닐 수 있다. 독신자에게 집은 신성한 장소다. 꾸민 모습으로는 살지 않고 자기를 벗어던질 수 있는 장소인 것이다.

독신의 폭증과 결부되어 있기는 하지만 이 현상에 대한 분석은 본 연구의 범위를 벗어나는 것이다. 성(性)과 수치에 대한 점진적 발견에 대해서도 다루어야 할 텐데, 이는 필자가 이미 다른 책에서 연구한 바 있다. 세월이 지날수록 커플 내에서는 새로운 감정이 생겨났다. 독신 문제를 발견한 18세기에서 사적인 것(intimité)과 사생활(vie privée)의 개념이 만들어졌던 것은 우연이 아닐 것이다. 18세기 이후 부부간에 느끼는 수치는 점점 더 확고한 개념으로 자리 잡는다. 화장실에서 예의에 어긋난 소리가 나면 종이를 구겨서 소리를 덮으라는 르부(Reboux)의 조언(1936년)을 상기해보자. 가정이라는 신성한 피난처에서는 가장 기본적인 행위들을 하는 것도 불편했다. 빨아 먹은 나이프를 다시 누텔라 병에 집어넣지 못할 정도라면 과연 커플 생활이 가능할까? 이런 질문을 제기하고 있는 세대가 있다.

사실 이 질문은 일상의 작은 쾌락이나 불편함 없는 생활을 어떻게 관리하느냐 하는 것보다 훨씬 더 광범위한 문제다. "독신의 작은 행복(편안히 초콜릿을 먹어치운다, 늦잠을 잔다 등)이라는 차원을 넘어 자기 인생은 자기가 관리한다는 가능성을 개인이 갖게 되었다는 것을 의미한다. 이는 완전한 혁명으로, 우리가 개인으로서 존재하고 자신의 삶을 주관할 수 있도록 한 역사의 흐름과도 일치한다. 참 행복감에 젖게 만드는 소리이다."[25] 독신의 증가는 개인주의의 약진이라는 맥락에서 파악할 수 있다. 개인주의는 태곳적부터 조심스럽게 모습을 나타냈으나 서양 의식 속에 확립된 지는 얼마 되지 않았다.

사람들의 의식을 연구하는 사회학자와 역사가들은, 공동체 내에서 개인이 출현하고 '수많은 운명의 장난'에서 벗어나 행복을 추구할 수 있게 된 시기를 18세기로 보고 있다. 물론 이들의 주장을 그대로 받아들일 수는 없지만 철학가들의 세기에 독신에 대한 집착이 생겨난 것은 사실이다. 이 시기는 '상징적 교회 꼭대기를 덮고 있는 종석과 같은' 이성이 신을 밀어낸 때였다. 그리하여 개인은 '사회 재편성의 핵심'이 되었다(코프만, 2004년). 행복의 개념은 이때 갑자기 등장한 것이 아니라 다른 차원의 의미를 띠게 되었다. 신비주의자가 추구하는 소탈함의 행복, 경제력이나 아이들의 성장으로 가늠할 수 있는 가정과 직장에서의 성공이 가져다주는 행복은, 자유를 전제조건으로 하는 개인의 행복으로 변했다. 그 행복의 척도는 역시 18세기에서 등장한 단어인 편안함이다. 19세기와 20세기에 발생한 근대 국가의 형성은 전통적 공동체의 몰락 및 정체성 문제의 대두와 관련이 있다. 신분증의 먼 조상 격이라 할 수 있는 노동자 수첩이 18세기 말에 등장한 것은, 국가가 사회관계의 재편성에 기여하는 역할을 상징적으로 보여주었다.

가족 구조는 개인의 발달에 오랫동안 저항해 왔다. 그러나 자유에 대한 요구는 각 개인의 마음속에 그리고 시청 건물 정면에도 새겨지게 되었다. 이제 시간이 흘러가주기만 하면 되었다. "많은 사람들의 머릿속에는 아직도 결혼이 사회화의 성공적인 완결을 의미하겠지만 오늘날 행복의 개념은 독신의 개념과 맞닿아 있다."[26] 행복할 권리는 오래된 선입견들, 종교, 가정으로부터 해방된 개인의 첫번째 자유이다. 종교는 불확실한 내세에서 찾을 수 있는 개인의 행복을, 가정은 세대에서 세대로 전해지는 세습재산의 행복을 내세우며, 오랫동안 행복을 닿을 수 없는 미래로 규정했다. 앞의 두 가지 행복에서 나타나는 공통점은 즉각적인 희생을 원한다는 것이었다. 18세기에 일어난 위대한 혁명은 바로 행복을 추구하게 되었다는 것일지도 모른다. "사람이 가져야 할 중요하고 유일한 것은 바로 행복한 삶이다." 볼테르는 25세에 이런 말을 남겼다.[97]

철학자들을 성급하게 나무라지는 말자. 열매를 따는 사람이 열매를 익게 만드는 것은 아니다. 집단에서 개인으로, 결정론에서 자유로의 이행은 매우 서서히 진행되었다. 사회 구성원은 씨족에서 개인으로 점점 범위를 좁혀갔다. '원시' 문화에서는 씨족이 함께 행동하고 함께 기거하기도 했다. 사회학자들이 '전체적 사회(그리스어로 holos, '전체를 이루는')'라고 부르는 이 공동체에서 개인은 전체를 이루는 일부분에 지나지 않았다. 개인의 선택은 최소한으로 제한되었다. 각자에게는 맡은 역할이 있었고, 집단의 이익은 개인의 이익에 우선했다. 그리고 엄격한 신성이나 타고난 운명의 무게는 사회조직과 더불어 개인을 압박했다. 고대 도시의 광장이나 포럼, 스파르타 청년들을 위한 병영과 처녀들을 위한 부인 방은 비슷한 기능을 담당했다.

로마의 씨족과 중세의 메스니(maisnie, '집'을 가리키는 프랑스 고어—옮긴이)는 수백 명에 이르는 그룹으로 확대되기도 했다. 19세기까지 일부 지역에서 명맥을 유지했던 핵가족의 개념은 혈연 관계로 범위가 좁아졌다. 대도시 아파트와 함께 기본 단위를 이룬 커플은 두 사람(과 그들의 자녀들)으로 한정되었다. 이후 독신과 '동거하지 않는 커플'의 시대가 도래했다. 사적인 것과 그것이 낳은 수치의 범위도 동시에 좁아지게 되었다.

주로 공간적이었던 이 변화에 상응하여 역할의 전문화가 점진적으로 일어났다. 집단의 역할(사냥, 전쟁, 농사 등)은 전문화된 역할로 차츰 바뀌게 되었다. 여자들은 더 이상 함께 식사 준비를 하지 않게 되었고 빵 굽는 가마와 압착기는 가정에서 사라지게 되었다. 대신 제과점, 푸줏간, 과자점에서 음식을 사먹었다. 직업은 여전히 가족 단위로 이루어져 가족 구성원들이 같은 직업을 가졌으며, 가업을 대대로 물려주었다. 오늘날에는 기업이 집단의 노동을 대신한다. 공장과 대형마켓이 재래시장을 정복했다. 그리고 기업을 벗어나면 사람들은 개인 생활을 할 수 있게 되었다.

물론 이런 대략적인 밑그림을 액면 그대로 받아들여서는 안 된다. 그러나 개인주의의 약진이 전통 가치를 흔들어놓았고, 독신자들의 콤플렉스를 제거해준 것은 사실이다. 과거에는 이기주의라는 비난을 받았던 사람들이 오늘날에는 유행의 선두에 서 있게 되었다. '어쨌든 독신은 대유행이다!!!' '독신 만세' 사이트에는 감탄 부호 숫자만큼이나 들뜬 결론을 내렸다. 맞는 말이다. 기혼자가 아닌 독신자의 생활방식이 생활방식의 규범이 되었기 때문에 기혼자들조차도 독신자들만 공유했던 행동을 따라하기 시작했다. 예를 들면 (스와핑을 통한) 자유연애, 따로 떠나는 휴가, 1인분 음식, 자기 자동차와 TV 갖기 등이다. 가끔은 두 사람의 이기주의가 커플을 밀어낸다.

결혼이란 더 이상 각자의 취향과 관심사 가운데 타협점을 발견하는 것이 아니다. 좋아하는 영화나 내심 선호하는 음식을 왜 포기하는가? 이제는 영화 보는 날과 축구 보는 날을 번갈아가며 정하지 않아도 되고, 휴가를 바닷가로 갔다가 박물관으로 갈 필요가 없어졌다. 또 배우자 주머니에서 함께 쓰는 자동차 열쇠를 찾아야 할 이유도 없어졌다. 유명 요리사가 만든 냉동식품을 찾는 사람은 혼자 사는 사람들뿐만 아니라 큰 냄비의 스튜를 나눠 먹고 싶어하지 않는 가족이 될 수도 있다. 결혼할 능력이 되는 사람들 중에는 결혼이 두 독신자의 공동생활이라고 생각하는 사람들이 많아졌다. 금하는 것을 금하라. 커플의 공동 모토는 각자의 생체 리듬에 따라 개인적 행복을 실현하는 것이다.

특히 정신분석학과 사회학은 독신자의 죄의식을 씻어내는 데 크게 기여했다. 독신을 이기주의라고 몰아세운 19세기가 지나고 개인화라는 융의 개념이 새롭게 등장했다. 개인화란 개인이 자아를 인식하는 과정을 말한다. 이 과정을 막으면 억압이 발생하게 되고, 이는 인성에 악영향을 미친다. 과거 이기주의자는 사회가 떠맡았던 전체의 목적보다 개인의 목적을 우선시했다. 그러나 오늘날의 개인은 새로운 형태의 사회에 완전히 통합된 존재이다. 왜냐하면 자신에게 주어진 역할을 효과적으로 소화하기 위해 콤플렉스를 벗어난 균형 잡힌 인성을 발달시켰기 때문이다. 어차피 결과는 같아지지만 후자의 가치는 더 높아진다.

사회학자들은 이런 새로운 개념이 사회 변화와 독신의 역사에 영향을 미쳤음에 틀림없다고 파악했다. 장 클로드 코프만에 따르면 '사회의 개인화 운동'이 '변화의 원동력'이 되었으며, "현대 개인은 자신의 진리를 정하고, 자신의 도덕을 택하며, 자신의 정체성에 대해 책임을 짐으로써 점점 더 자기 인생의 주인이 되기를 원한다". 이는 분명 환상이다. 외부의 요소들이 개인의 독립성에 계속해서 제동을 걸 것이기 때문이다. 그러나 오늘날의 독신이 지닌 중요한 점은 바로 그 의지이다. "커플로 살 것인지 말 것인지를 결정하는 문제는 좀더 광범위한 과정의 한 단계일 뿐이다." 더구나 타고난 개인의 성격보다는 (타고난 배경에서 생기는) 사회적 결정요인을 통해 독신을 설명하려는 경향이 점점 더 강해지고 있다. 즉 독신의 '죄 지은' 자는 개인이 아니라 개인이 겪은 경험이다. 장 클로드 코프만은 자신의 논리를 더욱 발전시켜 1960년대에 일어난 '정체성의 혁명'에 대해 분석했다. 이 시기는 결혼의 역사에서 나타난 1972년의 단절기 바로 이전이다. '자신의 행동을 조절하는 중심'이 된 개인은 스스로 인생의 의미를 찾아야 한다. 그런데 '커플 맺기'는 파트너를 알게 되고 그를 받아들이는 것에만 한정되지 않고, 두 사람의 정체성을 모두 버리고 커플이라는 새로운 정체성을 만들어내야 하는 '정체성의 변환'을 의미한다. 사회적 틀이 개인에게 정체성을 부여하지 않고 개인이 스스로 정체성을 키워나가야 한다면, 커플이 새로 시작할 임무는 너무 막중해질 수도 있다.[98]

다음 단계에서는 직장 생활이 주간 35시간밖에 되지 않는 '여가의 문명'에 나타나는 독신을 살펴보아야 한다. 오늘날 남성이든 여성이든 시간은 많다. 남녀는 함께 보낼 시간도 있지만 여가생활이나 취미가 같지 않다는 점을 깨달을 시간도 있다. 남성이든 여성이든 선택의 여지를 갖고 있다. TV채널, 공연, 레스토랑, 데이트 장소 등의 선택 사항은 엄청나게 많아졌다. 돈 많은 커플이라고 해서 반드시 오페라 관람을 데이트 코스로 잡을 필요는 없다. 선택은 개인주의를 일깨웠다. 개인주의는 규범적 가치가 되었고(프랑스 TV 프로그램 타이틀인 《내 맘이지!(C'est mon choix!)》는 자신의 행동에 책임을 지는 개인주의자의 좌우명이기도 하다) 모순과 비웃음, 금기를 점점 더 견디지 못한다. 독신자는 자신이 어디로 놀러 다니는지에 대해 이러쿵저러쿵 설명할 필요가 없다. "독신자는 남편과 자식들이 있는 사람들보다 더 많은 자유시간을 가진다. 이 시간이 무의미하게 흘러가버리지 않도록 하라." 오딜 라무레르는 이렇게 조언했다. "자신만을 위한 시간은 점점 더 소중해지고 있다. 우리에게는 그 시간을 낭비할 권리가 없다. 어떻게 하면 우리의 취향과 리듬에 가장 잘 맞도록 시간을 활용하는가는 우리 자신에게 달려 있다."[99]

거리의 장벽이 사라지고 노동에만 시간을 할애하지 않는 점점 더 개방된 사회에서 사람들은 많은 경험과 여행, 발견을 통해 행복해지고자 하는 의지를 표현한다. 결혼과 특히 육아는 이 자유에 걸림돌이 되고 있다. 과거에는 긍정적 의미로 사용되었던 결혼을 뜻하는 '끝을 내다(faire une fin)' 라는 프랑스어 표현은 지나친 젊음지상주의가 살아 있든 죽었든 조상에 대한 숭배를 대체한 오늘날의 사회에서는 끔찍한 말이 되었다. 독신 안에는 죽음에 대한 거부가 존재한다. 독신자는 미친 듯이 돌아가는 세상의 길 끝에서 멈춘다는 것에 대해 두려워한다. 또 언제나 부르면 응답할 것을 요구하는 세상에서 구속당하는 것에 대해서도 두려워한다. "현대의 모험가는 가족 수당, 주택 수당, 이러저러한 보조금으로 안전 장치를 갖춘 가장이 아니라 일상의 정글 속에서 나침반을 들고 걸어가야 하는 독신자이다."[100]

그렇다. 아마도 독신은 자유를 신조로 삼는 시대에 가장 적합한 생활방식일 것이다. 자유를 이기주의나 변덕과 혼동할지도 모르지만 말이다. 새 독신자 박람회가 '셀리베르테' 를 자처하는 것도 분명 이유가 있을 것이다.

• 현대인이 독신을 선택하는 이유 •

따라서 독신의 역사에서 살펴보아야 할 부분은 고독의 문명이 아니라 인식의 출현 이후로 싹튼 개인화의 흐름이다. 지난 30~40년간에 걸친 독거 가정의 급속한 증가 현상은 정치 · 경제 · 사회적 요인으로 설명할 수 있으나 더욱 근본적인 원인은 인식의 역사 자체에 있다.

더구나 오늘날에는 대중 현상들이 독신의 증가와 연관되어 나타난다는 점도 특이하다. 젊은이들의 무리, 레이브 파티, 집단 오락, 바캉스 클럽, 공동하숙의 유행, 단체 스포츠, 휴대폰은 가정의 분열이 전(全)방향에서 일어나고 있음을 입증한다. 청소년기의 전형적 특징인 그룹에 대한 소속 욕구는 직장 생활 이후에도 지속된다. 이는 인간관계를 확장하여, 성인이 되고 커플을 맺어야 하는 시기를 늦추려는 심리를 드러내는 듯하다. 직장생활에서는 성인으로 행동하고, 여가에서는 청소년 시절의 생활방식을 고수하는 30대의 태도를 가리켜 아될레상스〔adulescence, 어른(adulte)과 청소년기(adulescence)의 합성어―옮긴이〕라고 칭한다.

고독과 친교라는 이분법은 현대 독신이 내보이는 모순을 일부 설명해줄 수 있을 것이다. 5월 혁명을 경험하지 못한 세대가 전통적인 가치로 회귀하자, 사람들은 이를 코쿠닝(cocooning) 즉 가정의 전통적 가치를 위해서는 좋은 징조인 가정으로의 복귀라고 말했다. 그러나 관계를 반드시 공식화할 필요성을 느끼지 않은 커플은 코쿠닝하기도 했으며 혼자 코쿠닝하기도 했다. 따라서 이와 관련된 유형과 용어를 다시 살펴보아야 했다. 이 확대가족에는 '누에고치' 보다는 '새집' 이 더 걸맞기 때문에 네스팅(nesting)이라는 말이 최근 생겼다. 이 '새집' 은 혼자 지낼 수 있는 매우 개인화된 공간이기도 하지만 파티를 열고 친구들을 초대하여 즐길 수 있는 장소이기도 하다.

더구나 이러한 인간관계의 확장과 이를 가능하게 해주는 모든 기술적 수단이 현대 독신의 원인 중 하나가 될 수도 있을 것이다. 독신에 대해 우리가 살펴본 고정관념들 속에는 고독에 대한 강박관념이 항상 존재했다. 고독은 성경 이후 계속 되풀이된 '바에 솔리' 의 라이트모티브였다. 그런데 우리 시대에는 고독과 결부된 모든 두려움이 사라졌다. 과거에는 혼자 가진 것 없이 늙어간다는 데 대한 두려움이 있었으나 요즘에는 퇴직하면 최소 수준의 생활을 보장받을 수 있다. 아플 때, 특히 오랜 기간 병석에 누워 있는 경우에는 가족의 적절한 보살핌이 필요했다. 그러나 이제는 질병 보험, 병원, 가정 도우미가 의지할 곳이라곤 자신밖에 없는 독신자들을 돕는다. 또 과거에는 혼자 사고가 났을 때 도움을 청하지 못할까봐 두려웠지만 이제는 휴대폰이 있기 때문에 걱정 없다. 과거에는 하루하루가 지루했던 반면 요즘은 TV, 컴퓨터, 전세계로 연결되는 인터넷, 여가, 스포츠, 미팅, 노인 클럽 등 선택의 여지가 너무나 많다. 19세기에 시인 코페(François Coppée, 1842~1908)가 노래한 혼자 사는 여자는 어땠는가? 순전히 불쌍해 보인다는 이유로 밤 모임에 초대받은 여자는 부끄러워 한쪽 구석에 숨어 있었다. 그러나 요즘 혼자 사는 여자들은 TV 앞에 앉아 감자 칩을 먹는다. 성탄절 파티도 샴페인 반병이면 충분하다. TV에서 대신 파티를 해주니 말이다. 현대 생활은 점점 더 집단화되어 가지만 가정이나 커플이 필수는 아니다.

독신의 가장 큰 원인은 독신으로 살 수 있다는 가능성, 바로 그것일 것이다. 그러나 오늘날 왜 이렇게 독신이 폭발적으로 증가하고 있는가를 설명해줄 수 있는 다른 원인들도 대두되었다. 우선 가장 분명한 원인은 사회적 · 경제적 불안이다. 베이비 붐과 부부 모델이 마지막 전성기를 누렸던 시기는 전후 '영광의 30년'이었다. 1973년의 단절은 제1차 석유파동과 때를 같이 했다. 이때 가정을 부양할 자신이 없는 사람들은 가정을 꾸미려 하지 않았다. 1970~1980년대 이후 직장인은 우선 실업자로 시작해서 임시직을 전전하다가, 정규직으로 전환될 보장도 없는 계약직이라는 수순을 밟았다. 해고라는 까다로운 절차를 피하기 위해 기업들은 정직원을 뽑을 때 고용알선회사를 통했고, 미국에서 건너온 고용 불안의 개념이 서유럽에도 돌기 시작했다. 고용이 불안해지자 애정 생활도 불안해졌다. 결혼은 견실한 기반을 다진 후에 할 수 있는 미래의 계획이 되었다. 더구나 전통 결혼이 다시 유행했고, 결혼식 비용은 5년 만에 50퍼센트나 뛰었다. 영국에서는 결혼식 비용이 평균 1만 715파운드에서 1만 5243파운드로 상승했고, 이로 인해 젊은 커플들은 정착할 엄두도 내지 못하게 되었으며, 또 정착한다 하더라도 공식화할 수단을 갖지 못해 낙담했다.[101]

그런가 하면 좀더 이동과 시간이 자유로운 독신자들은 세계화 개념이 등장하자 고용시 특혜를 받았다. 계약서에는 독신으로 살겠다는 약정이 삽입될 수 있었고, 피고용인이 결혼을 하는 경우에는 해고되는 경우도 있었다. 소송을 담당한 재판부에서는 계약이 위법이거나 비윤리적일 때에는 계약 자체를 파기하거나 혹은 약정 조항만 없애도록 할 수 있었다. 단 명시 조항은 반드시 지켜야 하는 의무 조건이었음이 계약당사자 간에 합의된 경우는 예외였다.

일례로 1959년 에어프랑스는 여승무원들이 결혼을 하지 못하도록 내규를 수정했다. 여승무원은 결혼을 하면 사표를 던진 것으로 간주되었다. 같은 해 승무원 팀장이었던 안 마리 도메르그(Anne-Marie Domergue)는 남자 승무원과 결혼했고, 새로운 내규의 적용을 받았다. 그녀는 소송을 걸었고 제1심 법원에서는 사건을 기각했다. 그러나 1963년 4월 30일 파리 항소법원은 그녀의 손을 들어주었고, 이 결정을 판결에 확대 적용하여 판례로 남게 했다. "결혼의 권리는 공공의 성격을 띤 개인의 권리로서 제한되거나 양도될 수 없다. 따라서 유상의 사적 계약 관계에 있어, (중략) 결혼의 자유는 원칙적으로 보존되어야 하며, 어쩔 수 없는 분명한 사유가 없을 때에는 결혼 금지 조항은 개인의 기본권을 침해한다고 판단되어 무효화되어야 한다."[102] 에어프랑스가 내놓은 이유라는 것들은 서글프도록 보수적이다. 즉 임신을 하면 비행을 할 수 없다는 것이다. 임신을 금지할 수는 없는 노릇이고, 임산부를 해고하는 것은 금지되어 있으니, 결혼을 걸고넘어진 것이다. 이는 (해고되지 않은) 미혼모와 합법적 유부녀를 차별하는 기묘한 현상을 낳았다. 재판부는 윤리적 측면에도 민감하게 대처했고, 독신 조항은 이후 불법이 되었다.

1983년 7월 1일, 프랑스 법은 이 결정을 인가했다. 단 독신을 반드시 필요로 하는 결정적인 사유가 있는 경우에만 예외로 했다. 국제노동기구(ILO)의 규범도 고용에 있어 연령, 인종, 민족, 성, 성적 성향, 결혼 여부, 종교, 국적, 장애로 인한 모든 차별을 금하고 있다. 그러나 면접 시 결혼 여부에 관한 질문이 나올 경우 여전히 껄끄러울 수밖에 없고, 이로 인해 응시자들은 답을 미리 준비하기도 한다. "면접자는 응시자가 부부처럼 살든 결혼반지를 꼈든 상관하지 않는다. 사실 면접자가 알아보고 싶은 것은 응시자가 누구와 함께 살고 있는지 혹은 독신인지의 여부이고 그래서 일에 어느 정도 집중할 수 있는지를 가늠해보는 것이다." 응시자는 언제든지 일할 준비가 되어 있는가? 출장이나 잔업을 쉽게 받아들일 것인가? 아이들이 학교를 마치면 데리러 가야 하는가? 일을 집에 가져가서 할 수 있는가? 앞으로 출산휴가나 육아휴가를 요구할 것인가? 이론적으로 고용 차별은 존재하지 않는다. 그러나 때로는 독신이 더 유리하다.[103]

고용 위기가 닥칠 때마다 정부는 학업을 연장시켜 노동시장으로의 진입을 늦추고 그렇게 해서 실업률을 낮춘다는 식의 대답만 한다. 대학 진학은 누구나 거쳐야 할 코스가 되었고, 단기 교육(2~3년)은 이미 경시되기 시작했다. 석·박사 과정을 고려하는 사람들이 점점 많아지고 있으며 직장을 잡을 때 더 경쟁력을 갖출 수 있으리라는 희망으로 주저 없이 학위를 이것저것 따기도 한다. 학업 기간은 젊은 남녀가 정착하기에 적합하지 않으므로, 혼인연령은 30년 전부터 다시 상승하기 시작했다.

이 현상은 특히 일시적 독신과 관계가 있다. 만혼이 많다 하더라도 어쨌든 결혼은 여전히 지켜야 할 규범으로 생각할 수 있다. 그러나 막 성인이 된 젊은이가 경제적 자립을 얻고 자기 집을 얻어 정착하게 되면 노총각이나 노처녀의 생활방식을 따르고, 결국 결혼 계획은 그리 급하지 않게 된다. 또한 결혼은 인생에 있어 또다시 단절을 요구한다. 일시적 독신에서 완전한 독신으로의 이행은 순식간에 이루어진다. "20세기 전반에 태어난 남성과 여성 중 90퍼센트는 결혼을 했다. 전후 세대들도 마찬가지이다. 그러나 이후 세대들의 경우, 결혼하지 않는 사람들의 비율은 계속 올라갈 것이다."[104]

그러나 상대적으로 결혼에 등을 돌렸다고 해서 이것을 반드시 커플 생활을 거부한다는 의미로 이해해서는 안 된다. 1980년대 혼전동거의 증가, 동거 기간의 증가 그리고 시민연대협약이라는 새로운 법적 결합 형태의 출현은 많은 사람들이 아직도 커플 생활을 원하고 있음을 입증한다. 1965년 결혼한 커플 중 10퍼센트는 자유로운 동거 기간을 가졌고, 동거는 아이가 태어나면 공식화되는 경우가 많았다. 30년 후에는 이런 커플의 비중이 90퍼센트나 되었고, 이들은 아이가 태어나도 반드시 결혼하지는 않았다. 결혼하지 않은 커플의 수는 1960년대 말까지 비교적 안정적이었다가 폭발적으로 증가하여 7년마다 두 배씩 상승했다.

따라서 사람들이 거부하는 것은 커플이 아니라 장기간의 약속이라 볼 수 있다. 이런 관점에서 바라보면 이혼법을 완화한 1974년 법이 결혼에 대한 공격이라고 여겨졌지만, 평생의 약속에 대한 부담감 때문에 커플 생활을 두려워하던 젊은이들이 결혼을 하는 데 도움이 되었다는 점을 알 수 있다. 최소한 첫눈에 반한다거나 갑작스러운 열정이나 변덕에 사로잡힐 때 자신의 마음을 좀더 편하게 받아들일 수 있게 되었다. 1974년 재도입된 상호합의에 의한 이혼은 전통사회에서는 신뢰를 얻지 못했던 연애결혼의 지위를 상승시키게 되었다.

1974년 법은 독신의 역사에 좀더 장기간에 걸쳐 영향을 미친다. 2000년대에 이르러 이혼 부부의 자녀들이 혼인적령기를 맞이했기 때문이다. 이들은 가족의 분해, 커플의 결별, 생활비나 친권을 위한 격렬한 싸움 등을 경험했다. 결혼이 어떤 대가를 치르게 하는지 잘 알게 되었고, 그래서 믿지 않게 된 것도 바로 이들이었다. 평생을 약속하기를 주저하는 젊은 커플들 중 많은 사람들이 이혼한 부모 사이를 전전했던 어릴 적 기억을 가지고 있거나 생활비를 대주느라 무일푼이 된 아버지의 경제적 어려움 같은 좀더 노골적인 문제를 이유로 들었다. 다음 사례는 이 문제에 대해 생각해보도록 만든다. "아버지는 두 번 결혼하셨어요. 어머니도 마찬가지고요. 사람은 둘인데, 결혼은 네 번이나 했죠." 수잔 피나모어의 화자는 결혼을 일주일 앞두고 이렇게 고민한다. 그녀는 이혼하지 않으려고 벌써 파혼할 준비를 하고 있다.[105]

따라서 현재의 독신 문제를 안정적 직장을 얻으면 결혼을 했던 19세기에 적용시켜 경제 위기와 독신과의 직접적 관련을 말하는 것은 어폐가 있다. 가정을 만들 능력이 있는 사람들도 독신을 선택할 수 있다. 아마도 전통 가치에 대한 믿음이 좀더 폭넓은 문제 제기가 아닌가 한다. 지금까지는 사람들이 좀더 나은 미래에 대한 생각으로 살았다. 그것이 그리스도교적 관점(그리스도의 재림과 평화의 시대 도래)이든 마르크스의 관점(프롤레타리아 혁명)이든 아니면 실리주의와 과학만능주의적 관점(진보, 이성 및 과학의 자명한 승리)이나 경제적 관점

(무제한적 성장)이든 말이다. 그러나 오늘날에는 옳든 그르든 미래에 대한 믿음에는 구멍이 뚫렸다. 많은 가정에서는 자녀들이 더 나은 미래를 누릴 수 있으리라는 희망으로 자식들을 키웠다. 그러나 오늘날 많은 독신자들은 자녀 갖기를 거부하고 있다. 경제적으로나 문화적으로 정점에 살고 있으며, 더 이상 이 상태가 지속될 수 없으리라고 믿고 있기 때문이다. 경제 위기, 오염, 전쟁, 기후 변화, 자연 재해의 위협은 인류의 생존을 돕지 않는 다모클레스의 칼들이다. 자기 자식이 불행해지는 것을 누가 바라겠는가? 그런데 자녀 갖기를 거부하는 사람들은 이들의 불행이 피할 수 없는 것이라 믿고 있다. 경제적 원인도 간접적으로 독신의 증가에 영향을 미쳤을 것이다.

그밖에 1973년 단절기를 고려한 다른 시대적 원인이 제시되었다. 5월 혁명의 영향은 무시할 수 없는 것이었다. 물론 당시 프랑스에 불었던 그리고 미국에서는 비트 제너레이션 이후로 이미 한 번 휩쓸고 지나갔던 자유의 바람도 수천 년 이어온 결혼 제도를 '촌스러운 것으로 만들기'에 일조했다. 결혼 제도의 첫번째 모델은 바로 부모였다. 가치가 세대에서 세대로 전해지는 사회에서는 자식들이 아버지의 귀감을 따르고 성인이 되기 위해 결혼했다. 그러나 자연적인 세대 교체보다 더 빠른 변화를 보여주는 사회의 부모는 본받아야할 모델이 아니라 극복해야 할 대상이 된다. 부모가 보여주는 결혼의 이미지도 그 영향을 감수해야 했다. 5월 혁명으로부터 30년이 지난 후, 웨딩드레스와 면사포를 볼 수 있는 전통 결혼이 부활한 것은 또 한 번의 세대 교체가 이루어졌음을 보여주고 있으며, 자녀들이 반항적인 부모들의 생활방식에 반응한 것이라고 하겠다.

그러나 5월 혁명은 분명 남녀 관계를 변화시켰다. 이번에도 그 혁명의 뿌리는 깊다. 1970년대 페미니스트 운동이 부흥하기 전까지

100년간의 투쟁이 있었기 때문이다. 새로운 사건들이 5월 혁명 이전에 이미 일어났다. 비록 그 순간에는 그 사건들이 얼마나 중요한지 인식되지 못했다 하더라도 말이다. 1938년에는 여성의 순종 의무가 철폐되었고, 1946년에는 남녀의 권리 평등이 인정되었으며, 1965년에는 아내에 대한 남편의 권위가 폐지되었다.

커플 내에서 남녀평등은 더 이상 요구사항 축에도 들지 않았다. 남녀평등은 이미 법으로 인정되었다. 남성이 여성보다 우월하다는 것을 자명한 사실로 받아들였던 사람들에게 수천 년이나 이어져 내려온 명제에 문제를 제기한다는 것은 큰 충격이었고, 그 여파는 프랑스인들의 혼인율에 크게 반영되었다. 시몬 드 보부아르는 이미 1949년에 전후 여성해방의 기초가 되었던 《제2의 성》에서 이 과정을 분석했다. 오르가슴을 느끼는 남자는 정복자이며, 오르가슴을 느끼게 하는 남자는 '자비로운 자선가'이다. 어떤 경우든 남성은 '유일한 주체다'. 베푸는 여자 앞에서 남자는 착취당한다고 느낀다. "남자를 두려워하지 않는 여자는 남자를 두렵게 한다." 그래서 남자는 '도망친다'. 당시 사람들은 페미니즘을 공격적이거나 거세적이라고 정의했다. 정신분석학이 고발한 남근 부재는 '여성성을 일종의 거세로 느끼게' 하였다. 그에 대한 반격은 '남성의 우월성을 파괴하여 여성의 열등성을 없애는 것'이었다. 남근 중심 사회의 결과인 '거세의 꿈'은 사람들을 혼란에 빠뜨렸다.[106]

현대 남성은 해방된 여성을 두려워하는가? 몰리에르 시대에는 주인인 군주의 결정에 절대 토를 달지 않았던 순진한 아내를 꿈꿀 수 있었으나 현대 여성은 점점 더 까다로워졌다. 경제적 자립, 교육, 독신 생활 경험 등으로 여성의 이미지는 강해졌다. 성에 있어서도 남성의 자만심은 정곡을 찔렸고, 남녀 관계가 역전되었다. 성생활에 있어

남편은 더 이상 주도권을 잡지 못하고 유일한 기준도 될 수 없다. 아내는 자신도 오르가슴을 느낄 권리가 있음을 배웠다. 그래서 실망이나 욕구를 억압하였던 잠자리용 정숙함에 구속되지 않아도 되었다. 남자들이 갖는 오르가슴에 대한 확신("이제 만족했지?"라는 멍청한 질문은 풍자의 대상이 된다)도 더 이상 유효하지 않다. G 포인트는 남편이든 아니든 파트너를 기다린다.

더구나 이러한 요구는 상호적이다. 잡지, TV, 영화 등은 멋진 몸매와 아름다운 외모를 숭배하게 부추김으로써 파트너와 애정 관계에서도 이상형을 그리도록 만들었는데, 이는 바람직하지 못한 방향으로 흘렀다. 머릿속에는 꿈에 그리던 완벽한 몸매와 멋진 연애에 대한 환상이 가득 차 있어, 사람들은 왜 자신은 멋진 근육을 자랑하는 럭비 선수나 선탠한 갈색 피부를 자랑하는 핀업 걸과는 사귈 수 없는 것인지 의아해한다. 평범한 결혼은 뜨거운 연애 앞에 맥을 못 춘다. 이는 백마 탄 왕자님에 대한 환상이 분명하다. 과거에 이 왕자님은 침대 머리맡에서 듣던 동화 속의 모호한 이미지를 갖고 있었기 때문에 옆집 청년의 모습에서도 그를 발견할 수 있었다. 하지만 오늘날 왕자님은 캘리포니아 해변에서 서핑을 하는 멋진 남자를 점점 더 닮아가고 있다. 눈만 높은 노처녀들을 비난하던 라 퐁텐의 왜가리 우화를 현대에도(여자뿐만 아니라 남자에게도) 적용시킬 수 있을 것이다.

독신 증가 현상에 대해 연구한 심리치료사 조르주 알카라즈(Georges Alcaraz)도 같은 생각을 한다. "이런 사람들은 매우 상세한 조건을 머릿속에 담고 있는 경우가 많다. 이상적인 분신인 파트너의 몽타주를 갖고 있는 것이다. 그 결과 사회계층, 학위, 나이 등에 있어 현실과는 동떨어진 기준에 집착하게 되고, 아무 조건 없이 사랑에 빠질 수도 있었던 많은 사람들을 지나쳐버리고 만다."[107]

현대의 독신에 심리적 면이 있다는 것은 두말할 나위가 없다. 1960년대에는 순결하다든지 방탕하다든지 혹은 성욕의 부재나 과다로 성적 문제를 안고 있다든지 하는 독신자에 대한 고정관념을 유지하기가 점점 더 어려워졌다. 안정적인 연애를 하고 있는 커플들의 혼외정사가 증가한 현상은 결혼을 거부하는 것이 단순히 성적인 문제 때문만은 아니라는 것을 충분히 보여주었다. 따라서 다른 관점 즉 육체적이 아닌 정신적 관점이 필요했다.

물론 정신분석학은 독신에 대한 나름의 해답을 제시했다. 이 학문은 성을 생식 능력이라는 협소한 틀로만 바라보지 않는다. 모든 인간 활동은 성과 결부되어 있다. 제아무리 영적인 활동이라 할지라도 승화 작용을 통해 성과 연관된다. 따라서 사제나 예술가에 이르기까지 모든 독신이 성과 관련되어 있다.

기초적인 오이디푸스 이론으로 살펴보면, 인간은 오이디푸스 콤플렉스에서 벗어나면서 성적으로 성숙한다. 참고로 오이디푸스는 어머니 이오카스테와 결혼하기 위해 아버지 라이오스를 살해했다. 결혼한다는 것은 부친에게 적어도 생명 전수에 있어서는 그의 시대가 끝났으며, 아들이 어머니를 아내로 맞아 바통을 이어받을 준비가 되었음을 알리는 것이다. 아버지의 죽음과 어머니의 성(性)에 대한 거부는 이 과정을 방해할 수 있다. 1966년 마르크 오레종(Marc Oraison)은 이러한 관점에서 커플의 변화를 연구했다.

그에 따르면 제대로 감당하지 못하는 '부정적 독신'은 정신적으로 커플 관계를 형성할 수 없는 무능력에서 발생한다. 그는 주체에게 '사회적 제3자가 보기에 성적 존재로서 안정적인 정체성'이 결여되어 있다고 설명한다. 자신의 이미지에 대해 별로 자신감이 없는 주체는 결혼이 '제3의 사회적 증인'을 끌어들임으로써 사랑을 죽게 할까봐 두려워한다. 여기서 제3자란 시장이나 사제와 같은 공식적 개인일 수도 있으나 남자와 여자의 결합에 외부의 시선으로 작용하는 부모나 친구가 될 수도 있다. 달리 말하면 다른 사람들이 자신의 커플 생활을 관찰한다고 느끼다보니 자신이 정말 좋은 남편인지 의문을 품게 된다는 것이다.

따라서 혼전 관계를 연장시키는 사람들은 사회관계에서도 '혼란을 느낀다'. 이들은 수줍고, 불안하며, 내성적이고, 어릴 적부터 '오이디푸스적 죄의식'을 안고 살아간다. 성적 성향이 완전히 자리 잡기에는 아버지에게 충분히 동화되지 못했다는 말이다. 이들은 무의식적으로 아버지처럼 결혼하면 아버지가 화를 낼 것이라고 생각한다. 모든 것이 '아버지가 모르도록' 진행되어야 한다. 결혼은 아버지에게 공개적으로 "이제 내 차례야! 나는 너와 동등해."[108]라고 말하는 것과 같다.

이오카스테와 잠자리를 가지기 위해 라이오스를 죽이는 것과 같은 일이다.

마르크 오레종이 이 사전 분석을 통해 끌어낸 독신자의 '임상 심리학'은 흥미롭다. 비록 잠재적 동성애에 관한 문제나 전반적인 도덕적 성향 등 전통적인 고정관념을 드러내기는 해도 날카로운 관찰력을 보여주고 있다. '덜떨어진 스카우트 대장'의 재미있는 초상화를 살펴보자. 이런 사람은 노조, 단체, 경영단의 투쟁으로 '아마도 빵점 수준인' 성생활을 보완한다. 그의 성생활은 수음과 창녀 혹은 짧은 데이트로 채워진다. 그는 45세에 '노총각'이 되어야 하고, 60세에는 '늙은 괴짜'가 되어야 한다. '마마보이'의 초상화도 재미있다. 마마보이는 5~6세에 어머니와 '옴짝달싹 못하는 관계'를 형성하여, 그 속에 갇혀서 늙을 때까지 식인귀 같은 홀어머니의 치마폭에 싸여 있다.

오레종은 여자에 대한 분석 속에서 과거의 고정관념에 더 쉽게 빠져들었다. '부당한 남근 제거'를 거부하고, 지나친 여성성(농염한 여자)이나 거짓 남성성(남자 같은 여자) 혹은 권리 주장(참정권을 요구하는 여자)에 빠져든 여성들의 남성적 요구, 애완동물에게 사족을 못 쓰는 노처녀들의 보상 욕구, 여자들을 무의식적으로 금기시된 관계에 이끌리게 만들어 유부남이나 사제에게 반하도록 하는 근친상간에 대한 두려움 등이 그 예이다.

이렇게 발자크가 자주 그렸던 독신 여성들의 모습이 '사회화된 커플의 온전한 실현 이외의' 행복을 추구하려는 '긍정적인 독신'에 해당하지 않는다면 너무 끔찍할 것이다. 긍정적인 독신이 되면 마음을 젊게 유지할 수 있으며, 방탕하거나 억압된 성생활에 빠지지 않고, 폭넓고 균형 잡힌 사회생활을 영위할 수 있다. 문제는 이 이상적인 모델이 종교적 색채를 띨 경우가 '가장 많으며', 행복한 독신의 가장 큰 동기가 그리스도에 대한 믿음이라는 것에 있다. 외과의이며 종합병원 인턴을 지낸 바 있는 마르크 오레종도 사실 사제가 되었으며, 여러 가지 면에서 일깨움을 주는 그의 글도 그의 가치 판단을 지배하는 신앙 속에서 이해해야 한다.

그가 사제라는 것을 탓하지는 말자. 당시에는 결혼이 여전히 규범이었고, 정신분석학자들도 사람들이 규범을 존중하기를 원했다. 1973년 조르주 모코는 자신이 독신자였음에도 불구하고 관용적인 태도를 보이지 않았다. 그가 바라보는 독신은 "개인적 성숙면에서 보았을 때 개인적 문제이며, 공동체의 성 도덕으로 보면 사회적 문제이고, 개인을 생식의 목적에 예속시키는 인류의 생물학적 요구를 저버리거나 회피한다는 면에서 생존의 문제이다". 가정의 구성은 '모든 사회의 기본법'이며, 그 법을 어기려면 그만한 이유가 있어야 한다. 여성에게는 아버지에 대한 오이디푸스적 집착이, 남성에게는 어머니에 대한 집착이 흔하다. 그러나 이 외에도 여러 가지 이유가 있을 수 있다(실연, 교육, 장애, 성 불능 등).[109]

커플의 위기는 개인의 위기이다. 그리고 그 원인은 서양의 의식 위기에서 찾아야 할 것이다. 그 원인이 세대 간 분쟁이든 페미니즘의 영향이든 혹은 라이오스나 이오카스테의 관계이든 아버지와 아내에게 밀린 현대 남성이 더 이상 스스로를 '한 가정의 가장' 으로 느끼지 않는다는 것은 분명하다. '히피들' 의 시대에 알제리나 베트남에서의 탈식민지 분쟁에 휘말린 '마초(macho)' 는 죽음을 맞이했다. 현대 남성은 반(反)영웅이다. 우리는 그것을 인정해야 한다. 그들은 "형편없다". 캔디스 부쉬넬이 아이러니하게 말한 것처럼 말이다.

"멋진 독신녀들은 넘쳐나는데, 왜 진짜 남자들은 없는 걸까? 분명한 건 인정해. 뉴욕 독신남들은 형편없어."

이 말에 깔려 있는 도덕관은 독신만큼이나 오래되었고 유해하다. 여자들이여, 결혼하고 싶다면 너무 똑똑해지지 말라. 여자가 너무 똑똑하면 크로마뇽인이었을 때부터 자신이 더 잘났다고 믿었던 남자들이 기가 죽는다. 여기에 앵글로색슨 국가의 엄격한 남녀평등법이 추가된다. 이사벨 볼프의 여주인공은 놀라며 말한다.

"너는 런던에서 남자 수백 명과 같이 일하잖아."

"그래. 하지만 남자들은 성희롱으로 고소당할까봐 여자 동료들을 피하는걸."[110]

오래된 고정관념을 새 고정관념으로 바꾸지는 말자. 과연 마초의 패주가 독신율에 영향을 미쳤을까? 균등해진 남녀의 역할, 더 나아가 남녀의 역할 전도로 위축된 남자들이 결혼을 외면했다기보다는 오히려 이러한 전도된 성 역할이 롤리타 같은 요염한 여자보다 어머니 같은 모델을 추구한 남자들을 안심시키지 못했다는 논리를 펼칠 수는 없는 것일까? 남자의 유혹 언어는 "이제 만족했지?"보다는 "여보세요, 엄마, 아야야 했어(Allô maman bobo)." 쪽에 가깝다. 하지만 그러면 어떤가? 그렇다고 유혹이 사라진 것은 아니다. 알랭 수숑(Alain Souchon, 1944~ , 프랑스 가수—옮긴이)이나 미셸 부즈나(Michel Boujenah, 1952~ , 프랑스 배우—옮긴이)는 에롤 플린(Errol Flynn)이나 클라크 게이블(Clark Gable)을 잠깐이지만 밀어냈다. 유행은 바뀌고 유혹은 영원하니까.

반면 여성의 노동시장 진출, 특히 상위 직업군으로의 진출은 적어도 초기에는 여성의 결혼 가능 여부에 영향을 미쳤다. 남성 우월적 고정관념에 따르면 여자 사장은 결혼하기 힘들었다. 남성들은 여자가 버는 돈으로 먹고 산다는 인상을 주기 싫어서, 부인이 돈을 더 많이 버는 상황을 받아들이기 어려워 했다. 여성이 간부급이 되면 일하는 시간이 들쑥날쑥되어서 가정생활과 병행하기 힘들어지는 것도 사실이다. "여성은 가정을 위해 직업적 성공을 포기하려 들지 않는다. 이는 새로운 사회 현상이다. 여성으로 지탱되던 가정생활의 근간이 흔들리고 있다."[111] 1968년 인구조사 결과를 보면 여성 간부급의 독신율이 남성 간부급의 독신율보다 일곱 배나 높았다. 아내의 직장생활이 결혼에 큰 지장을 주지 않으려면 남편이 가사일과 육아에 참여해야 하고, 그러기 위해서는 남성의 이미지도 변해야 한다.

사람들이 말하는 것, 특히 책에서 읽는 것과는 달리 여성의 노동이 독신을 증가시킨 것은 아니다. 여성의 노동은 오래된 현상이며 한 번도 결혼을 방해한 적이 없다. 그러나 개인이 사회적으로 인정받게 됨으로써 새로운 태도를 취하게 되었고, 지금까지 남편을 통해서만 사회적으로 인정을 받던 여성이 훨씬 더 강하게 반응을 보이고 있는 것이다. 1940년대 말까지만 해도 낡은 고정관념 속에서 여성의 정체성은 결혼과 결부되어 있었다. "처녀들은 결혼하기 위해 결혼한다. 처녀들은 유부녀가 되기 위해 결혼한다."[112] 이와 같은 결혼의 역할은 끝났다.

요즘에는 직업이 정체성을 규정하는 역할을 하게 되었다. 1984년에 실시된 소프레스(Sofres) 설문조사 결과를 보면 여성이 커플로 살지 않아도 '인생에서 정말 성공할' 수 있지만(73퍼센트) 직장을 갖고 있지 않다면 '제대로 성공할 수 없다'(53퍼센트)는 것이 일반적 여론임이 드러났다.[113] 게다가 여성을 소개할 때도 남편의 성보다는 직업을 묻는 일이 늘어나고 있다. 직업을 가리키는 명사에도 여성형이 따로 마련되고 있고, 일정 직업을 가진 남자의 아내를 가리키는 명사도 사라지는 추세이다. 예를 들어 프레페트(préfète)는 프레페(préfet, 도지사)의 아내가 아니라 여성 도지사를 가리킨다. 누군가를 처음 만나도 먼저 결혼을 했는지 묻지 않고 직업이 무엇인지를 묻게 되었다. 남성과 여성 모두에게 사회적 정체성을 확인하는 것은 중요한 문제가 되었는데, 오늘날의 결혼은 이런 요구에 충분히 부응하지 못한다. 그렇다면 결혼은 해서 무엇할까?

• 마케팅의 주요 대상이 된 독신자들 •

독신의 경제적 · 사회적 · 심리적 원인들은 21세기 초에 독신이 갖는 특별한 양상을 설명해주기도 한다. "이들은 전례 없는 도덕 혁명의 선구자들이거나 아니면 희생자들이다." 900만 명에 이르는 '미확인 비행 민족'을 두고 비올렌 드 몽클로(Violaine de Montclos)는 이렇게 말한 바 있다.[114] 어쩌면 독신자들은 새로운 가치를 찾아 헤매는 사회의 돌연변이들일지도 모른다. 여가 문화 그리고 그 짝을 이루는 소비

사회의 결실인 독신자는 그 규모를 알 수 없는 소비의 최소 단위가 된 듯하다. 1950년의 '최소보장임금'도 6년 동안이나 단벌 신사로 지내는 독신 노동자의 가계 지출을 표준으로 삼아 정하지 않았던가?[115]

그러나 사회의 맨 꼭대기 계층에 있는 독신 간부의 구매력은 가장인 동료 간부의 구매력보다 훨씬 높다. 고정관념을 깨자. 독신이라고 해서 저축을 많이 하는 것은 아니다. 국립통계경제연구소가 1998년 조사한 바에 따르면 동일한 소득을 올린다고 가정했을 때 커플로 사는 남자의 생활수준이 독신남의 생활수준보다 30퍼센트나 높다. 이는 커플이 주거비용(난방, 전화요금 등)을 분담하기 때문에 나온 결과이다. 커플이 독신자와 같은 생활수준을 유지하려면 커플의 소득이 독신자 소득의 (2배가 아닌) 1.5배면 된다.[116] 그러나 아이가 태어나면 커플의 생활수준이 떨어지기 때문에 독신자의 생활수준은 금방 올라간다.

그런데 우리 사회는 너무나 당연하게도 가정을 위해 만들어졌고, 독신자들은 오랫동안 그런 사회에 적응해야 했다. 그러나 오늘날에는 독신자들이 진정한 경제적 · 정치적 세력을 구성하고 있어서 사회가 그들의 요구에 적응해야 한다. 시장은 냉정하다. 만약 시장이 새로운 사회조직에 적응하지 못하면 압력단체들이 억지로 강요할 것이다. 1978년 프랑스에서 설립된 독신자 옹호 단체인 '혼자 사는 사람들을 위한 연구 및 행동 그룹(Graps)'이 좋은 사례이다. 빠른 속도로 전국 각지에 정착한 이 단체는 부당한 세금, 그중에서도 주거세에 반대하는 투쟁을 벌였고, 독신자들을 위해 기차 요금 인하나 저렴한 1인용 호텔방의 확충을 요구했다. 미국 일부 주(州)에서는 (과거에는 독신자들에게 빌려주면 위험하다고 간주되었던) 담보대출을 용이하게 하고 과세로 인한 독신자 차별을 줄이기 위한 일련의 법이 통과되었다.

세금 문제에 있어서는 프랑스도 1978년 1월 2일 비슷한 정책을 취한 바 있다. 이 정책의 목적은 '사실혼 관계에 있는 커플'을 합법적 부부와 똑같이 대우하는 데 있었다. 이 경우 이익을 본 것은 자녀를 기르는 커플들이었는데, 그 이유는 파트너가 자녀를 각각 따로 부양하는 것으로 간주될 수 있기 때문이다. 이 법은 1995년 재조정되었다. 그러나 혼자 사는 독신자의 과세 비율은 여전히 높았다. 결혼했거나 시민연대협약을 맺은 커플들은 부부간의 임금 격차가 심할수록 더 큰 이익을 본다. 임금 수준이 같고 자녀가 없으면 각자 동일 소득을 올리는 독신자와 똑같은 수준으로 과세되기 때문이다.

결혼하지 않은 커플들에게 가해지는 차별은 또 있었다. 특히 공무원의 인사이동 때 차별을 볼 수 있다. 두 사람 모두 교육자였던 사르트르와 시몬 드 보부아르의 경우를 보자. 이들이 결혼을 생각한 적이 딱 한 번 있었는데, 그것은 보부아르는 마르세유에 임용되고 사르트르는 파리에 임용되었을 때였다. 두 사람은 같이 마르세유에 임용되고 싶어했다.[117]

오늘날 독신자들은 로비 활동이나 법 없이도 자신들의 권리를 주장할 수 있다. 이들은 광고와 소비 산업 그리고 여가 산업의 특별 '타깃'이 되었기 때문이다. 그 이유는 무엇인가? 독신자는 커플보다 영화관이나 식당에 두 배 더 자주 가고, 웰빙에 관심이 있으며, 가족 부양의 책임이 없다. 고로 '충동적으로' 구매하는 경향이 더 강하다. 게다가 방계 상속세가 높기 때문에 독신자는 재산을 물려주려 하지 않는다. "독신자의 도덕관념은 이렇다. 최대한 소비할 일만 남았으니 마음 놓고 써라."[118] 독신자는 이상적인 소비자가 되었다.

사회의 흐름에 민감한 광고도 이를 알아차렸고, 커플과 가정을 공략하는 일부 광고에는 '솔로들' 이 화면에 등장하기 시작했다. 에비앙까지도 이 카드를 내놓았다. 데크립타주 에이전시의 기호학자인 올리비아 게(Olivia Gay)는 "지금까지 친구와 가정을 강조했던 이 상표로서는 상당히 이례적인 일이었다. 또한 폭스바겐은 최근 광고에 성공을 위해 투쟁하는 현대판 신데렐라, 앨리 맥빌과 똑같은 모델을 내세웠다."고 분석했다.[119]

독신자들을 위한 혁신 중 가장 두드러진 것은 아마도 식품 분야의 혁신일 것이다. 1인분으로 포장된 냉동식품, 작은 포장 식품(0.5리터와 0.25리터 우유, 달걀 네 개들이 등), TV 앞에서 깨작깨작 먹을 수 있는 여러 가지 '미니' 상품(안주 과자, 치즈, 육포, 야채 등)을 예로 들 수 있다. 가정용 대형 포장은 촌스러운 것으로 치부되거나 아니면 친구들과의 파티용으로 전환되었다. 소데보 피자는 '친구들과 먹는 대형 사이즈와 1인용 미니 사이즈' 메뉴를 모두 제공한다. 소형과 대형 포장은 솔로 생활의 양극을 이룬다. 초대형 파티와 혼자만의 식사. 커플은 사라졌다.

그러나 시장은 아직 완전히 도약하지 못해서 솔직하게 '독신자 스페셜' 이라는 라벨을 붙일 엄두를 내지 못하고 있다. 장 클로드 코프만은 그것이 마케팅의 실수라고 평가한다. 우선 독신자들은 '스스로를 가장 먼저 비평하는 사람들' 이기 때문이고, 또한 그런 상품들이 개인주의라는 좀더 폭넓은 흐름에 부응하기 때문이다. 여기서 개인주의는 커플 구성원 각자가 추구하는 독립도 포함한다. 1인용 포장 식품은 집에서 먹는 밥에 싫증 난 부부들도 찾기 때문이다.[120] 반대로 유머와 연대감으로 승부하는 것도 좋은 도전이 된다. 라파이예트 구르메가 기획한 마켓 데이팅의 성공이 이를 입증한다. 목요일 저녁 6시 30분부터 9시까지 독신자들은 독신임을 표시하는 보라색 바구니를 들고 쇼핑을 한다.

'건강한 음식'과 다이어트 컨설팅이 난무하는 오늘날, 혼자 사는 방법에 관한 책은 독신자가 TV 앞에서 감자 칩으로 한 끼 식사를 때우지 않도록 요리법(독신자는 게으르기로 유명하므로 하기 쉬우면서도 영양상으로도 균형 잡힌 요리)과 남은 음식 보관법까지 알려준다. 뚜껑 딴 포도주나 포장 뜯은 원두커피를 일주일 동안 보관하는 방법 같은 것들 말이다. 독신은 특별한 매뉴얼을 필요로 하는 삶의 기술이 되었다.

주거 문제도 만만치 않다. 21세기 초 파리에는 두 집 건너 하나씩 독신자, 홀아비, 과부, 이혼자 등 혼자 사는 사람이 살고 있다. 거주인 평균수는 주택 당 1.9명이다. "지방의 어느 대도시를 가더라도 이렇게 강한 특성이 드러나는 주거 형태는 없다. 그러나 파리가 세상에서 유일한 경우는 아니다. 뉴욕 중심부(맨해튼)도 파리와 비슷한 형태를 보이기 때문이다."[121] 1인용 주거의 수요가 팽창하다보니 19세기의 해결방식으로는 역부족이었다.

1960년대까지만 해도 19세기에 발달했던 남자용 숙박시설이 가득했다. 피에르 드 빌라르(Pierre de Villard)가 파리, 리옹, 그르노블, 클레르몽페랑에 만든 '독신자 아파트'는 공동체 생활 속에 홀로 칩거할 수 있는 수도원의 형식을 거의 그대로 답습하고 있었다. 개인용 아파트에는 실용적이고 간단하며 필요할 때 언제든지 사용할 수 있는 공동 공간이 있었다. 이를테면 TV가 있는 회의실, 체육실, 공동 세탁장, 우편함, 공중전화, 구두 닦는 기계 등이다. 간혹 식당이나 수영장이 딸려 있는 경우도 있었다. 이 모델은 이후 계승되지 못했는데, 아마도 독신자들만 따로 격리되는 것을 우려했기 때문일 것이다.

새로 건설된 주택에는 독신자들을 위해 설계된 스튜디오와 두 칸짜리 아파트가 점점 더 많은 비중을 차지하게 되었다. 꺼림칙한 독신자들이 가족들에게 나쁜 영향을 줄 수 있으므로 독신자 전용 숙박시설에 고립시켜야 한다는 주장은 어불성설이 되었다. 독신자와 대가족은 같은 건물 안에 이웃해 살게 되었다.

대가족의 요구에 맞도록 설계되었던 큰 아파트들은 세놓기가 힘들어졌다. 다행히도 독신자들이 무리 지어 살고 싶어하는 '아틜레상스'의 습관을 갖고 있어서 공동하숙 붐이 일게 되었다. 아파트이든 피자든, 독신자는 혼자 가지든지 아니면 친구와 나눴다.

콜린 세로(Coline Serreau)의 1985년 작(作) 〈세 남자와 아기 바구니〉는 미로처럼 복잡한 아파트에서 세 명이 함께 사는 공동하숙을 유행시켰다. 이 영화는 가족을 혼란에 빠뜨리는 존재인 아기가 나타나면서 세 남자의 생활이 뒤죽박죽되는 모습을 재미있게 풍자하고 있다. 미셸 부즈나(Michel Boujenah) 앙드레 뒤솔리에(André Dussolier), 롤랑 지로(Roland Giraud)가 연기한 세 명의 독신남이 공동생활을 견딜 수 있었던 것은 집에서 서로 부딪히는 시간이 많지 않았고 그중 한 명은 파일럿이어서 자주 출장을 갔기 때문이다. 그런데 아기가 나타나자 시간을 철저히 지키는 생활을 하게 되었고, 이는 독신자들 하면 떠오르는 자유로운 이상과 정면으로 대치되었다. 배우들의 연기에는 유머와 순발력이 넘치지만 교훈적인 관점에서 바라보면 세 명의 독신자들은 '이렇게 저렇게 삐걱거리다' 결국 남자들끼리 모범적인 가정생활을 꾸미게 된 힘든 가장의 자화상을 보여주고 있다.

이 영화 이후로 공동하숙은 널리 확산되었다. 공동하숙은 잠만 잘 곳을 찾는 파일럿뿐만 아니라 안전한 부모의 집에서 완전히 벗어나지도 않으면서 약간의 독립을 원하는 젊은이들에게 호응을 얻었다. 공동하숙이 장기간의 해결책이 되는 경우는 드물었고, 공동하숙 후에 독립적인 주거를 얻어 정착하는 경우가 많았다. 파리에서는 2000

년 프레데릭 드 부르게(Frédéric de Bourguet)가 설립한 '공동하숙협회'의 주관 하에, 매월 첫째 주 목요일마다 공동하숙 '장터'가 열렸다. 인터넷 사이트인 www.colocation.fr에는 매주 5만 건의 공동하숙 구인 광고가 쏟아진다. 이는 '우정에 할애된 새로운 생활방식'의 빠른 성공을 입증해준다. 켈 콜록(kel-koloc)이나 이지 콜록(Easy-Coloc) 등과 같은 사이트도 합류했다. 현재 폭발적으로 성장하고 있는 공동하숙 시장에서 활동하고 있는 사이트 수만 해도 25개나 된다. 터보데이팅(Turbo-Dating)은 영혼의 친구를 찾고 싶어하는 독신자들 사이의 만남을 주선하는 사이트인데, 이곳의 원조가 이지콜록이라는 사실만 보아도 공동하숙과 독신의 관계는 확실해진다.

독신자들의 활황 시장에 관심을 보인 또 다른 부문은 바로 금융이다. 독신자 박람회에는 여러 금융컨설팅 에이전시들이 참가했고, 독신자들의 과도한 세금을 겨냥하여 면세 저축 상품을 선보였다. 보험회사들도 낌새를 챘다. 원래 보험회사들은 가족을 겨냥하여 가정 내 위험을 보장하거나 생명보험에 투자하는 마케팅을 벌였다. 프와티에 상호보험사는 종신사고보험 제품을 선보였는데, 언뜻 보기에 이 상품은 가족을 겨냥한 기존 제품과 차별되지 않는 듯하다. 일상생활에서 일어나는 사고와 특히 가족들이 입을 사고 피해에 대비한 가족 보험이기 때문이다. 그러나 상호보험사는 모든 가정의 요구에 부응하기 위하여 '독신자들 그리고 가족보험이 아닌 개인보험을 들고 싶어하는 사람들을 위한 상품'을 내놓았다. 그리고 이 상품은 '독신자들과 혼자인 사람들'에게 보험료를 45퍼센트 인하하고 있는데, 그도 그럴 것이 사고로 인해 피해를 입을 '가족들'이 훨씬 적기 때문이다.[122] 어쨌든 전통적으로 가족을 겨냥했던 부문이 독신자에게 눈을 돌렸다는 것은 상품시장에서 독신자들이 새로운 힘을 형성했음을 입증하고 있다.

독신자에 대한 대우가 특별했던 부문은 여가, 바캉스, 관광 분야이다. 첫째, 독신자는 어디에도 얽매어 있지 않은 반면 모험의 요소가 많은 상품은 가족 휴가로는 적합하지 않기 때문이다. 둘째, 마음이 외로운 사람들이 여행을 만남의 기회로 즐겨 찾기 때문이다. 영혼의 친구를 찾든 아니면 잠깐 동안의 파트너를 찾든 말이다. 셋째, 교통 및 숙박업계는 오랫동안 대가족을 겨냥한 마케팅 정책을 세워왔고, 독신자는 소외되거나 이용만 당했기 때문이다. 독신자들의 억울함을 이용해서, '독신자들을 위한 여행지' 는 2004년 '싱글 룸' 으로 구성된 '독신자들을 위한 최초의 호텔 클럽' 을 선보였다. 특히 프랑스국립철도공사(SNCF)는 합법적인 부부라는 것을 증명하지 않아도 되는 2인용 여행 상품을 출시했는데, 이는 커플의 개념이 얼마나 변화했는가를 보여준다.

수많은 여행업체에서도 이 시장을 간파한 지 오래이다. 1987년 오딜 라무레르는 테마 여행 상품을 내놓은 셀리바투어 에이전시를 거론했다. 테마 여행은 주로 프랑스와 해외에서 열리는 대규모 오페라 공연을 보러가는 것이었다. 2004년 니콜라 나미아(Nicolas Namias) 에르 쉬드 데쿠베르트 에이전시 대표는 partirseul.com이라는 상품을 내놓았는데, 이 상품은 커플을 제외한 16명의 일원이 독특한 테마 여행을 떠나는 것으로 구성되어 있다. 상품의 종류는 다양하다. nextweek.fr는 일 드 프랑스에서 호화 주말 코스를 보낼 수 있는 '독신자들만을 위한' 상품이다. 셀리바캉의 경우에는 독신자들을 위한 캠핑 여행을 내놓았는데, 이들이 자동차와 숙박을 함께 해결할 수 있도록 했다. 단 남자는 남자끼리, 여자는 여자끼리이다. 세 푸르 누에이전시는 '100퍼센트 독신자' 라는 여행을 기획했는데, '남자와 여자 비율이 거의 비슷하도록' 만들었고, 연령 구분을 확실히 했으며, 특별 활동으로 편한 만남을 조장했다. 특히 1인으로 예약할 때 호텔 숙박비가 상대적으로 더 비싸다는 사실에 착안하여 추가 비용이 전혀 없는 1인용 숙박을 보장해주었다. 룸데이팅이라는 사이트에는 매개자마저 존재하지 않는다. 여행 날짜(주말, 체류지, 교통편 등)를 입력하면 함께 여행을 떠날 수 있는 독신자를 찾을 수 있다.[123]

"독신이 제일 잘 나가!!" TV도 이 사실을 깨닫게 되었다. 미국에서는 독신자들에게 발언권을 주는 시리즈물 외에도 최근 '리얼리티 쇼'가 노다지 시장을 장악했다. 리얼리티 쇼는 1999년 한 영국 프로그램에서 시작되었다. 〈백만장자 되기(Who Wants to Be a Millionaire?)〉는 미국에 도입되어 2000년 폭스 채널이 미국 버전 〈백만장자와 결혼하기(Who Wants to Marry a Millionaire?)〉로 방영했다. 프로그램 내용은 백만장자로 설정된 남자가 미인 대회에 나가도 손색이 없을 만큼 아름다운 젊은 여성 50명 가운데 결혼할 여자를 선택하는 것이다. 무대에서 생방송으로 진행된 결혼식은 미국 시청자들을 경악하게 만들었다. 2002년 ABC 방송국이 방영한 〈배첼러〉의 설정도 비슷했다. 이번에는 모든 면에서 완벽한 젊은 남자가 30명의 젊은 여성들을 상대했다. 큰 성공을 거둔 이 프로그램은 매년 제작되고 있으며, 해외로 수출까지 되었다.

프랑스에서는 TF1이 먼저 관심을 보였으나 M6가 2003년 〈배첼러, 독신 잰틀맨(Bachelor le gentleman célibataire)〉이라는 프로그램으로 선수를 쳤다. 같은 해 TF1은 〈백만장자 그렉(Greg, le millionnaire)〉이라는 프로그램을 방영했는데 폭스 사의 설정과 더 가까웠다. 후보 남성은 후보 여성들에게 자신이 백만장자라고 거짓말을 하고 마지막 회에 가서야 자신의 진짜 모습을 밝힌다. M6는 '이상적인 사위와 완벽한 남편감' 이면서도 아직 독신으로 지내는 남성이라는 카드를 내걸었고, 남성은 25명의 여성 후보자를 한 명씩 제거하면서 영혼의 친구를 찾아내야 한다.

프로그램에서는 '낭만' 을 중시하는데, 지나치게 인위적으로 흐르기도 한다 {〈백만장자 그렉〉에서는 남성 후보자가 여성 후보자를 선택할 때 목걸이를 걸어주었고, 〈배첼러……〉에서는 장미꽃을 건넸다. Canal+ 채널에서는 이를 패러디해서 〈베른슐러(Bernchelor)〉[사교계 인사들을 취재하는 프랑스 기자 스테판 베른(Stephan Bern)이 출연하여 그의 이름을 딴 패러디—옮긴이]를 방영했는데 여기서는 대파를 주었다}. 또한 호화로움의 극치를 달린다(프랑스 남부의 대저택, 근사한 레스토랑, 리무진, 요트, 천국 같은 휴양지 등). 물론 여성은 완벽한 몸매를 갖추어야 하고, 남성은 모델처럼 근사하지는 않아도 매력이 있어야 하며 조건도 좋아야 한다. 그러나 프로그램의 목적은 결혼을 장려하려는 것이 아니라(독신을 장려하는 것도 아님) 시청자들이 (관음증 환자로서) 프로그램을 꾸준히 시청하며 후보자들을 한 사람씩 제거하게 만드는 데 있다. 〈그리고 아무도 없었다(And Then There Were None)〉에도 같은 방법이 동원되었다.

프로그램의 원칙은 까다로웠다. 남자 한 명을 위해 '물건처럼 취급당하는 여자들' 을 '하렘' 에 모아놓은 것 같은 인상을 주어서는 안 되기 때문이었다. 페미니스트 단체들이 잠자코 있을 리 만무했다. 라 뫼트협회(여성을 성 상품화한 광고에 반대하는 투쟁을 벌이는 프랑스 페미니스트 단체—옮긴이)의 플로랑스 몽트레노(Florence Montreynaud, 1948~ , 문인이자 페미니스트로 라 뫼트 회장—옮긴이)는 이 프로그램을 '가축 시장' 과 마찬가지라고 하며 보이콧을 주장했다. 시엔 드 가르드(Chiennes de garde, 정치계의 여성 차별에 대한 투쟁을 벌이는 페미니스트

단체—옮긴이) 회장 이자벨 알롱조(Isabelle Alonso, 페미니스트 겸 방송인—옮긴이)는 '〈배첼러〉 같은 프로그램이 결국 남녀의 임금 격차 문제를 일으킨다.' 고 지적했다. M6는 두번째 시즌에서 역할을 바꾸어 '여자 독신자' 한 명과 25명의 멋진 남성 후보자를 출연시키려는 고민만 계속하다가 2004년에 와서야 아이디어를 채택했다. 프랑스 시청자들은 의심이 많고 미국 사람들과는 전혀 다른 도덕관을 가지고 있기 때문에 몇 주 동안 성 관계를 갖지 않고 지내야 하는 남성 후보의 남성적인 이미지를 다루는 것은 까다로운 문제였다. 이 프로그램은 시즌2에서 이 문제를 적어도 은근슬쩍 포기했다.

이런 형식의 프로그램들은 이내 한계에 부딪혔다. 미국에서 시즌2로 결말을 맞았을 때는 최종후보자가 결승을 앞두고 2600만 명의 시청자가 지켜보는 가운데 선택을 포기하고 말았다. M6도 시즌2에서 곤란한 상황을 겪었다. 문제의 '배철러' 가 독신을 고집하는 것 같았기 때문이다. 예상을 뒤엎은 마지막회에 시청자들이 거부감을 느낄 것을 우려해 방송사 측은 마지막회를 따로 촬영할 생각까지 했다. 결국 이들은 마지막회에 드러날 비밀을 미리 귀띔해주어 심장 약한 사람들이 마음의 준비를 하도록 했다. M6의 인터넷 사이트에서는 진작부터 남성 후보자가 여성 후보자 두 명을 모두 거부했다는 내용이 나왔는데, 시청자들은 황당할 수밖에 없었다. 미국에서는 이 프로그램을 희화한 프로그램이 등장했다. 여성 후보 한 명과 가장 꼴불견인 사람들 중에 일부러 고른 듯한 '보통 미국인' 후보 10명이 나온다.

미리 계산된 충격요법을 쓰기는 해도 TV는 전통적인 결혼 윤리의 훌륭한 수호자 역할을 한다. 2003년 9월 16일 방영된 M6의 프로그램은 커플 생활에 대한 프랑스인들의 태도를 실험했다. 독신자들과 유부남들이 이 테스트에 기꺼이 응했고, 그 결과는 시사하는 바가 컸다. 결과를 보면 프랑스인 99퍼센트가 커플 생활에 '타고났다'(37퍼센트)거나 혹은 '거의 준비가 되었다'(62퍼센트)고 대답했다. 독신은 팔자가 아니다. 조금만 노력을 기울이면 세상 사람 모두 결혼할 수 있을 것이다. 계층별 결과는 더욱 흥미롭다. 재혼한 사람들이 초혼자들보다 커플 생활에 더 뛰어났고(경험은 무시 못한다), 아니나 다를까 독신자들은 커플 생활에 가장 소질이 없었다. 가장 뛰어난 소질을 보인 사람들 가운데에는 당연히 나이 많은 사람들(65세 이상)이 있었고, 다행스럽게도 20~30대가 섞여 있었다. 가장 소질이 없는 사람들은 30~40대 연령층이었는데, 1963~1973년 사이 즉 5월 혁명 전후에 태어난 세대라는 점을 놓고 보면 희한한 현상이다. 결국 혼인율 격감은 커플 생활에 소질이 없는 한 세대 때문에 일어난 일이었다. 얼마나 다행인가!

독신을 주요 테마로 박람회가 개최된 일은, 독신에 사람들이 얼마나 관심을 기울이고 있는지를 보여준다. 오딜 라무레르가 1986년 이미 독신자 박람회에 관한 아이디어를 선보였고, 2002년에 코린 베르나르(Corinne Bernard)가 그 아이디어를 이어받아 셀리베르테박람회를 조직했다. 그러나 이 박람회는 독신을 파트너 구하기에 한정시키지 않았다. 코린 베르나르는 "인생의 모든 단계는 소중하다."고 보고, 독신도 살 만한 가치가 있다고 주장한다. 그리하여 도덕적 판단을 배제하고 독신자 시장에 존재하는 모든 공급을 박람회에 참가시켰다. 첫 회는 파리의 에스파스 오스테를리츠에서 열렸고, 제2회는 2003년 11월 에스파스 샹페레에서 열렸으며, 주최 측에서는 방문객 수가 1만 2800명이었다고 발표했다.

2004년에는 제3회 박람회와 지역박람회가 망스와 릴에서 개최되었다. 이 박람회에서는 현대 독신의 모호함, 다시 말하면 풍부함을 모

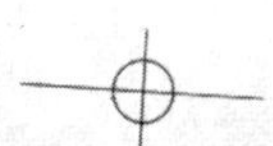

두 발견할 수 있다. 독신을 100퍼센트 누릴 수 있는 활동들을 제안하는 전시대가 반이고, 나머지 반은 독신에서 벗어나기 위한 방법들을 제시하고 있다. 독신 생활을 관리하기 위한 조언(세금이나 음식), 독신을 벗어나기 위한 조언(유혹, 만남)에 관한 강연회도 번갈아가며 열린다. 독신자뿐만 아니라 홀아비, 과부, 이혼 남녀를 모두 포함하는 '솔리바테르' 의 개념이 박람회에서 100퍼센트 진가를 발휘한다. 커플의 위기에 대한 토론은 같은 실수를 되풀이하고 싶지 않은 이혼자들을 대상으로 한다. 여러 가지 활동(댄스, 운동, 데이팅 실연)을 통해 남녀가 자연스럽게 만날 수 있고, 참가한 클럽들은 가벼운 만남 혹은 진지한 만남을 주선한다. 자신의 독신 생활이 어떠한 것인지 잘 모르는 사람들을 위해서는 점 보는 곳이 마련되어 있어 독신 기간이 얼마나 오래 갈 것인지 알려주기도 한다. 한마디로 말해 현대 독신의 모든 면모가 한 자리에 모인 것이다.

몇 년 전부터 연중 볼 수 있는 현상을 특정일로 기념하는 것이 유행되어 사람들이 독신 기념일도 찾기 시작했다. 이를테면 어머니날의 정반대 버전으로 말이다. 성신강림 대축일(부활절로부터 일곱번째 일요일—옮긴이)이 유력한 후보였다. 이 날은 100년 전부터 신랑감 찾기 장터가 서는 날이 아닌가? 그러나 기존 이미지가 너무 강하다. 그리고 독신 기념일은 커플과 가족 기념일과 반대되는 날로 정해지는 듯하다. 주간일 경우에는 아이들이 학교를 쉬는 수요일과 가족이 함께 모이는 주말의 중간인 목요일이 될 것이다. 공동하숙 시장이나 대형 백화점의 공동구매는 목요일에 집중되고 있다. 연중에는 발렌타인데이 하루 전인 2월 13일에 연인들은 커플이 되기 전 자신들도 독신자였음을 상기한다. '독신자들의 축제' 로 명명된 2월 13일에는 독신자들을 위한 저녁 파티가 집중되기 시작했다.

• 독신자 대상의 커플 맺기 프로그램 •

그렇다. 이것이 바로 현대 독신의 이미지다. 독신이 현격히 증가하고 있는 것이 사실이지만 지속적인 독신(커플 생활을 전혀 경험해보지 않은 사람들)은 줄어들고 있는 듯하다. 적어도 제2차 세계대전 이전의 노처녀, 노총각들의 수와 비교해보면 말이다. 장 클로드 코프만은 커플 생활을 한 번도 경험해보지 않은 독신자들이 4퍼센트를 차지하고 자의적으로 지속적인 독신을 선택한 사람들이 2퍼센트에 달한다고 본다.[124] 지속적 독신은 완전 독신(50세 혹은 60세 이상)과는 다르다. 완전 독신의 경우 홀아비, 과부, 이혼남녀를 포함하면 그 수가 현격히 증가한다. 혼인연령이 상승하면서 장기 독신(20~30대)도 크게 늘어나고 있으며 비록 수치화하기는 힘들지만 커플 생활을 하다가 잠시 독신으로 지내는 일시적 독신도 늘어나고 있는 것으로 보인다.

그러나 우리 시대는 독신이라는 이 만성 질병을 효과적으로 퇴치할 치료약을 발견하지 않았던가! 치료약들은 새로운 매체와 첨단 마케팅 기술을 바탕으로 하여 현대인의 삶에 적합하게 고안되었다. 새로운 매체는 집단적 성격을 띠는데 그것은 나 홀로 생활이 확산되면서 오히려 인간관계에 대한 욕구가 증가했기 때문이다.

가장 고전적인 것부터 살펴보자. 대표적인 예는 사람들이 도시로 떠나가는 것을 우려한 마을에서 개최되었던 '독신자 바자회'이다. 축제 분위기와, 소심함이나 수치심을 극복하는 데 필요했던 유머는 독신자 바자회를 독창적이면서도 인기 있는 연례행사로 만들어주었다.

1903년부터 개최된 에코신 랄랭의 결혼 식사를 제외하면 제2차 세계대전 이후에 비고르 지방의 에스파로스 마을이 1966년 시장 샤를 뒤튀(Charles Duthu)의 노력으로 마련한 국제독신자바자회(Kermesse internationale des célibataires)가 최초일 것이다. 이 행사에서 독신자들은 자신을 표시하기 위해 핑크 빛 하트를 착용했다. 주최 측에서는 이틀간 방문객 수가 2만 명이었다고 발표했으며 시장은 이 행사 개최를 통해 영국의 마크 트웨인 훈장을 받았다. 중요한 사실은 오늘날 독신을 두려워하는 사람이 처녀들이 아니라 총각들이라는 점이다. 1903년 에코신에서는 처녀들이 총각들에게 춤을 청했는데 말이다.

샤랑트 마리팀 지방의 라 제네투즈나 로제르 지방의 라 카누르그 등 다른 지방들도 뒤를 이었다. 레몽 델투르(Raymond Deltour)와 이브 라퐁(Yves Lafon)이 라 카투르그에서는 1982년 개최한 독신자 바자회는 프랑스에서 가장 인기 있는 바자회 중 하나가 되었다. 이 바자회에서는 안내실 벽에 붙어 있는 신상명세서와 참가자들이 받은 번호만으로 만남이 이루어졌고 매년 주최 측이 받아보는 청첩장 수를 믿는다면 결혼으로 결실을 맺는 경우도 있었다.

그러나 이러한 행사가 아무리 호감을 불러일으키고 주최 측과 행사를 보도하는 기자들이 아무리 열심히 노력해도 농촌 지역의 심각한 결혼 위기를 해결할 수는 없었다. 비록 외지의 독신 총각들에게 아내를 찾아주겠다는 목표를 분명히 내걸었지만 매년 개최되는 이런 행사들은 현재 붐이 일고 있는 대규모 축제 가운데 하나일 뿐이다. 함께 만나 즐거운 시간을 보내다보니 방문객들은 행사의 진정한 목적을 잊어버리고 만다. 오늘날 독신의 문제는 만남 자체가 아니라 만남이 얼마나 지속되느냐이다.

그런데 결혼 전문가들이 쏟는 노력은 대부분 만남에 집중되어 있다. 이들은 첫 단추가 가장 채우기 어렵다는 전통 사회의 낡은 사고방식에서 벗어나지 못한 것이다. 과거 중매쟁이, 그 이후에 나타난 결혼 알선 업소와 신문 구인광고는 강한 사회적 구조인 결혼 전문가들에게 자리를 내주었다. 결혼 전문가들이 소개하고 인정한 젊은이들은 반드시 예식장에 끌려들어가게 되어 있고 파혼하기가 힘들거나 불가능해진다. 그러나 상품의 내구성이 확실하지 않은데 어떻게 애프터서비스를 보장해줄 수 있는가? 그럼에도 불구하고 결혼 알선 업체와 신문 구인광고는 아직도 나름의 고객을 확보하고 있고 미니텔이나 인터넷을 매체로 사용하기 시작했다. 만남을 좀더 활성화하기 위해 새로운 방식이 도입되었는데 미국에서 수입된 데이팅이 그 예이다.

처음 등장한 것은 스피드 데이팅이었다. 2001년 뉴욕 유대인 공동체에서[125] 만들어진 스피드 데이팅은 미국 전역에서 빠르게 인기를 끌었고 2002년에 대서양을 건너 유럽에 상륙했다. 단 2년 만에 파리, 보르도, 리옹, 마르세유에서는 스피드 데이팅을 즐기게 되었다. 그리고 이내 스마트 데이팅(smart dating)이나 플래쉬 데이팅(flash dating)이라는 이름으로 아류가 생겨났다. 이는 술집이나 카페에서 독신 남녀 각 일곱 명씩이 회비를 내고 참가하는 초고속 만남을 말한다. 참가자가 입구에 들어서면 진행자가 술잔과 함께 참가인 14명의 이름이 적혀 있는 리스트를 건네준다. 참가자들은 짝을 지어 7분 동안 데이트를 한다. 종소리가 울리면 다음 참가자와 짝을 이뤄 다시 7분을 보낸다. 49분 후에는 참가자 모두 일곱 명과 한 번씩 이야기를 나눈 것이 된다. 참가자는 리스트 중 다시 만나고 싶은 상대방 이름에 표시한다. (네 번의 커플 체인지가 끝나고) '휴식 시간'이 되거나 혹은 만남이 모두 끝났을 때 참가자들은 소감을 주고받고 연락처를 적을 수 있다. 결국 49분 동안 각 참가자가 상대방과 보낸 시간은 겨우 7분에 불과하다.

마치 면접시험을 방불케 하는 이런 만남은 비웃음을 면치 못했다.

스피드 데이팅은 모든 것이 완벽하게 계획되어 있어야 하고 쓸데없는 만남에 낭비하기에는 시간이 너무 소중해진 요즘 세상을 풍자한 것 같다. 스피드 데이팅 형식의 저녁 파티를 기획하는 파리 데이팅(Paris dating)은 광고지에 스스로를 '만남 가속기'로 정의하고 있다. 이들이 주장하는 바는 되도록 많은 사람들을 만남으로써 첫눈에 반할 가능성을 그만큼 높인다는 것이다. 이 말을 믿는 사람들도 있는 것 같지만 이는 사랑에 빠질 때 가장 중요한 세 가지 조건 즉 애인이 없을 것, 꾸밈이 없을 것, 우연일 것을 망각한 것이다. 하지만 이런 만남의 목적이 단순히 테이블을 옮겨 가며 인생의 동반자를 찾으려는 것일까? 일정한 조건 하에 벌어지는 만남이 어떤 오락적 의미를 띠는가도 무시할 수 없다. 사실 스피드 데이팅 중간에 울리는 공은 권투 시합을 연상시키고 7이라는 상징적인 숫자도 재치 있게 이용되었다. 신은 6일 동안 세상을 창조했고 7일째 되는 날 창조물을 완벽하게 완성했다. 스피드 데이팅은 단 7분 만에 커플이라는 '작은 세계'를 재구성한다. 정말 그럴 수 있다고 믿는 사람은 없을지도 모른다. 단 7분 만에 맺어진 커플은 안정된 부부 관계만큼 견고하지 않을 테니까. 스피드 데이팅은 인생을 게임으로만 보려는 '아뒬레상'들을 위한 유행에 지나지 않는다.

그럼에도 불구하고 판도라의 상자 밑바닥에는 작은 희망이 남아 있다. 전화번호 일곱 개를 가지고 돌아가든 그렇지 않든 스피드 데이팅을 하며 저녁을 보내고 나면 '아직 건재하다', 아직 결혼을 포기하지 않았다는 느낌을 갖게 되기 때문이다. 독신으로 평생을 보내고 싶은 마음이 전혀 없는 독신자에게 가장 끔찍한 일은 유혹 게임이 벌어지는 49분의 기회마저 갖지 못하는 것이리라. 여기서도 숫자는 중요한 의미를 띤다. 구약성서를 보면 7년이 일곱 번 지나면 50년을 마감하는 안식년이 온다. 스피드 데이팅에서도 가장 중요한 순간은 바로 50분 째가 아닐까? 중요한 것은 젊은 독신자들의 사기를 충전시켜 언젠가 기대하던 만남이 이루어질 수 있도록 하는 것이 아닐까? 그런 만남이 이루어진다면 최소한 자신을 어떻게 소개하고 어필할 것인지 이미 테스트는 거친 셈이 될 것이다. 만남이 잦아지면 화술도 더욱 세련되어지지 않을까.

스피드 데이팅은 이내 아류를 낳았다. 스마트 데이팅, 파리 데이팅, 플래쉬 데이팅은 스피드 데이팅과 마찬가지로 7분이라는 시간 동안 이루어지는 반면 터보 데이팅(turbo dating)은 벌써 프랑스 사람들의 리듬에 맞추었다. 미국식보다는 천천히 진행되는 터보 데이팅에서는 각 커플에게 10분을 준다. 블라인드 데이팅(blind dating)은 모르는 사람과 하는 '장님' 데이트이며 버스 데이팅(bus dating)은 버스를 타고 만나는 것이다. 룸 데이팅은 독신자들끼리 떠나는 여행을 주선하는 사이트이다. 단 2년 만에 프랑스는 데이팅의 세상이 되었다. 그렇다고 혼인율이 상승한 것은 아니다. 이번에도 마찬가지로 겉보기와는 달리 데이팅의 목적은 결혼이 아니었던 것이다.

에코신 랄랭의 결혼 식사와 사교계의 스포츠 경주 이래로 수많은 독신자 파티가 꾸준히 열리고 있는데 데이팅은 이런 파티의 일면에 불과하다. 오늘날 이런 모임들이 끈적끈적한 저녁파티나 화끈한 밤으로 시간이 늦춰졌다 하더라도 재미와 동시에 죄의식을 느끼게 하는 원리에는 변함이 없다. 즉 제대로 놀 줄 모르기 때문에 아직도 독신이라는 것이다. 오래된 상품을 새롭게 포장하는 주최 측의 상상력은 마를 줄 모르는 것 같다.

브뤼셀에서 가장 인기 있는 클럽 마제스틱(Majestic)과 리빙 룸(Living Room)도 독신자들을 위한 파티를 열고 있는데 파티가 열리는 동안 젊은 남자들은 자물쇠만 여자들은 열쇠만 받는다. 전통적인 성적 상징을 절묘하게 뒤바꾼 설정이다. 이렇게 해서 만난 남녀는 (정당한 이유 없이) '기계적으로 맞는다'고 결정된다. 그러나 커플이 맺어져도 잘 맞는 것이 자물쇠뿐인 경우에는 참가자에게 두 번, 때에 따라서는 세 번까지 기회가 주어진다. 이것이 바로 리빙 룸이 기획한 '락앤 키(Lock' n key)'의 원리이다. 마제스틱은 '비 스마트 싱글(Be smart single)'이라는 파티에 경연과 메시지 보내기를 첨가했다. 파티의 진짜 목적은 커플을 맺어주는 것이라기보다는 즐겁게 놀고 참가자들 사이의 어색한 분위기를 깨는 것이다. 이 모든 실험은 사실 같은 근거에서 출발했다. 즉 다가갈 용기만 낸다면 파트너 찾기는 쉬운 일이라는 것이다. 소심하거나 실패가 두려워 첫 만남에서 자연스러움을 보여주지 못하므로 이를 의식(儀式)화하여 자연스러움을 대체하는 것이다.[126] 이렇게 한다면 사람들은 자신의 매력에 대해 다시 자신감을 회복할 것이다.

독신자들을 위해 파티를 마련하는 나이트클럽이 점점 더 많아지고 있다. 그도 그럴 것이 독신자들이 예전의 주요 고객들이었기 때문이다. 그러나 새로운 아이디어를 내놓는 곳은 클럽이다. 클럽들은 2003년 셀리베르테 박람회에 많이 참가했는데 독신을 감수하는 사람들과 독신을 참지 못하는 사람들을 동시에 겨냥한 박람회의 모호한 성격을 이들도 이용했다. 전통적인 결혼 에이전시가 아니라고 말하는 위니시스(Unicis)는 박람회에서 '둘이 있는 행복'이라는 슬로건을 내걸었다. 고객 대신 모든 것을 결정한다는 인상을 주는 기존의 결혼 에이전시는 이미 시대에 뒤떨어진 이미지를 갖게 되었다. 때문에 당사자의 선택에 관여하지 않고 '인연을 맺도록 도와야' 한다. "우리는 여러분의 말에 귀 기울이고 여러분에게 조언을 드리고자 합니다. 인연을 만들 결정을 하는 분은 오직 당신뿐입니다." 위니시스는 만남을 주선할 뿐이며 미리 틀에 맞춘 파트너를 골라주지 않는다. 한편 나투 조리스(Nathou Jooris) 유로피트(Eurofit) 대표는 자신의 회사가 "결혼 에이전시가 아니라 여가 클럽"이라고 소개한다.[127] 이런 클럽들은 고객을 위해 결정해주지 않고 저녁파티(문화체험을 할 수 있는 저녁식사, 춤이 있는 파티, 테마 파티 등), 시골이나 스키장, 해변에서 보내는 주말여행, 휴가, 문화나 스포츠를 즐기는 하루(콘서트, 강연, 산책, 영화 등) 등의 프로그램을 제안하고 "자연스러움과 뜻밖의 일이 벌어질 여지를 남겨둔다"(위니시스). 커플의 위기가 사적인 것을 나누기 어렵기 때문에 발생했다면 초기에는 취미생활을 같이 할 파트너를 찾아서 일상을 더 좋은 방법으로 공유할 수 있도록 하는 것이 바람직하다는 것은 두말할 나위 없다. 그러나 하룻저녁이나 주말, 휴가라는 한정된 시간은 제아무리 철저한 노총각이라도 다른 시간, 다른 장소에 있었더라면 절대 양보하지 않을 것을 양보하게 하는 특별한 상황을 만든다.

유로피트에서도 테마 저녁파티, 문화 및 스포츠 체험 등 유사한 상품을 선보인다. (겉으로 보기에) 모순되는 점은 위니시스와 매우 흡사해 보이는 유로피트의 프로그램이 정반대의 슬로건을 내걸고 있다는 것이다. 즉 독신을 반드시 벗어나야 하는 이유보다는 나 홀로 생활의 장점을 부각시킨 것이다. '독신 만세!' 는 '둘이 있는 행복' 을 암시하지 않는다. 만남 자체가 목적이지 결혼하기 위해 만나는 것이 아니라는 것을 이보다 더 잘 보여줄 수 있을까.

목적이 애매모호한 것은 언제나 있어왔던 일이다. 아르시엘 클럽(Arciel Club)은 목적을 분명히 밝히지 않으며 비슷한 프로그램으로 '다른 독신자들과 우정을 맺자' 고 제안한다. 성 관계를 배제한 집단적 우정을 말하는 것인가 아니면 특별한 관계를 말하는 것인가? 여러 사람을 만나니 그만큼 선택의 폭은 넓어진다. '아니의 저녁파티'도 확실한 입장 표명을 하지 않는다. "파리에서 열리는 독신자들의 만남. 파티와 새로운 친구들 그리고 사랑을 위해서." 앙리 살바도르(Henri Salvador, 가수 겸 작곡가, 1917년~ —옮긴이)가 소중히 생각하는 '즐거운 독신자' 그리고 '미래의 장모'를 구하는 이상적인 사위 가운데 선택은 각자에게 달렸다. 독신을 누리려는 사람과 독신을 벗어나려는 두 가지 타입의 독신자들이 만나는 지점이 바로 여기에 있다. 가끔씩 미팅 클럽을 이용해 한쪽으로 치우쳐보자. "독신. 하지만 절대 혼자는 아니다." 알파 클럽(Alpha Club)은 단단히 약속한다. 이 수준을 넘어서면 독신자들은 혼자 알아서 가장 오래된 미팅 클럽을 찾아낼 것이다.

오늘날 미팅 클럽들은 가상의 세계로 옮겨갔다. 인터넷 또한 독신자 시장을 발견한 것이다. w를 세 번 치면 clubdeloisirs.com이나 celibataire.com, meetic.fr 사이트로 들어갈 수 있다. '유럽 최초의 미팅 사이트'라고 자부하는 meetic.fr은 프랑스 독신자 160만 명을 포함한 유럽의 320만 독신자를 겨냥하고 있다. 이 사이트는 평균 7000명의 독신자들이 항시 접속해 있다고 주장한다. 이제 우리는 매개자 없는 만남의 절정에 도달한 것이다. 독신자는 프로필을 만들어 업로드하기만 하면 구조 요청이 들어 있는 수백만 개의 병이 떠돌아다니는 인터넷의 바다로 들어가게 된다. 그러나 이 바다에도 분명한 지표가 존재한다. 이 사이트는 '프로필 매치 기술 meetshake®'을 갖추고 있다. 이 기술로 지원자가 마음에 들어할 만한 독신자들의 리스트와 지원자를 좋아할 만한 독신자들의 리스트를 작성할 수 있다. "두 개의 리스트에 동시에 올라가 있는 그가 바로 당신이 원하는 영혼의 친구!" 고정관념의 목숨은 끈질긴 것인가보다. 아무런 콤플렉스 없이 몸을 섞고, 영혼의 화학 성분을 밝히는 시대인 21세기에 아직도 영혼의 친구를 믿는다는 것은 아름다운 일이 아닐까.

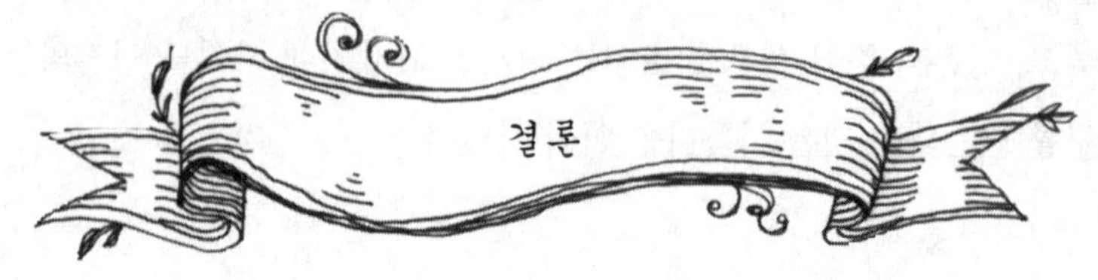

역사를 통해 본 독신의 모델

독신의 역사는 겉핥기 식으로만 분석하면 이상하리만치 반복되는 것처럼 보일 수 있다. 독신의 원인과 독신에 쏟아지는 비난 그리고 독신을 억압하는 방법들은 수세기가 흘러도 변하지 않고 다시 나타나는 태고의 바다뱀처럼 보인다. 그러나 크게 변화한 것이 있다. 독신에 관한 담론에 깔려 있는 사람들의 인식이다. 이를 통해 여러 사회에서는 점진적으로 독신에 대해 인식하기 시작했다. 독신의 정의와 독신을 가리키는 여러 용어들은 새로운 요구에 부응했다. 세대 교체에 민감했던 시기에 아우구스투스 법은 자녀 없는 유부남(orbi)을 처벌했지만, 오늘날에는 이런 남자들을 가리키는 용어마저도 사라지고 말았다. 인구 위기에 더 민감한 우리 시대는 그동안 주변적 모델로 간주하였으며 기혼 가정으로 분류한 한 부모 가정까지도 '독신'에 포함시키고 있다. 반면 독신을 연구하는 사회학에서는 커플을 이루어 사는 독신자들(동거, 자유 결합)을 연구 대상에서 제외시켰다. 호적상의 용어는 현실과는 동떨어져 있고, 새로운 용어들(싱글, 솔로, 솔리바테르 등)이 나타나기도 했으나 일반화되지 못했다. 통계 방법 또한 새로운 현실에 적응해야 했지만, 지금으로서는 새롭고도 빈번한 현상(일시적 독신, 계절에 따른 독신, 함께 살지 않는 커플 등)을 제대로 반영하지 못하고 있다. 따라서 독신이 역사적으로 어떻게 변해 왔는가를 살펴 독신에 대한 기존의 정의를 재고하는 일이 시급하다.

이를 위해 필자는 역사 속에서 독신이 감수해야 했던 고정관념들을 살펴보았다. 인간이라는 존재는 내부에 다양한 문화층이 쌓이면서 형성되고, 이 문화층은 인간이 인식하지 못하는 사이에 인간의 반응과 생활방식, 결정에 영향을 미친다. 필자는 사람들의 행동 자체의 변화보다는 우리 안에 잠재되어 있는 내적 역사에 대한 필연적이면서도 점진적인 인식을 믿는다. 어떠한 개념이 역사 속에 등장할 때 그 자체가 사람들의 인식에 영향을 미치는 것이 아니다. 2004년에 등장한 솔로 안에는 예레미야, 에파미논다스, 가브리엘 쉬숑의 독신이 모두 담겨 있다.

• 실패로 끝난 최초의 독신 •

선사시대에 나타난 태초의 독신이 어떠했는지 정확하게 보여줄 자료는 지금 전혀 남아 있지 않다. 사회적 원인, 고대 법률, 심지어 동물의 행태를 통해 재산 세습을 목적으로 하는 결혼은 지배자인 수컷의 특권이었을 것이며 그러므로 독신은 자연히 후세를 이을 수 없는 자(성 불구자, 거세된 자, 동성애자 등), 튼튼한 종을 만들 수 없는 자(환자, 정신병자 등), 물질적 힘을 가지지 못한 자(가난한 자, 장남을 제외한 형제들 등)에게 강요되었을 것이라는 가정을 해볼 수 있다. 그러나 이는 완전한 역사적 공론에 불과하다. 결혼은 두 개인이 결합하는 유일한 방식이 아니었으며, 독신도 유일한 대안은 아니었다. 게다가 결혼에 의한 커플을 인식하면서 인간은 처음부터 유부남과 지배자 수컷을 구분하였다. 따라서 생식 사슬에서 가장 약한 개체를 없애는 동물의 모델과 인간의 독신 간에는 어떤 관련도 지을 수 없다.

어찌 되었든 공론은 역사적 사실이 되었고, 독신의 최초 모델은 실패의 모델이 되었다. '노처녀'나 '소외된 자'라는 이미지는 오랫동안 독신자에게 붙어다녔다. 그리스도교 결혼관으로 인해 남녀의 결합을 불가능하게 만드는 사유(성 불구, 기형)는 결혼을 무효화하는 장애가 될 수 있었으며, 따라서 이는 독신을 강요하는 빌미가 되었다. 독신과 가난의 연계는 똑같이 원시 사회의 인식에 속한다. 테베의 에파미논다스가 언급했던 이 관계는 수세기에 걸쳐 존재했고, 특히 지참금이 있어야 결혼을 허용하는 로마법을 따랐던 국가의 여성들이 큰 피해를 입었다.

그러나 오늘날 사람들은 결혼에 대한 이러한 차별을 거부한다. 오늘날 결혼의 목적은 가정이 아니라 커플을 이루는 것이다. 또한 후세나 재산 세습을 바탕으로 하지 않고 상호간의 애정을 근간으로 한다. 동성애자들의 결혼에 관한 논의는 바로 이러한 변화를 의미하며, 후손을 남기지 못한다는 무능력과 독신을 결부시키기를 거부한다는 것을 뜻한다.

• 반항 혹은 범죄 •

첫번째 모델을 제외한다면, 원시 사회에서 지배적인 모델은 결혼이었다. 《구약성서》에 나오는 번식에 관한 계명은 다름 아니라 고대 사회의 전반적인 인식을 반영한 것이다. 인구가 많지 않은 세계와 인구과잉 문제가 심각한 세계에서 독신을 바라보는 관점은 다를 수밖에 없다. 원시시대에는 문화와 민족, 종교의 힘이 전사의 수와 비례했고, 자신의 가치를 강요하기 위해 종족을 말살하는 것은 흔한 일이었다. 안타깝게도 현대 역사에서도 종족 말살 행위가 완전히 사라지지는 않았지만 과거 《일리아스(Ilias)》나 〈여호수아(Joshua)〉에서처럼 냉소적인 변호를 받지도 않는다. 개방된 세계에서 벌어지는 치열한 경쟁 속에서 독신은 충격 그 자체였고 사회 질서와 신의 질서에 저항하는 것으로 여겨졌다.

조국에 자녀를 낳아주지 않는 독신, 신의 가정에 사제들을 낳아주지 않는 독신, 한 푼 두 푼 모아온 재산에 상속인을 낳아주지 않는 독신은 범죄로 여겨졌고, 이를 범죄로써 다스리려는 입법자들(리쿠르고스, 아우구스투스 등)도 있었다. 현대사에 자취를 남긴 독신의 두번째 모델이 바로 이 충격적인 독신(경우에 따라서는 반항적인 독신)으로, 사회에 의식적이고 자의적인 결별을 선언한 남자의 독신이었다. 거부라는 관점에서 보았을 때 대표적인 인물은 플로베르이다. 그는 결혼한 친구들이 부르주아화되어간다고 분노했다. 그밖에 1945년 '가정은 벽장 속에'를 외치던 젊은이들과 전통적 틀에 만족하지 못한 비트제너레이션이 이 부류에 속한다. 거부의 독신은 페미니즘의 독신이기도 하다. 페미니즘은 서양의 결혼 모델이 남성 우월까지는 가지 않더라도 남성 중심의 제도임을 비난했다. 사회에서 가정이 중심으로부터 점점 밀려나자 반항의 의미도 점점 퇴색해갔고, 독신도 예전만큼 충격적이지 못하게 되었다.

• 대안적 독신 •

그럼에도 독신에 관한 긍정적인 관점이 위와 같은 분석에서 출발할 수 있었다. 공동의 가치를 거부하고 신의 질서를 거스르는 데에는 좀더 영적인 선택이 가능했음을 말해준다. 독신자는 생명을 전하는 일보다 더 중요한 무언가가 있다고 생각했다. 《마하바라타》에서 손자를 요구하는 아버지에게 삶의 허무를 이야기하던 고행자는 고대 사회의 가치가 위기에 처했음을 입증한다. 어떤 문명에서든 독신이 활용할 수 있는 상위의 가치들이 존재했다. 공적 생활과 철학(고대 그리스), 영혼에 사상을 심어주는 교육(플라톤), 성전 연구(《탈무드》), 제국 방어(고대 로마), 예배 시간마다 드리는 기도(그리스도교), 예술(19세기), 사회봉사(20세기) 등이 그 예다. 각 문명은 성직자 즉 독신을 낳는 현실(정치, 종교, 기술, 인류애 등)을 신성의 경지로 끌어올렸다. 대안적 독신이라 부를 수 있는 세번째 모델은 역사적 입장에서 보았을 때 앞의 두 모델만큼이나 오래되었고, 독신자의 죄의식을 완전히 씻어주지 못한 사회에서 중요한 비중을 차지했다.

문화뿐만 아니라 개인의 성향에 따라 대안적 독신은 평생이 될 수도 있고, 일시적일 수도 있으며 장기간 지속될 수도 있었다. 그리스도교의 서원은 완전한 독신을 의미했다. 스파르타 군대에 입대하거나 근대 해상 원정에 참가하면 일시적으로 독신이 되었다. 그런가 하면 장기 독신도 있었는데, 현자들이 탈무드를 공부하면 결혼 의무를 12년간 미룰 수 있었고, 로마인들은 군대에 입대하면 가정을 꾸리는 일을 20년간 지체할 수 있었다. 그러나 독신의 종류에 경계가 확실했던 것은 아니어서 장기 독신이 혼인 적령을 지나면 쉽게 완전 독신이 되었다.

남자의 경우에는 초혼 나이가 많을 수도 있었지만 여자의 경우에는 20~25세에 결혼하지 못하면 평생 독신으로 남을 수밖에 없었다. 임신을 하게 되면 잠정적 독신은 금지되었다. 여자가 군대처럼 오랫동안 일하는 시간이 필요한 직업을 갖게 된 경우는 매우 최근의 일이다. 물론 효과적인 피임법이 등장하면서 임신과 직업의 관계가 예전처럼 냉소적이 되지는 않았다. 폐경은 장기 독신을 구분하는 기준이 된다. 최근까지도 25세가 넘으면 남자와 결합할 수 있다는 생각은 허황된 것으로 보았다. 따라서 독신을 여러 가지 형태로 구분하는 일은 전 세계 인구의 절반에게는 의미가 없는 성차별적 용이함에서 비롯한다.

고대 문명에서는 대안적 독신이 소수 인구에게만 해당되었다. 당시에 그것은 고행자, 철학가, 탄나, 무녀 등 엘리트들의 특권이었다. 모든 사회에는 예외와 반항이 존재할 수 있다. 일시적 가치에 대한 저항이 제도화되고, 특권층 가운데서 통계상으로 허용할 만한 기준을 넘어설 때 문제는 발생한다. 이러한 영적 가치를 담고 있는 그리스도교는 처음에 모든 사회적 차별을 거부하는 하층민 사이에서 발달했다. 처녀성에 있어 고대 종교와 그리스도교의 가장 큰 차이는 여사제나 일곱 무녀에게만 처녀성을 의무화한 것이 아니라 사회계층을 망라한 좀더 많은 사람들에게 처녀성을 강요했다는 것이다. 그리스도교는 숫처녀를 사회 서열의 정상에 놓고 독신자를 '하늘의 거주자'로 정의하여 이 모델의 가치를 극대화했다.

• 제도적 독신 •

그러나 이러한 혁명은 과거에 이미 나타난 경향들을 극한으로 몰고 간 자연스러운 변화일 뿐이다. 영적 생활에 더 우월함을 부여하는 경향은 플라톤의 사상이 민주화되어 전해진 것이다. 그의 사상이 좀더 많은 사람들에게 영향을 주지 못한 것은 결혼의 의무가 사라지거나 최소한 결혼의 의무를 약화시키지 못했기 때문이다. 그런데 초기 그리스도교는 결혼을 필수적인 사회적 의무로 보지 않았다. 여러 사람이 함께 예배를 드리는 일이 일반화되면서 이론적으로는 가정 의식을 전수해야 할 부권이 무용지물이 되었기 때문이다. 종말이 가까웠다는 믿음도 자식을 갖지 않게 하는 이유였다. 로마법에는 입양을 통한 세습이 인정되었다. 초기 그리스도교인들은 영적 후계를 주장했다. 그리스도교가 4세기 말 국교가 되자 좀더 많은 사람들이 독신을 선택할 수 있었다. 공동체는 지금까지 대부분의 가정이 해결해온 종교적 요구를 책임질 수 있게 되었다.

이러한 변화는 몇 세기에 걸쳐 이루어진 법적 · 사회적 변화로 나타났다. 아우구스투스 법의 폐지가 가장 의미 있는 일이었다. 그러나 당시 결혼에 관한 법의 정신은 모두 변화를 맞았다. 고대 사회가 겪었던 독신의 억압 이후에는 결혼 제한의 시기가 도래했다. 12세기의 교회법만큼 결혼 무효가 많은 법은 아마 없을 것이다. 고대 문명에서는 여러 가지 남녀의 결합 형태가 존재했으나 이는 유일한 결혼 모델로 대체되었다. 사회조직에 필수적인 이 모델의 가치를 높이기 위해서는 결혼을 신성시하는 일이 필요했고, 이는 결혼을 매우 영적인 것으로 드높여 많은 커플들이 도달하기 어렵게 만들었다. 이혼이 불가능해짐으로써 결혼은 점점 더 노예와 같은 구속 상태로 인식되었고 사람들은 결혼을 약속하는 일을 두려워하기 시작했다. 입양도 거의 사라졌기 때문에 '결혼의 멍에' 에서 벗어나 후대를 이으려는 사람들에게는 마땅한 대안도 없는 실정이었다. 독신자와 기혼자는 별개의 '신분' 이 되었고, 그리스도교적 법의 엄격한 테두리 안에서 평생 그 중 하나의 직분으로 살아나가야 했다. 사람들을 결혼 여부에 따라 신분으로 나누는 제도적 독신이 중세 초기에 나타난 네번째 독신 모델이다.

• 직업적 독신 •

다른 여러 가지 변화로 인해 새로운 독신자 계층이 형성되었다. 필자는 다섯번째 모델을 '직업적 독신'이라 부르고자 한다. 과거 집안일은 대대로 그 일을 물려받은 노예들이 주관했다. 노예들은 동물처럼 다룰 수 있는 '인간 가축'과 같았다. 노예들의 결합(contubernium)은 '정통 결혼'처럼 엄숙하지는 않았지만, 로마의 가정에서는 가능했다. 그러나 노예제도가 폐지되자 가사 일은 실질적으로 장기 독신자에게 떨어지게 되었다.

군대의 재편성도 맥락을 같이한다. 결혼한 시민으로 구성된 군대는 (직업 군인을 거쳐) 특정 신분을 대상으로 징집한 전사들(bellatores)로 구성되고, 개인적 가치로 '결혼할' 수 있게 될 때까지 봉건영주에게 예속되었다. 행정관이나 성직과 관련된 모든 직업에 해당하는 이 모델은 20세기에도 볼 수 있다. 새로운 직업의 경우가 그러한데, 특히 여교사, 간호사, 사회복지사, 우체국이나 상점 직원 등 여성들의 직업을 대표적으로 들 수 있다.

이 경우에도 독신은 반드시 지켜야 했다. 중세도시가 형성될 때에도 학위를 받아야 정착할 수 있었던 노동자 계층에게 배움은 독신을 연장시키는 원인이 되었다. 중세 초기의 폐쇄된 구조('성직자 신분'과 '기혼자 신분')는 완전 독신보다 장기 독신을 선호하는 좀더 유연한 구조로 바뀌었다. 대기 상태의 독신이라 할 수 있는 이 모델이 다섯번째 독신이다. 이 모델은 적어도 중세시대부터 존재했다. 통계가 존재한 이후 완전 독신은 현격히 줄어들고 있는데, 그렇다면 이것이 우리 시대에 나타난 중요한 현상이라 생각할 수 있다. 혼자 사는 사람들이 늘어나고 있지만 남성과 여성 대다수는 커플 생활의 중요한 단계를 이미 경험한 사람들이다.

• 제3의 길 •

중세에서 최근까지 가장 큰 희생자는 여성들이었다. 여자들은 결혼을 무한정 늦출 수 없었기 때문이다. 어린 나이에 훨씬 나이 많은 남자에게 팔려가는 여자들이 많았다. 수녀원이나 베긴 수녀회로 은둔하는 여자들도 있었다. 통계 자료는 희박하지만 어쨌든 수녀가 되는 경우를 제외하면 여자가 완전 독신으로 사는 경우는 매우 드물었다. 독신으로 사는 것이 가능하기는 했지만 의지할 곳이 없을 때에는 자신을 감당하기 힘들었기 때문이다.

따라서 현대에 와서 가장 크게 변화를 감지할 수 있는 것이 바로 여성 독신이다. '제3의 길'을 추구하는 것은 결혼(1787년까지 종교적)과 성직자의 독신을 규정하는 협소한 종교적 틀에서 벗어나려는 의지의 표출이었다. 이소타 노가롤라, 마리 드 구르네, 가브리엘 쉬숑 같은 실패한 모델은 쿠르티잔이라는 경멸을 감내하지 않는 다음에야 경직된 사회에서 독립적인 '노처녀'라는 새로운 전형을 정립하기가 얼마나 어려운가를 보여준다.

여성이 성직자가 아니면서 독신을 추구하는 경우는 오랫동안 연이은 실패를 겪었다. 이소타 노가롤라의 학구적 은둔, 간호사들의 놀라운 헌신 등 독신이란 수녀의 독신 모델 안에서만 가능한 일이었기 때문이다. 1901년 협회 법은 기존의 수녀원 대신 사회적 참여를 끌어내는 비종교적 단체에 대한 법이었으며 추억이 될 만한 서정적 이야깃거리들을 만들어냈다. 고전주의 시대의 법부터 20세기 사람들의 의식까지도, 여성은 과부가 되어야 완전한 독립성을 보장받는다고 믿었기 때문에 독신 여성은 가족과 아버지 이후에는 형제에게 의존하게 되었다.

• 이기주의에서 개인주의로 •

새로운 독신 모델은 남성들에게서 생겨났다. 남성들은 적어도 성년이 지나면 누구에게든 의지하지 않고 독신 생활을 책임질 수 있었기 때문이다. 그러나 기존의 결혼 모델에 문제를 제기한다는 것이 보통 일은 아니었다. 자유연애가(17세기), 이기주의자, 배덕자(18세기) 등 독신과 관련된 용어들도 처음에는 부정적이었다. 그러나 18세기 이래 지금까지 이런 사회결정론에 반기를 든 새로운 개념들이 나타났다. 이 개념들은 독신의 역사와 다소 관계를 맺고 있다. 개인주의, 정체성 추구, 행복권, 개인의 자유, 자아 실현, 삶의 계획, 직업 등.

17세기에 조심스럽게 등장한 자유에 대한 요구는 혁명 시대에 완전히 꽃을 피웠다. 혁명 시대는 인간에게 행복권을 포함하여 타인에게 양도할 수 없는 권리를 인정해준 시기였다. 물론 인간과 시민의 권리 선언이 결혼에 대한 공격은 아니었고 문서상에도 나타나 있지 않았다. 그러나 프랑스의 국가 신조가 된 세 가지 구호는 상징적이다. 자유는 독신의 동의어이고, 결혼은 분명 신성한 그러나 숨 막히는 굴레였다. 평등은 이론상 독신에 대한 모든 차별을 금한다. 결혼이 인간을 해방시키고 사회에 입지를 굳힐 수 있게 해준다는 면에서 독신은 엄연한 차별이므로 평등은 가장 중요한 사회적 지위의 차별을 금한 것이다. 우애는 혈연 이외의 인간 관계를 규정하고 있다. 독신자는 큰 인류애에 속하기 때문에 고립된 인간이 아니다. 독신이 새로운 형태의 사교에 속하는 것도 우연은 아니다. 우애로 뭉친 친구들은 가족보다 우선시된다. 따라서 프랑스 혁명기에 독신자들에게 불이익을 주었던 정책들은 허황되고, 더구나 프랑스 혁명이 전하려 했던 가치와는 모순된다. 또한 넓은 의미에서 상호 합의에 의한 이혼이 다시 가능해진 것은 개인이 커플보다 더 우위에 있다는 믿음과 같은 맥락에 있다.

그러나 (부정적) 이기주의에서 (긍정적) 개인주의로의 전환은 매우 천천히 진행되었는데, 이는 가브리엘 쉬숑의 혁명적 고찰에서(1700년) 그 기원을 찾을 수 있을 것이다. 가브리엘 쉬숑은 결혼이 (혹은 성직자의 독신이) 인간을 자신의 운명에 고착시키는 반면, 독신은 '그 외에 다른 모든 잠재성을 내포하고 있다.' 고 생각했다. 혁명 이후 근대의 인간은 탈종교화된 사회에서(그렇다고 사회가 종교적이지 않았다는 것은 아니다) 신과 왕의 의지로 움직이는 사회를 떠받들지 않게 되었고, 진보를 통해 더 나은 미래를 만들어가는 새로운 사회를 구축하는 사명을 갖게 되었다. 자식이나 작품(독신의 유일한 변명)을 통해 기존의 모델을 지속시키지 않아도 되었고, 대신 완벽에 더 가까워지도록 모델을 변화시켜야 했다. 독신을 개인의 천재성(독신으로 남게 하는)과 종의 천재성(결혼을 하게 하는) 간의 투쟁으로 해석하려 했던 쇼펜하우어에 와서 그 변화가 가장 크게 일어났다고 생각한다. 따라서 독신을 정당화하는 것은 (공동의 이익에 반하는 것으로 정의되는) 이기주의가 아니라 (자신과의 관계로 정의되는) 개인주의이다.

• 근대의 모험가 •

독신의 여유로움에는 어두운 면도 있다. 뒤르켐(1897년)은 독신자가 존재론적 불만으로 자살에 이른다며 독신과 자살을 결부시켰다. "독신자는 정당하게 자신이 좋아하는 것에 애착을 느낄 수 있으므로 모든 것을 갈망하나 아무것도 그를 만족시키지 못한다." 따라서 독신은 인간의 욕망을 제한하지 못하게 하는 '무한대의 병'이다. 자크 브렐(Jacques Brel, 샹송 가수—옮긴이)의 돈키호테처럼 독신자는 '불가능한 꿈을 꾸고' '떠남의 고통을 안고 있다'.

그러나 한 세기 후에 돌아보면 독신자에 대한 저주는 사회생활의 원동력으로 작용한다. 장 클로드 코프만은 "가장 특징적 요소는 지속적인 반사성, 자신을 바라보는 눈길이다."라고 말했다. 독신자는 자신의 이미지를 커플이라는 틀로 제한하지 않기 때문에 '자신을 창조할 수 있는 자유'를 누리고, 결혼이 폐쇄해버리는 미래의 가능성이나 직업 선택의 가능성을 열어둔다(1999년, pp.105~106). 규범에 속하지 않는 독신자는 규범에 대해 의문을 품고 혼자서 규범에 문제를 제기할 수 있다. 19세기 말의 '독신자 소설'은 소설의 구조와 커플의 구조에 문제를 제기한다. 이는 사회학자들이 새로운 정신으로 근대의 특성인 시간의 가속화와 결부시키는 문제이다.

그들은 사회적 자유도 얻었다. 독신자는 자신을 고운 시선으로 바라보는 사람이 없는만큼 규범을 지키지 않아도 된다고 생각했다. 프루스트의 작품 속에 등장하는 드 노르푸아 씨는 결혼 전 빈 대사를 지냈는데 공식석상에도 원하는 사람을 거리낌 없이 아무나 초대했다. "내가 독신자이다 보니 유부남이나 가장보다는 대사관의 문을 더 활짝 열어놓을 수 있었던 것 같다."〔《꽃핀 소녀들의 그늘에서(A l' ombre des jeunes filles en fleurs)》〕

아내와 자식들에게 구속받지 않는 독신자가 세계에 대해 개방적이었다는 사실 또한 잊지 말자. 독신자가 이탈리아 밖에서 3년 이상 체류하는 것을 금지하여 독신을 제재하려 했던 카이사르도 이런 현상을 이미 간파했다. 중세의 성직자, 군인, 뱃사람 등 여행가들은 오랫동안 독신자였다. 독신이 오늘날 다시 증가하는 것은 교통의 발달로 젊은이들이 세상을 알고 싶은 욕구를 갖게 되었기 때문이 아닐까? 에블린 두세의 표현에 따르면 독신자는 '근대의 모험가' 일 것이다.

사실 폐쇄되고 닫힌 세계에서 개방되고 자유로운 세계로의 이행이 아니라면 근대를 어떻게 정의할 수 있겠는가? 결혼을 깰 수 없고 수도사의 서원도 돌이킬 수 없었던 폐쇄된 사회 계층이 존재한 사회에서 신분을 바꾸는 것은 어려운 일이었다. 오늘날에는 변화가 규범이 된 듯하다. 직장 생활(평생 단 하나의 직업만 갖는 일이 드물게 되었다)이나 연애 생활(이혼은 독신 생활을 맛보게 해준다) 모두 말이다. 이렇게 차이가 나는 것은 독신이 매우 다른 형태를 취했기 때문이다. 고전주의 시대(17~18세기)에는 독신이 늦은 나이까지(30세까지 혹은 그 이상) 장기화되었다. 안정된 직장을 얻을 시간이 필요했기 때문이다. 반면 사별한 경우가 아니라면 완전 독신의 경우는 드물었다. 19세기인 1851년 이후부터 20세기인 1972년까지 장기 독신은 천천히 감소하게 되었다. 혼인 연령이 22~24세로 다시 내려갔기 때문이다. 반면 같은 기간 완전 독신은 더 많아지게 되었다. 20세기 말에는 일시적 독신이 많았는데 당시에는 커플 생활과 독신 기간을 번갈아 갖는 것이 규범이 된 듯했다. 더 넓은 의미로 본다면 결혼을 하지 않은 경우가 많은 조기 커플 생활(동거 여부와 관계없이 안정된 관계)도 여기에 포함된다. 완전 독신은 남자의 경우 다시 증가하고 있고, 여자의 경우에는 감소하고 있다. 한 번도 커플로 살아보지 않은 경우는 드물게 되었다.

• 독신과 사회 •

독신의 이미지가 이렇게 변한 것은 독신이 발생하는 사회 계층 때문이기도 하다. 18세기에는 주로 재산을 물려주기보다는 탕진하기를 좋아하며 결혼의 구속을 피하려 했던 부자들의 이기주의가 비난의 대상이었다. 그런가 하면 19세기에 독신은 새로운 사회, 경제 모델에 적응하지 못하는 것으로 인식되었다. 도시로 몰려간 노동자 · 하인들의 독신, 농촌의 독신, 지참금이 없는 여성들의 독신과 서비스 산업의 발달로 인한 여성들의 독신(판매원, 여자 직원, 여교사 등). 가난 때문에 감내해야 할 독신은 자유연애가의 자손 격인 댄디보다 경멸을 덜 받았다. 완전 독신은 여성의 경우 최고 기록을 경신했다(1851년 12.3퍼센트). 비록 '노처녀'라는 비하의 이미지가 있기는 했지만 '노총각'이 겪는 경멸의 흔적은 없었다.

19세기 말에는 여성의 독신이 많았으나 이는 자의적인 독신이었고, 여성들이 가치 있는 직업을 갖게 된 것과 관련이 있다. 지금까지 여성의 독신은 과도한 능력과 결부되어 있다. 아이 키우기보다 학위를 더 선호하는 여자들에게 모럴리스트들이 화를 내보았자 소용없었다. 새로운 여성 독신자들은 스스로 쟁취한 사회적 입지로 존경과 배려를 얻었다.

17~18세기 모델의 변화에는 남성들이 큰 역할을 한 반면, 2세기 후에는 여성들이 고귀하고 헌신하며 존경받을 만한 독신의 이미지를 부각시켰다. 이혼의 재도입(1884년)과 페미니스트들의 요구, 젊은 여성들의 단체 활동 참여 및 가치 있는 직업으로의 진출, 전쟁 미망인에 대한 존경 등은 사회가 독신을 대하는 태도를 바꾸어놓았다. 대도시 주거도 독신자들을 점점 더 배려하게 되었다. '노처녀'나 과부는 가족에게 더 이상 짐이 되지 않았고, 독립성을 획득하거나 담보하는 경우가 많았다. 완전 독신은 여성의 경우 계속 줄어들었기 때문에, 여성의 해방을 통해 독신이 이미지 변신을 했다는 것이 모순이라면

모순일 것이다.

• 새로운 생활 방식 •

이제 독신은 감당해내고, 더 나아가 선택하는 생활 방식이 되었다. 더 이상 참아내야만 하는 것이 아니었다. 따라서 독신은 다른 시기, 다른 문화에 합류했다. 현대에는 결혼을 하면서도 그 내부에서 독신을 경험한다. 전통적인 결혼은 지속되는 것을 중시했고 대를 잇는 수단이었다. 두 사람의 결합이 영원히 이어지는 것은 세대라는 사슬이 계속 이어지는 것과 같았다. 반면 독신은 시간을 초월한 것으로 보일 수 있었다. 1910년 카프카는 이렇게 적었다. "그러나 독신자의 미래에는 아무것도 없다. 따라서 그의 뒤에도 아무것도 없다. 당장에는 아무런 차이도 없지만 독신자는 순간만을 살고 있다." 독신자에게 시간은 순간의 연속이자 합계와 같다. 마치 돈 후안의 여자들을 합해놓은 것처럼 말이다. 그것은 발자크 작품의 주인공 사촌 퐁스처럼 노총각의 이미지와 결부된 수집가의 고정관념과 연관되어야 할 것이다. 성서에 나오는 "곱으로 번성하라"에 독신자는 합계의 논리로 맞서고 있다.

독신의 역사는 소설가의 느낌을 확인해주는 듯하다. 유목민의 문화에서는 헤브라이 민족의 문화와 마찬가지로 독신이 금지되어 있었다. 시간은 공간처럼 흘러간다. 문명이 한 곳에 정착하면 문명의 틀을 마련하는 것은 결혼이다. 신화는 결혼을 제도화한 것이 건국자라고 보고 있다. 인도에서 이 역할을 담당한 사람은 스웨타케투(Swêtakêtu) 왕이었고, 중국에서는 태초의 조상 복희, 이집트에서는 통일 왕국 최초의 왕 메네스(Menes)였다. 그리스의 경우 아테네 최초의 왕 케크롭스(Cecrops), 로마 최초의 왕 로물루스가 사빈(Sabine)들을 유괴하여 로마법으로 결혼의 초기 형태인 납치를 합법화했다. 창세기의 야훼도 마찬가지이다. 여기에는 천국에서 엄숙한 첫 결혼식을 올린다는 그리스도교 전통이 존재한다.

그러나 이내 다른 문제가 발생하는데 바로 권력 이양의 문제였다. 성서에서는 모세에서 여호수아로 권력이 이양되었고, 판사들의 시대에도 권력 이양은 왕조를 통해 이루어지지 않았다. 최초의 왕국이 형성되면서 자식에게 물려준다는 원칙이 세워졌다. 이는 다윗과 솔로몬의 이야기가 보여주듯 심한 반발을 샀다. 그리스 신화에서도 제2세대부터 이와 비슷한 문제가 제기된다. 우라노스와 가이아의 아들들이 타르타르에 버려졌을 때, 그리고 사투르누스(크로노스) 자식들이 아버지에 의해 집어삼켜졌을 때 이는 권력을 잃을까봐 두려워하는 가부장의 두려움을 상징한다. 따라서 권력 이양은 난폭해졌다. 권력을 정당하게 쥐고 있는 사람에게 항의하고 빼앗아 와야 했다. 그래서 다음 세대에 나온 해결책이 바로 독신이다. 제우스의 자식들 대부분은 결혼하지 않았고, 단 한순간 정착했을 뿐인 제우스는 영원히 올림푸스의 주인으로 군림한다. 권력의 분산은 다양한 형태의 결합을 인정함으로써 해결되는데 그럴 경우에는 자식들이 상속권을 평등하게 받지 못했다.

그리스도교적 의식에서도 동일한 시간의 개념이 등장한다. 시간에 예속된 세상은 결혼을 통해서만 지속되지만 영원 앞에서는 독신만이 대안이다. '이 세상의 자녀들은 장가도 가고 시집도 가되, 저 세상과 죽은 자 가운데서 부활함을 얻기에 합당히 여김을 입은 자들은 장가 가고 시집가는 일이 없으며' 라고 예수는 일렀다(누가복음 20:34~35). 결혼 모델은 종말이 다가오면 집단적으로 다시 제기되었다. 선택받은 자 모두는 교회를 형성하고, 그리스도는 그 교회와 결혼할 것이다. 그러나 후세나 권력 이양은 거론되지 않았다. 신의 왕국은 수백 년이 지나도록 변하지 않을 것이다.

같은 문제들이 역사적으로도 제기되었다. 독신 문제에 민감했던 시기는 문화와 문명에 있어 균형점에 다다랐다고 믿던 시기였다. 기원전 5세기의 아테네, 로마 제국, 고전주의 시대의 프랑스 등이 그랬다. 균형과 행복, 그로 인한 더 나은 삶의 유지는 인구 증가 정체 현상을 통해 나타났다. 앞에서도 살펴본 바와 같이 마들렌 펠티에는 1911년에 이미 다음과 같이 주장한 바 있다. "인구를 감소시키는 가장 큰 요인은 국민들에게 유익한 것이다. 그것은 지성과 복지의 발전이다." 당시 인구 증가 옹호론자들은 이를 이기주의라고 강력히 비난했다. 그러나 신맬서스 인구론자들은 지나친 인구 증가는 전쟁의 위험을 낳는다고 주장했고, 필수 공간 이론이나 '인간 탄환'을 낳아야 한다는 호전주의자들의 부추김을 상기시켰다.

독신에 관한 새로운 고찰이 '인구 성장 제로'에 대한 고찰과 거의 때를 같이했다는 것은 우연이 아닐 것이다. 더구나 인구 감소를 우려한 모럴리스트들 중에는 다음 세대에게서 전통의 가치가 상실되는 것을 비난하는 사람들이 많았다. 이들도 무의식적으로 시간을 멈추고 이상적이라고 믿는 단계에 문명을 고정시키고 싶은 꿈을 꾸었을 것이다. 가장 폭넓은 의미의 독신은 이렇게 '솔로들'뿐만 아니라 가장들도 포함시키는 삶과 사고의 방식이다. 시간을 거부하고 이전의 삶이 남긴 시체 위에 다른 삶을 구축하는 자연의 변화를 거부하는 것이다. 죽음에 대한 공포는 "독신자들을 무지무지하게 고통스럽게 했다."고 발자크는 말했다. 발레리의 말을 빌리자면 문명이 소멸할 처지에 놓였다는 것을 스스로 발견한 시기에 독신의 본질인 순간을 숭배하게 되었다.

영원에 대한 꿈은 실현 불가능한 이상의 또 다른 모습이 아닐까? 물론 결혼은 시간의 개념으로 해석되었으나 이는 바로 시간이 부족했기 때문이다. 결혼을 파기할 수 없도록 한 시점이 남녀가 함께 사는 시간이 15년밖에 되지 않던 시대라는 것을 잊지 말자. 나이 차이가 많이 나는 경우, 30세의 젊은 과부는 또 다른 독신 생활을 하게 되었다. 오늘날 30세에 한 결혼은 이혼만 하지 않는다면 40~50년간 오래 지속될 수 있다. 결혼이 실질적으로 지속될 수 있게 되자 결혼에 대한 두려움이 생기게 되었다. 이상이 반드시 실현되어야 좋은 것은 아니다.

독신은 행동보다는 정신 속에 깃든 것이지만, 독신에 대한 정의는 거의 불가능해졌다. 독신의 경계는 모호해졌다. 개념의 모호함은 오래 지속되었고 여기에 용어 사용의 통일이라는 문제도 한몫하였다. 우선 개인의 경계를 살펴보자. 우리가 이미 말한 바와 같이 독신은 결혼처럼 인류사와 개인사에 있어 의식의 출현과 연관된다. 이것만으로도 어쩔 수 없이 아이들까지도 독신자로 간주하는 호적상의 정의를 제외시킬 수 있다. 그러나 언제부터 독신자라고 말할 수 있을까? 독신 생활을 감내하든 거부하든 독신에 대한 의식은 어떻게 생기는 것일까? 사춘기 아이들이(12세 전후) 커플 생활에 대해 생각해보기 시작할 때일까? 그 시기가 혼인 적령기(여자 14세, 남자 18세)일까? 아니면 학업을 마치고 직장 생활을 시작하는 때가 적절할까? 따로 집을 마련해 정착한 때는 어떤가? 이때가 평균 혼인 연령(오늘날 약 30세)일까?

게다가 독신이 '정상'으로 간주되지 않는 나이는 몇 살부터인가? 독신은 결혼 모델에 집착하는 독신자들을 초조하게 만들 수 있는가?

주름이 생기거나 흰머리가 생겨 우리가 늙은이로 몰릴 때일까? 후손을 영영 보지 못하게 하는 폐경기일까? 혹은 죽을 때가 다 되어서일까? 남자든 여자든 90세에도 결혼하는 만혼은 더 이상 이례적인 일도 아니지 않은가.?

엄격한 의미의 독신은 분명한 경계선을 더 이상 긋고 있지 않다. 과거에는 결혼과 비슷한 입문 예식으로 독신의 시작을 표시할 수 있었다. 우선 성품식이 있었다. 오랫동안 성직자의 독신이 독신 현상을 대표했음을 잊지 말자. 한편 민법상의 독신에도 예식이 존재했다. 어린 시절과 결별을 상징하는 총각 모임의 '입단식', '노처녀'를 위한 성녀 가타리나 축일 등. 오늘날 여성의 평균 혼인 연령은 28.6세이다. 성녀 가타리나 축일은 과거처럼 평생 독신으로 살아야 한다는 위협을 상징하지 않는다. 결혼이 언제쯤 시작되는지는 알아도 독신이 언제 시작되는지는 모르게 되었다.

커플과 대비해서 독신을 정의하는 것이 더 만족스러워 보인다. 그렇게 하면 동거인, 시민연대계약자, 자유 결합으로 함께 사는 자들을 제외시킬 수 있기 때문이다. 그러나 결혼하지 않은 커플들을 정의하는 데에도 같은 문제에 부딪히게 된다. 일시적 결합을 어느 순간부터 (잠정적으로) 안정적인 커플로 간주할 수 있는 것일까? 게다가 자유로운 결합은 결혼을 정말로 거부하기 때문에 선택한 것이므로 이러한 입장을 취했을 때 독신이라는 이름을 거부할 이유가 없어 보인다. 또한 요즘 한창 증가하고 있는 '동거하지 않는 커플'이라는 새로운 모델도 통계에 잡히지 않고 있다. 이 정의는 결혼 여부에 상관없이 '커플'과 '솔로'를 대비시킬 수 있으므로, 지적인 면으로 보면 더 만족스러운 정의이기는 하지만 혹시 이것이 바로 함정은 아닐까? 넓은 의미의 커플에게는 무엇이 남는가? 바로 독신자이다.

• 독신과 고독 •

폭넓은 의미의 독신은 고독으로 정의된다. 어쨌든 이보다 더 당연한 정의가 있을까? 이는 독신이 내포하는 어원으로 다시 돌아오는 격이 될 것이다. 특히 이 정의는 실용적이다. '솔로들(싱글, 솔리바테르 등)'은 가구를 구성할 때 찾아낼 수 있다. 1인(독신자, 홀아비, 과부, 이혼자)으로 구성된 가구와 한 부모 가정 등은 새로운 독신 현상을 파악하기 위해 간단한 한 가지 기준만 고려한 것이다. 그러나 공동 하숙, 동거하지 않는 커플, 부모 집에서 살면서 장기화되는 독신(탕기 모델) 등 양적으로 측정하기 어려운 라이프스타일도 있다. 게다가 이 '고독'이라는 말에 19세기식의 강한 의미를 주어서는 안 된다. 우리는 오히려 이 '고독'이라는 것이 다르지만 매우 강하게 사회조직에 편입되는 것임을 살펴보았다. "집단의 정체성은 (중략) 개인주의적 현대성이 초래한 필연이다."(코프만, 2004년) 모순적이게도 오늘날 고독은 자기들끼리만 지내는 커플들이 겪는 현상이다.

고독과 애정의 부재를 혼동해서는 안 될 것이다. 도덕의 해방으로 결혼이 성적 쾌락을 독점하는 일은 사라졌다. 그러나 애정을 바탕으로 커플을 형성하여(결혼, 시민연대계약 혹은 자유연애) 현대는 독신자의 오래된 특권에 문제를 제기했다. 《사랑의 역사(Histoire du sentiment amoureux)》에서 언급한 논의를 다시 살펴보지 않아도 사랑과 결혼은 오랫동안 관계가 삐걱거렸다는 점을 상기할 수 있다. '보헤미안의 아이'는 역사적으로 자유, 우리에게 모자란 것에 대한 욕망, 여유, '결정'을 촉진하는 거리 둠, 순간의 번뜩임, 결혼보다는 독신을 특징짓는 모든 것에 결부되어 있다. 그리스도교 전통의 성례를 통해 신성하고 높은 위치를 차지했을지라도 부부의 사랑은 커플을 통해 겪을 수 있는 낭만적 열정과는 매우 먼 거리에 있다. 플라톤에서 스탕달에 이르기까지, 궁정연애에서 낭만적 사랑에 이르기까지, 위대한 사랑은 항상 독신자들의 몫이었다.

사랑과 열정은 우연 속에 필연이 끼어든 것이다. 우연의 결실인 사랑하는 사람과의 만남은 필연적이 된다. 사랑의 만남은 그럴 수밖에 없는 이유로 인해 성사되었고, 두 사람은 만날 수밖에 없는 사이였기 때문이다. 결혼은 이 (내재적) 필연성을 (외부적) 의무로 탈바꿈하는 것이다. 17세기 말 '궁정' 이론에서 부부의 결합은 사랑과 양립할 수 없다고 주장하는 사람들이 있었다. 자신이 갈망하는 것을 소유하면 갈망이 사라진다는 것이다. 태초의 남녀추니의 전설에서 제우스가 원시 인간을 반으로 쪼개었던 이유는, 반쪽이 서로를 끊임없이 찾아다니도록 하기 위해서였다. 이 둘은 결혼하지 않는데, 그것은 불륜을 저지른 연인들이 서로 만나게 되기 때문이다. 오히려 부재나 장애물은 스탕달이 '제2의 결정'이라 지칭한 것, 즉 사랑을 연인의 마음속에 심을 수 있도록 돕는다.

독신이란 항상 자리가 남아 있음을 의미하므로 사랑이 싹터서 자유롭게 꽃피울 수 있는 특별한 장소가 된 지 오래이다. 이혼 특히 상호합의에 의한 이혼이 다시 가능해지고 20세기에 연애결혼이 놀랍게 발달하면서 결혼에서 의무라는 개념이 사라지고 필연이 그 자리를 대신 차지했다. 이리하여 결혼은 사랑의 증표가 되었다. 현재 포괄적인 의미에서 본 독신은 고독과 결부되어 있고, 또다시 하룻밤 사랑과 미래 없는 '파트너 바꾸기'가 될 확률이 높다. 우리는 1891년 여자에게 '파괴적이며 한 차원 높은' 사랑을 경험하도록 해주는 유일무이하고 '특별한 연인'이라고 했던 위잔의 열광과는 먼 거리에 놓여 있다. 이 이야기는 우리가 현재 맞이하고 있는 독신을 다시 정의할 때 빠질 수 있는 위험일 것이다. 시간이 흐르면서 독신은 실패, 고독, 이기주의 혹은 방탕이라는 부정적 이미지에서 벗어날 수 있었다. 그러나 고정관념은 그리 쉽게 사라지지 않는다. 일시적일지라도 (결혼이 아니라) 커플을 이상적 모델로 삼아서 '솔로들'을 실패나 거부의 죄의식 속으로 다시 몰아가지나 않을까 걱정이다.

지금까지 살펴본 독신의 개념들 가운데 무엇을 선택할지는 우리에게 달렸다. 독신의 커플 생활과 고독에 모두 나타나는 상이한 정신 상태인가, 아니면 일시적이든 평생을 가든 책임지는 혹은 적어도 자의적인 고독과 관련된 행태인가? 사람마다 독신의 의미는 다를 것이다.

{ 부록 1 }

독신에 대한 정의, 어원, 역사

⊙ 정의

1) 호적상의 용어 : 한 번도 결혼한 적이 없는 자. 엄격한 의미의 독신은 이렇게 규정되므로, 어린아이들도 태어난 시기부터 독신자의 범주에 들어가며 대신 홀아비, 과부, 이혼자들은 제외시켜야 한다.
2) 특히 혼인 적령기에 이른 자, 더 나아가 법적 성년이 된 자를 지칭한다. 이럴 경우 통계를 내기가 어려운데, 통계 조사를 실시하는 사람마다 동일한 기준을 적용하지 않게 되기 때문이다.
3) 폭넓은 의미의 독신자에는 혼자 사는 자(홀아비, 과부, 이혼자)가 모두 포함된다. 그러나 이럴 경우 커플로 사는 독신자들(시민연대계약자, 동거인)이 어쩔 수 없이 제외된다. 예 : 사별("독신자들 가운데 홀아비는 특별한 위치를 차지한다." 게랭 드 라 그라스리, ca 1912) 〔"홀아비란 말하자면 재활용된 독신자이다." 사샤 기트리, 《아홉 명의 독신자(Ils étaient neuf célibataires)》, 1939년〕, 이혼("그녀는 20년 전에 이혼한 독신남 한 사람을 만났다.", 『르 푸앵』, 2002, p.70) 등.
4) 비유적 의미로 쓰일 때, 독신은 결혼과 양립할 수 없는 모든 것을 가리킨다. 순결(결혼 후에 강제된 독신 기간), 자유연애(아내가 없는 동안 독신자 생활로 돌아가기), 피임('자녀의 수를 늘리지 않기 위해 저지르는 죄'

'은밀한 독신자로 독신자보다 더 나쁜 사람', 피숑, 1765년), 불륜('결혼 중의 독신', 퐁세 드 라 그라브, 1801년) 등.

⊙ 어원

독신의 어원은 다양하다. 스칼리게르(Scaliger, 16세기)는 독신자라는 말에서 그리스어원으로 '잠자리'와 '저버리다'는 의미를 가진 단어를 발견했다. 독신자는 부부의 잠자리를 저버리는 자이다.

17세기에는 (성 아우구스투스가 지었다는 말장난을 본떠) 라틴어로 캘리베아티투도(caeli beatitudo, '천상의 행복')라 했다. 독신은 "사실 거의 천국과 같은 삶이다. 독신을 지키는 자들은 결혼을 결코 하지 않을 정도로 순결하다".[1]

프랑스어로 독신이라는 말은 같은 의미인 라틴어 카엘렙스(caelebs)에서 파생했다. 그러나 정작 라틴어의 어원은 불분명하다. 고독을 의미하는 산스크리트어 케발라(kebalah)와 비슷하게 보이기도 하지만, 접미사 -ebs가 있어서 인도유럽어 같지 않다. 그래서 산스크리트어의 에카(eka, 하나)와 라틴어 리베레(libere) 혹은 루베레(llubere, 좋아하다)에서 어원을 찾기도 한다. 독신자는 혼자 있기를 좋아하는 자이기 때문이다. 고독을 말하는 어근은 타당성이 있어 보이지만 정확히 어원을 규명하기는 어렵다.[2]

⊙ 역사

'독신(célibat)'이라는 말은 16세기에 등장했다(로베르에스티엔사전, 1549년). 처음에 이 단어는 성직자의 독신을 가리켰다. 때문에 카엘룸(caelum) 즉 하늘과 연관된 형태를 지녔다. 1700년 가브리엘 쉬숑은 자신의 독신을 성직자의 독신과 구별하기 위해 '자의적 독신'이라는 말로 좀더 세분하고자 했다. 결혼도 하지 않았고 쿠르티잔으로 살지도 않으면서 한 남자와 충실한 관계를 맺고 있는 여성을 '결혼과 독신 밖에서' 살고 있다고 말할 수 있다(Chamfort, n° 982).

독신에서 파생된 '독신자(célibataire)'는 다네(Danet)의 《프랑스라틴어사전(Dictionnaire français latin)》(1771년)이 생긴 이후부터 존재한다.[3]

독신이 현재 통용되는 의미를 지니게 되었을 때에도 이 말은 여자에게 모욕적 표현으로 간주되었다. 장 프랑수아 페로(Jean-François Féraud)〔《프랑스어 비평사전(Dictionnaire critique de la langue française)》, 1787년〕에 따르면, '독신자'라는 말은 남성에게만 쓰이며 여자의 경우에는 '독신을 유지한다' 혹은 '독신 속에서 산다'라고 표현했다. 이것은 법으로 정해진 사실이었다. "30세로서 결혼하지도 않았고 사별하지도 않은 남자만을 독신자라고 한다. 여자는 나이에 상관없이 독신자와 관련된 조항에 적용을 받지 않는다."[4]

사실 독신이라는 말은 매우 강한 입장 표명이며 철학적 견해이다. 독신자가 되려면 결혼하지 않은 것으로는 부족하다. 결혼을 거부하고 마음의 자유를 간직해야 한다.

"만져보시오. 나는 독신자요. / 당신도 독신자요.—나 말이오!—돌려 말하지 마시오 / 당신은 사랑에 굴복해서 처녀막을 버리고 있소."(뒤 뷔송, 제3막, 제4장, 1783년, p.53)

{ 부록 2 }
독신에 관한 견해

"그는 말했다. 아름다운 여인이든 못생긴 여자이든 결혼하도록 하여라. 아름다운 여인과 결혼하면 그녀가 너를 속일 것이고, 못생긴 여자와 결혼하면 그녀는 너를 벌할 것이다. 두 여자 모두 거부해야 하느니, 즉 너는 결혼해서는 안 된다."

— 비아스의 삼단논법, Aulu Gelle, V, 11, trad. R. Marache에서 언급.

"처녀 딸을 시집보내는 자도 잘하거니와, 시집보내지 아니하는 자가 더 잘하는 것이니라." — 성 바울로, 고전 7:29~38

"사제들에게 결혼을 금한 것은 이유가 있었다. 그들에게 다시 결혼을 허용하는 것은 그보다 더 합당한 이유가 있기 때문이다."

— 피우스 2세, 1458~1464년, 플라티나(Platina)에 의함

"늙은 처녀, 낡은 누더기, 늙은 총각, 낡은 걸레(혹은 늙은 돼지, 늙은 탕아, 늙은 바보 등)." — 프랑스 각 지방에서 쓰이는 대중적인 표현

"노처녀는 발로 차버린 것을 두 손으로 다시 주워 모으려 한다."

— 속담, C. 도팽, 《파르주(Farge)》, 1984, p.229

"여자가 남자에게 유일하게 줄 수 있는 것은 두려움뿐이다. 두려움을 그에게 영원히 남겨줄 것이다." —《소녀들의 학교》 1657(1672), p.117, 연인에게 선물 주는 것을 삼가라고 하기 위해

"결혼과 독신은 모두 불편한 점이 있다. 기왕이면 불편한 점을 고칠 수 있는 것을 선택해야 한다." — 샹포르, 《격언과 사고》, VI, n° 389

"독신과 결혼 문제에 관해 가장 합리적이고 정도 있는 말은 다음과 같다. '무엇을 선택하든 후회할 것이다.' 퐁트넬은 말년에 결혼하지 않은 것을 후회했다. 그는 자신이 아흔다섯 살이라는 것을 잊고 있었고 대범해졌다." — 샹포르, 《격언과 사고》, VI, n° 393

당신은 배은망덕한 독신자 아들이었소.
어찌하여 당신은 절대 아버지가 되지 않겠다고 맹세하는 것이오?
— 뒤 뷔송, 제3막, 제5장, 1783, p.59

웃음과 쾌락은 모든 매력을 불러 모으고
독신은 우리의 눈물을 흐르게 하는 법이 없으니. — 들로, 1817, p.6

그렇소, 우리가 이 방탕한 시절에
독신을 옹호하고 결혼에 반대하는 것을 볼지라도
야유하는 자들의 조롱에도 불구하고
항상 결혼은 승리하였소. — 스웨린, 제5막 제7장

“여자들을 속이는 것. 여자들에게 속는 것. 버는 것보다 더 많이 쓰는 것. 공연을 쫓아다니고 외식하는 것. 집에 들어오는 것. 집에서 혼자 지루해하는 것. 이것이 바로 독신 남성의 생활이다.”

— 와플라/뷔리, 1823, 제1막 제1장

독신! 독신이여! 결혼은 네 독립과 같은 것을 결코 줄 수 없느냐?

— 카지미르 드라비뉴, 《노인들의 학교》, 1823, 제1막 제1장

“독신자는 인류의 독특한 괴물이다. 동물계의 그 어떤 종에서도 독신자는 발견되지 않았으며, 다른 자연계 어느 종을 보더라도 절대 독신자가 나타나지 않는다.” — 루이 쿠엘락, 1841, p.8

“결혼하면 후회할 것이다. 결혼하지 말아라. 그래도 후회할 것이다.”

— 키에르케고르, 《이것이냐 저것이냐》, 1843

“내가 관찰한 바로는 유부남이 독신자보다 더 행복해 보인다.”

— 스펜서, 1889, p.172, trad. H. de Varigny

“결혼은 도시를 번식시키는 훌륭한 부르주아적 요소이다. 독신은 정신을 번식시키는 숭고한 요소이다.” — 메리, 《위로할 수 없는 과부》, 1847

“결혼보다 더 어리석은 상태는 딱 하나. 바로 독신이다.”

— 슈탈, 장 그랑 카르트레가 인용(p.239)

“자유로운 정신의 소유자들이 여자들과 살 것인가? 고대의 진실을 말하

는 새들과 비슷하고 현재의 진리를 생각하고 말하는 자들이므로, 그들은 혼자 날기를 더 원하리라고 나는 생각한다."

— 니체, 《인간적인 너무나 인간적인》, n° 426

"독신과 결혼의 차이는 단 한 글자이다. 지루함과 지루함들."

— 그랑 카르트레, p.360

"글자 그대로 노처녀란 늙은 처녀를 말한다. 그런데 처녀라는 이유 때문에 젊은 나이에도 늙어야 하는가?"

— 마리 안 드 보베, 《서른 살 처녀의 고백》, 1895

"우리 세계에서는 일하는 여자는 치지 않는다. 혼자 외출하는 처녀는 결혼을 포기한 것이다." — 에밀 아르날, 《마르트 브리엔즈》, 1909, p.3

"자녀가 없는 남자의 감정은 항상 네게 달려 있다. 네가 바라든 바라지 않든 매순간마다 그리고 마지막까지. 네 신경을 쥐어짜는 각 순간마다 네게 지속적으로, 그리고 아무런 결과도 내지 못한 채, 순전히 네게 달려 있다. 시지프(Sisyphe)도 독신이었다." — 카프카, 《일기》, 1922

"독신자의 앞에는 아무것도 없다. 따라서 그의 뒤에도 아무것도 없다. 당장에는 아무런 차이도 없지만, 독신자는 순간밖에 없다."

— 카프카, 《단편》, 1980

"노처녀에게는 항상 겨울이다." — 피에르 레르미트, 《노처녀》, 1924

"나는 여자들이 결혼에 적합하게 만들어졌다고 생각한다. 그리고 남자들은 독신자에 걸맞게 만들어졌다. 모든 악의 근원은 바로 이것이다."

— 사샤 기트리, 《아버지가 옳았다》, 1961, t. I, p.28

"누구는 결혼과 빳빳한 밧줄, 마늘을 좋아하고 누구는 그렇지 않다."

— 엘리스, 1963, p.188

즐거운 독신자가 되어야지 맹세한다.
미래의 장모를 피해서.

— 모리스 퐁, 《가야할 때는 가야한다》, 앙리 살바도르가 노래, 1966

나는 네게
청혼하지 않는
영광을 누렸으니
양피지 문서 아래
우리 이름을
새겨넣지 말자.

— 조르주 브라센스, 〈청혼하지 않기〉, 1966

"그리고 결혼이란 게, 잘 모르겠지만, 어쨌든 믿을 수가 없어. 우선 증인들이 필요하잖아. 무슨 사고라도 난 것처럼 말이야."

— 콜뤼슈, 〈에이즈, 동성애자들〉, 1986

"독신자란 무엇인가? 내 생각에는 자기 집에서 혼자 사는 어른이거나, 아이들과 혼자 사는 어른이다."

— 오딜 라무레트, 1987, p.4

"서른다섯 살에 뉴욕에 사는 독신 여성보다 더 나쁜 경우가 있다. 이를테면 뉴욕에 사는 스물다섯 살의 독신여성이 그렇다."

— 부쉬넬, 2000, p.162

"독신자는 사랑을 기다리는 사람이라고 생각한다. 그러나 결혼한 한 친구 말로는, 자기도 마찬가지라고 한다. 제기랄."

— 소피 퐁타넬, 1922, p.60

{ 부록 3 }
유명한 독신자들

{ _ 다음 목록은 모든 독신자들을 망라하지 않았다. 또한 유명인의 신상명세서에 독신이 중요한 사실로 언급되는 경우는 드물기 때문에 목록의 작성에도 어려움이 있었다. 즉 불확실한 기록으로 인해 많은 인물이 독신의 분류에서 제외되었다. 기준을 매우 엄격하게 정한 탓이다(한 번도 결혼한 적이 없는 사람). 따라서 현존하는 인물은 모두 제외시켰다(죽을 때까지 독신으로 남을지 알 수 없으니까!). 또한 최근 인물에 대해서는 사생활을 존중해주고 싶었던 이유도 있다. 이외에도 성직자는 제외시켰다. }

참고 :*가 있는 경우에는, 결국 결혼은 했지만 독신의 역사에서 중요한 역할을 한 사람들이다.

| *아다모프, 아르튀르 Adamov, Arthur, 1908~1970 : 《고백(L'Aveu)》, 《남자와 아이(L'Homme et l'Enfant)》 《그들(Ils)》에서 자신의 인생과 치유할 수 없는 성적 불능에 대해 고백한다. 그는 성불구였기 때문에 여자를 행복하게 해줄 수 없으리라는 두려움을 가지고 있었다. 그래도 1961년에(53세) '들소' 라는 별칭으로 부르던 여인과 결혼하기도 했다. 호텔에서만 생활하던 그에게 결혼은 '다른 생' 을 살 수 있으리라는 희망이었다.

| 아미엘, 앙리 프레데릭 Amiel, Henri Frédéric, 1821~1881 : 제네바 아카데미 미학 및 철학 교수. 소심한 성격의 소유자였다. 주위에서 항상 결혼하라는 권유를 했지만 일시적이고 플라토닉한 관계만을 맺었을 뿐이다. 사후에 그의

《일기(Journal intime)》에서는 충격적인 사실이 드러난다. 그는 우유부단하고 세상에 자신을 내맡기지 못하는 내성적 성격의 소유자였으나 가차없는 '정신 분석'을 받음으로써 내적 의식은 고통받았다.

| 아나크레온 Anacreon, 기원전 6세기 : 그리스 시인으로 서정시의 창시자 가운데 한 명.

| 안데르센, 한스 크리스티안 Andersen, Hans Christian, 1805~1875 : 덴마크 작가. '미운 오리새끼'와 같았던 그의 젊은 시절은 가난과 못생긴 외모로 불행했다. 그러나 그는 아이들의 마음속에 살아 있다.

| *아폴리네르, 기욤 Apollinaire, Guillaume, 1880~1918 : 미혼모의 아들로 태어난 그는 불안정한 시절을 보냈고, 23세에는 첫 결혼에 대해 희망을 버릴 수밖에 없었다. 마리 로랑생(Marie Laurencin)과 길고도 우여곡절이 많은 관계를 맺었다. 그녀와 결별한 후 아폴리네르는 다시 결혼하려 했지만 군대에 징집되고 부상을 당하면서 여러 번 기회를 놓쳤다. 1918년 48세에 자클린 콜브(Jacqueline Kolb)와 결혼하지만 그로부터 6개월 후 사망한다.

| 아폴로니우스 Apollonius of Tyana, 1세기 : 소아시아의 철학가이자 기적을 행한 마술사로 여러 신기한 이야기의 주인공이 되었다.

| 아를레티 Arletty, 1898~1992 : '아름다운 눈을 가진' 프랑스의 여배우로 자신의 독신을 당당히 밝혔고, 종종 그녀를 '마담'이라고 부르는 사람들에게 냉정한 어조로 "마드모아젤이라 부르시오."라고 말하곤 했다(Mauco, 1973, p.71).

| 아르토, 앙토냉 Artaud, Antonin, 1896~1948 : 작가이자 연극인으로, 혼란스러운 내적 경험으로 인해 정신병원에 들어가게 된다. 친구들이 정신병원에서 그를 꺼내는 데 애를 먹었다.

| 오베르, 에스프리 Auber, Esprit, 1782~1871 : 작곡가. 《포르티치의 벙어리 아가씨》를 지었으며, 파리 고등음악원 원장으로 재직했다. 열심히 일을 하는

타입이었으며(총 47편의 오페라와 한 편의 발레곡을 작곡했다) 허세를 부리며 말하는 댄디이기도 했다. "내가 좋아하는 것은 여자와 말, 대로와 불로뉴 숲뿐이다."

| ***발자크, 오노레드** Balzac, Honoré de, 1799~1850 : 프랑스 소설가로 독신자들을 즐겨 주제로 삼았다. 죽기 얼마 전 서신을 나누던 친구였던 한스카 부인과 결혼했다.

| ***바르베 도르비이, 쥘** Barbey d'Aurevilly, Jules, 1808~1889 : 작가, 댄디, 기자, 스캔들 메이커. 사촌의 아내와 이루어질 수 없는 사랑에 실망한 후 여자들과 가끔씩 안정적 관계를 맺기도 한다. '하얀 천사'로 불린 불공(Boulgon) 남작부인과 결혼하여 잠시 속죄의 희망을 품기도 한다.

| **바르트, 롤랑** Barthes, Roland, 1915~1980 : 프랑스 작가, 비평가. 콜레주 드 프랑스 교수. 젊은 시절에는 건강 문제에 시달렸다. 《사랑의 이야기(Fragments d'un discours amoureux)》(1977년)는 '익히 알고 있지만 그래도 어쩌지 못하는 일들에 대해' 환멸을 느낀 지식인의 괴로움을 조심스럽게 분석한다.

| **바소, 마리-잔** Bassot, Marie-Jeanne, 1878~1935 : 부모는 수녀가 되겠다는 뜻에 반대하고 그녀가 '복지 주택' 사업에 참여하자 감금하기까지 했다. 도망친 그녀는 임의적 불법 감금죄로 부모에게 소송을 걸어 승소하고, 1909년 르발르와-페레 복지 주택 단체를 설립한 후 죽을 때까지 운영한다.

| **바타이유, 조르주** Bataille, Georges, 1897~1962 : 로르(Laure)와 오랜 관계(4년)를 유지한다. 인생에 관한 그의 신비적 관점에 있어, 여성과 에로티즘은 중요한 자산이다〔《내적 경험(L'Experience intérieure)》〕

| **보들레르, 샤를** Baudelaire, Charles, 1821~1867 : 마리 뒤발(Marie Duval)과 오랜 관계를 유지했으나 중간에 다른 연인들을 만나기도 했다. 보헤미안 같은 인생을 살았으며, 병약한 몸과 과도한 지출을 감시하던 후견인으로 인해 괴로움을 당했다. 그는 죽을 때까지 약소한 연금만 받았을 뿐이다.

| 보부아르, 시몬 드 Beauvoir, Simone de, 1908~1986 : "내가 가정주부의 운명을 타고나지 않아 천만다행이다. 아버지는 페미니스트는 아니셨다. (중략) 그러나 필요한 것이 법이 되었다. 아버지는 자주 말씀하셨다. '내 딸들아, 너희들은 결혼하지 말거라. 지참금이 없으니 일해야 한다.' 나는 결혼보다 일하는 것이 훨씬 더 좋았다. 일을 할 수 있으리라는 생각에 희망을 가질 수 있었다." (Beauvoir, 1958, p.106). 사르트르를 참조할 것.

| 베토벤, 루드비히 반 Beethoven, Ludwig van, 1770~1827 : 이 위대한 작곡가는 일찍부터 청각을 잃었고, 여러 번 사랑에서 실패를 겪었다(이 가운데 신비한 '불멸의 사랑'이 있었다). 이로 인해 그는 점점 더 고립되었다. 그러나 조카 카를(Karl)을 키우기도 했다. 청각을 잃기 전에는 사교계에 출입하면서 특히 사교계 부인들과 연애를 했고, 독신은 염두에 두지도 않았다. 그는 에디터인 심록(Simrock)에게 이런 편지를 쓰기도 했다. "당신의 딸이 이미 성장했습니까? 딸들 중 한 명을 내 약혼자로 주시오. 혹시 본에서 독신으로 살게 되더라도 그리 오래 가지 못할 테니까요."

| 벨리니, 빈센초 Bellini, Vincenzo, 1801~1835 : 이탈리아 작곡가. 연인 마달레나 푸마롤리(Maddalena Fumaroli)의 부모는 딸이 음악가에게 시집가는 것을 반대했다. 이후 그는 여자들과 일시적인 관계만 가지게 된다(그의 표현으로는 일탈이었다). 그중 유부녀 기우디타 칸투와는 비교적 오래 만나지만 결혼은 피한다. 그는 한 영국 친구의 집에서 홀로 생을 마감했는데, 영국 친구는 벨리니가 혹시 콜레라를 앓고 있는 것이 아닌가 두려워 집을 비웠다고 한다.

| 비아스 Bias, 기원전 6세기 : 그리스의 '칠현인' 가운데 한 사람. 그는 자신의 이름을 그대로 쓴 삼단논법으로 결혼을 배제했다.

| 부알로, 니콜라 Boileau, Nicolas, 1636~1711 : 전해내려오는 이야기에 따르면 싸움을 좋아하는 칠면조에 의해 거세된 변호사. 삭발례를 받은 성직자였으

나 사교계를 누볐고, 풍자 시인이자 선술집의 대들보이기도 했다. 그는 개과천선하여 왕의 사관(史官)이 되었다.

| 불랑제, 릴리 Boulanger, Lili, 1893~1918 : 프랑스의 여류 작곡가로 24세에 사망했다.

| 브람스, 요하네스 Brahms, Johannes, 1833~1897 : 독일 작곡가. "나는 결혼을 소홀히했다. 결혼할 마음이 있었지만 그때마다 아내가 당연히 누려야 할 안락을 제공할 자신이 없었다."

| 브랑톰 Brantôme, Pierre de Bourdeille, seigneur de, 1540?~1614 : 장남이 아니었던 그는 성직자가 될 처지였으나 교회를 포기하고 여행을 하다가 군인이 된다. 말에서 추락해 몸이 마비되자 고향으로 돌아와 글을 썼다.

| 브라센스, 조르주 Brassens, Georges : "여성은 시적 아름다움을 잃게 될 것이다. 비너스의 모습을 잃게 될 것이다. 그러면 무언가 없어지게 되니, 바로 결혼이다." 1976년 《비(非)청혼》에서 브라센스는 이렇게 읊었다. 브라센스 자신은 '포퇴프 안에서 사랑의 점치기'를 선택하지 않았지만 자신이 '퓌첸(작은 인형)'이라 부르곤 하던 어릴 적 연인에 충실했다.

| 브리앙, 아리스티드 Briand, Aristide, 1862~1932 : 변호사, 기자. 1926년 노벨평화상 수상. 평생 동안 정치 활동을 했고 20번이나 장관직에 올랐다.

| 브리야 사바랭, 장-앙텔므 Brillat-Savarin, Jean-Anthelme, 1755~1826 : 미식가. "네가 먹는 것을 내게 말해봐. 그러면 네가 누구인지 말해주겠다."라고 말한 장본인으로 변호사, 음악가이기도 하다. 테니스코트 서약에 서명한 후 국민의회 의원이 되었다. 지롱댕파를 겨냥한 쿠데타 이후 1793년 미국으로 건너간 그는, 1796년 프랑스로 돌아와 법조계에 투신한다. 그가 사망한 해에 《맛의 생리학》이 발간되었고, 이 책으로 그는 유명해진다.

| 브루크너, 안톤 Bruckner, Anton, 1824~1896 : 오스트리아 작곡가. 사람들은 그가 'nunquam mulierem attigit(한 번도 여자와 관계를 가진 적이 없다)'고 확신

한다. 조용하면서도 콤플렉스가 있던 브루크너는 교육자로서 손색 없는 경력을 쌓는다. 그러나 별뜻 없이 한 여학생을 '소중한 보물' 이라고 불렀다가 스캔들에 휘말린다.

| *바이런, 로드 Byron, lord, 1788~1824 : 영국의 위대한 시인인 바이런은 1815년 결혼 생활을 1년도 끌지 못하고 아내와 결별하여 결국 영국에서 도망치는 신세가 되었다. 그는 불운하고 우여곡절이 많은 인생을 35세에 마감했는데, 터키에 대항해 싸우는 그리스인들을 돕다가 메솔롱기온에서 사망했다.

| 캐럴, 루이스 Carroll, Lewis, 1832~1898 : 영국 작가. 《이상한 나라의 앨리스》를 쓴 이 작가는 소심한 성격의 수학자이기도 했고, 어른들보다는 아이들과 함께 있기를 더 좋아했다. 옥스퍼드에서 교수로 재직했으며 집사였다.

| 카르투슈, 장 도미니크 Cartouche, Jean-Dominique, 1693~1721 : 불한당. 조직의 우두머리로 28세에 사형에 처해졌다. "왜 가장 유명한 파렴치한들, (중략) 카르투슈, 망드랭, 다미앵 같은 자들은 모두 독신이었을까?"(Journal encyclopedique, 1770)

| 카사노바, 지아코모 Casanova, Giacomo, 1725~1798 : 이탈리아 모험가이자 작가이다. 첩자였다고도 한다. 유명한 바람둥이인 그는 하급 성품을 받았다. 보헤미아의 한 성에서 사서로 지내다가 생을 마감했다.

| 카탈라니, 알프레도 Catalani, Alfredo, 1854~1971 : 이탈리아 작곡가로 39세에 사망한다. 지병으로 사촌과의 결혼을 하지 못했다.

| 샤넬, 코코 Chanel, Coco, 1883~1971 : 샤넬은 여러 번 결혼하려 했으나 한 번도 성공하지 못했다. 그러나 '그랑드 마드모아젤' 로 불렸다(6장 참조)

| 샤르팡티에, 마르크 앙투안 Charpentier, Marc-Antoine, 1643~1704 : 프랑스 작곡가. 종교계에서 음악가로서 경력을 쌓았고, 종교가 없었지만 독신이었기 때문에 생트샤펠 어린이 성가대의 지휘자로 임명될 수 있었다.

| 샤세리오, 테오도르 Chassériau, Théodore, 1819~1856 : 프랑스 화가로 37세에 사망한다.

| 크리스티나 Christine de Suéde, 1626~1689 : 5세에 왕위에 오른 크리스티나 여왕은, 28세에 스스로 물러나 유럽 전역을 누비며 자유로운 생활을 즐겼다. 이 때문에 여러 왕궁들의 심기가 불편했다고 한다. 그녀에게는 여러 명의 연인이 있었다(이중에는 말을 관리하는 시종도 있었는데, 그녀의 지시로 살해되었다). 총명했던 그녀는 예술가와 음악가를 보호했다.

| 클로델, 까미유 Claudel, Camille, 1864~1943 : 로댕(Auguste Rhodin)의 옛 연인으로, 천재적인 조각가였다. 가족으로서는 용납할 수 없는 삶을 홀로 살았으며, 1913년 자신의 조각 작품 대부분을 파괴한 후 정신병원에 수용되었다.

| 콕토, 장 Cocteau, Jean, 1889~1963 : 장 마레와 오랜 기간 관계를 유지하여 결국 동성애를 인정하게 되었다.

| 코렐리, 아르칸젤로 Corelli, Arcangelo, 1653~1713 : 이탈리아 작곡가. 로렌티 사제에 의하면 코렐리는 좋은 혼처와 막대한 지참금을 거부했다. "코렐리는 음악 외에는 다른 열정이 없으므로 독신으로 살겠다고 단호히 말했다."

| 시라노 드 베르주라크 Cyrano de Bergerac, 1619~1655 : 군인, 자유연애가. 궁핍하게 살며 상속받은 재산을 탕진했다. 사촌 집에서 생을 마감했다.

| 체르니, 카를 Czerny, Karl, 1791~1857 : 유명한 피아니스트. 오늘날에도 사용되고 있는 교법의 저자로, 음악에 전념하기 위해 결혼을 포기했다. 그의 교수법으로 미루어보아 그가 아이들을 증오했으리라는 주장도 있다.

| 다비드, 펠리시앙 David, Félicien, 1810~1876 : 프랑스 음악가. 생시몽주의로 개종하여 다른 사도들과 함께 동방에 이 철학을 설파하러 떠났다. 파리에 돌아온 그는 매우 가난했으며, 한 친구의 별장에서 홀로 살았다. 오페라 《사막(Le Désert)》 이후 영광의 신이 그에게 웃음을 보일 때까지 혼자 지

냈다. 라 로슈푸코 거리의 작은 집에서 늙은 하녀와 함께 살았으며, 이후에는 죽기 전까지 생-제르맹-앙-레에서 친구 미망인의 집에 살며 병마와 싸웠다(René Brancour의 전기, 1908년).

| 데모크리토스 Demokritos, 기원전 460년경~370년경 : 그리스 철학자. 욕구의 절제를 주장했다. 그는 여행을 많이 한 사람으로 알려져 있다.

| 데카르트, 르네 Descartes, René, 1596~1650 : 이 근대 철학자는 원래 군인이었다. 이후 네덜란드로 건너갔고, 다시 스웨덴 크리스티나 여왕의 궁정으로 가, 그곳에서 사망했다. 그에게는 사생아 딸인 프랑신이 있는데, 이 때문에 비밀 결혼을 올린 것으로 추정된다.

| 디에메르, 마리 Diémer, Marie, 1877~1938 : 작가. 에피날의 신교도 집안에서 출생한 그녀는 1913년에 프랑스 방문간호사협회(AIV)를 창설했다. 1916년에는 사나토리아 주택 단체를 세웠고, 1918년에는 프로갈리아복지학교를 세워 1929년에 교장으로 재직했다. 1923년에는 프랑스 가이드를 창립했다. 마리 잔 바소에 이어 르발루아 페레 복지주택의 사무총장직에 올랐다.

| 디오게네스 Diogenes, 기원전 413년경~327년 : '통' 속에 들어가 살았던 '견유주의자'. 전설에 의하면 여자보다 자기 오른손을 더 좋아했다고 한다.

| 디오르, 크리스티앙 Dior, Christian, 1905~1957 : 프랑스의 유명한 디자이너.

| 뒤 벨레, 조아킴 Du Bellay, Joachim, 1522~1560 : 프랑스의 시인. 어려서 청각을 잃었고, 삼촌인 뒤 벨레 추기경이 로마에 머무는 동안 그의 비서로 일했다.

| 뒤파르크, 앙리 Duparc, Henri, 1848~1933 : 프랑스 작곡가.

| 엘리자베스 1세 Elizabeth I, 1533~1603 : '처녀 여왕'이라는 별칭이 있다(그녀를 추대하기 위해 버지니아 식민지에 이름이 붙여졌다). 그녀에게 구혼한 사람들은 많았으나〔에스파냐의 펠리페 2세(Philippe II)〕, 정치적 이유로 모두 거절했고, 총애하는 애인들이 몇 명 있었다. 헨리 8세(Henry VIII)와 앤 불

린(Anne Boelyn) 사이에서 태어난 그녀는 세 살 때 아버지에 의해 어머니가 처형당하는 것을 지켜봤다. 그러니 결혼에 회의적일 수밖에 없었을 것이다.

| **에피쿠로스** Epicuros, 기원전 341~270 : 그리스 철학가. 욕망을 절제하여 마음의 평화인 아타락시아를 얻을 것을 주장했다.

| **파야, 마누엘 드** Falla, Manuel de, 1876~1946 : 에스파냐 작곡가. '돈 마누엘'은 누이인 마리아 델 카르멘과 함께 살았다.

| **플로베르, 귀스타브** Flaubert, Gustave, 1821~1880 : 루이즈 콜레와 격정적 관계를 가진 후 크루아세에 내려와 모친과 함께 '은둔자'로 살았다(6장 참조).

| **퐁트넬, 베르나르 르 보비에 드** Fontenelle, Bernard Le Bovier de, 1657~1757 : 프랑스 철학자. 100세 가까이 살았던 퐁트넬은 독신의 상징적 인물 가운데 한 사람이다. 그가 죽기 전날 독신을 후회했다고 한다.

| **프로이트, 안나** Freud, Anna, 1895~1982 : 유명한 지그문트 프로이트의 딸. 그녀도 정신분석학자였으며 어린이의 정신분석 치료를 전공했다.

| ***고갱, 폴** Gauguin, Paul, 1848~1903 : 화가. 25세에 결혼한 그는 35세에 아내를 버리고 예술에 전념한다.

| **주네, 장** Jenet, Jean, 1910~1986 : 프랑스 작가. 고아원에 버려진 그는 파란만장한 인생을 살았다(외인부대, 감옥 등). 사회에 대한 저항으로 작품과 현실에서 선과 악의 기준을 뒤바꾸어놓았다.

| **제리코, 테오도르** Géricault, Théodore, 1791~1824 : 프랑스 화가. 33세에 사망.

| **거슈윈, 조지** Gershwin, George, 1898~1937 : 미국 작곡가. 수많은 여자와 관계를 가졌으며, 독신을 주장했다. "원하는 만큼 여자를 가질 수 있는데, 왜 한 여자로 만족하겠는가?"

| **공쿠르, 쥘** Goncourt, Jules, 1830~1870, **공쿠르 에드몽** Goncourt, Edmond, 1822~1896 : 작가. 예술 애호가. 19세기 문학의 중요한 인물이다. 두 형제는 함께 살았

다. 에드몽은 쥘이 죽은 후 슬픔을 달래지 못했다.

| **그린, 쥘리앵** Green, Julien, 1900~1998 : 미국 출신의 프랑스 작가. 독실한 신앙과, 뒤늦게 밝혀진 동성애 사이에서 고통스러운 갈등을 겪었다.

| **헨델, 게오르크 프리드리히** Haendel, Georg Friedrich, 1685~1759 : 독일 작곡가. 조급한 성격으로 유명하다. 그는 유럽 전역을 여행하고, 런던에 정착하여 오페라로 본격적인 활동을 했다.

| **안, 레날도** Hahn, Reynaldo, 1875~1947 : 프랑스 작곡가. 프루스트와 오랜 우정을 나눴다.

| **헬러, 스티븐** Heller, Stephen, 1813~1888 : 헝가리 작곡가. 유럽 순회공연을 마친 뒤 프랑스에 정착했다. 초기에 경제적으로 어려웠기 때문에 독신으로 살았다.

| ***히틀러, 아돌프** Hitler, Adolf, 1889~1945 : 젊은 시절의 방랑, 투옥, 정치 생활로 자살 직전 정부였던 에바 브라운(Eva Braun)과 겨우 결혼할 수 있었다. 그녀와 함께 자살했다.

| **횔덜린, 프리드리히** Hölerlin, Friedrich, 1770~1843 : 독일 시인. 디오티마라고 부른 제자의 어머니와 격정적인 사랑을 나누었다. 1804년 이후 조금씩 정신착란에 빠져들었다.

| **후버, 에드가** Hoover, Edgar, 1895~1945 : 미국 고위 공무원. 미 연방수사국(FBI)를 창설하여 생을 마감할 때까지 이곳에 헌신한다.

| **호라티우스** Horatius, 기원전 65~8 : 에피쿠로스적 주제와 많은 사랑을 노래한 라틴어 시인.

| **위스망스, 요리스 칼** Huysmans, Joris-Karl, 1848~1907 : 프랑스 소설가. 데 제생트라는 인물로(《거꾸로》, 1884년) 타락한 독신자의 전형을 만들었다. 데 제생트는 세련된 경험에 파묻혀 정신적으로 쇠약해진다. 위스망스는 이 소설을 쓰고 나서 개종했다.

| 자코브, 막스 Jacob, Max, 1876~1944 : 프랑스 시인. 몽파르나스에서 집시 생활을 하다가 개종하여, 생 브누아 쉬르 르와르에 은둔한다. 그곳에서 게슈타포에게 체포되었다. 유대인인 그는 드랑시에 감금되어 1944년 사망했다.

| 자리, 알프레드 Jarry, Alfred, 1873~1907 : 프랑스 작가. 경제 사정이 열악하여 임시 주택이나 사회주의식 공동주택 혹은 친구네 집에서 기거해야 했다. 위뷔(Ubu) 부인과 결혼하길 두려워한 것 같다.

| 잔 다르크 Jeanne d'Arc, ca 1412~1431 : 오를레앙의 숫처녀. 독신과 프랑스 역사의 여자 영웅. 신의 목소리를 듣고 신성한 임무에 임했으며, 신의 도움을 받을 수 있는 처녀성의 힘을 보여주었다. 1909년 시복되었고 1920년 성인품에 올랐다.

| 예레미아 Jeremiah, 기원전 6세기 : 예루살렘 함락을 예언한 자로 독신을 설파했다("아내를 취하지 말라. 이곳에서는 아들도 딸도 얻지 못할 것이다"). 그 또한 독신이었다. 《구약성서》에 등장하는 이 충격적인 예외는 이스라엘 왕국의 몰락이라는 맥락에서 읽힐 수 있다.

| 카프카, 프란츠 Kafka, Franz, 1883~1924 : 허약한 체질로 쉽게 괴로움에 빠졌던 카프카는 결혼을 포기하고 약혼자와 파혼한 후 작가로서의 삶을 살았다. 그는 공무원이라는 직업을 포기한다. 고독이라는 주제는 그의 작품 전체에 나타난다.

| 칸트, 이마누엘 Kant, Immanuel, 1724~1804 : 페기(Charles Peguy)는 칸트에 대해 이렇게 말했다. "그는 공무원이었으니 한 번 공무원이었다. 그는 독신이었으니 두 번 공무원이었다. (중략) 그러니 그는 (엄청난) 천재 공무원일 수밖에 없었다."

| 키에르케고르, 소렌 Kierkegaard, Søren, 1813~1855 : 키에르케고르의 철학 저서는 모두 약혼자들과의 비극적 결별에 영감을 얻은 것이었다. 그의 인생은

미학자(젊은 시절 바람둥이)에서 윤리학자(결혼 계획)로 그리고 다시 종교인(독신)으로 변해가는 과정에 있었다.

| 라 브뤼예르, 장 드 La Bruyerè, Jean de, 1645~1696 : 유명한 모럴리스트로 변호사였으며, 콩데 공의 자녀들을 가르친 가정교사였다.

| 라스네르, 피에르 프랑수아 Lacenaire, Pierre-François, 1800~1836 : 프랑스의 범죄인. 그의 재판이 세간의 관심을 집중시켰다. 그는 감옥 내 동성애 성향을 인정했다.

| *라클로, 피에르 숄데를로 드 Laclos, Pierre Choldeřlos de, 1741~1803 : 군인. 그는 민간인으로 돌아갈 무렵인(1788년) 1786년, 45세가 되어서야 결혼했다. 그의 모든 작품은 결혼 이전에 쓰여진 것이다.

| *라 퐁텐, 장 드 La Fontaine, Jean de, 1621~1695 : 명랑하고 순진한 시인. 그의 아내는 "그가 몽상에 너무 몰두해 삼 주 동안 결혼하지 않았다고 믿고 지나가는 경우가 있었다."고 증언했다.

| 로트레아몽, 이지도르 뒤카스 Lautréamont, Isidore Ducasse, dit comte de, 1846~1870 : 《말도로르의 노래》를 쓴 문제 작가. 24세에 사망했다.

| 로렌스 Lawrence of Arabia, 1888~1935 : 영국 모험가 겸 작가. 아라비아 독립을 위한 활동으로 유명하다. 그는 영광을 거부하고, 여러 가명으로 군에 입대했다. 동원 해제 몇 달 후에 사고로 사망했다.

| 레오나르도 다 빈치 Leonardo da Vinci, 1452~1519 : 평생 강력한 군주들을 위해 헌신했다. 군주들은 그를 화가보다는 기술자로 고용했다. 동성애로 인한 재판 후에는 신중하고 순결하게 지낸 것으로 보인다.

| 리스트, 프란츠 Liszt, Franz, 1811~1886 : 헝가리의 피아니스트 겸 작곡가. 아구 백작부인과 자유로운 관계를 맺으며 살았고, 자녀 셋을 두었다(그중 코지마는 바그너와 결혼한다). 그러나 마리 아구는 이전 결혼의 무효 판결을 얻지 못한다. 이에 1865년 리스트는 하위 성품직을 받는다.

| 런던, 잭 London, Jack, 1876~1916 : 미국 소설가. 파란만장한 생애를 보내고(선원, 금 사냥꾼, 떠돌이 등) 문학적인 영예를 얻는다. 그는 30세에 자살했다.

| 루크레티아 Lucrèce, 기원전 98년경~55 : 에피쿠로스파 시인. 열정을 거부하여 영혼의 안식을 추구했다.

| 마라, 장 폴 Marat, Jean-Paul, 1743~1793 : 이 인민의 벗은 많은 연애 경험이 있다. 마지막 여자 친구인 시몬 에브라르와는 결혼을 약속했고, 국민의회는 그녀에게 '미망인 마라'라는 호칭을 주었다. 그는 '자연이라는 광대한 성전에서' 철학적 결혼을 믿는 척했다.

| 모파상, 기 드 Maupassant, Guy de, 1850~1893 : 프랑스 작가. 멋진 삶을 누렸고, 사생아 셋을 두었으며, 매독으로 인해 고통스러운 정신착란에 시달리다 사망했다.

| 미셸, 루이즈 Michel, Louise, 1830?~1905 : 프랑스 혁명주의자. 여교사였던 그녀는 파리 코뮌에 가담하여 누메아에 유배되었다.

| 미켈란젤로 Michelangelo, 1475~1564 : 화가, 조각가, 건축가. 16세기 이탈리아 예술의 거장이다. 그는 베네치아, 피렌체, 로마 등을 누비며 활동했다. 톰마소 카발리에리(Tomaso Cavalieri)와 나눈 플라토닉한 사랑은 고통스러운 시를 쓰게 만들었다.

| 미스탱게트 Mistinguett, 1875~1856 : 본명은 잔 부르주아(Jeanne Bourgeois)로, 처음에는 '미스 헬리엇(Miss Helyett)'로 불리다가, 당시 유행했던 노래로 인해 '미스탱게트'로 불렸다. 이후에는 '라 미스(la Miss)'가 되었다.

| 몽테를랑, 앙리 미용 드 Montherlant, Henry Millon de, 1895~1972 : 프랑스 작가. 활동적이면서 남성적인 세계를 묘사했다. 《독신자들》(1934년)의 작가.

| 몽모르, 르네 드 Montmort, Renee de : 마리 디에메르와 함께 프랑스 방문간호원협회(1913년) 및 '프랑스 가이드'(1923년)를 설립했다.

| 무소르크스키, 모데스트 Musorgsky, Modest, 1839~1881 : 러시아 작곡가. 그는 글린

카(Mikhail Ivanovich Glinka)의 누이에게 이렇게 말했다고 한다. “혹시 내가 머리에 총을 쏴 자살했다는 신문기사를 읽으면, 내가 전날 결혼했다는 것도 알게 될 것이다.” 그는 한때 림스키 코르사코프의 집에 살며 코르사코프가 오후에 사용하는 피아노를 오전에 사용했다. “우리는 저녁 시간을 나눠 쓰기로 합의했다.” 코르사코프와 싸운 뒤로 알코올 중독에 빠졌고 비참하게 생을 마감했다.

| 뮈세, 알프레드 드 Musset, Alfred de, 1810~1857 : 조르주 상드와 열정적인 관계를 가진 후에는 병마에 시달리며 외롭게 살았다.

| 네르발, 제라르 드 Nerval, Gerard de, 1810~1857 : 불안정한 성격으로, 여행을 많이 했으며, 병을 앓았고, 정신착란에 시달렸다. 두 번의 불행한 사랑을 경험했다.

| 뉴턴, 아이작 Newton, Isaac, 1642~1727 : 영국 수학자로, 스위스 동료 파티오 드 뒤이에에게 강한 열정을 느꼈다. 그와 결별하고 오랫동안 우울증에 시달린 그는 독신으로 지낸다.

| 니체, 프리드리히 Nietzche, Friedrich, 1844~1900 : 독일 철학자. 루 살로메에게 청혼하지만 결국 혼자 산다. 몸이 마비되어 모친과 누이가 그를 돌보았다.

| 나이팅게일, 플로렌스 Nitghtingale, Florence, 1820~1910 : 영국 간호사. 병원 간호의 선구자로서 런던에 최초의 간호사 학교를 설립했다. 이 대의에 평생을 바쳤다.

| 오테로 Otéro, 1868~1965 : 광란의 시절에 있었던 쿠르티잔. 유명한 부호 연인들로부터 마련한 막대한 재산을 게임에서 잃어버린다.

| 파가니니, 니콜로 Paganini, Niccolo, 1782~1840 : 유명한 바이올린 연주자 겸 작곡가로, 여가수 안토니아 비안키와 몇 년간 동거했다. 헤어진 후 아들은 적자로 만들어 파가니니가 키웠다.

| 파스칼, 블레즈 Pascal, Blaise, 1623~1662 : 프랑스 학자 겸 작가. 허약한 체질이

었던 파스칼은 사교계 생활을 접고 포르 루아이얄에 은둔한다.

| 파솔리니, 피에르 파올로 Pasolini, Pier Paolo, 1922~1975 : 이탈리아 작가 겸 영화인. 동성애를 떳떳이 밝혔다.

| 플라톤 Platon, 기원전 428~348 : 80년 동안 독신으로 지냈다. 그의 철학은 독신을 대놓고 비난하지만 여기에 가장 오래 지속된 정당성을 부여한다. 영혼의 아름다움 속에서의 출산(교육)은 육체의 아름다움 속에서의 출산(결혼)보다 더 우월하다.

| 프루스트, 마르셀 Proust, Marcel, 1871~1922 : 프랑스 소설가. (천식을 앓아) 기력이 약했던 프루스트는 남자들과의 우정을 선호했다. 사교계에서 은퇴한 후 은둔하여 살았다.

| 라벨, 모리스 Ravel, Maurice, 1875~1937 : 프랑스 작곡가. 몽포르-라모리 혹은 세벤에서 은둔하여 사는 경우가 많았으나 유럽과 미국에서 대규모 순회공연을 갖기도 했다.

| 랭보, 아르튀르 Arthur, Rimbaud, 1854~1891 : 주요 시집 저술을 모두 마치고, 베를렌과의 말 많은 관계도 끝내고, 벨기에 범죄 사건이 종결된 20세에 랭보는 독일, 이탈리아, 송드 군도 등지를 떠돌며 생활했다. 네덜란드군에 입대했다가 탈주하고, 다시 독일 · 오스트리아 · 키프로스를 떠돌다가, 에디오피아의 하레르에서 무기상이 된다.

| 롱사르, 피에르 드 Ronsard, Pierre de, 1524~1585 : 시인. 청력을 상실한 그는 성직에 입문하지만 서원을 파기하고 시노프라고 불리던 여인과 결혼하려 했다. 그러나 그 여인은 그를 떠나버렸다.

| 루제 드 릴, 클로드 조세프 Rouget de Lisle, Claude Joseph, 1760~1836 : 《라 마르세예즈(La Marseillaise)》를 만든 군인으로, 어릴 적 사랑했던 카미유에게 충실했다. 사고로 그녀를 죽게 만들었다.

| 루소, 장 자크 Rousseau, Jean-Jacques, 1712~1778 : 독신자의 다양한 직업을 가졌다

(집사, 신학생, 가정교사). 항상 떠돌이 생활을 하였으며, 자신에게 잠잘 곳을 마련해주는 후견인 혹은 여성 후견인들을 따랐다. 연애도 불안정하여 (그의 말로는) 자유연애를 하였고, 바랑 부인을 만나 1732년 안정을 찾았다(그녀는 32세였고 루소는 20세였다. 부인은 남편과 별거 중이었다). 그러나 몽펠리에의 요양소에 다녀와 보니 이미 자리를 빼앗겼고 다시 떠돌이 생활을 하게 되었다. 파리에서는 여인숙 하녀인 테레즈 르바쇠르와 관계를 맺었고, 죽을 때까지 이 하녀와 동거한다.

| 생트 뵈브, 샤를 오귀스탱 Sainte-Beuve, Charles Augustin, 1804~1869 : "결혼에 대한 향수를 항상 간직한 이 독신자가 결혼했더라면, 고문을 당하다 못해 독신에 대한 향수를 품게 될 것을 의심하지 말자."(Andre Billy)

| 생 쥐스트, 루이 앙투안 Saint-Just, Louis Antoine, 1767~1794 : 프랑스 정치가. 공안위원회 소속. 그는 프랑수아 엠마뉘엘 토랭과 이혼한 테레즈 줄레와 결혼할 계획이었던 듯하다. 그는 혁명 이후로 결혼 계획을 미뤘다. 그러나 생 쥐스트는 자신이 열렬히 지지했던 로베스피에르(Robespierre)와 함께 단두대의 이슬로 사라졌다.

| 사르트르, 장 폴 Sartre, Jean-Paul, 1905~1980 : 시몬 드 보부아르와의 결합은 상징적인 의미를 지닌다. 이들은 둘 다 결혼을 거부했다. "개인적으로 그렇게 결혼하고 싶지 않다. 특히 사르트르는 결혼하고픈 생각이 더욱 없다고 나는 생각한다. 교사이다 보니, 교감의 지도를 받아야 하는 것이 썩 내키지 않았는데, 유부남이 되면 더 기분이 좋지 않을 것이다."(시몬 드 보부아르)

| 사티, 에릭 Satie, Erik, 1866~1925 : 프랑스 작곡가. 고독해하며 인간을 혐오했다. "인간에 대해 알면 알수록 개에 대해 더 경탄하게 된다." 수잔 발라동과 불행한 사랑을 한 후, 독신으로 지냈다. 은둔하여 지낸 그는 자기 집에 아무도 들어오지 못하게 했다.

| 슈베르트, 프란츠 Shubert, Franz, 1797~1828 : 소꿉친구였던 테레즈 그룹과 결혼하기를 바랐으나 안정적 형편이 아니었고, 테레즈는 결국 정략결혼을 했다. "그녀를 한시도 사랑하지 않은 적이 없소. 그녀만큼 내 마음에 드는 여자는 없었소. 그녀보다 더 마음에 드는 여자는 더더구나 더. 하지만 그녀는 내 여자가 아니었소." 그렇다고 삶을 즐기지 않은 것은 아니었다.

| 슈만, 로베르 Schuman, Robert, 1886~1963 : 프랑스 정치인. "이 독신자는 응당 '유럽의 아버지'로 불려야 한다." (Mauco, 1973, p.147)

| 스미스, 애덤 Smith, Adam, 1723~1790 : 자유로운 자본주의의 아버지인 그는 소득이 변변치 않은 미망인인 어머니를 돌보기 위해 독신으로 살았다.

| 스펜서, 허버트 Spencer, Herbert, 1820~1903 : 영국 철학자. 가족 연금으로 생활했다. "어쨌든 독신은 내게 가장 잘 어울린다. 내가 결혼하지 않은 이름 모를 여자에게도 이것은 가장 행운이었을 것이다."

| 스탕달, 본명 **앙리 벨** Stendhal, Henri Beyle, dit, 1783~1842 : 《사랑에 관하여(De l'amour)》의 저자인 스탕달은 대여행가에 바람둥이였으며, 댄디였다. 50대쯤 결혼하려 했으나 총각으로 생을 마감했다.

| 스트라델라, 알레산드로 Stradella, Alessandro, 1644~1682 : 오페라 작곡가. 베네치아 귀족의 정부였던 오르텐시아와 오랜 연인 관계를 가졌던 것으로 유명하다. 이 베네치아 귀족이 그를 암살했다. 그의 이야기가 이후 오페라의 소재가 되었다.

| 차이코프스키, 피요트르 일리치 Pyotr Ilyich Chaikovsky, 1840~1893 : 37세에 결혼하려 했으나 독신으로 사는 것이 어울린다고 생각하고 몇 주 후에 결혼을 파기한다. 그는 "며칠만 더 있다간 미쳐버렸을 것이다."고 적고 있다.

| 탈레스 Thales, 기원전 6세기 : 그리스 칠현인 중 한 사람. 스토베에 따르면 결혼을 재촉하는 어머니에게 탈레스는 이렇게 말했다. "아직 때가 아닙니다." 얼마 후에 어머니가 다시 재촉하자 이번에는 이렇게 대답했다. "이

제 때가 너무 늦었습니다."

| **트레네, 샤를** Trenet Charles, 1913~2001 : '미친 듯 노래하는 사람'으로 불렸던 샤를 트레네는 영원한 청년의 상징이다.

| **반 고흐, 빈센트** Van Gogh, Vincent, 1853~1890 : 여러 번 실연의 아픔을 겪었다. 특히 사촌 누이였던 케이트와(케이트를 만나게 해주지 않으면 손에 불을 지르겠다고 위협했다) 젊은 매춘부 시엔과의 사랑에 실패했다. 그는 시엔과 얼마간 비밀리에 함께 살기도 했다. 그러다가 1883년 동생에게 둘의 관계를 들켜 아쉽게 시엔과 결별했다.

| **베르길리우스** Vergilius, 기원전 70~19 : 로마 시인. 농촌 출신으로 항상 높은 사람의 보호를 받고 살았다. 영광과 부를 얻는 데 오랜 시간이 걸렸다.

| **볼테르,** 본명 **프랑수아 아루에** Voltaire, François Arouet, 1694~1778 : 허약한 체질이었지만 방탕한 젊은 시절을 보내고 샤틀레 후작부인과 열정적 사랑에 빠진다.

| **베유, 시몬** Weil, Simonne, 1909~1943 : 프랑스 여류 철학자. 정치 투쟁에 참여했고(르노 사의 여직공이었다), 에스파냐 내전 당시 국제여단에 참가했다.

{ 부록 4 }

간략한 독신 연대기

기원전 9세기	독신자들에게 불리한 리쿠르고스 법.
기원전 8세기(?)	베스타 무녀 제도화.
기원전 6세기	예레미야의 독신.
	이오니아의 독신자 현인들(탈레스, 비아스).
	아테네에서는 솔론이 독신을 제재하는 정책을 취한 것으로 보인다.
기원전 420년경	플라톤(?)이 말한 《향연》이 열림. 물질적 후손과 정신적 후손이 구분됨.
기원전 403년	로마 : 켄소르 카밀레와 포스투미누스가 독신자들에게 과세.
기원전 4세기	에파미논다스의 독신을 비난했다.
	플라톤은 독신자들에게 벌금을 물리자고 요구했다.
기원전 3세기(?)	바에 솔리! (홀로 있는 자에게는 화가 있으리라) 성서, 전도서.
기원전 3~2세기	플라우투스, 《허풍선이 군인》.
기원전 2~1세기	헬레니즘 문화에 동화된 유대인들 사이에서 순결과 처녀성이 이상화됨.
기원전 18~17년	아우구스투스, 독신자들을 제재하는 율리아 법 제정.
9년	아우구스투스, 파피아-포파에아 법 제정.
30~60년	그리스도와 바울의 전도. 처녀성이라는 이상.
2세기	일부 고행자들이 동정을 맹세.
3세기	독신을 주장하는 이교도 운동.
4세기	성직자 독신 최초 등장. 군인들의 독신 의무 철폐.
692년	동방교회를 위한 독신 규율을 결정한 트룰로 공의회.
755년	결혼의 공시를 의무화한 베르 공의회. 등록하지 않은 모든 남녀의 결합은 합법적인 결혼으로 인정하지 않았다.
11세기	성직자의 독신을 부활시킨 그레고리우스 혁명. 기사 모델.

12세기	당연히 불륜이었던 궁정 연애. 결혼에 반대한 이교(특히 카타르파).
1139년	제3차 라트란 공의회. 성품식은 결혼을 무효화시켰다.
1216년	독신녀들과 혼자 사는 여자들의 안식처였던 베긴 수녀회 인정.
1429년	독신 여성의 모델 잔 다르크.
1452년	파리 의과대학 교수들의 독신 의무 철폐.
1460년	가난한 처녀들의 지참금을 보조해준 안눈치아타회.
1556년	결혼 성년을 여자 25세, 남자 30세로 정한 앙리 2세 칙령.
1644년	코셍(Caussin) 신부, 《결혼도 하지 않고 수녀도 아닌 독실한 처녀들의 조용한 삶》.
1645년	도제 제도에 반대하기 위해 설립되기 시작한 독신 장인 형제단 중 최초의 단체인 '제화공들과 구두 수선공들의 그리스도교 형제단'.
1645년	몽테뉴의 '양녀'이자 은둔하는 독신 여성 모델 마리 드 자르스 드 구르네 사망.
ca 1650년	독신을 요구하는 세련되고 예절바른 여자들에 대한 조롱.
1663년	뷔르템베르크. 게르만 국가들 중 일부 결혼(조혼, 극빈자의 결혼 등)을 억제하기 위해 최초의 법 마련.
1666년	독신을 제재하고 대가족을 옹호하기 위한 콜베르 칙령(1683년 폐지).
1680년	'애송이'로 불린 독신자들의 이교 고발.
1690년	퓌르티에르는 결혼하지 않은 여자를 '드모아젤'로 부른다고 설명했다.
1691, 1719년	독신자들의 징집 실시.
1700년	브리엘 쉬송, 《자발적인 독신에 관한 소책자 혹은 소속 없는 삶》.
18세기	영국에 독신자들 전용 클럽이 생김.
1711년	'독신자'라는 말이 처음 등장함.
1746년	니콜라 드파르시외, 독신자들의 사망률이 더 높은가?
18세기 전반	독신 증가에 대한 인식.
1764년	볼테르, 《철학사전》: 독신은 범죄를 부추기는가?
1765년	피숑, 《독신의 폐해에 관한 논문(Mémoire sur les abus du célibat)》
1770년	주르날 앙시클로페디크(Journal encyclopédique)가 실시한 독신에 관한 조사.
1791년	결혼이 민법상의 계약으로 규정되었다. 성직자들의 결혼(1790년부터 서원에서 해방됨)이 가능해졌고 (배우와 같이) 파문당한 자들의 결혼도 허용되

었다.

1791년 동산세 적용에 있어 독신자들이 상위 계층을 이루었다.

1792, 1804년 독신자들이 자녀를 양육할 수 있도록 허용한 입양제도 부활.

1793년 독신자를 우선 대상으로 하는 대규모 징집.

1793년 미혼모 구제.

1795년 30세 이상 독신자들의 사치세 인상.

1798년 맬서스, 《인구론》.

19세기 '카트리네트' 축제.

1800년 통계청 설립. 독신이 다시 이슈화됨.

1826년 노동자 계층의 결혼 증가를 목표로 한 생 프랑수아 레지 단체.

ca 1830년 미국에서 일어난 남성순결운동은 젊은 독신 남성들을 바른 길로 이끌려 했다.

1832년 발자크. 후에 《투르의 사제》로 발표된 《독신자들》은 발자크가 독신자들에 대해 쓴 긴 소설 연작 중 첫번째 작품이다.

1849년 벨기에와 프랑스에서 런던을 모델로 하여 독신 노동자들을 위한 주택 마련. 나폴레옹 3세가 1852년 이 계획을 지지한다.

ca 1850년 쥘 베른이 여자 없는 11인이라는 저녁 모임을 만들었다. 회원들은 결국 모두 결혼했다.

1870년 '독신자들 징집'.

1871년 레옹 드 주브넬이 가정 투표 주장.

1872년 인구조사 이후 독일의 인구 성장에 비하여 프랑스에 나타난 인구 감소 현상에 대한 공포. 독신이 '복수'를 방해한다.

1884년 엥겔스, 《가족, 사적 재산, 국가의 기원》.

1887년 프랑스 통계상에 나타난 출생 건수 감소.

1889년 세자레 롬브로소. 독신 발생 건수로 입증한 천재들의 광기.

1901년 단체에 관한 법. 독신자들의 사회 참여에 다른 틀 제공.

1903년 에코신-랄랭의 최초의 결혼 식사.

1917년 결혼이 성품식을 무효화시키는 요소가 되었다. 결혼한 성직자는 있을 수 없는 일이 되었다.

1920년 소련 : 자유로운 결합에 관한 법령.

프랑스 : 독신자에 대한 지나친 과세.

1921년 제2차 세계대전 이후 결혼이 증가했음에도 독신율은 매우 높았다.

1927년 이탈리아의 독신세.

1929년 경제 위기로 혼인율 저하.

1933년 독일의 독신세.

1934년 몽테를랑, 《독신자들》.

1939년 프랑스 독신세(1945년 폐지).

1946년 "가족을 박물관으로", 입법의회가 내건 슬로건.

1948년 남성의 성행태에 관한 킨지 보고서.

1955년 대부분 독신자였던 이민자들의 주택 건설을 위한 최초의 단체들.

1959년 프랑스 : 최상위로 분류된 독신자들에 대한 지나친 과세 철폐.

1960년 미국의 의학자인 그레고리 핀커스의 연구 이후(1955년) 최초의 경구피임약 상용화.

1963년 항공기 여승무원의 독신에 관한 프랑스 항소법원 판결.

1966년 비고르의 에스파로스에서 열린 최초의 독신자 바자회.

1968년 커플에 대한 시각에 영향을 미치는 5월 혁명.

1973년 프랑스의 혼인률 급락.

1974년 합의 이혼에 관한 베유 법. 석유 위기가 '영광스러운 30년'에 종지부를 찍었다.

1978년 혼자 사는 사람들을 옹호하기 위한 단체인 그랍스 설립.

1978년 결혼하지 않았으나 실질적으로 결혼한 부부처럼 사는 커플을 공식적으로 인정해주는 법.

1983년 고용 시 차별 금지. '독신 조항'은 특별한 경우를 제외하고는 불법이 되었다.

1982년 로제르 지방 라 카누르그에서 열린 최초의 독신자 바자회.

1986년 오딜 라무레르의 제1회 독신자 박람회.

1999년 시민연대계약 국회 통과.

2000년 동거하숙 단체 설립.

2002년 제1회 '셀리베르테' 박람회.

2002년 미국 ABC 방송사의 〈배첼러〉, 프랑스 M6 방송국이 2003년 도입.

2002년 미국에서 건너온 스피드 데이팅 모델.

{ 부록 5 }

성직자의 독신

<table>
<tr><th rowspan="3"></th><th colspan="4">서방 그리스도교</th><th colspan="4">동방 그리스도교</th></tr>
<tr><th colspan="2">상위 성품</th><th colspan="2">하위 성품</th><th colspan="2">주교</th><th colspan="2">사제, 부제, 차부제</th></tr>
<tr><th>성품 이전에 결혼</th><th>독신</th><th>성품 이전에 결혼</th><th>독신</th><th>성품 이전에 결혼</th><th>독신</th><th>성품 이전에 결혼</th><th>독신</th></tr>
<tr><td>~4세기</td><td>결혼 유효</td><td rowspan="5">결혼 금지,
결혼을 한 경우 유효</td><td rowspan="2">결혼 유효</td><td rowspan="4">처녀와의
결혼 허용</td><td rowspan="3">결혼 유효</td><td>결혼 허용?</td><td rowspan="3">결혼 유효</td><td>결혼 허용:</td></tr>
<tr><td>4세기</td><td rowspan="5">결혼 유효,
금욕 생활,
아내를 수도원으로</td><td rowspan="2">결혼 금지</td><td rowspan="2">사제 결혼
금지</td></tr>
<tr><td>390</td><td rowspan="2">예외 : 차부제(금욕)</td></tr>
<tr><td>692</td><td rowspan="6">금욕,
아내를 수도원으로</td><td rowspan="6">결혼 금지</td><td rowspan="6">결혼 유효
성무집행 시
일시적 금욕</td><td rowspan="6">결혼 금지</td></tr>
<tr><td>755</td><td colspan="2">지방 관습에 따라</td></tr>
<tr><td>1139</td><td rowspan="2">결혼 무효</td><td rowspan="2">결혼 유효 예외 : 차부제</td><td rowspan="2">차부제
결혼 무효</td></tr>
<tr><td></td><td>드문 경우</td></tr>
<tr><td>1917</td><td colspan="4">홀아비와 독신자만 성품 가능</td></tr>
<tr><td>바티칸II 이후</td><td colspan="2">상동</td><td colspan="2">폐지. 결혼이 가능했던 부제 예외</td></tr>
</table>

{ 부록 6 }
독신에 관한 문학

{ _ 다음 작가들의 생애는 독신자를 주인공으로 내세우는 문학작품의 (완벽한) 리스트를 만들기 위해 작성된 것이 아니다. 독신이 주요 테마를 이루며 주인공의 독신이 작품 구조상 의미가 있는 작품에 어떤 것이 있는지 살펴보기 위한 것이다. }

소설

| **아크르망, 제르맨** Acrement, Germaine : 《초록 모자를 쓴 부인들(Ces dames aux chapeaux verts)》 1922년 (파산한 젊은 처녀가 시골에 사는 독실한 사촌인 네 명의 노처녀와 함께 살아간다.), 《독신자들의 그늘에서(A l'ombre des célibataries)》 1932년 (부유한 독신자인 형제와 누이가 가난한 사촌의 여섯번째 딸을 키우기로 결심한다.)

| **알라닉, 마틸드** Alanic, Mathilde : 《사랑하라 그러면 부활하리라(Aime et tu renaîtra)》 1930년 (수면병으로 죽은 옛 약혼자를 못 잊는 부유한 상속녀가 모든 구혼자들을 거부하고 약혼자가 하던 구호활동 및 과학 연구에 재산과 인생을 바친다.), 《빛나라(Rayonne)》 1922년 (젊은 처녀가 한 대회에 참가한 후 문학계에 진출하게 된다. 그러자 이를 질투한 약혼자가 그녀를 떠난다. 이루어질 수 없

는 사랑의 아픔을 겪은 후 처녀는 전쟁 중 간호사로 일하게 되고 위대한 작가의 작품을 위해 헌신하게 된다.)

| 아르날, 에밀 Arnal, Emile :《마르트 브리엔즈(Marthe Brienz)》 1909년 (좋은 가문의 딸이 쓴 일기. 고아에 가난한 주인공은 일을 하면 결혼할 수 없다는 사실을 깨닫고 사랑과 부, 성공을 포기하여 자신이 이상적으로 생각하는 도덕적 삶을 살아간다. 15년 만에 그녀는 고독과 궁핍의 삶이었음을 깨닫는다.)

| 발자크, 오노레 드 Balzac, Honoré de :《독신자들》의 3부작 :《피에레트》 1840년 (가난한 젊은 처녀가 독신자 사촌들에게 하녀로 이용당한다.),《투르의 사제》 1833년 (성직자들을 하숙시키는 노처녀가 하숙생 중 한 명을 괴롭힌다.),《여자 낚시꾼(La Rabouilleuse)》 1841년 (한 노총각이 조카가 부추기는 바람에 가정교사와 결혼한다. 조카는 유산을 가로채기 위해 서둘러 과부와 결혼한다.),《사촌 퐁스》 1847년 (수집가인 노총각이 죽을 때가 되어 재산을 모두 잃게 된다.),《사촌누이 베트》 1846년 (부유한 가정에서 얹혀사는 가난하고 업신여김을 당하던 노처녀가 복수하는 이야기),《노처녀》 1837년 (성숙해가는 드모아젤이 그녀의 재산을 노리는 늙은 귀족의 구애를 받는다. 벼락부자가 되어 정치적 영향력을 얻고 싶어하는 부르주아의 이야기),《총각의 집(Un ménage de garçon)》(《여자 낚시꾼》의 2부로 나오는 부분의 원래 제목)

| 뱅크, 멜리사 Bank, Melissa :《여자들의 사냥과 낚시 가이드》 1999년 (뉴욕 독신 여성의 좌충우돌 모험기. 가이드에 나온 기술을 사용하지 않자 바로 남자를 '낚는다'.)

| 바레스, 모리스 Barrès, Maurice :《자아 예찬(Le Culte du moi)》 3부작, 특히 제2권의《자유인(Un homme libre)》 1889년 (여자들을 포기하고 여행, 독서, 명상, 기도로 자아를 발전시키는 한 젊은 남성의 성찰.)

| 바쟁, 르네 Bazin, René :《노처녀의 회고록》 1908년 (가난한 자나 부유한 자나, 파리에서나 농촌 마을에서나 사람들의 불행에 민감한 노처녀는 그들이 마음을

털어놓을 수 있도록 조언자 역할을 한다. 다양한 사회의 단면을 그리고 있다.)

| 벨레지, 마티유 Bélézi, Matthieu : 《일종의 신》 2003년 (미혼모와 노총각 아들의 관계를 그린다.)

| 보베, 마리-안 드 Bovet, Marie-Anne de : 《어느 서른 살 처녀의 고백(Confession d' une fille de trente ans)》 1895년 (자유로운 정신과 언행의 소유자인 여성 귀족이 30세 생일을 맞아 쓴 가상 일기. 여성 독신의 역사에 있어 인식 변화에 관한 고찰을 가능하게 해준다.)

| 부시넬, 캔데이스 Bushnelle, Candace : 《섹스 앤 시티》 1996년 (이상형의 남자를 찾지 못하는 뉴욕의 지적이고 화려한 여자들의 절망과 성 풍경.)

| 콜레트 Colette : 《방황하는 여인》 1911년 (이혼한 여자가 다시 사랑을 하게 되지만 결혼할 결심을 하지 못한다)

| 콩그리브, 윌리엄 Congreve, William : 《늙은 독신자(The Old Bachelor)》 1693년 (여자들의 공공의 적인 한 독신자가 변변한 남편감을 찾고 있던 자유연애 여성의 유혹을 받는다. 그러나 가짜 사제가 가짜 결혼식을 올려준다.), 《유부남과 결혼하지 않은 남자가, 투덜대는 사랑에 빠진 남자와 벌인 논쟁(Le Débat d' un homme marié et d' un homme non marié, avec le plaintif amoureux)》 16세기 (생활비와 부부 싸움, 불륜에 대해 걱정하는 독신자를 설득하려는 유부남.)

| 뒤아믈레, 주느비에브 Duhamelet, Genevieve : 《결혼하지 못한 여자들(Les Inépousées)》 1919년(전쟁에서 연인을 잃고 신과 부상자들 그리고 고아 소년에게 헌신하는 여자들에 관한 소설.), 《처녀들의 학교》 1657년 〔결혼을 받아들인 처녀(어떻게 구혼자를 선택할 것인가)와 나눈 대화와 결혼을 거부한 처녀(불행한 결혼에 대한 이야기, 남편 없이 정숙하게 사는 방법)와 나눈 가상의 대화.〕

| 에스콜라, 마르그리트 Escola, Marguerite : 《거위의 깃털(Les Plumes d' oie)》 1936년 (드모아젤 세 명, 파산한 백작 부인, 신흥 부자인 장사치의 딸, 수녀가 무명씨의 편지를 받는다.)

| 필딩, 헬렌 Fielding, Helen : 《브리짓 존스의 일기》 1996년 (런던에 살며 남편감을 찾지만 제대로 된 선택을 하지 못하는 30대 초반 독신 여성의 일기)

| 피나모르, 쉬잔 Finnamore, Suzanne : 《결혼 아니면……》 1999년 (청혼을 받아들인 직후 곧바로 독신을 그리워하는 37세 독신 여성의 회의.)

| 플로베르, 귀스타브 Flaubert, Gustave : 《부바르와 페퀴셰》 1881년 (독신 페퀴셰와 홀아비 부바르가 만년에 백과사전적 지식에 대한 갈망에 사로잡힌다.)

| 퐁텐, 클레르 Fontaines, Claire : 《고집스러운 독신자(Un célibataire endurci)》 1940년(돈 많고 엉뚱한 젊은 청년이 장난삼아 귀족 가문에 가정교사로 행세한다. 그는 파산 위기에 직면한 이 귀족 집안을 구해주고 젊은 여제자와 사랑에 빠져 결국 결혼한다.)

| 프라피에, 레옹 Leon Frapie : 《시골 여교사》 1897년 (직업에 전념하기 위해 독신을 선택한 여교사는 사람들의 몰이해와 경멸의 대상이 된다. 12년간 희생하다 세상을 뜬다.), 《처녀성(La Virginite)》 《결혼시켜야 할 처녀(Les filles a marier)》 《신이 된 여인(La divinisee)》 1923~1927년 (두 직장 여성의 떳떳한 독신과 참고 견디는 독신에 관한 3부작. 두 사람 모두 결국 결혼한다.)

| 글라지, 잔느 Glazy, Jeanne : 《빈손의 여교사(L'Initiatirce aux mains vides)》(전쟁에서 약혼자를 잃은 독신 여교사의 고독.)

| 위스망스, 요리스 칼 Huysmans, Joris-Karl : 《거꾸로》 1884년 (격한 감정을 가진 독신 귀족이 인위적인 것으로 가득한 세상에서 사치스러운 경험에 탐닉한다.)

| 카프카, 프란츠 Kafka, Franz : 카프카의 모든 소설에는 박해받는 고독이라는 테마가 흐르고 있다. 내성적인 독신자와 자신감 넘치지만 편안함에 안주한 잘 나가는 유부남을 대비시킨 글도 있다. 카프카는 분열된 영혼이 갖는 두 경향을 서로 다른 인물에 투사하고 있다. 《독신자의 불행(Le Malheur du celibataire)》 1911년, 《가면을 벗은 사기꾼(Un filou demasque)》 1912년, 《판결(Das Urteil)》 1912년, 《두 나이 사이의 독신자(Un celibataire entre deux ages)》 1915년.

| 레오, 앙드레 Léo, André : 《노처녀(Une vieille fille)》 1864년 (자신의 역할에 너무 몰두한 '노처녀'의 사랑의 방식을 이해하지 못하는 젊은 남자. 서로에 대한 사랑을 확인하자 노처녀가 젊어진 듯 보인다.)

| 은둔자 피에르 L'Ermite, Pierre : 《노처녀(La Vieille Fille)》 1924년 (33세의 처녀가 실연당한 후 사제의 지도 하에 자선 활동을 하면서 노처녀가 될 준비를 한다.)

| 마르그리트, 빅토르 Margueritte, Victor : 《라 갸르손》 1924년 (자유로운 여성의 이야기. 결국 도덕적 이유로 결혼하고 만다.)

| 메리, 조제프 Méry, Joseph : 《위로할 수 없는 과부(Une veuve inconsolable)》 1847년 (독신자의 천재성을 찬양한다.)

| 메리, 쥘 Méry, Jules : 《셀리바토그라프(Le Celibatographe)》 1921년 (파리와 지방에 사는 독신자들에 대한 재미있는 초상.)

| 몽테를랑, 앙리 드 Montherlant, Henry de : 《독신자들》 1934년 (독신 귀족 세 명의 다양한 운명. 조카와 삼촌 두 명의 이야기.)

| 몽토드리, 앙투와네트 Montaudry, Antoinette : 《노처녀가 될 것이다(Vieille fille, tu seras)》 1912년 (독신으로 살리라는 카드 점술가의 예언을 듣고 젊은 처녀는 여러 번 실패를 경험한다. 이후 결혼에 대해 체념하고 버려진 아이들을 위해 봉사한다.)

| 무어, 조지 Moore, George : 《독신자들의 삶(Célibate's Lives)》 1895년 (여러 독신자들의 성격을 그린 단편 모음.)

| 펠티에, 마들렌 Pelletier, Madeleine : 《처녀》 1933년 (여성을 결혼으로부터 해방하는 덕스러운 독신을 주장하는 소설.)

| 프레보, 마르셀 Prévost, Marcel : 《강한 처녀들》 1900년 (독신이며 처녀인 페미니스트 운동가들이 가난한 소녀들을 위해 직업학교를 세운다.)

| 프루스트, 마르셀 Proust, Marcel : 《잃어버린 시간을 찾아서(A la recherche du temps perdu)》 1913~1927년 (많은 등장인물들이 독신이거나 독신으로 보이지만 이 연작 소설은 독신과 간접적으로만 관련을 갖고 있다. 그러나 동성애, 고독, 불가능한 사랑 등 독신과 결부된 주제들이 많이 등장한다.)

| 사레트, 앙리 Sarette, Henri : 《노처녀들(Vieilles Filles)》 1935년 (강연회 도중 세 명의 노처녀가 정신과 감성 혹은 사랑에 있어 아직 젊다는 것을 보여주려 한다. 자신의 운명을 받아들인 또 다른 세 명의 노처녀의 초상.)

| 퇴리에, 앙드레 Theuriet, André : 《마드모아젤 로슈(Mademoiselle Roche)》 1891년 (19세 고아 소녀와 노처녀인 사촌 언니는 재판을 감당할 힘이 없다. 사촌 언니는 상속녀에게 사랑하지도 않는 변호사와 결혼하라고 부추긴다. 결국 기적처럼 나타난 사랑이 그녀를 구한다.)

| 베른, 쥘 Verne, Jules : 《클로비스 다르당토르(Clovis Dardentor)》 1896년 (자신의 생명을 구해준 사람을 입양하려고 했으나 자신의 재산을 노리는 두 젊은이의 목숨을 오히려 그가 구해주게 된다.)

| 빌리에 드 릴라당 Villiers de L' Isle-Adam : 《미래의 이브》 1886년 (독신 귀족을 위해 에디송은 기계 여자를 만든다.)

| 볼니비슈, 클레르 Wolniewicz, Claire : 《절망에 빠진 이들의 수호신, 성 리타(Sainte Rita, patronne des causes désespérées)》 2003년, 누벨(47세의 독신녀가 성 리타에게 기도를 하게 된다. 갑자기 그녀 앞에 사랑이 나타난다.)

| 욜, 장 Yole, Jean : 《지참금 없는 하녀(La Servante sans gages)》 1928년 (자식들의 결혼을 위해 두 가정이 노처녀 숙모와 노총각 삼촌의 유산을 노린다. 과거 서로 사랑했던 이모와 삼촌은 옛 사랑을 다시 찾지만 조카의 지참금을 위해 희생한다.)

무대와 스크린 속에……

| 아르부세, 벤자맹 Arbousset, Benjamin : 〈노처녀(La Vieille Fille)〉 1909년 (원칙에

따라 그녀는 모든 혼처를 거절한다. 하루에 압생트 술을 한 방울씩 마시는 이상적인 구혼자마저도 거절한다.)

| 비야르, 으젠느 Billard, Eugene : 〈독신자!(Célibataire!)〉 1882년 (홀아비 공증인의 독백. 공증인은 결혼 대행사를 통해 재혼하고 싶었으나 대행사에서 소개해준 사람은 바로 그의 장모였다.)

| 블랑, 장 피에르 Blanc, Jean-Pierre : 〈노처녀(La Vieille Fille)〉 1971년, 영화 〔아니 지라르도(Annie Girardot)와 필립 누아레(Philippe Noiret) 출연. 성숙해가는 두 독신자가 작은 해변의 호텔에서 만난 이야기.〕, 〈독신자(Le Celibataire)〉 1867년 (모든 잘못을 뒤집어 쓰게 된 독신자 이야기. 결혼한 친구들의 명예가 걸린 사건들 때문에 하루 동안 세 번의 결투를 해야 했다.), 〈중년 독신자(Le Célibataire d'un âge mûr)〉 1805년 (독신자가 유산을 가지고 정부와 도망갈 것을 걱정한 처제가 조카를 하녀로 속여 그와 결혼하게 만든다.)

| 샤틸리에, 에티엔 Chatiliez, Etienne : 〈탕기(Tanguy)〉 2001년, 영화 (28세의 독신자가 부모의 집을 떠나려 하지 않는다.)

| 콜랭 다를르빌 Collin d'Harleville : 〈늙은 독신자(Le Vieux Célibataire)〉 1792년 (돈 많은 늙은 독신자와 결혼하기 위해 가정교사가 그와 가족의 사이를 멀어지게 한다. 그러나 조카가 하인으로 그의 집에 들어가는 데 성공한다.)

| 드라비뉴, 카지미르 Delavigne, Casimir : 〈늙은이들의 학교(L'Ecole des vieillards)〉 1823년 (60대의 두 친구가 각각 결혼과 독신에 대해 찬양하는 이야기를 한다.)

| 도라, 클로드 조세프 Dorat, Claude Joseph : 〈독신자(Le Célibataire)〉 1775년 (결혼을 거부한 젊은 남자가 결국 설득당한다.)

| 뒤 뷔송, 폴 윌릭 Du Buisson, Paul-Ulric : 〈노총각(Le Vieux Garcon)〉 1782년 (못된 독신자가 개인적 원한으로 결혼을 방해한다.)

| 굴딩, 에드문드 Goulding, Edmund : 〈노총각(The Old Maid)〉 1939년, 영화 (딸이 결혼할 수 있도록 사촌 누이에게 입양시키는 미혼모 이야기.)

| 기트리, 사샤 Guitry, Sacha : 〈아홉 명의 독신자들(Ils étaient neuf célibataires)〉 1939년, 영화 (프랑스에서 외국인을 추방한다는 법령이 선포되고, 한 사기꾼은 프랑스 늙은 독신남들을 위해 요양소를 열어 돈 많은 외국 여자들과의 위장 결혼을 알선한다.)

| 롤로, 제네뢰 Lolaud, Généreux : 〈어쩔 수 없는 독신(Celibataire malgre lui)〉 1898년 (바람기 있는 총각이 약혼녀에게 버림받고 독신으로 지낸다.)

| 마르샹, 클로드 Marchand, Claude : 〈독신자(Un célibataire)〉 1852년 (50세의 독신자가 하녀에게 속아 그녀와 결혼한다.)

| 메리, 조세프 Mery, Joseph : 〈결혼 실험(L'Essai du mariage)〉 1855년 (쫓겨나지 않으려고 독신인 척하는 두 유부남 하인의 문제.)

| 플라우투스 Plautus : 〈허풍선이 군인〉 기원전 3~2세기 (자신의 운명에 만족하는 늙은 독신남의 초상.)

| 로스탕, 에드몽 Rostand, Edmond : 〈시라노 드 베르주라크〉 1897년 (시라노의 낭만적 전설. 추남이지만 재기발랄한 시라노는 자신의 재능을 항상 다른 사람들에게 빌려주었고 정작 자신은 외롭게 살았다.)

| 세로, 콜린 Serreau, Coline : 〈세 남자와 아기 바구니〉 1985년, 영화 (아파트를 나눠 쓰는 세 독신 남성이 부성애를 느낀다)

| 수랭, 샤를 오귀스탱 드 바송피에르 Sewrin, Charles-Augustin de Bassompierre : 〈찬성이냐 반대냐 혹은 결혼에 관한 재판(Le Pour et le contre, ou le Procès du mariage)〉 1822년 (결혼 전날 질투하는 친구의 잘못된 조언을 듣는 남자 이야기.)

| 빌로리에 Vilorié : 〈노총각들(Les Vieux Garçons)〉 1761년 (젊은 여자를 사이에 두고 60대 형제들이 벌이는 우스꽝스러운 경쟁. 결국 조카가 여자를 차지한다.)

| 와플라르 Wafflard와 **퓔장스** Fulgence[드 뷔리(De Bury)] : 〈독신자와 유부남(Le Célibataire et l'homme marie)〉 1822년 (결혼한 자유연애가가 독신자 친구를 속

였다고 믿는다. 결국 친구 대신 감옥에 간다.)

암송하고 흥얼거리자

| **오프레, 위그** Aufray, Hugues : 〈말해봐, 셀린(Dis-moi, Céline)〉 (형제와 누이들을 키우기 위해 결혼을 포기하는 여자.)

| **베랑제, 피에르 드** Béranger, Pierre de : 〈노총각(Le Vieux Garçon)〉 (자신을 유혹하려는 하녀에게 지배당하는 노총각.)

| **부슈, 앙리** Bouche, Henri : 〈독신자들(Les Célibataires)〉 "루벡스 지방어로 불리는 새 노래. 브뤼셀의 새로운 카페에서 아이들이 부른다.", 19세기 후반 (결혼을 고발하고 "독신으로 늙으라"고 충고한다.)

| **부르빌** Bourvil : 〈신부 만세!(Viva la Mariée!)〉 (결혼식에 참석한 독신자의 독백.)

| **브라센스, 조르주** Brassens, George : 〈비청혼〉 1966년 (결혼으로 사랑이 퇴색되는 것을 거부)

| **브렐, 자크** Brel, Jacques : 〈독신자 무도곡(La Bourree du célibataire)〉 1957년 ('나를 사랑할 처녀' 에 대한 꿈.)

| **코페, 프랑수아** Coppée, François : 〈겸손한 사람들(Les Humbles)〉 1872년 ('혼자 사는 여자' 는 별거하여 친구들의 집을 차지하는 젊은 여자의 운명을 언급한다.)

| **쿠르셀 드** Courcelles, de : 〈독신자(Le Célibataire)〉 1830년경 (여자들 때문에 파산한 노총각이 원할 때 도망가기 위해 '내연의 결혼' 을 하기로 한다.)

| **들로, 장-자크** Deleau, Jean-Jacques : 〈행복한 독신자 혹은 독신의 장점(L'Heureux Célibataire ou les Avantages du célibat)〉 투르, 르투르미, 1817년 (젊은이들의 독신 찬양. 중년이 되면 이성적이 된다는 〈개종한 독신자(Le Celibataire converti)〉에 이어지는 작품. 모두 12음절의 시.)

| 뒤베르니, 자크-질 Duverny, Jacques-Gilles : 〈합리적인 독신자(Le Célibataire raisonnable)〉 1830(?)년경 (아내에게 충실할 것을 확신하지 못하여 결혼을 거부하는 젊은 바람둥이 남자.)

| 갱스부르, 세르주 Gainsbourg, Serge : 〈여자들은 포기해(Laisse tomber les filles)〉 1964년, 〈모든 남자들에게 노우(Non à tous les garçons)〉 1965년 (사랑을 거부하는 사람들에게 보내는 경고.)

| 라 퐁텐, 장 드 La Fontaine, Jean de :〈우화집(Fables)〉 제7권, 1678년 (우화 4는 〈왜가리〉와 〈소녀(La Fille)〉 두 가지 이야기를 모아두었다. 물고기를 무시하다가 달팽이 한 마리에 만족해야 하는 왜가리는 구혼자들을 거절했다가 결혼할 나이가 되자 무식한 남자와 결혼하게 된 허식에 찬 여자와 같다.)

| 라미, 앙젤리나 Lamy, Angelina : 〈독신세, 여자들의 마르세예즈(L'Impôt sur les célibataires, Marseillaise féminine)〉 샤를 푸르니(Charles Pourny) 작곡, 1867년 (독신세를 만들자는 주장)

| 르리에브르, 레오 Lelièvre, Léo : 〈미혼모들을 위하여(Pour les filles-mères)〉 자크 형제(frères Jacques)가 부름 (사람들에게 외면당하는 미혼모 이야기.)

| 비앙, 보리스 Vian, Boris : 〈여자들이여, 결혼하지 말라(Vous mariez pas, les filles)〉 1958년 (남자들의 풍자.)

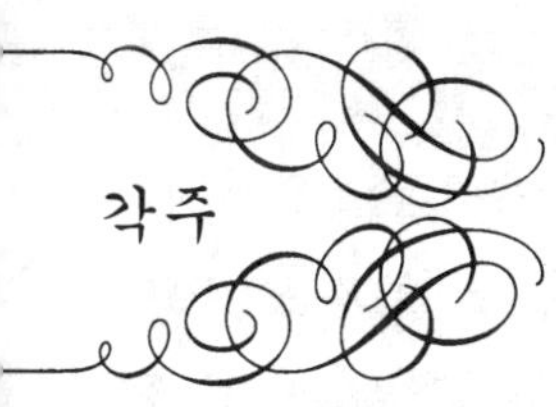

각주

◎ **1** 《서양에서의 결혼 변천사(Histoire du mariage en Occident)》를 끝낸 후 이 연구를 시작했을 당시만 해도 최신 서지가 마련된 것은 성직자들의 독신에 한해서였다. 2000년 뉴욕에서 엘리자베스 애보트의 《독신의 탄생(History of Celibacy)》이 출간되었는데 프랑스에서는 《순결과 독신의 보편사(Histoire universelle de la chastete et du celibat)》(Saint-Laurent, Quebec, Fides, 2001)로 번역 출간되었다. 책 제목이 길어진 것은 (그리하여 실제 책 내용과는 거리가 멀어졌다) 독신이 더 이상 순결이 아니고, 결혼이 더 이상 정착이 아닌 시대에 이 주제가 얼마나 흥미를 끌 수 있는지 보여주고 있다. 과거에는 고대 독신에 관해 주로 연구했던 반면(Bocquet, 1894 ; Cartier, 1902), 최근에는 독신의 역사에 관심을 두고 있기는 하나 너무 간략하거나(Knibiehler, 1991 ; Kaufmann, 1999) 특정 부분만 다루고 있다(Borie, 2002 ; Farge, 1984).

◎ **2** 《European marriage patterns in perspective》 in Glass/Eversley, 1965, pp.101～143. 역사적으로 통계를 내기란 훨씬 어렵기 때문에 결혼 연령 통계를 바탕으로 이 모델의 출현 시기를 알아낼 수 있었다.

◎ **3** Michèle Bordeaux, 《Droit et femmes seules ; les pièges de la discrimination》 in Farge, 1984, p.23 ; Legrand, 1964, p.14

◎ **4** 필자의 *Histoire du mariage en Occident*, P. V, chap. III 참조.

◎ **5** 예를 들어 가브리엘 쉬숑(1700)은 독신자를 가리키기 위해 누구와도 관계를 맺지 않는 '중립자(neutraliste)'라는 단어를 사용한다.

◎ **6** 아우구스투스 황제가 제정한 독신제재법은 아이가 없는 유부남인 오르비(orbi)들도 포함시켰던 것으로 보인다. 가장이라는 지위가 유부남의 지위보다 더 중요했기 때문이다. 1939년의 가정보상세도 동일한 기준을 적용하고 있다.

◎ **7** 예를 들어 Pichon, 1765, p.17. "은밀한 독신이 여전히 존재한다. 그 배경 때문에 가히 범죄라 할만한 이런 독신은 결혼한 사람들이 너무나 잘 알고 있다. 오, 사치의 힘이란! 부부를 결합시키는 것은 더 이상 사랑이 아니란 말인가? 자식을 더

낳지 않으려고 경계하는 마음이 자연의 가장 신성한 권리를 침해해야 하는가?"

◎ **8** Poncet de La Grave, 1801, p.67. 퐁세 드 라 그라브는 독신을 방탕과 동일시했음을 알 수 있다. 그는 문제를 일으키는 지나친 행동을 다음 장에서 '독신의 일종'(p.82)이라고 일컫는다.

◎ **9** Gérard Vincent ; in Ariès/Duby, t. V, 1987, p.286.

◎ **10** Couailhac, 1841, p.109.

◎ **11** Colette, *La Vagabonde* (1910), 1984, t. I, p.1145.

◎ **12** Michelle Perrot, 《En marge : celibataires et solitaires》, in Aries/Duby, t. IV, 1987, pp.287-303.

제1장_ 고대 문명 속 독신

◎ **1** Isée, *Discours,* VII, 《La succession d' Apollodoros》, § 30, 〔1960〕, p.136.

◎ **2** Bocquet, 1894, p.21.

◎ **3** Cheminade, 1884, p.20.

◎ **4** 우리가 자세히 살펴보게 될 유럽 문화를 제외한 고대 문명과 관련하여 Bocquet는 독신자를 상속에서 제외시켰던 인도의 법을 언급하고 있다. Vichnou, XV, 32 ; Gautama, XXVIII, 43 ; Vâsishtha, XVII, 54 (p.37) ; Manou, IX, 201, 202 (p.41).

◎ **5** Çântiparva, Adhy, 157, Bocquet, 1894, p.35에서 재인용.

◎ **6** Plutarque, *Vie de Lucullus,* 18, 3-8 ; 1964, t. VII, pp.82-83.

◎ **7** Sad-dar, chap. 18, éd. West, 1987, pp.278-281.

◎ **8** 탄나는 구전으로 전해지던 율법을 성문화한 탈무드의 첫번째 부분인 미슈나(가르침)를 가르치던 선생을 가리키는 말이다. 시므온 벤 아자이는 제3~4대(2세기) 탄나 중 한 사람이었다. 시므온 벤 아자이에 관해서는 W. Bacher의 글 참조. *Jewish Encyclopedia,* New York et Londres, Funk & Wagnalls, 1902, t. II, pp.672-673.

◎ **9** *Aggadoth du Talmud de Babylone,* ordre Nachim, Ketouboth, 20-13, trad. A. Elkaïm-Sartre, Paris, Verdier, 1987, pp.640-642.

◎ **10** *Midrach Rabba,* t. I, *Genèse Rabba,* chap. 34 § 14, trad. B. Maruani et A. Cohen-Arazi, Paris, Verdier, 1987, pp.361-362.

◎ **11** Legrand, 1964, p.14. L. Köhler, *Der hebräische Mensch,* 1953, p.76에서 재인용.

◎ **12** Ben 'Azaï , Talmud, *Yebamoth,* 62, 63. Bocquet, 1894, p.56에서 재인용.

◎ **13** Schuhl, 1878, nos 823 et 825, t. I, p.292.

◎ **14** Rabbinowicz, 1880, t. I, p.87, Jebamoth.

◎ **15** 같은 책, p.90, Jebamoth.

◎ **16** Plutarque, *Vies,* t. IV, 《Pélopidas》, § 3, 6 (1964, p.137). 에파미논다스를 독신으로 본 사람들은 플루타르코스, 파우사니아스(Pausanias), 디오도로스 시켈로스(Diodôros Sikeliotês), 코르넬리우스 네포스(Cornelius Nepos)이다. 신망이 가지 않는 역사가였던 폴리엔(Polyen)만이 에파미논다스의 아내와 아들에 관한 자극적인 일화를 언급하고 있다. Seran de La Tour, pp.179-180 토론 참조할 것. 코르넬리우스 네포스는 에파미논다스의 동성애를 의심케 하는 말을 던졌다(*Epaminondas,* § 4, 1, 1992, p.88). 아르타크세르크세스(Artaxerxes) 왕이 에파미논다스가 '극진히 좋아했던 (plurimum diligebat)' 청년을 매수하여 에파미논다스를 자기편으로 끌어들이려 했다는 것이다. 그러나 짧은 기록만 가지고 에파미논다스가 당시의 정상적이고 합법적인 범주를 벗어났다고 하는 것은 무리다. 당시에는 일시적으로 남색을 배우는 경우가 있었다. 그러나 그리스 사람들은 동성만을 오랜 기간 동안 사귀는 것을 도덕적으로 용납하지 않았기 때문에 에파미논다스가 동성애자였다면 비난을 받지 않았을 리 없다.

◎ **17** Cornélius Népos, § 5, 5, 1992, p.90.

◎ **18** Cornélius Népos, § 10, 1992, p.94.

◎ **19** *Encyclopédie,* t. II, p.803, s.v. 《célibat》.

◎ **20** 처녀가 낳은 아이가 건국자가 되었다는 신화가 많은데 이는 기존 질서와의 단절을 의미하는 것이다. Caufeynon (1962, p.38)은 일본의 사카(Xaca) 신, 티베트의 포(Fô), 샴 왕국의 사모노카담(Sammonokadam) 등 동양의 전설에서 그 사례를 찾았다. 철학자 피타고라스(Pythagoras)에 얽힌 전설에서 볼 수 있듯이 그리스 전설에도 같은 테마가 등장한다. 이는 신인동형론에 의해 신이 기적적인 단생에 물리적으로 개입할 수 있기 때문이다. 로물루스와 레무스의 어머니는 범할 수 없는 처녀였으나 분명 마르스에 의해 처녀성을 빼앗겼다.

◎ **21** **Κρόνος**(신의 이름인 Cronos)와 **χρόνος**('시간' 을 의미하는 chronos).

◎ **22** Uzanne, 1912, p.29 ; 1890, pp.7-9. Pierre Larousse의 *Grand Dictionnaire universel du XIXe siècle*(Borie, 2002, p.67)에서 발췌한 명제.

◎ **23** Bocquet, 1894, p.94. 정반대되는 이론이 제기되기는 했었다. "도시 밖의 사냥터"를 지배하던 아르테미스는 "인간이 경작하지 않은 처녀림처럼 더럽혀지지 않은" 처녀 여신이었다. Jean-Louis Lamblard, *L'Oiseau nègre,* Paris, Imago, 2003, p.98.

◎ **24** Bocquet, 1894, p.90. Polybe, *Exerp,* Vatican, XII, 6을 언급하고 있다.

◎ **25** Plutarque, *Vie de Lycurgue,* XV, § 1-3 , 1964, t. I, pp.140-141.

◎ **26** L. XIII, 2. Cartier, 1902, p.11와 Caillemer(Daremberg et Saglio, 1877, t. I, p.130)에서 재인용.

◎ **27** Darembert et Saglio, 1877, t. I, p.130(s.v. *Agamiou gramphê*)에서 Caillemer는 스토아 베우스(Serm, LXVII, 16)를 인용하며 시민자격박탈(atimie)이라는 처벌을 마련한다. 그러나 시민자격박탈은 아테네 법에 속한다(같은 책, s.v. *Atimia,* t. I, p.521).

◎ **28** Caillemer, *Agamiou graphêe,* in Daremberg et Saglio, 1877, t. I, p.130 및 Bocquet, 1894, p.84를 참조할 것. *De amore prolis*에 나온 플루타르코스의 암시를 말한다. 아테네의 *agamiou graphê*에 관한 암시는 고대 어휘와 Pollux가 국가의 대의(graphai)를 열거한 부분에서 찾은 것이다.

◎ **29** Platon, *Banquet,* 192b ; 1992, p.34.

◎ **30** 어쨌든 디나르코스의 글에서 유추할 수 있는 점이다. 디나르코스는 데모스테네스가 외동딸을 잃어 자식이 하나도 없으면서 자식들의 머리를 걸고 재판에서 선서를 했다고 비난했다. *Contre Démosthène,* 71 ; 1990, p.22.

◎ **31** Platon, *Lois,* 1. VI, 721b-d ; 1975, pp.73-74.

◎ **32** Platon, *Lois,* 773e 와 774a-c ; 1975, pp.138-139.

◎ **33** Platon, *Lois,* 1. XI, 923a ; 1976, p.23.

◎ **34** Bocquet, 1894, p.96에서 인용.

◎ **35** Aulu Gelle, livre V, chap. 11 ; 1978, pp.16-17.

◎ **36** Platon, *Banquet,* 208e-209e ; 1992, pp.65-67.

◎ **37** 그는 〈송가(Odes)〉 III, 8에서 자신이 독신임을 밝힌다. 〈송가〉가 발표된 시기는 기원전 29년으로 당시 그는 36세였다.

◎ **38** Fustel de Coulanges, 1984, p.51.

◎ **39** Denys d' Hqlicarnasse, livre IX, chap. V, § 10 (1723, t. II, pp.379-380). 베이를 상대로 전쟁을 벌이던 시기(로마력 277 혹은 270년)의 이야기이다. 파비야족은 로마인들이 티레니아인들을 감시하기 위해 세운 크레메라에서 포위되었다. 티레니아 도시들은 베이가 로마와 평화 조약을 맺었다고 비난했으며, 로마인들이 크레메라에서 파비아족을 몰아내도록 하라고 베이에게 촉구했다. 굶주림에 지친 파비아족은 전투를 벌였고 몰살당했다.

◎ **40** Dion Cassius, livre LVI, § 6 ; 1845, t. VIII, p.21.

◎ **41** Valérie Maxime, livre II, chap. 9, § 1 (1995, t. I, pp.205-206)에 기술되어 있다.

◎ **42** Aulu Gelle, livre IV, chap. 20. 1967, t. I, pp.223-224. 이 질문은 이혼한 시민을 가려내기 위한 것이었다.

◎ **43** Valére Maxime, 1995, t. I, p.131.

◎ **44** Aulu Gelle, livre I, chap. 6, § 2, 1969, t. I, p.30. Aulu Gelle(§ 1)가 말하는 메텔루스는 메텔루스 누미디쿠스(Q. Metellus Numidicus)이다. 그러나 아우구스투스 황제가 독신을 반대하는 연설을 하면서 기원전 131~130년에 활동했던 켄소르 메텔루스 마케도니쿠스(Quintus Caecilius Metellus Macedonicus)의 유명한 연설(Tite-Live, Periochae, 59, 8-9)을 참고한 것으로 미루어보아 현대 비평가들은 Aulu Gelle이 인물을 혼동한 것이라고 생각한다. 퀴리스(quiris)는 로마의 시민, 좀더 정확히 말하면 군인이 아닌 시민을 일컫는다.

◎ **45** Plaute, *Miles gloriosus,* acte III, scène 1 ; 1990, t. IV, pp.215-223.

◎ **46** Tacite, livre XIII, chap. 52, § 2 ; 1990, t. IV, p.54.

◎ **47** Appien, *Sur les guerres civiles,* 1. II, ; Plutarque, Vie de César, 55, 5 ; 1964, t. IX, p.205 및 주석 p.285. 플루타르코스가 말한 숫자는 인구조사가 아니라 양식 분배를 통해 나온 수치로 보인다.

◎ **48** Suétone, *Jules César,* chap. 42 ; 1992, t. I, pp.56-58, et chap. 20, 같은 책, p.26.

◎ **49** Dion Cassius, livre LVI, § 1-10 ; 1845, t. VIII, pp.5-31.

◎ **50** 아우구스투스 황제의 법은 현존하지 않는다. 이 법의 존재는 디온 카시우스(Dion Cassius), 수에토니우스, 타키투스, 법률가 마르시엔(Martien, 1. XIX, De ritu nupt.), 가이우스(Gaius, *Instit. juris civilis comm.,* II, § 111, 144, 186), 울피엔(Ulpien, *Liber* singularis regularum, t. XIV, *De poena legis Juliae*, t. XV, *De Decimi* ; t. XVI, *De solidi capacitate...* ; titre XVII, De Caducis)에 의해 전해진 것이다. pub. Girard, 1890 상기 법에 관해서는 Cartier, 1902, pp.114-124 ; Girard, 1978 ; Bocquet, 1894, Lefebvrem 1900, pp.99-129를 참조할 것.

◎ **51** Gaius, *Instit. juris civilis comm.*, II, § 111, 1991, p.56 ; Dion Cassius, LX, 24, 3 ; 1866, t. VIII, p.549.

◎ **52** Ulpien, *Liber singularis regularum*, titre XVII, De Caducis ; Girard, 1890, t. I, p.386.

◎ **53** Girard, 1978, p.928의 해석. Cartier(1902, p.130)에 따르면 자녀가 있는 이혼한 홀아비 *solitarius pater*는 법의 적용을 받지 않았다.

◎ **54** Ulpien, *Liber singularis regularum*, titre XVII, *De Caducis* ; Girard, 1890, t. I, p.386.

◎ **55** Suétone, *Auguste*, 44 (1992, t. I, p.194)과 Martial(*Epigrammes*, V, 41)은 기혼남에게 지정된 자리를 암시한다. Marital은 이 자리가 거세당한 자에게 금지되었다고 했다.

◎ **56** Sénatus-consulte *de ludis saecularibus*, a. 787, éd. C. G. Bruns, *Fontes iuris romani antiqui*, Mohr, 1_93, p.183 (44). 거세당한 남자(iuuennes)들의 야간 경기 관람은 아우구스투스 황제 시절부터 금지되었다(Suétone, *Auguste*, 31 ; 1992, t. I, p.172).

◎ **57** Ulpien, t. XVI, § 3 ; Girard, 1890, t. I, p.386 ('페르니시우스' 라고 표기함.)

◎ **58** Dion Cassius, 1845, t. VII, p.485.

◎ **59** Tacite, L. XV, chap. 19 ; 1990, t. IV, p.150.

◎ **60** Gaius, II, § 286 ; 1991, pp.89-90.

◎ **61** Tacite, livre II, chap. 51 ; 1990, t. I, p.113.

◎ **62** Plutarque, *De l'amour de la progéniture*, 2 (Oeuvres morales, 32), éd. et trad. Jean Dumortier, Paris, Les Belles Lettres (coll. 《Budé》), 1975, t. VII, I, p.185.

◎ **63** Juvénal, *Satires*, IX, v. 82 sq., trad. J. Gérard, Paris, Les Belles Lettres, 1983 (coll. 《Budé》), p.118.

◎ **64** 첫번째 유언장을 파기하고 새로 유언장을 쓴 사람도 있었다. 두번째 유언장에 명시된 상속인들은 율리아 법을 적용받았고, 첫번째 유언장에 기록되었던 상속자들은 권리를 주장할 수 없었다(Gaius, II, § 144 ; 1991, p.63).

◎ **65** Tacite, livre III, chap. 28, § 3 (1990, t. I, p.165) et livre III, chap. 25 (1990, t. I, pp.162-

163).

◎ **66** *Code théodosien* (435-438), livre VIII, titre 16, ed. Mommsen, 1905, t. I, 2, p.418 및 Code Justinen (528-534), livre VIII, titre 58, *De infirmandis poenis caelibatus et orbitatis*, trad. Tissot, 1807, t. III, p.475에 남아 있는 콘스탄티누스 법. 이 법과 관련해서 Eusèbe, *De Vita Constantini*, 1. IV, chap. 26, P.G., t. 20, col.1174 ; P.L., t. 8, col. 76를 참조할 것. 콘스탄스 황제 제10집정기와 콘스탄트 황제 제1집정기 하의 4월 초하루에 공포된 법. 콘스탄티누스, 콘스탄스, 콘스탄트는 모두 황제였다. 534년 유스티아누스는 파피아 포파에아 법을 엄격히 판단했는데 이 법이 이미 오래전부터 시대에 뒤떨어졌다고 판단했다(*Code*, livre VI, titre 51, éd. Tissot, 1807, t. III, p.95).

◎ **67** Daremberg et Saglio, 1877, t. II, 2, p.1455 (s.v. *gallus*), t. III, p.1419 (s.v. *lustratio*)와 t. V, p.753 (s.v. *vestales*).

◎ **68** Aulu Gelle, *Nuits attaques*, livre X, chap: 20, § 22-23, 1967, pp.167-168.

◎ **69** Daremberg *et* Saglio, s.v. *Vesta*, 1877, t. V, p.746.

◎ **70** 알렉산드리아의 필론에 관해서는 Cottiaux, 1982, pp.470-505 참조.

◎ **71** 야하드와 쿰란에서 발견한 풍부한 사료 및 일부 학자들이 에세네파와 이들을 동일시하던 기존의 주장을 뒤바꾼 이유에 관해서는 Michael Wise, Martin Abegg Jr et Edward Cook, *Les Manuscrits de la mer Morte*, trad. Fortunato Israël, Paris Perrin, 2003, pp.22-46를 참조할 것. 쿰란의 필사본 쪽수는 이 책을 참조한 것임.

◎ **72** Eusèbe, *Préparation de l' Evangile*, 1. VIII, chap. XI, P.G., t. 21, col. 644C. 필론이 썼다고 하지만 다른 사료에는 기록된 바 없음.

◎ **73** Cottiaux, 1982, pp.429, 498.

◎ **74** Coppens, 1978, pp.285-303. Coppens는 이 문단 후에 곁들인 분석에서 쿰란의 문서를 에세네파가 작성했다고 주장한다.

제2장_ 그리스도교 혁명

◎ **1** 이와 관련해서는 Abott, 2000, pp.54-55 참조.

◎ **2** Bologne, 1995, pp.79-88. 이와 관련해서는 Marie-Odile Métral, *Le Mariage, les hésitations de l' Occident*, Paris, Aubier-Montaigne, 1977 ; Charles Munier, *Mariage et virginité dans l' Eglise ancienne (Ier-IIIe siècle)*, Berne, Peter Lang, 1987 ; Emile Schmitt, *Le Mariage chrétien dans l' oeuvre de saint Augustin*, Paris, Etudes augustiniennes, 1983 을 참조.

◎ **3** *Sed apud Adam nondum maritum, nondum aures sibi debentem*··· Tertullien, *Liber de patientia*, chap. V, dans Mignem P.L., t. 1, col. 1257. 아내에게 보내는 편지 인용은 Tertullien, 1980 참조.

◎ **4** Tertullien, *Exhortation à la chasteté*, chap. IX, 4, trad. J.-C. Fredouille, Paris, Cerf, 1985, p.101 (*Sources chrétiennes*, n° 319).

◎ **5** 테르툴리아누스에 관해서는 T. D. Barnes, *Tertullian, a hsitorical and Literary Study*, Oxford, Clarendon Press, 1971 ; René Braun, *Approches de Tertullien*, Paris, Institut d' études augustiniennes, 1992 ; Marie Turcan, 《Le mariage en question? ou les avantages du célibat selon Tertullien》, dans Mélanges Boyancé, Rome, 1974, pp.711-720 참조.

◎ **6** Tertullien, *Exhortation à la chasteté*, chap. XIII, 4, op.cit., p.117.

◎ **7** Acte de Pierre, 《La fille de Pierre et Ptolémée》, Bovon, 1997, t. I, pp.1049-1051.

◎ **8** Augustin, *Du bien conjugal* ; Thomas d' Aquin, Somme théologique, IIIa, q. XLI (tentations du Christ) ; IIa IIae, q. 151 et 152 (contience et virginité) ; IIa IIae, q. 186, § 4 (contience des religieux).

◎ **9** Abbott, 2000, p.61.

◎ **10** Fournier, 1978, t. III, p.1013. 아내를 두고서도 아무 여자하고나 저지를 수 있는 죄를 짓는 것이라면 결혼할 필요가 없다고 생각한 피에르 모리를 말한다. 그는 뒤늦게 아내를 두지만 교회에서 식을 올리지 않았고 며칠 후 카타리파 신자인 친구를 통해 자신의 '결혼'을 파기했다(같은 책, pp.918과 975).

◎ **11** Actes de Paul, III, Bovon, 1997, t. I, pp. 1129-1133.

◎ **12** Actes de Philippe, I, 3, Bovon, 1997, p.1191.

◎ **13** Bovon, 1997, t. I, pp.879와 945.

◎ **14** 이와 관련해서는 Bologne, 1995, pp.84-88과 특히 Emile Schmit, *Le Mariage* *chrétien dans l' oeuvre de saint Augustin, op.cit.* 참조.

◎ **15** *De conjugiis audlterinis*, II, chap. XX, 22, dans Migne, P.L., t. 40, col. 486. 책은 419 년경에 쓰였다. 시네시우스의 서한문은 A. Garzya가 번역, 출간했다(Synésios, 2000).

◎ **16** 성직자의 독신에 관한 역사는 Naz, s.v. 《célibat des clercs》; Esmein, *Le Mariage en droit canonique*, 1929, t. I, pp.299-334 ; Cabrol/Leclercq, 1908, s.v. 《célibat》 참조. 현 교회의 입장에 관해서는 Solesmens, 1984 ; Stickler, 1988, *Code de droit canonique*, 1983 참조. 성직자는 계율을 따르며 신성한 맹세를 한 수도사, 수녀, 주교좌성당의 참사원 등 교회의 관할 하에 있는 성직자 외에 주교, 신부 등 속세에서 생활하는 재속 성직자가 있었다. '성직자(clercs)'는 실질적으로 재속 성직자를 가리켰다. 성품은 교회 관할 하에 있는 성직자나 재속 성직자 모두 받을 수 있지만 실제로는 재속 성직자에게 주어지는 경우가 더 많았다. 일곱 개의 성품(聖品)은 두 부류로 나뉘었는데 수도원장, 독사(讀師), 구마사제, 시제(侍祭)는 하급 성품에 속했고 차부제, 부제 및 사제는 상급 성품에 속했다. 파울루스 6세의 개혁 이후 하급 성품은 폐지되었다. 성품을 주는 대신 독사나 시종직을 마련했기 때문에 이들은 종교를 갖지 않아도 되었고 결혼할 수 있었다. 차부제는 사라졌으며 주교는 성품을 받게 되어 있다. 오늘날 성품에는 주교, 사제, 부제가 있다.

◎ **17** Ambroise, in *II Co 11*, 2, dans Migne, P.L., t. 17, col. 320.

◎ **18** Tertullien, *De monogamia*, VIII, 4, 1988, pp.165와 167.

◎ **19** Jacobus de Voragine, 1967, t., I, p.386 (Pétronille) ; t: I, pp.330-331 (Philippe).

◎ **20** Clément d' Alexandrie, *Stromates*, III, 12 (P.G., t. 8, col. 1191). Cabrol/Leclerca는 세기 초에 결혼한 사제의 묘비 8개와 결혼한 신부의 묘비 17개의 내용을 발표했다(t. II, 2, col. 2823 ss., s.v. 《célibat》).

◎ **21** Jérôme, *Contra Vigilantium*, § 2, dans Migne, P.L., t.23, col.341.

◎ **22** Mansi, t. II, col. 1099-1111, canon 4 (《*Si quis de presbytero qui uxorem duxit, contendat, non oportere [sic] eo sacra celebrante oblationi communicare, sit anathema*), 9 (《*Si quis virgo sit, vel continens, a matriomonio tamquam abominando recedens, & non propter ipsam virginitatis pulchritudinem & sanctitatem, sit anathema*》), 10 (《*Si quis propter Deum virginitatem professus, in* *conjugio positos per arrogantiam vituperaverit, anathema sit*》), 21. 법령집의 버전은 네 가지 이며 내용의 차이 또한 크다.

◎ **23** Concile d' Elvire, canon 33 (Mansi, t. II, col. 10-11).

◎ **24** Migne, *P.L.*, t. 13, col. 1139 C. 모든 사본이 초기법을 언급하고 있지는 않다.

◎ **25** Lettre II, à saint Victricius, évêque de Rouen (395-418), § 9, dans Migne, *P.L.*, t. 20, col. 476.

◎ **26** Stickler, 1988, p.27.

◎ **27** Concile d' Hippone, 333, canons 22 et 28. Hefele, 1973, t. II, 1, pp.87 et 88.

◎ **28** Canon 4 : 《*Ut clericus, cui rubendi datur licentia, internuptam non accipiat uxorem ; quod si fecerit, ultimum in officio clericali teneat locum.*》 *Corpus christianorum, Series Latina*, t. 148, *Consilia Galliae*, 314-506, p.145.

◎ **29** Justinien, *Code*, livre I, chap. III, loi 44, éd. Krueger, 1877, p.30. Baudry-Lacantinerie, 1900, t. II, p.177는 유스티니아누스 황제가 스스로 이 정책을 철폐했다고 한다. 어쨌든 이 정책은 서방에서 받아들여지지 않았다.

◎ **30** Lettre du pape Zacharie à Pepin le Bref, q. 11, dans Migne, *P.L.*, t. 89, col. 934.

◎ **31** Jaques Voisenet, 《Figure de la virginité ou image de la paillardisé : la sexualite du clerc au Moyen Age》, dans *Le Clerc au Moyen Age*, 1995, p.572.

◎ **32** Grégoire de Tours, livre VIII, § 19 et livre VI, § 36 ; 1995, t. II, pp.149 et 55-59.

◎ **33** Hefele, 1973, t. I, pp.327 (Néocésarée), 312 (Ancyre), 536 (Nicée). 유명한 법령3의 해석에 대해서는 의견이 엇갈린다. 법령3은 재속 동정녀와의 영적 결혼을 엄격히 금했는데 그것이 선의를 가진 성직자들에게 '타락'의 기회가 되기 때문이었다. 그러나 정식 부인에 대해서는 언급하지 않는다. '절대 의심할 수 없는' 여자들과 함께 사는 것은 허용하고 있으나 표현이 딱히 부인을 가리키는 것 같지는 않다. 이집트인 주교 Paphnuce가 325년 규율을 정했고 그 규율은 692년에 채택되었다고 하는데 진위를 알 수 없다. 다만 5세기에 교회역사가 소크라테스와 소조메누스에게서 나타나는 사고와 맥락을 같이 하고 있다. Stickler, 1988, pp.63-66 참조.

◎ **34** Hefele, 1973, t. III, 1, pp.560-578.

◎ **35** 《[...] *exulavi, patriam et parentum larem utpote puer inscius deserui : haud propria* *voluntate vel aliqua inedica cogente perpetravi – nam verum ut fatear, genitores mei illis temporibus ditissimi erant – sed sane arbitrio Ricuardi avunculi mei totum actum est, qui me iacentem adhuc in cunis a matre mea sibi dari postulaveraat, quae fuit eiusdem germana.*》 Lambert Waterlos, Annales Cameracenses, année 1115, M.G.H. Scriptores, t. 16, p.512.

◎ **36** Flandrin, 1983, p.42.

◎ **37** Moschus, *De vitis patrum liber decimus*, 1, 3, dans Migne, P.L., t. 74, col. 124b.

◎ **38** Hincmar, *De diuortio Lotharii regis et Tetbergae reginae*, dans Migne, P.L., t. 125, c. 689.

◎ **39** Hefèle, 1973, t. IV, 2, p.919.

◎ **40** 전문적인 법률 용어를 사용한 것은 아니지만 그 뜻은 명확하다. 《*separentur, matrimonium non esse censemus*》. Concile de Latran II (1939), canon 7, Mansi, t. 21, col. 527-528. 이보다는 명확하지 않으나 랭스 공의회(1119년)와 제1차 라트란 공의회(1123년)에서도 언급된 바 있다(Baudry-Lacantinerie, 1900, t. II, p.178).

◎ **41** 사제의 독신이 다시 한 번 뜨거운 논쟁에 휩싸인 19세기 말 이 문제가 다시 거론될 것이다. 라르망디는 사제의 독신을 비난하고 있다. Larmandie, 1904, p.73.

◎ **42** Jean de Meung, vv. 19619-19625, 1974, p.520.

◎ **43** Champion, 1919 (1984), t. I, pp.97-98.

◎ **44** Guillaume Saignet의 책 서문에 Nicole Grévy-Pons가 쓴 글 참조.

◎ **45** 《*Sacerdotibus magna ratione sublatas nuptias maiori restuendas uideri*》, *Platinae historici liber de vita Christi ac pontificum omnium*, éd. J. Vercelensis, 1485, 페이지 번호 없음. 피우스 2세에 관한 장 끝부분.

◎ **46** La Chèvre, 1909-1928, t. XIII, pp.127-204.

◎ **47** Session XXIV, canon 9, 1563. Hefele, 1973, t. X., pp.552-553 ; Mansi, t. 33, col. 151.

◎ **48** Session XXIII, décret de réformation, chap. 18, 1563. Hefele, 1973, t. X, pp.501 sq. ; Mansi, t. 33, col. 146 sq.

◎ **49** Stickler, 1998, pp.55 et 86, 87, 91 (citation de Jean-Paul II). *Code de droit canonique*, canon 277, § 1 (p.204)도 참조.

◎ **50** Solesme, 1984 : Benoît XIV, *Ad nuptiale convivium*, 29 juin 1746 (cité Pie XII, *Sacra Virginitas*, 25 mars 1954 (cite pp.15 et 111) ; Paul VI, *Sacerdotalis coelibatus*, 24 juin 1967 (cite pp.112-115) et *Evangelica testificatio*, 29 juin 1971 (p.102에 인용) 참조.

◎ **51** Larmandie, 1904, pp.272-279.

◎ **52** Solesme, 1984, pp.22-26에 기록된 요한 바오로 2세의 1982년 연설 참조.

◎ **53** Abbé Prévost, *OEuvres*, éd. P. Berthiaume et J. Sgard, Presses universitaires de Grenoble, 1978, t. I, p.375.

◎ **54** Flandrin, 1993, pp.272-279.

◎ **55** 프랑수아 파리에 관해서는 [Barthélémy Doyen] *Vie de Monsieur de Pâris diacre du diocèse de Paris*, 1731 ; Paul Valet, *Le Diacre Pâris et les convulsionnaires de Saint-Médard*, Paris, Champion, 1900 참조.

◎ **56** Mémoire de l'abbé de Saint-Pierre, dans l'Encyclopédie de Diderot/d'Alembert, art. 《célibat》, t. II, p.805.

◎ **57** Voltaire, *Dictionnaire philosophique*, art. 《abbé》.

◎ **58** *Le Triomphe des bonnes moeurs sur le faux honneur célibataire, discours de Pierre Dolivier, curé de Mauchamp, à ses paroissiens, pour les disposer à son Mariage, légalement contracté le 12 Novembre, l'an premier de la République Française*, à Etampes, chez Dupré [1792].

◎ **59** *A nosseigneurs dés états généraux, mémoire sur le célibat des curés de campagne* (1789), *Lettres sur le célibat des prêtres, par un jeune homme à qui cette institution a fait quitter l'Etat ecclésiatique*, par M. Le Fèvre, de Meaux (1789).

◎ **60** *Motion faite dans l'Assemblée générale du District de Saint-Etienne-du-Mont, pour le mariage des Prêtres*, [par l'abbé de Cournand], 18 décembre 1789, pp.6-7.

◎ **61** *Contrat de mariage du sieur Remi Vinchon, curé d'Herbisse, du diocese de Troies*, s.l., s.e., s.d. 당시 신문에 발표된 이 계약서는 논란을 불러일으켰으며 Annales revolutionnaires, t. II, 1909, pp.567-568 및 t. IV, 1911, pp.372-374에 문서가 남아 있다.

◎ **62** *Le Mariage des prêtres, ou Récit de ce qui s'est passé à trois séances des assemblées générales du district de Saint-Etienne-du-Mont...* (1790), pp.10 및 44-45.

◎ **63** 장 폴 라보(1743-1793)는 목사의 아들이었으며 1764년 성직에 들어섰고 1768년 결혼했다. 1790년 3월 15일~4월 1일까지 국민의회장을 역임했다. André Dupont, *Rabaut Saint-Etienne*, Paris-Genève, Labor et Fides, 1989(1946) 중 특히 p.94 참조.

◎ **64** Duvergier, t. I, p.100 (décret du 13 fevrier 1790) 및 t. III, p.242 (Constitution du 3 septembre 1791, titre II, art.7).

◎ **65** Lemay, 1991의 자료 조사로 얻은 수치. 성직자 가운데 결혼했다는 언급이 없는 사람들은 독신으로 가정했다. 회원 성직자의 결혼은 언급될 가능성이 많으므로 이 가정은 타당성 있으나 가정은 어디까지나 가정이다.

◎ **66** Baudry-Lacantinerie, 1900, t. II, pp.182-184 및 *JurisClasseur Dalloz*, Civil, 2002, 144~147, fasc. 10, p.26, § 100 참조.

◎ **67** Le Fort, 1867, pp.475-476.

◎ **68** Garnier, 1875, pp.320-328.

◎ **69** 같은 책, pp.302-303 및 pp.331-338.

◎ **70** Jehan Le Brun, dans le *Registre criminel du Châtelet de Paris*, 1861, t. I, p.53.

◎ **71** Albert Camus, L' Etranger (1942), Paris, Gallimard, 1994, p.169.

제3장_ 중세, 강요된 독신의 시대

◎ **1** 자카리아 교황의 서신은 Migne, *P.L.*, t. 89, col. 930-938 참조. 이 답신을 통해 피핀 3세의 요구에 대해 알게 되었다.

◎ **2** 《*Ut omnes homines laici publicas nuptias faciant, tam nobiles, quam ignobiles*》(canon XV, dans Mansi, t. XII, col. 583). 가장 믿을만한 필사본에는 12개의 초기법만 포함되어 있다. 교회법 15는 지역공의회가 소집된 후 얼마 지나지 않아 만들어진 것 같다.

◎ **3** Pierre Toubert, 《Le moment carolingien》, dans Burguière e.a., 1986, t. I, p.359.

◎ **4** Jonas d' Orléans, *De instituione laicali*, dans Migne, P.L., t. 106, col. 122-123.

◎ **5** 목록이 야기하는 문제점에 관해서는 P. Toubert, dans Burguière e.a., 1986, t. I, pp.336-345, Emily R. Coleman, 《Medieval Marriage Characteristics ; A Neglected Factor in the History of Medieval Serfdom》, dans *The Journal of Interdisciplinary*

History, t. II. 1971, pp.205-219 참조.

◎ **6** *Le polyptyque et les listes de cens de l'abbaye de Saint-Remi de Reims (IXe-XIe siècle)*, éd. critique par Jean-Pierre Devroey, travaux de l'Académie nationale dé Reims, t. 163, 1984, pp.64-67에서 발췌.

◎ **7** 경건왕 루이 이후 정규 농장주택(mansus integer, 온전한 농장주택)의 크기는 12보니에(16.62헥타르)였다. 초기에는 한 가구를 위해 마련되었으나 인구가 증가하면서 이등분 혹은 사등분되기도 했다. 지역에 따라 크기는 5~30헥타르까지 차이가 났다.

◎ **8** Georges Duby, *Guillaume le Maréchal ou le Meilleur Chevalier du monde*, Paris, Fayard, 1984, p.93. Jean Le Trouvère가 운문화한 *L'Histoire de Guillaume*은 Paul Meyer가 《Société de l'Histoire》 시리즈(파리, 1891-1901)로 출간했다. 다음 인용은 Duby, pp.138 및 152에서 한 것이다.

◎ **9** Russel, p.36. 650년 이후 일부 국가에서는 인구가 꾸준히 증가했고 특히 프랑스에서는 1000년 이후 인구가 크게 증가했다.

◎ **10** Heers, 1993(1974), p.82. 이 단락에 관해서는 같은 책, pp.81-90 참조.

◎ **11** L. B. Alberti, *I libri della famiglia*, livre I, éd. R. Romano et A. Tenenti, Turin, Einaudi, 1969 (1994), p. 41에 나오는 Adovardo의 비난.

◎ **12** Duby, 1973, p.214. 이 문단 전체에 관하여 《Les "jeunes" dans la société aristocratique》, pp.213-225 참조.

◎ **13** Charles de La Roncière, dans Ariès/Duby, 1985, t. II, p.297.

◎ **14** Georges Duby, 《A propos de l'amour que l'on dit courtois》, dans *Mâle Moyen Age*, pp.74-28 (인용 p.78) 참조. 또한 Duby, 1999, ch. XI, 《littérature》; 1973, pp.222-223 및 Monique Santucci, 《Amour, mariage et transgression dans le Chevalier au lion ou Il faut transgresser pour progresser》, dans *Amour, mariage et transgression au Moyen Age*, Göppingen Kümmerle Vlg, 1984, pp.161-171 참조.

◎ **15** Duby, 1999, p.158.

◎ **16** 고전주의 시대 법률가들은 9~10세기에 이 제도가 폐기되었다고 보고 있으며 이 견해가 계속 받아들여지고 있다. Gutton, 1993, *passim*, 특히 pp.13 *sq.* 참조. 반대로 Franck Roumy, *L'Adoption dans le droit savant du XIIe au XVIe siècle*, Paris,

LGDJ, 1988은 친권 인정이 중세법에 존재했음을 보여주고 있다. 실제로 적용되는 경우는 드물었으나 다른 형태로 인위적 친권을 인정해주는 것은 가능했다 (pp.189 및 198-214). 독신자와 성직자에게 허용된 입양에 관해서는 pp.138 및 156 참조.

◎ **17** Olivier-Martin, 1948, § 199, p.268.

◎ **18** 피에르 모리의 증언은 Fournier, 1978, tome III, pp.914-1032에 나와 있다. 그의 이름은 다른 증언에도 등장하는데 특히 아르노 시크르와 기욤 모르의 증언에 나온다. 인용 pp. 759("하지만……"), 971("가정을……"), 973("제 입에 풀칠할 정도"), 971("그러면 난 그들에게 이렇게 대꾸했죠……"), 918("기욤은 우리에게……"). 또한 Emmanuel Le Roy Ladurie, 1982, pp.133-196 참조.

◎ **19** Le Roy Ladurie, 1982, p.178에서 인용.

◎ **20** *Registre criminel du Châtelet de Paris*, 1861, t. I, pp.52-73.

◎ **21** 임명장은 학위수여자들에게 공석이 된 성직록을 받을 수 있도록 해주었다. 1438년 칙령 이후 공석이 된 성직록은 대학 학위수여자들에게 수여되었으며 3분의 2를 (대학 명부에 등록되어 있으며 임명장으로 확인할 수 있는) 임명된 학위수여자들에게 수여했다. 비용이 이 경우에 해당되었을 것이다. 이에 관해서는 Champion, 1913(1984), t. I, pp.39-43 참조. 비용의 작품 서지는 éd. Mary, Paris, Garnier-Flammarion, 1965를 따랐다.

◎ **22** Léo Moulin, *La Vie des etudiants au Moyen Age*, Paris, Albin Michel, 1991, pp.51-52.

◎ **23** 《*Si habeat beneficiu, corone, coronam habeat talem, nec super hoc poterit aut debeat reprehendi*》, Chartularium universitatis parisiensis, 1891, n° 201, t. I, pp.228.

◎ **24** Arthur Christian, *Etudes sur le Paris d'autrefois, Les juges, le clergé*, Paris, Roustan, Champion, 1904, p.79.

◎ **25** Yves Grava, 《Le clerc marié》, dans *Le Clerc au Moyen Age*, 1995, pp.238-239.

◎ **26** Marie-Thérèse Lorcin, 《Les clercs notaires dans les testaments foréziens des XIVe et XVe siècles》, dans *Le Clerc au Moyen Age*, 1995, pp.387-397, 인용 p.390.

◎ **27** Danielle Jacquart et Claude Thomasset, *Sexualité et savoir médical au Moyen Age*, Paris, PUF, 1985, pp.38-40.

◎ **28** *Chartularium universitatis parisiensis*, 1891, n°565 (t. II, p.39).

◎ **29** *Adversus Jovinianum*, I, 47, Migne, P.L., t. 23, col. 276-278 에 나와 있음.

◎ **30** *Histoire du mariage en Occident*, Jean-Claude Lattes, 1995, p.158에 외스타쉬 데샹, 랑베르 르 베그(Lambert le Bègue), 엘로이즈 등에 관한 사례를 언급한 바 있다. 위는 p.30, 아래는 pp.260-269 참조.

◎ **31** 중세 의사들에 관해서는 Jacquer, 1981 및 Delaunay, 1948 참조.

◎ **32** Jacquart, 1981, p.380.

◎ **33** *Chartularium universitatis parisiensis*, 1891, n°909 (t, II, p.34) 및 1403 (t, III, p.222).

◎ **34** Dubarle, 1844, t. I, p.261 ; Tuilier, 1994, t. I, p.246-248 ; Wickersheimer, 1979, t. I, pp.97-98.

◎ **35** Tuilier, 1994, t. I, p.462.

◎ **36** Dubarle, 1844, t. II, p.32.

◎ **37** Tuilier, 1994, t. I, pp.425 및 461.

◎ **38** Charles Jourdain, *Histoire de l' Université de Paris au XVIIe et au XVIIIe siècle*, Paris, Hachette, 1888, t. I, pp.466-468.

◎ **39** Caradeuc de La Chatolais, 1763, p.18.

◎ **40** Loi du 11 floréal an X, titre IV, art. XVIII, *Bulletin des Lois*, n° 186, p.220. Décret du 17 mars 1808, titre XIII, n° 101, *Bulletin des Lois*, n° 185, p.164.

◎ **41** Orderic Vital, *Historia ecclesiastica*, 1. VII, éd. A. Le Prévost, Paris, Renouard, 1845, t. III, p.168.

◎ **42** Norwich, 1981, pp.223-227 및 p.251.

◎ **43** Pierre Lombard, *Sentences*, 1. IV, dist. XXX, 4, dans Migne, *P.L.*, t. 192, col. 918, 《*de causa finali conjugii*》.

◎ **44** Duby, *Le Chevalier, la femme et le prêtre*, 1999, p.47.

◎ **45** Dom Léon Guilloreau, 《Anne de Bretagne, quelques détails relatifs à sa captivité》, *Revue de Bretagne et de Vendée*, t. XXXVII, 1907, pp.257-275 et 326-336.

◎ **46** Bologne, 1995, pp.105-107 참조.

◎ **47** 그러나 몽테뉴는 확실한 날짜를 기록하고 있다. 그가 행사에 참가하는 것은 "콰지모도(Quasimodo)의 일요일" (p.1235)이었고, 그의 일기에는 3월 31일(복통을 일

으킨 날)과 4월 3일(로마를 떠난 날) 사이로 기록되어 있다. 1581년 부활절은 3월 26일이었으므로 수태고지 축일은 콰지모도 축일 다음 날인 4월 3일로 미뤄졌다. 따라서 행사는 일요일에 열렸다고 볼 수 있다. 그래서 몽테뉴가 혼동한 것이다.

◎ **48** Montaigne, journal de voyage, *OEuvres complètes*, Paris, Gallimard, coll. 《Bibliothèque de la Pléiade》, 1962, pp.1235-1236. 행사에 관해서는 Carlo Bartolomeo Piazza, *Emerologia di Roma cristiana, ecclesiastica e gentile*, t. I, 1713, p.210 ; Carlo Bartolomeo Piazza, *Eusevologio romano, overo delle opere pie di Roma*, Roma, 1698, t. I, tr. VI, c. XXXV, pp.422-425 참조.

◎ **49** Herligh/Klapisch-Zuber, 1978, p.404.

◎ **50** 두 이야기는 Francesco da Barberino, 1995, pp.31 et 42에서 발췌.

◎ **51** Norwich, 1981, pp.45-64.

◎ **52** *Recueil des historiens de la France*, t. XXIV, 1, p.342.

◎ **53** 같은 책, pp. 49, 44, 85.

◎ **54** Géraud, 1837, *passim* et pp.36-37.

◎ **55** Magaret Wensky, 《Women's Guilds in Cologne in the Later Middle Ages》, dans *Journal of European Economic History*, t. 11, 1982, p.647.

◎ **56** *Recueil des historiens de la France*, t. XXIV, 2. pp.486-487.

◎ **57** Margaret L. King, 《The Religious Retreat of Isotta Nogarola (1418-1466) : Sexism and Its Consequenses in the Fifteenth Century》, dans *Signs*, III, 3, 1978, pp.807-822. 인용 p.807 및 p.810.

◎ **58** Fournier, 1978, t. III, p.197.

◎ **59** 베긴 교단 수녀원에 관해서는 Naz, t. 2, col. 277-287 ; M. Lauwers et W. Simons, *Béguins et béguines à Tournai au bas Moyen Age*, Louvain-la-Neuve, 1988 참조.

◎ **60** Joseph Geldolpho a Ryckel, *Vita s. Beggae*, Louvain, C. Coenestenius, 1631, pp.203-205.

◎ **61** Rutebeuf, 《Le Dit des béguines》, éd. Ed. Faral et J. Bastin, Paris, Picard, 1977, t. I, p.335. 《Si une béguine se marie, c'est sa façon de vivre : ses voeux, sa profession de foi ne l'engagent pas pour toute la vie.》

◎ 62 Dutour, 2003, p.180.

◎ 63 이상 Dutour, 2003, pp.179-196 참조.

◎ 64 Russel, 1976, pp.58-60.

◎ 65 유럽 여러 도시들의 통계를 싣고 있는 Mols, 1954, t. II, p.199-200.

◎ 66 Desportes, 1966, pp.486-487.

◎ 67 Desportes, 1966, pp.501-902.

◎ 68 Herlihy/Klapisch-Zuber, 1978, pp.400-419. 이 수치들은 최대 폭을 허용하여, 즉 아이가 없는 홀아비까지 포함하여 계산한 것이다. 여기서 우리가 관심을 갖고 있는 것은 동일 기준으로 계산했을 때 지역마다 얼마나 차이가 나타나는가이다. 기혼으로 명기되어 있지 않으나 자식이 있는 남성은 홀아비로 간주했다. 교회법이 정하는 남자의 결혼 연령은 14세이므로 앞의 분석과 마찬가지로 이 나이를 기준으로 계산하는 것이 논리적으로 보일 수도 있다. 수치는 더 낮게 나오지만(피렌체의 경우 46.4퍼센트, 토스카나 전체의 경우 32.3퍼센트) 도시의 특수성은 여전히 드러난다.

◎ 69 Herlihy/Klapisch-Zuber, 1978, p.412.

◎ 70 Hajnal이 Glass/Eversley, 1965, p.117에 발표한 수치. 퍼센트와 합계만 표시했다.

제4장_ 근대, 악마와 동격어가 된 독신

◎ 1 Estienne Pasquier, *Lettres familières*, I, 9, éd. D. Thickett, Paris-Genève, Droz, 1974, t. I, p.12 (*T.L.F.*). 서간은 1586년 발간되었으나 이 편지는 파시키에가 결혼한 1557년보다 앞서고 1553년 르 피카르가 결혼하던 때의 편지가 틀림없다.

◎ 2 Muchembled, 1983, p.92.

◎ 3 Rossiaud, 1976, pp.71-72.

◎ 4 Delay, 1987, p.508.

◎ 5 Pellegrin, 1982, pp.153-200에 여러 가지 놀이가 열거되어 있다.

◎ 6 Muchembled, 1983, p.91.

◎ 7 Muchembled, 1988, p.298. 이에 관해서는 pp.294-315 및 Roissaud, 1976 ; Pellegrin, 1982 ; Muchembled, 1983 ; Davis, 1979 ; Delay, 1987 참조.

◎ 8 Chr. Vandenbroeke, 《Het seksueel gedrag der jongeren in Vlaanderen sinds de late 16de eeuw》, dans *Bijdragen tot de Geschiedenis*, 62e année, 1979, pp.193-230. Muchembled, 1988, pp.318-320에 요약.

◎ 9 Philippe Ariès, *L'Enfant et la vie familiale sous l'Ancien Regime* (1960), 1973, pp.48-50.

◎ 10 자위에 관한 담화의 기원에 관해서는 *Annales Economies, Sociétés, Civilisations*, août 1974, p.1016 ; Flandrin, 1993, p.206 참조. '고리 끼우기(*infibulation*)' 에 관해서는 Thévenin, *Traité des operations de chirurgie*, dans OEuvres, 1658, chap. 63, p.81 ; Dionis, *Cours d'opérations de chirurgie, demontrées au jardin royal*, Paris, Laurent d'Houry, seconde édition, 1714 참조.

◎ 11 메네트라는 1764년 일기를 쓰기 시작해서 1802년까지 썼다. 파리시립역사도서관(Bibliothéque historique de la Ville de Paris)에 보관 중인 일기는 1982년 Daniel Roche가 출간한 바 있다.

◎ 12 Compagnonnage, n°523, novembre 1987, *Encyclopédie du compagnonngae*, Rocher, 1998, s.v. 《femmes》.

◎ 13 이 전설은 Omer Englebert, *La Fleur des saints* (1946), Paris, Albin Michel, 1984, p.383에 나와 있다. Jacques de Vorqgine, 1967, t. II, pp.386 sq 참조.

◎ 14 Pierre Barret, Jean-Noël Gurgand et Claure Tiévant, *Almanach de la mémoire et des coutumes*, Paris, Hachette, 1980, 25 novembre. Davenson, 1946, p.260에 나와 있는 〈순교자 성녀 가타리나(Martyre de sainte Catherine)〉(18세기?)에 영감을 받은 노래.

◎ 15 속담 출처는 L. Dufour, Calendriers et croyances populaires, Paris, Maisonneuvem 1978, pp.224-226.

◎ 16 Clark, 2000, p.194.

◎ 17 《*[...] within some months of either side of 21, unmqrried and resolved not inconsiderately to rush into a state of life [which] even the wisest cannot foresee whether it shall be more happy or miserable, without making the trial*》, Clark, 2000, p.205.

◎ 18 Clark, 2000, pp.205~206.

◎ 19 Suchon, 1700. 그녀에 관해서 Geffriaud Rosso, 1988, pp.669-678도 참조.

◎ 20 Suchon, 1700, t. I, p.2. 다음 인용은 쪽수가 적히지 않은 서문에서 발췌했다.

◎ **21** C.-F. Vergnaud-Romagnesi, *Mémoire sur les fausses Jeanne d' Arc*, Orléans, Pagnerre, 1854는 자신을 잔 다르크라고 주장하는 세 명의 여자에 대한 흔적을 보여주고 있다. 이중 두 명은 유부녀였다. Stéphanie Chandler (La Revue belge, 1930, I, pp.53-63)도 여자 두 명에 대해 언급하고 있으나 출처는 밝히지 않고 있다.

◎ **22** Davenson, 1946, nos 62-65, pp.373-380에서 이 테마와 관련하여 인용한 노래 네 개는 이 시대의 것이다.

◎ **23** Rablelais, *Tiers Livre*, chap. 30, dans *OEuvres*, éd. J. Boulenger, Paris, Gallimard, coll. 《Bibliotheque de la Pléiade》, 1951, p.460.

◎ **24** Pothier, 1822, t. VII, p.435 및 447.

◎ **25** Loysel, 1846, 178, t. I, p.207.

◎ **26** *Coutume* de Paris, éd. P. Le Maistre, 1741, p.161, art. 223. 이 판단은 18세기 변호사인 부르종이 내린 것으로 Olivier-Martin(1948, § 490, p.654)이 인용한 것이다. 여성의 '건전한 무능력' 은 '여성의 미숙함, 경박함, 변덕스러움' 으로부터 공동체를 보호한다. 포티에는 좀더 표현을 완화시켰다. 남편의 권위가 효력을 발휘할 경우와 발휘하지 않는 경우에 대해서는 Pothier, 1822, t. VII 참조. 남편이 부재하거나(p.439) 부인의 이익을 해칠 분쟁이 발생한 경우(p.439), 남편이 정신이상인 경우(p.445) 혹은 남편이 어떻게 되었는지 모를 경우(p.446), 남편의 권한은 판사가 맡게 된다. 대신 남편이 민법상의 권리를 상실했을 경우, 아내는 자신이 소유한 가게를 스스로 운영할 수 있고(p.443) 권한을 회복할 수 있다. 포티에는 따라서 남편의 권한은 미성년자에 대한 권위와는 다르다고 설명한다. 남편의 권한은 나약한 이성에 근거하는 것이 아니기 때문이다. "유부녀가 남편의 승인이 필요 없는 처녀와 과부보다 이성적으로 더 나약한 것은 아니기 때문이다." (p.436) 그러나 그 차이는 이론에 불과하다.

◎ **27** Loysel, 1846, 109, t. I, p.148.

◎ **28** Pothier, *Traité des Personnes*, dans *OEuvres*, 1822, t. XIII, pp.429-434.

◎ **29** Michèle Bordeaux, 《Droit et femmes seules. Les pièges de la discrimination》, dans Farge, 1984, pp.27-28.

◎ **30** Denis le Chqrtreux, LHoest, 1990, p.82에 인용.

◎ **31** Marie de Gournay, *Egalitè des hommes et des femmes* (1622), 2002, t. I, pp.987-988.

마리 드 구르네에 관해서는 Mario Schiff, *La Fille d' alliance de Montaigne, Marie de Gournay* (1910), Slatkine, Genève, 1978 과 *Marie de Gournay, fragments d' un discours féminin*, textes établis, présentés et commentés par Elyane Dezon-Jonés, Jose Corti, 1988 참조.

◎ **32** Furetiére, 1958, pp.1010-1011.

◎ **33** 《Elle a encor quelques parens imbus de ces maximes importunes de nos Peres, qui n' approuvent les femmes qu' au ménage, et ne goustent la beauté qu' autant qu' elle est utile et qu' elle sert ; et qui preferent les haillons d' une ménagère, aux ornements et aux propretez d' une coquette.》 Pure, 1938, t. I, p.116. 인용 부분의 철자는 출판인의 것을 따랐으나 출판인이 17세기 조판 규범을 지킨 것은 아니다(특히 u와 v, i와 j의 경우).

◎ **34** 이 문단의 인용 : Pure, 1938, t. II, pp.50, 54, 114. '거짓 귀부인' 에 관한 이야기는 t. II, pp.128-138에 나와 있다.

◎ **35** Maître, 1999, p.582 와 p.584.

◎ **36** *L' Eschole des filles* (1657), 1672, pp.194-195(아름다움의 위험), 195-197(정신의 빈약함), 198-201(처녀로 남을 수 있는 조건).

◎ **37** 두 사례는 Molière (éd. Ch. Livet, 1897)과 Racine (éd. P. Mesnard, 1888) 어휘집에서 발췌. s.v. 《Madame》과 《Mademoiselle》.

◎ **38** Ghislaine Andréami, *Le Nouveau Savoir-vivre*, Paris, Hachette, 1987, p.123.

◎ **39** 같은 책, p.138.

◎ **40** 출생연도는 1616~1623년까지 다양한 설이 있는데 1620년에 세례를 받았다는 설이 유력하다. 그러나 니농이 직접 그렇지 않다고 반박한 바 있다. Duchêne, 1984, pp.18-19 참조. 니농에 관해서는 Duchêne, 1984, Debriffe, 2002와 Tallemant des Réaux, 1961, t. II, pp.440-449 참조. 특별히 표시한 경우를 제외한 모든 인용은 탈망 데 레오의 니농 일화에서 발췌한 것이다.

◎ **41** Duchêne, 1984, p.14.

◎ **42** 같은 책, pp.152-153.

◎ **43** Tallemant des Réaux, 1961, t. II, p.1288, note 3에서 인용한 *Remarques journalières et véritables de ce qui s' est passé* dans Paris et ailleurs les années 1648-1657, manuscrit de la BNF. cf. Duchêne, p.304, n. 4 및 p.58. 이 사건은 1656년 3월 10일부터 26일까지 일어났다. Duchêne은 '나이 든' 이라는 말을 '경험이 많다' 는 뜻으로 사용했다.

◎ **44** Duchêne, 1984, p.196.

◎ **45** Lebrun de la Rochette, 1643. Michèle Bordeaux, 《Droit et femmes seules. Les pièges de la discrimination》, dans Farge, 1984, p.24에서 인용.

◎ **46** Tallemant des Réaux, 1961, t. II, pp.452-457.

◎ **47** Tallemant, dans Duchêne, 1984, p.141. 샤를로트 드 몽모랑시와 앙리 4세의 이야기는 Bassompierre의 *Mémoires*에 소개되어 있다.

◎ **48** La Chèvre, 1909-1928, t. XIII, p.12. 프랑수아 파이요 드 리니에르(François Payot de Lignieres, 1626-1704)의 아버지는 왕의 고문이었다. 그는 시라노 드 베르주라크의 친구로 더 알려져 있다. 에드몽 로스탕(Edmond Rostand)의 연극으로 유명해진 전투에서 시라노는 100여 명의 자객들에게서 리니에르를 구해주었다. 죽기 전에 종교와 다시 화해하는 당시 많은 자유연애가들과는 달리 그는 술주정뱅이, 무신론자로 모든 사람들에게 경멸의 대상이 되어 생을 마감한다.

◎ **49** Tallemant, 1ç61, t. II, p.581. 성 알리베르고에 관해서는 Jacques E. Manceron, *Dictionnaire des saints imaginaires et facétieux*, Paris, Le Seuil, 2002, p.155 참조. 알리베르고(alivergaut)의 이름에는 어근 'verge(막대)' 혹은 'aliver(항문)' 과 'gaut(막대)' 의 복합어를 볼 수 있다.

◎ **50** Tallemant, 1961, t. II, p.649.

◎ **51** Furetière, 1958, p.1030.

◎ **52** *La France devenue italienne avec les autres désordres de la Cour*, 1670～1688년 사이의 기간을 묘사한 무명씨의 소책자. Bussy-Rabutin의 *Histoire amoureuse des Gaules* (1857, t. III, pp.345-509) 이후 출간되었다. *La France galante*, dans *ibid.*, t. II, pp.424-426. 머리에 쓰는 리본 장식은 17세기 말 왕의 정부였던 퐁탕주 양이 유행시킨 것이다. 퐁탕주 장식은 머리 위에 가느다란 놋쇠 관을 세우고 리본과 가발로 장식한 것이다.

◎ **53** Tallemant des Réaux, 1960, t. I, p.392.

◎ **54** Chamfort, *Caractères et anecdotes*, n° 1018.

◎ **55** Sonnet de Des Barreaux, dans La Chevre, 1909-1928, t. III, pp.203–204.

◎ **56** Bacon, 《Du mariage et du célibat》, *Essais*, VIII, p.35.

◎ **57** Suchon, 1700, t. I, p.29.

◎ **58** Bacon, 《Du mariage et du célibat》, *Essais*, VIII, pp.33–35, et VII, 《Des parents et des enfants》, p.31.

◎ **59** Serge Chassagne, *Oberkampf, un entrepreneur capitaliste au siècle des Lumières*, Paris, Aubier, 1980, 특히 pp.78–81 참조.

◎ **60** Chamfort, *Maximes et pensées*, n° 389. '독신자' 라는 용어의 출현에 관해서는 부록 I 참조.

◎ **61** Hajnal Glass/Eversley, 1965, p.113에 발표한 통계는 다음과 같다.

기간	20세 독신자		50세 독신자	
	남성	여성	남성	여성
1330~1479	70%	42%	9%	7%
1480~1679	79	45	14	6
1680~1729	93	75	23	17
1730~1779	97	76	21	14
1780~1829	100	89	22	12
1830~1879	100	80	20	22

◎ **62** Mols, 1955, t. 2, p.222, n. 5.

◎ **63** Dupâquier, 1982, t. II, pp.471–472, 305, 333, 470. 생 쉴피스 교구의 수치는 Deparcieux, 1746, p.102에서 발췌한 것이다. 1715년과 1744년 사이 교구의 사망자 수를 더해서 계산한 것이다. 수치에서 나온 자료는 다음과 같다.

총 인구	독신자	기혼자	과부/홀아비	합계
남성	17,578(73.02%)	5,079(21.10%)	1,416(5.88%)	24,073(100%)
여성	15,118(61.79%)	5,413(22.12%)	3,936(16.09%)	24,467(100%)
합계	32,696(67.36%)	10,492(21.62%)	5,352(11.03%)	48,540(100%)
20세 미만	**독신자**	**기혼자**	**과부/홀아비**	**합계**
남성	3,552(35.36%)	5,076(50.54%)	1,416(14.10%)	10,044(100%)
여성	2,172(18.93%)	5,367(46.78%)	3,935(34.24%)	11,474(100%)
합계	5,724(26.60%)	10,443(48.53%)	5,351(24.87%)	21.518(100%)

◎ **64** Mols, 1955, t. II, p.201-204.

◎ **65** 《*The unmarried Ladies and Gentlemen in this City, of moderate Fortunes, which are the great Bulk, are unable to support the Expence of a Family with any Magnificence... they, therefore, acquiesce in Celibacy ; Each Sex compensating itself, as it can, by other Diversions*》, Corbyn Morris, *Observations on the Past Growth and Present State of the City of London*, 1751. Hajnal, Glass/Eversley, 1965, p.113에서 인용.

◎ **66** Louis Henry, 《The population of France in the eighteenth century》, dans Glass/Eversley, 1965, pp.434-456, 특히 pp.452-456. Hajnal, *ibid.* p.138에서 발췌한 바르데르의 통계치는 다음과 같다.

연령	남성			여성			하인
	독신	기혼	홀아비	독신	기혼	과부	
20세 미만	69	0	0	90	0	0	6
20~24세	9	4	0	7	7	0	0
25~29세	3	6	0	2	12	1	0
30~39세	1	23	0	0	19	2	0
40~59세	1	29	6	1	25	8	1
60세 이상	0	4	8	0	3	7	0
합계	83	66	14	100	66	18	7

◎ **67** Richard Cantillon, *Essai sur la nature du commerce*, 1755. Dupâquier, 1982, t. II, p.303에서 인용.

◎ **68** Pierre Longone, 《Variations sur le mariage》, *dans Population et société*, n°14, mai 1969, p.1.

◎ **69** Flandrin, 1993, p.84.

◎ **70** Pierre Clément, *Lettres, instructions et mémoires de Colbert*, Paris, Imprimerie impériale, 1863, t. II, 1, pp.68-69.

◎ **71** Isambert, t. 18. pp.90-93.

◎ **72** Georges Robert, *Une politique familiale et demographique au XVIIe siècle*, 1984, p.18. 1666~1670년 사이 진행된 콜베르의 인구정책에 관해서는 이 저서에 담긴 자료 및 분석을 참조하기 바란다. Edmond Esmonin, *La Taille en Normandie au* *temps de Colbert, 1661-1638* (1913), Paris, 1978, pp.260-262도 참조.

◎ **73** Montesquieu, *De l' esprit des lois*, livre 23, chap. IX, X, XXI, XXVIII, XXIX, t. II, pp.104, 105, 123, 127-129.

◎ **74** Dr Thomas Short, New Observations, Natural, Moral, Civil, Political and Medical on City, Town and Country Bills of Morality, Londres, Longman et Millar, 1750, pp.247-248. 번역을 해준 Pierre Roudy에게 감사한다.

◎ **75** Towensend, *Dissertation on the Poor Laws*, 2e éd. 1787, p.89. Malthus, t. II, p.285에서 인용.

◎ **76** Pichon, 1765, pp.32, 33, 48, 50.

◎ **77** Mols, 1955, p.277.

◎ **78** 같은 책, p.423.

◎ **79** Lepetit, 1995, pp.26-27. *Population*, nov. 1975. pp.60-61. 1789년까지 남부 지방에서는 결혼이 매우 드물었는데 이는 퍼센트가 아니라 절대적인 수치를 의미한다.

◎ **80** Moheau, 1778, t. I, p.(80) 47.

◎ **81** Du Buisson, 1783, acte I, scène, I, p.2.

◎ **82** Moheau, 1778, t. II, p.(68) 238 ; Collin d' Harleville, Le veixu célibataire, 1792.

◎ **83** 카르투슈에 관해서는 Robert Deleuse, *Cartouche, prince des voleurs*, Paris, Dagorno, 1994 참조.

◎ **84** Jean-Jacques Rousseau, Julie ou la Nouvelle Héloïse, VI, lettre VI, éd. René Pommeau, Paris, Garnier, 1988, p.656.

◎ **85** Diderot, art. de l' Encyclopedie, s.v., t. II, pp.801-806. 인용은 p.804.

◎ **86** *Le mariage des prêtres, ou récit de ce qui s' est passé à trois séances...*, 1790, p.50.

◎ **87** 《Questions à résoudre sur le célibat》, dans Journal encyclopédique, 15 dàcembre 1770, t. VIII, 3, pp.450-452.

◎ **88** *Journal encyclopédique*, 1er janvier, 1771, t. I, 1, p.173.

◎ **89** 《Observations au sujet de la souveraineté du Pape sur les Eccléasiastiques, adressées aux Auteurs de ce journal》, *Journal encyclopédique*, 1er avril 1771, t. III, 1, pp.111-114.

◎ **90** Chasmond, 1771, pp.441-442.

◎ **91** Dorat, 1776, p.38 (acte II, scène IV), p.94 (acte IV, scène), p.120 (acte V, scène IX).

◎ **92** 아르망 아루에에 관해서는 Augustin Gazier, dans la Revue des Deux Mondes de 1906, t. II, pp.615 sq. 논문 참조. 생 마르 얀센파들과 아르망 아루에의 관계에 관해서는 Carré de Montgeron, *La Vérité des miracles opérés à l' intercession de M. de Pâris et autres appelans*, à Cologne, chez les libraires de la Compagnie, 1745 참조.

◎ **93** Pichon, 1765, p.26.

◎ **94** Suchon, 1700, t. I, p.47.

◎ **95** 의회의 역사에 관해서는 *Marcel Rousselet, Histoire de la magistrature francqaise des origines à nos jours*, Paris, Plon, 1957 참조.

◎ **96** La Bruyère, Caractères, 《Du mérite personnel》, n°25 (1865, t. I, p.159).

◎ **97** Bacon, *Essais*, VIII, 《Du mariage et du célibat》, p.35.

◎ **98** La Chèvre, 1909–1928, t. XIII, pp.207–254.

◎ **99** Pichon, 1765, pp.23–27.

◎ **100** 이 편견을 비난한 Robert, 1802, p.78.

◎ **101** Larcher, 1858, p.179에서 인용한 L. Schiller. Kératry의 말을 재인용한 것이라고 하는데 원전을 찾지 못했다.

◎ **102** Garnier, 1887, p.246. 물론 가르니에는 군인들의 독신이 맹렬하게 비난받던 시기에 이 글을 썼다.

◎ **103** Daremberg/Saglio, t. I, 2e partie, p.1597.

◎ **104** Plutarque, *Vie de Lycurgue*, 48e ; 15 §§ 7–8 ; 1964, Vies, t. I, p.141.

◎ **105** Bocquet, p.203 ; Young, 1983, p.24.

◎ **106** *Journal* dé Barbier, éd. A. de La Villegille, Paris, Renouard, 1851 (Société de l' Histoire de France), t. III, p.331–332.

◎ **107** Robert, 1802, pp.25, 76, 68. Poncet de La Grave, 1801, p.122에도 같은 내용이 나온다.

◎ **108** Flandrin, 1993, pp.270–271.

◎ **109** Voltaire, *Dictionnaire philosophique* : article 《mariage》, dans *OEuvres complètes*, Paris, Garnier, 1879, t. XX, p.27.

◎ **110** Voltaire, 《L' homme aux quarante écus》, dans *Romans et contes*, Paris, Garnier,

1960, p.319.

◎ **111** Young, 1983, pp.103–117.

◎ **112** *Population*, 1975, numéro spécial, pp.39 et 55.

◎ **113** 1818년에는 6년, 1824년부터는 8년, 1832년부터는 7년, 1868년부터는 9년(그 중 4년은 예비역)이었다.

◎ **114** Le Fort, 1867, pp.476–479.

◎ **115** Garnier, 1887, p.247.

◎ **116** Alain Corbin, dans Ariès/Duby, t. IV, 1987, p.536.

◎ **117** Père Toulemont, jésuite, *Etudes religieuses, philosophiques, historiques et littéraires*, 《La question de la population》, mars 1873, p.434.

◎ **118** Lagneau, 1885, p.53.

◎ **119** Garnier, 1887, p.246.

◎ **120** 1905년에 2년, 1913년에 3년, 1923년에는 징집유예기간을 포함하여 18개월, 1935년에 2년, 1946년에 1년, 1956년에 18개월, 1959년에 24개월, 1963년에 16개월, 1970년에 12개월, 1992년에 10개월로 변화했다.

◎ **121** Garnier, 1887, pp.243 및 244.

◎ **122** *Gazette du Palais, jurisprudence*, 4 juin 1963, p.407.

제5장_ 고대문명

◎ **1** Bouchotte, *Observations sur l' accord de la raison et de la religion pour le rétablissement du divorce*, 1790, p.18. Lemay, 1991의 《Bouchotte》 항목 참조.

◎ **2** *Observations de M. Bouchotte, député de l' Assemblee nationale, sur la nécessité de joindre deux titres à la Constitution*, 1791, p.6.

◎ **3** Lemay, 1991의 자료를 검토하여 마련한 수치는 아래와 같다.

제3신분의 경우 호적이 불분명한 의원 수가 151명(23.09퍼센트)에 달하는 것을 알 수 있다. 이들이 기혼자라면 독신율은 6.57퍼센트가 된다. 반대로 이들이 독신이라면 비율은 29.66퍼센트나 된다. 귀족의 경우 불확실한 경우가 낮으며(1.61퍼센트) 편차도 더 작다(6.43퍼센트~8.04퍼센트). 결혼 여부가 확실한 의원으로만 대상을 한정한다면(귀족 306명, 제3신분 503명) 독신율은 각각 6.54퍼센트와 8.55퍼센트가 된다. 전체적으로(성직자 포함) 최저 가정치(명시되지 않았다면 기혼으로 계산)는 28.82퍼센트가 되고 최고 가정치(명시되지 않았다면 독신으로 계산)는 40.91퍼센트이다. 중간 가정치(불확실한 159명 제외)는 32.79퍼센트(의원 1156명 중 독신자 379명)이다. 마지막 수치는 믿을 만한 근거를 갖고 있지 못한 의원들과 믿을 만한 근거를 갖고 있는 의원들의 독신율과 같다는 가정에서 출발한다. 기혼인 경우에는 더 분명히 알 수 있기 때문에(독신은 표시되지 않은 것으로만 단정할 수 있음) 마지막 가정은 특히 약하다.

호적	귀족	제3신분	성직자	식민지	합계
기혼	286	460	15	16	777
독신	20	43	316	-	379
불확실	5	151	-	3	159
합계	311	654	331	19	1315

◎ **4** Bernard Vinot, *Saint-Just*, Paris, Fayard, 1985, p.194.

◎ **5** Décret du 13 janvier 1791, art. 26 (Duvergier, 1834, t. II, pp.153 et 161).

◎ **6** Décret du 3 nivôse an VII (23 décembre 1798), art. 23-24 (Duvergier, 1834, t. XI, p.140).

◎ **7** Décret du 7 thermidor an III (25 juillet 1795), art. 4 (Duvergier, 1834, t. VIII, p.199).

◎ **8** Décret du 20 février 1793, art. 23 (Duvergier, 1834, t. V, p.161).

◎ **9** Décret du 24 février 1793, art. 1er (Duvergier, 1834, t. V, p.169).

◎ **10** Malthus (1798), 1992, t. I, pp.327-328.

◎ **11** Cartier, 1902, p.4. 카르티에는 독신을 배척하는 정책을 찬양하지만 그것이 '도덕적인' 법은 아니라고 보았다. 혁명이 미혼모의 삶을 개선해주었기 때문이다.

◎ **12** Décret du 17 pluviôse an II (5 février 1794), (Duvergier, 1834, t. VII, p.30) 및 décret du 28 juin 1793, tit. II, art. 1er, § 3과 4 (Duvergier, 1834, t. V, p.364).

◎ **13** Gutton, 1993, p.68.

◎ **14** Gutton, 1993, p.108이 인용.

◎ **15** Gutton, 1993, p.112 (Saint-Juist), 113 (Lanjuinais), 115 (Oudot).

◎ **16** Garrez, *Traité de l' adoption, avec le recueil complet des lois et des arrêtés qui ont organisé* cette institution, Paris, Garnery, 1804, p.30.

◎ **17** Gutton, 1993, p.113.

◎ **18** 같은 책, 1993, pp.134-145.

◎ **19** Poncet de La Grave, 1801, pp.132-141.

◎ **20** *Journal de Paris*, 24 brumaire an X, n°54, pp.320-321.

◎ **21** Poncet de La Grave, 1802, p.2.

◎ **22** *Gazette de France*, 23 pluviôse an X (février 1802), n°1517, pp.574-575.

◎ **23** Robert, 1802, p.168.

◎ **24** Décret Tametsi sur la réformation du mariage, concile de Trente (XXIVe session, 11 novembre 1563, c. 7), dans Hefele, t. 10, pp.562-563.

◎ **25** Roscher, 1857, t. II, § 258, p.349, n.2.

◎ **26** Monnier, 1856, p.551.

◎ **27** Perrenoud, 1974, pp.986 과 985가 인용.

◎ **28** Malthus (1798), 1992, t. II, p.237.

◎ **29** Young, chap. XVII, 《De la population de la France》, 1970, t. II, p.867.

◎ **30** Malthus (1798), 1992, t. I, pp.71과 73. 참고로 기하학적 증가라는 것은 앞의 수에 일정한 수를 곱한다는 것이고(2배의 기하학적 증가 : 1, 2, 4, 8, 16, 32……) 산술적으로 증가한다는 것은 앞의 수에 일정한 수를 더한다는 것이다(1배의 산술적 증가 : 1, 2, 3, 4, 5, 6……).

◎ **31** Malthus (1798), 1992, t. I, pp.75 및 78.

◎ **32** 같은 책, t. II, pp.225 및 267.

◎ **33** 같은 책, t. I., p.353.

◎ **34** 같은 책, pp.254-257.

◎ **35** Passy, 1868, pp.16-17 및 42.

◎ **36** Passy, 1868, pp. 43-44.

◎ **37** Roscher, § 258, t. II, pp.347-352, n. 3 및 7.

◎ **38** Monnier, 1857, p.562.

◎ **39** Corbiere, 1863, t. II, pp.341-343.

◎ **40** Roscher, 1857, § 249, t. II, p.311.

◎ **41** Bertillon, 1884, p.893.

◎ **42** 이 국가들의 법에 관해서는 *Dictionnaire encyclopédique des sciences médicales* (A. Dechambre, dir.), t. VIII, 1_64, article 《Bavière》; Garnier, 1887, p.347 ; Duvergier de Hauranne, 1873, pp.785-786 등을 참조.

◎ **43** Cheminade, 1884, p.5에서 인용한 Rossi.

◎ **44** Corbière, 1863, t. I, p.166.

◎ **45** Couailhac, 1841, p.15.

◎ **46** Busson, 1842, p.499.

◎ **47** Guérin de La Grasserie, ca 1912, p.168. *Les Français peints par eux-mêmes,* 1840, t. II, p.340-341.

◎ **48** Barbey d'Aurevilly, 《Le dessous de cartes d'une partie de whist》, dans *Les Diaboliques,* Paris, Garnier-Flammarion, 1967, p.179.

◎ **49** P. Longone, 《Variations sur le mariage》, dans *Population et sociétés,* n°14, mai 1969, p.2.

◎ **50** Le Play, 1884, pp.188-189. 이 가족에 대한 자료는 이 단행본에서 발췌해 소개했다.

◎ **51** 같은 책, pp.123-126.

◎ **52** 같은 책, p.130.

◎ **53** Garnier, 1887, p.105.

◎ **54** Legrand (Louis), *Le Mariage et les moeurs en France,* Paris, Hachette, 1879, pp.138-139.

◎ **55** Lagneau, 1885, pp.28-29.

◎ **56** Frey, 1978, p.814.

◎ **57** Garnier, 1887, p.121이 인용.

◎ **58** Garnier, 1887, pp.356, 349, 123. Lagneau, 1885, p.54.

◎ **59** Frey, 1978, p.812.

◎ **60** Corbière, 1863, t. I, pp.159-162.

◎ **61** Corbière, 1863, t. I, p.154. 그리제트에 관해서는 Joëlle Guillais-Maury, 《La grisette》, dans Farge, 1984, pp.233-250 참조.

◎ **62** Corbière, 1863, t. I, pp.154–155 및 167.

◎ **63** Larcher, 1858, p.182.

◎ **64** Darblay, 1892, pp.162–163. 중매쟁이에 관해서는 Grand-Carteret, 〔1911〕, pp.75, 84 및 118과 필자의 *Histoire du mariage en Occident,* Jean-Claude Lattès, 1995, pp.287–288 참조.

◎ **65** Auguste Kotzebue, *Souvenirs de Paris,* 1804. Grand-Carteret, 〔1911〕, pp.139–142가 인용.

◎ **66** Perrot, dans Ariès/Duby, t. IV, 1987, pp.174-175에서 인용한 사례.

◎ **67** Mme de Waddeville, *Le Monde et ses usages,* Paris, Librairie du Magasin des Demoiselles, pp.146, 147, 184, 186, 189 및 190에서 발췌한 사례.

◎ **68** Taricat/Villars, 1982, p.27.

◎ **69** Villermé, 《Sur les cités ouvrières》, Journal des économistes, 15 avril 1850, pp.37, 40 및 42–43.

◎ **70** Clark, 1853.

◎ **71** C. A. Oppermann, 1867. Taricat/Villars, 1982, p.28이 인용.

◎ **72** Taricat/Villars, 1982, pp.49–50 ; Marie-Jeanne Dumont, dans Lucan, 1999, p.51 ; Roger-Henri Guerrand, dans Ariès/Duby, t. IV, 1987, pp.379–380 (Mulhouse) et 375–377 (Noisiel).

◎ **73** Roger-Henri Guerrand, dans Lucan, 1999, p.19.

◎ **74** Picot, 1990, pp.8 및 11 ; Lucan, 1999, pp.19–29.

◎ **75** Picot, 1900, pp.11–13.

◎ **76** 같은 책, p.14–15.

◎ **77** 같은 책, pp.17–18.

◎ **78** Taricat/Villars, 1982, pp.52–54. Marie-Jeanne Dumont, dans Lucan, 1999, pp.62 sq.

◎ **79** Taricat/Villars, 1982, p.99가 인용.

◎ **80** Colette (1911), 1984, t. I, pp.1071 및 1073.

◎ **81** Marbo, 1967, p.22.

◎ **82** Poncet de La Grave, 1801, p.31.

◎ **83** Longchamp, 1826, t. II, p.344.

◎ **84** Deparcieux, 1746, p.98.

◎ **85** Robert, 1802, p.82.

◎ **86** 같은 책, p.81.

◎ **87** Gutton, 1981, p.138.

◎ **88** 같은 책, pp.144, 152-153, 203 및 206-213.

◎ **89** Moheau, 1778, t. I, pp.113-114(117).

◎ **90** Robert, 1875, p.195. Tissot, *Avis au peuple sur sa santé*, 1761, éd. Toulouse, Desclassan, 1781, t. I, p.6.

◎ **91** Robert, 1802, p.83 ; Poncet de La Grave, 1801, p.31 ; recensement de 1891, dans *Annuaire statistique de la France*, 1892-1894, pp.16-17.

◎ **92** Garnier, 1887, pp.125-127.

◎ **93** Malthus, 1992, t. I, p.351.

◎ **94** Guiral, 1978, pp.147-148 ; Busson, 1842, p.501.

◎ **95** Guiral, 1978, p.147.

◎ **96** Robert, 1875, p.194. Lagneau, 1885, p.29도 같은 지적이 나와 있다.

◎ **97** Busson, 1842, pp.474-477.

◎ **98** Christian Choain, *Promenade historique des béguinages à Saint-Quentin, Saint-Quentin*, Office de tourisme, s.d.

◎ **99** Beauvoir, 1958, pp.99-100.

◎ **100** *Les Francais peints par eux-mêmes*, 1840, t. II, pp.310-312.

◎ **101** Francoise Parent-Lardeur, 《La vendeuse de grand magasin》, dans Farge, 1984, pp.97-110.

◎ **102** Pierrette Pezerat/Danielle Poublan, 《Femmes sans maris, les employées des postes》 ; dans Farge, 1984, pp.121 및 129-130. 본 문단과 다음 문단의 자료는 이 기사 참조.

◎ **103** Langlade, 1984, pp.55-56. 브러멀의 생에 관해서는 이 책을 따른다.

◎ **104** Mlle de Chargeboeuf dans *Pierrette*, Mlle de Cormon dans *La Vieille Fille*, Balzac, 1976, t. IV, pp.94 및 854-855.

◎ **105** Balzac, *Petites Misères de la vie conjugale*, 1981, t. XII, pp.106 sq.

◎ **106** 같은 책, pp.35 및 37.

◎ **107** Joseph Méry, *Une veuve inconsolable*, 1847, t. I, pp.82–83.

◎ **108** Allotte de *La Fuÿe, Jules Verne, sa vie, son oeuvre* (1928), Paris, Hachette, 1953, p.38 ; Jean Jules-Verne, Jules Verne, Paris, Hachette Littératures, 1973, p.53 참조.

◎ **109** J. Jules-Verne, p.57가 인용.

◎ **110** Thackeray, 1857, pp.177–181.

◎ **111** 같은 책, pp.201–203.

◎ **112** Giraud, Larcher, 1858, p.174가 인용.

◎ **113** Angélina Lamy, 1867, couplet 3.

◎ **114** Spencer, 1907, chap. XII, p.168 ; chap. XIII, p.172 ; chap. XVIII, pp.233–234 ; chap. XIX, pp.245–245 ; chap. XXIV, pp.330–331 ; p.528.

◎ **115** Deleau, 1817, p.6.

◎ **116** P.-J. Stahl. Grand-Carteret, p.239가 인용.

◎ **117** Couailhac, 1841, p.30.

◎ **118** Béranger, *OEuvres complètes*, Paris, Perottin, 1857, t. I, p.58.

◎ **119** Balzac, *Le Cousin Pons*, Paris, Press Pocket, 1999, p.138.

◎ **120** *Le Jugement particulier*, planche chromo d' un catéchisme mural publiée par La Bonne presse, fin du XIXe siècle. 화보 p.7 참조.

◎ **121** Balzac, *Le Cousin Pons*, *op.cit.*, p.138.

◎ **122** Balzac, *Le Cousin Pons*, *op.cit.*, p.24 및 p.185 ; *La Vieille Fille*, 1976, t. IV, pp.815 및 829 ; *La Cousine Bette*, 1977, t. VII, p.85.

◎ **123** *Journal de Paris*, 17 mars 1807, p.542.

◎ **124** Deparcieux, 1746, pp.99–100.

◎ **125** Tableaux de Bertillon (1856–1865). Cheminade, 1884, pp.16–18이 인용.

◎ **126** Chemindade, 1884, pp.15–16.

◎ **127** Durkheim, 1990, p.186.

◎ **128** Balzac, *Le Curé de Tours*, 1976, t. IV, p.228.

◎ **129** Balzac, *Pierette*, 1976, t. IV, p.101.

◎ **130** Durkheim, 1990, pp.174–232. 특히 p.225 참조.

◎ **131** Garnier, 1887, p.487.

◎ **132** Couailhac, 1841, p.14.

◎ **133** 같은 책, 1841, p.119.

◎ **134** *Les Français peints par eux-mêmes*, 1840, t. II, p.339. Kafka, *Un célibataire entre deux âges*, 1980, t. II, p.357. Balzac, *La Vieille Fille*, 1976, t. IV, p.932 참조. "아직까지 뒤 부스키에는 독신자들이 좋아하는 개, 고양이, 새보다 더 좋아할 만했다."

◎ **135** Balzac, *Physiologie du mariage*, 1980, t. XI, pp.925–926.

◎ **136** Balzac, *Le Curé de Tours*, 1976, t. IV, p.191.

◎ **137** Sacha Guitry, *Mon père avait raison*, dans Théâtre, Paris, Le Livre contemporain, 1961, t. I, p.28.

◎ **138** Thackeray, 1857, p.177.

◎ **139** Balzac, Le Curé de Tours, 1976, t. IV, pp.198, 206–209 ; *Théorie de la démarche*, 1980, t. XII, pp.259–302, 특히 p.290. '발은 꽉 붙이고 입은 삐죽 내민 채 매우 쌀쌀맞은 표정을 하고 있는, 몸이 약간 구부러진 키 큰 아가씨. 용수철이 잘못 되고 관절이 다 붙어버린 불완전한 기계처럼 조금씩 몸을 흔들며 지나가는 아가씨' 를 그리고 있다.

◎ **140** Barbey d' Aurevilly, 《Le dessous de cartes d' une partie de whist》, dans *Les Diaboliques*, Garnier–Flammarion, 1967, p.204.

◎ **141** 소개된 선입견에 관해서는 Cécile Dauphin, 《Histoire d' un stéréotype, la vieille fille》, dans Farge, 1984, pp.207–231 참조. 발자크의 소설과 본문에 인용된 쿠엘락이나 마리 데스피이의 책에도 놀랄만한 선입견들을 찾아볼 수 있다.

◎ **142** Balzac, *Le Curé de Tours*, 1976, t. IV, p.209. 발자크의 생각이 어떻게 변했는가를 알려면 Kashiwagi, 1983, pp.39–53 참조.

◎ **143** Balzac, *Le Curé de Tours*, 1976, t. IV, p.244–245.

◎ **144** Id., préface de *Pierette*, 1976, t. IV, p.21.

◎ **145** Id., *La Cousine Bette*, 1977, t. VII, pp.83–85.

◎ **146** Jean-Louis Lamblard, *L' Oiseau nègre*, Paris, Imago, 2003, p.99. René Bazin, *Mémoires d' une vieille fille*, Paris, 1908, p.7.

◎ **147** Perrot, dans Ariès/Duby, t. IV, 1987, p.170이 인용.

◎ **148** Poirson, 1876, p.24.

◎ **149** Gay, 1833, t. I, pp.166 및 163.

◎ **150** Solesmes, 1954, p.62.

◎ **151** Montherlant, *Les Célibataires*, 1959, t. I, pp.737-739 및 여러 곳.

◎ **152** C. Höweler, 1967, pp:96-97에 나와 있는 서간.

◎ **153** 이에 관해서는 Hesse, 2001, pp.59-78 참조. p.45에 1789~1880년 여성 작가에 관한 수치를 기록해놓았다. 총 329명 가운데 198명은 기혼이고 43명은 독신, 44명은 과부이고 44명은 결혼 여부를 알 수 없다고 되어 있다. Hesse는 다음과 같이 평하고 있다.《*There is some evidence of greater independance from the familial regime, but little evidence of social marginality*》

◎ **154** Abbott, 2001, pp.332-335.

◎ **155** Moheau, 1778, pp.79-80 (98).

◎ **156** Stendhal, *De l' amour*, p. I, chap. 13.

◎ **157** Shopenhauer, *La Vie, l' amour et la mort*, Paris, Dentu, s.d., pp.134-151.

◎ **158** Borie, 2002, pp.32-33이 인용.

◎ **159** Bertrand *et al.*, 1996, p.83이 인용.

◎ **160** Molin, 1888, p.5.

◎ **161** Uzanne, 1890, p.13 ; 1912, p.29.

◎ **162** Schopenhauer, *La Vie, l' amour et la mort*, Paris, Dentu, s.d., p.151.

◎ **163** Kafka, Journal, 1984, t. III, pp.342 (8 mars 1914) 및 533-534 (4 février 1922).

◎ **164** Oraison, 1968, pp.88-89.

◎ **165** Murray Schisgal, *Le Regard*, adaptation de Pascale de Boysson, L' Avant-scène théâtre, 2002, p.36. Claire Bretécher, *La Vie passionnée de Thérèse d' Avila*, chez l' auteur, 1980, p.12. Jack Thieuloy, *Nocturnal*, manuscrit conservé â la Société des gens de lettres, p.64.

◎ **166** Pickvance, 2000 ; Van Gogh, 1990, t. II, p.449 (janvier 1884) ; t. I, pp.551-557 (키와 가족) ; t. II, pp.230-231(살아갈 시간) ; 32 (건강 상태) ; 440-455(결혼에 관한 논의) ; pp.399 및 449(고독) ; p.481(착한 여자, 못된 여자) ; pp.537-541(1884년 계

회) ; t. III, p.737(마지막 편지) ; p.729(후회).

◎ **167** Moreau, 1859, pp.212 및 465.

◎ **168** Borie, 2002, p.67이 인용.

◎ **169** Lombroso, 1889, p.18이 인용.

◎ **170** Lombroso, 1889, pp.187 *sq.*, Alessandro Tassoni, *Pensieri diversi*, 1612, livre V, question 1, Gregorio Pomodora, évêque de Larino, *De hominis natura* 언급.

◎ **171** Lombroso, 1889, pp.429 및 IX.

◎ **172** Garnier, 1887, pp.72–75,

◎ **173** Garnier, 1887, pp.106–107 ; Lagneau, 1885, p.56 참조.

◎ **174** Garnier, 1887, p.509. Lagneau, 1885, p.33에도 같은 분석.

◎ **175** Editions *L' intégrale* du Seuil, t. II, p.305.

◎ **176** Flaubert, *Cahier intime de jeunesse*, édité par J. P. Germain, Paris, Nizet, 1987, p.48. 이 부분은 1841년에 쓴 다른 글 직후에 나온다.

◎ **177** Flaubert, Novembre (1842), dans *L' integrale* du Seuil, t. I, p.250.

◎ **178** Flaubert, *Correspondance*, éd. G. Bonaccorso, Nizet, 2001, t. I, p.606, 721, 749.

◎ **179** Flaubert, *Correspondance*, éd. G. Bonaccorso, Nizet, 2001, t. I, p.737 (15 décembre 1850).

◎ **180** Engels, 1885, pp.24 및 96.

◎ **181** Bologne, 1995, pp.377–383. 이 주제에 관해서는 Perrot, dans Ariès/Duby, 1987, t. IV, pp. 100 sq. 도 참조.

◎ **182** Engels, 1885, pp.96–98.

◎ **183** 모두 "결혼 제도의 근대화, 교육 분야에까지 미치는 성평등, 이혼의 권리에 찬동했다. 그러나 일부일처제를 위한 결혼은 가족간의 애정을 강화시키는 핵가족의 토대가 되었고 여기서 가장 중요한 위치를 차지하는 것은 자식이었다". Perrot, dans Ariès/Duby, 1987, t. IV, p.101.

◎ **184** Bertrand *et al.*, 1996, p.173이 인용.

◎ **185** Huysmans, *A rebours*, Paris, Fasquelle, 1974, pp.367, 262, 139.

◎ **186** George Sand, *Valentine*, chap. XXII, éd. Lévy, 1_63, p.182 (Genève, Slatkine Reprints, 1980).

◎ **187** 이 시기에 관해서는 Pouthas, 1956, pp.201 sq.를 참조. 프랑스인의 우려에 관해서는 *Journal des économistes*, t. XIV, 1857, p.375, Charles Périn, *De la richesse dans les sociétés chrétiennes*, Paris, Lecoffre-Guillaumin, 1861, t. I, p.607, Alfred Legoyt, *Des conditions d'accroissement de la population française*, 1867 참조.

◎ **188** Le Fort, 1867, p.463.

◎ **189** Terwangne, 1868, p.6 ; Debay, 1865, pp.228, 229, 238, 258 및 257.

◎ **190** Alric, *Le Mariage et l'amour*, 1875, pp.308-312.

◎ **191** Borie, 2002, p,81. 민중의 벗(Démophile)이라는 말은 그리스 어원인 **δεμός,**(민중)과 **φιλεῖν,**(사랑하다)를 조합한 것이다.

◎ **192** Molin, 1888, p.4.

◎ **193** *Journal des économistes*, février 1873, pp.338 및 330. 'oligandrie' 〔그리스어로 **ὀλιγος,**(조금)과 **ἀνερ, ἀνδρός,**(남자, 수컷)〕라는 용어는 Jean de La Bretonnière, 1891, p.3에 기록되어 있다.

◎ **194** Toulemont, 1873, pp.744 및 481-482.

◎ **195** P. Leroy-Beaulieu, dans *L'Economiste française*, 7 mai 1881, p.566 ; Cheminade, pp.26-27.

◎ **196** Garnier, 1887, p.213.

◎ **197** Guérin de La Grasserie, s.d., p.170.

◎ **198** Corrard, 1907, p.8.

◎ **199** Knibiehler, 1991, p.80.

◎ **200** Lagneau, 1885, p.56 ; Balzac, préface de Pierette, 1840 (1980, t. IV, p.21) ; Lamy, 1867 ; Menier, 1876, p.9 ; Gibert, *Causes de la dépopulation française*, 1877, t. I, p.337 ; Garnier, 1887, pp.213-217 ; Molin, 1888, p.10.

◎ **201** Léon de Jouvenel, 1871, pp.4, 8 및 7. 이 주제는 Ronsin, 1997, p.57 참조.

◎ **202** *Le Figaro*, 7 juillet 1871, p.1.

◎ **203** Jean de La Bretonnière, 1891, pp.4, 5, 7.

◎ **204** Garnier, 1887, p.104 ; Molin, 1888, pp.13 및 6-9.

◎ **205** Bertrand *et al.*, 1996, pp.16-17, 42 및 173. 이 문단에 관해서는 '독신자 소설'이라는 표현을 제안한 본 저서를 참조할 것.

◎ **206** Perrot, dans Aries/Duby, t. IV, 1987, p.297.

◎ **207** 이 단락과 수치에 관해서는 Ronsin, 1997, passim의 분석을 참조할 것.

◎ **208** Ronsin, 1997, p.24 ; Perrot, dans Ariès/Duby, 1987, t. IV, p.134 ; *Annuaire statistique de la France*, 1892-1894. 혼인율은 부부 2인 기준으로 계산되었다(따라서 개인의 혼인율로 보려면 이 수치에 2를 곱해야 한다).

◎ **209** 유럽 각국의 표는 Flora, 1983, t. II, pp.162-243에 나와 있다.

◎ **210** Ronsin, 1977, pp.26-27. Hajnal, dans Glass/Eversley, pp.101-104 ; P. Longone, 《Variations sur le mariage》, dans *Population et sociétés*, n° 14, mai 1969, p.2 ; P. Longone, 《Le mariage en question》, dans *Population et sociétés*, n° 94, septembre 1976, p.2.

◎ **211** Ronsin, 1997, p.24-25.

제6장_ 신(新)독신자

◎ **1** Henry Gidel, *Coco Chanel*, Paris, Flrammarion, 2000, p.94. 주로 이 전기문을 참조했다.

◎ **2** Perrot, dans Ariès/Duby, t. IV, 1987, p.302.

◎ **3** Bard, 1995, p.194.

◎ **4** Perrot, dans Ariès/Duby, t. IV, 1987, p.302.

◎ **5** Duby/Perrot, t. V, 1992, p.42.

◎ **6** Colette (1911), 1984, t. I, p.1176.

◎ **7** Ducan (1927), 1998, pp.28, 133, 28-29.

◎ **8** Pelletier, 1933, pp.61, 242 및 117.

◎ **9** Marcel Prévost, *Les Vierges fortes*, Paris, Lemerre, 1900, t. I, 《Frédérique》, pp.102, 365, 102 및 455, t. II, 《Léa》, p.494.

◎ **10** Pelletier, 1933, p.222 ; 1908, p.77.

◎ **11** Pelletier, 1911, pp.36 및 70.

◎ **12** Montreynaud, 1995, p.134. 혼인율은 Huber, 1965, p.122 참조. 혼인율은 결혼 가능한 인구(여자의 경우 15세 이상, 남자의 경우 18세 이상의 독신자, 과부, 홀아비 및

이혼자) 1000명 중 결혼한 사람의 수로 계산한다. 당시 전체 인구 대비 혼인율은 8.3이었다. 이에 관해서는 프랑스 국립통계경제연구소의 통계표 및 Flora, 1987을 참조할 것. 주느비에브 뒤아믈레의 인용 부분은 *Les Inépousées*, 1919, p.235에서 발췌한 것임.

◎ **13** Montier, 1926, pp.1, 4 및 10 ; Grimaud (1933), 1946, p.64.

◎ **14** Muzat, 1909, p.83.

◎ **15** Antoinette Montaudry, *Vieille fille tu seras*, Paris, 1912, p.201 ; René Bazin, *Memoires d' une vieille fille*, Paris, 1908, p.9.

◎ **16** Abbott, 2001, pp.307–309. 프라피에에 관해서는 G. Fraisse, dans Farge, 1984, pp.273–286을 참조할 것. 인용은 p.275에서 발췌한 것임.

◎ **17** Montreynaud, 1995, pp.419–420 ; Marlène Cacouault, 《Diplôme et célibat, les femmes professeurs de lycée entre les deux guerres》, dans Farge, 1984, pp.177–203.

◎ **18** Yvonne Knibiehler, 《Vocation sans voile, les métiers sociaux》, dans Farge, 1984, p.167. 이 문단에 관해서는 이 항목 pp.163–176을 참조할 것.

◎ **19** Kaufmann, 2001, pp.168–169 ; *Annuaire statistique de la France*, 1892–1894.

◎ **20** Daniel Aranjo, *Tristan Derème (1889–1941), le téléscope et le danseur*, Anglet, Atlantica, 2002. 인용한 시는 pp.115 및 207에서 발췌한 것임.

◎ **21** Montherlant, 1959, t. I, p.809.

◎ **22** Pierre Longone, 《Variations sur le mariage》, dans *Population et sociétés*, n° 14, mai 1969, p.2.

◎ **23** Sophie Delaporte, *Les Gueules cassées*, Paris, Noésis, 1996, p.163.

◎ **24** Paul Valéry, 《La crise de l' esprit》, *Nouvelle Revue française*, 1919 (OEuvres, Gallimard, coll. 《Bibliothèque de la Pléiade》, 1957, t. I, p.989). Breton, *Entretiens* (1952), Paris, Gallimard, 1969, coll. 《Idées》, pp.55–57. Philippe Soupault, *Mémoires de l' oubli*, Paris, Lachenal et Ritter, 1997, t. II, pp.58 및 75.

◎ **25** Tristan Tzara, *Sept Manifestes dada, lampisteries*, Paris, Pauvert, 1978, p.34.

◎ **26** Bourdieu, 1962, p.33 : 1911~1921년 8.5~9퍼밀(‰)을 유지했던 혼인율이 1931~1936년 4.3퍼밀로 떨어진다. 이후 1946~1954년 9.5퍼밀과 7.4퍼밀로 다시 올라간다(전체 인구 대비 결혼 건수).

◎ **27** 1926~1927년 당시 리라 가치는 심하게 요동쳤다. 이탈리아 통계청(ISTAT) 자료에 따르면 1927년 25리라는 약 17.18유로, 800리라는 549.76유로에 상당한다.

◎ **28** Hitler, 1982, pp.250-251, 134-135 및 402.

◎ **29** 같은 책, pp.251 및 412.

◎ **30** 제1차 세계대전 이전에 30퍼밀에 육박하거나 이를 초월했던 출산율이 1920년대에는 20퍼밀 수준으로 떨어지고 1931~1933년에는 다시 16퍼밀, 15.1퍼밀, 14.7퍼밀로 하락한다. Koch, 1936, p.8 및 Friedrich Burgdörfer, *Volk ohne Jugend*, Berlin, K. Vowinckel Verl., 1932, p.15.

◎ **31** Lafforgue, 1939, p.35 ; Koch, 1936, p.24.

◎ **32** Koch, 1936, p.24.

◎ **33** Lafforgue, 1939, p.2 ; Koch, 1936, pp.7 및 28.

◎ **34** "소득세 총액은 30세 이상 납부자 중 독신이거나 이혼한 자, 부양할 사람이 아무도 없는 자의 경우 25퍼센트 인상한다." Dalloz, 1920, Lég., p.292, art. 9.

◎ **35** Haury, 1923, pp.17-18. 연도가 기재되지 않은 두 번의 출판은 1923년 수상 직후 이뤄진 것이다. '초판'의 인용은 더 가혹하다. "물론 이들을 개인적으로는 존경할 수 있다. 특히 이들의 불임이 자의에 의한 것이 아니거나 종교적 사명 혹은 건강상의 이유로 강요된 경우에는 말이다. 그러나 이는 기정사실이다. 이들은 생명을 받았으면서도 자기 차례가 되었을 때에는 생명을 주지 않았다. 이런 점에서 보면 이들은 모두 기생충이다. 그런데 자녀를 가져야 할 연령대에 있는 프랑스 사람 중 4분의 1이 이 계층에 속한다." 2판에서는 '양심'이라는 개념을 삽입한다(초판의 '비자의적 불임'에 해당하는 것은 아니다. 양심은 오히려 자의적 합리화를 말하는 것이기 때문이다). 성직자뿐만 아니라 일반인의 독신에 관한 개념에 있어 중요한 발전인 연대감의 제한도 포함되어 있다.

◎ **36** Ledoux, 1924, pp.1, 5, 16 및 25.

◎ **37** Lafforgue, 1939, pp.3 및 6.

◎ **38** 같은 책, pp.7-11, 인용은 pp.11 및 13.

◎ **39** 같은 책, pp.43-52 ; Landais, 2003 ; Dalloz, 1939, pp.369-371.

◎ **40** Dalloz, 1946, Lég., p.40 (art. 9 및 10) ; Landais, 2003 ; code général des impôts, art. 194.

◎ **41** Alexandre Roubakine, 《La prétendue dépopulation en France》, dans *La Prophylaxie antivénérienne*, n° 2, février 1935, pp.96–99, 인용은 p.99.

◎ **42** Sicard de Plauzoles, 《L' avenir de l' espèce humaine》, dans *La Prophylaxie antivénérienne*, n° 2, février 1935, pp.69–91. 인용은 pp.74 및 87.

◎ **43** Montreynaud, 1995, p.212.

◎ **44** Abbott, 2000, pp.197–229.

◎ **45** Durkheim, 1990, pp.304–305.

◎ **46** 셰이커교도들은 앤 리(Ann Lee, 1736~1784)가 세운 순결한 남녀 공동체를 구성했다. 1770년경 영국에서 창설된 이 공동체는 1774년 미국으로 이주했다. 이 이교 종파는 독신자만을 회원으로 모집한 것은 아니었다. 회원들은 이미 결혼한 사람일 수도 있었고 자녀들과 함께 가입할 수도 있었다. 그러나 일단 개종하고 나면 부모와 자녀 사이도 형제자매가 되었다.

◎ **47** Caufeynon, 1926, pp.10 및 92.

◎ **48** Beauvoir, 1949, t. I, p.259.

◎ **49** Caufeynon, 1926, pp.108–109.

◎ **50** Guérin de La Grasserie, ca 1912, p.174 ; Fischer, s.d., t. II. p.616. 혼전 증명서에 관해서는 Bologne, 1995, p.364를 참조할 것.

◎ **51** Fischer, s.d., t. I, pp.266–273.

◎ **52** 같은 책, t. II, p.549.

◎ **53** 이 시기에 나타난 독신자들의 성에 대한 관심에 관해서는 Ellis (1963, trad. fr. 1968) ; Oraison, 1966 ; *Célibat et sexualité*, 1970 ; Simon, 1972 ; Mauco, 1973 ; Eck, 1974를 참조할 것.

◎ **54** Simon, 1972, pp.376–377.

◎ **55** Eck, 1974, p.68. 이 문단에 관해서는 같은 책, pp,68–71, 110–122 및 156–168을 참조할 것.

◎ **56** Abbott, 2000, pp.208–209 ; Caufeynon, 1926, p.42 ; Ellis, 1963, p.7.

◎ **57** Mathieu Ozanam, 《La chasteté, nouvelle révolution sexuelle?》, www.doctissimo.fr/에 발표된 글.

◎ **58** Bourdieu, 1962, p.51.

◎ **59** Flandrin, 1993, p.85 ; Bourdieu, 1962, pp.55-56 및 61.

◎ **60** René Bazin, *Mémoires d' une vieille fille*, Paris, 1908, p.166.

◎ **61** Bourdieu, 1962, pp.59-80에서 전개된 논리. 인용은 p.75.

◎ **62** Robert Cheize et Sylvie Chedemail, *Les Régions francaises, Atouts et problèmes*, Paris, Belin, 2003, p.196.

◎ **63** Marie Apollinaire, *Journal du dimanche*, 1er févirer, 2004, p.39.

◎ **64** Molin, 1888, pp.12-16. Cadet de Vaux, *Dissertation sur le café*, 1806, pp.92-93.

◎ **65** Bushnelle, 2000, pp.12-13.

◎ **66** George Duhamel, *La Nuit de la Saint-Jean* (1935), Paris, Livre de Poche, 1964, p.109.

◎ **67** Pierre Longone, 《Paris, ma grande ville》, dans *Population et sociétés*, n° 36, mai 1971, p.2.

◎ **68** Pierre Longone, 《Le mariage en question》, dans *Population et sociétés*, n° 94, septembre 1976, p.3.

◎ **69** 이 기숙사에 관해서는 Vandromme, 1996, *passim*.을 참고할 것.

◎ **70** Finnamore, 1999, p.198.

◎ **71** Stoll, 1974, p.36.

◎ **72** 같은 책, p.41.

◎ **73** 같은 책.

◎ **74** Marie Apollinaire, 《Célibataires, la nouvelle cible》, dans *Le Journal du dimanche*, 1er février 2004, p.39.

◎ **75** Kauffmann, 2001, p.37.

◎ **76** Solesmes, 1954, pp.118 및 127.

◎ **77** *Population et sociétés*, n° 131, janvier 1980 ; p.2 ; Kaufmann, 2001, pp.36-39 및 170-171.

◎ **78** Mauco, 1973, p.63.

◎ **79** *Population et sociétés*, n° 68 avril 1974.

◎ **80** *Population et sociétés*, n° 77, février 1975 ; *The Economist*, 14 juin 2003, p.37 ; *Bilan démographique* 2003, INSEE, fevrier 2004. Beauvoir, 1949, t. II, p.661.

◎ **81** 첫번째 아이의 경우 상한지수의 1점이 아닌 0.5점만 해당되어 따로 과세되는 동거인들에게 유리하다. 이제 (두 사람 모두가 아니라) 동거인 중 한 명이 함께 낳은 자녀를 맡을 수 있게 되었다. 혼자 사는 독신자의 경우에는 물론 1점을 그대로 유지한다.

◎ **82** *Annuaire statistique de la France*, éd. 2002, p.77 ; The Economsit, 14 juin 2003, p.37.

◎ **83** Lamourère, 1987, p.34. Stéphanie Nicolopoulos, enquête Asterop dans *Le Nouvel Observateur*, n° 2060, 29 avril 2004, p.12.

◎ **84** Lamourère, 1987, p.13 및 p.21. *Le Journal du dimanche*, 1er février 2004, p.38.

◎ **85** 일반적인 분류를 유효하다고 보기는 어렵지만(이 기준에 의하면 프랑스 국립통계경제연구소의 통계와는 반대로 '1인 가구'는 독신자에 한하며 홀아비, 과부 및 이혼자를 중복 계산한다) 1999년 인구 조사의 여러 표를 비교해보면 비슷한 결과가 나온다. 통계치가 최근 발표되었을 때 『르 누벨 옵세르바퇴르(Le Nouvel Observateur)』(n° 2060 du 29 avril 2004, pp.12 및 14)는 1999년 인구 조사 이후로 500만 명이 증가했다고 했으나 이는 믿기 어려워 확인해볼 필요가 있다.

◎ **86** 《Célibataires, la vie en solo, mode d'emploi》, dans *Le Point*, n° 1499, 8 juin 2001, p.65. 이탤릭체 인용은 Jean-Claude Kaufmann.

◎ **87** *Le Parisien* du 7 août 2002에서 이들에 대해 다룬 기사를 참조할 것.

◎ **88** *Le Point*, n° 1499, 8 juin 2001, p.67 (Werber) ; Kaufmann, 2001, pp.216-218 ; Le Nouvel Observateur, n° 2060, 29 avril 2004, p.22 (Arditi).

◎ **89** Boriem 2002, p.174.

◎ **90** Kaufmann, 2001, pp.42-44.

◎ **91** Matthieu Bélézi, *Une sorte de Dieu*, Monaco, Le Rocher, 2003, pp.152-153.

◎ **92** Pascal Quinard, *Les Ombres errantes*, Paris, Grasset, 2002, p.145.

◎ **93** http://membres.lycos.fr/hourracelibat/

◎ **94** Jacques Vallet, *Alibabli*, Paris, Zulma, 2003, p.24.

◎ **95** Jean-Claude Kaufmann, dans *Le Point*, n° 1499, 8 juin 2001, p.66.

◎ **96** Arnaud, 1990, p.15. 18세기 '세계의 뒤바뀜'에 관해서는 Marcel Gauchet, *Le Désenchantement du monde*, Paris, Gallimard, 1985를 주로 참고한 Kaufmann, 2001, p.24를 참조할 것. 이에 관해서는 Kaufmann, 2004, 특히 제1부 참조.

◎ **97** Voltaire, *Correspondance*, D104(avril 1722), à Mme la Présidente de Bernières, éd. T. Besterman, université de Toronto, 1966, t. 85 (*Correspondance*, I), p.117.

◎ **98** Kaufmann, 2001, pp.165 및 177;2004, *passim*. 특히 pp.93–108.

◎ **99** Lamourère, 1987, p.152.

◎ **100** Doucet, 1989, p.62.

◎ **101** *The Economist*, 14 juin 2003, p.37.

◎ **102** *Gazette du Palais*, 4 juin 1963, Jurisprudence, pp.405–406.

◎ **103** Desmarets, 2000, pp.46–47. Préparation à l'entretien d'embauche sur le site http://www.letudiant.fr/emploi/500-reponses/situ-fami.asp, consulté le 23 septembre 2003.

◎ **104** *INSEE* Première, n° 482, août 1996, p.1.

◎ **105** Finnamore, 1999, p.206.

◎ **106** Beauvoir, 1949, t. II, pp.608–610 및 643–645.

◎ **107** *Le Point*, n° 1600, 16 mai 2003, p.62.

◎ **108** Oraison, 1966, pp.52–54.

◎ **109** Mauco, 1973, pp.9–10, 48–49, 75 및 102.

◎ **110** Bushnell, 2000, p.40 ; Wolff, 1999, p.24.

◎ **111** *Le Point*, n° 1499, 8 juin 2001, p.65.

◎ **112** Claire Leplae가 벨기에 부르주아 계층을 대상으로 1945~1947년에 실시한 설문조사 응답. Beauvoir, 1949, t. II, p.231에서 인용.

◎ **113** Doucet, 1989, p.86에 언급.

◎ **114** *Le Point*, n° 1600, 16 mai 2003, pp.56–57.

◎ **115** Jean-Paul Courthéoux, *La Politique des revenus*, Paris, PUF, coll. 《Que sais-je》, n° 1222, 1968, p.70.

◎ **116** *Le Point*, n° 1499, 8 juin 2001, p.70.

◎ **117** Shanan, 1982, p.14. Odile Lamourère는 1987년 그랍스의 흔적을 찾을 수 없다고 했다. 사르트르와 시몬 드 보부아르의 계획에 대해서는 *Sartre*, film d'Alexandre Astruc et Michel Contat, Paris, Gallimard, 1977, p.36을 참조할 것.

◎ **118** Doucet, 1989, p.62.

◎ **119** *Vous d' abord*, semaine du 31 mars au 6 avril 2003.

◎ **120** *Le Journal du dimanche*, 1er février 2004, p.38.

◎ **121** Jean-Marie Audry, dans Lucan, 1999, p.266.

◎ **122** *Services, lettre aux sociétaires* de Mutuelle de Poitiers Assurances, n° 14, décembre 2003, pp.4-5.

◎ **123** *Le Journal du dimanche*, 1er février 2004, p.39 ; prospectus du salon Céliberté.

◎ **124** *Le Nouvel Observateur*, n° 2060, 29 avril 2004, p.20.

◎ **125** *Le Point*, n° 1499, 8 juin 2001, p.71.

◎ **126** *Thalyscope*, hiver 2003-2004, n° 23, p.36.

◎ **127** *Le Point*, n° 1600, 16 mai 2003, p.64. 그 밖의 정보는 2003 파리 셀리베르테박람회에서 받은 광고물과 인터넷 사이트를 참조한 것이다.

부록

◎ **1** *Dictionnaire civil*, 1687, p.135. 스칼리게르의 어원은 Furetière, 1690, s.v.에 언급되어 있다. 천사의 삶을 사는 독신자라는 이미지는 당시 여러 군데에서 언급되었는데 예를 들면 Bossuet의 Deuxième Instruction sur la version de Trevoux에서였다.

◎ **2** A. Ernoult, A. Meillet et J. André, Dictionnaire étymologique de la langue latine (1932), Paris, Klincksieck, 1994, s.v. Eck, 1974, p.10.

◎ **3** Wartburg, 1948, t. II, p.34에 따르면 사전에 독신이라는 말이 나오는 것이 확실하며 이후 훌륭한 사전들(TLF, 로베르 사전 등)이 그대로 이 사전을 인용하고 있다. 그러나 프랑스국립도서관(BNF)에 배치되어 있는 다네의 사전에서 독신이라는 단어를 찾을 수 없었다. 알파벳순으로 찾아도 나오지 않았고 독신이라는 말이 나올 만한 곳(성직자, 사제, 소녀, 소년, 자유로운, 결혼, 신부 등)을 뒤져보았으나 역시 찾지 못했다. 좀더 체계적으로 찾아야 독신이 사전에 처음 등장했다는 이 연도를 확인할 수 있을 것이다.

◎ **4** Décret du 3 nivôse an VII (23 décembre 1798), art. 24 (Duvergier, 1834, t. 11, p.140).

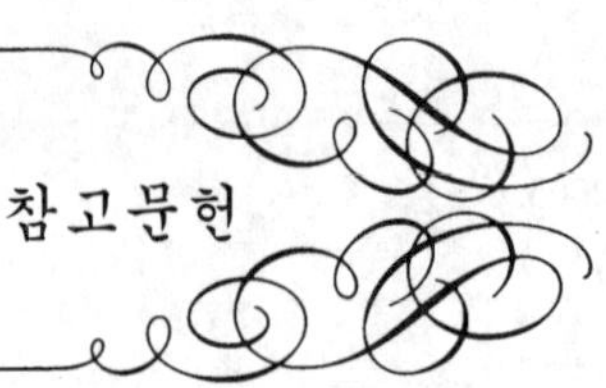

참고문헌

ABBOTT (Elizabeth), *A History of Celibacy*, New York, Scribner, 2000.

Des accordailles aux éousailles, catalogue de l' exposition, galerie CGER, Bruxelles, 1988.

Alliance nationale pour l' accroissement de la population française, *Programmes et statuts*, Paris, imprimerie Schiller, 1896.

Alternatives éonomiques, hors-série, n° 58, 4e trimestre 2003, ≪Les chiffres de l' économie≫.

ARIÉS (Philippe) et DUBY (Georges), dir., *Histoire de la vie privée*, Paris, Le Seuil, 1985-1987.

ARNAUD (Margot), *Le Guide des célibataires*, Paris, Hermé, 1990.

AULU GELLE, *Nuits attiques*, éd. et trad. par René Marache, Paris, Les Belles Lettres, coll. ≪Budé≫, 1967.

BIBLE de Jérusalem, Cerf et Les temps qui courent, CD-Rom, 1995.

BACON (sir Francis), *Essais*, trad. Maurice Castelain, Paris, Aubier-Montaigne, 1979.

BALZAC (Honoré de), *La Comédie humaine*, éd. P. G. Castex, Paris, Gallimard, coll. ≪Bibliothèque de la Pléiade≫, 1976-1981.

BANK (Melissa), *Manuel de chasse et de pêche à l' usage des filles*, trad. F. Cartano, Paris, Payot/Rivages, 1999.

BARBERINO (Francesco da), *Reggimento e costumi di donna*, éd. Giuseppe-E. Sansone, Rome, Zauli, 1995.

BARD (Christine), *Les Filles de Marianne*, Paris, Fayard, 1995.

BAUDRY-LACANTINERIE (G.) et HOUQUES-FOURCADE (M.), *Traité théorique et pratique de droit civil des personnes*, Paris, Larose, 1900.

BEAUVOIR (Simone de), *Le Deuxième Sexe* (1949), Paris, Gallimard, 1976, coll. ≪Folio/Essais≫, 1994.

BEAUVOIR (Simone de), *Mémoires d' une jeune fille rangée*, Paris, Gallimard, 1958 (1992).

BERTILLON (Jacques), ≪Les enfants illégitimes et leur mortalité≫, rapport au Congrès d' hygiène de La Haye, dans *Revue d' hygiène et de police sanitaire*, 1884, pp. 893-897.

BERTRAND (Jean-Pierre), BIRON (Michel), DUBOIS (Jacques) et PAQUE (Jeannine), *Le Roman célibataire*, D' À rebours à Paludes, Paris, José Corti, 1996.

BOCQUET (Lucien), *Esquisse historique du célibat dans l' Antiquité*, thèse de doctorat, Paris, Giard et Brière, 1894.

BOLOGNE (Jean Claude), *Histoire du mariage en Occident*, Paris, Jean-Claude Lanès, 1995.

BOLOGNE (Jean Claude), *Histoire du sentiment amoureux*, Paris, Flammarion, 1998.

BORIE (Jean), *Le Célibataire français*, Paris, Grasset, 2002 (Livre de Poche).

BOURDIEU (Pierre), ≪Célibat et condition paysanne≫, dans *Études rurales*, avrilseptembre 1962, pp. 32-135 (École pratique des hautes études, VIe section, n° 5-6).

BOVON (François) et GEOLTRAIN (Pierre), *Écrits apocryphes chrétiens*, Paris, Gallimard, coll. ≪Bibliothèque de la Pléiade≫, 1997.

BRETONNIÈRE (Jean de La), *Pour le célibat*, 1891 (extrait de la *Grande Revue*, Paris et Saint-Pétersbourg).

BURGUIÈRE (André), KLAPISCH-ZUBER (Christiane), SEGALEN (Martine) et ZONABEND (Françoise), dir., *Histoire de la famille*, Paris, Armand Colin, 1986.

BUSHNELL (Candace), *Sex and the City* (1996), trad. D. Rinaudo, Paris, Albin Michel, 2000.

BUSSON (abbé C. J.), *Instructions et conseils aux filles de service et à tous les domestiques en général*, Paris, Gaume frères, 1842.

BUSSY-RABUTIN, *Histoire amoureuse des Gaules*, éd. Livet et Boiteau, Paris, Jannet, 1857.

CABROL (Fernand) et LECLERCQ (Henri), *Dictionnaire d' archéologie chréetienne et de liturgie*, Paris, Letouzey et Ané, 1908-1953.

CARADEUC DE LA CHALOTAIS (Louis-René), *Essai d' éducation nationale ou Plan d' études pour la jeunesse*, s.l. s.e., 1763.

CARTIER (Ernest), *Le Célibat à Rome*, Paris, Plon, 1902.

CAUFEYNON (Dr Jean Fauconney), *La Virginité* / Paris, Brenet, 1926 (collection populaire illustrée des connaissances médicales, n° 10).

Célibat et sexualité, colloque du Centre catholique des médecins français (commission conjugale), Paris, Le Seuil, 1970.

CHAMFORT, *Maximes et pensées, Caractéres et anecdotes*, éd. Jean Dagen, Paris, Garnier-Flammarion, 1968.

CHAMPION (Pierre), *François Villon, sa vie et son temps*, 1913, Genève, Slatkine reprints, 1984.

Chartularium universitatis parisiensis, éd. Denifle et Chatelain, Paris, Delalain, 1889.

CHASMOND (de), ≪Le Philogame, ou Réponse aux observations au sujet de la souveraineté du Pape sur les ecclésiastiques≫, dans *Journal encyclopédique*, 15 juin 1771, t. IV, 3, pp. 437-443.

CHEMINADE (Georges), *Étude sur le célibat au point de vue physiologique et médical*, Bordeaux, Feret et fils, 1884.

CLARK (George), *Les Habitations des classes ouvrières en France, nouveau système de logements garnis pour célibataires à Paris*, Paris, N. Chaix, 1854.

CLARK (Peter), *British Clubs and Societies, 1580-1800: The Origins of an Associational World*, Oxford, Clarendon Press, 2000.

Le Clerc au Moyen Âge, XXe colloque du Centre universitaire d' études et de recherches médiévales d' Aix, 1995, Senefiance, n° 37.

Code de droit canonique (1983), trad. par la Société intemationale de droit canonique et des législations religieuses comparées, Vatican, 1983 (texte latin) et Paris, Centurion, Cerf, Tardy, 1984 (texte français).

Code Justinien, éd. et trad. P.-A. Tissot, Metz, Behmer, puis Lamort, 1807-1810.

COLETTE, Œuvres, Paris, Gallimard, coll. ≪Bibliothèque de la Pléiade≫, 1984.

Coll., ≪La question de la population à propos des résultats du recensement de la France en 1872≫, dans *Journal des économistes*, février 1873, pp. 327-343.

COPPENS (J.), ≪Le célibat essénien≫, dans M. Delcor, *Qumrân, sa piété, sa théologie et* son milieu, Paris/Gembloux, Duculot, et Leuven University Press, 1978, pp. 295-303 (*Colloquium Biblicum Lovaniense*, 1976).

CORBIÈRE (Prosper Honoré, abbé), *L' Économie sociale au point de vue chrétien*, Paris, A.

Jouby, 1863.

CORNÉLIUS NÉPOS, *Traité sur les grands généraux des nations étrangères*, livre XV, *Épaminondas*, trad. Anne-Marie Guillemin, Paris, Les Belles Lettres, coll. ≪Budé≫, 1992 (1923).

CORRARD (Joseph), *Le Célibat et l' impôt sur les célibataires*, Le Mans, imprimerie Monnoyer, 1907.

COTTIAUX (Jean), *La Sacralisation du mariage, de la Genèse aux incises matthéennes*, Paris, Cerf, 1982.

COUAILHAC (Louis), *Physiologie du célibataire et de la vieille fille*, Paris, Laisné, 1841.

CROZE (Marcel), *Tableaux démographiques. La population en France, histoire et géographie*, Paris, INSEE, 1988.

DALLOZ, *Recueil périodique et critique de jurisprudence, de législation et de doctrine*, Paris, Dalloz, 1845 ss.

DARBLAY (Pierre), *Physiologie de l' Amour*, Pau, Bibliothéque des publications physiologiques, 1892 (1887).

DAREMBERG (Charles) et SAGLIO (Edmond), *Dictionnaire des antiquités grecques et romaines*, Paris, Hachette, 1877-1906.

DAVENSON (Henri), *Le Livre des chansons*, Neuchâtel, La Baconnière, coll. ≪Cahiers du Rhône≫, 1946.

DEBAY (A.), *Philosophie du mariage (faisant suite à l' hygiène du mariage), études sur l' amour, le bonheur, la fidélité, les sympathies et les antipathies conjugales, jalousie, adultère, divorce, célibat*, Paris, E. Dentu, 1865.

DEBRIFFE (Martial), *Ninon de Lenclos, la belle insoumise*, France Empire, 2002.

DELAUNAY (Paul), *La Médecine et l' Église*, Paris, Hippocrate, 1948.

DELAY (Valérie), ≪Compagnies joyeuses≫, dans *La Fête au cœur*, numéro spécial de la Revue du Nord, t. LXIX, n° 274, 1987, pp. 503-514.

DELEAU (J. J.), *L' Heureux Célibataire ou les Avantages du célibat*, Tours, Letourmy, 1817.

DELVAU (Alfred), *Dictionnaire de la langue verte*, Paris, Marpon et Flammarion, 1883.

DENYS D' HALICARNASSE, *Les Antiquités romaines*, trad. par M*** [Bellanger], Paris, chez Philippe-Nicolas Lottin, 1723.

DEPARCIEUX (Antoine), *Essai sur les probabilités de la durée de la vie humaine*, Paris, frères Guérin, 1746.

DESMARETS (Bénédicte), *Guide juridique et pratique du célibataire*, Paris, de Vecchi, 2000.

DESPORTES (Pierre), ≪La population de Reims au xve siècle d' après un dénombrement de 1422≫, dans *Moyen Âge*, t. LXXII, 1966, pp. 463-509.

Dictionnaire civil et canonique, par M^e^ ******, avocat au parlement, Paris, Besoigne et Bobin, 1687.

DINARQUE, *Discours*, trad. Laurence Dors-Méary, Paris, Les Belles Lettres, coll. ≪Bude ≫, 1990.

DION CASSIUS, *Histoire romaine*, éd. et trad. par E. Gros et V. Boissée, Paris, librairie Firmin-Didot, 1845-1870.

[DORAT (Claude Joseph)], *Le Célibataire*, comédie en cinq actes et en vers, représentée par les comédiens-français le 20 septembre 1775, Paris, chez Delalain, 1776, 122 pp.

DOUCET (Évelyne), *Situation de famine : célibataire*, Paris, Hachette, 1989.

DUBARLE (Eugène), *Histoire de l' Université de Paris*, Paris, Didot, 1844.

DU BUISSON (Paul-Ulric), *Le Vieux garçon, comédie en cinq actes, en vers* (1782), Paris, A. Jombert, 1783.

DUBY (Georges), *Le chevalier, la femme et le prêtre*, Paris, Hachette, coll. ≪Pluriel≫, 1999.

DUBY (Georges), *Hommes et structures du Moyen Âge*, Paris, École pratique des hautes études et Mouton, 1973.

DUBY (Georges) et PERROT (Michelle), dir., *Histoire des femmes en Occident*, Paris, Plon, 1992.

DU CANGE, *Glossarium mediae et infimae latinitatis*, Paris, Firmin-Didot, 1840-1850.

DUCHÊNE (Roger), *Ninon de Lenclos, la courtisane du Grand Siècle*, Paris, Fayard, 1984.

DUNCAN (Isadora), *Ma vie* (1927), trad. Jean Allary, Paris, Gallimard, 1932, Gallimard, coll. ≪Folio≫, 1998.

DUNETON (Claude), *Le Bouquet des expressions imagées*, Paris, Le Seuil, 1990.

DUP$QUIER (Jacques) *et al.*, *Histoire de la population française*, Paris, PUF, 1982.

DURKHEIM (Émile), *Le Suicide*, Paris, PUF, coll. «Quadrige», 1990.

DUTOUR (Thierry), *La Ville médiévale*, Paris, Odile Jacob, 2003.

DUVERGIER (Jean-Baptiste) *Collection complète des lois, décrets, ordonnances, règlements et avis du Conseil d' État*, Paris, 1824-1849.

DUVERGIER DE HAURANNE (Ernest), «La Suisse et sa constitution», dans la *Revue des Deux Mondes*, t. CIV, 15 avril 1873, pp. 753-800.

ECHOLS (Anne), WILLIAMS (Marty), *An Annotated Index of Medieval Women*, New York è Princeton, Markus Wiener Publishing ; Oxford, Berg Publishers, 1992.

ECK (Marcel), *La Sexualizé du célibataire*, Paris, éditions universitaires, 1974.

ELIAS (Norbert), *La Société des individus*, Paris, Fayard, 1991.

ELLIS (Dr A.), *Célibat et sexualité*, trad. J. R. Major, Paris, La Table ronde, 1968.

ENGELS (Friedrich), *Les Origines de la société (Famille, Propriété privée, Etat)* (1885), Paris, G. Jacques, s.d. (Bibliothèque d' études socialistes, XIV).

L' Eschole des filles, en dialogue, Paris, Champhoudry, 1672 (1657).

FARGE (Arlette) et KLAPISCH-ZUBER (Christiane), dir., *Madame ou Mademoiselle, itinéraires de la solitude feminine, 18e-20e siècle*, Paris, Arthaud-Montalba, 1984.

FINNAMORE (Suzanne), *Mariée ou pendue*, trad. Hélène Collon, Paris, Calmann-Levy, 1999.

FISCHER (Anna), *La Femme, Médecin du Foyer, ouvrage d' hygiène et de médecine familiale*, trad. L. Azéma et M. Kaplan, Paris, Muller, s.d.

FLANDRIN (Jean-Louis), *Un temps pour embrasser. Aux origines de la morale sexuelle occidentale, vie-xie siècle*, Paris, Le Seuil, 1983

FLANDRIN (Jean-Louis), *Les Amours paysannes*, Paris, Gallimard/Julliard, 1993 (Le Grand Livre du mois, 2000).

FLORA (Peter), *State Economy and Society in Western Europe 1815-1975*, Frankfurt/ Chicago/London, Campus, 1983.

FOURNIER (Jacques), *Registre d' inquisition de Jacques Fournier*, éd. Jean Duvernoy, Paris, Mouton, 1978.

Les Français peints par eux-mêmes, Paris, Curmer, 8 vol., 1840-1842.

FREY (Michel), ≪Du mariage et du concubinage dans les classes populaires à Paris (1846-1847)≫, dans *Annales Économies, Sociétés, Civilisations*, 1978, t. 33, n° 4, pp. 803 ss.

FURETIÈRE, *Le Roman bourgeois, dans Romans français du xviie siècle*, Paris, Gallimard, coll. ≪Bibliothèque de la Pléiade≫, 1958.

FUSTEL DE COULANGE (Numa Denis), *La Cité antique*, Paris, Flammarion, coll. ≪ Champs≫, 1984.

GAINOT (Bernard), *Dictionnaire des membres du Comité de Salut public*, Paris, Tallandier, 1990.

GAIUS, *Institutes*, éd. et trad. par Julien Reinach, Paris, Les Belles Lettres, coll. ≪Budé≫, 1991.

GARNIER (Dr Pierre), *Célibat et célibataires, caractères, dangers et hygiène chez les deux sexes*, Paris, Gamier, 1887.

GAUDEMET (Jean), *Les Communautés familiales*, Paris, Riviére, 1963.

GAY (Sophie), *Physiologie du ridicule, ou Suite d' observations, par une société de gens ridicules*, Paris, Vimont, 1833 (t. I, chap. x, ≪Les vieilles filles≫, chap. xv, ≪les vieux papillons≫).

GEFFRIAUD ROSSO (Jeannette), ≪Gabrielle Suchon : une troisième voie pour la femme? ≫, dans *Ouverture et dialogue. Mélanges offerts à Wolfgang Leiner*, Tübingen, G. Narr, 1988, pp. 669-678.

GÉRAUD (Hercule), *Paris sous Philippe le Bel, d' après des documents originaux, et notamment d' après un manuscrit contenant le rôle de la taille imposée sur les habitants de Paris en 1292*, Paris, imprimerie du Crapelet, 1837.

GIRARD (Paul-Frédéric), *Textes de droit romain*, Paris, A. Rousseau, 1890.

GIRARD (Paul-Frédéric), *Manuel élémentaire de droit romain*, Paris, Duchemin, et Vaduz, Topos Verlag, 1978.

GLASS (D. V.) et EVERSLEY (D. E. C.), dir., *Population in History, Essays in historical Demography*, ed. Londres, Arnold, 1965.

GOURNAY (Marie de), *Œuvres complètes*, éd. sous la dir. de J.-C. Arnoult, Paris, Champion, 2002.

GRAND-CARTERET (John), *Mariage, collage, chiennerie*, Paris, Méricant, s.d. (vers 1911).

GRÉGOIRE DE TOURS, *Histoire des Francs*, trad. Robert Latouche, Paris, Les Belles Lettres, 1995.

GRÉVY-PONS (Nicole), *Célibat et nature, une controverse médiévale. À propos d' un traité du début du xve siècle*, Paris, CNRS, 1975 (Centre d' histoire des sciences et des doctrines).

GRIMAUD (abbé Charles), *À celles qui s' en vont solitaires... non mariées* (1933), Paris, Téqui, 1946 (12e édition).

GUÉRIN DE LA GRASSERIE (Raoul) *Psychologie et sociologie de l' eunuchisme et du célibat*, Paris, H. Daragon, s.d. (ca 1912).

GUIRAL (Pierre) et THUILLIER (Guy), *La Vie quotidienne des domestiques en France au xixe siècle*, Paris, Hachette, 1978.

GUTTON (Jean-Pierre), *Domestiques et serviteurs dans la France de l' Ancien Régime*, Paris, Aubier, 1981.

GUTTON (Jean-Pierre), *Histoire de l' adoption en France*, Paris, Publisud, 1993.

HAURY (Paul), *La Vie ou la mort de la France*, Paris, Vuibert, 1923.

HEERS (Jacques), *Le Clan familial au Moyen Âge*, Paris, PUF, coll. ≪Quadrige≫, 1993 (1974).

HEFELE (Carl Joseph), *Histoire des conciles*, Hildesheim, New York, G. Olms Verlag, 1973 ss. (1908).

HERLIHY (David) et KLAPISCH-ZUBER (Christiane), *Les Toscans et leurs families, une étude du catasto florentin de 1427*, éd. de l' Ecole des hautes études en sciences sociales, 1978.

HESSE (Carla), *The Other Enlightenment*, Princeton University Press, 2001.

HITLER (Adolf), *Mein Kampf (Mon combat)*, trad. J. Gaudefroy-Demombynes et A. Calmettes, Paris, Nouvelles éditions latines, 1982 (1934).

HORACE, *Odes et épodes, épîtres, satires*, trad. F. Villeneuve, Paris, Les Belles Lettres, 1989-1991.

HÖWELER (C.), *Sommets de la musique*, trad. R. Harteel, Paris, Flammarion, 1967.

HUBER (M.), BUNLE (H.) et BOVERAT (F.), *La Population de la France, son évolution et ses perspectives*, Paris, Hachette, 1965.

HUBERT, *Statistiques de la France*, chez l' auteur, Paris, 1883.

INSEE. Publications de l' Insee : *Annuaire statistique de la France; Bilan démographique; Bulletin mensuel de statistiques ; 1NSEE première; Population et société*.. Les plus récentes sont disponibles sur le site de l' INSEE : http :// www.insee.fr

INSEE, *Études et documents*, n° 10, *Population par sexe, âge et état matrimonial de 1851 à 1962*, Paris, Imprimerie nationale, 1968.

ISAMBERT (F. A.), DECRUSY et JORDAN, *Recueil général des anciennes lois françaises depuis 420 jusqu' à la Révolution de 1789*, Paris, Belin-le-Prieur et Verdière, 1822 ss.

ISÉE, *Discours*, trad. Pierre Roussel, Paris, Les Belles Lettres, coll. ≪Budé≫, 1960.

JACQUART (Danielle), *Le Milieu médical en France du xiie au xve siècle*, Paris, Droz, 1981.

JACQUES DE VORAGINE, *Légende dorée*, trad. J.-B. M. Roze, éd. Garnier-Flammarion, 1967.

JEAN DE MEUNG et GUILLAUME DE LORRIS, *Le Roman de la Rose*, éd. Daniel Poirion, Paris, Garnier-Flammarion, 1974.

JOUVENEL (Léon de), ≪Proposition de loi tendant à modifier la législation électorale≫, annexe au procès-verbal de la séance du 31 juillet 1871, dans *Assemblée nationale, année 1871. Impressions, projets de loi, propositions, rapports, etc.*, n° 4, Versailles, Cerf, 1872, n° 435.

KAFKA (Franz), *Œuvres complètes*, trad. C. David, A. Vialatte et M. Robert, éd. Claude David, Paris, Gallimard, coll. ≪Bibliothèque de la Pléiade≫, 1980-1984.

KASHIWAGI (Takao), *La Trilogie des célibataires d' Honoré de Balzac*, Paris, Nizet, 1983.

KAUFMANN (Jean-Claude), *La Femme seule et le prince charmant*, Paris, Nathan, 1999 (Press Pocket, 2001).

KAUFMANN (Jean-Claude), *L' Invention de soi*, Paris, Armand Colin, 2004.

KINSEY (Alfred C.), *Le Comportement sexuel de l' homme*, trad. P. Desclaux (dir.), Paris, Le Pavois, 1948.

KINSEY (Alfred C.), *Le Comportement sexuel de la femme*, trad. P. Jacquemart (dir.), Paris, Amiot-Dumont, 1954.

KNIBIEHLER (Yvonne), ≪Le célibat, approche historique≫, dans F. de Singly, *La Famille, l' état des savoirs*, Paris, La Découverte, 1991, pp. 75-82.

KOCH (Marcel), ≪Les problèmes démographiques du troisième Reich≫, dans *L'*

Allemagne contemporaine, 17e année, n° 1, janv. 1936, pp. 7-9, et n° 2, févr. 1936, pp. 24-28.

LA BRUYÈRE, *Œuvres*, éd. G. Servois, Paris, Hachette, 1865.

LA CHÈVRE (Frédéric), *Le Libertinage au xvlle siècle*, 1909-1928, t. III, *Disciples et successeurs de Théophile de Viau* ; t. XIII, *Les Derniers Libertins*, Genève, Slatkine reprints, 1968.

LAFFORGUE (Claude-Pierre-François-Louis), ≪Les causes de la dénatalité et ses remèdes, avec considérations sur les mesures prises en Allemagne et en Italie≫, thèse pour le doctorat, Faculté de médecine de Strasbourg, Rennes, H. RionReuzé, 1939.

LAGNEAU (Gustave), *Remarques démographiques sur le célibat en France*, Paris, 1885, extrait des *Comptes rendus de l' Académie des sciences morales et politiques.*

LAMOURÈRE (Odile), *Nous, les célibataires*, Paris, Hachette, 1987.

LAMY (Angelina), *L' Impôt sur les célibataires, Marseillaise féminine*, musique de Charles Pourny, Lyon, A. Lamy, 1867.

LANDAIS (Camille), ≪Le quotient familial a-t-il stimulé la natalité française? Estimation de l' efficacité des politiques d' incitations financières à la fécondité (1915-1998)≫, École normale supérieure (Ulm), École des hautes études en sciences sociales, séminaire du 25 novembre 2003, publié sur Internet : http://pythie.cepremap.ens.fr/piketty/lunch/Landais2003.pdf.

LANGLADE (Jacques de), *Brummel ou le Prince des dandys*, Paris, Presses de la Renaissance, 1984.

LARCHER et JULLIEN (P.-J.), *Ce qu' on a dit du mariage et du célibat*, Paris, Hetzel, 1858.

LARMANDIE (Léonce de), *Un homme de Lettres, Fernand-Lafargue*, Paris, 1904.

LEDOUX(Dr), *Le Problème de la population française*, Besançon, imprimerie Dodivers, 1924.

LE FORT (Léon), ≪Du mouvement de la population en France≫, *dans Revue des Deux Mondes*, 15 mai 1867, pp. 462-481.

LEFEBVRE (Charles), *Leçons d' introduction générale à l' histoire du droit matrimonial français*, Paris, L. Larose, 1900.

LEGRAND (Lucien), *La Virginité dans la Bible*, Paris, Cerf, 1964.

LEMAY (Edna Hindie), *Dictionnaire des constituants*, 1789-1791, Paris, Universitas,1991.

LE PLAY (Frédéric), *L'Organisation de la famille, selon le vrai modèle signalé par l'histoire de toutes les races et de tous les temps*, Tours, Mame, 1884.

LE ROY LADURIE (Emmanuel), *Montaillou, village occitan de 1294 à 1324*, Paris, Gallimard, 1982 (1975).

LHOEST (Benoît), *L'Amour enfermé*, Paris, Olivier Orban, 1989.

LOMBROSO (Cesare), *L'homme de génie*, trad. Fr. Colonna d'Istria, préf. de Charles Richet, Paris, F. Alcan, 1889.

LONGCHAMP (Sébastien), *Mémoires sur Voltaire et sur ses ouvrages*, Paris, A. André, 1826.

LOYSEL (Antoine), *Institutes coutumières*, éd. M. Dupin et E. Laboulaye, Paris, Durand et Videcoq, 1846.

LUCAN (Jacques), *Eau et gaz à tous les étages : Paris, 100 ans de logement*, Paris, Picard, 1999.

MAÎTRE (Myriam), *Les Précieuses. Naissance des femmes de lettres en France au xviie siècle*, Paris, Champion, 1999.

MALTHUS (Thomas Robert), *Esssai sur le principe de population* (1798-1817), trad. P. et G. Prévost (1823), Paris, Garnier-Flammarion, 1992.

MARBO (Camille), *À travers deux siècles, souvenirs et rencontres*, Paris, Grasset, 1967.

MAUCO (Georges), *Les Célibataires*, Paris, Aubier-Montaigne, 1973.

MÉNÉTRA (Jacques-Louis), *Journal de ma vie*, éd. Daniel Roche, Paris, Montalba, 1982.

MENIER (Émile-Justin), *Barrière à la dépopulation de la France par l'impôt sur les célibataires civils, cléricaux et monastiques des deux sexes*, Paris, S. Heymann, 1876.

MÉRY (Joseph), *Une veuve inconsolable*, Paris, Gabriel Roux et Cassanet, 1847.

MÉRY (Joseph), *L'Essai du mariage*, comédie en un acte, Paris, Librairie nouvelle, 1855.

MIGNE (abbé Jacques-Paul), *Patrologie latine*, Paris, 1844-1864.

MIGNE (abbé Jacques-Paul), *Patrologie grecque*, Paris, Migne, 1857-1866.

MOHEAU, *Recherches et consideérations sur la population de la France*, Paris, Moutard, 1778 (éd. R. Gonnard, Paris, Geuthner, 1912).

MOLIN (J. J.), *Le Célibataire. Pamphlet humoristique sur cet inutile personnage*, Saint-Jean-de-

Maurienne, imprimerie Vulliermet, 1888.

MOLS (Roger), *Introduction à la démographie historique des villes d' Europe du xive au xviiie siècle*, Gembloux, Duculot, 1955.

MONNIER (Alexandre), *Histoire de l' assistance dans les temps anciens et modernes*, Paris, Guillaumin, 1857.

MONTESQUIEU, *De l' esprit des lois*, éd. R. Derathé, Paris, Garnier-Flammarion, 1990.

MONTHERLANT (Henry de), *Romans et œuvres de fiction non théâtrales*, Paris, Gallimard, coll. ≪Bibliothèque de la Pléiade≫, 1959.

MONTIER (Edward), *Lettre sur L' amour, à celle qui ne se mariera pas*, Paris, Association du manage chrétien, 1926 (3e éd.).

MONTREYNAUD (Florence), *Le xxe siècle des femmes*, Paris, Nathan, 1995 (1989).

MOREAU (Jacques-Joseph), *La Psychologie morbide dans ses rapports avec la philosophie de l' histoire*, Paris, V. Masson, 1859.

MUCHEMBLED (Robert), ≪Des jeunes dans la ville : Douai au xvie siècle≫, dans *Mémoires de la Société d' agriculture, sciences et arts de Douai*, 5e série, t. VIII, 1983, pp. 89-96.

MUCHEMBLED (Robert), *L' Invention de l' Homme moderne*, Paris, Fayard, 1988.

MOULIN (Léo), *La Vie des étudiants au Moyen Âge*, Paris, Albin Michel, 1991.

MUSSOLINI (Benito), *Le Grand Discours de Mussolini à la Chambre des députés*, Paris, éd. L' Italie nouvelle, 1927.

MUZAT (abbé Louis), *Les Vieilles Filles*, Paris, librairie des Saints-Pères, 1909.

NAZ (R.), *Dictionnaire de droit canonique*, Paris, Letouzey et Ané, 1935.

NORWICH (John Julius), *The Normans in the South, Londres*, Solitaire Books, 1981 (1967).

OLIVIER-MARTIN (F.), *Histoire du droit français des origines à la Révolution*, Domat-Montchrestien, 1951 (1948).

ORAISON (Marc), *Le Célibat, aspect négatif, réalités positives*, Paris, Le Centurion, 1966.

PASSY (Frédéric), *Le Principe de la population, Malthus et sa doctrine*, Paris, Hachette, 1868.

PELLEGRIN (Nicole), *Les Bachelleries. Organisations et fêtes de la jeunesse dans le Centre-*

Ouest, xvie-xviiie siècle, Poitiers, Société des antiquaires de l' Ouest, 1982.

PELLETIER (Madeleine), *La Femme en lutte pour ses droits*, Paris, Giard et Brière, 1908.

PELLETIER (Madeleine), *L' Émancipation sexuelle de la femme*, Paris, Giard et Brière, 1911.

PELLETIER (Madeleine), *La Femme vierge*, Lille, V. Bresle, 1933.

PERIN (Charles), *De la richesse dans les sociétés chrétiennes*, Paris, Lecoffre/ Guillaumin, 1861.

PERRENOUD (Alfred), «Malthusianisme et protestantisme», dans *Annales Économies, Sociétés, Civilisations*, t. 29, n° 4, août 1974, pp. 975-988.

PICHON (abbé Thomas-Jean), *Mémoire sur les abus du célibat, dans l' ordre politique et sur le moyen possible de les réprimer*, Amsterdam, 1765.

PICKVANCE (Ronald), *Van Gogh*, catalogue de l' exposition Pierre Gianadda, 2000.

PICOT (Georges), Les Garnis d' ouvriers à Paris, Paris, Société d' économie sociale, 1900.

PLATON, *Œuvres complètes*, trad. L. Bodin, E. Chambry, M. et A. Croiset, Les Places, A. Diès, L. Méridier, A. Rivaud, J. Souilhé, P. Vicaire, Paris, Les Belles Lettres, 1970-1993 (coll. *Budé*).

PLAUTE, *Comédies*, éd. et trad. Alfred Ernout, Paris, Les Belles Lettres, 1990.

PLUTARQUE, *Vies*, éd. et trad. Robert Flacelière, Émile Chambry et Marcel Juneaux, Paris, Les Belles Lettres, coll. «Budé», 1964 (1957).

POIRSON (C.), *Manuel élémentaire de morale à l' usage des écoles primaires et des cours d' adulte*, Paris, librairie de l' Écho de la Sorbonne, 1876.

PONCET DE LA GRAVE (Guillaume), *Considérations sur le célibat, Relativement à la Politique, à la Population, et aux bonnes Mœurs*, Paris, chez Moutardier, an IX, 1801.

PONCET DE LA GRAVE (Guillaume), *Défense des considérations sur le célibat, Relativement à la Population, aux Mœurs et à la Politique*, Paris, chez Moutardier, an X, 1802.

Population de la France. Recensement général de la population de 1990, Paris, INSEE, 1990.

POTHIER (Robert-Joseph), *Œuvres*, Siffrein, Paris, 1822-1823.

POUTHAS (Charles H.), *La Population française pendant la première moitié du xixe siècle*, Paris, PUF, 1956 (INED, Travaux et documents, cahier n° 25).

PURE (Michel de), *La Pretieuse*, éd. Émile Magne, Genève, Droz, 1938.

RABBINOWICZ (Israël-Michel), *Législation civile du Thalmud*, Paris, chez l' auteur, 1877-

1880.

Recueil de chansons : recueil factice des années 1830, Paris, BNF, Ye 56375.

Registre criminel du Châtelet de Paris, Paris, C. Lahure, 1861.

ROBERT (Louis Joseph Marie), *De l' influence de la révolution française sur la population*, Paris, Allut et Crochard, an XI (1802).

ROBERT (Edmond), *Les Domestiques : étude de mœurs et d' histoire*, Paris, Germer Baillère, 1875.

RONSIN (Francis), *La Population de la France de 1789 à nos fours*, Paris, Le Seuil, 1997.

ROSCHER (Wilhelm), *Principes d' économie politique*, trad. L. Wolowski, Paris, Guillaumin, 1857.

ROSSIAUD (Jacques), ≪Fraternités de jeunesse et niveaux de culture dans les villes du Sud-Est à la fm du Moyen $ge≫, dans *Cahiers d' histoire*, Lyon, 1976, t. XXI, pp. 67-102.

ROYNETTE (Odile), *Bons pour le service*, Paris, Belin, 2000.

RUSSEL (J. C.), ≪Population in Europe 500-1500≫, dans Carlo M. Cipolla (éd.), *The Fontana Economic History of Europe*, vol. I, *The Middle Ages*, Glasgow, Harvester Press Ltd, 1976, pp. 25-70.

SAINT-SIMON, *Memoires*, éd. Y. Coirault, Paris, Gallimard, coll. ≪Bibliothèque de la Pléiade≫, 1983.

SCHUHL (Moïse), *Sentences et proverbes du Talmud et du Midrasch*, Paris, Imprimerie nationale, 1878.

SEGALEN (Martine), *Amours et mariages de l' ancienne France*, Paris, Berger-Levrault, 1981.

SERAN DE LA TOUR, *Histoire d' Épaminondas*, Paris, Didot, 1739.

SEWRIN, *Le Pour et le contre, ou le Procès du mariage*, comédic en cinq actes et en vers, Paris, Barba, 1822.

SHANAN (Lynn), *Comment aimer vivre seul* (1981), trad. A. Yanacopoulo, Montréal, Le Jour, 1982.

SIMON (Pierre), *Rapport sur le comportement sexuel des Français*, Paris, Charron/ Julliard, 1972.

SOLESMES (moines de), *Le Problème féminin*, Paris, Desclée, 1954 (Les Enseignements pontificaux, t. II).

SOLESMES (moines de), *Le Célibat pour Dieu dans l' enseignement des papes*, Solesmes, abbaye Saint-Pierre, 1984.

SPENCER (Herbert), *Une Autobiographie* (1889), trad. Henry de Varigny, Paris, Alcan, 1907.

STICKLER (cardinal Alfons Maria), *Le Célibat des clercs*, trad. S. Wallon et J. Pottier, Paris, P. Téqui, 1998.

STOLL (André), *Astérix, l' épopée burlesque de la France* (1974), trad. par l' auteur, Bruxelles, Complexe, 1978.

SUCHON (Gabrielle), *Du célibat volontaire ou la Vie sans engagement*, Paris, J. & M. Guignard, 1700.

SUÉTONE, *Œuvres*, éd. et trad. angl. J. C. Rolfe, Cambridge, Mass., Harvard University Press, 1992 (1913).

SYNÉSIOS DE CYRÈNE, *Correspondance*, trad. Antonio Garzya, Paris, Les Belles Lettres, coll. «Budé», 2000.

TACITE, *Annales*, éd. et trad. Pierre Wuilleumier, Paris, Les Belles Lettres, coll. «Budé», 1990 (1974).

TALLEMANT DES RÈAUX, *Historiettes*, éd. Antoine Adam, Paris, Gallimard, coll. « Bibliothèque de la Pléiade», 1960-1961.

TARICAT (Jean) et VILLARS (Martine), *Le Logement à bon marché, chronique, Paris, 1850-1930*, Boulogne, Apogée, 1982.

TASSONI (Alessandro), *Pensieri e scritti preparatori*, a cura di Pietro Puliatti, Modène, Panini, 1986.

TERTULLIEN, *De monogamia*, trad. Paul Mattei, Paris, Cerf, 1988 (*Sources chrétiennes*, n° 343).

TERTULLIEN, *À son épouse*, trad. Charles Munier, Paris, Cerf, 1980 (*Sources chrétiennes*, n° 273).

TERWANGNE, Adolphe, *Le Célibat*, manuscrit de 8 pages daté de 1868 et conservé à la BNF, Paris, Rp-12570.

THACKERAY (William Makepeace), *Le Livre des snobs*, trad. Georges Guiffrey, Paris, Hachette, 1857.

TOULEMONT (S. J.), ≪La question de la population≫, dans *Études religieuses, philosophiques et historiques et littéraires*, A. 17, 5e série, t. III, février (p. 217), mars, (p. 423), avril (p. 481), mai (p. 726), 1873.

TUILIER (André), *Histoire de l' Université de Paris et de la Sorbonne*, Paris, Nouvelle Librairie de France, 1994.

UZANNE (Octave), *Le Paroissien du célibataire*, Paris, Librairies-imprimeries réunies, 1890, réédité sous le titre *Le Célibat et l' amour, traité de vie passionnelle et de dilection féminine*, Paris, Mercure de France, 1912.

VAISSE (Maurice, dir.), *Aux armes, citoyens* ! Paris, Armand Colin, 1998.

VALÈRE MAXIME, *Faits et dits mémorables*, éd. et trad. Robert Combès, Paris, Les Belles Lettres, 1995.

VANDROMME (Xavier), *Vieillir immigré et célibataire en foyer. Le cas de la résidence sociale du Bourget en Seine-Saint-Denis (1990-1992)*, Paris, CIEMI et L' Harmattan, 1996.

VAN GOGH (Vincent), *Correspondance générale*, trad. M. Beerblock et L. Roëlandt, Paris, Gallimard, 1990.

VERNE (Jules), *Clovis Dardentor*, Paris, 10/18, 1979.

WAFFLARD et FULGENCE, *Le Célibataire et l' homme marié* (1822), comédie en 3 actes, Paris, Barba, 1823.

WARTBURG (Walther von), *Französisches Etymologisches Wörterbuch*, Basel, Zbinden, 1948-1967.

WEST (E. W.), *The Sacred Books of the East*, vol. 24, 3, Pahlavi Texts, Dehli, Motilal Banarsidass, 1987 (1885).

WICKERSHEIMER (Ernest), *Dictionnaire biographique des médecins en France au Moyen Âge*, avec supplément de Danielle Jacquart, Genève, Droz, et Paris, Champion, 1979 (*Centre de recherches d' histoire et de philologie de la IVe section de l' École pratique des hautes études, hautes études médiévales et modernes*, n° 34/35).

WOLFF (Isabel), *Les Tribulations de Tiffany Trott*, trad. Denyse Beaulieu, Paris, Jean-Claude

Lattès, 1999.

YOUNG (Arthur), *Voyages en France en 1787, 1788 et 1789*, trad. Henri Sée, Paris, Armand Colin, 1976 (1931).

[YOUNG (Peter)], *Les combattants. Histoire des soldats de l' Antiquitéà nos jours*, trad. Maurice Conrad, Paris, Atlas, 1983.

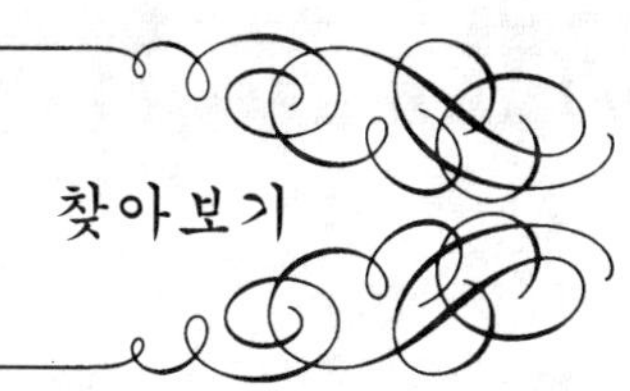

찾아보기

|ㄹ|

|ㅁ|

|ㅂ|

|ㅅ|

|ㅇ|

|ㅈ|

|ㅊ|

|ㅋ|